第3版

组织行为学：中国文化视角

ORGANIZATIONAL BEHAVIOR

杨 忠 等编著

南京大学出版社

图书在版编目(CIP)数据

组织行为学:中国文化视角/杨忠等编著.—3 版.
—南京:南京大学出版社,2013.1(2025.7 重印)
(中国文化背景下组织行为系列丛书)
ISBN 978-7-305-04942-2

Ⅰ.①组… Ⅱ.①杨… Ⅲ.①组织行为学—研究—中国 Ⅳ.①C936

中国版本图书馆 CIP 数据核字(2010)第 031224 号

出 版 者 南京大学出版社
社 址 南京市汉口路 22 号 邮 编 210093

丛 书 名 中国文化背景下组织行为系列丛书
书 名 组织行为学:中国文化视角(第三版)
ZUZHI XINGWEIXUE:ZHONGGUO WENHUA SHIJIAO (DISANBAN)
编 著 杨 忠 等
责任编辑 唐甜甜 编辑热线 025-83594087

照 排 南京开卷文化传媒有限公司
印 刷 江苏凤凰数码印务有限公司
开 本 787×1092 1/16 印张 35.25 字数 860 千
版 次 2013 年 1 月第 3 版 2025 年 7 月第 11 次印刷
ISBN 978-7-305-04942-2
定 价 138.80 元

发行热线 025-83594756
电子邮件 Press@NjupCo.com
Sales@NjupCo.com(市场部)

前　言

著名学者杜维明认为，从全球范围来看，即便是最杰出的思想家，其认定为不言自明的“普世性”真理，其实是区域性的，是一种局部知识形式，管理学知识也不例外。Hofstede(1993)认为，管理不仅在实践上，而且在理论上会受到国家和民族因素的约束，美国文化体现在美国管理理论中，美国管理理论至少有三方面的文化假设是无法被所有国家认同的，包括坚持市场机制，重视个人甚于群体，重视主管甚于员工。

作为管理理论核心内容之一的组织行为学是力图了解、解释、预测及改变发生于组织情境下的人的行为(Wagner & Hollenbec,1995)。按照台湾学者郑伯埙的理解，文化差异将导致组织行为的歧异，进而影响到组织绩效。当东西方文化或中国与美国文化差异很大时，彼此所展现的组织行为不但有所不同，而且类似的组织行为所获致的组织绩效之间也相去甚远。因此，从西方导入某种组织行为概念或理论模型时，必须考虑文化差异所造成的影响，否则所移植的理论或概念将“橘逾淮为枳”。

在多年从事组织行为学的教学和研究的过程中，我也深深地体会到，倘若想直接利用发端于西方的组织理论模型和概念，来解释和预测中国文化背景下的组织中人的行为，难免会产生“隔靴搔痒”，甚至于“南辕北辙”之感。细想之，一切皆是缘予组织行为学是不同于制造“坚船利炮”的技术或器物层面的知识，而是根植于特定土壤中的关于“人”的学问，文化因素在其中无疑扮演着极为重要的角色。

正是基于这样的考虑，我们尝试以组织行为学的理论框架为平台，以中国文化为背景，借鉴中国文化研究和中西文化比较研究的成果，对组织行为学的基本问题以及组织行为学在中国文化背景下所呈现的特殊性进行比较系统和全面的讨论，进而著述此书，命名为《组织行为学：中国文化视角》。

本书写作有以下几点特色：

1. 充分注重经验证据。对组织行为学基本问题的讨论，均是建立在实证研究基础之上，尽可能引用国外和国内第一手研究文献资料。对组织行为的文化特殊性问题的讨论，本书尽可能引用国内外企业管理的权威成果，利用中国文化背景下对行为规律的研究成果，以及中西文化比较研究的成果。

2. 大量采用经典案例和实例。章节行文中大量采用新鲜生动、原汁原味的中国企业案例，对组织行为在企业中的表现，以及中国企业中的组织行为的特殊性进行现象描述，以帮助读者理解组织行为学的基本问题和文化特殊性问题。每章节后均有案例或辅助材料，以供读者结合所在组织环境，系统思考中国文化背景下的组织行为问题。本书既强调科学严谨的态度，在理论描述及分析中选词精准、表达规范；也强调文章的可读性，所选案例的视角独特有趣，语言生动活泼。

3. 理性看待中国传统文化。正如台湾学者殷海光所言，我们没有盲目维护传统的必要，但是如果传统里有许多规范和文化要件在继续发挥它们的积极功能，那我们就无理由为着要反传统而把它们反掉。本书详细叙述了宗法人伦、仁爱孝悌、见利思义以及内圣外王的思想在中国企业中的体现，也重点分析了面子、关系、忍耐、中庸等体现中国人特点的文化特殊性对组织行为的影响。对于中国传统文化要素利弊得失的分析，本书尽量做到客观和合理。

本书的第一版即结合组织行为学的理论框架和中国文化背景，借鉴中国文化研究和中西文化比较研究的成果，反映出中国组织行为学的特殊性以及实践中最新的发现和最好的经验。目前已经修订两版，每一版的修订，都及时反映最新的实践经验和该领域的理论研究成果。通过两次修订，本书更加完善，可以作为管理学专业本科生和研究生，MBA 和 EMBA 学员的组织行为学教材；也可以作为社会学、心理学、管理学等专业领域的学者和教师的参考资料；对于在中国情境下从事组织管理的经理人员，包括三资企业的外方管理人员，都具有较强的参考价值。

第一版由我确定写作的指导思想、主要内容、基本观点和整体框架，并统合各章内容和写作风格。参与写作的是我指导的博士和硕士研究生们，他们是郭培芳、蒋安祎、刘伟豪、张骁、何军、王言峰、陈婷婷、李宁、王清晓、张雪冰、王维诚、苍玉权、张华、陈扬。第一版很快获得了国内许多组织行为学教师的认可，后应出版社要求，我们在第一版的基础上进行了再版修订。这一版是在第二版的基础上，新增了 1 个量表、5 个教学案例、3 个复习思考案例，删除案例 1 个，并对第二版中的许多案例作了进一步完善，补充了部分最新理论研究成果。通过本次修订，书中的案例更具典型性，也更加能够反映中国文化特征。参与本书第三版修订的有张骁、冯帆、苍玉权、王言峰、李嘉、徐彪、顾慧君、金辉、段光、夏瑞卿、黄彦婷。好学上进又富有朝气的他们与我组成了一个绩效显著的团队，团队成员经历无数次讨论甚至争论，不同思想和观点进行碰撞，激发了大家的写作激情和灵感，终于形成了今天的文字。本书是团队精神和团队活动的成果，在此我对各位作者表示诚挚的谢意。

书中的缺点和不当之处，敬请读者批评指正！

杨　忠

2013 年 1 月 29 日

目　　录

第 1 章　组织行为学导论 …… 1

组织行为学概述 …… 1

文化与组织行为学 …… 9

中国文化背景下的组织行为 …… 12

本章回顾 …… 19

关键术语 …… 19

复习思考题 …… 19

案例 1－1　绩效管理的“尴尬” …… 20

案例 1－2　“麦肯锡兵败中国” …… 21

Ⅰ 个体行为篇

第 2 章　个体心理与行为 …… 25

知觉与行为 …… 25

学习与行为理论 …… 37

人的行为模式 …… 44

本章回顾 …… 46

关键术语 …… 47

复习思考题 …… 47

案例 2－1　《韩非子·说难》故事两则 …… 48

第 3 章 个体特征与行为 …… 49
人性理论 …… 49
人格理论 …… 53
能力与行为 …… 74
态度与行为 …… 83
本章回顾 …… 93
关键术语 …… 94
复习思考题 …… 94
案例 3－1 伍尚 …… 95
案例 3－2 解读史玉柱 …… 96

第 4 章 激 励 …… 100
激励概述 …… 100
内容型激励理论 …… 102
过程型激励理论 …… 111
强化理论 …… 117
激励理论在中国文化背景下的综合运用 …… 121
本章回顾 …… 127
关键术语 …… 127
复习思考题 …… 127
案例 4－1 李嘉诚的用人与激励之道 …… 128

第 5 章 压力管理 …… 131
压力及其影响 …… 131
压力源 …… 136
工作压力管理 …… 144
本章回顾 …… 150
关键术语 …… 151
复习思考题 …… 151
案例 5－1 台积电的 EAP …… 151
案例 5－2 富士康员工跳楼事件 …… 154

Ⅱ 群体行为篇

第 6 章 群体行为 …… 159
群体的概念及分类 …… 160
群体结构 …… 162
群体过程 …… 172
如何在中国文化情境下提高群体绩效 …… 185
本章回顾 …… 189

关键术语 …… 190
复习思考题 …… 190
案例 6-1　关羽行为背后的道德规范 …… 191
案例 6-2　林冲缘何没有当老大 …… 193
案例 6-3　三国刘氏集团的发展、壮大及没落 …… 194

第 7 章　决策行为 …… 196
决策的概念及分类 …… 196
个体决策 …… 198
群体决策 …… 202
个体决策与群体决策的比较 …… 207
决策的影响因素 …… 208
中国文化背景下的决策创新 …… 218
本章回顾 …… 220
关键术语 …… 221
复习思考题 …… 221
案例 7-1　王遂舟的成与败 …… 222

第 8 章　团队管理 …… 225
认识团队 …… 226
团队的形成及分类 …… 230
如何建设高效团队 …… 234
中国文化对团队建设的影响与塑造 …… 247
本章回顾 …… 250
关键术语 …… 251
复习思考题 …… 251
案例 8-1　医院糖尿病团队管理模式 …… 251
案例 8-2　华帝燃具股份有限公司高层管理团队建设 …… 254

第 9 章　沟　通 …… 256
沟通的内涵 …… 256
沟通的分类 …… 260
有效沟通 …… 271
中国文化背景下的有效沟通 …… 275
本章回顾 …… 278
关键术语 …… 279
复习思考题 …… 279
案例 9-1　拐弯抹角的沟通与人情关系的营造 …… 279

第 10 章　领　导 …… 281
什么是领导 …… 282

领导特质理论 …… 290
领导行为理论 …… 299
领导权变理论 …… 305
领导理论的当代发展 …… 312
中国文化背景下的领导 …… 318
本章回顾 …… 325
关键术语 …… 325
复习思考题 …… 325
案例 10-1 柳传志——联想管理三要素 …… 326

第 11 章 冲突与冲突管理 …… 331
冲突的基本概念 …… 332
冲突产生的根源 …… 339
冲突分析 …… 348
冲突管理的一般理论 …… 351
中国文化背景下的冲突管理 …… 358
本章回顾 …… 365
关键术语 …… 365
复习思考题 …… 365
案例 11-1 联想收购 IBM PC 业务 …… 366

Ⅲ 组织行为篇

第 12 章 权力与组织中的政治行为 …… 371
权力的定义与内涵 …… 371
权力的来源与类型 …… 373
权力的延伸——权威与权势 …… 378
组织中的政治 …… 386
权力的运用 …… 392
本章回顾 …… 397
关键术语 …… 398
复习思考题 …… 398
案例 12-1 李广将军 …… 399
案例 12-2 柳传志:公司政治的境界 …… 400

第 13 章 组织理论与组织设计 …… 402
组织设计的基本维度 …… 402
古典组织理论与组织特征 …… 408
权变组织理论与组织特征 …… 410
组织结构设计 …… 416

	中国文化特征与组织设计	425
	本章回顾	431
	关键术语	432
	复习思考题	432
	案例 13－1　宏兴公司的组织结构	432
第 14 章	**组织文化**	437
	文化的含义	438
	组织文化概述	444
	组织文化的民族性、世界性与多样性	453
	中国文化背景下的组织文化建设	457
	本章回顾	463
	关键术语	464
	复习思考题	464
	案例 14－1　理念与行为的冲突——关于官僚文化	465
	案例 14－2　西安杨森的组织文化	466
第 15 章	**组织变革**	469
	组织变革概述	470
	组织变革的阻力及对策	476
	组织变革的类型、层次、方法和实施模式	498
	中国文化背景下的组织变革特点及措施	505
	本章回顾	508
	关键术语	509
	复习思考题	509
	案例 15－1　中国的农村改革	510
	案例 15－2　北京同仁堂的变革复兴	512
第 16 章	**组织发展**	515
	组织发展的概念与基本价值观	516
	组织发展的机制与过程	521
	中国文化背景下的组织发展	528
	本章回顾	536
	关键术语	536
	复习思考题	536
	案例 16－1　新华航空的组织发展与文化重组	537

参考文献 …… 539

第1章

组织行为学导论

组织行为学概述

行为科学与组织行为学

19世纪末20世纪初泰勒(F. W. Taylor)提出了"科学管理理论",同时德国的马克斯·韦伯(Max Weber)与法国的亨利·法约尔(Henry Fayol)也提出各自的组织管理理论,并由英国人林德尔·厄威克(Lyndall Urwick)集其大成。这些古典管理理论,昭示着管理开始从经验走向科学,资本对劳动的控制逐渐趋向完全。

彼得·德鲁克在《新现象》一文中曾对泰勒大加褒扬:"科学管理不过是一种关于工人和工作系统的哲学,总的来说它可能是自联邦文献以后,美国对西方思想作出的最杰出的贡献。"但是他同时承认,"科学管理"是"一个解放的、先驱的见解"的同时,其弱点也同样是致命的:"尽管取得了世界性的成功,但仍然没有成功地解决管理工人和工作的问题。"古典管理理论无力应对组织中工作压力日趋膨胀、劳资关系日益紧张的局面,为此行为科学应运而生。

行为科学的研究肇兴于上世纪20年代末、30年代初的霍桑试验。霍桑试验的研究结果否定了古典管理理论对于人的假设。试验表明工人不是被动的、孤立的个体,影响其行为和生产效率的最重要因素不是待遇和工作条件,而是工作中的人际关系。美国管理学家乔治·梅奥据此提出了人际关系理论，并指出：职工是"社会人"，受集体影响，追求友情、安全感、归属感；满足工作人员的社会欲望、提高工人士气，是提高效率的关键；组织中存在着非正式组织。

人际关系理论作为早期的行为科学，引导人们重新认识管理——管理不仅仅要达到对组织形态、结构或工作效率的认识，更重要的是要达到对人的认识。在此后的数十年间，众多的管理学家都积极去寻求对人的心态和人性的认识。1949年，美国芝加哥大学进行了一项"个人行为与人群行为"的课题研究，这次研究首次提出了"行为科学"的名称。从广义来说，行为科学包括一切程度不同的与人有关的科学，例如生理学、解剖学、语言学、人类学、精神病学、经济学、社会学等等。行为科学就是利用这些学科的观点、方法和知识研究探讨人的行为规律。其中，心理学、社会学、人类学和社会心理学占据了行为科学研究的核心地位。行为科学自诞生几十年来已经取得了丰硕的研究成果，并广泛应用于政治、经济、军事、教育等社会生活的方方面面。

作为行为科学的一个分支，组织行为学（organizational behavior，OB）是探讨个体、群体以及结构对组织内部行为的影响，从而运用这些知识来实现组织行为的有效性。这里的组织，包括政府组织、民间组织、工商企业、教育机构、医疗卫生机构等等。

组织行为学研究的是工作环境中人的行为。研究组织行为，通过发现组织环境对组织行为产生影响的规律进行调整控制，从而实现良好的组织绩效，建立高绩效的组织，同时促成组织成员的个人目标。

1912年美国心理学家闵斯特伯格（H. Munsterberg）出版的《心理学与工业生产率》一书，已经将心理技术引入挑选和培养合格工人的过程之中。在梅奥提出人际关系理论之后，现代社会心理学之父、德国心理学家勒温（Kurt Lewin）提出了场理论。他把场理论用于群体行为，提出了群体动力学概念（group dynamics）。群体动力就是指群体活动的动向，而研究群体动力学就是研究群体活动动向的诸多因素。美国心理学家马斯洛（A. Maslow）接着又提出作为人的动机基础的需要层次理论。群体动力学理论与马斯洛的需要层次论对组织行为学的形成和发展具有深远影响。

从研究对象来看，组织行为学对行为的分析在三个不同层次上进行：个体、群体和组织。

个体是构成组织的基本单位。组织行为学对个体的行为进行微观的考察研究，考虑影响人的行为的各种心理因素，即人对于周围环境的知觉与理解，包括人的思维方法、归因过程、动机、个性、态度、情感、能力、价值观等方面。所有这些又与实际活动中的需要、兴趣、达到目标的行为有着密切的关系。

群体行为主要研究的是群体行为的特征、作用、意义，群体内部的心理与行为，群体之间的心理与行为，群体中的人际关系和信息传递方式，群体对个体的影响，个人与组织的相互作用等等。

组织行为学研究组织变革的策略与原则，变革的力量及其成就衡量方法等，对变革进行目标管理。此外，工作生活质量，工作的扩大化与丰富化，人际和环境诸因素的合理安排，各种行为的测评方法等方面，也都在组织行为学研究范围之内。

20世纪后期的组织行为理论，借助系统方法和权变方法而发展至成熟，在理论形态上实现了早期的组织结构论与中期的人群关系论的新的综合，克服了以往理论的片面性，从而达到系统的理论境界。

组织行为学的现状，及其面临的挑战

组织行为学作为现代管理体系的重要组成部分、工商管理的主干课程，其重要性日益显现。尤其是在我国正处于重新判断人的价值，改革经济和政治组织的转型时期，面临着众多挑战：全球化竞争，劳动力多元化，员工忠诚度减弱、趋向老龄化，失业形势严重，组织伦理道德体系的缺位，对产品质量和生产率要求越来越高……组织行为学可以为这些问题提供答案，至少能提供一些有意义的启示或线索。组织行为学研究的核心内容主要包括：态度形成与知觉、价值观、激励、工作压力、人际沟通、领导、群体结构、冲突、工作设计及变革过程等。

组织行为学致力于运用系统研究（systematic study）来实现对行为的预测和管理。支撑组织行为学研究逻辑的正是这样一种信念：行为一般是可以预测的，人们的行为中确实存在一些基本的一致性。然而，这种行为的一致性、一贯性或特殊性，并不仅与其主体特质相关，只有在相对稳定的文化情境体系之中，这种行为的一致性才显出意义。举例来说，当管理者当面夸赞下属聪明时，在西方文化背景下，他对下属所作回复内容的心理预期是下属将表示感谢，但在我国，管理者则习惯于下属对此表示谦虚。如果抹去相应的情境，那么既无法预测下属的反应，下属所作的任何回答也都失去判断价值。同时，从某种意义上说，文化塑造了行为的规律性，行为的理性判断标准来自于文化规范。人类学家威廉·A·哈维兰认为，界定正常行为的标准都是由文化本身决定的，文化定义了什么是正常行为和不正常行为。① 而组织行为学所要解决的问题，就是预测正常的行为，管理不正常的行为。

事实上，在经济全球化的今天，在组织中如何实现跨文化管理，正是组织行为学所面临的一大挑战。

组织中的个体的复杂性与来源多元化，要求组织行为学结合相应文化情境实现对个体行为的预测和管理。

在知识经济时代，人的价值日益显现，而人之为人的特殊性矛盾也日益突出。目前，组织的构成在性别、种族、国籍等方面正变得越来越多样化。员工在工作时不可能把自己的文化价值观和生活方式偏好放在一边，组织所面临的挑战是通过认识和研究不同的生活方式、家庭需要和工作风格来使自己适应各种各样的人群。组织管理者必须承认差异，采取保证员工稳定和提高生产率的方式

① 威廉·A·哈维兰：《文化人类学》（第10版），上海社会科学出版社，2006年版，第132页。

来对差异作出反应。同时，这种员工背景的多元化既是社会发展的结果，反过来又提高了组织的创造性和革新精神，通过鼓励不同的观点来改善决策质量，促进了社会的包容与进步。

组织边界的模糊性与开放性，要求组织行为学重新审视组织面临的经济、文化背景。

在全球一体化的今天，组织行为学研究的客体发生了变化。传统经济中，组织行为学研究人在封闭组织中的行为，而随着知识经济的到来，组织在信息化、网络化革新进程中越来越趋向于开放，组织内的物理、技术、社会和个人等因素持续和外部环境中的各种因素发生联系，尤其是外部的经济、文化环境。这就使得传统的组织行为学研究必须转向对开放型组织的考察。这种组织边界的模糊性与开放性，要求组织注重分权，要求员工职业素质的提高，要求由重视组织需要转变为重视组织需要与雇员需要的平衡。

此外，在组织行为研究过程中对文化的重视，可以更有效地应对员工利益与组织利益冲突所造成的道德困境——这是制约现代管理制度革新的重要因素。

组织行为学研究前沿介绍

随着组织行为学研究的日益深入，组织行为学的研究主题越来越深入，研究领域不断扩大，研究视角也不断丰富。组织行为学研究的最新趋势突出表现在对印象管理、心理契约、组织承诺、组织公民行为、变革型领导和领导者—成员交换关系等方面的探索和讨论。更为详细的介绍分散在本书的各个章节，此处仅进行概览式的梳理。

印象管理

印象管理的思想萌生于马基雅维利主义[①]，反映了马基雅维利对如何控制人类行为的理解，这对印象管理研究有重要影响。而美国著名社会学家戈夫曼(Goffman)则是对这一领域的研究真正产生划时代作用的人，他在其《日常生活中的自我呈现》(1959)一书中提出“印象管理就像戏剧”，认为人际互动中一方的兴趣在于控制别人的行为，使对方通过对自己行为的理解，作出符合自己计划中的行为反应。[②] 但是，戈夫曼的研究也有其显而易见的局限，他作为一个社会学家，忽略了个体内在心理因素的重要性，只重视外部因素的作用，只关心个体在现实社会中扮演的角色。

20 世纪 60 年代和 70 年代有关印象管理的研究得到了稳定的发展，但是，社会心理学家和人格心理学家一般把印象管理看成一个边缘性概念，或者看成研究过程中的污染源和人为因素，或者看成主要与广告、商业或政治等领域有关

---

① 刘娟娟：《印象管理及其相关研究综述》，见《心理科学进展》，2006 年第 14 卷第 1 期，第 309—314 页。

② Goffman, Erving. *The Presentation of Self in Everyday Life*. New York: Doubleday, 1959.

的课题。20世纪80年代以后，对印象管理的概念分析出现了明显的变化，引起了更为广泛的研究。Leary和Kowalski(1990)对之前研究者提出的印象管理定义进行简化和分析，发现各种不同定义基本上都包含两个成分或过程，即印象动机和印象构建，前者指个体试图控制他人的愿望或动机，后者指个体决定给他人产生什么印象并如何产生这种印象。① 近半个多世纪以来，有关印象管理的实证研究在社会学、心理学、管理学和沟通学领域中得到了迅速发展。时至今日，印象管理的相关研究已经初具规模并自成体系。

心理契约

对于心理契约内容的研究最早可追溯到20世纪20年代，梅奥在霍桑试验中对物质因素和非物质因素如员工报酬、组织对员工的关心、群体规范和工作保障问题的关注。② 然而对心理契约理论的探讨，真正开始于1960年组织心理学家Argyris提出心理契约概念，他在其《理解组织行为》(1960)一书中使用"心理的工作契约"来描述工厂下属与主管之间的关系。③ 尽管没有对心理契约的概念进行明确的定义，但是他开创了心理契约研究的先河。

多年来，学者们在心理契约的概念上一直存在争议，但就目前来看，心理契约主要存在广义和狭义的两种理解。④ 在对心理契约概念的本质进行争论的同时，学者们也对其内容和结构展开了广泛的研究，主要有二维和三维结构两种观点。最早对心理契约进行维度划分的是Mac Neil(1985)，他从理论的角度将员工与组织之间的契约划分为交易契约和关系契约两种类型。尽管此后大多数研究者支持这一说法，但Ruosesuan and Tjiorimala(1996)在研究中指出，当组织的环境强调人际配合、团队取向时，心理契约中可能包括三个维度：交易维度、关系维度和团队成员维度。其结论也得到了不少学者的验证。⑤

20世纪90年代以来，随着雇佣关系性质发生改变，理论界掀起了心理契约研究的热潮。研究内容不断深入，研究方法不断更新，研究范围也在不断扩大，如今已包括了心理契约的概念，内容，心理契约与离职意向、组织承诺、组织满意感、工作绩效、组织公民行为等相关变量的研究，心理契约的测量，心理契约违背，理念型心理契约等，⑥并已取得了不少成果。

---

① Leary, M. R., R. M. Kowalski. Impression Management: A Literature Review and Two-component Model. *Psychological Bulletin*, 1990, 107: pp. 34-47.

② 王浩、罗军:《心理契约研究综述与展望》，见《科技进步与对策》，2009年第26卷第9期，第155—160页。

③ Argyris, C. *Understanding Organizational Behavior*. London: Tavistock Publications, 1960.

④ 张剑苗:《有关心理契约的文献综述》，见《管理观察》，2009年第6期，第213—215页。

⑤ 朱蕾:《基于心理契约的组织公民行为研究》，见《山东大学硕士学位论文》，2007年版。

⑥ 王明辉、彭翠、方俐洛:《心理契约研究的新视角——理念型心理契约研究综述》，见《外国经济与管理》，2009年第31卷第13期，第53—59页。

组织承诺

组织承诺的概念最早源于 Whyte 于 1956 年所写的 *The Organization Man* 一书，书中指出人不仅为组织工作、隶属于组织，而且相信组织是个人最终追求的归属。其中隐含的即强调人对组织的情感依附与归属①。组织承诺的第一个定义来自于美国社会学家 Becker(1960)早期单方面投入理论。他提出承诺是由单方投入而产生的维持"活动的一致性"的倾向。在组织中，这种单方面投入可以指一切有价值的东西，如：福利、精力、已经掌握的只能用于特定组织或岗位的技能等。他认为组织承诺是员工随着其对组织的"单方投入"的增加而不得不继续留在该组织的一种心理现象。② Becker 提出这一概念后并未进行系统的研究，因而未能引起社会的重视。

从 20 世纪 70 年代开始，国外对于组织承诺的研究开始兴盛起来。许多研究发现，组织承诺能有效地解释和预测成员的旷工、怠工和离职行为，而且组织承诺可作为衡量组织绩效的指标。总结学者们的研究，最为普遍接受的组织承诺的定义是 Meyer&Allen(1991)③提出的多重构面的方式来衡量组织承诺，依据对组织情感上的依附、离开组织成本的认知及留在组织中的义务将组织承诺分为情感性承诺、规范性承诺和持续性承诺三个方面。国内学者在 20 世纪末开始了对组织承诺的研究。凌文辁、张治灿、方俐洛(2000)④运用因素分析等实证方法，通过对 2 000 人的样本进行分析，得到了中国背景下组织承诺的五因子模型，在 Meyer&Allen 三维度结构的基础上增加了理想承诺和机会承诺两个维度。

组织公民行为

Barnard 在 1938 年提出了组织存在和发展的三大条件之一"想要合作的意愿"(willingness to cooperate)⑤。Organ 认为，Barnard 所提出的"想要合作的意愿"与 Roethlisberger 和 Dickson(1964)对霍桑实验中"非正式组织"的研究包含了组织公民行为的精髓，可谓组织公民行为的起源。

1983 年，Beteman 和 Organ 结合以往的研究，首次创造性地提出了"组织公民行为"(Organizational Citizenship Behavior，OCB)的概念。1988 年，Organ 又正式将组织公民行为定义为"在组织正式的薪酬体系中尚未得到明确或直接的确认，但就整体而言有益于组织运作成效的行为总和。"但是后来 Organ 认为该定义并不确切，因为在研究中发现组织公民行为和职务要求的行为有

① Whyte，W. *The Organization Man*，*Garden City*. NY：Doubledy Anchor Books，1956.

② Becker，H. S. Notes on the Concept of Commitment. *American Journal if Sociology*，1960(66)：pp. 132-142.

③ Meyer，J. P.，N. J. Allen. A Three-component Conceptualization of Organizational Commitment. *Human Resource Management Review*，1991，1：pp. 61-69.

④ 凌文辁、张治灿、方俐洛：《中国职工组织承诺的结构模型研究》，见《管理科学学报》，2000 年第 2 期，第 78—83 页。

⑤ Barnard，C. I. *The Functions of the Executive*. Cambridge，MA：Harvard University Press，1938.

一些交叉重叠部分，而且即使是职务行为，大部分也没有获得直接的报酬。所以1997年，Organ把组织公民行为与Borman和Motowidlo在1993年提出的“周边绩效”概念相联系，重新将组织公民行为定义为一种“有助于保持和改善那些支持任务绩效完成的社会和心理的行为”。①

自1983年Beteman和Organ首次提出组织公民行为的概念以来，组织公民行为的研究得到了快速的发展。对组织公民行为的研究大致包括组公民行为的前因变量研究、组织公民行为的结果变量的研究和组织公民行为的动机研究三个方面。②

对组织公民行为的前因变量的研究认为，工作满意度、组织承诺、组织公平感、组织支持感、社会规范、尽职尽责、积极情感和消极情感、角色感知、工作特征等都和组织公民行为显著相关。对组织公民行为的结果变量的研究主要集中在组织公民行为对组织绩效的影响上。大量的研究表明，组织公民行为可以提高组织绩效。对组织公民行为的动机研究主要是探讨引起组织公民行为的内在驱动因素。研究表明，组织公民行为的动机大约有以下几种：利他动机、印象管理、破坏他人形象和其他一些潜在的动机（对内疚的补偿，对个人生活的不满等）。

随着研究的深入，组织公民行为理论得到了不断的发展和完善。如今，对组织公民行为的研究已经拓展到人力资源管理、市场营销、医疗和健康管理、社区心理、战略管理、经济等各个领域。

变革型领导

变革型领导（transformational leadership）的概念最早是由Burns（1978）在著作《领导学》（*Leadership*）一书中提出的，他首次将变革型领导和交易型领导区分开来，并认为这两种领导方式是统一连续体上的两个极端。Burns是以马斯洛需要层次理论来界定变革型领导的概念的，他认为变革型领导是领导与下属之间彼此提升成熟度和动机水平的过程。③

Bass（1985）在其著作《领导与超越期望的绩效》（*Leadership and Performance Beyond Expectations*）一书中发展了Burns的观点，他指出变革型领导与交易型领导并不是相互排斥的两个极端，而是相互独立的两种领导方式。Bass认为变革型领导通过让下属意识到自己所承担任务的重要意义来激发其高层次的需求，建立相互信任的氛围，促使下属为了组织的利益牺牲自己利益，并达到超过原来期望的结果。④ Bass早期认为变革型领导主要包括三个维度：魅力—

---

① Organ, D. W. Organizational Citizenship Behavior: It's Construct Cleanup Time. *Human Performance*, 1997(10) :pp. 85-97.

② 姚圣娟、王浩彬、高杰：《人力资源管理创新——组织公民行为文献综述》，见《华东经济管理》，2007年第21卷第7期，第112—117页。

③ Burns, J. M. *Leadership*. New York: Harper and Row, 1978.

④ Bass, B. M. *Leadership and Performance Beyond Expectations*. New York: Free Press, 1985:pp. 3-242.

激励领导(charismatic-inspirational leadership)、智力刺激(intellectual stimulation)和个性化关怀(individualized consideration)。随后，Bass 等学者进一步把魅力—激励领导区分为魅力和激励两个维度，并建立了相应的评价工具 MLQ (multifactor leadership questionnaire)。MLQ 目前已经成为变革型领导研究中使用最为广泛的问卷，但是也有一些实证研究对 MLQ 问卷提出了质疑。如 Den Hartog 等发现变革型领导的四个维度全部载荷在同一个因子上，而不能区分为四个不同的维度。① 李超平和时勘通过对 149 名管理人员的调查结果的验证性因子分析发现，变革型领导的构念效度虽然获得了一定的支持，但效果不是很理想。②

目前，国内外关于变革型领导的研究主要集中在以下三个方面：① 变革型领导的适用情境、结构及测量；② 变革型领导与领导有效性之间的关系；③ 变革型领导影响领导有效性的作用机制。③

领导者—成员交换关系

现代领导理论的发展大体经历了三个阶段，第一个阶段是领导特质阶段，认为"领导是天生的"；第二个阶段是领导行为阶段，认为只要采取了适当的领导行为，任何人都可以成为有效的领导者；第三个阶段是领导权变阶段，认为没有任何一种领导模式一定是有效的，关键在于根据不同的环境来调整或选择领导模式。这三种理论虽然在内容上存在着很大的差异，但是它们都遵循着同一个研究假设——ALS(average leadership style)假定，即认为领导者是以同样的方式对待其所有下属。

LMX(leadership-member exchange，领导者—成员交换)理论的出现可以说是对 ALS 假定的突破。它认为领导者实际上会区别对待不同的下属，并根据关系的亲密程度把下属区分为"圈内人"(in-group)和"圈外人"(out-group)。在与领导的频繁接触中，圈内人比圈外人获得更多的信任、关注和资源，他们更容易被领导评估为高绩效的下属。

LMX 理论最早是由 Graen 和 Dansereau(1975)④提出的，经过多年的发展已经形成了较为完整的理论体系。其研究成果主要体现在探讨 LMX 理论的内在机理、分析 LMX 对组织的影响、确定 LMX 的测量模型、辨别影响 LMX 的因素等方面。

---

① Den Hartog, D. N., J. J. Van Muijen, P. L. Koopman. Transactional Versus Transformational Leadership: An Analysis of the MLQ. *Journal of Occupational and Organizational Psychology*, 1997, 70: pp. 19-34.

② 李超平、时勘：《变革型领导的结构与测量》，见《心理学报》，2005 年第 37 卷第 6 期，第 803—811 页。

③ 毛畝、龙立荣：《变革型领导与员工对组织变革认同感的关系研究》，见《管理学报》，2009 年 5 月，第 595—600 页。

④ Dansereau, F. Jr., G. Graen, W. J. Haga. A Vertical Dyad Linkage Approach to Leadership Within Formal Organizations: A Longitudinal Investigation of the Role Making Process. *Organizational Behavior and Human Performance*, 1975, 13: pp. 46-78.

文化与组织行为学

文化与行为

文化的概念从人类学引用而来。关于文化的概念历来众说纷纭，Kroeber & Kluckhohn 曾经发现 166 种关于文化的定义。其中最早的定义来自于 Edward Tylor，他认为文化就是人们在社会中所形成的知识、信仰、艺术、道德、法律、风俗和其他能力及习惯的复杂整体。Hofstede 将文化定义为：在同一个环境下人们心智模式之集合，文化并不是个人的特征，而是一个群体中的成员，由于其共同的教育及生活经验，所拥有的共同的心智模式，并有别于其他群体的成员。心智模式可分成三种，分别为"人类本质（human nature）"，这是属于与生俱来且为所有人类共通的；"文化"会因不同群体而异，并非与生俱来，是经由学习而来的；"个人特质"会因人而异，既是与生俱来的也可经由学习而来。①

心智模式会决定个体的行为方式。由于心智模式中"人类本质"是相通的，所以个体行为方式的差异根源于"文化"和"个人特质"。在探究个体行为方式时，除了关注"个人特质"这一变量之外，"文化"因素也是不可或缺的。

人类学家威廉·A·哈维兰认为，我们周围的世界是通过文化的眼镜被我们感知的。同时，我们也在文化情境中解释所感知到的环境，把一个混沌的世界解释成有序的世界——在此背后，有一种减少不确定性的强有力的心理内驱力，这是平衡和整合对于相关世界看法的普遍的人类需求的产物。在面对歧义和不确定性时，人们始终如一地努力阐明处境并赋予它结构。当然他们是以他们的特定文化告诉他们的恰当方式做到这一点的。② 我们对世界的解释实际上从来不是完全客观的，而是由文化构建的。人类行为所涉及的行为环境的最后方向是规范定向——这在源头上纯粹是文化的价值、理想和标准，就如树木、河流和山脉一样，是个人行为环境的一部分。没有它们，人们在评价他们自己或别人的行为时就会没有任何依据。

文化会影响到行为，行为也会对文化的塑造产生影响。基于 Adler 等人的研究，我们将文化与行为相互关系通过图 1-1 展示：个人通过对生活和世界的价值观的形式来传达文化的内涵；接着价值观又影响态度，以考虑在所处情境下最合适的行为形式；而态度塑造

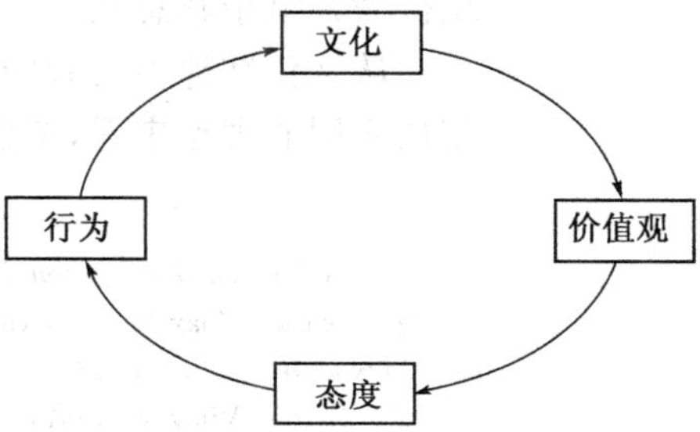

图 1-1　文化与行为相互关系

① Hofstede, G. *Culture's Consequences: International Differences in Work-related Values*. London: Sage, 1980.

② 威廉·A·哈维兰：《文化人类学》（第 10 版），上海社会科学出版社，2006 年版，第 132 页。

行为规范以适应特定的文化，进而提供日常行为的基准；最后，通过持续改变的行为模式反馈回去影响社会的文化，因而又产生一个新的循环。①

文化与组织行为

关于组织与文化的关系的论述，大致可分为两派。第一派可以被叫作"文化实用主义者"(Martin，1985)，他们把文化视为是一个组织变量，可以对它进行操纵以最大程度地适合组织的需要。对组织文化的操纵被视为通向更有效的管理的道路(Kropowski，1983)。萨瑟(Sathe)曾说："对领导的挑战是从文化中获取收益，同时对文化中出现的与企业经营、组织和组织成员的需要不合拍的危险倾向保持警惕。"②此理论广受欢迎是出于功能主义的立场——它向经理人员提供了对付目前许多组织面临的多元气候的有效手段。对组织气候的管理使得管理者对工作场所的"生活质量"问题怀有密切的注意，并设计出一种文化使之适应某一组织的需要。③ 丹尼斯·K·姆贝也认为，通过管理文化来改变一个组织的努力会产生积极的而不是强加的结果，这样的努力产生的结果同样是有决定性的。当然，由于文化管理的某些后果是无法预料的，因此组织行为管理过程含有风险，实施应谨慎，不能为了管理旨趣而对文化加以简单操纵。管理者不能把某些形式的组织文化强加给成员；他们能够做的只是把已经存在的文化的潜力引导出来并予以充分发挥。④

第二派是"文化纯粹主义者"(Martin，1985)，他们并没有把组织和文化区分开来：一个组织并不拥有文化，它本身就是文化。组织并不被视为独立于组织成员所创造的共享的价值观和意义体系之外的存在。文化作为一个基本的隐喻，把组织视为表达的形式，是人的意识的表现形式。把组织作为文化的理解与应用于科学界的范式的概念是颇为相似的。换言之，范式和文化都用来指世界观和有组织的思想方式，其中包括对是什么构成适宜的知识和合法活动的理解。⑤"文化"这一概念的中心就是对组织中意义形成过程的关注——作为一个组织的成员并不是简单地接受一套特定的价值观和信仰，而是对一种特定的生存模式的积极参与和创造，其中包括了看待世界的特定方式的形成，这种看法框定了组织行为并赋予其意义。

从文化纯粹主义者的观点来说，研究组织行为与研究文化并无本质差别，即使从实用的观点来看，考虑文化因素的影响也是组织行为研究的题中应有之义。

---

① Adler, N. *International Dimensions of Organizational Behavior*. Boston: PWS-Kent, 1991.

② Sathe, Vijay V. Implications of Corporate Culture: A Manager's Guide to Action. *Organizational Dynamics*, 1983: p. 23.

③ Sathe, Vijay V. *Culture and Related Corporate Realities: Text, Cases, and Readings on Organizational Entry, Establishment, and Change*. Homewood, IL: R. D. Irwin, 1985.

④ [美]丹尼斯·K·姆贝：《组织中的传播和权力：话语、意识形态和统治》，中国社会科学出版社，2000年版。

⑤ Smircich, Linda. Concept of Culture and Organizational Analysis. *Administrative Science Quarterly*, 1983, 28(3).

有一项研究得出的结论是:民族文化能够解释员工在态度和行为方面近一半差异的原因。

Hofstede 在其“文化和组织”一文中,提出了文化可能影响组织行为的几种路径:第一,通过权力配置发生影响,组织当权者(dominant coalition)的规模、成员的稳定性和权力分配在不同文化背景下会存在很大差异;第二,通过组织当权者的价值观产生多方面的影响,如组织目标的设定、决策过程中方案的设定和选择、组织结构和程序的设计、薪酬体系的确定等;第三,通过大部分组织成员的价值观对组织行为产生间接但深刻的影响,如遵守组织要求的动因、规则和控制程序确定的预期行为、对成员的管理边界、组织当权者与成员之间意见的一致性和沟通的准确性等;第四,通过竞争者、合作者、政府、报社等非本组织成员的价值观产生影响,事实上,组织所处环境的价值观体系在很大程度上决定了组织什么事能做,什么事不能做。①

文化与组织行为学

早期的管理与组织行为理论研究者关心的焦点是找出一套适用于所有组织的管理通则,以使组织运作效率提升,并减少组织中存在的混乱。这种通则模式的管理,于 1970 年代中期开始产生变化。因为许多欧洲的研究者发现,一些美式的管理理论运用到欧洲组织后,有“橘逾淮为枳”的现象,产生了水土不服、失去效用的问题。这样的理论跨越大西洋后,效果即发生改变的情况,使得组织管理学者开始正视理论存在的情境性(context)问题。1980 年 Hofstede 发表《动机、领导和组织:美国的理论可以在国外应用吗?》,文中指出当文化发生改变,美国的组织理论及管理原则在实践中将会失去效果。② 因此,在单一区域文化中发展起来的管理原则,并不一定适用于其他区域。其后,Hofstede 所做的跨国研究从权力距离、不确定性避免等维度,进一步明确揭示了不同国家和地区的文化差异,并指出组织行为理论会受到文化的影响,而非全球通用的主张。③

回顾组织行为学的发展历程,我们也可以发现,现在被称之为“组织行为学”的许多概念和理论,主要是由美国人创立,以美国人为研究对象,并在美国国内完成的,其背景是西方的文化传统和社会特征,其逻辑起点是西方文化中的个人主义、契约精神等。Hofstede 认为,美国管理理论至少在坚持市场机制、重视个人甚于群体、重视主管甚于员工三方面的文化假设是无法被所有国

---

① Hofstede, G. Culture and Organizations. *International Studies of Management & Organizations*, 1981, X(4): pp. 15-41.

② Hofstede, G. Motivation, Leadership, and Organization: Do American Theories Apply Abroad. *Organizational Dynamics*, 1980, 8(2): pp. 42-63.

③ Hofstede, G., B. Neuijen, D. D. Ohayv, & G. Sanders. Measuring Organizational Cultures: A Qualitative and Quantitative Study Across Twenty Cases. *Administrative Science Quarterly*, 1990, 35: pp. 286-316.

家认同的。① 因此,美国的组织行为理论在一个与美国文化存在差异的国家或地区无法直接运用,而且文化差异越大,就越需要考虑文化因素对组织行为可能产生的影响。

同时,在组织行为中对文化进行研究是可能的。这不但因为文化的稳定性和继承性,而且在大多数人类学家的眼里,国民性格是有事实根据的。华裔美籍人类学家许烺光认为,即使文化的其他各个方面都发生了深远的变化,其情感模式②也可能延续数千年之久。③

中国文化背景下的组织行为

中国文化的特殊性

中国传统社会是建立在农业基础之上的,不论是儒、道、释的哲理还是社会制度、伦理道德与风俗习惯,都是与农业性不能分开的,这一套价值包括了对自然的欣赏,向神祇的祈福,对贫穷的安足以及多子多孙、大家庭、敬老孝亲、崇古保守等,这一套价值系统在农业社会是可以运作的,进而可以发挥预定功能。可是当西方文化进入中国社会以后,整个情势发生变化了,工业性的西方文化迫使中国的社会结构、文化价值解体与崩溃。④ 自清末以来,中国历史基本是批判传统、改革现状、创造新文化的运动所组成的历史。洋务运动、戊戌变法、辛亥革命、社会主义改造、改革开放等历次运动都对中国文化的塑造产生了重大的影响。然而一切运动,几乎必然要受到传统势力的反抗,中国文化的深层结构在当今社会仍然存续。因此,当代中国文化呈现传统性与现代性并存的局面,既不完全等同于中国传统文化,也有别于当代西方文化。

对于中国文化的变迁,Kong 作了较好的概括。⑤ 他新近的一项研究指出,当今中国的社会文化与传统社会的文化、改革前倡导的文化有着很大有不同。文化的转变可以从以下几个方面描述。① 人的本性:基本上是好的;有些是好的有些是坏的,不是所有人都可以信任;有自利倾向,基本上是不可信任的。② 人性的可变性:通过教育可以改变;通过各种形式的教育可以改变;不是所有的特征都是不变的,但也并不是所有的特征都能够变化。③ 人活动的特征:"和";征服与改造自然;人为了生存而作出反应。④ 真理或者事实的特征:道德

---

① Hofstede, G. Cultural Constraints in Management Theories. *The Executive*, Feb. 1993, 7(1), ABI/INFORM Global: p. 81.

② 指人们感觉他们自己和他人的方式。

③ 许烺光(Hsu, F. L. K.):《角色、情感与人类学》,见《美国人类学家》,1997 年第 79 卷,第 807 页。

④ 金耀基著:《金耀基自选集》,上海教育出版社,2002 版,第 21 页。

⑤ Kong Siew-Huat. The Significance of Organization's Fundamental Assumptions in Change Management—the Case of Mainland Chinese Organizations. *Problems and Perspectives in Management*, 2006 (1): pp. 98-110.

主义权威；党的领袖掌握真理；道德主义权威受到实用主义威胁。⑤ 时间特征：过去导向，强调光荣历史，时间是循环的；未来导向，建立强大繁荣的中国；眼前导向。⑥ 时间单元：长时间单元；不太清楚，长期的愿景，但领导有时是短期的；短期时间单元。⑦ 人的关系：家庭和关系导向；支持团体或集体主义；支持集体主义，但个人利益至上。⑧ 权威：家长制；权威主义和家长制；权威主义和家长制领导作风。⑨ 地位根源：归于出身；归属于政党；归于出身但受到实用价值的挑战。⑩ 任务或者关系导向：主要是关系导向；不太清楚，可能是赞成同志和关系导向；倾向于任务和关系导向的工作关系。

基于Kong和其他有关学者的分析，我们归纳出在当今中国社会仍然存续、对组织行为可能产生重大影响的一些中国文化特征。

等级观念与权威主义

中国传统社会是建立在五伦关系假设基础上的，依照儒家的主张，父子有亲、君臣有义、夫妇有别、长幼有序、朋友有信"五伦"中任何一种对偶性的角色关系，参与互动的双方都应当根据彼此的"尊卑差距"和"亲疏关系"来决定彼此之间的互动方式。在这五种角色关系中，除掉"朋友"一伦属于对等关系之外，其他四伦都蕴涵有"上下、尊卑"的等级关系。这四伦中，任何一对关系涉及的两个角色，其社会地位有高下之分，其掌握权力亦有大小之别。《礼记》则将"朋友"一伦除去后，界定了十种所谓的"人义"：父慈，子孝；兄良，弟悌；夫义，妇听；长惠，幼顺；君仁，臣忠。换言之，假如"父慈"而"子孝"，则他们的行为更符合"义"的标准。反过来说，假定"父不慈"或"子不孝"，其行为便是不义的，以此类推。《礼记》之所以特别界定这十种"人义"，是因为涉及上述"人义"的五对角色之间，都蕴涵有社会地位的等级关系。更清楚地说，按照"十义"的原则，扮演"父、兄、夫、长、君"等角色的人，应当分别依照"慈、良、义、惠、仁"的原则作决策，而扮演"子、弟、妇、幼、臣"等角色的人，则应当遵守"孝、悌、听、顺、忠"的原则，接受上位者的指示。一方为支配者，具有绝对的权威，另外一方则为从属者，应该遵从和拥护权威。其中对于上位者的角色的最高要求为"内圣外王"，对下位者的要求则为忠诚和顺从。

差序格局与关系观念

差序格局最早是由费孝通从比较社会学的观点所提出的概念，他认为中国人的人际网络，较西方团体更具亲疏与远近等差序性，并将人际关系现象形容为以"己"为中心，像石子一般投入水中，和别人所联系形成的社会关系，不像团体中的分子一般大家立在平面上，而是像水的波纹一般，一圈圈推出去，愈推愈远，也愈推愈薄。而在这社会关系中，最重要的就是依据生育和婚姻关系所形成的同心圆关系网络。亦即以"己"为中心点，向外散布出去的亲属关系网络。因此对中国人来说，内、外团体的划分是依人己关系的亲疏性为基础，与己关系亲近者是自己人，与己关系疏远者是外人。当个人在面对冲突或合作、利益分配等问题的时候，都会依据与对方的关系远近，而有不同的行为准则。差序格局与关系观念的一个直接结果是造成中国文化下特殊的信任结构,比如对于家族或家族化成员(自己人)表现出极高的信任,而对于非家族(化)成员(外人)则表现出很低的信任或不信任。

许烺光研究一个国家文化的核心价值,[①]他认为中国人特别看重关系,合作高于一切。中国社会中的个人被牢固地束缚于一个较大的群体上,他们对这一群体负有一生的责任;而北美人除丈夫与妻子外独立于所有其他的亲属,甚至婚姻所承担的义务也缩小了——许多年轻情侣既没有结婚也没有未来结婚的打算就生活在一起,与此同时大约有50%的婚姻确实以离婚而告终。[②]

面子与人情法则

爱面子是中国人内在人格的重要特征之一。黄光国认为中国人是把面子和尊严联系在一起的。面子是从他人那里获得的尊严,面子一方面代表了自己的社会形象,另一方面也反映了个体的社会地位。在中国社会里,人们看重面子是关注别人对自己的社会地位和声望的评价。[③] 所以,"给面子"成为中国人人际交往一项重要法则,人们经常以对方给不给自己"面子"和给自己"面子"多少来判定对方对自己的尊重和接纳的程度。

中国的人际交往的另外一项重要法则是对"人情"的重视。同西方社会强调人与人之间的契约不同,中国传统社会非常重视人情。这里的人情是指一套交往规范法则,这套法则的重点在于一个"报"字,亦即人情的交换与交流是遵循比较严格的"一来一往"的规则,正所谓"来而不往非礼也"。在中国社会,人情的交换几乎是在每一项社会交往活动中都不可或缺的。

"和为贵"与中庸之道

"和"最初的含义是不同东西结合而达到的平衡,有别于"同"。它意味着允许不同个性和对立面共同存在。孔子就认为:"君子和而不同,小人同而不和"。中国人的人际关系以保持和谐为最高目的,礼的作用之一也是为了保持人的和谐关系,正所谓"礼之用,和为贵"(《论语·学而》)。在一个强调相互依赖的文化中,争执是必须尽量避免的,因此孔子说:"听讼,吾犹人也,必也使无讼乎"(《论语·颜渊》)。"和为贵"和息争的态度,使中国人给人以一种容易相处的感觉,然而这种放弃对抗的态度,却会造成"自我"的弱化,进而很容易形成没有个性的人格。[④]

与"和为贵"相伴而生的是中国人处事的中庸之道。"中庸"始见《论语·雍

① 核心价值(core value),特定文化所特别提供的那些价值。

② 纳塔德沙—斯波塞尔(Natadecha-Sponsal):《年轻人、富人和名人:作为美国文化价值的个人主义》,载于P·R·德维塔和J·D·阿姆斯特朗:《远方来的镜子:作为外国文化的美国》,沃兹沃思出版社,第45—55页。

③ 黄光国:《面子——中国人的权力游戏》,中国人民大学出版社,2004年版,第64页。

④ 孙隆基:《中国文化的深层结构》,香港花千树出版公司,2005年版,第185页。

也》,"中庸之为德也,其至矣乎！民鲜久矣。"孔子把中庸作为德性要求,反对在行为上走极端,主张"中行"。中庸之道固然有助于把握事物发展的"度",但不利于个性的张扬和创新精神的发挥。

"唯圣"思维与直觉体悟

对于圣人权威的过于遵从,是中国人思维方式的一大特色,这种思维方式的特点是:凡是权威所讲的观点、意见和思想,不论对与错,一般人不假思索地予以接受。无论是"观乎圣人,则见天地"还是"一句顶一万句"都是"唯圣"思维的体现。

中国传统思维方式的另一个显著特色就是重视直觉体悟。法国哲学家帕格森给直觉下了这样一个定义:所谓直觉就是一种理智的交融,这种交融使人们自己置于对象之内,以便与其中独特的、无法表达的东西相贯通。中国道、释以及儒家理学都特别重视直觉。他们认为人平时的思维受到时空的限制,只能认识到有限的东西;而直觉思维可以通过静坐体认的修持工夫,达到顿悟,一下子把握全体。直觉思维有其合理性的一面,但中国传统哲学过分看重直觉,会带来很多偏向。直觉是对于整体的感觉,它不注重分析;由于它强调反观内省,又同实际观测对立起来。西方近代实证科学的发展离不开实证和分析,中国没有产生近代实证科学,有政治、经济的原因,也有思想的原因,这与过分看重直觉,不注重实测与分析有一定的联系。①

西方管理理论在中国"水土不服"

在中国诸多有影响力的民营企业家中,宗庆后绝对算得上是低调而又特立独行的一位,就是这样一个从校办小工厂走出来的中国首富,与跨国公司斗得风生水起的中国企业家,对管理有着自己独到的认识。喜欢读毛选并习惯从中寻找企业管理智慧的宗庆后对西方的管理经典并不太感冒,他认为西方国家与中国的国情不同,西方的管理实践在中国未必能行得通。

对于公司花了大力气实行的ERP,宗庆后认为实施的效果并不太理想,"我觉得西方人还是比较古板的,不像我们这个管理是比较灵活的,我们的生产计划也是时时在变化的,你搞个死死的东西那就麻烦了"。他认为中国人应该坚持走自己的路,好好整理自己的管理经验与思想。

宗庆后认为自己没有榜样,但同时他认同精神领袖在企业里的巨大影响力,"我认为在一个企业里,精神领袖还是需要的,否则就没有权威了。企业也好,国家也好,如果没有一个权威,我认为都会治理不好"。宗将娃哈哈的模式总结为"大权独揽,小权分散",公司的总体决策权集中在他一人之手。②

---

① 张岱年、成中英等著:《中国思维偏向》,中国社会科学出版社,1991年版,第35、74页。

② 参考《21世纪商业评论》,2005年9月。

翰威特大中华区首席领导力顾问 Frank 对西方管理理论在中国面临的种种水土不服有深刻体会，他举了一个典型的例子：在一次 MBA 培训课上，对于如何激励员工，Frank 表示基本出发点是老板应该帮助员工，“你应该到员工那里去问你的工作怎么样了，有没有我能帮助的？而不是一再说快点干，多干”。几周后，Frank 的这一建议遭到了学员的质疑，这位学员是国企的一位经理，几个星期以来他尝试着用 Frank 所教授的方法与下属进行沟通，却发现员工们非常不适应。“我的员工希望我分配活他们去干，结果我现在跑去问七问八的，他们很不习惯，会猜测：老板是不是在给我下套？”这位学员无奈地表示。令 Frank 意外的是，该学员所遇到的问题绝非个例，其他很多学员也纷纷表示出类似的困扰，而且这种现象并不仅限于国有企业。[1]

实用主义与短期导向

中国传统文化本身具有很强的实用主义倾向，所谓“无用之辨，不急之察，弃而不治”[2]。在判断类型上，与西方人优先考虑“事实”不同的是，中国人优先考虑“价值”，喜欢用有用还是无用或者道德还是不道德对事进行判断，并且这种实用通常是“眼前的用处”而不是“长远”的用处。正如李约瑟所认为的那样，近代科学之所以没有在中国产生，其中原因之一则是中国人太讲究实用，一些发现滞留在了经验阶段。近一百多年来，由于受到西方实用主义的影响，中国更是成了一个实用主义盛行的国度，现在很多中国人的心中，实用主义占了上风。实用主义的根本特征就是“实用至上”，一切问题都要从“实用”上来思考、来评价才认为合理，“实用”成了人们思考评判所有事物的最高标准。

中国文化背景下的组织行为

等级、差序格局，面子、人情关系等构成了中国文化的基本特征，而这些特征含有一项共同“文化隐喻”(cultural metaphor)，即中国文化是从“二人”关系来定义个人的。如果说西方的组织行为观点是从个人来理解人际关系或各种组织内、外的关系，则中国文化关于组织行为的观点应是从各种关系来界定个人。换言之，西方所建立的组织行为学知识，有很大的一部分是立足于社会认知的观点；而在中国社会，则是根植于社会关系的观点。在“尊尊、亲亲”法则的制约下，中国文化背景下的组织行为，应该会与西方有所不同，在个体、群体和组织层次上都会呈现其独特性的一面。现简要列举一些在本书中将要讨论的，中国文化特征对组织行为可能产生的影响。

---

① 参照《南方都市报》，2009 年 7 月 30 日，版名：“天天财富 公司社会”。
② 《荀子・天论》。

个体层次

对个体特征和行为，等级观念和权威主义比较容易形成组织中领导和员工的两种极端化的个性。对于领导者，容易形成权威性格和"一言堂"作风，对于员工，则容易形成依附性人格和忍让与顺从的性格。

在激励问题上，面子和地位的激励效果最为关键。隋文帝曾对侍臣说："我树房恭懿为吏楷，岂止为一州而已，当令天下模范之，卿等宜师学也"①。在大部分中国人的眼中，地位是权力和财富的代表，尽管有些地位或官职并不代表着很大的权力和拥有很多的财富，但中国人已经习惯了这种判断，总是希望获取一定的地位或谋得一官半职，因为那样会显示出有面子。

对于压力问题，由于中国人的依附性人格，所以通常表现为"忍"。《尚书》中说，"必有忍，其乃有济；有容，德乃大"。《论语·卫灵公》中，孔子告诫其弟子说："小不忍，则乱大谋。"

在决策问题上，由于等级观念与权威主义，形成了中国组织中上下级之间较大的权力距离和严格的等级秩序，权力较大者拥有相应的特权，下属对上级有强烈的依附心理。因而，决策过程是高度集权化的，甚至是独裁命令式的，即使形式上的集体决策，实质上仍然是高层人员个人决策。

群体层次

"宁为鸡头，不为凤尾"，其中暗示了中国人的等级观念；"一个中国人是龙，两个中国人是虫"，则显示中国人由于差序格局和人情法则，缺乏普遍主义的信任和合作观念。这些对于建立高效的团队则不太有利。

关于沟通。由于对面子过分重视，为了使双方不失面子，中国式的沟通方式是高度情境(high-context)依赖的，信息的发送方通常以某种含蓄的方式表达意思，接受方则需要听弦外之音，语言中的许多意义要通过推理和感悟才能得以理解。

关于领导，由于等级观念和权威主义影响，中国的领导经常表现为要求其下属严格遵守规则，但自己却经常破坏规则。由于人情因素的影响，中国领导在领导过程中忽略对合理组织制度的构建，而过于注重关系网络的建立，因而容易造成"任人唯亲"和"窝里斗"现象，进而可能导致组织内耗和效率低下。

关于冲突。《左传》中说："让，礼之主也，世之治也"。而"忍让"取向的第一步就是"不争"。中国人为达到"和"的目的，选择的行为方向和策略基本上是消极的，包括忍让、妥协。如果忍让、妥协不行的话，就采取退避的方式来避免冲突，即所谓"惹不起躲得起"。由于对人情、关系和面子的重视，中国人在处理冲突时往往采取多次协商的方式，有可能延误冲突处理的最佳时机；同样由于人情和面子问题，可能导致冲突解决中缺乏原则，"大事化小，小事化了"。

---

① 《隋书·房恭懿传》。

组织层次

组织设计。以企业组织为例，由于差序格局和人情关系，中国企业虽然也按照一般原则创建组织结构，但是在实践过程中，会不自觉地将家族的结构形态、运作原则"概念化"到家族以外的团体或组织，即比照家族结构形式来组织非家族团体，并依据家族的社会逻辑（如长幼有序）来运作，依关系亲疏逐步形成企业内的差序格局，进而导致以企业领导者为中心的内团体，使企业内的层级化更为明显。①

组织文化。由于受到等级观念与人情法则的影响，我国的组织经常过于重视或偏爱"人治"，钟情于"忠诚、仁爱、礼让、人际关系"，过于强调人与人之间的"中庸"、"面子"、"和谐"，从而形成重视"关系"而轻视"制度"的文化。

组织权力。中国文化中的等级观念与人情关系往往与基本的人生价值、伦理观念纠缠交织在一起。其中，对皇权的遵从亦是"忠义"；对父亲的遵从亦是"孝顺"；对上级的遵从亦是"报恩"。这样，组织权力就不单纯是一种生硬的、冷冰冰的外在权力，而是同时获得了一种内在的信念，并且注入了情义和责任的内在动力。于是，中国组织中要求下属对领导、对权威的崇尚，而不是单一面向的投怀送抱、委屈妥协，是既要"合情"、"合理"，又要"合法"，即情、理、法三位一体。

组织变革。由于"和为贵"和中庸之道的影响，组织管理者在处理矛盾和内部问题时，经常不是去解决它，而是尽量地规避它。因此，在组织需要变革，需要确实解决组织中存在的各种问题的时候，这种观念就会成为组织变革的强大阻力，甚至导致组织变革的失败。差序格局与人情因素在组织变革中也会产生影响，由于变革往往涉及权力、利益的重新分配，涉及人员的变更，因此管理者经常会根据与自己关系的远近，来重新配置权力和资源，员工也会想依靠人情和关系来维持原有的权力或者是获取新的权力，尽量使自己避免成为组织变革的利益受损者。

综上所述，文化因素对组织行为会产生重大影响，要想准确把握中国文化背景下的组织行为，必须将组织置于中国文化情境中予以考察。

当然，中国文化经历了并且继续经历着一个不断变迁的过程。全球化浪潮中，跨国公司的影响以及北美文化价值与生活形态的强势营销，使得中国人的价值观念和生活方式发生了巨大变化。但是另一方面，与全球化趋势相伴而生的是地区维持文化特殊性的倾向。个体在同化下的差异需求与自主需求，以及在文化本身的吸纳与转化过程中，地区维持其独特性的主张，使得中国文化仍然具有其特殊性。可以预见，在较长时期内，中国文化的深层结构或者说"硬核"部分仍然存续，组织中行为的特殊性也必然存在。

---

① 马月才：《华人企业的管理模式》，载游汉明编著《华人管理本土化之开拓》，香港城市大学商学院华人管理研究中心，2001年版，第56页。

本章回顾

行为科学是以心理学、社会学、人类学和社会心理学为核心，吸收其他行为研究的有关知识而形成的一个学科群。组织行为学是研究各种组织形式中人的行为现象及其规律的科学。组织行为学对行为的分析在三个不同层次上进行：个体、群体和组织。组织行为学在中国起步晚、基础差，在研究和应用方面均存在不足。

文化会影响到行为，行为也会对文化的塑造产生影响。社会文化可以通过改变组织中个人的价值观念和态度，从而改变人的行为。美国的组织行为理论在一个与美国文化存在差异的国家或地区是无法直接运用的，而且文化差异越大，就越需要考虑文化因素对组织行为可能产生的影响。当代中国文化呈现传统性与现代性并存的局面，使其既不同于中国传统文化也有别于当代西方文化。中国文化背景下的组织行为，应与西方有所不同，在个体、群体和组织层次上都会呈现其独特性的一面。要想准确把握中国文化背景下的组织行为，必须将组织置于中国文化情境中予以考察。

关键术语

行为	行为科学	组织行为学
个体	群体	组织
文化等级观念	权威主义	差序格局
关系观念	面子	人情法则
和为贵	中庸之道	直觉思维
实用主义	短期导向	

复习思考题

1. 组织行为学是研究什么的？

2. 你认为利用西方组织行为概念和模型来分析中国文化背景下组织中人的行为时，重点应考虑哪些文化特征的影响？

3. 有人说组织行为学入门容易精通难，你同意这种说法吗，为什么？

案例 1－1

绩效管理的“尴尬”

随着西方管理思潮席卷中国，产生并发展于西方管理环境下的绩效管理很快被引入中国企业。一夜之间，无论企业规模大小、管理水平高低，言必谈“绩效管理”、“360 度考核”、“KPI”等，仿佛绩效考核乃万能管理神器，企业遇到的所有问题都能随之化解。但实际情况是，推行绩效管理的企业大多陷入“进退维谷”的尴尬局面，花费巨大成本推行的绩效管理并未起到预期效果，反而如鸡肋般食之无味，弃之可惜。

首先，实施绩效考核需要扎实的基础数据，以及相应的各种制度来规范各级员工的行为，在实施过程中要求加强对考核数据与资料的收集，而且要以书面承诺形式记录考核周期中被考核者的表现。在中国低文本文化环境中，人与人之间的交往更多是靠口头承诺、约定、信任等建立关系，导致绩效考核在指标制定与评价操作上都面临许多困难，考核内容过于片面。缺乏契约精神还表现为随意更改考核指标，对考核标准有多重解释，考核者往往按照自己的主观标准进行评判和解释。

其次，作为绩效管理的重要一环，绩效面谈沟通承载着很多内容，通过绩效面谈沟通，考核者可以向被考核者传递反馈信息与期望要求，被考核者可以明确自己的不足与改进方向，有针对性地提高绩效，考核双方的直接沟通在弱语境文化中能够顺利实现。但是在我们这种强语境文化中，绩效面谈一般都进行得相当委婉，表达的内容多以正面为主，表达的信息量很少，甚至相当比例的绩效面谈沟通直接省略，致使绩效管理的效果大打折扣。

另外，出于回避矛盾，怕伤被考核者面子等因素考虑，绩效考核结果往往呈现出明显的平均主义倾向，大部分成员的考核等级基本相同，“大锅饭”现象随着考核推行时间越久越明显，未能起到促进后进、奖励先进的区分作用。

此外，在绩效考核体系中，管理者尤其是高层管理者往往是考核的“赦免”对象，通常以各种理由被排除在考核体系之外，这在一定程度上减弱了高层管理者的参与度和支持度。由于缺乏顶层的压力来源，考核起不到至上而下传递压力的作用，绩效管理往往流于形式。

在中国企业中，员工对于传统的无记名投票评优、推优方式的接受程度似乎比量化的绩效考核方式的接受度更高。西方的考核利器在中国还有很长的本土化之路要走。

案例 1-2

“麦肯锡兵败中国”

“麦肯锡兵败实达”是在企业界和咨询业界影响颇为深远的事件，既给了全球最大管理咨询公司一记当头棒喝，也为中国企业认识西方管理上了意义深远的一课。于1996年成功登陆沪市的实达集团，在公司快速发展过程中于遇到了一系列问题，为了寻求新的管理架构，实达集团花费了在当时被认为是天价的300万咨询费聘请麦肯锡管理咨询公司制定企业管理改革方案，并耗资几千万元用以配套该方案的实施。按照麦肯锡的建议，实达集团于1998年和1999年进行了两次大规模、深层次的结构性调整。

在组织架构上，麦肯锡建议将实达原有的以权力分层、以职能分布的金字塔组织结构改为以“流程”为基础的扁平式组织结构，将以权力为中心的管理转变为以职责为中心的管理，由层级管理向矩阵管理转变，以及由集中决策向分层决策转变。在方案实施过程中，实达将近1/3的员工要调整部门和岗位，职责分工也发生了很大变化。在调整初期，各级人员忙于学习和对新体系的熟悉，无暇顾及业务，其直接后果就是产品销售业绩的巨大滑坡。另外在新组织架构实施过程中，各部门间的协调出现很大问题，实达发现在新组织模式下，协调步骤的增加和大量的会议，反而降低了公司沟通效率，使得营销系统运营效率反而下降。此外，由于新方案缺乏强势领导的推动，致使部门之间的利益冲突难以协调，产生更深层次矛盾。

实达与麦肯锡的合作直接后果是实达长达半年的经营和效益滑坡，直接和间接损失超过1亿元。对于重组失败，事后实达人大多认为：麦肯锡的方案本质上提倡一种“重程序”而“轻权力”的西方理性企业管理文化，没有上下级观念，所有人都是管理程序上的节点。对于这种管理模式，无论是企业还是个人，转变起来的难度太大。

作为中国彩电行业三大巨头之一，康佳在90年年代后期遭遇发展瓶颈，其经营管理开始陷入困局。1999年9月，麦肯锡与康佳签署了全面合作协议，提供包括战略、运营、市场拓展等在内的全方位咨询服务。其后麦肯锡4人小组进驻康佳，进行了持续3个月时间的调研，主要是进行员工访谈和市场调查。1999年底，麦肯锡康佳方案出台，其重点是“组织架构和考核激励机制”。

在组织架构上，麦肯锡建议康佳实施事业部制，将经营中心下移，减少管理层次。在考核激励机制上，麦肯锡建议完善激励机制、试行员工持股，并建议从老总开始自上而下进行统一的考核制度。整个方案内容与最初的战略咨询相去甚远。在随后的执行过程中，种种问题开始浮现出来：首先在激励考核上，麦肯锡的方案与康佳多年来形成的企业文化和考核标准产生冲突，部分业务骨干部门和骨干人员由于考核标准过于僵化而产生消极情绪。在组织架构上，由于管理中心的突然下移，各事业部脱离集权式管理后各自为政，导致上下脱节，而且部门之间的协调产生混乱。在市场方面，麦肯锡建议开发农村市场，结果康佳投入大量资金和人员后并没有产生预期效益，反而因销售队伍的迅速膨胀导致成本大幅上涨。至 2001 年，康佳宣布亏损近 7 亿元，同年 6 月，康佳总裁下台。

麦肯锡在中国的其他一些案例也出现不少水土不服的情况：1996 年，麦肯锡与王府井百货合作，为其设计百货业大连锁经营方案，代价是 500 万元人民币。在经过几个月的调研后，麦肯锡通过复杂的数据和模型论证了百货业大连锁的可行性，并建议王府井百货引进国际先进管理经验和体制，吸引外籍管理人员任职，并联合安达信将美国 JDA 软件引入王府井。在系统引进不久，由于国内商场的业务模式与国外差别很大，不得不对系统进行改造，最终由于系统不适用王府井不得不更换。此外，在实施过程中需要进行人事调整，结果遭遇非常大的阻力，在几次挫折之后，整个方案的实施不得不终止。

麦肯锡与乐百氏的合作中，其方案对中国市场环境的水土不服也表现得很明显。虽然咨询方案做得很漂亮，但是麦肯锡对中国市场的判断缺乏严密论证。在给乐百氏的战略建议中，麦肯锡要求乐百氏只能往非碳酸饮料市场发展，结果导致了乐百氏对手娃哈哈在碳酸饮料市场上的突破。另外，在麦肯锡过于理想化的战术指导下，乐百氏的茶饮料也没有做起来，企业与法国达能的合作，导致乐百氏的持续亏损。

在西方取得巨大成功的国际咨询业巨头，在中国却连续遭遇“滑铁卢”，其中原因既有中国企业自身不足，同时中西方巨大的文化差异也是导致麦肯锡水土不服的重要原因。西方的成功管理模式要想在中国取得成功，还有很长的道路要走。

I

个体行为篇

◆ 第 2 章　个体心理与行为
◆ 第 3 章　个体特征与行为
◆ 第 4 章　激　　励
◆ 第 5 章　压力管理

第2章

个体心理与行为

> 学而时习之，不亦说乎。①
>
> ——《论语·述而》

中国有句古谚，“处事识为先，断次之”②。我们要认识和把握组织行为，首先要对个体行为有所了解，而个体行为又是从个体的感觉与知觉出发的。

知觉与行为

感觉与知觉

感觉是直接作用于人们的感觉器官的客观事物的个别属性或个别部分在人脑中的反映，是对情境的记录。从刺激的来源可以把感觉分为外受感觉、内受感觉和本受感觉。外受感觉接受身体外部的刺激，反映外界事物的个别属性，主要有视觉、听觉、嗅觉、皮肤感觉（触、痒、痛、温等）等。内受感觉是人对机体内的刺激即身体内脏器官的不同状态的反映，主要有肌肉酸胀感、排便感、困倦感、内脏

---

① 朱子《论语集注》认为：说、悦同。学之为言效也……习，鸟数飞也。学之不已，如鸟数飞也。说，喜意也。既学而又时时习之，则所学者熟，而中心喜说，其进自不能已矣。

② ［明代］薛瑄著：《薛文清公从政录》。

痛觉、饥饿或口渴的感觉等。本受感觉就是运动觉或动觉，是对机体位置、运动状态的反映，它接受的刺激是人在运动时肌肉的活动情况。从刺激的性质来分，感觉又可以分为四大类：电磁的、机械的、热的和化学的。视觉是对电磁波（光波）的反映；听觉是对机械振动（声波）的反映；温度觉是对热（温度）的反映；味觉、嗅觉是对化学刺激（气味、味道）的反映。

一般来讲，感觉过程首先要有事物作用于感官，形成在一定范围和一定强度内的刺激，由感官将这些刺激转变成神经冲动，并以电脉冲的方式通过传入神经传送到大脑的不同投射区内，从而转变成各种感觉。

知觉是直接作用于感觉器官的客观事物的整体属性或各个部分在人脑中的反映，是个体对情境的独特描绘和解释。客观事物的多种属性同时或相继作用于不同的个体感受器时，在大脑皮层上多个部位形成兴奋中心，扩充后形成暂时联系，从而使我们对事物的关系产生反映，借助于关系反射，人们形成了对事物的整体认识。个体知觉具有选择性，总是过滤掉大多数的内部或外部刺激，而只注意几种关键的刺激——通过感觉器官接收，再根据对象的特点和自身的兴趣选择注意的焦点，然后结合个体自身特征赋予刺激以意义。

例如，当我们拿起苹果品尝时，苹果的颜色、气味、表面光滑程度和味道等个别属性，分别作用于眼、鼻、手、舌等感官，从而在人脑中产生相应的感觉。而这些感觉在主体的能动意识下进行有机组合，构成了完整的苹果表象，这就是对苹果的知觉。

通常认为自然感觉包括视觉、听觉、触觉、嗅觉和味觉等五种感觉（也有心理学家认为还应包括第六感）。这五种感觉经常被身体内外的各种刺激如光波、声波、机械压力、物质的化学能等因素所激发，从而为人脑所觉察，人类便能使用感觉去体验色彩、光线、形状、音调、响度、温度、气味等。

知觉是一种包含选择、组织和解释的非常复杂的认知过程，虽然知觉非常依赖所感觉到的原始数据，然而人的主体意识却可以对这些数据进行修正甚至完全更改。例如，当我们在观察一个静止的雕像时，如果将眼睛缓缓转移到雕像的另一侧，人会“感觉”到物体是在缓缓移动，但是人还是会将物体“知觉”为静止的。

佛经《六祖大师法宝坛经》中记载有这样一个著名的小故事，有一次印宗法师讲《涅槃经》时正当暮夜，风吹幡扬。有一僧说这是风动，另一僧说这是幡动，议论不已。这时六祖惠能说：“非风动，非幡动，仁者心动！”听者骇然。那两个僧人依靠自己的感官直接作出的回答，与惠能在知觉中排除了一切心外因素，从而得出的结论相比，是有着层次上的差别的。

影响知觉的因素和知觉偏差

影响知觉的因素很复杂，它们可能引起知觉的偏差和歪曲，“风声鹤唳，草木皆兵”就是一例。我们可以从知觉者自身因素、知觉对象的特征和知觉发生的情境三个方面来把握知觉的影响因素。

知觉者的主观因素

知觉者的主观因素对知觉起到非常重要的影响，主要有以下方面。

1. 兴趣和爱好。通常人们感兴趣的或者厌恶的事物容易被察觉，并引起相应知觉，而不感兴趣的事物则往往被意识所排除，出现熟视无睹的情形。如一个足球迷可能用“伟大”来评价罗纳尔多的一次进球，但其他人可能并不认为这一进球有何特别。

2. 需要和动机。未满足的需要或动机能够对人的知觉产生强烈影响。一项对饥饿的研究戏剧化地描述了这一点。研究中，A小组的人在试验的一个小时前吃了东西，B小组的人则已经16小时没有进食。给他们呈现一组主题模糊的图片，结果饥饿的B小组成员把这些图片的内容知觉为食物的频率比A小组高出很多。

3. 知识和经验。个体具有的知识、经验对于知觉的选择性影响也很大。例如观赏同一台戏曲节目，外行人和内行人的知觉差异往往很大，正所谓“外行看热闹(故事情节)，内行看门道(唱腔、动作)”。同样，一个整容外科医生往往比一个钳工更容易注意到一个不美观的鼻子。

4. 自我概念。自我概念分为两种：实际的自我意象，指个体如何看待和评价自己；理想的自我，指个体期望他自己成为什么样的人的知觉。自我概念是影响我们知觉他人的重要因素，这种影响主要表现在：① 如果我们了解自己，能够正确描述自己的个性特征，我们就能更好地知觉他人；② 如果我们能积极地接受自己，我们会更容易看到他人的优点；③ 我们自己的人格特征，影响到我们会注意到别人的哪些个性特征。

许多关于营销策略的研究证实，消费者所选择的品牌，与消费者的自我知觉及他们对品牌的主观意象有着广泛的一致性。例如喝白酒的人与不喝白酒的人相比，在自我概念上有明显差异——前者认为自己更自信、外向、好交际。又如，汽车消费者在自我意象测试的基础上，被分为“谨慎的保守者”和“自信的探索者”两类。两类消费者对汽车的知觉偏好有明显差异：前者喜欢小型车，认为它跑起来方便、便宜；后者喜欢大型车，表现了购买者开朗甚至咄咄逼人的个性特征。

5. 认知结构。认知结构越全面、越复杂，我们对于他人的知觉就越趋于实际。知觉到同一个人时，有人以身体特征去评价，如高或矮、胖或瘦；有人从性格去评价，如活泼或稳重；有人则从多个角度去考察，可能描绘成又瘦又高的、诚实的、活泼的和勤奋的。

此外，价值观、身体状况等因素也会影响知觉的结果。心理学家发现，在相等距离条件下，儿童们所绘的一元银币图形，其面积大小不同。① 通过分析儿童文化背景发现，扩大银币面积的儿童系来自贫寒家庭，此现象显示贫寒环境下长大的孩子对金钱有不同的价值观。这些由主观因素所造成的个体知觉差异，使人的知觉世界丰富多彩，也更难以把握。

---

① Bruner, Jerome S., Cecile C. Goodman. Value and Need as Organizing Factors in Perception. *Journal of Abnormal and Social Psychology*, 1947, 42: pp. 33-44.

知觉对象的特征

观察对象的特征对知觉也有显著影响。

1. 对象的某些特征与知觉组织。格式塔心理学①(gestalt psychology，又名完形心理学)的创始人威特海默(M. Wertheimer)指出大脑是一个动力系统，具有通过联想把几个刺激组合成一种可识别模式的倾向。这种组合符合封闭律、连续律、接近律、相似律和转换律。

(1) 封闭律。人有时会知觉到一个一个完全不存在的整体，人们的知觉加工将会使感觉输入没有填满的裂缝并封闭起来。一组分散的知觉对象包围一个空间时，容易被人知觉为一个单元，例如火车车厢里面对面坐着的乘客，比背靠背坐着的乘客，更容易被知觉为一个单元。如图 2-1，观察者总会将此视作猫头鹰图形，而不会视作其他分别独立的线条或圆圈。封闭律为人的知觉图形提供完善的定界、对称和形式。在组织中，人们则可能会看到一个并不存在的整体，例如项目组长知觉到组员们在某个既定项目上达成了一致，而实际上一些组员是有抵触情绪或反对的。也可能因为封闭律而无法将组织中实际存在的各部分组合成一个整体，只见树木不见森林，例如高度部门化的机械性组织结构中，专家们可能只关心自己感兴趣或责任范围内的领域，而不去注意整体目标。

(2) 连续律。连续律和封闭律密切相关，封闭律提供了缺失的刺激，而连续律则认为人倾向于知觉那些连续的线段或模式。如图 2-2 所示，尽管线条受其他线条阻断，却仍像未阻断或仍然连续着一样为人们所知觉。连续律可能造成不灵活或无创造性的思维，使人们仅仅知觉到这种明显的复杂的连续模式。弹奏钢琴的各个音符因其连续性而被人知觉为一首乐曲。

图 2-1 封闭律

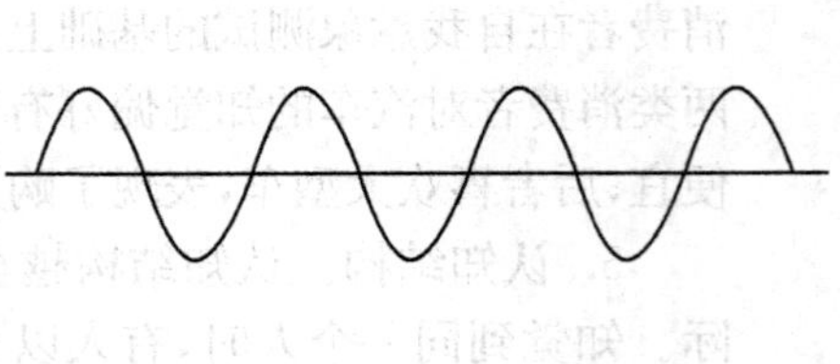

图 2-2 连续律

图片来源：[德]库尔特·考夫卡著，黎炜译，《格式塔心理学原理》，浙江教育出版社，1998 年 12 月版。

(3) 接近律。在时间、空间上接近的刺激容易被知觉为一种整体模式。图 2-3表明，距离较近而毗邻的两线，自然而然地组合起来成为一个整体。在企业中，一个部门的几个职员同时要求辞职，人们容易觉得他们串通一气，其实可能

---

① "格式塔"(Gestalt)一是指物体的形状或形式，也指某具体的实体和它具有的特殊形状或形式的特征；可把格式塔理解为任何分离的整体。格式塔可以包括学习、回忆、志向、情绪、思维、运动等等。广义地说，格式塔心理学家们用格式塔这个术语研究心理学的整个领域。

只是巧合。《战国策·魏策》中记载唐雎为安陵君出使秦国时，对秦王说过这样的话："夫专诸之刺王僚也，彗星袭月；聂政之刺韩傀也，白虹贯日；要离之刺庆忌也，仓鹰击于殿上。此三子者，皆布衣之士也，怀怒未发，休祲降于天，与臣而将四矣。若士必怒，伏尸二人，流血五步，天下缟素，今日是也。"唐雎以知觉的接近律，把一些可能是子虚乌有的自然现象与即将发生的刺杀行为联系起来，竟具有震慑人心的力量。

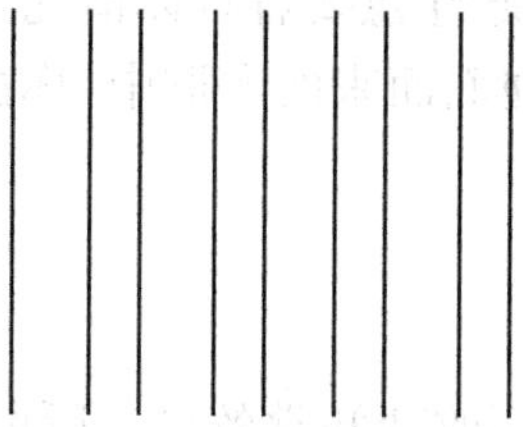

图 2-3　接近律

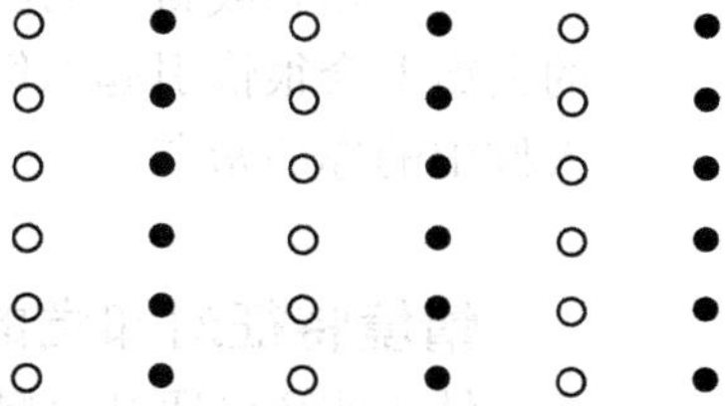

图 2-4　相似律

图片来源：[德]库尔特·考夫卡著，黎炜译，《格式塔心理学原理》，浙江教育出版社，1998 年 12 月版。

④ 相似律。各种刺激越相似，就越可能被知觉为同一组织。观察图 2-4，人们容易把黑球与白圈分别对待，而将该图看作按直线排列，而非以横线排列。如果我们碰到一个傣族人，即使他的生长环境与普通汉族人并无不同，我们仍可能把他与汉族人明显地划分为两类人。

⑤ 转换律。格式塔可以经历广泛的改变而不失其本身的特性。例如，一个不大会歌唱的人走调了，听者通过转换仍能知觉到他在唱什么曲子。

2. 知觉对象的外表特征如大小、形状、颜色等，以及其刺激强度、声音、温度、运动状态、新奇性、重复次数、与背景的对比，也能影响知觉。

客体越大，越可能被知觉到，例如报纸整版广告显然比只在分类版中占用几行字的广告更容易引起注意。即使小机器与大机器一样贵重，维护人员还是更可能注意到大机器而忽略小机器。

著名的谬勒—莱伊尔（Muller-Lyer）错觉就是由形状引起的知觉差异的例子，如图 2-5，a 和 b 两线段等长，但由于两端加入方向不同的箭线，看上去似乎线段 b 比线段 a 要长。

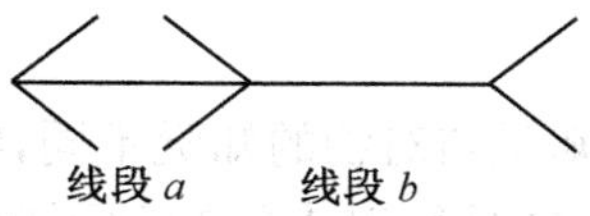

图 2-5　谬勒—莱伊尔错觉

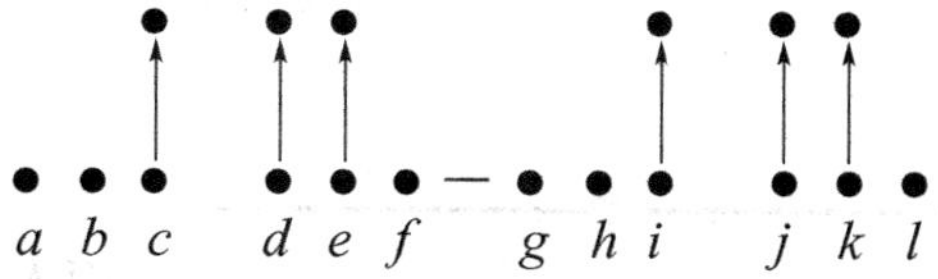

图 2-6　同方向运动

一个整体中的部分，如果作共同方向的移动，则这些作共同方向移动的部分容易组成新的整体。例如，观察图 2-6，根据接近律，可以看作 *abc*、*def*、*ghi*、*jkl* 等组合。如果 *cde* 和 *ijk* 同时向上移动，那么这种共同的运动可以组成新的整体，观察者看到的不再是 *abc*、*def*、*ghi*、*jkl* 的组合，而是 *ab*、*cde*、*fgh*、*ijk* 等组合。

由颜色引起知觉差异的原理，已经被日常衣着、CIS(corporate identity system，企业形象识别系统）、房间室内装饰等广泛采用，如红、橙、黄给人温暖之感，蓝、蓝绿、蓝紫给人寒冷之感；黑色、红色被人知觉为重，蓝色、绿色被人知觉为轻；浅色使人觉得宽大，深色使人觉得狭小等等。

动态的物体、重复次数多的事物易引起人的知觉，如晚上那些颜色不断变化运动的霓虹灯广告牌就比静止的广告牌更引人注意；一条枯燥任务的指令向一名工人重复多次，他就会更好地接受指令。

一个熟悉或新颖的因素是否会引起注意要看具体情况。一头小驴走在城市的大街上会很快引起人们的注意；在迎面而来的人群中，你往往最先注意到的是人群中的你的密友。

情境特征对知觉的影响

情境或环境通过影响人的感受性而改变知觉效果。所谓感受性，就是人对刺激的感觉灵敏程度。"入芝兰之室，久而不闻其香；入鲍鱼之肆，久而不闻其臭"，就描绘了嗅觉的感受性降低的情景。知觉的相互作用，人的生理因素、心理因素，某些药物的刺激，以及对香烟等的不良嗜好，也可能引起感受性变化。如"欢娱嫌夜短，寂寞恨更长"就描述了因心理情趣的差异而对时间的知觉有所不同。

背景可能对知觉有极为复杂的影响，它赋予环境中的简单刺激以特殊的意义和价值。一个随意的涂鸦之作，可能被人赋予深意。而组织文化和结构就为组织成员提供了知觉的一个背景。扬起的眉毛或拍拍背，在工作组织背景下都可能代表着特定的信息和价值。

晋代有个"东床坦腹"的故事，太尉郗鉴欲与豪门王氏家族联姻，他派了门生到王家去择婿，王家让来人到东厢下逐一观察他的子侄。门生回去后对郗鉴汇报说：王家诸少年都不错，他们听说来人是郗家派来选女婿的，都各自矜持，反至拘谨，只有一个人在东床上袒胸露腹地吃东西，好像不知道有这回事一样。郗鉴听了说："这就是我要找的佳婿。"原来这个坦腹而食的人就是王羲之，郗鉴就把女儿嫁给了他。在其他少年的背景衬托下，大书法家王羲之的潇洒旷达、不拘礼节、不慕荣利的形象鲜明耀眼。也因为这个典故，后来人们就把"东床坦腹"、"东床"作为女婿的美称。

社会知觉及其偏差

对人的知觉与对物的知觉不同，物是相对单一的，而人有丰富的内涵，对人的知觉不应停留在知觉对象的音容笑貌、身体姿态、举止言行等外表上，而要对人的内部心理状态，即个性特点、态度、动机、观点等复杂的因素有所知觉。

社会知觉就是对人的知觉，在组织行为中的作用至关重要。这一概念最初由美国心理学家布鲁纳(J. S. Bruner)于 1947 年提出，其含义经过发展，现在一般理解为个人在社会环境中对他人（某个个体或某个群体）的心理状态、行为动机和意向（社会特征和社会现象）的知觉，其主要内容包括四个方面：对自己的知觉，对他人的知觉，对人际关系的知觉，对社会角色、社会事件因果关系的认知与判断。

"以人为镜，可以明得失。"[①]库利提出"镜中自我"[②]的概念，这是社会角色和社会互动的经典概念，意为他人对于我是明镜，其中反映我自身，包括三个要素：① 我们所想象的我们在别人面前的形象；② 我们所想象的别人对我们这种形象的评价；③ 由上述想象中产生的某种自我感觉如自豪、屈辱等。对他人的知觉，主要指通过"听其言，观其行"，来达到对别人的动机、情感、意向、观点和性格等方面的认识。对人际关系的知觉则是以人的交际行为为知觉对象，对交往中的动作、表情、态度、言语、礼节等进行感知。对社会角色的知觉，是指对人们所表现的社会角色行为的知觉。一个人可能同时具有父亲、丈夫、领导、健身馆学员、租房房客等多重身份，这就要求在生活中要掌握各种角色的行为标准，形成角色意识，把握角色知觉，使行为举止守礼得体，合乎社会规范。

在社会知觉领域，由于知觉的主体、客体都是人，具有强烈的主观能动性，因而社会知觉非常复杂，双方的关系、相对地位、价值观念、个性、社会经验和知觉对象行为的真实程度等等，都可能成为重要的影响因素。个体在长期的知觉和解释他人的活动的过程中，形成了一些特定的很有价值的技术手段，能使其迅速进行比较正确的知觉。然而，它们常常并不可靠，可能带来社会知觉的偏差和错觉。下面就是一些常见的认知偏差效应。

1. 选择性知觉与知觉防御。人们常常更可能注意到与自己的个性、定型的知觉及心理预期相同或相似的东西，而本能地阻挠那些不一致的信息，故意视而不见、不加理睬，或者加以歪曲。

由于选择性知觉，在车库中，人们更可能注意到与自己相同的车。如果有传言说公司的销售额显著下降，并将导致公司大量的裁员，此时一名高层管理者的常规性的参观也可能被解释为管理层正在确认解聘人员。选择性知觉使我们能快速地解释他人，但这可能是危险的，因为我们看到的是我们想看到的东西。

2. 首因效应（第一印象效应）。首因效应是指对人的知觉中留下的最初的印象，它能够以同样的性质影响着人们再一次发生的知觉。如果某人带给我们美好的第一印象，它将影响到我们以后对他的知觉，反之亦然。即使在我们感知中他的表现已经变化了，第一印象形成的影响，也将是滞后地、缓慢地改变。

首因效应启示我们，一定要注意看人不能先入为主，轻易地下结论。同时，管理者要重视自己在组织成员中留下的第一印象，为以后的工作打好基础。

3. 晕轮效应。人们在观察别人时，对这个人的某个方面、品质或特征有非常突出的知觉，起到了一种类似于晕轮的作用，从而掩盖了对这个人其他特征的知觉，造成以点概面、以偏概全的后果。我们常说的"情人眼里出西施"、"厌恶和尚恨及袈裟"就说明了这个道理。

---

① ［唐代］刘𫗧：《隋唐嘉话》，卷上。

② 查尔斯·霍顿·库利：《人类本质与社会秩序》，华夏出版社，2003 年版，第 149 页。

晕轮效应对组织成员的个性评估、绩效评估往往有不利影响。有一项经典研究：研究者给被试者出示的一些纸上列有聪明、灵巧、勤奋、实际、坚定和热情等6种品质，让被试者对具有这些品质的人进行评估，答案是人们判断此人精明、幽默、有人缘，并富有想象力。而在另一些纸上，研究者仅仅把热情换为冷酷，其他品质保持一致，但人们所形成的知觉完全不同。显然，被试者因为一种特质而大大影响了对此人的总体评价。

4. 近因效应。近因效应指最近给人留下的印象，对人的知觉有强烈的影响。它和首因效应似乎相反，一般说来，在知觉熟人时近因效应起较大作用，知觉陌生人时首因效应起到较大的作用。

5. 定型效应(定势效应或刻板印象)。定型效应是指将在头脑中形成的某个独特阶层或类型的特征，强加于该类人群中的某个体的倾向，也就是"成见"。例如，提起教授，人们就容易联想到文质彬彬；提到亚裔移民，人们容易联想到勤奋踏实。

6. 对比效应。知觉并不是孤立进行的，常受到最近接触的其他人的影响。演艺人员常说，不要跟在孩子和动物之后演出你的节目。

7. 投射。投射就是人们把自己的特征视为他人的特征的倾向。上司对与自己兴趣、态度、价值观相近的下级往往作出更高的绩效评价。

印象管理理论

印象管理(expression management)是人际互动中一种普遍现象，是人们有意识或无意识地对自己的行为进行控制，以影响他人对自己印象的有目标指向的行为，是影响他人如何看待自己的手段。这是一种个体为了美化自己、避免自己的形象受损的积极行为，是个体社会适应性的表现。

印象管理的过程通常包括两个阶段，一是形成印象管理的动机，二是进行印象建构。

1. 印象管理的动机，指人们想操纵和控制自己在他人心目中的印象的意愿程度。个体印象管理的动机水平将取决于以下三个方面的因素。

(1) 印象与个人目标的相关性。越是与个人目标密切相关的印象，个体进行印象管理的动机就越强烈。在组织中，个体的工作能力及工作方式等印象，与个体的目标关系密切。

(2) 目标的价值。越是有价值的目标，个体进行印象管理的动机就越强烈。例如，提升对个体来说，是非常有价值的目标，而上级和同事对自己工作能力与工作方式的印象，则直接影响个体的提升。因此，个体会非常在意使上级和同事形成有关自己工作能力与工作方式的好印象。

(3) 一个人期望留给他人的印象与他认为自己已经留给他人的印象之间的差异。这种差异越大，个体的印象管理的动机就越强。例如，某人希望上级赏识自己的能力，下级认可自己的工作方式，当认为上级过去已形成有关自己能力的不良印象，或者下级已形成有关自己工作方式的不良印象时，个体改变这种印象、对自我印象进行管理的愿望就会更强烈。

2. 印象建构,指个体有意识地选择要传达的印象类型并决定如何去做的过程。印象建构包含两个过程:① 选择要传达的印象类型;② 决定如何去做。要传达的印象类型不仅包括个人的人格特征,也包括态度、兴趣、价值观或物理特征等。研究发现,有五个因素影响到我们选择试图要传达的印象类型,这五个因素是:① 自我概念;② 期望或不期望的同一性形象;③ 角色限制;④ 目标价值;⑤ 现有社会形象。

个体在不同情境下或对不同的人会采取不同的印象管理策略,不同性格、不同文化背景下的人采取的策略也有所不同,此外性别差异也会造成印象管理策略的不同。在组织中,人们最常使用的印象管理的策略主要有两种。

1. 降级防御策略。当个体试图使自己为某消极事件承担最小责任或想摆脱麻烦时,就可以使用这种策略。这类策略包括:

(1) 解释,试图作出解释或为自己的行为辩护。例如,自己身体不适,感觉不好,或者有其他更重要的事情要做等,因而影响了某任务的完成。

(2) 道歉,当找不到合理的解释时,就为这一消极事件向老板道歉。这样的道歉不仅可以让人感到他的确有悔恨之意,而且也会让人觉得此类事情以后不会再发生了。例如,确实是上班迟到了,或者的确没有按时完成任务,这时如果先解释原因,往往会引起对方的反感,而如果能先表示歉意,再作出适当的解释,就更容易让人接受,也不至于影响自我的形象。

(3) 置身事外,当个体与进展不顺利的某事不直接相关时,他们可以私下告知上司自己与此事无直接关系。使用这种方法,常常能使自己少受不好的事情牵连。例如,当小组工作进展不顺利时,如果自己与这件事关系不大,就可以私下告诉老板,自己曾经反对这一计划,但被否决了。

2. 促进提升策略。当个体试图使自己对某一积极结果的责任最大化,或者想让自己看起来比实际更出色时,会使用这类策略。常使用的策略有:

(1) 争取名分,当人们认为自己所取得的积极成果应得到认可时,通常会采用这种策略。例如,通过正式的渠道让人了解自己的贡献,或者通过非正式的渠道告诉关键人物自己所取得的成果。

(2) 宣扬,当个体已受到赞扬,但还想让别人了解自己比原先所认为的做得更多、影响更大时,常常会采用这种策略。例如,自己在小组工作中进行的改革,不仅使小组现在的业绩提高了,而且还将使小组的竞争力增强。

(3) 揭示困难,让人们了解自己尽管存在个人或组织方面的困难与障碍,但还是取得了积极的成果,这样就会使人们对自己有更好的评价。例如,告诉别人,今年的成绩是在克服非典干扰的情况下取得的,别人会更加高估今年所取得的成绩。

(4) 联合,确保在适当的时间被看见与适当的人在一起,以让人们了解自己与成功项目的密切关系。例如,当上级来视察时,组长总是与组员在一起讨论问题,这常常会使上级觉得,小组所取得的成绩与组长关系密切。

应该在何时使用何种策略,这取决于个体所面对的情境。

归因理论

在社会交往中,人们对于各种行为并不满足于只形成印象,往往还要探究其原因,试图判断它是由可以控制的内部原因造成的,还是由外部客观原因造成的,这就是归因(attribution)。例如一位员工早上上班迟到,你可以把他的迟到归因于他熬夜打牌而睡过了头,这就是内部归因;但如果你认为他的迟到是因为他常走的道路遭遇堵车,那么这就是外部归因。

归因理论是在美国心理学家海德(Fritz Heider)的社会认知理论和人际关系理论的基础上,经过美国斯坦福大学教授罗斯(L. Ross)和澳大利亚心理学安德鲁斯(Andrews)等人的推动而发展壮大起来的。

哈罗德·凯利(Harold Kelley)①提出了一个解释人们怎样决定他人行为的原因的模型,他认为进行归因时人们关注三个主要因素,即一致性、一贯性和特殊性。

如果其他人在相似的场合下也都会有相同的反应,那么我们就说该行为具有一致性。比如:上述例子中,如果所有走相同路线的员工都迟到了,那么这一迟到行为就符合上述标准。从归因的观点看,如果一致性高,我们很可能对迟到行为进行外部归因;如果走相同路线的其他员工都没有迟到,你会断定迟到的原因来自于内部。

如果此人的这一行为具有一贯性,也就是说此人在其他时候的相似场合下也表现出同样的反应,我们会把这一行为作内部归因。比如,若此人每周都会迟到几次,那么我们倾向于认为此次迟到也是由于他自身原因;而如果他以前几个月都从未迟到过,我们则可能认为此次是一个特例,可能是堵车等外因所致。

特殊性是指此人在各种不同场合下,是否都会表现出类似的行为。比如:此员工是否在工作的其他方面也被同事认为是个游手好闲的人?我们想了解的是这种行为是否不同于平常。如果特殊性很低,即这种行为与平常没什么差别,我们会把行为归于内因;如果特殊性高,我们会把行为归于外因。

美国心理学家维纳(Bernard Weiner)在1974年的研究表明,在现实中,有经验的员工对行为的成败进行分析时常作四种归因:一是个人努力程度的大小,属于内因中的不稳定因素;二是个人能力大小,属于内因中的稳定因素;三是任务的难度大小,属于外因中的稳定因素;四是机遇、运气状况的好坏,属于外因中的不稳定因素。② 行为者如果把行为的成败归于外因,常常会消除失败带来的不快,但会减少成功带来的喜悦;如果把行为的成功归于内因,则往往对未来的成功抱有更高期望,会设置更高的绩效目标。

---

① Kelley, Harold. The Process of Causal Attribution. *American Psychologist*, 1973, 28: pp. 107-128.

② Weiner, Bernard. *Theories of Motivation*. Chicago: Rand McNally, 1972: Chap. 5; Weiner, Bernard. *An Attributional Theory of Motivation and Emotion*. New York: Springer-Verlag, 1986; Graham, S., Bernard Weiner. An Attributional Analysis of Punishment Goals and Public Reactions to O. J. Simpson. *Personality and Social Psychology Bulletin*, 1997, 23: pp. 331-346.

如果行为者把失败挫折归因于能力等稳定的内因，则可能不会再加强今后的努力，甚至会放弃努力，因为他认为努力起不了作用。

如果把失败挫折归因于努力程度这一不稳定的内因，他可能会继续努力、更加努力。

如果把失败归因于机遇、运气等不稳定的外因，则一般不会影响人的积极性，可能会持续地努力。

如果把失败归因于任务重、难度大等稳定的外因，则可能降低行为者的自信心、努力程度和持续工作的打算。

作为领导者，应当注意引导下属向内因中不稳定的因素方面归因，鼓励员工增强自信，持续努力。

归因理论还发现人们常常存在两种主要偏见，因而不能正确归因。其一是基本归因偏差①(fundamental attribution error)，即人们在归因时往往忽视情境的巨大影响力，人们会将其他人的行为归因于个人因素如智力、能力、动机、态度或人格等，哪怕别人的行为很明显受到了情境的左右。但文化因素在此也有重要作用，如在印度，更普遍的归因错误是过高估计造成所观察到的行为的外部原因。② 其二是人们倾向于更好地表现自己，即自利性偏差(self-service bias)，比如人们在被告知获得成功时会欣然接受，把成功归因于自己的能力和努力，然而他们常常将失败归因于机遇或任务本身的"不可能性"等外部情境因素。例如，运动员常常会将成功原因归结于自己的能力天赋，而却将失败归结于其他方面——休息不充分，裁判不公正，运动场地不佳或比赛气氛不好。

在工作进展不利时，老板倾向于将问题归咎于下属的无能或糟糕的工作态度，他归咎于情境的因素往往取决于他自己对此工作任务的参与程度；而下属恰恰相反，他们抱怨外部情境造成了巨大困难，或是老板的决策失当。如果工作进展顺利，老板会认为是由于自己能力强，员工只是外部次要因素；员工则会认为是集体努力的结果，而老板的作用不大。总之，管理者和下属之间的归因矛盾在组织中是典型的。

美国《工业周刊》曾对大中型公司中的1 300名中层管理者进行了调查。其中有两个问题是："你认为目前的成功取决于哪些方面的因素?""你认为阻碍你进一步晋升更高职位的最主要原因是什么?"大多数管理者将其发展归因于自己的知识水平和在工作中取得的成就。80%以上的中层管理人员认为这两点是他们晋升到管理层职位的最主要原因。当被问及哪些因素阻碍了他们晋升更高的管理职位时，56%的管理者认为自己没有与"恰当的人"建立关系，23%的人说自己缺乏足够的教育、智力或专业领域方面的知识。

---

① Osland, Joyce S., David A. Kolb, Irwin M. Rubin. Perception and Attribution. *Organizational Behavior: An Experiential Approach*, Chap. 8. Upper Saddle River, New Jersey: Prentice-Hall, Inc.: pp. 171-188.

② Miller, J. G. Culture and the Development of Everyday Causal Explanation. *Journal of Personality and Social Psychology*, 1984, 46: pp. 961-978.

值得指出的是，不同文化下的调查显现出来归因偏差有所不同。比如，对韩国管理者进行的研究发现，与自利性偏差正好相反，他们倾向于承担群体失败的责任，把失败归因于"我不是一个称职的领导"，而不是归因于群体成员。归因理论在很大程度上是从美国人对自己的实验研究的的基础上发展起来的，但韩国的研究结果则告诉我们运用归因理论进行预测时应该慎重。

归因理论告诉我们，为了创造更有建设意义的关系，必须加强人际互动，进行深入的沟通，开放工作空间，采用团队方式管理，以减少归因偏差，从而减少各方面的知觉冲突。归因理论不单纯是理论架构中的学术思想，也具有很大的实用价值。

心理契约理论

所谓心理契约（psychological contract），是指员工和组织对于相互责任的期望，它包括了个体和组织分别对于相互责任的期望，反映的是个体所感受到的自身与组织之间的内在心理联系。心理契约是由人们所持有的对与另一方所达成交换协议的本质的信念所构成的，是个体对于相互责任的主观认知，而不是相互责任这一事实，是随着组织及环境因素变化而变化的心理承诺与互惠意识。从这个角度看，雇佣就是这样一个心理契约，即雇员在雇主会报答他们的期望前提之下履行其责任。

概括而言，心理契约可分为三种类型：交易型、关系型以及团队成员型。交易型契约强调具体、有形、基于当前利益的工具性相互交换。关系型契约强调雇佣双方相互支持和依赖、彼此沟通与交流，承担长久的开放性责任。团队成员型契约是指员工与组织在事业发展上彼此承担责任。

有研究者对英国各地区各行业的雇员和组织间的心理契约内容进行调查后发现，组织对雇员的义务的期望主要有：守时、敬业、诚实、忠诚、爱护资产、体现组织形象、互助七个方面。而雇员对组织义务的期望主要有：培训、公正、关怀、协商、信任、友善、理解、安全、一致性、薪资、福利和工作稳定等 12 个方面。研究还表明，雇佣双方在心理契约中对组织义务的期望在友善、理解、福利、安全、薪资以及工作稳定等方面有显著差异。双方在对雇员义务的期望中，在忠诚、爱护组织资产和体现组织形象等方面存在显著差异：雇员比较强调爱护资产、体现组织形象，而组织更强调忠诚。

影响心理契约的关键是心理契约发展的每个阶段是否存在有效沟通。许多员工，特别是新员工和正在进行裁员的组织的员工，往往会感到他们的心理契约并未得到充分兑现或履行。有研究发现将近 55%的 MBA 被试者报告在其受雇的头两年，心理契约遭到违背。幸而，并不是所有的员工在其心理契约被违背时都会采取一种敌对的反应方式。心理契约的形成、调整及其违背都会对组织有效性造成影响，尤其是对工作满意度、离职意向和组织政策有显著影响。雇佣双方心理契约的一致性越高，雇员的组织承诺越高。对于管理者而言，了解员工的组织承诺对于制定政策和改进管理至关重要。

在中国，如何提高员工的组织承诺有着其特定文化背景下的做法。国内有学者建议如下：

① 中国文化重视情感体验，为了赢得员工的情感承诺，就要让员工在工作中体会到组织的关心和厚待。因此，管理者应该从员工需求出发，设计各项政策，为员工能高度参与并努力达到组织目标创造条件。同时通过公平的分配和晋升系统对员工的付出给予回报。② 做好员工职业生涯管理，为员工的发展提供更多的培训和晋升空间，帮助员工形成良好的工作愿景，帮助员工进行自我实现。③ 给予员工充分的信任。通过诚实与公开的沟通，与员工建立相互信赖的关系，给予员工归属感。

学习与行为理论

南北朝时的傅昭曾说：行为上，识为先。[①] 人和动物的行为有两类，一类是本能行为，是通过遗传而获得的种族经验，生而有之，如天鹅飞翔，母鸡孵蛋，婴儿吸奶等；另一类是习得行为，来自于后天环境中的学习，如熊猫骑车、小学生习字。本能行为非常呆板，难以适应环境变化，如把鸡蛋换成鸭蛋，母鸡仍然照孵不误，而习得行为则能摆脱遗传基因的限制，适应和改造复杂的外界环境。

学习是人类生活中永恒的主题，每个人自呱呱坠地时起就开始不断地学习。从咿呀学语、蹒跚学步到掌握各种自然科学、社会科学知识，常常是“活到老，学到老”。在市场一体化、竞争全球化、产品更新换代的速度大大加快的知识经济时代，企业的学习能力是生死攸关的大事。20世纪90年代以来，全世界兴起研究与创建学习型组织的热潮，正反映了学习的重要性。所谓学习理论，总体可以分为两类，即行为主义学习理论和认知学习理论。

行为主义学习理论

行为主义学习理论诞生于20世纪初，主要以桑代克的试误说、华生的刺激—反应说，以及斯金纳的操作性条件作用理论为代表，在20世纪70年代以前，一直在美国心理学界占有统治地位。

行为主义心理学家把俄国巴甫洛夫学说称为经典条件反射学习论。巴甫洛夫于1913年进行了名为经典条件反射模型的试验，试验中他把狗置于隔音实验室内，首先向狗提供铃声刺激，铃响半分钟后给予食物，此时记录到狗的唾液分泌反应，当铃声与食物反复配对呈现多次以后，仅仅给出铃声而无食物提供时，狗仍然会作出唾液分泌反应，这就是条件反射的建立。研究结论认为，设置一定的刺激条件可引起生物体一定的反应，这一反应过程通常称为S-R(刺激—反应)联结。

---

① 傅昭：《处世悬镜》。

在经典条件反射的形成过程中,无条件刺激(unconditioned stimulus, UCS)是指无须学习就可引起反应的刺激,如食物等。无条件刺激可引发无条件反射(unconditioned response, UCR),如唾液分泌。而如果将无关刺激与无条件刺激反复结合一起出现(如将铃声与食物反复同时出现),则无关刺激会成为无条件刺激的信号并引起无条件反射(如狗会流唾液),这种反应就叫条件反射(conditioned response, CR),这种引起条件反射的刺激就叫条件刺激(conditioned stimulus, CS)。

由习得而来的反应就是习惯。经典条件反射揭示了有机体是如何认识配对的刺激事件之间的关系的,阐明了联合学习的根本特征。经典性条件反射可以帮助我们理解生活中的许多学习行为,如望梅止渴、谈虎色变、杯弓蛇影等。这种学习的反应可能不受个人的意识控制。[①] 既然某些心理感受是通过条件作用、通过学习而获得,那么它也可以通过另一种学习加以消除。这一理论常被用于行为矫正和精神治疗。

美国心理学家桑代克(Edward Lee Thorndike)于1986年做了"迷笼实验"。他把饥饿的猫置于一个特制的迷笼中,笼外放有食物,但猫可望而不可即。猫起初惊恐地乱抓乱撞,但偶然触动了机关,从而吃到了食物。在以后的重复实验中,猫在笼中的紊乱活动随着练习次数的增加而逐渐减少。最后,猫可以一进迷笼就触动机关走出笼子,得到食物。

桑代克由此认为,学习的实质是通过尝试与犯错误,从而在一定的情境和一定的反应之间建立起联结。经过反复尝试,那些错误而无效的动作逐渐被淘汰,而正确有效的动作则被保留,这就是"试误说"。在试误过程中,某一反应之所以与特定的情境建立联结,是因为该反应(触动机关)能带来满意的效果(出笼得到食物),此即桑代克的"效果律"。后来赫尔把效果律发展为包括动机在内的学习模式,他认为学习应包括三个过程:从内驱力或需要,到习惯性的刺激与反应的联结,即S-R联结,再到强化。

桑代克还发现,练习本身并不促进学习,只有伴随奖赏或知道结果的情况下,才有利于学习。惩罚并不会使学到的东西消失,而只是抑制了这些反应的出现。当不再惩罚时,这些反应还会出现。对于情境和反应的联结来说,若反应后得到满足,则联结的力量增强;若反应之后得到烦恼,则联结的力量就会削弱。

斯金纳(B. F. Skinner)以桑代克的迷笼为基础创设了斯金纳箱。他把饥饿的白鼠关在箱内,白鼠不安地乱转,活动中偶然压到了杠杆,一粒食丸便滚到食物盘内供其食用。以后白鼠再次按压杠杆,又可得到食物。由于食物强化了白鼠按压杠杆的行为,因此后来白鼠越来越频繁地按压杠杆,最后它学会了通过按压杠杆来获取食物。从辨别性刺激(杠杆),到操作性反应(按杠杆),再到强化刺激(提供食物),形成一个完整的学习过程。

斯金纳由此提出,学习是一种反应概率上的变化,而强化是增强反应概率的

① Kanfer, R. Motivation Theory and Industrial and Organizational Psychology. In Dunnette, M. D. and L. M. Hough (eds.). *Handbook of Industrial & Organizational Psychology*. 2nd ed., Palo Alto, Calif.: Consulting Psychologists Press, 1990: pp. 75-169.

手段。① 若一个操作(自发反应)出现以后,有强化刺激到来,则该操作的概率就增加;已经通过条件作用强化了的操作,若出现后不再有强化刺激来到,则该操作的概率就会减弱,甚至消失。

斯金纳操作性反射理论对管理有很大影响,因为它能影响员工的行为。例如通过改变员工的某种行为的外部结果,能增加或减少该行为出现的概率。

认知学习理论

认知学习理论 20 世纪 20 年代从德国传入美国,但一直发展缓慢,直到 50 年代以后随着信息论、计算机科学和心理语言学的发展,认知学习理论才迅速壮大。近二十年以来,把学习者作为知识灌输对象的行为主义学习理论,已经让位于把学习者看作是信息加工主体的认知学习理论。

格式塔学派的柯勒(W. Kohlar)曾于 1913 到 1917 年在西班牙的特纳利夫群岛上对黑猩猩的学习行为进行了大量研究,提出第一个认知学习理论——学习完形学说(Gestalt Learning Theory),又常被称为“顿悟说”。

柯勒给黑猩猩设置了许多问题情境。例如,把香蕉挂在猩猩跳起来也够不着的笼子顶上,笼子里有两只木箱,站在任何一只木箱上都够不着。只有把木箱移过来叠在一起,站在上面,才能够着香蕉;再如,把香蕉放在笼子外面,只有把笼子边上的两根竹竿接起来才能够着香蕉。柯勒发现,黑猩猩并不是像桑代克描述的用试误的方法逐步学会如何拿到香蕉,而往往是突然学会了解决问题的办法。有时候它蹲在那里,观察情境,然后表现出对问题情境的突然领悟,把两个木箱叠在一起,站在上面拿到香蕉;或者把两根竹竿接在一起得到香蕉。柯勒把黑猩猩的这种表现称为“顿悟”。顿悟与前面发生的行为相比是突发而至的、截然不同的。

柯勒完形学说认为,顿悟往往出现在若干尝试与错误的学习之后,但并非盲目的、胡打乱撞的,而是类似于验证假设的一种有目的的程序。顿悟是对目标和达到目标的手段、途径之间关系的理解。学习的实质是在主体内部构造完形。完形是一种心理结构,是在机能上相互联系、相互作用的整体。在学习过程中,对情境或客观条件的各个部分之间关系的理解不是一种渐进的过程,而是突然的领悟,也就是顿悟。

认知心理学的先驱托尔曼(E. C. Tolman,1932)建立了符号学习理论。② 他指出,个体的学习行为是有目的的,而非对刺激所作的单纯反应。学习是对“符号—完形”的认知,形成目标、对象、手段三者相联系的“认知地图”。因此,他将行为主义 S-R 联结公式改为 S-O-R 公式,其中 O 代表有机体(organism)的内

① Skinner, B. F. *About Behaviorism*. New York: Knopf, 1974; Martinko, M. J., P. Fadil. Operant Technologies: A Theoretical Foundation for Organizational Change and Developmnet. *Leadership & Organization Development Journal*, 1994, 15(5): pp. 16-21.

② Tolman, E. C. *Purposive Behavior in Animals and Men*. New York: Appleton-Century-Crofts, 1932.

部变化，亦即中介变量，它虽不是引起行为的基本原因，却是引起一定反应的关键，称为“行为决定因素”，包括目的和认知的因素、能力因素和行为顺应因素。托尔曼认为学习者所学到的东西并不只是简单的机械的运动反应，而是达到目的的符号及其意义。他于1930年通过三路迷津试验等经典研究来证实符号学习理论。

托尔曼三路迷津试验所用的装置如图2-7所示。实验开始时，白鼠有机会先游走于迷津里的各个通路，熟悉整个环境。托尔曼发现，白鼠在从起点到食物箱的各个通路中，最喜欢走通路1，若干次尝试之后，白鼠从起点到达食物处的速度明显提高。进入正式试验，他先在A处（如虚线A所示）堵塞通路，发现白鼠迅速退回，改走通路2，此后再在B处（如虚线B所示）将通路阻塞，此时白鼠已经知道通路1和通路2都行不通，而径直趋向最远的、练习最少的通路3。

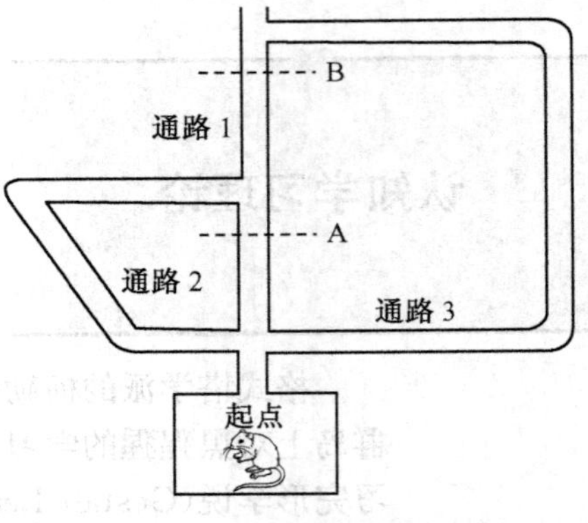

图2-7 托尔曼的三路迷津示意图

托尔曼据此实验提出，白鼠在迷津中四处游走之后，学到的不是一系列动作，即不是对特定刺激作出的特定反应，而是某种比较抽象的和整体性的东西——迷津本身的空间布局。托尔曼为此提出认知地图（cognitive map）的概念来表明动物在这类实验中所习得的东西。白鼠学到的是：食物在哪里；哪几个通道不通；哪些通道通向目的箱。一旦白鼠把这些信息同化到它的某种认知地图中去，它就知道目标在哪里以及应该怎么走，而不需要凭借任何一种固定的位移系统来做到这一点。白鼠认识到食物所在方位，并非只是把机械的左转右转的活动联结在一起，而是把迷津通路中某些特征（行动方向、到达目的地的距离及其关系）作为符号标志，并通过对符号之间关系（手段—目的—关系）的辨别，来获得迷津通路的整体概念，形成一个认知地图。

潜在学习（或潜伏学习）是托尔曼提出的一种学习现象，它是指未表现在外显行为上的学习，亦即有机体在学习过程中，每一步都在学习，只是某一阶段其学习效果并未明确显示，其学习活动处于潜伏状态。

托尔曼等人为研究在白鼠认知迷津过程中食物对学习所起的作用，设计了一个实验。托尔曼将白鼠分为三组。甲组为有食物奖励组，每次到达目标均得到食物强化，乙组为无食物奖励组，每次到达目标均无食物强化，甲、乙都是控制组。丙组为实验组，开头10天不给食物，第11天才开始给食物奖励。实验结果表明，随着练习次数的增加，三组白鼠在到达目标箱前所犯的错误（进入盲港）的次数都逐渐减少，其中有食物奖励的甲组学得比乙组和丙组快。但令人惊异的是，丙组在第11天得到食物强化后，它的错误骤然减少，成绩迅速赶上甲组。可见丙组在开头10天的练习中虽然得不到食物，但在每次练习中同样地探索迷津的每一部分并形成了认知地图，只不过没有在行为中实际表现出来而已。托尔曼把这种现象称为潜在学习。

由此可见,强化并非产生学习的必要条件。学习与操作有所不同,学习所获得的知识常常潜伏在学习者的记忆中,只有当目的物出现时,潜在学习才通过操作表现出来。托尔曼指出,学习需要目标,如果没有目标,学习的效果就无法表现出来。强化物的出现,就为动物的学习显示了目标,它对于学习来说至关重要。

随着心理学家对人类学习过程认知规律研究的不断深入,近年来认知学习理论的一个重要分支——建构主义(constructivism,也作结构主义)学习理论在西方逐渐流行。

建构主义理论一个重要概念是图式。图式是指个体有组织的、可重复的行为或思维模式,也可以被看作心理活动的框架或组织结构。图式是认知结构的起点和核心,或者说是人类认识事物的基础。因此,图式的形成和变化是认知发展的实质,认知发展受三个过程的影响,即同化、顺应和平衡。同化(assimilation)是指学习个体对刺激输入的过滤或改变过程。也就是说个体在感受刺激时,把它们纳入头脑中原有的图式之内,使其成为自身的一部分。顺应(accommodation,又称调节)是指学习者调节自己的内部图式结构以适应特定刺激情境的过程。当学习者遇到不能用原有图式来同化新的刺激时,便要对原有图式加以修改或重建,以适应环境。同化使客体结构不断转化为主体的认知结构;顺应使主体认知结构不断超越客体结构,而得以发展。平衡(equilibration)是指学习者个体通过自我调节机制使认知发展从一个平衡状态向另一个平衡状态过渡的过程。

建构主义理论的一个代表人物,儿童心理学之父皮亚杰(Jean Piajet)认为,儿童在与周围环境相互作用的过程中,逐步建构起关于外部世界的知识,从而使自身认知结构得到发展。儿童与环境通过同化与顺应的相互作用,达到与周围环境的平衡。当儿童能用现有图式去同化新信息时,他处于一种平衡的认知状态;而当现有图式不能同化新信息时,平衡即被破坏,而修改或创造新图式(顺应)的过程就是寻找新的平衡的过程。儿童的认知结构就是通过同化与顺应过程逐步建构起来,并在"平衡—不平衡—新的平衡"的循环中得到不断的丰富、提高和发展。教学应该把儿童现有的知识作为新知识的起点,引导儿童建构新的知识经验。

行为主义强调事物及其意义独立于人而存在,学习是把外在、客观的内容转移到学习者身上。而认知主义强调已有知识在新知识获得中的作用。建构主义则强调知识是主体建构的,离开了主体,知识就失去了意义。对知识的理解决定于主体原有的经验。

建构主义认为,知识是一种假设、解释,不是绝对的,会随着认识的加深,不断进步,学习过程不是学习者被动的"填鸭式"的接受知识的过程,而是学习者主动建构知识的过程。学习者通过新、旧知识经验间反复的双向作用来形成和调整自己的经验结构,即用原有知识帮助理解新知识,通过新知识补充或改变原有知识结构,使其更完善。

社会学习理论

社会学习理论的创始人、认知理论之父艾伯特·班杜拉认为，人的行为，特别是人的复杂行为都是后天习得的。[1] 行为的习得既受遗传因素和生理因素的制约，又受后天经验环境的影响。在研究行为习得的过程中，不能将二者分而论之。

班杜拉所关心的是行为习得的两种不同的过程：一种是通过直接经验获得行为反应模式的过程，班杜拉把这种行为的习得称为“通过反应的结果所进行的学习”，即我们所说的直接经验的学习。例如，桑代克的尝试错误学习、巴甫洛夫的条件反射式学习和传统行为主义的刺激与反应的联结式学习均属于这一类。另一种是通过观察示范者的行为而习得行为的过程，班杜拉将它称之为“通过示范所进行的学习”，即我们所说的间接经验的学习。人类的大量行为都是通过对榜样（或示范者）的观察而习得的。这种学习就是观察学习或模仿学习。观察学习乃是人类获得大量行为反应的主要形式。班杜拉的社会学习理论所阐述的就是这种学习。他认为观察学习主要是靠榜样的影响，并通过它们的信息机能来引起学习。在观察学习的过程中，人们获得了示范活动的象征性表象，并引导适当的操作。

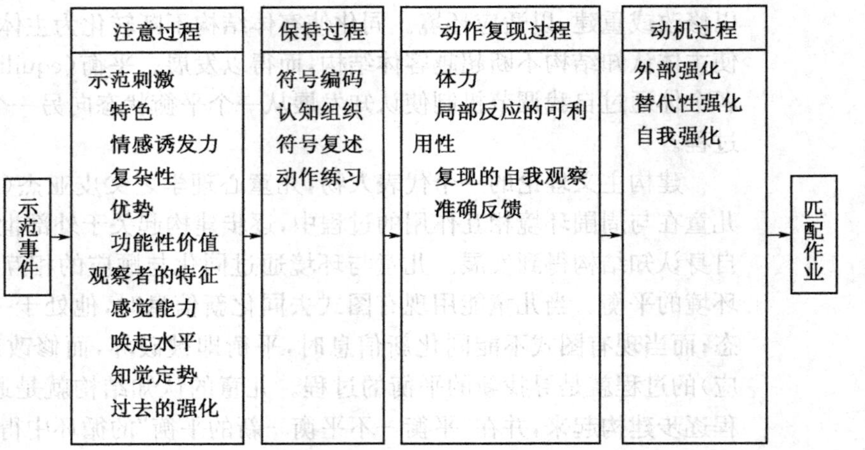

图 2－8　观察学习过程

观察学习的全过程，见图 2－8，由下列四个子过程构成。

1. 注意过程。观察者自身的感觉能力、注意的唤醒水平、知觉的定势和强化的经验等都直接影响着对示范行为的注意和观察水平。

观察者注意和知觉榜样情景的各个方面。观察者比较容易观察那些与他们自身相似的或者被认为是优秀的、热门的和有力的榜样。有依赖性的、自身概念

① For excellent overviews, see Wood, R. and A. Bandura. Social Cognitive Theory of Organizational Management. *Academy of Management Review*, 1989, 13: pp. 361-384; Bandura, A. *Social-cognitive Theory*. Englewood Cliffs, N. J. : Prentice-Hall, 1977; Bandura, A. Social-cognitive Theory of Self-regulation. *Organizational Behavior and Human Decision Processes*, 1991, 50: pp. 248-287.

低的或焦虑的观察者更容易产生模仿行为。强化的可能性或外在的期望影响个体决定观察谁、观察什么。观察者与示范者之间的关系至关重要，这样的事实，早在中国古代的学习心理学思想和教育子女的方法中就被注意到了，如著名的孟母三迁的故事。此外，示范行为的明确性和复杂性也是影响注意的因素。一般来说，示范行为越明确，越容易被注意；示范行为越复杂，越不易被模仿。

2. 保持过程。对示范行为的保持过程也很重要，记住他们从榜样情景了解的行为，所观察的行为在记忆中以符号的形式表征，个体使用两种表征和储存系统——表象和言语。个体贮存他们所看到的感觉表象，并且使用言语编码记住这些信息。

3. 动作复现过程。观察学习的第三个阶段是把记忆中的符号和表象转换成适当的行为，即再现以前所观察到的示范行为。个体必须：① 选择和组织反应要素。② 在信息反馈的基础上精炼自己的反应，即自我观察和矫正反馈。自我效能感是影响这种行为复制过程的一个重要因素，所谓自我效能感，即一个人相信自己能成功地执行产生一个特定的结果所要求的行为。如果学习者不相信自己能掌控一个任务，他们就不会继续做下去。

4. 动机过程。因表现所观察到的行为而受激励。社会学习论区别获得和表现，因为个体并不模仿他们所学的每一件事，强化非常重要，但并不是因为它增强行为，而是提供了信息和诱因，对强化的期望影响观察者注意榜样行为，激励观察者编码和记住可以模仿的、有价值的行为。除了这种直接强化外，班杜拉还提出了另外两种强化：替代性强化和自我强化。

替代性强化指观察者因看到榜样受强化而受到的强化。例如当教师强化一个学生的助人行为时，班上的其他人也将花一定时间互帮互助。此外替代性强化还有一个功能，就是情绪反应的唤起。例如当电视广告上某明星因穿某种衣服或使用某种洗发水而风度翩翩时，如果你直觉到或体验到因明星受到注意而感觉到的愉快，对于你这是一种替代性强化。

自我强化则依赖于社会传递的结果。社会向个体传递某一行为标准，当个体的行为表现符合甚至超过这一标准时，他就对自己的行为进行自我奖励。他们倾向于作出感到自我满足的反应，拒绝作出自己不赞成的行为。例如，补习了一年语言的学生为自己设立了一个成绩标准，于是他们将根据对成绩的评价而对自己行为进行自我奖赏或自我批评。

值得注意的是，在我国，无论是政府还是企业，历来都非常重视榜样的作用：学雷锋，“工业学大庆、农业学大寨”，改革开放先划出经济特区进行试点，股票市场的股权分置改革先排出几家股票作为试点，劳动模范、标兵、先进工作者等评选层出不穷……

除此之外，班杜拉还提出了自我调节的概念。班杜拉假设，人们能观察他们自己的行为，并根据自己的标准进行判断，并由此强化或惩罚自己。我们都有过这样的经验，我们有时知道自己干得不错并因此而自我欣赏，无视别人说了些什么，同样有时我们也知道自己做得并不是最好。要作出这些判断我们必须对自己的行为有一个期望。例如，在一次测验中同样得了90分，一个学生得意洋洋，另一个学生则可能大失所望。

社会学习理论对于组织员工的行为塑造具有重要意义，管理者应该关注员工的自我效能感的提高，帮助员工增强自信心，明确良好的工作行为的要求，建立适当的行为榜样和模式，言传身教，改善工作环境使之有利于社会行为的学习，对学习得当的员工给予适当的强化鼓励。

人的行为模式

个体心理和行为研究是组织行为学研究的逻辑起点，而这种研究并不在于描述这些心理和行为，而在于揭示其规律。

在关于人的行为模式的研究中，华生(J. B. Watson)于1913年首先树立起行为主义心理学①的旗帜，他指出，心理学的对象不是意识而是行为。所谓行为，乃是有机体用以适应环境变化的各种身体反应的组合。人的反应可以分为：① 外显的习惯反应，包括开门锁、打网球、拉提琴、盖房子、与人说话、与人交往；② 内隐的习惯反应，包括条件反射所引起的腺体分泌、无声言语(思维)、身体的定向或态度；③ 外显的遗传反应，包括人的各种可以观察到的本能和情绪反应，例如抓握、打喷嚏、眨眼等；④ 内隐的遗传反应，包括内分泌系统和循环系统的各种变化。

华生把心理或意识归结为内隐的、轻微的行为。他反对研究意识，认为心理学的任务只在于预测和控制行为；反对用内省方法，主张采用客观观察法、条件反射法、言语报告法和测验法。他提出S-R公式，认为有什么刺激，就有什么反应；知道有什么反应，就可以推想出是由什么刺激所引起。个体的行为不是先天遗传的，而是后天环境决定的。

华生行为主义使心理学获得了与其他自然科学所共有的客观性，从而在研究对象和方法上具有自然科学的特征。他扩大了心理学研究的领域，促进了心理学的应用。但是他的行为主义学说却否定了意识，贬低了生理和遗传的作用，否定了本能的存在、脑和神经中枢的地位，片面强调环境和教育的作用，忽视了人的主观能动性，不能解释行为的最显著特点，即选择性和适应性。这些都使他受到了许多心理学家的批评，也使他的学说在一定程度上陷入困境，新行为主义者发展了这一学说。

托尔曼提出了新的行为模式，即S-O-R，在刺激S(以及初始的心理状态)与反应R之间加入中间变量O，认为能力和行为顺应因素对外显反应有重要影响。

新行为主义的领袖斯金纳发展了巴甫洛夫的经典性条件反射理论，提出了

① Watson, J. R. Psychology as the Behaviorist Views It. *Psychological Review*, 1913, 20: pp. 158-177.

操作性条件反射的原理。他强调，科学只要描述可观察的变量及这些变量之间的函数关系，而不要用不可观察的概念去解释可观察的事物和关系。

新行为主义的另一代表人物赫尔(Clork L. Hull)则企图以客观性为原则，以假设—演绎系统为方法论，构建一个关于人类和动物行为的普遍的、系统的心理学理论，使心理学最终像欧几里得几何学和牛顿的经典力学理论那样客观、精确并且容易操作。他发展了一种庞大、复杂又精细的逻辑行为主义。

赫尔认为有机体行为是一种对环境的适应行为，是物理的或机械的。赫尔修改了S-R的公式，使之成为S-s-r-R的公式(其中S为外在环境刺激，s为刺激痕迹，r为运动神经冲动，R为外部行为反应)。他认为，外在环境刺激消失后仍持续存在一段时间，成为刺激痕迹。该刺激痕迹导致了运动神经冲动，而该运动神经冲动最终导致了外部行为反应。他希望借此修改能回避心理意识的作用。此外，赫尔认为，引发行为的刺激极少是单个刺激，这也是行为难以预测的原因。

学习的基本条件是接近和强化原则。赫尔认为，刺激与反应在时间上的接近将加强该刺激引起该反应的可能性，接近并不是学习的唯一条件，甚至不是学习的充分条件，它只是一个必要条件。学习的另外一个必要条件是强化，没有强化，便没有学习。

行为的动力是内驱力。赫尔假设了内驱力这一中间变量以替代生物需要的概念。它不仅认为每一种内驱力都有与之相连的特殊刺激，而且认为内驱力也可以分为两种：原始内驱力和继起内驱力。赫尔假定了最终定义为一种刺激的内驱力概念，来回避行为的动机作用问题，这反映了他的行为主义的客观立场。此外，在没有强化的条件下，一个不断重复的习得反应会逐渐削弱，以至消失，赫尔认为这是发生了抑制的缘故。

赫尔在其后期修正中提出零星期待目标反应的概念。与强化物紧密相连的刺激作为次级强化物，使学习者在达到目标前对这些原本中性的刺激产生了零碎的条件反应，被称为零星期待目标反应。这被用以解释连锁反应的学习：动物在达到目的物之前的每一刺激既是对前一反应的强化，又是引发下一反应的刺激，由此构成一个完整的行为链。

德国心理学家勒温(K. Lewin)则提出心理动力场理论，①认为人就是一个“场”，人的心理活动也是在一种“心理动力场”中发生的，人的行为由场决定。心理动力场主要是由于个体需要和他的心理环境相互作用的关系所组成。他为行为所规定的公式是 $B = f(P,E)$ ②，B 表示行为，P 代表个体特征或行为主体，E 表示环境，即行为是人和环境的函数。勒温把场论运用到学习上，认为学习是知识的掌握与扩大，而这正是心理生活空间的构建和分化。学习就是由已知道的扩充到另外的所要知道的，就是由给定的条件达到新的目标。因此，学习就是场的认知结构变化。例如不同的人经验和兴趣不同，也就是说他们的心理生活空

① Lewin, K. *Principles of Topological Psychology*. McGraw-Hill B. C., 1936: p. 85, p. 16.

② Lewin, K. *Field Theory in Social Science*. Harper & Brother Publishers, 1951: p. 239.

间的构建不同，所以他们的学习进程和效果可能有差异。

在研究个体行为的心理因素方面，华莱士（M. J. Wallance）提出个体行为与绩效模式，[①]如图 2-9，该模式把学习、人格、能力、动机作为从环境刺激到外显行为和绩效之间的中介因素。这一模式对于管理者了解和引导员工行为具有指导意义。

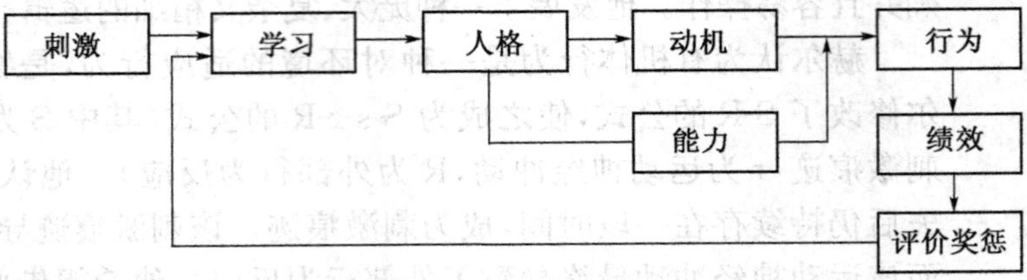

图 2-9 个体行为和绩效模式

本章回顾

感觉是直接作用于人们的感觉器官的客观事物的个别属性或个别部分在人脑中的反映，是对情境的记录。而知觉是直接作用于感觉器官的客观事物的整体属性或各个部分在人脑中的反映，是个体对情境的独特描绘和解释。

影响知觉的因素有兴趣和爱好、需要和动机、自我概念等知觉者自身的因素，也有大小、形状、颜色、刺激强度等知觉对象的特征，以及封闭律、连续律、接近律和相似律等对知觉对象的某些特征的把握规律，情境因素也能显著影响知觉。

社会知觉就是对人的知觉，相关理论有库利的镜中自我概念，选择性知觉、首因效应、晕轮效应、近因效应、定型效应等常见的认知偏差效应。

印象管理是一种影响他人如何看待自己的管理策略，通常包括形成印象管理的动机阶段和印象构建阶段。

归因理论试图揭示人们对行为的归因规律，凯利提出了人们在进行归因时所关注的三个主要因素，即一致性、一贯性和特殊性。维纳指出员工常作四种归因：个人努力程度、能力、任务的难度、机遇运气。归因理论还发现了基本归因偏差和自利性偏差。

心理契约是由人们所持有的对与另一方所达成交换协议的本质的信念所构成的，是个体对于相互责任的主观认知，而不是相互责任这一事实，是随着组织及环境因素变化而变化的心理承诺与互惠意识。心理契约可分为三种类型：交

① Szilagyi, A. D., M. J. Wallance. *Organization Behavior and Performance*. 4th ed. Glenview, Illinois: Scott, Foresman Co., 1987.

易型、关系型以及团队成员型。雇佣双方在心理契约构建过程中，对于组织的义务和个人的义务的认识往往存在着显著的差异。

行为主义学习理论主要以桑代克的试误说、华生的刺激—反应说，以及斯金纳的操作性条件作用理论为代表。

认知学习理论以柯勒的顿悟说、托尔曼的符号学习理论以及建构主义为代表。

班杜拉所创立的社会学习理论则认为学习分为直接和间接经验的学习，指明了榜样的力量，以及学习的四个过程。

华生行为主义提出了 S-R 公式，认为有什么刺激，就有什么反应。托尔曼则在 S 和 R 之间加入 O 这一中间变量，认为能力和行为顺应因素对外显反应有重要影响。赫尔的逻辑行为主义则提出 S-s-r-R 公式，勒温则提出心理动力理论，他为行为所规定的公式是 $B = f(P,E)$ 。

关键术语

感觉	知觉	知觉偏差
格式塔心理学	社会知觉	首因效应
晕轮效应	近因效应	定型效应
投射	印象管理	归因
基本归因偏差	心理契约	学习
行为主义	经典条件反射	迷笼实验
操作性条件反射	认知学习理论	顿悟
符号学习理论	认知地图	建构主义
社会学习理论	行为主义	心理动力场理论

复习思考题

1. 常见的社会知觉偏差有哪些？
2. 简述归因理论的主要内容。
3. 认知理论有哪些重要观点？
4. 社会学习理论对于组织员工行为的塑造有何启示？
5. 个体行为模式有哪些重要观点？

案例 2-1

《韩非子·说难》故事两则

下面两则小故事来自《韩非子·说难》。

(1) 古时候有个富人，大雨把他家的围墙淋坏了。富人的儿子说："快修墙，不然的话会引来盗贼。"邻居老者也提出同样的意见。富人家后来果然遭盗，丢失了大量钱财。富人夸奖自己的儿子聪明、有远见，却疑心邻居就是盗贼。

(2) 从前，卫国的国君卫灵公很宠爱弥子瑕。一天夜里，弥子瑕听说母亲生病，就矫驾君王御车前去探望。按卫国刑律，弥子瑕应受刖刑(断足之刑)。但卫灵公知晓此事后，认为弥子瑕贤德，称赞说："孝哉！为母之故，忘其刖罪。"又有一天，弥子瑕与卫灵公在果园游玩，他吃一个桃子，吃了几口觉得味道甘美，便又递给卫灵公吃，卫灵公感叹道："爱我哉！忘其口味以啖寡人。"但是后来弥子瑕年老失宠，得罪了卫灵公。卫灵公数落他的罪状说：他曾经偷驾我的马车，还把他吃剩下的桃子给我吃。

问题

请结合本章有关理论，考虑在第一个故事中可能有哪些因素使得富人"智子疑邻"，第二个故事中卫灵公前后的评价为何截然不同。

第3章

个体特征与行为

尽其心者，知其性也，知其性，则知天矣。①

——《孟子·尽心上》

早在17世纪末伟大的哲学家、数学家莱布尼茨就曾指出，天地间没有两个彼此完全相同的东西。组织行为研究最核心的困难，就在于组织个体各不相同，难以把握。个体差异体现在个体特征上。有一些很稳定的特征，比如人性、遗传特征与气质等，也有一些比较稳定的特征，如性格和价值观，还有一些相对稳定的特征如态度，这些特征对于预测和管理个体行为是非常重要的。

人性理论

对群体的心理与行为的认识，要从个体开始，而对个体行为的把握，始于对人性的认识。我国早在先秦时期就已经开始系统地探求人性问题，三千年来各种理论层出不穷。西方也在古希腊时期就开始讨论人的哲学，德尔菲神庙前的

① 钱穆在《朱子新学案》中的解释：尽我恻隐、羞恶、辞让、是非之心（充分扩张善良的本心），而仁义礼智之为性可知。而性，天之意尽在其中。"知天"，就是把自己的精神提高到与天地同。

石碑上，镌刻着这样一句神喻："认识你自己"。人类真能认识和超越自身吗？这一千古悬疑，至今仍然横亘在我们面前。

西方人性假设理论

管理者关于人性的观点是建立在一些假设基础之上的，而管理者又根据这些假设来塑造他们自己的管理行为方式。随着历史的发展和认识的深化，西方人性假设理论日臻丰富和完善，主要可以分为X理论和Y理论，社会人假设以及复杂人假设等。

X理论和Y理论

道格拉斯·麦格雷戈提出了两套系统的人性假设——X理论和Y理论。①

1. X理论是一种消极的人性观，大致与古典经济学家的理性"经济人"②假设相同，以下面的假设为基础：

(1) 员工生性懒惰，厌恶工作，尽量逃避工作；

(2) 员工喜欢安逸，没有雄心壮志，不愿负责任，宁愿接受别人的领导；

(3) 员工只追求自身经济利益，以满足其生理和安全需要。

2. Y理论是积极的人性观，与美国心理学家马斯洛的"自我实现人"③假设类似，认为人是期望发挥自己的潜力、表现自己的才能的。主要有这样一些假设：

(1) 员工是勤奋的，只要环境条件得宜，工作就会像休息、娱乐一样自然；

(2) 员工能够学会主动承担责任，并为自己的承诺负责；

(3) 员工富有想象力、创造性和聪明才智，能够作出正确决策，并能够通过自我指导、自我控制来完成工作任务。

如果依照X理论的假设，管理者应着眼于提高生产率、完成任务，采取"胡萝卜加大棒"的方法，一方面用金钱刺激，一方面通过强迫、控制、指挥和威胁惩罚，迫使员工为组织目标付出适当努力。泰罗制就是基于这一假设的理论代表。

如果是基于Y理论的人性观，则应让组织成员从工作中获得自我满足，并通过主动的承诺和自我负责来开发个人潜力，在实现个人目标的同时达成组织目标。

社会人理论

乔治·梅奥④等人通过对著名的霍桑试验的观察研究提出人际关系理论，

---

① McGregor, D. M. The Human Side of Enterprise. *Management Review*, November, 1957.

② 经济人假设大意：具有利己主义本性的人类的行为动机根源于经济诱因，工作就是为了取得经济报酬。

③ 参见第四章第二节关于马斯洛的需要层次理论的部分相关内容。

④ Mayo, G. Elton. *The Human Problems of an Industrial Civilization*. New York: The Macmillan Co., 1933.

并指出企业职工是“社会人”。“社会人”特别看重其社交归属需要，重视员工间的友好相处，而物质利益则是相对次要的因素。这种社会人理论的主要内容有以下几点：

(1) 交往需要是人们行为的主要动机，是人与人形成认同感的主要因素；

(2) 专业化分工和机械化使工作趋于单调，因而必须从工作的社会意义上寻找安慰；

(3) 非正式组织通过人际关系所形成的影响力，比正式组织的管理措施和奖励对人具有更大的影响；

(4) 管理者应该通过满足员工的归属、交往等社会需要来提高工作效率。

社会人假设要求管理者不能只考虑工作任务，而应当关心、体贴、爱护和尊重组织成员，鼓励上下级的交流沟通，尽量采取集体奖励的形式，通过提高组织的士气来达成组织目标。

复杂人假设与超Y理论

埃德加·沙因等人总结前人论述，于20世纪60年代末、70年代初提出了复杂人假设。该假设认为前面的假设都有一定道理，但并不是普适的。因为人是复杂的、不断变化的，人的需要、动机等随着年龄、知识的增加和地位环境的改变而改变。人们可以在许多不同类型的动机的基础上，成为高效率的组织成员，全心全意地参与到组织工作中去。因此，不会有什么在一切时间对所有的人都能起作用的唯一正确的管理策略。1970年美国管理学家约翰·莫尔斯和乔伊·洛希也基于管理学的权变理论和这种“复杂人假设”，提出“超Y理论”①，其主要观点如下：

(1) 人们是怀着许多不同的需要和动机参加工作的，但主要的需要是取得胜任感。有的人需要正规化的组织机构和条例规章，而不需要参与决策和承担责任；有的人却需要更多的自治责任，以及发挥个人创造力的机会。不同的人对于管理方式的要求是不同的，有些人希望以“X理论”为指导的管理方式，有些人则欢迎以“Y理论”为指导的管理方式。

(2) 组织的目标、工作的性质以及职工的素质等，对于组织结构和管理方式有很大的影响。凡是组织结构和管理层次的划分、职工的培训和工作的分配、工资报酬和控制程度的安排等等，适合于工作性质和职工素质者，其效率就高；不适合者，其效率就低。一般地说，像工厂这类的组织宜采用“X理论”的管理方式，而像研究所这类的组织则宜采用“Y理论”的管理方式。总之，要区分不同的情况，具体地对待。

(3) 人们的主要需要是取得胜任感，即使胜任感已经实现，它仍将继续起到激励作用，因为一旦达到目标，一个新的、更高的目标又树立起来了。

---

① Morse, J. J., J. W. Lorch. Beyond Theory Y. *Harvard Business Review*, May-June, 1970: pp. 61-68.

中国人性假设理论

现代人类学的奠基人马林诺斯基(Bronislaw Malinowski)说，世间并没有“自然人”，因为人性的由来就是在于接受文化的模塑。因此，我们从古代文化典籍中寻找中国人性的滥觞。

人性，也即人之所以为人的本质规定性，既指先天本性，“生之谓性”①；又指后天习染教化而形成的思想品格、知识能力——“性日生日成”②。人性问题可以说是中国哲学的核心问题，按照历史时期似可划分为以下几个发展阶段③：在先秦时期开始论证人性善恶，汉唐时期提出性三品说，宋元创立人性二元论，明清而后人性诸论综合演化，并在近代衰微。大体上，有重要影响的人性理论可划分为以下七种：人性自然论，人性善恶混论，人性无善恶论，人性善论，人性恶论，人性三品论，人性二元论等。

孔子最早提出人性问题，他说：“性相近也，习相远也。”④但他没有展开论述。孟子系统地阐发了“性善论”，即所谓“人之初，性本善”，“人皆可以为尧舜”⑤。《易传·系辞上》则提出“继善成性”，“一阴一阳之谓道，继之者，善也，成之者，性也”，并且要“遏恶扬善”。南宋张栻则说，“夫善者，性也”⑥，“原性之理，无有不善。”隋末的王通、心学家陆九渊、蔡沈、黄道周，明末清初的陈确、黄宗羲等人也主张性善论。

性恶论的代表有荀子和韩非。荀子认为“人之性恶，其善者伪也”⑦，他把“性”与“伪”严格区分，认为“不事而自然谓之性”⑧。性都是恶的，能否成为圣人、君子，关键看能否通过师法教化，化性起伪，以礼义积“伪”。韩非认为，每个人均“不免于利欲之心”⑨，父母与子女、丈夫与妻子、君主与臣民都是由利害关系相联的，所以他强调法治。

人性自然论的代表是老子、文子、庄子，以及陈亮、叶适、李贽、傅山等人。人性自然论认为，人性任自然、法自然，不加工不造作，才是最好的状态。李贽认为“人必有私”“夫私者，人之心也。人心有私，而后其心乃见；若无私，则无心矣。”⑩提出追求富贵财富是正当的、合乎道德的。

人性善恶混论。战国初期的世硕“以为人性有善有恶，举人之善性，养而致之则善长；性恶，养而致之则恶长。如此，则性各有阴阳，善恶在所养焉”⑪。扬雄也说，“人之性也善恶混，修其善则为善人，修其恶则为恶人。”⑫司马光在《善

① 《孟子·告子》。
② 原文：“夫性者，生理也，日生则日成也”，见王夫之：《尚书引义》卷三《太甲二》，中华书局，1976年版。
③ 姜国柱、朱葵菊：《中国人性论史》，河南人民出版社，1997年版。
④ 《论语·阳货》。
⑤ 《孟子·告子下》。
⑥ 张栻：《孟子说》卷六。
⑦ 《荀子·性恶》。
⑧ 《荀子·正名》。
⑨ 《韩非子·解老》。
⑩ 李贽：《藏书·德业儒臣后论》。
⑪ 王充：《论衡·本性》。
⑫ 《法言·修身》。

恶混辨》中也表露出相似观点。

董仲舒、王充、荀悦、韩愈、李觏等人各自提出自己的人性三品论，都有很大影响。董仲舒把人性分为三种：不教自善的“圣人之性”、教之亦不能为善的“斗筲之性”，以及可为善也可为恶的“中民之性”。王充明确把人性分为上、中、下三品，他注重中人之性，强调经过教化、学习、劝勉，可以使其去恶为善。王充之后的荀悦、唐代的韩愈、北宋的李觏继续论证了人性三品说，着力点都在说明绝大多数的中人之性是可以去恶为善的。

宋代人性二元论。张载以“太虚即气”的宇宙观为指导，创立了“天地之性”与“气质之性”的人性二元论。人们应该排除有善有恶的“气质之性”的蔽塞，不为物质欲望所诱，回归纯粹至善的“天地之性”。程颢、程颐把人性分为“天命之谓性”的性和“生之谓性”的性，前者即“天命之性”，得于天道，是纯善的，在人生之前早已存在；后者出于气，人生之后所有，体现人欲，气有清浊，故有善有恶。这为“存天理，灭人欲”提供了理论根据。朱熹继承前人学说，对人性二元论作了全面系统的论证。

人性无善恶论。战国的告子认为，人的原初本性无善恶可言，“性无善无不善”，“生之谓性”，“食色性也”，“生犹湍水也，决诸东方则东流，决诸西方则西流，人性之无分于善不善也，犹水之无分于东西也”①。唐朝罗隐、北宋苏轼、清朝的龚自珍和严复等人也持有相似观点。康有为也认为，“性者，生之质也，未有善恶”②。

除上述理论外，明代的罗钦顺、王廷相在元气一元论指导下的“气质即性”论，王守仁的“心性合一论”，明清之际的王夫之的“人性日生日成”论，戴震的“血气心知即性”论，以及章太炎所认为的善恶可以同时进化的观点，也有较大影响。

近代以来，中国被迫卷入了世界现代化的进程，传统制度文化以及传统的人性观都受到了巨大的冲击。传统讨论人性的善恶框架已被打破，西方的现代的人性论开始对中国人性论产生巨大影响。但尽管如此，传统人性论已经融入到中国人的文化积淀里，对中国人的日常行为仍产生着持续的影响。

人格理论

人格(personality)，国内许多学者也称之为个性，是心理学的重要分支——人格心理学研究的核心内容。心理学家在不同的理论基础上对人格进行了定义，历史上的重要定义主要包括：特质论——可观察的、长期存在的行为模式；弗洛伊德的心理分析或心理动力学理论——人的行为的无意识因素；罗杰斯(Carl Rogers)和马斯洛(A. H. Maslow)的人本主义理论——自我实现和实现个人潜能的动力。关于人格的最新观点整合了历史上的相关理论，认为人格是一个包含了先天禀性(遗传和心理及生理上的传承)和后天教养(环境、发展

① 《孟子·告子上》。

② 康有为：《万木草堂口说》。

的熏陶）、性情特质、人对情境的认知等交互作用，以及社会化过程的自我概念。它并非某个孤立的心理特征，而是有着复杂的结构，包含个性倾向和个性心理特征两方面的内容，前者包含需要、动机、兴趣、价值观等，后者包含气质、性格和心理能力等。

造成人格差异的原因主要有哪些呢？我们可以从先天禀性和后天环境与人的交互作用两方面去了解。

形成人格的先天生理特征因素——遗传与个体气质

遗传

人格有其遗传基础，人们对这一观念可谓根深蒂固，《左传·成公四年》就有“非我族类，其心必异”的说法，影响深远。但是，遗传对于人格的作用的研究却一直未受重视，直到最近关于孪生子的研究才引起学术关注。一对孪生子有同样的遗传基因，如果把他们分开抚养，那么他们在人格上的异同就可以用来考察先天遗传因素和后天环境因素的相对作用。对双胞胎的这些研究表明，遗传因素的影响要远远超出专家们以前所预料的：50%到55%的人格特征来自于遗传，并且遗传来的人格可以解释在职业选择倾向中的50%[①]的原因，换言之，一个人通过遗传而得到一些特征将显著影响他的职业选择。

气质

所谓气质，是指先天形成的、反映个体心理活动动力特征的、典型且稳定的心理特征，反映的是个体的自然属性，与我们日常所说的“脾气”“秉性”相近。气质主要受个体生物组织的制约，“江山易改，秉性难移”就说明了气质比其他心理特征有更强的稳定性。心理活动的动力特征，指的是心理活动过程的速度（知觉的速度、思维的敏捷程度以及情绪体验的快慢等）、稳定性（注意力集中时间的长短等）、强度（情绪和情感的强弱和意志的强弱等）和指向性（心理活动指向外部世界还是指向内心世界）等方面内容。气质无好坏，它为每个人增添了独特色彩，使人类世界变得五彩斑斓。在社会实践中，要注意气质与工作、事业、生活相适应，使之扬长避短。

1. 系统的气质学。该学说最早由古希腊医生希波克拉底（Hippocrates，前460～前377）和罗马医生盖仑（Galen，129～200）提出，他们从实际生活中概括出四种体液，并用体液来解释气质，虽缺乏科学依据，但其气质分类则是有一定道理的，至今仍有很大影响。

希波克拉底和盖仑认为人体内有四种体液：血液、黏液、黄胆汁和黑胆汁。[②]

---

① Bouchard, T. J. Genes, Environment and Personality. *Science*, 1994, 264: pp. 1700-1701; Lykken, D. T., T. J. Bouchard, M. McGue, and A. Tellegen. Heritability of Interests. *Journal of Applied Psychology*, 1993, 78: pp. 749-661; Rose, R. J. Genes and Human Behaveior. *Annual Review of Psychology*, 1995, 46: pp. 625-654.

② 《希波克拉底文集》。

体液的含量决定了人的气质，这四种体液各自含量多的人依次形成了多血质、黏液质、胆汁质和抑郁质四种气质类型。

① 胆汁质，情绪兴奋性高，反应迅速，心境变化剧烈，抑制能力较差。易于冲动，感情用事，热情直率，不够灵活。精力旺盛，刚愎自用，性情暴躁，脾气倔强，容易粗心大意。感受性较高而耐受性较低，外倾性明显。

② 多血质，情绪兴奋性高，思维言语动作敏捷，心境变化快但强度不大，容易恢复平静。情感丰富且外露，活泼好动，富于生气，灵活性强。乐观亲切，善交往，浮躁轻率，缺乏耐力和毅力。不随意反应性强，具有可塑性，外倾性明显。

③ 黏液质，兴奋性和不随意反应性都较低，沉着冷静，情绪稳定，深思远虑，思维言语动作迟缓。交际适度，内心很少外露，坚毅执拗，淡漠，自制力强。感受性较低而耐受性较高，内倾性明显。

④ 抑郁质，感受性很强，善于觉察细节，见微知著，细心谨慎，情绪体验深刻，敏感多疑，内心体验深刻但外部表现不强烈，行动迟缓，不活泼。易于疲劳，疲劳后也易于恢复。办事不果断，作风踏实，内倾性明显。

巴甫洛夫的实验研究证明，人的高级神经活动的兴奋过程和抑制过程在强度、均衡性、（更替的）灵活性等方面具有不同的特点，这些特点的不同组合便形成了四种基本的高级神经活动类型：① 活泼型（强型、平衡、灵活）；② 安静型（强型、平衡、不灵活）；③ 兴奋型（强型、不平衡）；④ 抑制型（弱型）。这四种类型又与希波克拉底的四种气质相对应，其关系见表 3－1 所示。

表 3－1　　希波克拉底—巴甫洛夫的气质类型及其特征①

<table>
<tr><th colspan="5">神经系统</th><th colspan="2">气　质</th></tr>
<tr><th colspan="4">特　性</th><th rowspan="2">类型</th><th rowspan="2">类型</th><th rowspan="2">主要心理特征</th></tr>
<tr><th>强度</th><th colspan="2">平衡性</th><th>灵活性</th></tr>
<tr><td rowspan="3">强</td><td colspan="2" rowspan="2">平衡</td><td>灵　活</td><td>活泼型</td><td>多血质</td><td>活泼好动，容易适应新环境；注意力易于转移，接受新事物快，但印象不深刻；内心外露且易变，浮躁轻率</td></tr>
<tr><td>不灵活</td><td>安静型</td><td>黏液质</td><td>沉着冷静，安静平衡，反应缓慢；淡漠，克制，内心少外露；注意力稳定但难于转移</td></tr>
<tr><td rowspan="2">不平衡</td><td>偏兴奋</td><td>灵活</td><td>兴奋型</td><td>胆汁质</td><td>直率热情，精力旺盛；急躁果断，反应迅速；情绪外露且为时不长；动作急速难于自制，工作兴趣具有明显的周期性</td></tr>
<tr><td>弱</td><td>偏抑制</td><td>不灵活</td><td>抑制型</td><td>抑郁质</td><td>行为孤僻，反应迟钝；情绪体验慢而深刻，不易外露；性情柔弱，动作细小无力，言语动作细微，洞察入微</td></tr>
</table>

① 主要参考陈维政、余凯成、黄培伦：《组织行为学高级教程》，高等教育出版社，2004 年版，第 122 页。

体液分类说一直沿用至今,在现实社会或文学作品中还可以找到这些气质类型的典型代表。如《水浒传》中的李逵就是胆汁质的代表,《红楼梦》中的王熙凤则是多血质的典型,林黛玉属于抑郁质的类型,薛宝钗是黏液质的人物。

2. 随着心理学的发展,又不断出现了其他的分类方法,如气质的血型分类。人的血型主要有A型、B型、AB型和O型,与此对应也有四种气质类型。

A型:温和、老实、稳妥、多疑、顺从、依赖性强,感情易冲动;

B型:感觉灵敏、镇静、不怕羞、喜欢社交、好管闲事;

AB型:A型和B型的中和;

O型:意志坚强、好胜、霸道、有胆识、不听指挥、控制欲强、不愿吃亏。

3. 气质的激素分类说。该学说认为气质是由某种内分泌腺的活动所决定的,根据人们某种内分泌腺发达与否,可以把人们划分为甲状腺气质、脑下垂体型气质、肾上腺型气质、副甲状腺型气质和性腺过分活动型气质等。

遗传与个体气质理论的应用

在现实生活中,绝大多数人都兼有多种气质类型的某些特点。我国一项关于大学生气质类型的研究表明,在364名大学生中,单一气质的人占34.07%,混合气质的人占65.93%。气质类型的划分有助于我们认识人的心理特征。我们可以根据人的气质特征来组织管理活动。

1. 根据人的气质特征来调动积极性,合理用人。如多血质的人常常适合采购等社交性工作;胆汁质的人可能在开拓性、突击性工作方面容易取得成绩;黏液质的人可能适合一些监督、核算职能工作;抑郁质的人可以做一些研究工作。

2. 根据人的气质特征来合理调整组织结构,合理调整不同气质的人员,形成气质互补的组织,克服气质的消极影响,发挥其积极作用,增加团队战斗力。

3. 根据人的气质特征做好思想工作,注意不同气质的人对挫折、压力、批评、惩罚的容忍接受程度不同。

从我国历史来看,古人非常重视从个体的生理特征来预测行为和运程。《周易》、五行学说、四柱八字等衍生出的众多命理推算理论,试图从人的手相、面相、痣的位置等对未来加以推断,但其方法多是简单地把自然现象推及到人,其预测推算结果也语焉不详,常常无法验证,所以一般被视为迷信而摒弃。

后天环境与人的交互作用——性格与价值观

尽管先天生理特征因素对行为有很大影响,但人们不会在所有情境中采取同样的行为,所以对后天环境与人的交互作用的研究有助于我们进一步理解人格。多数行为学家仍然相信环境在人格形成中比遗传起更大的作用。与个体相关的人、团队、组织等环境因素对个体人格有极大影响,这种贯穿个体一生的连续影响也就是个体的社会化过程。文化、家族、团队成员和生活经验等对个体的人格形成起到重要作用。

后天环境与人的交互作用对人格的影响,最终表现在形成人的性格与价值观等方面。

性格与行为

性格是人对现实的稳定态度和习惯性的行为方式中所表现出来的较为稳定的心理特征,也是人格中最显著的特征。人的性格多姿多彩、千差万别,成为文学家塑造人物形象时着力表现的核心,像哈姆雷特、堂吉诃德、林黛玉、阿 Q 等人物形象,其性格跃然纸上,生动鲜明,成为人们津津乐道的话题。

性格在长期的社会生活与心理认知活动中逐渐巩固下来,是现实态度和行为方式的统一,并在以后的生活中自然地、反复地表现出来,是较为稳定的、独特的心理特征。古希腊哲人赫拉克利特曾说:"一个人的性格就是他的命运。"两个人即使拥有某一相似的性格特征,其表现仍然不一样,例如同是勇敢、鲁莽的性格,李逵轻率行事,张飞则粗中有细。

气质和性格都体现人的本质,但又有所不同。气质是个体先天形成的,反映了人的自然属性,很难改变,无好坏之分。而性格则是受社会环境影响,在态度和行为方式方面所表现出来的较为稳定的心理特征,反映了人的社会属性,具有可塑性,有好坏之分(如一般社会意义上的评价认为,善良比凶恶好,认真比马虎好)。

性格有复杂的结构,包括态度特征、情绪特征、意志特征和理智特征等。

(1) 性格的态度特征,指对待和处理社会关系方面的特征,可分为四类:① 对待社会、集体和他人的态度方面,如忠诚、诚实、热情、残酷、冷漠、虚伪等;② 对待工作、生活、学习方面,如勤劳、认真、敷衍、进取、细致、马虎等;③ 对待劳动产品的态度特征,如爱惜公物、挥霍、浪费、节俭等;④ 对待自己,如自尊、自律、谦逊、放任、自信、骄傲等。

(2) 性格的情绪特征,指情绪活动的强度、稳定性、持久性及主导心境等方面的特征。比如情绪的高涨与低落、稳定与波动、持久与短暂,情感的浓厚与淡薄等。主导心境指一段时间内主要的情绪状态,如抑郁消沉、愉快乐观、精神饱满等。

(3) 性格的意志特征,指是否有明确的目的,能否自觉地支配行为向目标努力的特征。如自觉与盲目、守纪与散漫、独立与易受暗示、主动与被动、镇定与慌乱、果断与犹豫不决、坚定与动摇等。

(4) 性格的理智特征,指在感知、注意、记忆、思维、想象等认知过程中表现出来的性格特征。如分析与综合、快速与精确、保持持久与迅速遗忘、深刻与肤浅、再造想象与创造想象等。

价值观与行为

价值观(values)是一个人对人、事、物的意义与重要性的总体评价和信念,包含了正误、好坏、取舍的判断倾向。价值观包含内容和强度两种属性,内容属性描述了某种方式的行为或存在状态是重要的;强度属性表明其重要程度。如果我们根据强度来排列一个人的各种价值观时,就可以获得他的价值体系(value system)。一个人的价值体系往往成为决定行为的核心因素。

人的价值观从何而来？从历史来看，人类文化中有些价值观历经千万年的磨练，被普遍认为是正面的、有用的，在人类文明中沉淀下来，代代相传。比如和平、自由、民主、忠诚、尊严、公正、平等、正义、快乐等信念，被全人类认为是具有普适性的价值，即使其具体含义在历朝历代不尽相同，但其核心理念是比较一致的。从个体来看，一个人的价值体系可能来自于遗传、民族文化、父母行为、老师的教育、朋友及其他环境因素的影响，并且其中很大一部分是在早年形成的，正所谓“三岁看大，七岁看老”。

价值观是相对稳定的、持久的。但是当我们怀疑并追问自己的价值观时，我们有可能决定不再接受某些基本的判断或信念，但事实上对价值观的疑问往往反而会强化现有的价值观。

米尔顿·罗克奇(Milton Rokeach)设计了罗克奇价值观调查问卷(Rokeach value survey, RVS)，它包括两种价值观类型，即终极价值观(terminal values)与工具价值观(instrumental values)，各有18项内容。终极价值观是指一种期望存在的终极状态，它是一个人希望通过一生努力而实现的目标。工具价值观指偏爱的行为方式或实现终极价值观的手段。表3-2列出了每一种价值观的范例。

表3-2 罗克奇价值观调查：终极价值观和工具价值观

舒适的生活(富足的生活)	雄心抱负(辛勤工作、奋发向上)
振奋的生活(刺激的、积极的生活)	心胸开阔(开放)
成就感(持续的贡献)	能干(有能力、有效率)
和平的世界(没有冲突和战争)	欢乐(轻松、愉快)
美丽的世界(自然与艺术的美)	清洁(卫生、整洁)
平等(手足情谊、机会均等)	勇敢(坚持自己的信仰)
家庭和睦(互助互爱)	宽容(谅解他人)
自由(独立、自主选择)	助人为乐(为他人福利而努力)
幸福(满足)	正直(真挚、诚实)
内在和谐(无内心冲突)	富于想象(大胆、有创造性)
成熟的爱(性和精神上的亲密)	独立(自力更生、自给自足)
国家的安全(免遭攻击)	智慧(有知识的、善于思考的)
快乐(快乐的、闲适的生活)	符合逻辑(理性的)
救世(救世的、永恒的生活)	博爱(温情的、温柔的)
自尊(自重)	顺从(有责任感、尊重的)
社会承认(尊重、赞赏)	礼貌(有礼的、性情好)
真挚的友谊(亲密关系)	负责(可靠的)
睿智(对生活有成熟的理解)	自我控制(自律的、约束的)

资料来源：Adapted from Rokeach, M. *The Nature of Human Values*. New York: The Free Press, 1973.

研究表明，在美国的不同人群中RVS价值观差异很大，而且相同职业或类别的人(如公司管理者、工会成员、父母、学生)所拥有的价值观比较接近。① 例如,一个研究比较了公司经营者、钢铁业工会成员和社区工作者,结果表明三组人的价值观有很多是重叠的,但其差异也很显著,如表 3－3 所示。社区工作者认为平等是最重要的终极价值观,而公司经营者和工会成员却分别将平等排在第 14 和第 13 位。社区工作者将助人为乐排在工具价值观中的第 2 位,其他两组人都将它排在第 14 位。显然经营者、工会成员和社区工作者对组织事务的兴趣不同。当公司经营者与工会成员或社区工作者坐在一起谈判时,他们可能会从各自的价值观出发,从而有可能造成争执不下的场面。在个人价值观差异很大的公司里,要想就某个具体问题或政策达成一致可能会很困难。

表 3－3　美国的经营者、工会成员和社区工作者的价值体系(强度最大的 5 种)

经营者		工会成员		社区工作者	
终极价值观	工具价值观	终极价值观	工具价值观	终极价值观	工具价值观
1. 自尊	1. 诚实	1. 家庭安全	1. 负责	1. 平等	1. 诚实
2. 家庭安全	2. 负责	2. 自由	2. 诚实	2. 世界和平	2. 助人为乐
3. 自由	3. 能干	3. 快乐	3. 勇敢	3. 家庭安全	3. 勇敢
4. 成就感	4. 雄心勃勃	4. 自尊	4. 独立	4. 自尊	4. 负责
5. 快乐	5. 独立	5. 成熟的爱	5. 能干	5. 自由	5. 能干

资料来源:[美]斯蒂芬・P・罗宾斯,《管理学》(第 4 版),中国人民大学出版社,Prentice-Hall 出版公司,1997 年版。

组织的决策受到其成员所持有的价值观的影响,其中管理人员的价值体系会影响到:① 对其他个人及群体的看法,从而影响到人际关系;② 个人对决策和问题解决方法的选择;③ 对个人所面临的形势和问题的看法;④ 关于道德行为标准的确定;⑤ 个人接受或抵制组织目标和组织压力的程度;⑥ 对个人及组织的成功和成就的看法;⑦ 对个人目标和组织目标的选择;⑧ 用于管理和控制组织中人力资源的手段的选择。

"大五"人格特质和麦尔斯—布瑞格斯的个性类型指标(MBTI)

"大五"人格特质与中国人的人格维度

所谓人格特质,是指一个人的行为中重复发生的规律性和趋势。② 学者奥尔波特(G. W. Allport)认为,人格特质可以广泛、全面地引导行为保持一致性,在某一社会中长期说写所用的语言就应能包含这一文化中描述任何一个人所需的概念,所以他与 Odbert 于

① Besterfield, D. H., et al. (eds.). *Total Quality Managemet*. 2nd ed. Upper Saddle River, NJ: Prentice-Hall, 1999; Kolarik, W. J. Creating Quality. *Process Design for Results*. New York: McGraw Hill, 2000.

② Hogan, R. Personality and Personality Measurement. In Dunnette, M., L. Hough (eds.). *Handbook of Industrial and Organizational Psychology*. 2nd ed. Palo Alto: Consulting Psychologists Press, 1991.

1936 年从词典中选出近 18 000 个描述人格特质的词制成词表，[1]美国卡特尔(R. B. Catell)教授在研究中将之归类压缩为 171 个[2]，这么多的人格特质仍然无法在实际中加以利用，所以人们在多种分析甚至跨文化研究的基础上，进行了进一步的精简，发现五个核心的人格特质，并且能够利用它们很好地预测工作中的绩效。这五项人格维度被称为“大五”(big five)[3]或 FFM(five-factor model，五因素模型)[4]。

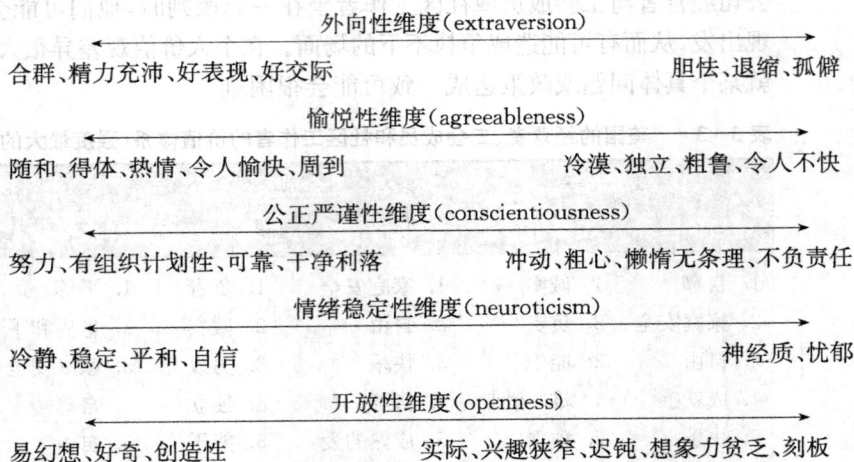

外向性维度(extraversion)

合群、精力充沛、好表现、好交际 ←→ 胆怯、退缩、孤僻

愉悦性维度(agreeableness)

随和、得体、热情、令人愉快、周到 ←→ 冷漠、独立、粗鲁、令人不快

公正严谨性维度(conscientiousness)

努力、有组织计划性、可靠、干净利落 ←→ 冲动、粗心、懒惰无条理、不负责任

情绪稳定性维度(neuroticism)

冷静、稳定、平和、自信 ←→ 神经质、忧郁

开放性维度(openness)

易幻想、好奇、创造性 ←→ 实际、兴趣狭窄、迟钝、想象力贫乏、刻板

图 3－1 “大五”人格特质

资料来源：Costa, P. T., R. R. McCrae. *The Revised NEO Personality Inventory* (Odessa, Fla.: Psychological Assessment Resources, 1992); Salgado, J. F. The Five Factor Model of Personality and Job Performance in the European Community. *Journal of Applied Psychology*, 1997, 82: pp. 30-43.

如图 3－1 所示，“大五”分别是指外向性、愉悦性(随和性)、公正严谨性(责任感)、情绪稳定性(神经质)和思想开放性等五大维度，每种维度下还包含一系列潜在的特质。

利用“大五”进行的实证研究表明，公正严谨性与工作绩效有最强的正相关(大约 0.3)。可依赖的、持久稳固的、目标明确且有组织的个体，在任何现实的工作中都倾向于获得比较高的绩效；从反面来看，那些冷漠的、不负责任、好逸恶劳和易冲动的人在任何现实工作中都倾向于获得低绩效。此外，有研究表明个人的能力在公正严谨性与绩效之间起到调节作用(对能力高者起正的作用，对能

---

① Allport, G. W., H. Odbert. Trait Names: A Psycho-lexical Study. *Psychological Monographs*, 1936, 47 (Whole No. 211).

② Catell, R. B. The Description of Personality: Basic Trait Resolved into Clusters. *Journal of Abnormal and Social Psychology*, 1943, 38: pp. 476-506.

③ Tupes, E. C., R. C. Christal. Recurrent Personality Factors Based on Trait Ratings(Tech. Rep. No. ASDTR—61—97). Lackland Air Force Base, TX: U. S. Air Force, 1961; Norman, W. T. Toward an Adequate Taxonomy of Personality Attributes: Replicated Factor Structure in Peer Nomination Personality Ratings. *Journal of Abnormal and Social Psychology*, 1963, 66: pp. 574-583.

④ Lewis, R. G. The Structure of Phenotypic Personality Traits. *American Psychologist*, January, 1993, 48(1).

力低者没有作用甚至是负作用)。

其他特质的一些影响多数是合乎逻辑的。例如,外向性高的人易于获得管理和商业上的成功;高情绪稳定性的人在充满压力的工作环境中更有效率;愉悦性高的人能够更有效地处理客户关系、解决冲突;那些对于思想经验具有开放性的人更易于精通工作,并能够在模拟情境培训中更好地解决问题。有意思的是,随着团队的广泛采用,"大五"还可以预测团队的绩效。一项近期研究发现,团队成员在公正严谨性、愉悦性和情绪稳定性等维度上的平均得分越高,整个团队的绩效越高。

台湾及香港学者的研究表明,①中国人的人格因素主要有三个,即"善良诚朴——阴险浮夸","精明干练——愚蠢懦弱"和"热情活泼——严肃呆板"。这一结果提示了中国人知觉人格的独特维度。

国内同样采用西方的"词汇学假设"研究方法对中国人人格结构进行系统研究,发现了中国人的完整人格结构由七个因素构成,即"大七"因素模型,主要内容如表3-4所示。

表3-4　中国人和美国人的人格维度及其具体含义

中国人		美国人	
人格维度	小因素	人格维度	分层含义
1. 外向性	活跃、合群、乐观	1. 外向性 extraversion	热情、合群—爱交际、自信、活动性、追求兴奋、积极情绪
2. 人际关系	利他、诚信、重感情	2. 愉悦性 agreeableness	信任、诚实—坦诚、利他、顺从、谦逊、质朴、温和—亲切
3. 处事风格	严谨、自制、沉稳	3. 公正严谨性 conscientiousness	能力、守秩序、负责任、追求成功、自我控制、严谨—深思熟虑
4. 才干	决断、坚韧、机敏	4. 情绪稳定性 neuroticism	焦虑、愤怒—敌意、抑郁、自我意识、冲动、脆弱—敏感
5. 情绪性	耐性、爽直	5. 开放性 openness	幻想、爱美—有美感、情感丰富、行动、观念、价值
6. 善良	宽厚、热情		
7. 处世态度	自信、淡泊		

资料来源:王登峰、崔红,《中西方人格结构的理论和实证比较》,见《北京大学学报(哲学社会科学版)》,2003年第5期。

荣格的理论维度和MBTI

梅耶斯—布瑞格斯人格特质问卷(Myers-Briggs type indicator, MBTI)是20世纪40年代凯瑟琳·布瑞格斯和伊莎贝尔·布瑞格斯·梅耶斯母女俩根据

① Yang, K., H. M. Bond. Exploring Implicit Personality Theories with Indigenous or Imported Constructs: The Chinese Case. *Journal of Personality and Social Psychology*, 1990, 58(6);杨国枢、李本华:《557个中文人格特质描述性形容词的好恶度、意义度、熟悉度的研究》,见《台湾大学心理系研究报告》,1971年。

瑞士精神病学家荣格的理论提出的，包括大约100个项目的人格测试。尽管尚无有力证据确认MBTI在人格测量方面的有效性，但这并未妨碍其在组织中的广泛运用，仅在美国每年就有200万人接受MBTI测验。

荣格认为人类有两个基本的智力过程：知觉和判断。他进一步把知觉分为感觉和直觉，把判断分为思维和情感，这样就产生了四个人格维度：内向性或外向性（I或E），感觉或直觉（S或N），思维或情感（T或F），知觉或判断（P或J）。每个人的人格在各个维度的结合方式和所处的程度不同。并且，他认为一个人的优势特质并不必然比另一个人的好，人格类型无好坏之分。图3－2总结了四个维度的特征，它们通过组合共有16种人格类型。

外向性(E) 对人友好的 相互作用的 先说后想 爱交际的	从哪里获得精力？ ←——→	内向性(I) 安静的 集中的 先想后说 沉思的
感觉的(S) 实际的 详情的 具体实例的 特定具体的	注意和收集何种信息？ ←——→	直觉的(N) 一般性的 可能性的 理论性的 抽象的
思维的(T) 分析的 用头脑的 规则的 公正的	如何评估和决策？ ←——→	情感的(F) 主观的 热心的 环境的 仁慈的
判断的(J) 结构性的 时间导向的 决策性的 有组织的	如何适应外部环境？ ←——→	知觉的(P) 灵活的 结果开放性的 探索性的 自发的

图3－2 荣格的理论维度和MBTI

资料来源：[美]弗雷德·鲁森斯，《组织行为学》，人民邮电出版社，2003年8月第1版。

例如，ESTJ是外向的、通过感觉收集信息、并用思维作出决定，且喜欢结构性、时间进度明确有序，所以此类型的人擅长组织和管理。一项关于MBTI的集中研究表明，被研究的大多数管理者确实属于ESTJ型。而ENTP型则为抽象思考者，敏捷聪明，善于处理挑战性的事务，但在处理常规工作时则表现欠佳。此外，高直觉的人易于选择广告、艺术、教学之类的职业。考虑到苹果电脑公司、本田汽车公司、联邦快递公司、微软公司和索尼公司的创始人都是直觉思维型（NT型）的人，可能仅占总人数5%的NT型人更有成为杰出企业家的潜质。

中国文化背景下的人格

关于“文化”的定义已逾万种，其内涵和外延历来莫衷一是。早在《易·贲·象》中就有“观乎天文，以察时变；观乎人文，以化成天下”之说。许多学者认为，文化就是人化，要考察中国人的人格，应从中国文化着手。中华文化博大精深，其中很多部分具有鲜明特征并且在组织行为研究中具有重要影响，主要分为以下一些方面。

天人合一

中国是“世界上唯一的将政治和伦理道德相结合的国家”①，“中国文化的精神基础是伦理(特别是儒家伦理)不是宗教(至少不是正规的、有组织的那一类宗教)。”②“天人合一”是整个中华传统文化的理论核心，它不但是儒家的基本概念，而且是一切其他的思想体系(不论是属于大传统还是小传统，如道家、中国化了的佛家、法家、阴阳家、兵家、农家、医家)的出发点与归宿点。

“天人合一”是强调“天道”和“人道”、“自然”和“人为”的相通、相类和统一的观点。孟子认为，天是外在于人的最高主宰，是客观必然，“顺天者昌，逆天者亡”③，而人的“恻隐之心，羞恶之心，辞让之心，是非之心”④等善良本心是与生俱来的，只要将其加以扩充，就能够成就善性，“尽其心者，知其性也，知其性，则知天矣”⑤，最终达到“上下与天地同流”的精神境界。因此，孟子提出“万物皆备于我”⑥的著名命题。

庄子认为“天地与我并生，而万物与我为一”⑦，人与天本来合一，只是人主观上加以区分，并且恣意妄为，对知识、理性盲目乐观，这才破坏了这种天人和谐。因此他主张“常因自然”⑧，“不以心捐道(不以主观改变客观)、不以人助天(不以人妨碍自然)”⑨。

西汉董仲舒提出“天人感应”，强调天与人以类相符，“天人之际，合而为一”⑩。

宋代张载直接提出天人合一的命题：“儒者因明致诚，因诚致明，故天人合一，致学而可以成圣”⑪。他指出“诚”“明”境界的获得，来自于天道与人性的统

---

① [法]霍尔巴赫(Paul-Henri Ditrich d'Holbach)：《社会体系》一卷，第83页。见黄楠森、沈宗灵主编：《西方人权学说》，上册，成都：四川人民出版社，1994年版，第142页。

② 德克·布德(Derk Bodde)：《中国文化形成中的主导观念》(Dominant Ideas in the Formation of Chinese Culture)，载《美国东方学会杂志》第62卷第4号，第293—294页。收入H. F. MacNair编《中国》，第18—28页，加利弗尼亚大学出版社，1946年版。

③ 《孟子·离娄上》。

④ 《孟子·公孙丑上》。

⑤ 《孟子·尽心上》。

⑥ 同注释⑤。

⑦ 《庄子·齐物论》。

⑧ 《庄子·德充符》。

⑨ 《庄子·大宗师》。

⑩ 《春秋繁露·深察名号》。

⑪ 《正蒙·诚明》。

一。“民吾同胞,物吾与也”的命题,意即人类是我的同胞,天地万物是我的朋友,天与人、万物与人类本质上是一致的。

程颐说:“道一也,岂人道自是人道,天道自是天道?”[①]直接指出了人道与天道的同一性。程颢甚至说:“天人本无二,不必言合”[②]。

明清之际的王夫之也说“唯其理本一原,故人心即天”[③],强调“尽人道以合天德”[④]。

忠恕之道

儒家创立者孔子是中国第一位私学老师,但他没有任何打算来亲自著书立说昭示后人,只是以述为作,由后世儒者传之永久。儒家以仁为道德原则的核心,并“吾道一以贯之”[⑤]。仁就是忠恕之道,其中“忠”是指“尽己为人”,“己欲立而立人,己欲达而达人”[⑥],强调利他精神;“恕”是指“己所不欲,勿施于人”[⑦],是对于损害他人之事“有所不为”的态度。

著名学者孔汉思(Hans Kung)及库舍尔于上世纪90年代发起“世界伦理”(universal ethic)运动,努力地寻找一个人类共同的伦理底线。1993年在美国召开的世界宗教议会大会上通过了《全球伦理——世界宗教议会宣言》,宣言指出:世界伦理是指不同的宗教和世界观及非信教者能够达成一致的、对于人类共同生活必不可少的最低限度的道德价值、理想与目标,它体现为两个原则,即每个人都应得到符合人性的对待,以及己所不欲,勿施于人。1997年国际互促委员会发表的《人类责任宣言》,更使这一问题引起社会各界和人文学者的强烈反响。

来源:[德国]孔汉思、库舍尔合编,《全球伦理——世界宗教议会宣言》,何光沪译,四川人民出版社,1997年版。

“仁者爱人”[⑧],但“爱人”并不是凭空产生的,它是从爱自己的亲人出发,然后“推己及人”,“老吾老以及人之老,幼吾幼以及人之幼”[⑨]。儒家以博大的胸怀,宣称“四海之内,皆兄弟也”[⑩],“天下为公”[⑪]。张载以乾(天)为父,以坤(地)

---

① 《程氏遗书·卷十八》。
② 《程氏遗书·卷六》。
③ 《张子正蒙注·太和篇》。
④ 《周易外传》卷二。
⑤ 《论语·里仁》。
⑥ 《论语·雍也》。
⑦ 《论语·颜渊》。
⑧ 《孟子·离娄下》。
⑨ 《孟子·梁惠王上》。
⑩ 《论语·颜渊》。
⑪ 《礼记·礼运》。

为母,“民吾同胞,物吾与也。”[①]程颢说:“仁者以天地万物为一体。”[②]

战国时代与儒家双峰并峙的墨家提倡“兼爱”,主张要爱人如己,“视人之国若视其国,视人之家若视其家,视人之身若视其身”(《墨子·兼爱中》)。墨子把“兼相爱”和“交相利”相结合,强调“爱人”不能离开“利人”,“有力者疾以助人,有财者勉以分人,有道者劝以教人”(《墨子·尚贤下》)。

儒家推己及人,由亲及疏,由近及远,爱有差等;墨家则强调爱不应有等级差别,主张不分远近亲疏,平等地爱一切人。墨家这种兼爱主张似乎胸怀更为博大,并含有打破家族本位的倾向,但与后来封建社会结构不相协调,因此更难推行。此外,儒家重义轻利,其仁爱以情感和伦理为本位,而墨家的兼爱则以实利为标准,带有功利主义色彩。

宗法人伦与内圣外王

血缘宗族是儒学伦理的根基,“有父子然后有君臣,有君臣然后有上下,有上下然后礼义有所错”[③]。君父同伦,家国同构,宗法关系因之而渗透于社会整体。[④] 这样,“四海之内,皆兄弟也”[⑤],家的关系延伸至四海,“以天下为一家”[⑥]。这不仅体现为一种社会关系,而且表现为一种政治组织,有一套维护这种组织形式的法规,以及严格规定的辈份、嫡庶、长幼、主从的等级秩序。同时,“夫君者,民众父母也”[⑦]。领导者作为“父母”,其职责和权威就远远溢出了正常范围。在现实生活中,很多组织的领导者不仅要带领员工实现组织目标,还要深入关心员工诸如婚丧嫁娶等方方面面的事务,正反映了这一点。

及至汉代,董仲舒提出三纲(君臣、父子与夫妇关系)之说,《礼纬·含文嘉》将之明确为君为臣纲、父为子纲、夫为妻纲。他在《举贤良对策》中又提出五常:“仁、谊(义)、礼、知(智,指道德判断力)、信,五常之道”[⑧]。三纲和五常,随着后世封建专制主义的加深,成为教化、管束民众的主体内容。

正因为这种家国同构的思想,儒家积极入世,以扶危济世为己任,“穷则独善其身,达则兼济天下”[⑨]。但有原则,即“危邦不入,乱邦不居。天下有道则见,无道则隐”。[⑩] 儒家经典《大学》开宗明义地说:“大学之道,在明明德,在亲民,在止于至善。”明明德,是指明了光明的道德;亲民,程颢、程颐、朱熹等都认为当做“新

---

① 《正蒙·乾称》,“与”指伙伴,大意:人类是我的同胞,万物是我的朋友。

② 《程氏遗书》卷二。

③ 《周易·序卦传》。

④ 冯天瑜:《中华文化史》,上海人民出版社,1990年版,第208页。

⑤ 《论语·卷六颜渊第十二》。

⑥ 《礼记·礼运》。

⑦ 《新书·礼三本》。

⑧ 所谓常,是指与天地长久的经常法则,即常道,号“正常”。

⑨ 《孟子·尽心上》。

⑩ 《论语·泰伯》。

民”,即不断更新,提高人民的道德品质;止于至善,指处于不同伦理地位的人其行为应符合相应道德原则,即“为人君止于仁;为人臣止于敬;为人子止于孝;为人父止于慈;与国人交止于信”等。明明德还有一个含义,即“明(彰显、推行)明德于天下”,这是一种宏大的政治理想,《大学》为此提出了“大学之条目”[①],即后世所称的“八条目”:格物、致知、诚意、正心、修身、齐家(家族)、治国(诸侯国)、平天下。张载更是宣称:“为天地立心,为生民立命,为往圣继绝学,为万世开太平。”[②]这种“内圣外王”[③]的思想,至今仍融于中国人的血液之中。

仁勇义礼

儒家乐生达观,“天行健,君子以自强不息”[④],“仁者不忧”[⑤],“在邦无怨,在家无怨”[⑥],“君子固穷”[⑦]。儒家有超越个人贫富穷通际遇的独立精神,贵义贱利,“不义而富且贵,于我如浮云”[⑧],能“见利思义”[⑨]。此外,孔子认为,“仁者必有勇”[⑩],能不盲从地作出是非判断,“唯仁者能好人,能恶人”[⑪]。“志士仁人,无求生以害仁,有杀身以成仁”[⑫]。孟子明确应“舍生而取义”[⑬]。

什么是仁?孔子认为,“克己复礼为仁,”[⑭]。他把孝悌事亲作为“仁之本”[⑮],“仁者,人也,亲亲为大”[⑯],孟子更明确提出爱有差等。但是孔子并不把礼当做脱离道德内涵的空洞形式,“礼云、礼云,玉帛云乎哉”[⑰],认为不可拘泥于形式,“过犹不及”。进而孔子提出了道德实践的“中庸”之道,“中庸之为德也,其至矣乎!民鲜久矣”[⑱],“允执厥中”[⑲]。

礼的影响是深刻的。《荀子·修身》宣称:“人无礼则不生,事无礼则不成,国家无礼则不宁。”罗素对此评价说,“中国有一种思想极为根深蒂固,即正确的道德品质比细致的科学知识更重要,这种思想源于儒家的传统”,“它理所当然地成功地造就了一个言行得体、彬彬有礼的民族。中国人的礼节也不仅仅是因袭传

① 朱熹:《大学章句》。
② 张载:《宋元学案·横渠学案上》。
③ 语出《庄子·天下》,儒家学者后亦借用此语,然意旨与原意则有不同。
④ 《易传·乾·象》。
⑤ 《论语·子罕》。
⑥ 《论语·颜渊》。
⑦ 《论语·卫灵公》。
⑧ 《论语·述而》。
⑨ 《论语·宪问》。
⑩ 《论语·宪问》。
⑪ 《论语·里仁》。
⑫ 《论语·卫灵公》。
⑬ 《孟子·告子上》。
⑭ 《论语·颜渊》。
⑮ 《论语·学而》。
⑯ 《中庸》。
⑰ 《论语·阳货》。
⑱ 《论语·雍也》。
⑲ 《论语·尧曰》。

统，就算遇到从未碰到的情况，也会很自然地做到礼让，这种礼节并非局限于某一阶层，就是在社会最底层的苦力也是如此。"①孟德斯鸠也说："中国乡村的人和地位高的人所遵守的礼节是相同的，这是养成宽仁温厚，维持人民内部和平和良好秩序，以及消灭由暴戾性情所产生的一切邪恶的极其适应的方法。"②可能正是因为中国人对礼的重视，使得"面子"、"忍耐"等中国人典型的人格特质有了生长的土壤。

虚静无为

除了儒家，中国还有一个庞大的思想体系，这就是道家。"在中国思想系统里，儒、道两家成为正、反两大派。儒家常为正面向前的，道家则成为反面而纠正的。此两派思想常互为消长……儒、墨、道三家，都能站在人类大全体上讲话。其余名、法、农、杂、阴阳、纵横诸家，则地位较狭，不能像他们般有力了"③。

道家主要代表老子以道为核心范畴，道作为宇宙法则的基本内涵是"自然无为"，"人法地，地法天，天法道，道法自然(自己的样子)"④。无为是老子人生论的中心观念。⑤ 道家也说只有圣人能够治国、应该治国，但是，圣王治国应当无为，"绝圣弃智，民利百倍。绝仁弃义，民复孝慈。绝巧弃利，盗贼无有"。⑥ "我无为而民自化，我好静而民自正，我无事而民自富，我无欲而民自朴。"⑦老子强调"反者道之动"⑧，越是统治，越是得不到想得到的结果。

道家认为，圣人对万物的自然本性有完全的理解，他的心就再也不受世界变化的影响，所以忘情，享有灵魂的和平。"因为他超越了事物的普通区别。他也超越了自己与世界的区别，'我'与'非我'的区别。所以他无己，与道合一。道无为无不为，无为所以无功，圣人与道合一，所以也无功。他也许治天下，但是他的治就是只让人们听其自然，不加干涉，让每个人充分地、自由地发挥他自己的自然能力"。⑨ 后世道教注重阴德的修养，"所谓阴德，便是民间俗话所说的阴功积德；阴功，是不求人知，被人所不见、所不知的善行，如明求人知，已非阴德了"。⑩

英国科学史家李约瑟对道家极为推崇，他在其巨著《中国科学技术史》中对道家道教和科学的关系作了深入的探讨，并指出道家思想乃是中国的科学和技术的根本。他感叹道："中国人性格中有许多最吸引人的因素都来源于道家思

---

① [英]罗素(1996〈1922〉)：《中国问题》，学林出版社，第61、第150页。

② [法]孟德斯鸠(1982〈1949〉)：《论法的精神》，商务印书馆，第312页。

③ 钱穆：《中国文化史导论》，商务印书馆，1994年版。

④ 《老子》第25章。

⑤ 张岱年：《中国哲学大纲》，中国社会科学出版社，1997年版，第283页。

⑥ 《老子》第19章。

⑦ 《老子》第57章。

⑧ 其含义：道的运动规律是"反"，体现为具有对立关系的现象总是向其反面过渡，如"祸兮福所倚，福兮祸所伏"。

⑨ 冯友兰：《中国哲学简史》，北京大学出版社，1985年版。

⑩ 南怀瑾：《禅宗与道家》第九章，复旦大学出版社，1991年版。

想。中国如果没有道家思想，就像是一棵某些深根已经烂掉了的大树。”①林语堂也说：“在中国，道家的哲学获得中国人本能的感应，这种哲学已经存在了几千年，由每首诗歌和每幅风景画里呈现在我们的眼前。”②罗素也说：“我对老子的哲学远比对孔子的学说更感兴趣。他认为，每一个人，每种动物和每一样事物都有自己本来就具有的某种活动方法和行为方式。我们应该使自己活动的方法和行为方式与事物本来就具有的方法和行为方式协调一致，并鼓励其他人也这样做。”③

苦集灭道

佛教东汉时自印度流入中国，在与儒学、道教的相互排斥、渗透中，逐渐完成自身的中国化过程。佛教的伦理宗教思想集中表现在四谛即苦谛、集谛、灭谛和道谛之说上。苦谛概括了人生的性质，此人生有八苦：生、老、病、死、怨憎会、爱别离、求不得、五蕴炽④。集谛是分析造成各种痛苦的原因，佛教认为人生的贪、嗔、痴、慢、疑等无明烦恼是痛苦的根本原因。灭谛是根据“因灭则果灭”的道理，因为痛苦的根源的无明，是由情欲而起，若不断情欲、尽无明，斩断耳、眼、鼻、舌、身、意等六根，摆脱声、色、香、味、触、法等六尘，则痛苦的因果将永无休止。烦恼无明灭则生死灭，既无生则不死，则永恒安乐，即涅槃。道谛即解脱生死，获得涅槃所必须依照的正确道路、方法。

在佛教各大宗派中，六祖慧能所创立的禅宗是中国化的宗教，“禅宗虽是佛教的一个宗派，可是它对于中国哲学、文学、艺术的影响，却是深远的”。⑤

现代中国人的某些人格特质

现代中国人有哪些人格特质呢？我们可以从对国人有深刻洞察力的本国文人，以及对中国人习性比较熟悉的外国人眼里得到有益启示。

林语堂在《吾国与吾民》中说：“如果我们回头看一看中华民族，并试着描绘其民族性，我们大致可以看到如下特点：① 稳健；② 单纯；③ 酷爱自然；④ 忍耐；⑤ 消极避世；⑥ 超脱圆滑；⑦ 多生多育；⑧ 勤劳；⑨ 节俭；⑩ 热爱家庭生活；⑪ 和平主义；⑫ 知足常乐；⑬ 幽默滑稽；⑭ 因循守旧；⑮ 耽于声色。总的来讲，这些都是能让任何国家都增色不少的平凡而又伟大的品质。”

罗素说中国人人格的主要缺点是：“贪心，懦弱，缺乏同情心。”他认为中国人有出世的倾向：“我认为遗世逃生的希望，原本就是老子首创的道家哲学中的一

---

① [英]李约瑟：《中国的科技与文明》二卷。

② 林语堂：《人生的盛宴》，湖南文艺出版社，1988年版。

③ 罗素：《罗素文集》第一卷，内蒙古人民出版社，1997年版。

④ 五蕴炽，所谓五蕴即色、受、想、行、识，五蕴炽苦有两义：具有五蕴之器的身心世界，盛满众苦，故名五蕴炽苦；就苦而言，人皆各具五蕴，因而众苦炽盛。

⑤ 冯友兰：《中国哲学简史》，北京大学出版社，1985年版。

个要素。”①李大钊也承认“同情心之缺乏”“惰性太重”“厌世的人生观”②是我国文明之短。

梁启超在《中国积弱溯源论》中，痛陈奴性、愚昧、虚伪、为我、怯懦等已造成了中国人的人格缺欠，国人的这种集体性缺欠是国家贫弱的根本原因。他在《呵旁观者文》中痛斥国人的冷漠，指出世上最可憎可鄙的就是“旁观者”。

美国牧师明恩溥③所著的、曾引起极大反响的《中国人的素质》一书，列出了二十多条中国人的人格特质：① 面子要紧；② 省吃俭用；③ 辛勤劳作；④ 恪守礼节；⑤ 漠视时间；⑥ 漠视精确；⑦ 天性误解；⑧ 拐弯抹角；⑨ 柔顺固执；⑩ 心智混乱；⑪ 麻木不仁；⑫ 轻蔑外国人；⑬ 缺乏公共精神；⑭ 因循守旧；⑮ 漠视舒适方便；⑯ 生命活力；⑰ 遇事忍耐；⑱ 知足常乐；⑲ 孝行当先；⑳ 仁慈行善；㉑ 缺乏同情；㉒ 爱骂人打架；㉓ 共担责任与尊重律法；㉔ 互相猜疑；㉕ 言而无信。

这里从影响组织行为学研究的重要性的角度出发，主要谈几点：忍耐、面子、人情关系以及官本位意识等。

礼让谦卑，忍耐

中国人的礼让由来已久，圣人尧和舜的禅让向来为华夏子孙所传颂。《左传》中说：“让，礼之主也，世之治也。”在我国古代，礼让谦卑成为基本要求。我们可以从古代自称或与自己相关的人或事物的称呼中管窥这一点：在下、小可、晚生、敝人、老夫、老朽、老身、奴婢、贱妾、贱内、拙荆、犬子、寒舍、孤家、寡人、卑职、微臣、草民……

礼让源于“不争”之心，荀子说：“人生而有欲，欲而不得则不能无求，求而无度量分界则不能不争。争则乱，乱则穷”。④ 儒家思想是主张“不争”的，“君子矜而不争”，但现实生活中竞争无处不在，因此孔子提倡君子之争。所谓君子之争，就是按照游戏规则堂堂正正地竞争。孔子说：“君子无所争，必也射乎！揖让而升，下而饮。其争也君子。”⑤意思是说，对于君子来说没有什么可争的。如果有的话，也就是射箭比赛之类。比赛时，相互礼让上场；比赛后，共同欢饮，即便在争的时候也保持君子风度。但是，在现实生活中，这种“不争”常常蜕嬗为无原则的忍耐。

民间的很多民谚，如“小不忍则乱大谋”，“忍得一时之气，免得百日之忧”，“忍一时风平浪静，退一步海阔天空”，“留得青山在，不怕没柴烧”等，都反映了中

---

① 贺麟：《文化与人生》，商务印书馆，1988年版。

② 李大钊：《东西文明根本之异点》。见《中国精神一百年回声》，海天出版社，1998年版。

③ 明恩溥(1845—1932)，即 Arther H. Smith，或译阿瑟·亨·史密斯，他于1872年来华，在天津做传教士，后来到山东，从事传教与救灾等工作；他是对西方社会有很大影响的中国问题专家，曾为美国国会通过“庚子赔款退还中国”的议案作出重要贡献。

④ 《荀子·礼论》。

⑤ 《论语·八佾》。

国人对忍耐的强调。“忍”字哲学深刻影响着中国人的处世态度，带来种种流弊。

林语堂在《中国人的国民性》一文中写道：忍耐、和平，本来也是美德之一；但是过犹不及，在中国忍辱含垢，唾面自干已变成君子之德。这忍耐之德也就成为国民之专长。所以西人来华传教，别的犹可，若是白种人要教黄种人忍耐、和平、无抵抗，这简直是太不自量而发热昏了。在中国，逆来顺受已成为至理名言，弱肉强食，也几乎等于天理。贫民遭人欺负，也叫忍耐，四川人民预缴三十年课税，结果还是忍耐。因此忍耐乃成为东亚文明之特征。然而越“安排吃苦”越有苦可吃。若如中国百姓不肯这样地吃苦，也就没有这么许多苦吃。所以在中国贪官剥削小百姓，如大鱼吃小鱼，可以张开嘴等小鱼自己游进去，不但毫不费力，而且甚合天理。俄国有个寓言，说一日有小鱼反对大鱼的歼灭同类，就对大鱼反抗，说“你为什么吃我？”大鱼说：“那么，请你试试看。我让你吃，你吃得下去么？”这大鱼的观点就是中国人的哲学，叫作守己安分。小鱼退避大鱼谓之“守己”，退避不及游入大鱼腹中谓之“安分”。这也是吴稚晖先生所谓“相安为国”，你忍我，我忍你，国家就太平无事了。

这种忍耐的态度，我想是由大家庭生活学来的。一人要忍耐，必先把脾气炼好，脾气好就忍耐下去。中国的大家庭生活，天赋给我们练习忍耐的机会，因为在大家庭中，子忍其父，弟忍其兄，妹忍其姊，侄忍叔，妇忍姑，妯娌忍其妯娌，自然成为五代同堂团圆局面。这种日常生活磨练影响之大，是不可忽略的。这并不是我造谣。以前张公艺九代同堂，唐高宗到他家问何诀。张公艺只请纸连写一百个“忍”字。这是张公艺的幽默，是对大家庭制度最深刻的批评。后人不察，反拿百忍当传家宝训。自然这也有道理。其原因是人口太多，聚在一起，若不相容，就无处翻身，在家在国，同一道理。能这样相忍为家者，自然也能相安为国。

面子

所谓面子，是指个人的社会声誉，是个人藉由成就（不管这种成就是实质的还是表面的）或夸耀所获致的名声。① 为了顾面子，而使自己摸索掌握扮演各种角色的技巧，使自己的行为符合社会规范的要求，这就叫“面子功夫”，显示了特殊情境下的“情境自我”。明恩溥说，在人际关系微妙复杂的日常生活与交往中，只有恰如其分地扮演了自己的角色，才能保全“面子”；相反，如果不会扮演，不在意这一套，扮演时又中途冷场，就会很“丢面子”。

中国人特别注重面子问题，很讲究名门正派、同宗同族、学缘地缘、名正言顺。鲁迅深深担忧国人的爱面子心理，他说，要面子是“‘圆机活法’，善于变化，于是就和‘不要脸’混起来了”。面子此时的实质已变成一种“被扭曲的自

---

① Hu，Hsien Chin. The Chinese Concepts of “Face”. *American Anthropologist*，1994(46).

尊”，“随着人的真实存在被外在名分所缚，所累，所隐，所葬，人也就日益失却独立判断能力，他对自身的价值也就愈来愈仰赖于面子，即全然取决于世俗对他的认同或唾弃”。①

面子是自己在和他人交往中的不同心理倾向和心理距离，存在于双方的关系中。“脸”是中国人为了自我和相关者的完善，通过印象整饰和角色扮演在他人心目中形成的良好形象，②强调自我价值的塑造以及是否受自己和他人的尊重，重点是自身的荣辱感。

鲁迅把面子看作“中国人精神的纲领”，他在《且介亭杂文·说面子》中对面子有这样的描述：

它像是很有好几种的，每一种身价，就有一种“面子”，也就是所谓“脸”。这“脸”有一条界线，如果落到这线的下面去了，即失了面子，也叫作“丢脸”。不怕“丢脸”，便是“不要脸”。但倘使做了超出这线以上的事，就“有面子”，或曰“露脸”。而“丢脸”之道，则因人而不同，例如车夫坐在路边赤膊捉虱子，并不算什么，富家姑爷坐在路边赤膊捉虱子，才成为“丢脸”。但车夫也并非没有“脸”，不过这时不算“丢”，要给老婆踢了一脚，就躺倒哭起来，这才成为他的“丢脸”。这一条“丢脸”律，是也适用于上等人的。这样看来，“丢脸”的机会，似乎上等人比较的多，但也不一定，例如车夫偷一个钱袋，被人发现，是失了面子的，而上等人大捞一批金珠珍玩，却仿佛也不见得怎样“丢脸”，况且还有“出洋考察”，是改头换面的良方。

鲁迅总结说，中国人要“面子”，是好的，可惜的是这“面子”是“圆机活法”，善于变化，于是就和“不要脸”混起来了。

台湾学者给出了一个请托者和资源支配者互动的理论框架，③借以说明中国人是如何以人情和面子的社会机制影响他人的，见图3-3。在表示资源支配者心理过程的方块里，存在着三大类人际关系，即长方形被一条实线和一条虚线所隔成的三部分，分别是情感性关系(如家庭成员之间的关系，其引起的冲突情境称为“亲情困境”)，工具性关系(交往时采用公平原则)，和介于两者之间的混合关系。用虚线表示表明工具性关系较容易改变成混合关系，而实线表示混合关系与情感性关系之间的转换比较困难。

正由于面子心理，如果个人不能在实质上为社会关系中的他人“添面子”，至少也要在表面上对他人敷衍面子(Chiao,1981)。中国人经常用以保留他人面子的策略包括：避免在公共场合批评他人，尤其是长辈；必须评论他人的表现时，尽量使用委婉或模棱两可的言词；对善于保全他人面子的人给予较多的社会报酬。

---

① 夏中义：《新潮学案》，上海三联书店，1996年版，第52页。

② 翟学伟：《中国人际心理初探——“脸”与“面子”的研究》，见《江海学刊》，1991年第2期，第57—64页。

③ Hwang, K. K. Face and Favor: The Chinese Power Game. *American Journal of Sociology*, 1987, 92(4): pp. 944-974.

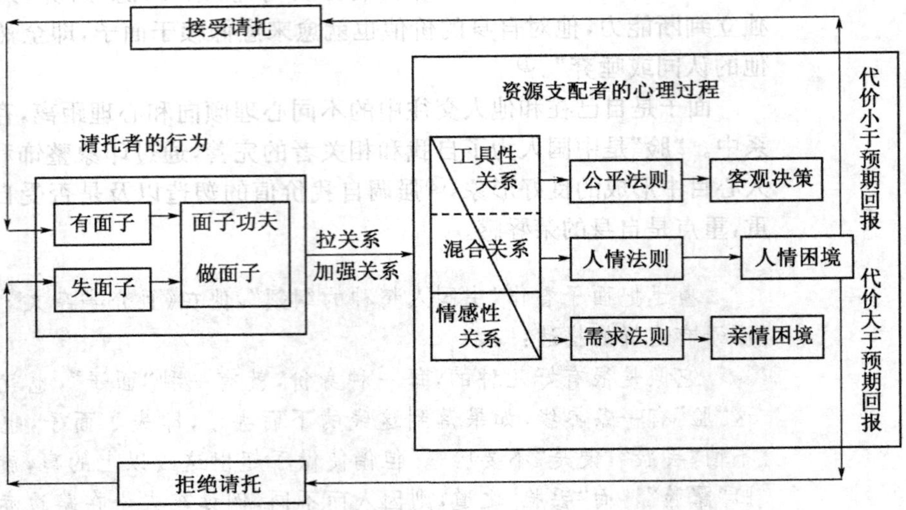

图 3-3 人情与面子的理论模式

中国人管理现代社会组织,也经常使用这些方法。[①] 这些行为不仅在老一辈的中国人身上看得到,有一个精心设计的实验显示,中国大学生也同样会作出这些行为(Bond and Lee,1981)。

人情关系、平均主义

当脸面成为交换的社会资源时,中国人称之为人情。[②] 作为儒家道德核心原则的"仁",本身就包含着厚重感情,我们民族是极其重视人情世故的。刘义庆在《世说新语·伤逝》中说:"圣人忘情,最下不及情,情之所钟,正在我辈。"

"何谓人情?喜、怒、哀、惧、爱、恶、欲七者,弗学而能。"[③]人情既是指个人遭遇到各种不同的生活情境时,可能产生的情绪反应,也是指人与人进行社会交易时,可以用来馈赠对方的一种资源。几千年来,人情已成为中国社会中人与人应该如何相处的社会规范。人情的社会规范主要包含两大类的社会行为[④]:首先,在平常时候,个人应当用馈赠礼物、互相问候、拜会访问等方式与其关系网内的其他人保持联系和良好的人际关系;其次,当关系网内的某一个人遭遇到贫病困厄或生活上遇到重大的难题时,其他人应当有"不忍之心",同情他,体谅他,并尽力帮助他,送"人情"给他。"受人点滴之恩,须当涌泉以报",对方受了别人恩惠,欠了别人人情,也应当时时想办法回报。

这样的社会规范,使得关系网内的人彼此都会预期将来他们还会继续交往。

① Silin, R. H. *Leadership and Value: The Organization of Large-scale Taiwan Enterprises*. Cambridge, MA: Harvard University Press, 1976.

② 左斌:《面子与脸——一项关于中国人典型心理的初步分析》,见《社会心理研究》,1993 年第 1 期,第 1—6 页。

③ 《礼记·礼运》。

④ 黄光国:《面子——中国人的权力游戏》,台湾巨流图书出版公司,1988 年版,第 1 部分第 4 节。

同时，因为不管在任何文化中，以均等法则分配资源，一向都是避免人际冲突的重要方法，①所以，如果有关系的两个或两个以上的人在一起做一件事情，不论每个人在完成这件工作时投入有多少，资源支配者为了维持团体的和谐及团体成员之间的感情，他往往会将工作所得的成果在工作者之间做均等的分配。

许多实验研究的结果支持了这一假设。当团体成员共同努力而获得某项成果时，中国受试者在分配成果给团体成员时，倾向于采取平等均分的策略。尽管他们事实上都能客观地评估成员们在团体工作上的贡献，但是在作报酬的分配时，他们都宁可修改公平法则：贡献较少的成员，相对得到较多的报酬，而贡献较多的人，却相对获得较少的报酬。

台湾学者所做的另一项有关分配行为的实验显示②：台湾的学生倾向于偏好在同伴或实验者心目中塑造出一种能获得社会赞许的印象，即使因此而使自己在社会交易情境中蒙受利益的损失亦在所不惜。当受试者的工作表现比同伴差时，他宁愿依个人的表现来分配他们共同获得的资源；但是当他的工作表现比同伴好时，他却愿意将利益平均分配给每一个人。由此可见，对中国人而言，维持团体内的和谐与团结似乎比强调公平分配更为重要。

官本位

我国传统文化重道轻器，重政轻技。自唐宋以来实行了1 300年的科举制度为“学而优则仕”③提供了制度保障，在这种背景下，“万般皆下品，唯有读书高”，读书的唯一目的就是考取“功名”，求得一官半职，“朝为田舍郎，暮登天子堂”。

所谓官本位意识，是指以官职大小、官阶高低为标尺，来衡量人们社会地位和人生价值的思维方式。

我国自秦朝起，就实行“以吏为师”的制度。传统官本位意识强调官尊民卑，以官为君子、大人，视民为草民、群氓，民是官教化、训导、惩罚的对象，民和官在人格上和道德完善的可能上是不平等的，官民之间存在着人身依附关系。统治者官员作为“父母官”，其权力遍及社会生活的每个角落，要获取物质财富就显得很容易，俗谚“三年清知府，十万雪花银”形象地说明了这一点。“升官发财”一词作为常见的恭贺语，也反映了这一点。

“官本位”的思想影响着中国人的人生观和行为。陈独秀曾对这种“官本位”的弊端痛加陈词，他说：“充满吾人之神经，填塞吾人之骨髓，虽尸解魂消，焚其骨，扬其灰，用显微镜点点验之，皆有‘做官发财’四大字，做官以张其威，发财以遂其欲，一若做官发财为人生唯一之目的。”④

---

① Leventhal, G. S. Fairness in Social Relationships. In Thibaut, J., J. T. Spence, and R. T. Carson (eds.). *Contemporary Topics in Social Psychology*. Morristown, N. J.: General Learning Press, 1976: pp. 221-239.

② 朱真茹、杨国枢：《个人现代性与相对作业量对报酬分配行为的影响》，见《中央研究院民族学研究所集刊》，1976年第41期，第79—95页。

③ 《论语·子张》。

④ 陈独秀：《新青年》，见《新青年》，第2卷第1号，1916年9月1日。

能力与行为

人的能力各有不同,正所谓八仙过海,各显神通:唐朝王勃6岁善言辞,10岁能赋,13岁写就千古名篇《滕王阁序》;亚历山大大帝从25岁到32岁生命终结的短短8年时间里,率领马其顿军队几乎将当时的西方世界全数收入版图……那么,什么是能力呢?

能力(ability),直接影响活动效率,反映了个体行为达成目标的可能性,是对个体能够做什么的一种现时的评估。我们认为能力可分为两大类:体质能力(physical ability)和心理能力(intellectual ability)。

体质能力

对于技能要求较少而又比较规范的工作,如运动员、搬运工、流水线上的操作工等,体质能力可能会成为成功的非常重要的因素。许多行业对于体质能力都有相应的严格要求,有必要在管理中确定员工的体质能力水平。

专家调查了数百种不同工作的要求,归纳出工作中体力活动的九项基本能力,它们分别是:

(1) 动态力量,指在一段时间内重复或持续运用肌肉力量的能力;

(2) 躯干力量,即运用躯干部肌肉尤其是腹肌达到一定肌肉强度的能力;

(3) 静态力量,也就是产生阻止外部物体力量的能力;

(4) 爆发力,指的是在一项或一系列爆发活动中产生最大能量的能力;

(5) 广度灵活性,尽可能远地移动躯干和背部肌肉的能力;

(6) 动态灵活性,进行快速、重复的关节活动的能力;

(7) 躯体协调性,躯体不同部分进行同时活动时相互协调的能力;

(8) 平稳性,受到外力威胁时,依然保持躯体平衡的能力;

(9) 耐力,当需要延长努力时间时,保持最高持续性的能力。

这九项体质能力具有代表性,而且相关性极低,如果管理者能确定某一工作对这九项中各项能力的要求程度,并且保证从事此工作的员工达到相应要求,则对提高工作绩效必然大有裨益。

对于许多运动项目,体质能力常常具有决定性的影响。篮球明星姚明身高2.26米,身体协调性极佳,如今已逐渐成长为NBA新一代巨星。澳大利亚游泳名将索普手脚奇大,水感特佳,在悉尼奥运会上夺得三枚金牌。他们的身体仿佛是专为这些运动项目而生的。

心理能力

现在一般把能力理解为完成某种活动的个性心理特征,是在个体中固定下来的、概括化了的心理活动系统。所以心理能力也就是我们通常所说的能力。就个体而言，能力与知识经验、熟练程度等都是影响其活动效果的基本因素，但由于获取知识的本领等也是一种能力，所以能力的大小对于个体是至关重要的。

人们的现实活动往往需要多种能力，如画一幅油画，要求画家具有一定的艺术修养，并且在形象记忆、色彩鉴别、空间知觉、视觉想象以及人体解剖学方面都有一定要求。一般地说，人们把在活动中多种能力的有机结合称为才能。才能高度发展的人被称为天才，天才常能创造性地从事某些活动并取得卓越成效。

能力结构理论

能力构成因素的研究是心理学研究的重要课题，被称为"能力结构理论"，包括许多探索性的观点。

我们通常将能力分为一般能力和特殊能力。一般能力是指个体在一般的各项活动中所必须具备的能力，也就是我们通常所说的智力。而创造力则是智力的高级表现。智力的内容主要包括：

(1) 思维能力，指的是对事物进行分析、综合、抽象和概括的能力，在个体的一般能力中起到核心作用；

(2) 观察能力，指对事物进行全面细致审视的能力，主要指知觉能力；

(3) 语言能力，指个体描述客观事物的语言表达能力；

(4) 想象能力，包括再造想象和创造想象，它往往可以升华为一般能力；

(5) 记忆能力，个体积累经验、知识、技能，形成个性心理的重要心理条件；

(6) 操作能力，指通过人的各种器官，主要是通过手、脚、脑等并用实现人机协调、完成操作活动的能力。

能力的类型差异，也就是能力的质的差异，主要表现在能力的知觉差异、记忆差异和思维差异等方面。知觉差异，主要指人们在知觉方面有分析型、综合型和分析综合型等区别。分析型的人对事物细节感知清晰，有较好的分析能力；而综合型的人对事物的整体感知好，而对细节感知较差，概括能力强；分析综合型则兼而有之。记忆差异主要指人们在记忆方面的听觉型、视觉型、动觉型和混合型之分：视觉型视觉表象清晰，过目不忘；听觉型听觉表象清晰；动觉型则动作感觉深刻；混合型则兼有上述优点。能力的思维差异，主要指在思维方面，人们具有抽象思维、形象思维、逻辑思维的区别。统计数据表明，需要逻辑思维应用较多的有数学、哲学、经济学及自然科学等；形象和情感思维应用较多的则有文学、艺术、新闻、医学等学科。

特殊能力是指个体从事某种专业活动所应具备的各种能力有机结合而形成的能力，如数学能力、音乐能力等。应当指出，一般能力与特殊能力是相对模糊的概念，例如记忆力是一般能力，但业务精熟的话务员能记住 2 000 个电话号码，这种记忆能力就变成了专业技术方面的特殊能力了。

美国心理学家吉尔福特(J. P. Guilford)提出三维结构模型，①他把一般智力活动所共有的操作方式、操作内容和操作结果(产品)确定为三个维度，又确定

---

① Guilford, J. P. *The Nature of Human Intelligence*. New York: McGraw-Hill, Inc., 1967.

了各个维度上的变项：

X轴操作方式，认知、记忆、发散思维、复合思维、评价；

Y轴操作内容，图形、符号、语义、行为；

Z轴操作结果，单元、类别、关系、系统、转换、含蓄。

三个维度相互组合共可确定120种能力因素。根据这个结构模型，吉尔福特再去寻找每一种具体因素，迄今已找到100多种。

这种根据现有书籍、材料和理论来构造一定的模型或系统，进而探求未知问题的方法，类似于根据元素周期表寻找未知元素、根据牛顿力学预测新行星位置的方法，它被称为形态学方法。

吉尔福特的智力结构理论能够成功地解释能力结构。例如，测验儿童的智力，先给出四个词如蛤蜊、树木、炉灶和玫瑰，让儿童回答哪几个是属于一类内容。这项测验，是以"认知"为操作方式，以"语义"为内容，以"类别"为结果的能力测验。

我国古代思想家注重人的整体性，把能力与人格相联系，统称为"才性"。三国时期魏国著名人才学家刘邵从人的"九征"[①]，即神、精、筋、骨、气、色、仪、容、言等九个方面出发，把人才分为"兼德、兼材、偏材"三类，即德行高尚者、德才兼备者、才高德下者；他还认为人才有12种，即"清节家、法家、术家、国体、器能、臧否、伎俩、智意、文章、儒学、口辩、雄杰"。

北宋时期的秦观则将人才分为"成才者"、"奇才者"、"散才者"和"不才者"四类。成才者是"器识宏而风节励，向学博而行治纯，通当今之务，明道德之归"的人，也就是具有远见卓识、品行敦厚、学识渊博，既熟悉国家大事又懂得管理的人。奇才者是"经术艺文，吏方将略，有一卓然过人数等，而不能饰小行，矜小廉，以自托于闾里"的人，也就是在某方面有过人之处但又有些小缺点的人。散才者，是那些"随群而入，逐队而趋，既无善最之可记，又无显过之可绳，摄空承乏，取位而已"的人，也即随波逐流、没有多少长处也没多少缺点、尸位素餐的人。不才者，是指那些"寡闻见，暗机会，乖物理，昧人情，执百司之事，无一施而可"的人，也就是那些本领差、道德坏的人。[②]

对能力结构的深入研究使我们对能力的本质有更多的认识，为合理地设计各种能力测验以及科学有效地制定培养能力的原则、方法和内容，提供了重要的依据。

影响智力发展的因素

对智力影响因素的系统研究始于遗传决定论者，他们往往过分强调遗传的重要性。比如霍尔(G. Hall)认为，人的发展是动物和人类进化进程的复演，是完全由先天决定了的，"一两的遗传胜过一吨的教育"。

那么，遗传到底有多大影响呢？我国的某些地区对遗传力所作的调查表明，遗传所造成的智力差异，与遗传和环境两者所造成的总的智力差异的比值主要分布于0.35到0.65之间，

① 刘邵：《人物志》。

② 秦观：《淮海集·人才》。

看来并不太大。

环境因素对智力也有举足轻重的影响。有研究证实，孩子六个月时的智商与他同母亲在一起的时间有很大的相关性，其相关系数达到0.65。可见母亲的音容笑貌、亲抚与嬉戏对婴儿都是极其重要的环境刺激。

良好的社会经济条件、发达的文化环境是智力发展的肥沃土壤；充满爱的家庭环境是儿童智力与身心健康发展的基础；而后天教育则是促进人格与智力发展的关键所在。有一对孪生姐妹在出生18个月后被分开抚养，一个寄养在边远地区，只受过两年教育；另一个寄养在繁荣的农庄，受过专科教育，到她俩35岁时，后者比前者的智商高24分。

人的营养，在智力发展中起到重要作用，尤其是出生前后有机体的营养水平是脑发育的必要条件。器官生长有细胞数增加和细胞体增大先后两个条件，营养不足会使细胞数增加不足，而一旦错过这一阶段细胞数就不再增加，因此发育早期缺乏营养会损害脑部发育，从而影响智力。

疾病和药物也会对智力产生很大影响，特别是对于胎儿和婴儿。母体在孕期所患疾病及所服药物或毒品、不适宜的放射线照射等都可能影响神经系统的发育，并影响到人体的其他各个系统，甚至导致胎儿畸形。

能力表现早晚的差异

人的能力可谓千差万别。有些人少年早慧，如秦朝甘罗12岁作为秦相吕不韦家臣，自荐出使赵国，不费一兵一卒便说服赵王割让五城，因而被秦始皇封为上卿；莫扎特3岁即开始学钢琴，5岁作曲，6岁起随父巡回演出并被誉为“音乐神童”，8岁时写下第一首交响曲，11岁写下第一首清唱剧，12岁写下第一部歌剧，14岁指挥了该歌剧的12场演出……但也有许多人大器晚成，如摩尔根以60高龄发表基因遗传理论；齐白石40岁才表现出绘画才能……

人的能力迥然不同，人的各种能力发展和衰退的速度也不相同，在知觉、记忆、比较和判断以及动作反应速度等方面能力的发展水平差异如表3-5所示。

表3-5 能力发展水平差异

能力类型	10～17岁	18～29岁	30～49岁	50～69岁	70～89岁
知觉	100%	95%	93%	76%	46%
记忆	95%	100%	92%	83%	55%
比较和判断	72%	100%	100%	87%	69%
动作反应速度	88%	100%	97%	92%	71%

资料来源：龚敏编著，《组织行为学》，上海财经大学出版社，2002年版。

众多研究表明，人的智力发展的关键时期在4～5岁，但不同方面能力发展的关键时期又不尽相同。口语发展关键在2～3岁，书面语言能力发展的关键时期为4～5岁，视知觉发展的关键时期为4岁，数概念发展的关键时期为 5～5.5 岁。若这些能力错过关键时期的发展，以后再培养将变得非常困难。

人的能力有早晚的差异，同时，统计数据显示，各种学科行业中存在创造与成就的最佳年龄区间。有人对 301 位诺贝尔奖获得者做了统计，结果表明，30～45 岁是人的智力最佳年龄区，301 位诺贝尔奖获得者中有 75%的人获诺贝尔奖时年龄处于这个最佳年龄区，当代世界上杰出的科学家取得成就的年龄的峰值在 36 岁。

美国学者莱曼(Lehman)对几千名有较大成就的科学家及艺术家的调查发现，25 岁到 40 岁是最能出创造性成果的年龄区间。他给出了不同学科的最佳创造平均年龄，见表 3-6。

表 3-6 各学科最佳创造平均年龄表

学　科	最佳创造平均年龄(岁)	学　科	最佳创造平均年龄(岁)
数学	30～34	声乐	30～34
化学	26～36	小说	30～34
物理学	30～34	诗歌	25～29
实用发明	30～34	哲学	35～39
医学	30～39	歌剧	25～29
植物学	30～34	绘画	32～36
心理学	30～39	雕刻	35～39
生理学	35～39		

资料来源：张德主编，《组织行为学》，高等教育出版社，1999 年版。

中国学者张笛梅则统计了公元 600～1960 年间的 1 243 位科学家的 1 911 项重大科学成就，并据此画出价值规律——成功与年龄的关系图，发现作出第一项重大创造的年龄高峰段在 31～35 岁；而这些成就所发生的高峰段在 36～40 岁，见图 3-4。

年龄段(岁)	作出第一项重大创造的人数	作出重大创造的项数
16～20	21	21
21～25	110	119
26～30	233	294
31～35	253	328
36～40	218	363
41～45	166	278
46～50	106	201
51～55	63	117
56～60	36	83
61～65	20	44

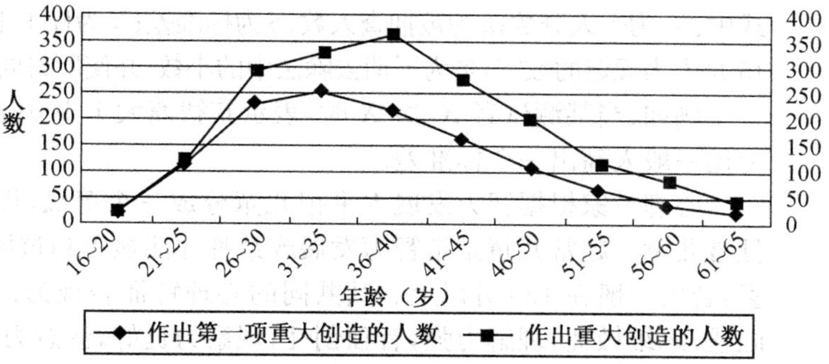

图 3-4 人才成功与年龄关系图

资料来源：张德主编，《组织行为学》，高等教育出版社，1999 年版。

总而言之，中青年时期是能力突出表现的阶段，风华正茂，所以应当珍惜青春年华，努力实现自身价值。

能力测试

心理能力测验（又名智力测验）是企业招募、安置人员的重要手段。我们平常所见的高考、研究生入学考试、注册会计师考试等名目繁多的考试都属于心理能力测试。

1905 年，法国心理学家比奈（Alfred Binet）设计了一套测量儿童智力的量表，对每一个实际年龄上的儿童都制定一组测验，在测验内容上因年龄而别，不受生活环境差异影响。具体做法是：例如，某个题目刚好 7 岁的儿童有 60%能完成，就把该题作为代表 7 岁儿童一般智力的标志。对每个年龄都能找出 6 个题目作为智力标志，每个题目代表 2 个月的智力。累加一个儿童所完成的题目数，按每题 2 个月换算就得出他的智力年龄（mental age，MA）。如一个实际年龄（chronological age，CA）4 岁的儿童如果完成了 5 岁组的题目，并且还能完成 3 个 6 岁组的题目，则他的智力年龄就是 5 岁 6 个月。比奈还规定，若一个儿童的智力年龄比实际年龄小两岁，便是智力迟钝者。

斯坦福大学的心理学家推孟（L. M. Terman）对比奈智力测验作出重大修改，引入了“智商”（intelligence quotient，IQ）的概念，其计算公式如下：

$$IQ = (MA \div CA) \times 100$$

式中：IQ 为智商；当 $CA>15$ 岁时，一律以 15 岁作为 CA。

此后推孟采用了“离差智商”的概念，反映了个人智力偏离本年龄组平均水平的方向和程度。它以标准差为单位，衡量具体智力操作分数偏离平均水平的程度；测验规定，100 为平均水平，该年龄组 50%的人低于该水平，50%的人高于该水平。计算公式如下：

$$IQ = 100 + 15 \times \left[\frac{X_1}{\overline{X}} S\right]，其中\ S = \sqrt{\frac{\sum_{i=1}^{n}(X_i - \overline{X})^2}{n}}$$

式中：X_i 为个人分数；n 为被抽查人数；S 为标准差；$\overline{X}$ 为样本平均分；100 为平均智商；15 是人为规定的数字，是为了消去除法中的小数，并使所得商与 100 有可比性。

例如：当某测试者 $X_i > \overline{X}$ 时，表示其智商大于 100；若 X_i 为 115，说明其智力比一般人高出一个标准差。

心理学家根据智力发展水平把儿童分成三个等级，即超常儿童、常态儿童、低常儿童。超常儿童是指智力发展或某种才能显著超过同龄儿童平均水平的儿童，智力一般在 130 分以上。其共同的心理特征表现为：认识兴趣浓厚，求知欲旺盛，思维敏捷，理解力强，有独创性，观察力良好，注意力集中并易转移，记忆速度快而准，进取心强，勤奋。低常儿童是指智力发展明显低于同龄儿童平均水平并有适应性行为障碍的儿童，又称智力落后儿童。推孟认为，智商 70 以下的都可以称为智力低常。按程度的不同，可将低常儿童分为三级：迟钝（智商在 50～69），愚笨（智商在 25～49），白痴（智商在 25 以下）。低常儿童的主要特征为：知觉速度缓慢、范围狭窄，记忆能力差，语言发展迟缓，词汇贫乏，思维概括能力差，生活自理能力差。

全人类的智力分布基本上呈正态分布，我国也是一样，心理学界在 20 世纪 80 年代初对我国 228 000 个儿童的智力水平进行的调查显示，智力超常儿童和痴呆儿各占 3%左右。从心理学家推孟抽取 2～18 岁的 2 904 人进行测验得出的智商情况中可以看出，表两端的百分数都很小，而中间部分很大。

表 3－7　不同智商水平的人数分配百分数

智　商	百分比(%)	级　别
139 以上	1	非常优秀
120～139	11	优秀
110～119	18	中上
90～109	46	中智
80～89	15	中下
70～79	6	临界智力
70 以下	3	智力迟钝

情绪智力

智力测验在人才选拔、职业指导、儿童教育、临床诊断等方面有广泛应用，成为度量智力水平的普遍标准，但其信度一直为人们所质疑。而且，智力测验可能对某些种族和持有特殊信仰的群体有不利影响。为此，美国的一些州通过法律限制智力测验的施行。耶鲁大学心理学家彼得·沙络维（Peter Salovey）、迪巴洛（Maria Dipaolo）和约翰·梅耶（John D. Mayer）于 1990 年提出“情绪智力”①

① 为模仿智商的表述，国内有学者造出情商（emotion quotient，EQ）一词，用来表示个体控制、调节自身情绪体验和处理人际关系的能力，但是“情商”中并没有“商”，这是不够严谨的说法。本书为准确描述这一概念，统称为情绪智力而非“情商”。

(emotional intelligence)的概念,引起社会的强烈反响。沙洛维和梅耶认为情绪智力包括四个方面。[①]

1. 情绪的知觉、评价和表达能力。主要包括:① 从自己的生理状态、情感体验和思想中辨别自己情绪的能力;② 通过语言、声音、仪表和行为从他人艺术作品、各种设计中辨认情绪的能力;③ 准确表达情绪以及表达与这些情绪有关的需要的能力;④ 区分情绪表达中的准确性和真实性的能力。

2. 思维过程中的情绪促进能力。主要包括:① 情绪思维的引导能力;② 情绪生动鲜明地对与情绪有关的判断和记忆的过程产生积极作用的能力;③ 心境从积极到消极的起伏变化,促使个体进行多方思考的能力;④ 情绪状态对解决特定问题所具有的促进能力。

3. 理解与分析情绪,可获得情绪知识的能力。主要包括:① 给情绪贴上标签,认识情绪本身与语言表达之间关系的能力;② 理解情绪所传送意义的能力;③ 认识和分析情绪产生原因的能力;④ 理解复杂心情的能力。

4. 对情绪进行成熟调节的能力,主要包括:① 以开放的心情接受各种情绪的能力;② 根据所获得的信息与判断进入或离开某种情绪的能力;③ 成熟地观察与自己和他人有关的情绪的能力。

1995 年丹尼尔·戈尔曼(Daniel Goleman)的通俗读物《情绪智力》[②],对于情绪智力概念的广泛传播起到了相当大的作用,他把情绪智力划分为五个方面的能力:① 认识自身情绪的能力——自知力;② 妥善管理情绪的能力——自控力;③ 自我激励的能力——热情、坚持;④ 认识他人情绪的能力——洞察力;⑤ 人际关系的管理能力——社交技巧。

现代研究认为,一个能有效理解和控制自己的情绪,能有效地自我激励,也能有效地理解和体谅他人,并能有效地维持良好人际关系的人,有可能成为合格的管理者。情绪智力对个人的事业成功有着举足轻重的作用。有人估计,在促进成功的自身条件中,情绪智力的权重占到 0.8,而智商的权重仅占 0.2。

目前,情绪智力的测定与验证仍是困难的课题。虽然各种情绪智力测试花样繁多,但其信度一直得不到确证。

在美国有一种影响较大的情绪智力测试,叫 PONS(profile of nonverbal sensitivity)测试,是哈佛大学心理学家罗伯特·罗森萨尔(Robert Rosenthal)发明并逐渐完善的一套用来衡量一个人接受情绪暗示亦即辨别他人情绪特征能力大小的测试题。许多心理学家都认为,大约 90%的人际间情绪交流是非语言性的(nonverbal)。人们惯常使用种种具有意味的身体语言表达自身情绪,而我们通常也是依赖身体细微变化来判定别人情绪反应并与他人进行情绪交流的。罗森萨尔 PONS 测试由一组电影镜头和许多道选择题组成,电影中的角色不停变换着各种表情——恼怒、厌恶、嫉妒、感激、诱惑等。这些镜头经过巧妙剪辑和重

---

① Mayer, J. , M. Dipaolo, P. Salovey. Perceiving Affective Content in Ambiguous Visual Stimuli: A Component of Emotional Intelligence. *Journal of Personality Assessment*, 1990, 54 (3-4).

② Goleman, Daniel. *Emotional Intelligence: Why It Can Matter More than IQ*. New York: Bantam, 1995.

新编排组合，其中一些关键的非语言性暗示动作常被有意遮挡以增加选择难度。被测者只能通过其他更细微复杂的暗示性动作，来判断连续画面中的角色所表现的真实情绪。研究者们发现绝大多数在PONS中获得高分的成年被测者在完成工作和人际关系中表现更出色、更成功；取得PONS高分的少年在学校中也更受欢迎，更加活跃，受到老师和家长更多的好评，尽管他们的智商可能很一般。PONS测试一定程度上反映了情绪智力的某些方面内容。

能力与工作的匹配

为保证对体质能力、心理能力的要求各有不同的各种工作任务的顺利完成，并提高工作的投入产出效率和员工的满意度，就应该尽可能地使个人能力与工作需要相匹配。例如海上救生员需要很强的空间知觉能力和身体协调能力，建筑工人需要有很强的平衡能力，市场调查员需要很强的归纳推理能力，要做一个优秀的销售人员，则良好的记忆力也是必须具备的。

古代唐太宗李世民也强调人的才能差异，反对求全责备。他有句名言："用人如用器，各取所长。"他借鉴前史，充分发挥各个文官武官的长处，制定出选才、用才的指导原则——"四善"、"二十七最"①。所谓四善是对所有官员共同的道德要求，即德义有闻、清慎明著、公平可称、格勤匪（非）懈，简而言之即"德"、"慎"、"公"、"勤"四个字。而"二十七最"（"最"就是好、优秀的意思），则规定了不同领域官员的考核标准，例如：善于权衡人物、擢尽良才者，是好的选官；激浊扬清、恰如其分者，是好的考官；音律克谐、不失节奏者，是好的乐官；训导有方、学生优秀者，为好的教官；耕耨合时、颗粒归仓者，是好的屯官等。

在考核各级各类官吏时，即根据"四善"、"二十七最"的标准，把被考核者所得的"善"、"最"多少，分为九等。一最以上有四善，为上上；一最以上有三善，或无最而有四善，为上中；一最以上有二善，或无最而有三善，为上下。一最以上有一善，或无最而有二善，为中上；一最以上或无最而有一善为中中；职事粗理，善最下闻，为中下。爱憎任情，处断乖理，为下上；背公向私，职务废阙，为下中；居官谄诈，贪浊存状，为下下。经考核，凡列于中等以上者，皆可升官、加禄；中等以下者，就要降级罚禄，情节严重，则要罢官受罚。

早在1 400多年以前，我国学者刘劭著有《人物志》一书，系统提出个性的分类与能力的鉴定方法。此书曾于1937年被美国心理学家夏斯克（J. K. Shryock）译成《人类能力之研究》（*The study of human ability*）一书，深受好评。刘劭根据德和才两种因素来考量人的能力，把管理者分为12个等级。他提出"人才不同，能各有异"，"量能授官，不可不审也"。他还曾用"八观"法来鉴别人的心理能力，如"观其感变，以审常度"，"观其所短，以知所长"，"观其聪明，以知所达"等方法。

① ［唐］《考课令》，又见《唐六典》卷二《考功郎中》。

态度与行为

态度的概念在组织行为研究中占据重要地位。态度对于解释员工行为非常重要，应用研究者利用态度预测管理者和员工的行为。测量、了解员工的态度，可使管理者了解员工的需求，保证组织管理的有效性。事实上，态度调查的结果经常令管理层十分吃惊，有时他们会发现最糟糕的抱怨可能是来自于那些拥有最好的工作条件和最优厚待遇的员工，那些管理层认为客观公正的政策和实践可能被大多数员工或其中一部分员工认为是不公正的。所以，定期进行态度调查能够为管理者提供关于员工工作态度方面有价值的反馈信息。

态度的含义与功能

态度是个体对客体对象的评价性陈述或行为倾向——相对积极或消极，喜欢或不喜欢。这种对象包括人、物、事件、团体、制度以及社会观念等。态度由后天习得，比较稳定，但在一定条件下可以改变，例如很多广告宣传就是为了改变受众的态度。然而，人们对重要事物的态度往往不容易改变，成为其人格的一部分。

态度的心理结构由三种成分组成：认知成分、情感成分和行为意向成分。

态度的认知成分是指个体对客体的信息理解和价值评价。例如，"以资历为基础的薪酬支付方式是错误的"，或者"以绩效为基础的薪酬支付方式是正确的"。这种评价作为一种认知体系，与人的价值观有密切的内在联系。人们利用个人现有的知识、信息结构，通过认知活动来接纳新的知识和信息，而每个人的认知风格各有不同，既包括感觉、知觉、记忆、想象和思维等认知过程的差异，也包括认知能力与认知功能方面的差异，所以我们通过认知活动逐渐形成了各自不同的价值观和态度的参照框架。新信息要在这个框架中先进行比较、分类，然后才能贮存——在此过程中认知的选择性、系统性和合理化的特点使我们往往倾向于收集那些与现有系统相容的信息，并在此参照框架下作出相应的解释。

态度的情感成分在态度的三种成分中占有关键地位，常常关于态度的测量实际上是关于情感成分的测量。情感成分是一种情感体验，如"我不喜欢我的公司，因为我的公司的薪酬支付是以资历为基础的"。态度中的情感成分有两类：一类是情景性的情绪，是情感过程的外部表现中可测量的方面，带有冲动性，容易变化；另一类是比较稳定的情感，是由对事物的比较深刻的认识引起的，很少有冲动。这两个方面从不同的层面表达了态度的情感成分。情感体验将影响人的认知活动，而那些能引起人们积极情绪的信息和引起人们消极情绪的信息会以不同的方式进入信息处理系统。

态度的行为意向成分，即个体对事物的行为准备状态和行为反应倾向。如

"我不喜欢公司的薪酬支付方式，我准备辞职"就反应了态度下的行为倾向。态度与行为有密切的内在联系，我们所观察到的态度常常未必可靠，也并不能预测行为，例如我们常说的"说的是一套，做的又是一套""口是心非"、"口蜜腹剑"等，都说明了个体可能采取与自己态度不同的方式行动，其原因可能是复杂的。

心理学家卡兹(D. Katz，1960)认为态度在工作中具有四大功能。①

1. 调整功能。态度有助于人们根据工作环境的变化而进行调整，从而更好地适应环境，并把这些态度作为今后行为的基础。当个人表明他赞同众人的态度时，可能获得有利的反应，这在社交上是很有价值的，它能够激励、改变个人的行为。具有调整功能的态度可以作为一种工具，使个人获得心中所想达成的目标，它在个人以往经验中可能曾经带来某种程度的满足。

2. 自我保护的功能。某些态度作为一种防御机制，能使个人在受挫时保护自己。例如一个晋升失败的人可能会显示自己轻视官职大小的态度。

3. 价值表现的功能。个人可藉他所持有的态度来表现他所推崇的价值观念。举一个例子，某领导者说："稳定压倒一切，公司的每项举措都不能破坏人员与生产的稳定。我不知道如果盲从草率地采用其他公司的管理方式会把我们变成什么样子。"则我们可以从他的态度中看出他在稳定与变革这一对矛盾观念中的价值取向。

4. 知识功能。人类具有一种在其所知觉到的外在世界中寻求稳定性、一致性，或者说可预测性的行为倾向。态度一旦形成就变成了一种认知客观世界的参照框架，使得人们能够组织和解释周围的世界，并作为个人行为的指针。态度如同一扇视窗，它允许人们看到外面的世界，但视窗的大小和开关限制了视野，视窗玻璃的颜色过滤了某些信息，从而影响了认知的准确性。

工作满意度

工作满意度是指个人对其所从事的工作的一般态度，它是对工作情境的一种情绪反应，经常与其期望相联系。如员工感到他比同事要辛苦得多，但所得奖励却很少，那么他很可能对工作、老板或同事持负面态度。

影响工作满意度的因素主要包括以下几个方面：

(1) 工作本身。这一内容包括工作为个体提供的有趣的任务、学习的机会和接受责任的可能性。很多公司努力使工作变得有趣，并从兴趣和技能的角度把人和工作匹配起来。

(2) 薪水。薪水被看作是工作满意度的一个典型的、但需要复杂认知的多维因素。钱不但能够维持人们的最低需要，而且对于满足高层次的需要也很有帮助。通常员工会把薪水看作管理者对于他们对组织贡献大小的看法的一种反映。公平的薪水很重要，福利也很重要，如果员工能够在一系列福利项目中灵活

① Katz, D. The Functional Approach to the Study of Attitude-behavior Relations: A Meta-analysis of Attitudinal Relevance and Topic. *Journal of Communication*, Winter, 1993: pp. 101-142.

地选择福利的种类，那么在福利满意度和整体工作满意度上都会有显著的提高。

(3) 晋升。晋升机会对于工作满意度似乎有多种影响。那些基于资历而获得晋升的员工会感受到工作满意，那些基于绩效获得晋升的人则会更满意。公司采取内部提升并给予公平的晋升机会，也是常被采用的提高员工满意度的方法。

(4) 上级的管理。管理是工作满意度的重要来源。员工导向的上级比任务导向的上级更受组织成员的欢迎，因为他们注意与员工的沟通，关心员工的切身利益。同时，管理者允许下级参与决策的程度对提高工作满意度也起到实质性的作用，更多的决策参与对工作满意度有显著的积极影响。

(5) 同事。同事在业务上的能力水平、在工作生活中的互相支持程度，以及其他人格因素，如是否懒惰、忠诚、有责任感等，对工作满意度也有很大影响。一个团结的工作团队能够为员工提供支持、安慰、建议和帮助，使工作变得愉快。

此外，工作条件对于工作满意度也有一定影响。如果工作条件很差，人们会发现做好事情很困难，可能会导致不满；但工作条件较好，也未必带来工作满意，即对于这一点没有工作满意度上的问题。

工作满意度对工作行为有什么样的影响？有关研究主要围绕以下几个方面展开：工作绩效，离职率，缺勤与迟到，偷窃和暴力等。

许多人想当然地认为满意的员工会比不那么满意的员工有更高的绩效，但几十年来严格的实验研究并未证明高的满意度会带来高的绩效，数年前引用大量研究文献所作的分析发现工作满意度与绩效之间的相关系数只有 0.17。对工作满意度和离职率的关系的研究表明，这两者之间有一个中等程度的负相关。高的工作满意度本身不能保证低的离职率，但很低的工作满意度则可能导致高的离职率。此外，研究者发现在满意度和缺勤之间有一个弱的负相关。

离职—进谏—漠视—忠诚模型(exit-voice-neglect-loyalty，EVNL)明确了员工对工作不满意时的四种回应方式：

离职，即离开组织，包括转换职业和调动部门。离职通常被看作一个对工作不满的结果，特别是当员工有其他更好的工作机会时，一些引起其不满的突发事件也许会激发员工离职的强烈情绪。进谏，指员工试图改变不满意现状所作的努力。大多数情况下，进谏被认为是一种积极的建设性的回应，但当员工为引起注意和重视，使进谏以极端的形式如罢工等表现出来时，这种行为也具有一定的破坏性。漠视，主要指对组织产生负面结果的消极活动，如增加旷工率和迟到率等。忠诚，指通过耐心等待问题自行解决或他人来解决的行为，也包含沉默和忍受的成分。

员工会采取以上哪种方式回应，主要取决于个人情况和所处情形。首先是个性影响，一个具有高度责任感的员工，较少地选择漠视，而更多地发出声音、提出建议。而严谨保守的性格，会更多地导致忠诚。其次是职业前景的影响，当员工认为当前的工作有良好的职业前景时，离职的可能性降低，更多地采取进谏的方式来表达不满。

组织承诺

组织承诺(organizational commitment)也叫组织认同感,是员工对于特定组织及其目标的认同,并且希望维持组织成员身份的一种状态。高的组织承诺意味着认可组织的价值观和目标,极力想维持在组织中的成员资格,愿意为此付出高水平的工作努力。所以,组织承诺是员工个体价值观与组织价值观进行匹配之后所形成的一种对待工作的态度。组织承诺高的员工流动率相对较低。

组织承诺包含三种基本成分:感情承诺,即员工对组织的情感依赖、认同感以及投入意向;持续承诺,员工因考虑到跳槽的成本而不愿离职的态度与行为,这可能是因为离开组织的代价太高或暂无更佳的工作机会;规范承诺,员工觉得有责任和义务留在组织继续工作。中国员工组织承诺的结构模型中还包含了理想承诺的因素,即重视个人成长与理想的实现,以及施展所长的机会。

组织承诺的高低与个人特点有关,往往学历越高,承诺越低;资历越深,承诺越高。与角色状况也有关,角色模糊、角色冲突与组织承诺有负相关关系。工作的任务自主性与技能多样性与组织承诺有正相关关系。此外,员工感觉自己的贡献很大、组织的凝聚力很高或员工对组织的信任都可以提高组织承诺。有研究发现,组织承诺能够预测离职现象,甚至能预测离职意向。管理者对一个人工作绩效和晋升的评价与他的情感承诺水平正相关,但持续承诺则与工作绩效呈负相关。

较高的情感承诺与规范承诺,带来更低的缺勤率、更低的离职率和更高的绩效。而美国工作者比日韩工作者表现出了更高的情感承诺。影响情感承诺的最重要因素是个体感到组织满足他们的期望的程度,而工作的挑战性、组织的可靠性和工作角色的明确性等,都是一些重要的因素。一般来说,个体在刚刚开始工作的头几个月的经验,对于情感承诺的发展非常重要。当然,这种较低的人员离职率也会制约组织雇佣有着新鲜知识和想法的新员工的机会,同时造成员工对于组织和上司的过度信任,影响组织发展。

持续承诺与员工的绩效排名成反比,即有着较高持续承诺的员工绩效排名较低。这种问题的出现是因为持续承诺主要通过财务方面的刺激来体现,这阻碍了员工创造力的激发。有些组织通过训练职员某些应用很少的特殊技能,使其难以离职,这虽然能增强职员的持续承诺,阻止人们轻易离职,但也不利于提高情感承诺以产生较高绩效。因此,组织除了应该通过财务类的持续承诺把员工和组织联系起来外,还应该通过赢得员工信任来实现情感承诺。

态度与行为的关系

通常感觉中常常认为态度与行为具有一致性,但这似乎并不符合实际情况。研究结果往往显示态度与行为之间的关系是很复杂的,并不是一种简单直接的关系,例如一个人对其上司的态度可能是消极的,但却未必对其采取相应的消极的行为。要比较准确地以态度预测行为,一般应遵行以下三条原则:① 一般态度能较准确地观测一般行为;② 特定态度能较准确地预测特定行为;③ 态度测量与行为表现之间的间隔时间越短，态度与行为之间的关系越趋于一致。

行为意向模型

社会心理学家马丁·菲什拜因(Martin Fishbein)和艾斯克·艾费(Icek Ajen)于1980年提出行为意向模型(behavioral intentions model)，试图解释态度与行为的关系，见图3-5。他们认为预测行为最佳的方法是关注行为意向，而意向取决于有关行为的态度和规范。例如，想知道员工是否会辞职，最快捷而且可能是最准确的方法，是让比较客观的第三方去询问他是否有要辞职的行为意向。有34项研究对8.3万名跳槽的员工进行的统计分析证实了其正确性——将员工已有的行为意向作为预测员工跳槽的方法，比工作满意度或组织承诺更有效。当然这种方法虽然可以预测谁将跳槽，却无法解释其原因。因此，为更好地预测员工辞职行为，就必须了解其相关态度。我们从图3-5可以看出，行为意向既受到态度的影响，还受到知觉的主观因素的影响。而态度和主观规范又决定于个体的信念。

行为规范是社会或群体接受或允许的行为的准则。很明显，个体的行为首先必须符合群体或社会规范。只有当态度和规范是正向的，意向才可能强烈；如果态度和规范相冲突，两者的相对强度决定着意向或行为。

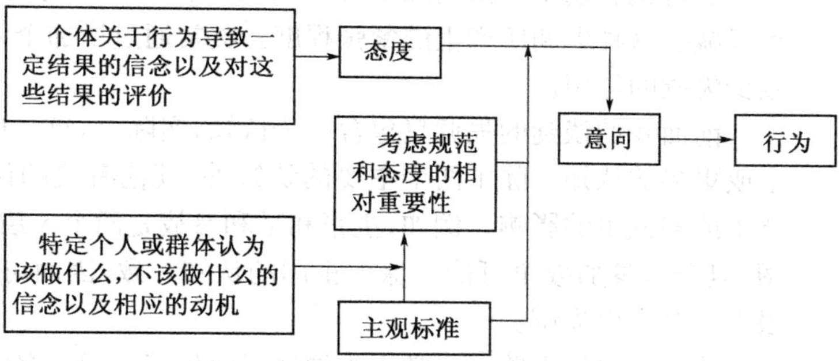

图3-5 行为意向模型

根据行为意向模型，个体有关具体行为的信念影响态度和规范。对于态度来说，信念涉及行为与后果的关系。对于规范来说，信念涉及个体对别人期望他如何行动的感知。实际的或感知的情景以及内在障碍或约束和意向一直影响某一具体行为。例如，某员工愿意把工作做好，但是否完成好还受客观条件或个人技能影响。

认知失调理论

态度与行为的关系是复杂的，1957年心理学家列昂·费斯廷格(Leon Festinger)提出认知失调理论(cognitive dissonance theory)[①]，试图揭示这两者的关

① Festinger, Leon. *A Theory of Cognitive Dissonance*. Stanford, CA: Stanford University Press, 1957.

系。认知失调是指个体所感受到的两个或多个态度之间或他的态度与行为之间的冲突与对立。例如，一个人有这样两种认知："抽烟能导致肺癌""我抽烟"，这个人就会体验到认知失调，因为由"抽烟能导致肺癌"可以推出"我不应该抽烟"的结论——当然这种不一致取决于个体的心理逻辑，而非实际的客观逻辑。费斯廷格认为人有保持认知一致性的倾向，认知失调会导致心理上的不舒服体验，个体将试图主动地消除或减少它，以达到认知和谐。

费斯廷格认为个体减少失调的愿望有多强烈取决于以下三个因素：导致失调的因素的重要性；个体认为他对于这些因素能够施加的影响和控制程度；失调可能带来后果的严重性。

如果导致失调的因素不重要，则改变这种失调的压力就比较小。例如某人不喜欢吃菠菜，但又多少吃了一些，这会产生失调，但程度却不会太高，因为不喜欢吃菠菜和吃了些菠菜在个体的认知结构中都不占重要地位。

个体认为他们对认知因素能够施加的影响和控制程度影响到他们对失调作出反应的方式。如果他们认为某种失调是一种不可控制的结果，他们就不太可能去改变态度。在上述例子中，如果此员工经常迟到是因为老板授意他必须花很多时间照料重病卧床的家人，那么他就不太可能改变其态度。尽管失调仍然存在，但它可以被合理地辩解。

奖赏也影响个体试图减少失调的动机。当高度的失调伴随着高的奖赏时，可以减少这种失调所产生的紧张程度。奖赏通过增加个体平衡的一致性来起到减少失调的作用。

前面我们谈到的失调只包含两个认知，实际上，每一种失调都牵涉到两个以上或更多的认知。除了两个主要的认知外，其他有关的认知也都对失调的程度产生或多或少的影响。例如，主张和平和参战是两个矛盾的认知，会导致认知失调，但个体参加战争可能与保卫祖国的认知一致，因而可以减少失调程度，或者根本不会产生失调。

费斯廷格等人曾以大学生为被试对象做了一项著名实验。他们先让所有被试者参加一个小时单调枯燥的活动，而后把被试者分为三组。第一、二组完成任务后被要求对门外的一位女性撒谎，说刚才的活动非常有趣、愉快。其中第一组被试者撒谎后得到了一美元奖励；第二组被试者说谎后得到了 20 美元奖励；第三组被试者没有被要求说谎。最后，要求这三组被试者真实地回答在多大程度上喜欢该项目活动。结果发现，第二组、第三组被试者大多认为该活动枯燥无味，而第一组则大多认为活动生动有趣。研究者分析说，第三组没有被要求说谎，因而回答真实可信。第一组、第二组都经历了活动单调的认知与撒谎行为的知觉的认知失调，其中第二组由于说谎获得高报酬，他们认为说谎值得为之而活动的确是单调乏味的；第一组则由于认为不值得为一美元说谎，于是改变了自己对活动的认知，转而认为活动并不单调乏味。

认知失调理论已得到众多实验的严格验证，有助于预测员工的工作参与和行为改变的倾向。

组织公民行为理论

组织公民行为(organizational citizenship behavior)是指个体的行为是自主的,并非直接地或外显地由正式的奖惩体系所引发,包括无私地帮助他人、主动参与组织活动、承担超过常规要求的任务等。组织公民行为往往是员工工作满意度和组织承诺比较高的具体体现和反映,是工作满意度和组织承诺等态度因素的外在观测指征。这种行为尽管很少体现在正式角色的规定之中,但缺少它们,系统将很难运行。

我国组织中,个体的组织公民行为主要包括:主动加班,承担额外责任,帮助同事解决与工作相关的问题或个人问题,为了公司利益而提出建议或批评,主动参加集体活动,向外界提升公司形象,通过自学增加知识和工作技能,参与社会公益活动,保护和节约公司资源,保持工作场所清洁,建立和维护在工作场所中的人际和谐,遵守社会道德规范等。

组织公民行为的积极作用主要表现在以下六个方面:

(1) 是一种自愿合作行为,能自觉维护整个组织的正常运行,减少矛盾和冲突;

(2) 能使组织所拥有的资源摆脱束缚,投入于各种生产活动之中;

(3) 能促进同事和管理人员生产效率的提高;

(4) 能有效协调团队成员与工作群体之间的活动;

(5) 能创建良好的企业文化,增强组织吸引和留住优秀人才的能力;

(6) 可以潜在地影响组织绩效。

组织通常希望并鼓励组织成员表现出更多的组织公民行为。组织公民行为的一个基本假设就是员工与组织的关系是有别于经济交换的社会交换关系。社会交换是一种基于信任的自愿性行为,员工的组织公民行为有多种可能原因:为了对自己从组织中获得的支持而进行的回报;为了预期可能从组织中得到的回报而进行的投资等。员工的工作满意感、组织公平感、组织支持感、领导者的信任、员工与领导者之间的良好关系等都与员工的组织公民行为之间存在积极的正向关系。因此,创造良好的工作环境对激发员工的组织公民行为是有利的。

也有研究者认为,组织公民行为对企业组织有负面的影响,某些员工作出组织公民行为其实是一种印象管理策略,是为了通过组织公民行为获取更大的利益,例如表现自己、获得晋升、引起上司重视等。在这种情形下,员工会刻意去表现出这些行为,而有可能忽视自己的工作职责。这种负面影响同样会产生示范作用而带动更多的员工倾向于这种行为。管理者应该更清楚地认识到组织公民行为的负面影响,识别和培育健康的组织公民行为,发挥其积极的作用。

态度与行为关系的中介变量与自我知觉理论

在对大量的态度与行为关系的研究报告的评估基础上,研究者得出结论:态度与行为之间只有很小的关联性,这可能通过考虑中介的权变变量而得到比较明确的答案。

第一个中介变量是使用具体态度和具体行为,可以更有利于我们发现态度与行为的关系。举例来说,如果你问一个人是否会保护环境,大部分人可能会说是，但这并不意味着他们会从垃圾箱中挑选出可再利用的物品。这种对是否关心环境保护的问题的回答和再利用行为之间的相关系数可能只有正0.20左右。但是如果你的问题更细致和明确，确认的相关行为越具体，就越有可能表明态度和行为之间的关系，例如通过问一个人认为挑选出可再利用物品这件事上个人有多大的义务，此时态度和行为之间的相关系数可能超过正0.50。

第二个中介变量是社会对行为的限制。态度和行为之间的不一致可能是因为社会压力强迫个体按照一定的行为方式行动。例如，群体压力有时会使一些原先持不同态度的成员不得不采取与大家相同的行动。社会伦理和舆论的压力也会使态度和行为发生背离。

第三个中介变量是问题中所涉及态度的体验。如果要评价的态度针对的是个人有过体验的事情，态度和行为之间的关系可能更强烈。例如当我没有相关经历时，我同情西部山区的贫困儿童难以就学和接受初等教育的态度并不能表明我会为希望工程捐款。

由于态度对行为的影响在引入中介变量之前，其关系常常很模糊，要得到明确的相关关系常常比较困难，许多学者便转而研究行为对态度的影响，这类研究被称为自我知觉理论。自我知觉理论认为，人们通过自己的行为和行为发生的情境了解自己的态度、情感和内部状态。也就是说，我们对自己内部状态的了解，也像他人了解我们一样，都是通过我们的外显行为——当被问及关于某事物的态度时，我们首先回忆与此事物有关的行为，然后根据过去的行为推断出对该事物的态度。例如当某一公司的销售部经理被问到他在销售工作上的态度时，他可能会想，他已经在此公司负责销售十多年，所以他肯定是喜欢和在乎这项工作的。可见自我知觉理论认为，态度是在事实发生之后用来使已经发生的东西产生意义的工具，而不是在活动之前指导行动的原则。

自我知觉理论得到广泛支持，它表明行为对态度的影响的确很强，但这个理论只有在两种情况下才是有效的：一是内部状态模糊不清、不明确；二是人们对自己作出什么反应不太关心。

态度的改变

态度往往比较稳定，但在一定条件下也可以转变，形成新的态度。态度的转变有两种，一是一致性的转变，即只改变原有态度的强度，比如由极端反对转变为稍微反对；一是态度的方向的转变，比如由反对转为赞成。

研究表明，人们往往通过三个方面的心理倾向拒绝他人的影响。① 抗拒反应，即当人们感受到自己被别人操纵时，心理上会出现自发的抵抗，维持自我控制；② 心理惯性，人们的心理活动往往遵循费力最小原则，因此人们在没有感受到改变的必要性时，会尽可能少地改变自己；③ 保留面子，人们为了维护尊严而往往需要保持一个不轻易受影响的形象。

在实际生活中人们常常运用一些自我保护策略。当某种信息与人的态度不一致时，最简单的解决方式即笼统拒绝该信息以表明立场。此时个体并不是理性地去反对或攻击新的观念,没有明显的理由拒绝接受新态度,而只是表现为不信服。当信息与自己的态度存在差异时,个人也可以通过某种方式,断定沟通信息的来源不可信或具有消极性质,这样可以减少由于认知失调带来的压力。

促使态度转变的因素有许多。首先,态度本身与人格、价值观有密切联系,个体自幼形成并一贯秉承的态度、习惯往往较难改变;原有态度所依赖的事实越多、越复杂,就越巩固。其次,往往心理能力强的人容易理解正反矛盾,从而能够主动改变自己的态度,而心理能力弱的人往往缺乏判断力,容易接受外界影响而被动改变自己的态度。再次,个人的群体观念也是一个因素,当个体对其所属的团体具有认同感和忠诚心的时候,要其采取与团体规范不一致的态度就很困难。此外,在沟通过程中,信息传播者的威信、与受众的相似性以及演讲方式等,也会影响到信息的可接受程度,从而影响相关的态度。

心理学家海德(F. Heider,1958)提出态度转变的平衡理论。海德认为,人类普遍地有一种平衡、和谐的需要,一旦人们在认识上有了不平衡和不和谐性,就会在心理上产生紧张和焦虑,这会促使他们的认知结构向平衡和和谐的方向转化。

平衡理论涉及一个认知对象与两个态度对象之间的三角形关系。例如,用符号 P 来表示认知的主体,用符号 O 与 X 表示两个态度对象。O 与 X 称为处于一个单元中的两个对象。认知主体 P 对构成一体的两对象 O 与 X 的评价是带有情绪的:喜恶,赞成或反对。通常,认知主体对单元中两对象的态度是趋向一致的,如喜欢某人,则爱屋及乌,对其工作也很赞赏;不喜欢某人,则认为他的朋友也不好。

为此,当认知主体对一个单元内两对象看法一致时,其认知体系呈现平衡状态;当对两个对象有相反看法时,就产生不平衡状态。例如,喜欢某人,但对他的工作表现不能赞同。不平衡的结果会引起内心的不愉快和紧张。消除不平衡状态的办法是,赞同他的工作表现,或不再喜欢此人,这就产生了态度转变的问题。

现将上述的 P—O—X 的关系列成图解形式,以符号"+"表示正的关系,以符号"−"表示负的关系,那么总共将有八种关系形式,各有四种平衡的结构与四种不平衡的结构(见图 3-6)。要判断三角关系的平衡与否,其根据为:平衡的结构必须为三角形三边的符号相乘为正;不平衡的结构必须为三角形三边符号相乘为负。

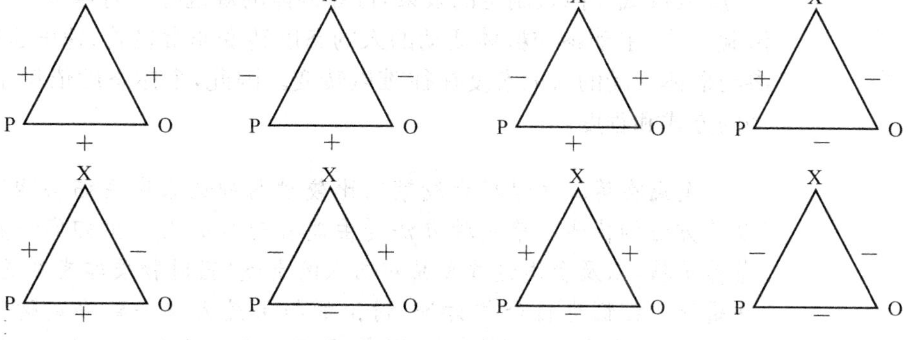

图 3-6　P—O—X 关系形式

现举例说明这种三角关系。今有认知主体 P(女青年),态度对象为 O(男青年，为P的男朋友)，X(男青年O自愿当清洁工)。

对此，可能存在三种情况：① P对O与X皆持赞成态度，这是一种平衡状态；② P对O与X皆持不赞成态度，这也是一种平衡状态；③ P对O持赞成态度，对X持不赞成态度，这就造成了不平衡状态。

在第三种情况下，P要达到平衡的解决办法为：① P改变对O的看法，认为O很老实，肯干；② P改变对X的看法，认为X(清洁工)也是工作的需要；③ P劝说O，不要去做清洁工。

由上可见，不平衡状态会导致认知结构中的各种变化，所以，态度可以凭借这种不平衡的关系而形成和改变。

态度问题研究专家凯尔曼(H. C. Kelman，1961)认为满足人们的需要和期待有利于态度的改变，他基于这一前提提出态度改变过程的三个阶段——服从，同化和内化。在服从阶段，个体受到团体规范和他人态度的影响，为了赢得好感而改变原有的态度。在同化阶段，个体的态度转变不是受外界压力而被动产生的，而是从模仿中不知不觉地把别人的行为特征并入自身的个性特征中，逐渐改变了原有态度。但这种改变还不是信念上和价值观上的，因而是不巩固的。内化是在同化的基础上真正从内心深处相信并接受新的观念，自觉把新观念纳入自己的价值观之中，从而彻底转变自己原有的态度。

凯尔曼和霍夫曼通过严格的实验研究发现，任何来源的沟通信息最终都将对人们产生一定的说服效果。从即时影响的角度看，同样的信息由更具威信的传播者提供，能引起更多的态度变化。但是三周后，再次检查态度改变的程度却发现，各种来源的信息所造成的态度改变已经趋于一致，原有信息来源的威信所起的作用已经趋于消失，但是如果重新提醒个体注意原来信息的可靠性，则原有威信的作用又重新恢复。这种低威信来源信息在一段时间后对态度的改变作用比先前更大的现象，被称作"睡眠者效应"。

心理学家勒温在研究中则发现，个体态度的改变同群体的规范和价值观密切相关。个体在群体中的活动性质能决定他的态度，也会改变他的态度。个人在群体中的活动可以分为主动型和被动型两大类。主动型的人主动地介入群体活动，参与政策的制定，自觉遵守群体的规范等。被动型的人被动地介入群体活动，服从权威和他人制定的政策，遵守群体的规范等。对这两种类型的人进行的试验表明，主动参与群体活动的人的态度转变非常显著，速度也比较快；而被动参与群体活动的人的态度往往难以转变。因此，个体态度依赖于其参与群体活动的方式和程度。

勒温在第二次世界大战期间比较过两种让家庭主妇去购买不喜欢的食品的方法的优劣。第一种方法是由能言善辩的人向主妇们讲解上述食品的营养价值，以及食用这些食品对国家的贡献(当时物质非常贫乏)。第二种方法是让主妇们进行群体讨论，讨论的结果是大家一致决定购买。一段时间后，派人调查实际购买情况。结果发现听讲解的主妇只有3%的人购买了上述食品，而参与群体讨论的主妇有32%购买了原先不爱吃的上述食品。

本章回顾

西方人性理论主要可以分为 X 理论和 Y 理论，社会人假设以及复杂人假设等。我国传统人性假设则有人性自然论，人性善恶混论，人性无善恶论，人性善论，人性恶论，人性三品论，人性二元论等。

造成人格差异的原因可以从先天生理特征因素——遗传与个体气质，和后天环境与人的交互作用所形成的性格与价值观两方面去了解。人格是一个包含了先天禀性(遗传和心理及生理上的传承)和后天教养、性情特质、人对情境的认知等交互作用，以及社会化过程的自我概念。遗传因素的影响很大。气质是指先天形成的、反映个体心理活动动力特征的、典型且稳定的心理特征，反映的是个体的自然属性。希波克拉底和盖仑认为人体内有多血质、黏液质、胆汁质和抑郁质等四种气质类型。性格是人对现实的稳定态度和习惯性的行为方式中所表现出来的较为稳定的心理特征，也是人格中最显著的特征。性格有复杂的结构，包括态度特征、情绪特征、意志特征和理智特征等。价值观是一个人对人、事、物的意义及重要性的总体评价和信念，包含了正误、好坏、取舍的判断倾向。一个人的价值体系往往成为决定行为的核心因素。中华文化有以下一些鲜明特征：天人合一，忠恕之道，宗法人伦与内圣外王，仁勇义礼，虚静无为，苦集灭道。许多中外名家认为国人有礼让谦卑、忍耐，重面子，看重人情关系，强调平均主义，官本位意识浓厚等特点。

“大五”即外向性、随和性、责任感、神经质和思想开放性等五个核心的人格特质，能够很好地预测工作中的绩效。MBTI 也被广泛应用于各种组织中。

能力可分为两大类：体质能力和心理能力。“能力结构理论”将能力分为智力和特殊能力。能力的类型差异主要表现在能力的知觉差异、记忆差异和思维差异等方面。智力的影响因素主要是遗传和生长环境。人的能力各有不同，人的各种能力发展和衰退的速度也不相同。

推孟引入智商的概念。心理学家根据智力发展水平把儿童分成三个等级，即超常儿童、常态儿童、低常儿童。沙络维和梅耶认为情绪智力包括四个方面：情绪的知觉、评价和表达能力，思维过程中的情绪促进能力，理解与分析情绪、可获得情绪知识的能力，对情绪进行成熟调节的能力。为保证对体质能力、心理能力的要求各有不同的各种工作任务的顺利完成，并提高工作的投入产出效率和员工的满意度，要尽可能地使个人能力与工作需要相匹配。

态度是个体对客体对象的评价性陈述或行为倾向。态度的心理结构由三种成分组成：认知成分、情感成分和行为意向成分。心理学家卡兹认为态度在工作中具有四大功能：调整功能，自我保护的功能，价值表现的功能，知识功能。影响工作满意度的因素主要有工作本身、薪水、晋升、上级的管理和同事等。组织承诺是员工个体价值观与组织价值观进行匹配之后所形成的一种对待工作的态度，包含三种基本成分：感情承诺、持续承诺、规范承诺。

菲什拜因和艾费提出行为意向模型，认为预测行为最佳的方法是关注行为意向，而意向取决于有关行为的态度和规范。费斯廷格提出认知失调理论，认为个体减少失调的愿望有多强烈取决于以下三个因素：导致失调的因素的重要性；个体认为他对于这些因素能够施加的影响和控制程度；失调可能带来的后果的严重性。（组织公民行为是指个体的行为是自主的，并非直接地或外显地由正式的奖惩体系所引发，包括无私地帮助他人、主动参与组织活动、承担超过常规要求的任务等。组织公民行为对企业组织有着正面的积极作用，但也有可能是一种个体印象管理的策略，对组织有负面的作用。）心理学家海德提出态度转变的平衡理论。凯尔曼认为满足人们的需要和期待有利于态度的改变，他基于这一前提提出态度改变过程的三个阶段——服从，同化和内化。

关键术语

人性假设	X理论	Y理论
社会人	复杂人	超Y理论
人性二元论	人格	遗传
气质	性格	价值观
“大五”人格特质	天人合一	仁
恕	勇	义
礼	虚静	无为
苦集灭道	宗法人伦	内圣外王
礼让谦卑	忍耐	面子
人情	关系	平均主义
官本位	能力	能力结构理论
智商	情绪智力	态度
工作满意度	组织承诺	行为意向模型
认知失调	组织公民行为	平衡理论

复习思考题

1. 人性恶论与麦格雷戈的X理论有何异同？在人性恶论的前提下应当怎样影响、管理组织行为？

2. 西方传统的“大五”人格与我国学者王登峰、崔红等人所发现的“大七”人格有何异同？

3. 讨论:宗法人伦、内圣外王思想在我国企业界的体现。

4. 讨论:要成为某企业的公共关系部门的主管,哪些方面的体质能力、心理能力及情绪智力尤为重要?

5. 试述费斯廷格的认知失调理论的主要内容。

6. 什么是人格? 人格主要由哪些部分组成? 其中哪些是组织管理者可以施加影响的?

案例3-1

伍 尚[1]

楚国的奸臣费无极,一天对国王说道:"太子和伍奢谋反,不久要在方城之外举事了。"

国王听了他的话,就把伍奢拘禁起来。

费无极还不肯罢休,又向国王说道:"伍奢的两个孩儿,都很能干,倘若到了吴国去,我们一定不得安宁。莫若趁此机会,借释放他们父亲为名,叫他们回来。他们心地很好,必定肯听的。若不是这样办,免不掉是我们国家的一个大害。"楚王听罢,就派人传知伍氏两儿道:"快快回来! 我赦免你们父亲的罪!"

那时伍奢的长子伍尚,正做着棠邑大夫。他接见了来使后,便去劝他兄弟伍员道:"你快到吴国去,我情愿回去一死。我的聪明,赶不上你;我去送命,你来报仇。国王既然说子能回朝,父可免罪;我们怎么可以不去? 全家骨肉,平白地被人杀害;我们怎么可以不报? 做人有几种美德:第一是孝,第二是仁,第三是智,第四是勇。什么是孝? 拼却性命去保着老父的安全,这便是。什么是仁? 估量着有成效地去做,这便是。什么是智? 挑选着担当得起的直前不辞,这便是。什么是勇? 明晓得没有生路的也不退缩,这便是。倘若我们一同逃避,岂不是将老父遗弃? 这是不可以的。倘若我们一同回去送死,岂不是将伍氏的声名,从此消灭? 这也是不可以的。你前程远大,好好努力! 比较大家同归于尽,好得多了!"

伍尚说罢,和他兄弟分手,回到楚国。

伍奢在监牢里,听见他的第二个儿子没有回来,叹息道:"楚国的君王和他的臣下,恐怕一天饭都吃不下了!"

不久,父子二人,同时被楚王杀害。

问题

1. 哪些原因使得伍尚"情愿回去一死"?

---

[1] 摘录自《左传·昭公二十年》,译自张元济:《中华民族的人格》,商务印书馆,1937年版。

2. 你认为伍尚的孝、仁、智、勇的人格是否具有民族性，为什么？
3. 结合张元济先生的生平及1937年5月中国的状况，考虑张元济先生举出《左传》中的这个故事的用意？你觉得当前中国人的人格与传统儒家人格有哪些差异，这些差异对于组织的管理实践有何影响？

案例3-2

解读史玉柱

史玉柱其人其事①

史玉柱，1962年10月5日生，安徽怀远人。1984年毕业于浙江大学数学系，分配至安徽省统计局。1989年1月，毕业于深圳大学研究生院，为软科学硕士。随即下海创业。

1989年夏，史玉柱认为自己开发的M-6401桌面文字处理系统作为产品已经成熟，便用4 000元承包下天津大学深圳电脑部。该部虽名之为电脑部却没有一台电脑，仅有一张营业执照。当时深圳电脑价格最便宜一台也要8 500元。史玉柱以加价1 000元的代价获得推迟付款半个月的“优惠”，赊得一台电脑。史玉柱以软件版权作抵押，在《计算机世界》上先做广告后付款，推广预算共计17 550元。1989年8月2日，史玉柱在《计算机世界》上打出半个版的广告，“M-6401，历史性的突破”。至当年9月中旬，史玉柱的销售额就已突破10万元。史玉柱付清欠账，将余钱投向广告，4个月后，M-6401销售额突破100万元。这是史玉柱的第一桶金。

1991年，巨人公司成立。推出M-6403。

1992年，巨人总部从深圳迁往珠海。M-6403实现利润3 500万元。18层的巨人大厦设计方案出台。后来这一方案一改再改，从18层升至70层，为当时中国第一高楼，需资金超过10亿元。史玉柱基本上以集资和卖楼花的方式筹款，集资超过1亿元，未向银行贷款。

1993年，巨人推出M-6405、中文笔记本电脑、中文手写电脑等，其中仅中文手写电脑和软件的当年销售额即达到3.6亿元。巨人成为中国第二大民营高科技企业。史玉柱成为珠海第二批重奖的知识分子。

1994年年初，巨人大厦动工，计划3年完工。史玉柱当选中国十大改革风云人物。

1995年，巨人推出12种保健品，投放广告1个亿。史玉柱被《福布斯》列为内地富豪第8位。

---

① 资料来源：http://shiyuzhu.blog.sohu.com，编者进行了适量修改。

1996 年，巨人大厦资金告急，史玉柱决定将保健品方面的全部资金调往巨人大厦，保健品业务因资金“抽血”过量，再加上管理不善，迅速盛极而衰。

1997 年年初，巨人大厦未按期完工，国内购楼花者天天上门要求退款。媒体地毯式报道巨人财务危机。不久，只建至地面三层的巨人大厦停工。巨人集团名存实亡，但一直未申请破产。

1999 年，史玉柱注册建立生产保健类产品的生物医药企业——“上海健特生物科技有限公司”。

2000 年 12 月 21 日，注册成立“珠海市士安有限公司”。在珠海收购巨人大厦楼花。

2000 年，史玉柱自称和原班底人马在上海及江浙创业，做的是“脑白金”业务。表示：“老百姓的钱，我一定要还。”并定下了 2000 年年底还钱的时间表。

2001 年，史玉柱在上海申请注册巨人公司，谋求上市。

2004 年 11 月 18 日，上海征途网络科技有限公司正式成立，史玉柱任董事长。

2005 年 11 月 15 日，“征途”正式开启内测 。

2006 年 7 月 26 日，史玉柱和其 18 位公司高管在开曼群岛正式注册“Giant Network Technology Limited”，此公司通过一家在英属维尔京群岛注册名为“Eddia International Group Limited”的公司控制上海征途网络科技有限公司的 100%股权。

2007 年 6 月 11 日，“Giant Network Technology Limited”正式改名为“Giant Interactive Group Inc.”，也就是现在上市公司的正式名称；同时上海征途网络科技有限公司正式更名为上海巨人网络科技有限公司。

2007 年 11 月 1 日，史玉柱旗下的巨人网络集团有限公司成功登陆美国纽约证券交易所，总市值达到 42 亿美元，融资额为 10.45 亿美元，成为在美国发行规模最大的中国民营企业，史玉柱的身价突破 500 亿元。

史玉柱其言

“我从来没有想过自己有什么光辉的一面。我的好处是勤奋，是坚强。别人用 5 个小时做的事，我会攻三天三夜。另外，我在机会面前非常决断。”这是经过了巨人事件历练的史玉柱对自己的评价。①

“我觉得这个真正的问题，外界的是次要的，真正犯错误的还是我本人。就是内心深处确实想盖这么高的一座楼。”②在回顾当年修建巨人大厦时史玉柱回答。

“我觉得我不是一个合格的企业家，但是我具备做企业家的素质。企业家，尤其是民营企业家，在面对市场的时候，是不是应该更多地思考一下，我们的市场和政府的关系问题。理想的状态，就是说今后市场经济发育到一定时候，然后法制环境建立，然后政府当然跟企业即政企脱钩，我最希望的是一

① http://shiyuzhu.blog.sohu.com/。

② http://www.cctv.com/life/duihua/wangqi/wangqi3.html。

个什么样的环境？就是一个政府包括国家领导人、省级领导人，包括地方领导人，他做他的事，我们企业做我们企业的事。就等于你这个领导人你定游戏规则，然后我们这些人就按你游戏规则做事。最好是不要有什么太多的接触，我就是这个意思。巨人大厦这个问题上，不管哪一级的领导人没有任何的责任，责任全是我的。”①

“自己给自己压力。如果不还，我想将来企业做大了，合作上可能就会出现问题。因为你亏了钱不还钱，人家对你就有畏惧心理，还了之后，本来是个污点，现在可能就变成对你有好处了，更容易找到合作伙伴。现在我们到银行贷款，银行也不用我们抵押，他们说只要史玉柱在，只要史玉柱签字，就可以贷给我们款。②”在与人谈及还钱的事时，史玉柱如是回答。

“毛泽东思想确实值得研究。首先提出实事求是，符合中国国情。他的十大军事原则写得更好。你要打一个地方，一定要在局部形成优势，不用在乎一城一池的得失，但要消灭敌人的有生力量。战略上可以处于劣势，但战术上一定要处于优势。具体到一场战役上，一定要3倍、5倍于敌人的优势兵力。”③

“我认为我一直就没输过，只是受了一个挫折，你不能说一个战斗失败了，整个战役就失败了吧？我失败了我就研究它怎么败了。”“我第二次匆忙创业抱的最大目的就是要还钱，把旧债还清。创业时期，我就跟手下的人讲，我们最大的目的就是还钱，这老百姓的钱我一定要还，我现在年纪还不算大，还想再做点事，不愿一直背着这个污点，除非我自己将来只甘心当一个小老板。”④

“中国传统文化里有一个‘成者为王，败者为寇’，我觉得这很不好。在美国硅谷，风险投资人普遍有一个标准，就是看投资对象以前失败过没有。没失败过，很少有给他投钱的。这种文化是容忍失败，尊重失败者，但中国可是‘败者寇’啊！”⑤

“我培养了一支队伍，他们必须要下市场，我要求他们每个月必须至少要跟100个消费者进行深度交谈。必须本人拿着产品上街推销，推销不出去就罚钱，卖掉了就作为奖金。这就逼着他在推销的过程中去完善他的说法。一旦他的说法见一个消费者就成功一个，就把他的话总结下来，变成广告。我的策划从来都是到市场里面去，从消费者那里学来的。”⑥

“这个公司是汪远思的，泰山研究院的一个成员，他一直是在资本市场滚

① http://www.qingdaonews.com/content/2001-09/11/content_370112.htm。
② http://www.people.com.cn/GB/shenghuo/76/123/20020328/696618.html。
③ http://www.910cn.cn/news/8/11/130407.shtml。
④ http://www.910cn.cn/news/8/11/130407.shtml。
⑤ http://blog.cn3x.com.cn/html/mmc423817/200831392558.html。
⑥ http://info.biz.hc360.com/2006/12/11083553694-4.shtml。

打的。他收购了青岛这家企业，要支撑它的业务，就收购我们的工厂。因为是好朋友吧。收购的只是脑白金生产环节的利润，现在它拿着生产批文，我拿着商标，谁也离不开谁。"①在被问及为什么会把脑白金生产厂卖给健特生物时，史玉柱如是说。

"我们和上海市政府尽量少打交道，所以(买地盖楼)离得远一点也好。在上海，政府领导我从来没有见过，也不去开会。上海有一点好，你不认识领导，但能交税，就有好的环境。"②

经过大起大落，史玉柱已经不是当年那个大胆冒进的青年了。他给自己确定了3条投资原则：不熟悉行业不投、资金不充足不投、人才不够不投。"非主营行业的投资，我基本完全放弃了。"虽然"这几年这么小心、这么保守，但还是免不了犯错误。我们一直有大量的投资机会，但实际的投资数量非常少。在民营企业，这是非常少见的"。现在，史玉柱仅仅保留财务性投资。目前，史玉柱是华夏和民生两家银行的股东。他自称，收益相当不错，在银行业的投资三年翻了一番。③

问题

1. 试分析史玉柱的人格特征对巨人集团的发展，特别是对巨人大厦建设的影响。
2. 史玉柱东山再起，在哪些方面吸取了巨人集团的教训？

---

① http://info.biz.hc360.com/2006/12/11083553694-5.shtml。
② http://info.biz.hc360.com/2006/12/11083553694-6.shtml。
③ http://shiyuzhu.blog.sohu.com

第4章

激　励

杀一人而三军震者，杀之；赏一人而万人悦者，赏之。
——《六韬·将威第二十二》

激励是组织管理中一个不可或缺的机能，也是个体行为研究的核心内容。激励与员工的工作行为、工作业绩和个人满意度有直接关系。本章结合中国传统文化介绍了激励的主要理论，并在西方激励理论的基础上，探讨了激励理论在中国文化背景下的综合运用。

激励概述

什么是激励

激励的含义

“激励”一词在中文中有两层含义：一是激发、鼓励的意思。《英烈传》第十四回中“太祖又说：此举非独祟奖常将军，正以激励应侯”，《史记·范雎传》中“昭王曰……内无良将而外多敌国，吾是以忧，欲以激励应侯”等句中的“祟奖”、“激励”都是激发、鼓励之意。二是斥责，批评之意。例如，见《后汉书·袁安传》中“司徒恒虞改义从安，太尉郑弘、司空第五伦皆恨之。弘因大言激励虞曰：‘诸言当生还口者，皆为不忠。’”句中的"激励"一词即为斥责、训导之意。

我们把激励定义为：一系列引导人们以特定的方式行事的管理活动，它与个人的能力及其所处的环境共同决定了个人的绩效。

个体的需要

下图 4－1 的激励过程模式表明激励是一个需要被满足的过程。

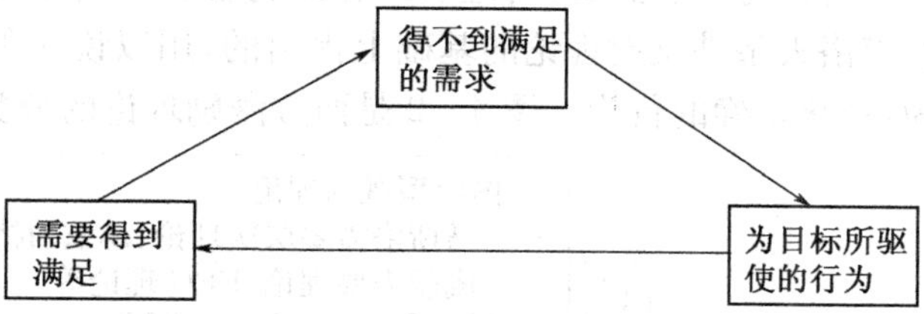

图 4－1　激励的过程模式

需要（need）：是个体在某一时刻体验到某种有价值的东西不足或缺乏的一种主观状态，它是客观需求的反应。不足可能是生理上的（如对食物的需要）、心理上的（如对自尊的需要）或者社会性的（如对社会相互关系的需要）。

人们存在得不到满足的需要，这将产生一种动力诱导人们去寻求满足需要的过程，在这过程中将产生为目标所驱使的行为；经过一段时间，管理者对行为进行测量，业绩评估导致奖励或惩罚；个体将对这样的结果进行衡量，如果目标达到，需要就会得到满足，同时新的循环又将开始。

激励的人性假设

西方管理激励的人性假设

美国管理心理学家麦格雷戈认为，在每一个管理决策或每一项管理措施的背后，都必有某种关于人性本质及人性行为的假设。由于对人的假设这一前提不同，美国管理理论中所主张的激励方法也就有所不同，我们在第 3 章集中学习了西方的基本人性假设，主要包括以下几个方面：① 麦格雷戈的 X、Y 理论。② 埃德加·沙因（E. H. Schein）的复杂人性假设。③ 莫尔斯和洛希的超 Y 理论。

中国管理激励的人性假设

中国的传统文化历史悠久，而且我国独特的历史文化对我国的企业管理也有着巨大的影响，这种影响比之其他假设要更深刻、更广泛也更复杂。从某种意义上讲，独特的历史文化背景可能是导致中国管理学独特性或个性化的最根本原因。我们在第 3 章集中讨论了中国人的基本人性，包括礼让谦卑、面子、人情关系、平均主义、官本位等等，这些都是在激励中需要关注的重点。

西方激励理论分类

激励理论可分为两大类：内容型理论、过程型理论和强化理论。内容型理论(content theories)关注于个体内部的激发、定向、保持和停止行为的因素，这些理论试图确定能够激励个体的特定的需要。过程型理论(process theories)描述和分析行为是如何受个体外部因素的作用而激发、定向、保持和停止的。两种理论对管理者都有重要意义，管理者工作的特性就是与激励过程有关。强化理论是在巴甫洛夫条件反射理论的基础上提出的，用以说明怎样引导人们改正错误的行为，强化正确的行为。图 4－2 是西方激励理论的分类图。

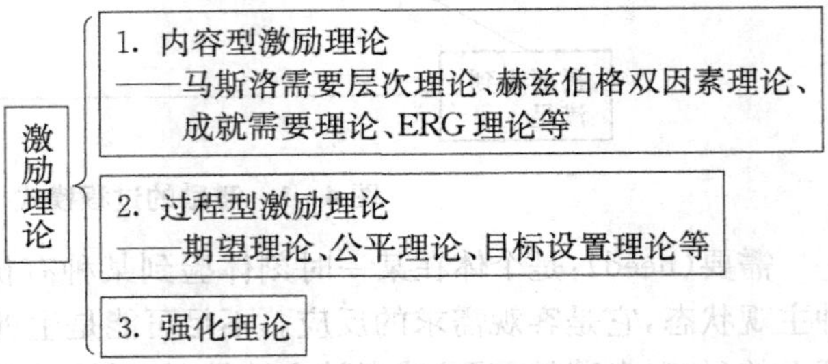

图 4－2　西方激励理论分类

内容型激励理论

马斯洛的需要层次理论①

需要层次理论的基本内容

美国心理学家亚伯拉罕·马斯洛(Abraham Maslow)在 1943 年出版的《人类激励理论》一书中，首次提出了"需要层次理论"。

马斯洛认为，人类需要可以大致分为生理需要、安全需要、交往需要、尊重需要和自我实现需要等，它们是由低级到高级逐级形成和发展的。

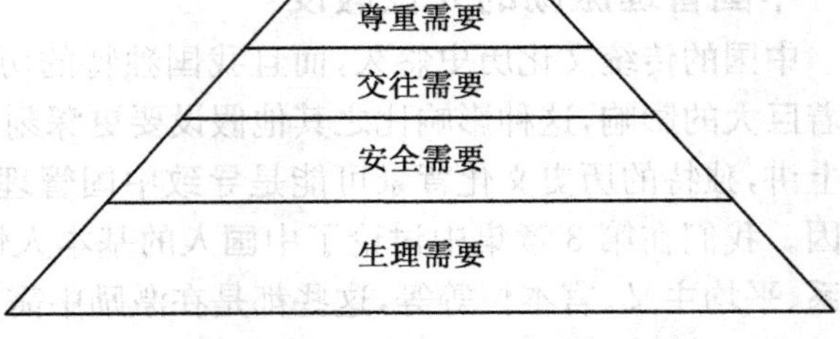

图 4－3　马斯洛的需要层次理论

① 马斯洛：《人的潜能和价值》，华夏出版社，1987 年版。

1. 生理需要。这是指人类满足自身生存的一种最原始、最基本的需要。主要指人们需要获得衣、食、住、行、性、休息、健康等方面的基本满足。只有当生理需要得到基本满足,其他的需要才能成为激励的因素,人们才会把需要的目标指向更高一级。

2. 安全需要。当一个人的生理需要得到满足后,就对自身安全,如劳动安全、职业安全、环境安全、生命安全、财产安全和心理安全等方面有了需要。而当这种需要一旦满足后,就不再成为激励因素了。

3. 交往需要。交往需要也称归属与爱的需要,或社会需要。当基本生理需要和安全需要有了一定保障之后,人们便产生更高一层的社会心理需求,即要进行社会交往,与朋友保持友谊,与家人享受天伦之乐,并被一些团体所接纳和认可。梅奥等人进行的霍桑实验有力地支持了这种观点。说明管理者要把人看作具有社会心理需求的人,而不仅仅是一种谋求物质利益的经济人。

4. 尊重需要。一个人在前述三种需要获得满足之后,就会进一步产生尊重的需要。尊重需要是个人获得他人的承认、信赖、尊敬而产生的一种自信、自立、自重、自爱的思想感情。其一般表现为尊重自己,不向别人卑躬屈膝,也不允许别人歧视、侮辱自己,并且希望得到领导者和社会的重视,同事的信赖和高度评价。总之,尊重需要是一种自信、自主、自重、自爱的自我感觉。在这种感觉下,人们往往觉得自己是有能力的,对环境是有影响力的。尊重需要得到满足,能使人对自己充满信心,对社会充满热情,体会到自己生活的价值。

5. 自我实现的需要。这是人的一种最高的需求。人们会在上述需求满足的情况下产生出激发发展的潜能,实现自己的理想,成就一番事业的要求。这种需求与人的价值观和文化素养有极大关系。自我实现需要的产生有赖于前四种需要的满足,只有在基本需要得到满足的基础上,人才会产生人生的最高追求,才能最大限度地发挥自身的潜能和创造力,实现自己的抱负和理想,使人的价值最终得以完美地实现。

需要层次理论的基本观点

1. 五种需要像阶梯一样从低到高,按层次逐级递升,但这种次序不是完全固定的,可以变化,也有种种例外情况。

2. 一般来说,某一层次的需要相对满足了,就会向高一层次发展,追求更高一层次的需要就成为驱使行为的动力。相应的,获得基本满足的需要就不再是一股激励力量。

3. 五种需要可以分为高低两级,其中生理上的需要、安全上的需要和交往上的需要都属于低级的需要,这些需要通过外部条件就可以满足;而尊重的需要和自我实现的需要是高级需要,它们是通过内部因素才能满足的,而且一个人对尊重和自我实现的需要是无止境的。

4. 同一时期,一个人可能有几种需要,但每一时期总有一种需要占支配地位,对行为起决定作用。任何一种需要都不会因为更高层次需要的发展而消失。各层次的需要相互依赖和重叠,高层次的需要发展后,低层次的需要仍然存在,只是对行为影响的程度大大减小。

奥尔德弗的 ERG 理论[①]

ERG 理论的基本内容

奥尔德弗于 1969 年提出了对马斯洛需要层次理论的修正理论，这就是“生存、关系、成长论”，也可称为 ERG 理论。ERG 理论是在大量实证研究的基础上，对马斯洛的需要层次理论加以修改而形成的。奥尔德弗认为人有三种基本的需要，分别是生存的需要（existence）、相互关系的需要（relatedness）和成长的需要（growth）。

1. 生存需要。生存需要是最基本的需要，即一个人对基本物质生存条件的需要。如对衣、食、住、行等的需要。生存需要大体上相当于马斯洛的生理需要和安全需要。

2. 相互关系的需要。相互关系需要即维持人与人之间关系的需要。相互关系需要大体上相当于马斯洛的人际关系方面的安全需要和归属与爱的需要。

3. 成长发展需要。成长发展需要即个人要求发展的内在愿望。成长发展需要大体上相当于马斯洛的尊重需要和自我实现需要。

ERG 理论的基本观点

1. 这三种需要并不都是生而具有的。马斯洛认为他的五种需要都是人类先天的一种特殊生物遗传，是一种“似本能”的东西。奥尔德弗对此有所修正，他认为生存需要是先天具有的，而关系需要和成长发展需要则是通过后天学习才形成的。

2. 这三种需要也不是按照严格的由低到高的次序发展，可以越级发展。人们可能在低级需要未满足的情况下，就先发展较高一个层次的需要。

3. 各个层次的需要获得满足得越少，则人们对这种需要越是渴望得到满足。如当人们生存需要和成长发展需要都获得了较充分的满足，而关系需要没有满足时，人们就渴望与人交往，获得理解。

4. 当较低层次需要得到满足后，人们就渴望向高层次发展，这一点与马斯洛基本相同。奥尔德弗称之为“满足—上升”的趋势。

5. 对较高层次的需要不能满足，人们就会转而追求较低层次的需要。如有人在事业上或没有追求或受到挫折，就会更加注重追求物质享受，这一点与马斯洛有很大区别。奥尔德弗称之为“挫折—倒退”的发展方向。

ERG 理论与马斯洛需要层次理论的不同

马斯洛的需要层次是一种刚性的阶梯式上升结构，即认为较低层次的需要必须在较高层次的需要满足之前得到充分满足，二者具有不可逆性。而相反的

---

① Alderfer, C. P. A New Theory of Human Needs. *Organizational Behavior and Human Performance*, 1969.

是，ERG理论并不认为各类需要层次是刚性结构，比如说，即使一个人的生存和相互关系需要尚未得到完全满足，他仍然可以为成长发展的需要工作，而且这三种需要可以同时起作用。

此外，ERG理论还提出了一种叫作“受挫—回归”的思想。马斯洛认为当一个人的某一层次需要尚未得到满足时，他可能会停留在这一需要层次上，直到获得满足为止。相反，ERG理论则认为，当一个人在某一更高等级的需要层次受挫时，那么作为替代，他的某一较低层次的需要可能会有所增加。例如，如果一个人社会交往需要得不到满足，可能会增强他对得到更多金钱或更好的工作条件的愿望。与马斯洛需要层次理论相类似的是，ERG理论认为较低层次的需要满足之后，会引发出对更高层次需要的愿望。不同于需要层次理论的是，ERG理论认为多种需要可以同时作为激励因素而起作用，并且当满足较高层次需要的企图受挫时，会导致人们向较低层次需要的回归。因此，管理措施应该随着人的需要结构的变化而作出相应的改变，并根据每个人不同的需要制定出相应的管理策略。

中国文化视角下的需要层次理论

由于奥尔德弗的ERG理论和马斯洛的需要层次理论有着相同的理论假设，都是指通过满足人们的不同需求来激励人，我们因此将他们一起放在中国文化视角下进行讨论。

中国古人对人的问题一向很关注，虽然我们古人并没有提出一个系统的需要层次理论，但并不表明中国没有自己的需要理论。下面我们将把中国古代的需要思想与西方的需要层次理论进行比较。

中国古人都承认“欲”为人之天性。荀子承认人的物质欲望是生来就具有的。他说：“凡人有所一同：饥而欲食，寒而欲暖，劳而欲息，好利而恶害，是人之所生而有也。”[①]荀子对“欲”的看法是“欲不可去”，他说：“故虽为守门，欲不可去，性之具也。虽为天子，欲不可尽也。”[②]这就肯定了人的欲望的合理性，认为人一生下来，便开始具有并且向社会提出了自己的物质需求，为了满足这些需求即为了生存，人们便不能不去从事物质资料生产或通过别的途径为自己谋求物质财富。因此，荀子主张“养人之欲，给人以求”。[③] 孟子说：“好色，人之所欲，妻帝之二女，而不足以解忧。”[④]我国古代老庄虽追求“形若槁木，心若死灰”的“圣人”，但他也承认人是有欲的，“夫天下所尊者，富贵寿善也；所乐者身安厚味美服好色音声”。[⑤] 中国古代的俗语“民以食为天”，告子曰“食色，性也”[⑥]等等都是对应于马斯洛所谓的人的第一层次和第二层次的需要——生理和安全需要，认为

① 《荣辱》。
② 梁启雄：《荀子简释》，中华书局，1983年版。
③ 邢树森、宋立卿：《荀子的管理思想及其现代意义》，见《经济论坛》，1994年。
④ 杨伯峻：《孟子译注》，中华书局，1960年版。
⑤ 郭庆藩：《庄子集释》，中华书局，1982年版。
⑥ 《孟子·告子篇》。

人都有对生理和安全的需要。

中国古人认为理、利是人类较高的精神追求。戴震说到："有是身，故有色臭味之欲……惟有情有欲而又有知，然后欲得遂也，情得达也。"[①]同时他要求不溺于欲，"发而中节"，"节而不过，则为依乎天理"。[②]做到既"遂己之欲"，又"遂人之欲"。同时他还批驳了程朱的理欲之辨，认为："理欲之辨，适成忍而残杀之具。"[③]戴氏的"理义在事"、"理存乎欲"的理欲统一观，意味着精神需要应该建立在物质需要的基础上，两者均不可或缺。管子曾说"仓廪实而知礼节，衣食足而知荣辱。"[④]这些都表明人们在第一、二层次的生理需要、安全需要满足的情况下会产生更高层次的社会与尊重的需要。但同时中国古人又不太关心偏重于物质需要、生理需要这样一些低层次需要的"欲"，而是将代表精神需要的"理"置于统治地位。王守仁强调天理人欲之别，"只要去人欲，存天理，方是功夫"。孔子说："君子喻于义，小人喻于利。"[⑤]孟子则说："王，何必曰利？亦有仁义而已矣。"[⑥]荀子亦持同样的看法，"先义而后利者荣，先利而后义者辱。"[⑦]

儒家讲"修身、齐家、治国、平天下"，[⑧]指出了马斯洛所谓第五层次的自我实现的途径。以孔孟为代表的儒家强调人我对等的关系，如正己正人、成己成物、推己及人等等。人们在精神追求上的一视同仁，如人皆可以为尧舜，这是一种企望达到圣贤之理想人格来完成自我价值的思想，它不只是属于归属与爱的需要，而且已具有了自我实现需要的实质性内容。道家鄙弃情欲，与道同体，与万物合一，一切顺其自然，这也远远超出了低层次的物质需要；墨家向来遵道利民，尚贤尚同，视天下为一家，甚至以苦为乐。这种境界也非低层次的物质需要所能解释。所有这些反映的乃是人们较高层次的需要，有的甚至达到了最高的需要层次。而这正说明了在中国古代，无论哪家哪派都追求崇高的精神需要。[⑨]

赫兹伯格的双因素理论[⑩]

赫兹伯格的双因素理论的内容

双因素理论是美国心理学家赫兹伯格于1959年提出来的，这一理论不同于马斯洛需要层次论从满足优势需要出发去调动人的积极性，而是从外在需要、内在需要的区分及两者在调动人的积极性方面起着不同作用的角度，探讨如何更有效地激发员工的工作积极

① 《戴震集》，上海古籍出版社，1980年版。
② 《戴震集》，上海古籍出版社，1980年版。
③ 沈美洪、王凤坚：《中国伦理学说史》，浙江人民出版社，1988年版。
④ 《管子》。
⑤ 《论语·里仁》。
⑥ 《孟子》。
⑦ 《荀子》。
⑧ 《大学》。
⑨ 彭彦琴、杨鑫辉：《欲、理与欲、义与利——论中国古代需要心理思想中的物质需要和精神需要》，见《江西师范大学学报(哲学社会科学版)》，1997年第5期。
⑩ 赫兹伯格：《激励—保健因素》，载【英】D·S·皮尤编：《组织理论精粹》，中国人民大学出版社，1990年版。

性。赫兹伯格调查征询了匹兹堡地区 11 个工商业机构的 200 多位工程师、会计师。他要求被访者回答诸如“什么时候你对工作特别满意?”,“什么时候你对工作特别不满意?”,“原因是什么?”等问题,赫兹伯格发现:受访人员举出的不满的项目,大都同他们的工作环境有关,而感到满意的因素,则一般都与工作本身有关。据此,他提出了双因素理论。

传统理论认为,满意的对立面是不满意,而根据双因素理论,满意的对立面是没有满意,不满意的对立面是没有不满意。因此,影响职工工作积极性的因素可分为两类:保健因素和激励因素,这两种因素是彼此独立的并且以不同的方式影响人们的工作行为。

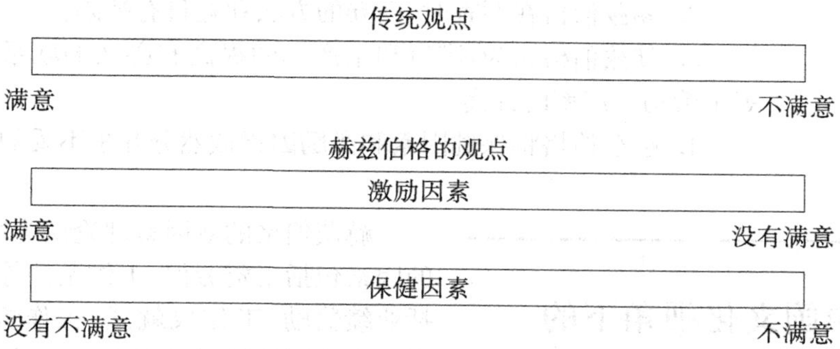

图 4-4　双因素理论中满意和不满意的关系

表 4-1　激励因素与保健因素

保健因素(外在因素)	激励因素(内在因素)
公司(企业)的政策与行政管理	工作上的成就感
技术监督系统	工作中得到认可和赞赏
与上级主管之间的人际关系	工作本身的挑战意味和兴趣
与同级之间的人际关系	工作职务上的责任感
与下级之间的人际关系	工作的发展前途
工作环境或条件	个人成长、晋升的机会
薪金	
个人的生活	
职务、地位	
工作的安全感	

资料来源:刘正周,《管理激励》,上海财经大学出版社,1998 年版。

保健因素:是指那些与人们的不满情绪有关的因素,如企业政策、工资水平、工作环境、劳动保护。这类因素处理不好会引发工作不满情绪的产生,处理得好可预防和消除这种不满。但它不能起激励作用,只能起到保持人的积极性,维持工作现状的作用。

激励因素:能够促使人们产生工作满意感的因素。激励因素主要包括以下内容:① 工作上的成就感。② 工作中得到认可和赞赏。③ 工作本身的挑战意味和兴趣。④ 工作职务上的责任感。⑤ 工作的发展前途。这类因素的改善,即这类需要的满足，往往能够给员工的行为带来推动力，产生工作的满足感，激发出工作的热情，从而能充分、有效、持久地调动职工的积极性，使他们作出最好的成绩。

双因素理论与马斯洛的需要层次理论是相吻合的，马斯洛理论中低层次的需要，相当于保健因素，而高层次的需要相当于激励因素。

对赫兹伯格理论的批评

在所有的内容理论中，受到批评最多的就是赫兹伯格的双因素理论。主要有四点：

1. 赫兹伯格调查取样的数量和对象缺乏代表性。
2. 赫兹伯格在调查时，问卷的方法和题目有缺陷。
3. 赫兹伯格认为，满意和生产率的提高有必然的联系，而实际上满意并不等于劳动生产率的提高。
4. 赫兹伯格将保健因素和激励因素截然分开是不妥的。

中国文化视角下的双因素理论

赫茨伯格的双因素理论认为影响人的动机和行为的因素包括工资劳保、工作条件等外在保健因素，也包括业绩奖励、工作成就感、工作责任感等内在激励因素。而我国的著名兵书《三略》中写到："夫用兵之要，在崇礼而重禄。礼崇则智士至，禄重则义士轻死。故禄贤不爱财，赏功不逾时，则下力并而敌国削。夫用人之道，尊以爵，赡以财，则士自来；接以礼，励以义，则士死之。"双因素理论可以说是《三略》崇礼重禄、接礼励义思想的系统化。但是，《三略》却把激励的境界推至以死相报的程度，展示了我国古代人本主义的管理方法中用人的诀窍：不但要"尊重人才以爵位，接济人才以资财，那么有志之士就会纷至沓来"，而且"接待人才以礼节，鼓励人才以义理，则有志之士就以死相报。"[①]

成就需要理论[②]

麦克利兰的成就需要理论的内容

美国哈佛大学教授戴维·麦克利兰(David C. McClelland)是当代研究动机的权威心理学家。他从20世纪40～50年代开始对人的需要和动机进行研究，提出了著名的"三种需要理论"，并得出了一系列重要的研究结论。

在麦克利兰之前，精神分析学派和行为主义学派的心理学家对动机进行了研究。以弗洛伊德为代表的精神分析学派用释梦、自由联想等方法研究动机，他们往往将人们的行为归于性和本能的动机，而且他们的研究方法和技术很难得

---

① 王惠芬：《浅谈〈三略〉中的激励方法》，见《教学与管理》，1998年第4期。

② McClelland, David C., J. W. Atkinson, R. A. Clark, & E. L. Lowell. *The Achievement Motive*. New York: Appleton Century Crofts, 1953.

出有代表性的结果，可重复性差，无法得出动机的强度。行为主义者用实验的方法研究动机，使得动机的强度可以测量，但是他们用动机实验研究动机，把动机定义得过于狭窄，主要集中于饥、渴、疼痛等基本生存的需要上，没有区分人的动机与动物的动机。麦克利兰认为他们对动机的研究都带有一定的局限性，他注重研究人的高层次需要与社会性的动机，强调采用系统的、客观的、有效的方法进行研究。

麦克利兰提出了三种需要理论，他认为个体在工作情境中有三种重要的动机或需要。① 成就需要(need for achievement)：争取成功、希望做得最好的需要。② 权力需要(need for power)：影响或控制他人且不受他人控制的需要。③ 归属需要(need for affiliation)：建立友好亲密的人际关系的需要。麦克利兰认为，具有强烈的成就需要的人渴望将事情做得更为完美，提高工作效率，获得更大的成功，他们追求的是在争取成功的过程中克服困难、解决难题、努力奋斗的乐趣，以及成功之后的个人的成就感，他们并不看重成功所带来的物质奖励。个体的成就需要与他们所处的经济、文化、社会、政府的发展程度有关，社会风气也制约着人们的成就需要。麦克利兰发现高成就需要者的特点是：他们寻求那种能发挥其独立处理问题能力的工作环境；他们希望得到有关工作绩效的及时明确的反馈信息，从而了解自己是否有所进步；他们喜欢设立具有适度挑战性的目标，不喜欢凭运气获得的成功，不喜欢接受那些在他们看来特别容易或特别困难的工作任务。高成就需要者事业心强，有进取心，敢冒一定的风险，比较实际，大多是进取的现实主义者。

高成就需要者对于自己感到成败机会各半的工作，表现得最为出色。他们不喜欢成功可能性非常低的工作，这种工作碰运气的成分非常大，那种带有偶然性的成功机会无法满足他们的成就需要；同样，他们也不喜欢成功可能性很高的工作，因为这种轻而易举就取得的成功对于他们的自身能力不具有挑战性。他们喜欢设定通过自身的努力才能达到的奋斗目标。对他们而言，成败可能性的均等，才是一种能从自身的奋斗中体验成功的喜悦与满足的最佳机会。

权力需要是指影响和控制别人的一种愿望或驱动力。不同人对权力的渴望程度也有所不同。权力需要较高的人喜欢支配、影响他人，注重争取地位和影响力。他们喜欢具有竞争性和能体现较高地位的场合或情境，他们也会追求出色的成绩，但他们这样做并不像高成就需要的人那样是为了个人的成就感，而是为了获得地位和权力或与自己已具有的权力和地位相称。权力需要是管理成功的基本要素之一。

归属需要就是寻求被他人喜爱和接纳的一种愿望。高归属需要动机的人更倾向于与他人进行交往，至少是为他人着想，这种交往会给他带来愉快。高归属需要者渴望友谊，喜欢合作而不是竞争的工作环境，希望彼此之间的沟通与理解，他们对环境中的人际关系更为敏感。有时，归属需要也表现为对失去某些亲密关系的恐惧和对人际冲突的回避。归属需要是保持社会交往和人际关系和谐的重要条件。

在大量研究的基础上，麦克利兰对成就需要与工作绩效的关系进行了十分有说服力的推断。首先，高成就需要者喜欢能独立负责、可以获得信息反馈和中度冒险的工作环境，他们会从这种环境中获得高度的激励。麦克利兰发现，在小企业的经理人员和在企业中独立负责一个部门的管理者中，高成就需要者往往会取得成功。其次，在大型企业或其他组织中，高成就需要者并不一定就是一个优秀的管理者，原因是高成就需要者往往只对自己的工作绩效感兴趣，并不关心如何影响别人去做好工作。再次，归属需要与权力需要和管理的成功密切相关。麦克利兰发现，最优秀的管理者往往是权力需要很高而归属需要很低的人。如果一个大企业的经理的权力需要与责任感和自我控制相结合，那么他就很有可能成功。最后，可以对员工进行训练来激发他们的成就需要。如果某项工作要求高成就需要者，那么，管理者可以通过直接选拔的方式找到一名高成就需要者，或者通过培训的方式培养自己原有的下属。

中国文化视角下的成就需要理论

麦克利兰的成就需要理论认为人们有对成就、权力和归属的需要，中国人自古就有对成就和权力的向往，“自强不息”是中国文化的基本精神之一。“天行健，君子以自强不息”“天地之大德曰生”，[①]这是对中华民族刚健有为、自强不息精神的集中概括和生动写照。孔子提倡并努力实践“发愤忘食”的精神，鄙视“饱食终日无所用心”的人生态度，他“发愤忘食，乐以忘忧，不知老之将至”。[②] 因此，我国古人就对个人成就和权力有着不懈的追求。[③]

成就需要理论认为管理者要对人们的各种不同类型的需要加以运用，对成就需要强烈的人和权力需要强烈的人要区别运用，而我国古代一直把用人所长作为激励人们的方法。古人很早就明白金无足赤、人无完人的道理，反对求全责备，强调灵活、辩证地使用人才。《吕氏春秋》言：“物固莫不有长，莫不有短，人亦然”，“人固难全，权而用其长者”，善用人者，应当是：“假人之长以补其短。”[④]著名政治家晏子云：“任人之长，不强其短；任人之工，不强其拙。此任人之大略也。”[⑤]只有善于用人，才能充分发掘人的才能，做到人尽其才。[⑥] 故李觏指出：“才取其长，用当其宜，则天下之士皆吾臂指也。”[⑦]

① 《易传》。
② 《论语·述而》。
③ 谢仁贵：《现代管理与传统文化资源》，见《湖南轻工业高等专科学校学报》，2001年3月。
④ 《吕氏春秋·卷四》。
⑤ 《晏子春秋·内篇问上》。
⑥ 王松、孙力：《中国传统管理思想的继承析要》，《政治与法律》，1994年第2期。
⑦ 《李觏集·卷十七》。

过程型激励理论

弗鲁姆的期望理论

期望理论的基本内容

期望理论最早是由美国心理学家弗鲁姆在1964年出版的《工作与激发》一书中首先提出来的。期望理论认为,个体行为倾向的强度取决于个体对这种行为可能带来结果的一种期望度,以及这种结果对行为的个体来说所具有的吸引力。也就是说,当目标是个体所期望的或是非常具有吸引力时,个体就会受到激励而去付出努力。而努力程度的大小除了受到目标所具吸引力的大小的影响外,还受到目标实现的可能性大小的影响。期望理论用公式表示为:

$$\text{激励力量}(M) = \text{目标价值}(V) \times \text{期望值}(E)$$

激发力量M(motivation)是指产生行为动机的强度,也就是调动人的积极性,激发个体潜力的强度。当激发力量达到一定强度的时候,才能让个体把愿望转化成动机,从而产生行为。

目标价值V(valence)也称效价,是指个体对某种结果的效用价值的判断,即某种目标、结果对个体所具有的价值和重要程度的评价。效价越大,吸引力越强,个体的积极性也就越高。

期望值E(expectancy)是指个体对通过自己努力达成某种结果的可能性大小的一种预期和判断。期望值是个体主观上估计达到目标的可能性。这种可能性受到每个人的个性、情感、动机和能力等方面因素的影响,因而人们对这种可能性主观估计也会出现不同。一般来说,实现目标的可能性越大,越能调动人们的积极性。

弗鲁姆的期望理论辩证地提出了在进行激励时要处理好三方面的关系,这些也是调动人们工作积极性的三个条件。第一,努力与绩效的关系。人们总是希望通过一定的努力达到预期的目标,如果个人主观认为达到目标的概率很高,就会有信心,并激发出很强的工作力量,反之,如果他认为目标太高,通过努力也不会有很好的绩效时,就会失去内在的动力,导致工作消极。第二,绩效与奖励的关系。人总是希望取得成绩后能够得到奖励,当然这个奖励也是综合的,既包括物质上的,也包括精神上的。如果他认为取得绩效后能得到合理的奖励,就可能产生工作热情,否则就可能没有积极性。第三,奖励与满足个人需要的关系。人总是希望自己所获得的奖励能满足自己某方面的需要。然而由于人们在年龄、性别、资历、社会地位和经济条件等方面都存在着差异,他们对各种需要要求得到满足的程度就不同。因此,对于不同的人,采用同一种奖励办法能满足的需要程度不同,能激发出的工作动力也就不同。这三方面管理可以用下面的图形表现出来：

个人努力──→个人成绩（绩效）──→组织奖励（报酬）──→个人需要

研究激励过程中，一条途径是研究人们需要的缺乏，运用马斯洛的需要层次理论，找出人们所感觉到的某种缺乏的需要，并以满足这些需求为动力，来激励他们从事组织所要求的行为。另一条途径是从个人追求目标的观点来研究个人对目标的期望，这就是期望理论。依照这一条途径，则所谓的激励，乃是推动个人向其期望目标前进的一种动力。期望理论侧重于“外在目标”，需要层次理论着眼于“内在缺乏”。本质上这两种途径是互相关联和一致的，都认为激励的过程是在于：实现外在目标的同时又满足内在的需要。不过，期望理论的核心是研究需要和目标之间的规律。期望理论认为，一个人最佳动机的条件是：他认为他的努力极可能导致很好的表现，很好的表现极可能导致一定的成果，这个成果对他有积极的吸引力。这就是说，一个人是受他心目中的期望激励的。

可以推断出：这个人内心已经建立了有关现在的行为与将来的成绩和报偿之间的某种联系。因此，要获得所希望的行为，就必须在他表现出这种行为时，及时地给予肯定、奖励和表扬，使之再度出现。同样，想消除某一行为，就必须在表现出这种行为时给予负强化，如批评惩处。

中国文化视角下的期望理论

弗鲁姆将其期望理论表述为下述公式：激励力量＝目标价值×期望值。在这里，“激励力量”表示一个人所受激励的程度；“目标价值”表示一个人对某一成果的偏好的程度；而“期望”则表示某一特别行动将会导致一个预期成果的概率。实际上它包含了两方面的内容：其一是指努力与绩效之间的关系，即一个人经过努力能够取得多大的绩效，能否实现理想、达到目标；其二是指绩效与报酬之间的关系，即一个人作出了成绩，能否得到相应的回报。显而易见，在此，“激励力量”的强弱将同时取决于效价和期望两个因素，如果其中有一个变量为零，那么，“激励力量”无疑也将等于零。

激励在心理上是一个相当长的过程，“需要”固然是一种激励因素，但它仅仅是激励过程的开始，而这一过程的完成则需要一种“强化力”——即人们对自己的努力所能带来的结果的期望。这种期望值越高，激励力便越大。韩非提出“赏罚敬信”的原则，其着眼点正在于此。作为法家的传人，韩非子十分欣赏管子如下之观点：“见其可，说之有证；见其不可，恶之有形。赏罚信于所见，虽所不见，其敢为之乎？”①看到合法的事、好事，表示喜欢，就要给予赏赐；看到不合法的事、坏事，表示厌恶，就要给予惩罚。韩非子进一步分析道：“凡赏罚之必者，劝禁也。”②赏罚坚决，是为了鼓励立功和禁止犯罪。他说：“赏厚而信，刑重而必，是

① 《韩非子·难三》。
② 《六反》。

以其民用力劳而不休,逐敌危而不却,故其国富而兵强”。① 奖赏优厚而守信用,刑罚严厉而一定执行,如此,民众就会努力耕作,劳累了也不休息,战时追逐敌人,冒着危险也不退却,所以国富兵强。信赏,关键在于一个“信”字。②

弗鲁姆的期望理论认为激励力量的大小取决于目标价值与目标实现的可能性大小,被激励者对目标价值的衡量又取决于个人价值观、需求层次等。我国著名兵书《三略》中《军势》篇曰:“使智、使勇、使贪、使愚。智者乐立其功,勇者好行其志,贪者邀趋其利,愚者不顾其死。因其至情而用之,此军之徽权也。”“无使辩士谈说敌美,为其惑众。无使仁者主财,为其多施而附于下。”“使义士不以财。故义者不为不仁者死,智者不与暗主谋。”也就是智勇贪愚,至情用之的激励方法。该书指出激励力量的大小与个人的独特需求有关,与被激励者的性格特征、价值取向、个人经历有关。在组织内部存在共同的需求,管理者要通志于众,实现共同的需求,但是,在实现大方向一致的总目标时,要在一定程度上针对成员的需求差异和特殊偏好设定可变的、独特的目标价值,并让人们感受到目标的可获得性,因为“香饵之下,必有悬鱼。重赏之下,必有死夫。故礼者,士之所归;赏者,士之所死。招其所死,示其所归,则所求者至。故礼而后悔者士不止,赏而后悔者士不使。礼赏不倦,则士争死”。③

亚当斯的公平理论

公平理论的基本内容

公平理论又称社会比较理论,它是美国行为科学家亚当斯(J. S. Adams)在《工人关于工资不公平的内心冲突同其生产率的关系》(1962,与罗森鲍姆合写)、《工资不公平对工作质量的影响》(1964,与雅各布森合写)、《社会交换中的不公平》(1965)等著作中提出来的一种激励理论。该理论侧重于研究工资报酬分配的合理性、公平性及其对职工生产积极性的影响。

公平理论的基本观点是:当一个人作出了成绩并取得了报酬以后,他不仅关心自己所得报酬的绝对量,而且关心自己所得报酬的相对量。因此,他要进行种种比较来确定自己所获报酬是否合理,比较的结果将直接影响今后工作的积极性。

一种比较称为横向比较,即他要将自己获得的“报偿”(包括金钱、工作安排以及获得的赏识等)与自己的“投入”(包括教育程度、所作努力、用于工作的时间、精力和其他无形损耗等)的比值与组织内其他人作社会比较,只有相等时,他才认为公平,如下式所示。

$$O_P/I_P = O_C/I_C$$

其中:O_P——自己对所获报酬的感觉;

O_C——自己对他人所获报酬的感觉;

---

① 《韩非子·定法》。

② 杨欣:《韩非子的“二柄论”与现代管理》,见《广西大学学报(哲学社会科学版)》,1999年第10期。

③ 王惠芬:《浅谈〈三略〉中的激励方法》,见《教学与管理》,1998年第4期。

I_P——自己对个人所作投入的感觉；

I_C——自己对他人所作投入的感觉。

当上式为不等式时，可能出现以下两种情况：

1. $O_P/I_P < O_C/I_C$

在这种情况下，他可能要求增加自己的收入或减小自己今后的努力程度，以使左方增大，趋于相等；第二种办法是他可能要求组织减少比较对象的收入或者让其今后增大努力程度以使右方减小，趋于相等。此外，他还可能另外找人作为比较对象，以便达到心理上的平衡。

2. $O_P/I_P > O_C/I_C$

在这种情况下，他可能要求减少自己的报酬或在开始时自动多做些工作，但久而久之，他会重新估计自己的技术和工作情况，直至他觉得他确实应当得到那么高的待遇，于是产量便又会回到过去的水平了。

除了横向比较之外，人们也经常作纵向比较，即把自己目前投入的努力与目前所获得报偿的比值，同自己过去投入的努力与过去所获报偿的比值进行比较。只有相等时他才认为公平，如下式所示。

$$O_P/I_P = O_h/I_h$$

其中：O_P——自己对现在所获报酬的感觉；

O_h——自己对过去所获报酬的感觉；

I_P——自己对个人现在投入的感觉；

I_h——自己对个人过去投入的感觉。

当上式为不等式时，也可能出现以下两种情况：

1. $O_P/I_P < O_h/I_h$

当出现这种情况时，人也会有不公平的感觉，这可能导致工作积极性下降。

2. $O_P/I_P > O_h/I_h$

当出现这种情况时，人不会因此产生不公平的感觉，但也不会觉得自己多拿了报偿，从而主动多做些工作。

中国文化视角下的公平理论

在中国的文化下，公平是一个很重要的方面。中国人认为不公平、不合理会带来心理挫伤，中国古代就有“不患贫而患不均，不患寡而患不安”。①

我国古代的韩非子给予公平以高度的重视。他认为：赏罚应依“行”而定。“行”致“功”则赏；“行”致“罪”则罚。为此，韩非子反复强调：“明主赏不加于无功，罚不加于无罪”②“赏不加于无功，而诛必行有罪者也。”③他曾以十分形象的比喻阐明了管理者所应具有的“公正”。他说：“概者，平量者也；吏者，平法者也。治国

① 《论语·季氏》。
② 《韩非子·难一》。
③ 《韩非子·奸劫弑臣》。

者，不可失平也”。[①] 赏罚依“行”而定，这是奖惩公允的基本保证。与此同时，对待赏罚对象能否一视同仁，更是一个展示“公正”的重要环节。韩非子十分赞赏商鞅“壹刑”、“壹赏”的治国原则。商鞅指出，作为被管理者，不论其与领导者关系的亲疏，其身份的贵贱，也不论其过去有无功过，只要犯了罪，就应该一律查处；而只要有功，则应一律受奖。[②] 对此，韩非子也极力提倡。“刑过不避大臣，赏善不遗匹夫”充分展示了韩非子对待赏罚对象一视同仁的公正态度。在《韩非子·主道》中他进一步指出：“明君无偷赏，无赦罚。赏偷，则功臣堕其业；赦罚，则奸臣易为非。是故诚有功，则虽疏贱必赏；诚有过，则虽近爱必诛。疏贱必赏，近爱必诛，则疏贱者不怠，而近爱者不骄也。”应该承认，韩非子对“公平”、“公正”问题的阐释的确非常精辟，与现代西方管理学中亚当斯的“公平理论”相比也毫不逊色。[③]

目标设置理论

目标设置理论的基本内容

目标设置理论是从行为的目的性出发来对行为动机进行研究的一种激励理论。它是美国心理学教授洛克和他的同事经历了近20年的时间，针对8个国家88个企业的4 000多位工作者进行调查研究后总结出来的。洛克在他的试验中发现大多数的激励因素都是通过目标来影响工作动机的，因此，在管理过程中重视并设置合理的目标是激励员工提高工作积极性的一种重要方法。

目标设置理论认为，目标是人们行为的最终目的，是人们预先规定的、合乎自己需要的“诱因”，是激励人们的有形的、可以测量的成功标准。达到目标是一种强有力的激励，是完成工作最直接的动机，也是提高激励水平的重要过程。成长、成就和责任感的需要都要通过目标的达成来满足。从激励的效果看，有目标比没有目标好，有具体的目标比空泛的、号召性的目标好，有能被执行者接受而又有较高难度的目标比随手获得的目标好。重视目标和争取达到目标是激发动机的重要过程。

目标要能够影响组织成员的行为，必须具有三个重要标准。

1. 目标设置的具体性。指目标必须能精确观察和测量，要规定实现目标的时间。对目标的表达要避免含糊和一般化，摒弃“尽可能”、“尽力”和“在一定时间内”等模糊字眼。

2. 目标设置的难度。目标难度与激励之间有着清楚的关系，目标难度越大，激励和绩效水平越高。当设置的目标具有挑战性时，目标就能激发个体行为。如果设置的目标易于达到，那么人们就会按部就班地工作，目标设置就是无意义的；如果设置的目标难度太高，人们认为高不可攀，望而却步，那么目标也会

---

① 《韩非子·外储说左下》。

② 《商君书·赏刑》。

③ 杨欣：《韩非子的“二柄论”与现代管理》，见《广西大学学报(哲学社会科学版)》，1999年第10期。

失去激励作用。

3. 目标设置的可接受性。设置的目标必须为个人所接受，被个人内在化。要使下属感到参加了目标制定过程，感到目标是其个人的投资和占有，鼓励下属自己设置目标，把管理者的目标变成下属自己的目标，让下属认同和关注。

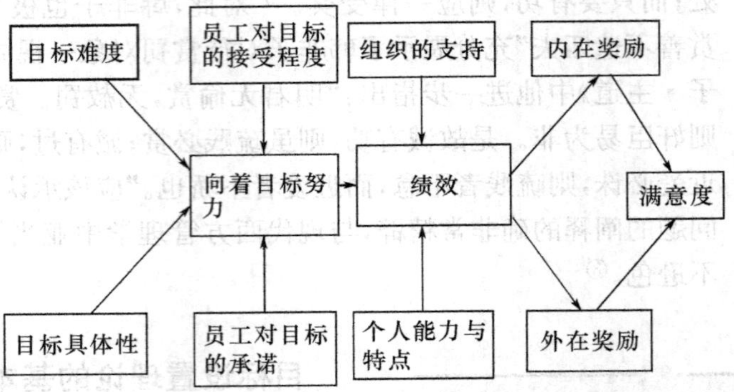

图 4-5　目标设置理论

目标设置模式可以理解为由三部分组成，即“努力”、“绩效”和“满意度”。

1. 指向目标的努力。除了上面所说的难度与具体性外，还有目标的接受度与对目标的责任心。目标轻而易举就能达成，就不会激发人的奋发精神；目标高不可攀，力不能及，也会使人望而生畏。只有目标意义明确、适度，才能使人的努力具有方向，便于及时修正行为。因此，参与目标的建立过程，可使人们提高接受程度和增强责任心。

2. 绩效。由指向目标的努力，组织支持和个人能力、特点组成。当人们指向目标的努力很大时，绩效必然高于平常。但绩效究竟达到何种水平，除本人努力外，还与组织上的支持、个人能力和特性有关。如管理人员提高个人技术水平、搞好专业培训、协调好人际关系等等，可以保护和发扬人们的积极性，使绩效水平大大提高。

3. 满足感。完成预期目标后，必须经过一定的内在奖励和外在奖励才能导致人的满足感。

中国文化视角下的目标设置理论

我国古代韩非子的“立可为之赏”、“设可避之罚”的管理思想与“目标激励理论”有着很多相似之处，甚至还有很多目标设置理论中没有的思想。

合理的目标设置是实现理想的激励效果的关键环节。韩非子在大量总结其前人的社会管理理论及实践经验的基础上，深入探讨了目标设置的合理性问题，进而具体分析了实施赏罚的可行性。他明确指出：“明主立可为之赏，设可避之罚。……如此，则上下之恩结矣。”①他进一步分析：“察士然后能知之，不可以为

① 《韩非子·外储说左下》。

令，夫民不尽察。贤者然后能行之，不可以为法，夫民不尽贤。”[1]只有明察之士才能懂得的东西，是不可以作为根据来制订法令的，因为民众不是都能够明察的；只有道德品质高尚的人才能做到的事情，是不可以作为根据来制订法规的，因为民众不都是贤能的。由此，韩非子得出结论：“明立之表易见，故约立；其教易知，故言用；其法易为，故令行。”[2]明智的管理者所设立的标准容易使人看到，所以就能确立信约；他的教导容易使人懂得，所以说话就起作用；他的法令容易遵守，所以命令就能够得以很好地执行。

同时，韩非子还明确地提出了他的“循名责实”的目标考核法。在这里，“名”主要是指各种职务以及与其相对应的目标责任。“实”则是指与“名”相对应的行动、功效及实绩。韩非子强调，“循名责实”，就是要以“名”为目标、为标准，来责求“实”与“名”的相符。具体来讲，就是要依下属的职务去追究其应有的功效、实绩；以下属的言论去衡量他所做的事和所取得的功效是否相一致，并依此予以相应的奖惩。“循名实而定是非，因参验而审言辞”。[3] 他历来主张：“听其言而求其当，任其身而责其功。”[4]听取下属的言论而要求它与事实相符，任用下属而责求、检验他的功效。那么，如何进行“目标考核”呢？韩非子的回答是：“因任而授官，循名而责实，操杀生之柄，课群臣之能者也。”[5]韩非子还提出了对目标具体的考核步骤：“群臣陈其言，君以其言授其事，专以事以责其功。功当其事，事当其言，则赏；功不当其事，事不当其言，则诛。”[6]下属陈述他们自己的意见、主张，领导者则根据他们的意见、主张分别去安排他们的职务、工作，然后根据他们的职务、工作来责求他们的业绩、功效。如果下属所取得的成绩、功效和他的职务相当，完成职务、工作的情况和他所提出的意见、主张相符合，就给予奖赏。相反，如果下属所取得的成绩、功效和他的职务不相适应，完成职务、工作的情况和他所提出的意见、主张不相符合，就加以惩处。[7]

强化理论

内容型和过程型激励理论都是研究如何激发人的动机，调动人的积极性的问题。强化理论则说明怎样引导人们改正错误的行为，强化正确的行为。

---

① 《韩非子·八说》。
② 《韩非子·八说》。
③ 《韩非子·奸劫弑臣》。
④ 《韩非子·六反》。
⑤ 《韩非子·定法》。
⑥ 《韩非子·主道》。
⑦ 杨欣：《韩非子的“二柄论”与现代管理》，见《广西大学学报(哲学社会科学版)》，1999年第10期。

强化理论的主要观点

强化理论是美国哈佛大学心理学教授斯金纳提出的。斯金纳在巴甫洛夫条件反射理论的基础上，提出了“操作条件反射理论”，也叫强化理论。他认为人类(或动物)为了达到某种目标，本身就会采取行为作用于环境。当行为的结果有利时，这种行为重复出现；不利时，这种行为就减弱或消失。人们可以运用正强化或负强化的办法，来影响行为的效果，从而引导和控制、改造其行为，更好地为组织目标服务。

强化理论的主要观点

1. 人的行为受到正强化趋向于重复发生，反之则减少发生。

2. 激励人们按一定的要求和方式去实现工作目标，奖励(给予报酬)往往比惩罚有效。

3. 反馈是强化的一种重要形式。应该让人们通过某种形式或途径及时了解自己行为的结果。

4. 为了使某种行为得到加强，奖赏(报酬)应在行为发生以后尽快提供，延缓奖赏会降低强化作用。

5. 对所希望发生的行为应该明确规定和表达。只有行为的目标明确而具体，才能对行为效果进行衡量和及时奖励(给予报酬)。

6. 要按照对象的不同需要，采用不同的强化物和不同的强化手段。

斯金纳认为，只要刺激控制人的外部环境中的两个条件，就能控制引导人的行为。这两个条件是：第一，在行为产生前确定一个具有刺激作用的客观目标；第二，在行为产生后根据工作绩效给予奖或惩，或既不奖又不惩。

强化的类型

利用强化的手段改造行为，一般有四种方式。

	令人愉快或所希望的事件	令人不愉快或不希望的事件
事件的出现	正强化 (行为变得更加可能发生)	惩罚 (行为变得更不可能发生)
事件的取消	消退 (行为变得更不可能发生)	负强化 (行为变得更加可能发生)

图 4－6　强化的类型

1. 正强化。正强化是指在期望的行为发生后提供令人快乐的结果。即对期望的行为进行奖励。但应注意，正强化不等同于奖励。奖励是个体希望得到的令自己快乐的结果，是主观感受。当员工希望得到物质奖励时，管理者对其良好的表现给予公开表扬，可能就不是正强化；反过来，当他希望得到公开表扬时，给其物质奖励，作用也不大。因此，判断奖励是不是正强化物，取决于它能否增加先于它的行为频率。

2. 负强化。当某种不符合要求的行为有了改变时，减少或消除施加于其身的某种不愉快的刺激(批评、惩罚等)，从而使其改变后的行为再现和增加。负强化和正强化的目的一样，都是想维持和增加某一有利的行为。

3. 自然消退。自然消退有两种方式：一是对某种行为不予理睬，以表示对该行为的轻视或某种程度的否定，使其自然消退；二是对原来用正强化建立起来的、认为是好的行为，由于疏忽或情况改变，不再给予正强化，使其出现的可能性下降，最终完全消失。

4. 惩罚。惩罚是产生于一些行为之后而出现的一个令人不愉快或不如意的事件，而使得这种行为在以后尽可能少地发生。

应当指出，正强化对于影响行为来说是最有力和有效的工具。正强化之所以有效，是因为它增加了员工有效工作行为的发生。相反，惩罚和消除只能用来减少组织成员低效工作的发生。虽然惩罚和消除可使员工知道不该做什么，但都没有相应指出应该做什么。最后，应用负强化常常很困难，有时甚至是不可能的，因为它要求建立一种对员工来说是令人不愉快的环境，并持续到所希望的行为发生为止。

强化的时机和程序

在某一行为发生后，能否把握好强化的时机和程序将直接影响到强化措施的效果。原则上说，给予强化越及时，效果就越好。强化的时机可以有多种安排方式。

1. 连续强化和间隔强化。连续强化指对期望的行为每次出现都给予强化。如每当一个流水线工人的元件通过质量检查时，就让其得知他的行为是正确的。间隔强化是指非连续的强化，即不是每次发生的行为都受到强化，而是在目标行为出现若干次后才给予一次强化。

2. 间隔强化程序的类型。间隔强化可从时间和数量两个维度划分为固定时距强化、可变时距强化、固定比例强化和可变比例强化。见图 4－7：

	时距	比例
固定	固定时距	固定比例
可变	可变时距	可变比例

图 4－7 间隔强化的类型

(1) 固定时距强化。在这种强化程序中，强化物必须经过一段固定的时间后才能提供，如企业中按周或月发放工资。

(2) 可变时距强化。在这种强化程序中，强化物是根据经过的时间给予，但时间的长短围绕某一平均数而变动。

(3) 固定比例强化。在这种强化程序中，强化的次数与目标行为发生的次数保持固定的比例关系，以明确地显示出强化与目标行为之间的因果关系。

(4)可变比例程序。在可变比例强化中,强化必须在一定数量的适宜行为之后,不过行为的数量与强化物之间并没有直接联系,只不过呈现一种总的平均值的水平。典型的例子是赌博中的老虎机、国家发行的彩票等。

中国文化视角下的强化理论

我国古代的先哲虽然没有提出系统的强化理论,但他们提出了卓越的奖惩思想,并加以精彩的论述。

荀子根据他的人才思想提出了奖惩理论。奖惩理论是一种从利益关系上调节管理的重要手段。正确地运用它,能够引导人的行为取向日益符合管理目标的需要,从而调动人的积极性。荀子在《荀子·富国》中指出:“赏不行,则贤者不可得而进也;罚不行,则不肖者不得而退也。”这就是说要用赏赐去鼓励人们不怕牺牲,为国立功;用刑罚使干坏事的人害怕,并得到约束。他通过君主想得到神箭手的例子来说明设立重奖以招引箭手来比赛的意义,即“县贵爵重赏以招致之”。也就是说,要重奖那些有才能的人,发挥其应有的作用,故他说:“赏重者强,赏轻者弱”。荀子在强调奖赏的同时,也重视惩罚。荀子的法制思想实际上就是他的惩罚理论,他提出了“惩之以刑罚”的思想。但荀子的思想是主张奖惩有度。他认为“赏不欲僭,刑不欲滥。赏僭则利及小人,刑滥则害及君子。若不幸而过,宁僭无滥。与其害善,不若利淫”。[①] 也就是说奖赏不要太广太多,刑罚不要太轻率地滥用。这实际上就是所说的奖惩适度原则。[②]

韩非子把赏罚作为君主的二柄:“君以其言授之事,专以其事责其功。功当其事,事当其言,则赏;功不当其事,事不当其言,则罚。”韩非子认为,只要激励得当,用好赏罚二柄,管理工作便比较容易开展了。“政之大纲有二,二者何也?赏罚之谓也。人君明乎赏罚之道,则治不难矣。”[③]《吕氏春秋》也有类似的观点:“人臣亦无道知主,人臣以赏罚爵禄之所加知主。主之赏罚爵禄只所加者宜,则亲疏远近贤不肖皆尽其力而以为用矣。”这些思想都强调了赏罚的重要激励作用。

中国古代的思想家、军事家们在运用赏罚激励时还特别强调赏罚的公平性、严明性。法家主张赏罚分明、赏罚公正、赏罚必信、赏罚及时、赏罚有度、随时而变、因俗而动。“赏不可不平,罚不可不均”。[④] 应赏不赏、当罚不罚,必会挫伤人才的积极性。应赏不赏,是抑贤助邪;当罚不罚,是放恶纵邪。因此,赏与罚殊途同归。“设而不犯,犯而必诛”、[⑤]“严惩不避亲贵”。[⑥] 因为“重赏之下,必有勇

① 《荀子·致士》。
② 邢树森、宋立卿:《荀子的管理思想及其现代意义》,《经济论坛》,1994年。
③ 《中论·赏罚》。
④ 《诸葛亮集》。
⑤ 《曹操集》。
⑥ 《韩非子》。

夫”,“有罚不诛,虽唐虞犹不能以化天下”。① 只有做到了恩威并施,正确地运用正负两种强化激励手段,才能“犯三军之众,若使一人”,②得心应手地运筹帷幄,无敌于天下。

激励理论在中国文化背景下的综合运用

文化是对个人的价值观和行为偏好具有很大影响力的因素,由于中国和美国有着很不相同的文化底蕴,这种差异必然会体现在其管理者的决策行为之中。西方的组织行为学提出了一系列的激励理论,但如果直接运用到中国企业,可能并不会有很好的效果。下面我们将在西方激励理论的基础上结合中国文化背景,探讨激励理论在管理中的综合运用。

“任贤律己”、“身先士卒”

中国古代的思想家从上行下效这一心理现象出发,要求管理者正己修身,为被管理者树立榜样,成为被管理者的表率和典范,进而激励被管理者积极进取、勤勉做事。桓宽在《盐铁论·贫富》中写道:“善治人者,能自治者也。”《礼记·大学》:“上老老,而民兴孝;上长长,而民兴弟;上恤孤,而民不倍。是以君子有楔矩之道也。”意思说:上面敬爱老人,下面就会敬爱父母、尊敬长辈;上面和睦关顾同辈,下面就会团结爱护兄弟;上面怜悯抚养孤独之人,下面就会彼此友爱,互不欺凌,主动照顾贫弱。“夫君子之行,静以修身,俭以养德,非澹泊无以明志,非宁静无以致远。”③在中国二千多年的封建社会中占据主导地位的儒家思想,有一个鲜明的特征,就是强调道德修养的教化作用。孔子在阐述他的治国理论时说:“道之以政,齐之以刑,民免而无耻;道之以德,齐之以礼,有耻且格。”④孔子认为虽然政令刑罚等强制手段可以迫使人服从,却不能令人心服,只有用道德、礼教来教化人民,才能使人民养成良好的行为规范。

正因为如此,儒家提出“修己以安人”的思想。儒家认为,作为管理的开始一定要有好的管理者,而好的管理者必须具备良好的个人素质。中国古代思想家普遍重视管理者的道德修养,因为他们认为管理者的修养将会对管理产生极重要的作用。孔子曰:“不能正其身,如正人何?”⑤他阐述了自身修养与管理的关系:“政者,正也。君为正,则百姓从政矣。君之所为,百姓之所从也,君所不为,

---

① 《汉书·宣帝记》。
② 《孙子·九地篇》。
③ 《太平御览·四百五十九引》。
④ 《论语·为政》。
⑤ 《论语·子路》。

百姓何从？”[①]又说：“其身正，不令而行；其身不正，虽令不从。”可见，“修己”是管理的首要前提。儒家曾提出“内圣外王”之说，对君子的要求是仁、智、勇、恭、敬、惠、义、达、艺，侧重于德。因此，作为管理者，要想激励员工，自己首先要成为表率和榜样，才能激励员工努力工作、积极向上，也即管理者要内圣外王。

人不同能，用人所长

几乎所有的当代激励理论都认为每个员工都是一个独特的不同于他人的个体，他们的需要、态度、个性及其他重要的个体变量各不相同。用人所长是中国人才思想的精华之一。古人很早就明白金无足赤、人无完人的道理，反对求全责备，强调灵活、辩证地使用人才，达到管理的理想效果。屈原在《卜居》中写到：“尺有所短，寸有所长；物有所不足，智有所不明。”就是说：长的也有短处，短的也有长处；事物都是有所不足的，再聪明的人，也不能无所不通。“物固莫不有长，莫不有短，人亦然”，“人固难全，权而用其长者”，善用人者，应当是：“假人之长以补其短”。[②] 刘邵把人才分为十二类，即“有清节家、有法家、有术家、有国体、有器能、有臧否、有伎俩、有智意、有文章、有儒学、有口辩、有雄杰”。刘劭在分析了各类人才的特点和代表人物之后，着重指出，上述人才务必“各得其任”。[③] 著名政治家晏子云：“任人之长，不强其短；任人之工，不强其拙。此任人之大略也”[④]司马光的《太宗举贤・太宗语》说：“君子用人如器，各取所长”。《抱朴子・务正》中认为：“役其所长，则事无废功；避其所短，则世无弃材矣。”意思是说：发挥一个人的长处，做事情就不会徒劳无益；避开一个人的短处，世界上就没有用不上的人才。

用人之所长是激励员工工作热情的重要方式，避开员工的缺点，让员工的优点尽可能得到发挥，就会使员工对自己的能力更加充满信心。相反，如果员工在工作过程中暴露的缺点太多，管理者不满意，员工本人也不满意，这样会挫伤员工的工作积极性和挑战困难的勇气。

在我国的传统文化中历来认为知人难，用人更难。因此我国的管理者就应该想尽一切办法，排除用人之障碍和困难，发挥人的才干和创造力，从而获得管理的良好效果。管理者决定人才任免和升迁，都应该以一个人能做些什么为基础，所以，用人决策，不在于如何减少人的短处，而在于如何发挥人的长处。管理者应该清楚，每个人包括他自己都是既有优点也有缺点的，扬长避短是选择人的准则，不要因为他有短处而不用他，而要因为他有优点而敢用他。

许多中国人习惯以人品的好坏和是否易于相处作为选用人的标准，这会把很多有才能的人拒之门外。中国的管理者应该注意这种问题。

---

① 《礼记・哀公问》。
② 《吕氏春秋・卷四》。
③ 刘劭：《人物志》。
④ 《晏子春秋・内篇问上》。

设定目标

目标设定理论认为，管理者应确保员工有一定难度的具体目标，并对他们完成的程度提供反馈。合理的目标设置是实现理想的激励效果的关键环节。韩非子在总结前人的社会管理理论及实践经验的基础上，深入探讨了目标设置的合理性问题，进而具体分析了实施赏罚的可行性。他明确指出："明主立可为之赏，设可避之罚。……如此，则上下之恩结矣。"①

在我国，由于经济成分复杂，管理者尤其要注意让员工的个人目标与组织目标有机结合。楼梯的台阶不单是为了承载重量，还是为了帮助一个人达到新的高度。

管理者应该与下属进行沟通，帮助其制定个人目标，并促使员工理解个人目标与组织目标之间的关系。因为那些看到组织目标与个人目标有直接关系的员工更容易产生一种强烈的工作欲望，这种欲望能够转化为工作积极性，会更有助于组织目标的实现。

确保公平

在中国文化下，中国人认为不公平、不合理会带来心理挫伤。"不患贫而患不均，不患寡而患不安"。② 韩非子认为："概者，平量者也；吏者，平法者也。治国者，不可失平也。"③

在我国的管理实践中，管理者要注意以下三点可能引起职工不公平感的原因。

职工的错觉

这里讲的公平感和不公平感指的是一种主观感受，而不一定是客观事实。当然主观是客观的反映，但二者并不一定相等，有时是一致的，有时则差距很大。人们往往存在这样一种心理倾向，即过分低估他人的努力和成绩而过高估计自己付出的劳动和取得的成绩。尤其是少数人由于看重个人利益、好逸恶劳、贪图享受、干活越少越好、奖金越多越好，这种人更容易过高地估计自己的成绩，过低估计别人的成绩，而把本来合理的分配看成不合理，把公平的差别看成不公平。管理者必须了解员工的这种心理状态，如果确实是员工主观认识上的差错，就要及时做好思想教育工作，而对少数个人主义严重的员工，就要进行批评教育。

由于奖励制度本身不完善而引起的不公平感

目前，一些单位在工资制度和奖金发放上还未能对职工的劳动成果作出客观、科学和准确的计算，还未能做到按劳付酬，从而造成事实上的不公平感。例

① 《韩非子·外储说左下》。
② 《论语·季氏》。
③ 《韩非子·外储说左下》。

如，有的工种有定额，有些工种无定额；有定额的工人多劳多得，工作紧张，出了事故还要扣奖金，而无定额的人员工作轻松，奖金旱涝保收；有些工种定额容易超产，有些工种定额不易超产；有些班组生产任务太多，有些班组任务不足，也有的因原材料供应及产品销路的问题而影响到班组生产。这些问题的确存在，需要在改革中逐步加以解决，做到待遇和报酬的公平分配，使职工有公平感，从而激发职工的积极性。

由于管理作风不正而引起的不公平感

有些管理者不深入实际，或偏听偏信，或想当然地处理一些重要问题；个别管理者对职工亲疏不一，处理问题不实事求是，一碗水端不平；极个别的管理者，一事当前，先替自己打算，营私舞弊。这些问题的存在会引起职工强烈的不公平感，应该在端正管理作风、纠正不正之风的过程中认真加以解决，以减少或消除不公平反应。①

重视"情"字

中国的管理决策方式受传统的君臣关系的影响。传统的君臣关系的总原则是"惠忠"，就是说做君主的要实行仁政，要有恩惠加于辅臣，同时做辅臣的一定要忠诚，要以诚心奉事君主。这种传统的等级制度在中国文化中的影响可谓根深蒂固。

孔孟用"五伦"构建社会结构，同时又用互动的关系来规范"五伦"的往来，如"君臣关系"的"君视臣如手足，臣视君为腹心"。这种"来而不往非礼也"的关系就叫"人情"。它使中国人在处理事务时有一种强烈的回报心理。孙武要求将帅一定要爱护士兵。他在《地形篇》中分析道："视卒如婴儿，故可以与之赴深溪；视卒如爱子，故可与之俱死。"

在现代社会里，强调人际关系的和谐，注重利用情感来控制人的行为，是现代管理的高明之处。一方面它可以满足人们的心理与社会的需要，并使人们形成较强的群体意识，提高人们对组织的认同感、责任感；另一方面，还可以使组织具有很强的自我管理功能。因为在人情主义的调控机制下，组织中各个体之间可以通过心意感通实现人际互动。这种由情感实现的互动，就是管理系统的自我组织和自我调控。所以，人际关系在当今的组织管理中占据无法替代的地位。因此，与美国的理性主义管理相比较，中国传统的人情主义管理体现着较高超的管理艺术。②

对我国的管理者来说，有效的感情激励包括以下三个方面。

1. 管理者必须具有体察人心的能力，能够及时感受到员工的情绪变化，并根据这些变化采取相应的措施。

2. 保持经常的意见沟通和相互交往，这是调动员工积极性的重要方法。意

---

① 袁俊昌：《人的管理科学》，中国经济出版社，2003年版。

② 谷玉梅：《传统激励法与企业管理》，见《管子学刊》，2000年第4期。

见沟通和相互交往不仅能增进彼此的了解，同时也能使员工的思想和情感得以表达，从而使之感到心情舒畅。

3. 相互信任。这是实现有效交往，保持良好内部关系，达到感情激励的最重要的前提和保证。信任可以使员工精神振奋，不信任则使员工心灰意冷，积极性丧失。①

物质及金钱激励

当我们在考虑其他的激励因素时，很容易忘记金钱是大多数人从事工作的主要原因。因此，以绩效为基础的加薪、奖励及其他物质刺激在提高员工工作积极性上起着重要的作用。

有调查显示，经济学家大多倾向于把金钱作为最重要的激励因素，而行为学家和心理学家则倾向于把金钱放在次要地位，提倡情感激励。也许这两种看法都不是完全正确的。对于大部分员工来说，金钱的数量与情感上的沟通都是必要的。两种激励因素都有它们各自的适用条件，只有在恰当的条件下使用恰当的激励方法，才能够达到管理者的目的。

为了进行恰当的激励，管理者需要找出其员工当前关注的重点是什么。如果是金钱，就不要只给一些空头支票；如果是希望受到关心与尊重，就要把金钱放在次要的位置。金钱作为一种激励因素是永远不能忽视的，无论采取工资、奖金，还是福利、保险金等，多一些金钱对下属来说总是一件好事。但是人们并不总是在为了金钱而工作，清楚地意识到这一点对于管理者来说至关重要。否则的话，就有可能犯这样的错误：当下属需要关心、沟通、尊重与理解时，你还误以为只有金钱才能够满足他的心理需求——结果可想而知，激励不会达到预期的目的。

作为一个管理者，你必须了解下属的心理需求，了解他们的性格，他们的爱好、沟通方式与情感表达方式，只有了解他们这些隐藏在内心的部分，才可以真正做到有的放矢，达到情感激励的目的，为管理工作锦上添花。为此，管理者应做好以下几点：

1. 如有可能，尽量使你提供的固定工资在同行业中居于前列；

2. 保证员工薪水的公平性，并根据员工的价值在内部倡导适度的竞争；

3. 至关重要的是报酬必须与绩效紧密挂钩，必须以员工业绩为标准来发放奖金；

4. 从结构和体制上保证分配的合理，设计综合完善的业绩提成制度；

5. 尽量避免年度奖金平均分配，否则会大大挫伤绩优者的积极性；

6. 让员工回报与公司整体绩效挂钩，如员工参与公司分红或设计期股期权等。②

---

① 袁俊昌：《人的管理科学》，中国经济出版社，2003年版。

② 杨东龙：《金钱激励利与弊》，见《中国经济时报》，2002年3月29日。

荣誉激励

“古之王者……并建圣哲……引之表仪”。① 隋文帝曾对侍臣说：“我树房恭懿为吏楷，岂止为一州而已，当令天下模范之，卿等宜师学也。”②

正如我们提到“面子”文化是中国管理激励的基本假设之一，从人的动机看，人人都具有自我肯定、争取荣誉的需要。对于一些工作表现比较突出、具有代表性的先进人物，给予必要的精神奖励，是很好的激励方法。中国人是非常爱面子的，过分地爱面子使得中国人非常重视自己的名誉，适当地给予优秀者以荣誉奖励，表扬先进，树立楷模，调动他人积极性是一种非常有效的激励方法。在中国，我们常以某某人曾获得什么样的奖励或荣誉称号来抬举一个人或给人以好评，这种评价别人优劣好坏的态度会自觉或不自觉地影响着人们的荣誉观。

既然中国人很看重荣誉，重复提及他人过去所获得的荣誉也会对获荣誉者本人产生激励作用，尤其在获荣誉者面临挑战或更加艰巨的任务而没有足够的信心和勇气时，这种激励作用更加显著。管理者在给部属分配任务时，多次重复部属的优点、长处及过去获得的荣誉，通常会激励部属满怀信心地接受重大艰巨的任务。相比于纯粹的金钱奖励，荣誉是一种称号，是一个人能力的象征，它对于人的精神的激励作用更大。

地位激励

在我国，管理者或企事业单位经常对员工实行一种荣誉激励——“设虚岗”，将员工的职务进行不实的提升，目的只是为了使员工的荣誉感更强，更有“面子”。对中国人实施地位的奖励表现为晋升和参与企业决策等，即给予受奖励者更高的地位和权力。

在大部分中国人的眼中，地位是权力和财富的代表，尽管有些地位或官职并不代表着很大的权力和拥有很多的财富，但中国人已经习惯了这种判断，总是希望获取更高的地位。因而，逐级晋升对他们而言，就意味着将会慢慢地拥有一切。

中国人受封建王权统治两千多年，加上中国人传统的“三纲五常”伦理观念，对大多数中国人而言，权力意味着能支配更多的人，同时也意味着摆脱别人对自己的支配。希望掌握更多的权力自然成了受支配多年的中国人摆脱约束的努力目标，人们都希望在社会的权力等级体系中逐级往上爬，使自己拥有更多的自由，同时拥有指挥、统治、驾驭别人的权力。

---

① 《左传·文公六年》。

② 《隋书·房恭懿传》。

本章回顾

本章首先介绍了激励的含义，激励就是一系列引导人们以特定的方式行事的管理活动，它与个人的能力及其所处的环境共同决定了个人的绩效。接着对西方和我国的管理激励人性假设进行了分析。西方的管理人性假设包括：麦格雷戈的X、Y理论；埃德加·沙因的复杂人性假设理论；莫尔斯和洛希的超Y理论；而本书在第三章集中讨论了中国人的基本人性，包括礼让谦卑、面子、人情关系、平均主义、官本位等等，这些都是在激励中需要关注的重点。

西方的管理激励理论包括马斯洛的需要层次理论，奥尔德弗的ERG理论，赫兹伯格的双因素理论和麦克利兰的成就需要理论，它们同属于内容型激励理论，并且它们在中国文化视角下分别有自己的应用。而过程型激励理论则包括弗鲁姆的期望理论，亚当斯的公平理论、目标设置理论，同时介绍了强化理论。本章同样讨论了过程型激励理论和强化理论在中国文化视角下的应用。

文化是对个人的价值观和行为偏好具有很大影响力的因素，由于中国和美国有着很不相同的文化底蕴，这种差异必然会体现在其管理者的决策行为之中。西方的组织行为学提出了一系列的激励理论，但如果直接运用在中国企业里，可能并不会有很好的效果。本章在西方激励理论的基础上结合中国文化，探讨了激励理论在管理中的综合运用，包括："任贤律己""身先士卒"；人不同能，用人所长；设定目标；确保公平；重视"情"字；物质及金钱激励；荣誉激励和地位激励。

关键术语

需要	人性假设	过程型激励理论
马斯洛需要层次理论	ERG理论	双因素理论
成就需要理论	过程型激励理论	期望理论
公平理论	目标设置理论	强化理论

复习思考题

1. 什么是激励？激励的本质及心理机制是什么？
2. 请评价和分析马斯洛的需要层次理论。
3. 公平理论给管理实践带来哪些启示？在实际工作中，如何才能做到公平？

4．从总体上评价西方和我国的人性假设理论。

5．谈谈我国企业管理中的主要激励问题及解决办法。

案例 4－1

李嘉诚的用人与激励之道

李嘉诚的忠告

“如果你任人唯亲的话，那么企业就一定会受到挫败。”2002 年 5 月 17 日下午，香港著名实业家李嘉诚先生来到汕头大学，给汕头大学商学院的同学一个忠告。

李嘉诚先生是汕头大学的主要赞助人，但是此次他是作为汕大商学院学生“经济沙龙”的主讲人和师生们见面。

一位同学问道，李先生手下有许多杰出的高层管理人员，可谓“卧虎藏龙”，“请问您是如何降龙伏虎，激励和约束他们，使得他们既能接受管理又保持自主性和创造性？”

对此，李嘉诚回答说：“这个问题对我而言是比较幸运的。他们与我的关系非常好。一方面，我自己也曾经打过工，受过薪，我知道他们的希望是什么。所以，我的所有的行政人员，包括非行政人员，在过去 10 年至 20 年，变动是所有的香港大公司中最小的，譬如高级行政人员流失率低于百分之一。为什么？第一，你给他好待遇；第二，你给他好的前途，让他有一个责任感，你公司的成绩跟他是百分之百挂钩的。另外要有个制度，山高皇帝远，一个人好的也会变坏。亲人并不一定就是亲信。如果你用人唯亲的话，那么企业就一定会受到挫败。如果是一个跟你共同工作过的人，工作过一段时间后，你觉得他的人生方向，对你的感情都是正面的，你交给他的每一项重要的工作，他都会做，这个人才可以做你的亲信。如果一个人有能力，但你要派三个人每天看着他，那么这个企业怎么做得好啊！”

同学问：“当您发现一个发展机遇，而你的意见与其他人的意见相左时，您怎么处理？”

李嘉诚：“你自己应该知识面广，同时一定要虚心，听听专家的意见。我常常是这样，假如一个项目我认为是不好的话，我还是非常虚心地听。有的时候，可能百分之九十是你认为不好的，但他讲的百分之十是你不知道的。那么这个百分之十可能就是成败的关键。当然，自己作为一家公司的最后决策者，一定要对行业有相当深的了解。不然的话，你的判断力一定会出错。今天跟从前有一个不同，传统的行业如果出错错不了多少，但是今天的决定错了，可能错得非常离谱。”

李嘉诚半开玩笑地说:"今天要是香港记者来听我讲,掏一万元都会愿意听的。"虽然这是笑谈,但这说明里边包含了李嘉诚先生从商多年的感悟。

李嘉诚的用人与激励之道

李嘉诚是香港商界呼风唤雨的富豪。出身寒门的李嘉诚通过半个世纪不懈的努力和奋斗,从一个普通人成为商界名人并取得了令人瞩目的成就,其中固然有他的勤奋和聪明,但每当提起他的成功之时,李嘉诚却坦然告知,良好的处世哲学和用人之道是今日成功的前提。

白手起家的李嘉诚,在其长江实业集团发展到一定规模时敏锐地意识到:企业要发展,人才是关键。一个企业的发展在不同的阶段需要有不同的管理和专业人才,而他当时的企业所面临的"人才困境"较为严重。由于当时社会的综合因素,工人文化水平低,多数人只有小学文化程度,技术管理方面的人员更是奇缺,那些曾和他一起出生入死打天下的元老重臣的知识结构和专业水平达不到企业发展的要求,面对越来越激烈的商业竞争,要靠这样一支队伍创出佳绩显然是不可能的。李嘉诚克服重重阻力,劝退了一批创业之初帮助他一起打江山的忠心苦干的"难兄难弟",果断起用了一批年轻有为的专业人员,为集团的发展注入了新鲜血液。与此同时,他采取了若干用人措施,诸如:开办夜校培训在职工人、选送有培养前途的年轻人出国深造。而他自己,也专门请了家庭教师传授知识,并自学英语。

在李嘉诚新组建的高层领导班子里,既有具备杰出金融头脑和非凡分析本领的财务专家,也有经营房地产的"老手",既有生机勃勃、年轻有为的港人,也有作风严谨、善于谋断的洋人。可以这么说,李嘉诚今日能取得如此巨大的成就,集团能成为纵横东西的跨国集团,是和他回避了东方家族化管理模式、大胆起用洋人分不开的。他起用的那些洋专家,在集团内部管理上把西方先进的企业管理经验带入长江集团,使之在经济、科学、高效益的条件下运作。其中杰出的代表人物为长江实业集团董事局副主席英国人 George C. Magnus,他是一名现代企业管理大师,20 世纪 70 年代加入长江实业后一直追随李嘉诚左右,为"长江实业"的发展立下了汉马功劳。另一名为李嘉诚十分器重的英国人 Simon Murry,他是李嘉诚远征西方的代表。1986 年李嘉诚与 Simon Murry 策划,买下了英国一家控股公司的部分股份,1987 年又将所持股份全部出售,获利 2 400 万美元。此外他们还相继收购了加拿大赫斯基石油公司等多家公司的股份,使李嘉诚的势力逐渐向国外大集团渗透。

精于用人之道的李嘉诚深知,不仅要在企业发展的不同阶段大胆起用不同才能的人,而且要在企业发展的同一阶段注重发挥人才特长,恰当、合理地运用有不同才能的人。因此,他的"智囊团"里既有朝气蓬勃、精明强干的年轻人,又有一批老谋深算的"客卿"。香港商界盛传李嘉诚左右手与"客卿"并重,其中最令人注目的是精明过人、集律师与会计师于一身的李业广和叱咤股坛的杜辉廉,后者为李嘉诚在股票发行、二级市场上的收购立下了汗马功劳,特别是在 1987 年香港股灾之前,为李嘉诚的集团成功集资 100 亿港元。

在总结用人心得时,李嘉诚曾形象地说:“大部分的人都会有部分长处、部分短处,好像大象食量以斗计,蚂蚁一小勺便足够。各尽所能、各得所需,以量材而用为原则。又像一部机器,假如主要的机件需要用五百匹马力去发动,虽然半匹马力与五百匹相比是小得多,但也能发挥其一部分作用。”

李嘉诚这一番话极为透彻地点出了用人和激励之道的关键所在。

问题

简要评述案例中李嘉诚分别运用了哪些西方的激励理论和中国背景下特有的激励手段。

第5章

压力管理

> 为将之道，当先治心。泰山崩于前而色不变，麋鹿兴于左而目不瞬，然后可以制利害，可以待敌。①
>
> ——苏洵《嘉祐集卷二·权书上·心术》

众多心理学家认为，目前人们面临的最严重的问题之一就是压力。英国专家的研究显示，每年由于压力造成的健康问题通过直接的医疗费用和间接的工作缺勤等形式造成的损失竟达 GDP 的 10%。压力问题既然如此重要，我们有必要就压力的主要来源及其对于组织的影响，以及组织对压力的管理等问题进行探讨。

压力及其影响

压力和应激反应

通常，压力被认为是一个贬义词，如一个大学生遭到留校察看处分、身为农民的父母需要供养两个孩子上大学、竞争对手的质优价廉的新产品正在侵蚀本公司产品的市场份额……压力带给人们的往往是苦恼。

① 大意：为将之道，首先要锻炼意志和胆略。泰山在面前崩塌而脸色不变，麋鹿在旁边突然出现而眼珠也不转动一下，这样以后才可以控制战争利弊的变化，才可以对付敌人。

但除此之外也有带来主观幸福感的好的压力，被称为良性压力，例如：北京奥运会肩负全国人民的期待、老板突然邀请自己共进晚餐、被提升为某个出了问题的部门的经理……这时候，压力可能是人们所需要的良性的东西，而不一定是破坏性的、不良的或必须避免的。压力不仅会引起情绪变化、导致心理焦虑，还会引起生理方面的变化。压力也未必带来神经紧张，因为有人能够很好地“控制”压力，而不是通过神经紧张表现出来。

传统上，心理学界将压力(stress)视为应激，这一概念最早于1936年由加拿大生理心理学家汉斯·塞尔耶(H. Selye)[①]提出。他认为压力是表现出某种特殊症状的一种状态，这种状态是由生理系统中因对刺激的反应所引发的非特定性变化所组成的。当某人为一个重要的价值，对迎接所觉察到的挑战而感到成功不确定时，就产生压力感。这种“觉察到”，指的是主观意识，而未必实际存在。事实上，人们担忧的事情有40%永远不会发生；大约30%的忧虑涉及过去所作出的决定，已无法改变；有12%的忧虑集中于别人处于自卑感而作出的批评；10%的忧虑与健康有关，但越担忧问题就越严重；只有8%的忧虑可以列入“合理”的范围。而“合理”范围引起的紧张因素当中，真正值得担忧的问题平均还不到1/10，其余部分完全可以通过适当方法去消除压力。

1956年塞尔耶医生通过动物实验，发现动物会有生理应激反应的先兆，甚至可能导致胃溃疡，并可能引发死亡。塞尔耶由此提出适应综合症，认为人体对压力的反应分为警觉、抗拒和衰竭三个阶段。

在警觉反应阶段，人体注意到压力源，短时间内身体状况低于正常水平，从而使人肠胃失调、血压升高，然后人体作出自我保护性调节。如果防御性反应有效，警戒消除，人体恢复正常。大多数短时应激都会在此阶段得到解决。这种短时应激也被称为急性应激反应。

在抗拒反应阶段，如果人体不能控制外界因素的作用，或是由于反应没能排除危机，而使应激仍然持续，人体就需要全身性动员。最后以抗拒的减少而告终，并出现更为严重的身体症状，如溃疡、动脉粥样硬化。

如果应激源非常严重，人体则进入衰竭阶段，便会进一步耗尽已经贮存的能量，同时抗拒也会一直衰弱，人就可能面临死亡。

对于慢性压力的影响，汉斯·塞尔耶提出“一般性适应综合症”(general adoption syndrome, GAS)以解释压力与身体生理症状之间的关系。他认为身体对慢性压力反应有三个阶段：恐惧期、抵抗期和疲惫期，如图5-1。

在恐惧期，人们会区分这种威胁是伤害身体的威胁，还是心理上的威胁如失去工作等。在抵抗期，个人对来自组织的威胁变得没有弹性，恐惧期产生的征兆大大减弱，这似乎是通过产生液腺和肾上腺皮质而导致荷尔蒙的增加来实现的。如果压力仍在继续，个人就会进入疲惫期，液腺和肾上腺皮质活动减慢，再也不能适应这种压力，很多原先在恐惧期产生的生理征兆又会出现。如果压力仍不

① Selye, H. History and Present Status of the Stress Concept. In L. Goldberger and S. Breznitz (eds.). *Handbook of Stress*. New York: Free Press, 1982: pp. 7-17; Selye, H. *The Stress of Life*. Rev. ed. New York: McGraw-Hill, 1976.

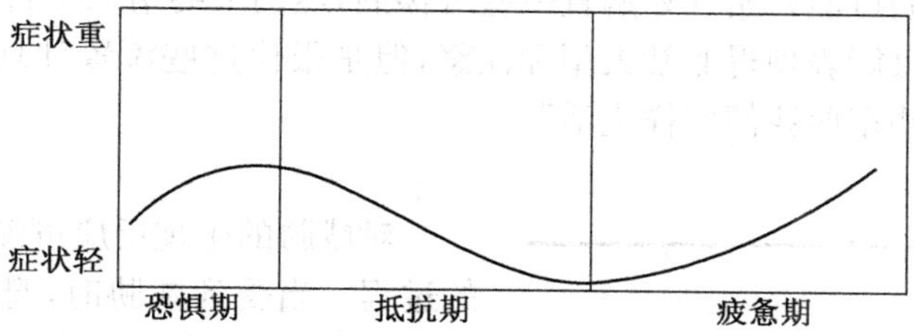

图 5-1 一般适应综合症

能缓解,可能导致人崩溃,或其他身体上的损害,如冠心病或心脏病,甚至引发死亡。

这种传统理论将人看作是压力的被动承受者,而压力的认知理论摒弃了这一观点。认知理论认为,人是思想的动物,通过调节自己的思维方式可以改变自己的压力状态。消除压力的一个重要原则就是切断自己的消极思维。

大量的研究表明,人脑很难分清压力或威胁是实际存在的还是仅仅出于其主观想象。对于大脑来说,感知到的威胁就是真正的威胁。当感知到威胁出现时,大脑就会对此作出反应,身体的一些器官,如分泌腺和胃部等等相关的部分就会进入战备状态。

拉扎鲁斯(R. S. Lazarus)认为,应激的发生并不伴随特定的刺激或特定的反应,而是发生于个体察觉一种有威胁的情景之时。① 评价可以分成三个阶段:初级评价、二级评价和再评价。在初级评价过程中,个体主要判断事件的结果,所得到的利益或损失,例如,"我是否遇到了麻烦?"在二级评价过程中,个体会问自己:"这种情况下我该怎么做?"当我们感觉到某个情景,还有一些身体或者心理的伤害时,而且我们无法有效地对之作出反应,我们就会感觉到压力。如果我们改变了压力源的意义,使得危险不再存在,或者我们使用了某种应对策略消除了威胁,那么压力就不存在了。再评价是建立在前两级评价之后的压力管理所引起的反馈的基础上的,它将造成初级评价的改变,从而影响对压力管理技巧的主观知觉。

常见的处理压力事件的方式有以下几种。

1. 合理化。哪怕经过客观公平的分析后发现这种合理化并不符合现实,个体仍有这种倾向。例如,某人突然被公司辞退,他最初的反应可能是震惊和愤怒,随着这些激烈情绪的平稳,他可能会说:"我早就对这不感兴趣了,正好趁机脱身。"

2. 改变事件的意义。这与合理化很类似,不过要改变事件的意义可能需要更多的相关信息,这些信息可能是部分基于事实的。如上述事件,他可能随即获悉该公司维持经营已很困难,很可能破产,他被辞退后正好另觅良枝,可以避免到时候与大批同事共同面临再就业的竞争。

3. 降低事件的意义。例如公司突然宣布全体员工都要大量加薪,此时员工

① Lazarus, R. S., S. Folkman. *Stress, Appraisal and Copping*. New York: Springer, 1984.

们可能开始计划购置一些奢侈品，然而最终结果是薪水只有微微上调，这时员工可能表现得非常失望和愤怒，但是很快这些添置计划可能会逐步搁置，“没有那些东西我们照样生活”。

压力的影响

对威胁的生理反应可能是一个具有重大生存价值的过程。当受到威胁时，身体产生一种化学物质导致血压升高，并把皮肤和消化组织的血液转向肌肉，血脂释放出一种能量增强血液凝结以防伤害。当威胁时间延长时，身体就出现其他变化以应付这种挑战——开始保持水和盐分以保存资源，产生的多余胃酸就会在血液不足时来提高消化效果。

也许远古时这种变化对人体是合适的，能促使人类在体格对抗中获胜，成功地逃避威胁。今天，人们在面对威胁时这种生理上的变化仍然出现，然而不幸的是，在如今的时代它可能不但不能帮助人们战胜压力，反而损害身体健康。例如，某些对能力要求很高的岗位上的员工比其他岗位上的员工患高血压的可能性大三倍，但用高血压换来的体能增加却无助于这些员工达到他们所面临的工作能力要求。

除了生理疾病，慢性压力还会导致一些心理病症，比如神经衰弱、焦虑症、强迫症、恐惧症、抑郁症等，其中尤其以神经衰弱、焦虑症和抑郁症表现突出。

1. 神经衰弱。神经系统的两大重要活动是兴奋和抑制。如果大脑神经长期处于过度紧张，引起兴奋和抑制的功能失调，就会出现神经衰弱症状。在临床上，神经衰弱的表现有容易兴奋、容易发怒、容易疲劳、容易衰弱、经常失眠、头疼、情绪低落、注意力不集中、记忆力衰退、感情脆弱、全身无力等等。神经衰弱严重干扰正常的工作和生活，给个人带来极大痛苦。

2. 焦虑症。焦虑症是对并非客观存在的威胁作出的紧张恐惧等的情绪反应，同时伴有植物性神经系统症状和身体运动的不安。焦虑症的主观体验有：心跳加剧、呼吸困难、疲惫眩晕、四肢僵硬麻木、莫名的恐惧和想要逃脱的强烈愿望(逃避不喜欢的环境或者事物)、身体疼痛、吞咽困难、哆嗦、颤抖或发热、恶心、感觉自己要发疯或将失去控制、对自己或者周围的事物有不真实的感觉。

3. 抑郁症。根据统计数据，抑郁症在西方社会是名列第三位的常见疾病，仅次于心脏病和风湿病。随着社会发展、竞争加剧、工作生活压力加大，患病人数呈不断上升的趋势。有人预言，抑郁症将成为21世纪的第一大疾病。抑郁症的表现有生理方面的，例如没有心理原因的头疼、背疼、四肢疼痛；也有心理方面的，其表现有心情不好、认为生活没有价值没有意义、消沉、沮丧、对未来绝望、精神不振、对新鲜事物缺乏好奇心、没有性欲等。抑郁症严重干扰工作和生活，很容易产生自杀念头并付诸行动。

本书更偏重于从组织的角度讨论工作背景中的压力问题。工作压力是一个系统过程的产物，包括个体受到外部压力源的刺激、感受到压力及产生一系列身心及行为的反应，是一个受多种因素影响的复杂过程——这一过程中个体的个性及其应对措施是有着重要作用的中介变量。①

工作压力可能给组织带来很大影响。根据美国压力协会的估计,美国的工作组织由于压力问题所造成的员工缺勤、离职、旷工,以及其劳动生产率下降、高血压与心脏病的医疗,经济索赔,人员替换等方面发生的费用,大约为年均3 050亿美元。我国企业员工所受压力状况也很严重。北京零点调查公司《2003年白领工作压力研究报告》显示,41.1%的北京白领们正面临着较大的工作压力,61.4%的白领正经历着不同程度的心理疲劳;上海交大人力资源所于2003年的一项调查发现,50.8%的女职工与49.2%的男职工压力过大;香港专业教育协会的调查表明,63%以上的教师压力较大,而10.76%的教师甚至感到了极大的压力……

组织员工所受的工作压力,有些能够衡量,如疾病、提前退休、事故、受伤、旷工、医疗保健费用等;有些则不易衡量,如错误的决策、执行力低下、糟糕的时间管理、人际关系恶化、判断力的削弱、创造力的下降、难以集中注意力等,特别是以下几点对组织绩效可能带来很大影响。

1. 员工的工作压力带来组织的医疗保健成本压力。工作压力可能严重影响员工身体健康,长期工作压力甚至可能导致严重的工伤事故,企业要为此承担大量的医疗保健、赔偿与保险费用。在中国,随着劳动法规的完善和劳动者自我保护意识的觉醒,企业将不得不为压力导致的心理疾病付出经济代价。美国每年要为伤害赔偿付出300亿美元。国外一些法律认为,压力失调是一种与工作有关的疾病,甚至认为它就是工伤,因而可能会成为员工向雇主索赔的根据。

2. 压力可能大大降低工作满意度,加剧缺勤与辞职情况的发生。影响工作满意度的主要因素有工作性质、报酬公平度、工作环境和工作关系等。当个人感到工作没有任何意义和价值、缺乏挑战性、工作极端无聊时,工作满意度会降低。缺勤与辞职对组织的损害常常是巨大的。辞职对于那些需要很长时间学习培训的复杂工作而言有着显而易见的影响,公司因此很难回收培训员工的投资,同时留下的岗位空缺的填补也是个重要问题。辞职雇员如果投身竞争者那边,则可能带来更恶劣的影响。

3. 压力对工作业绩有很大影响。工作压力可以帮助提高工作绩效,也可能会降低工作绩效,这取决于压力水平的高低。耶克斯—多德森定律(Yerkes-Dodson law)就描述了压力与绩效水平之间的关系。该定律指出:在唤醒水平达到某最优点之前,工作绩效随着唤醒水平的提高而提高;当唤醒水平超过了这个最优点之后,工作绩效则逐渐下降。② 唤醒水平是由压力引起的。因此,压力或者唤醒水平与工作绩效的关系基本呈现出倒"U"曲线形状,如图5-2所示。可见适当的工作压力对维持较高的绩效表现是必需的。当工作压力水平很低,甚至没有工作压力的时候,工作没有任何挑战性,情绪唤醒水平很低,员工很容易思想开小差、走神,工作绩效在低水平徘徊。当工作压力水平过高的时候,情绪唤醒处于一个很高的水平,员工的注意力就会集中在紧张情绪上,只有很少精力

① 许小东、孟晓斌:《工作压力:应对与管理》,航空工业出版社,2004年版,第19页。

② Yerkes, M. Robert, D. John Dodson. The Relation of Strength of Stimulus to Rapidity of Habit-formation. *Journal of Comparative Neurology and Psychology*. 1908,18:pp. 459-482.

能够集中在工作任务本身，工作绩效表现也会下降。此外，我们还可以看出，对于复杂任务而言，达到最高绩效水平所需的最佳压力或唤醒水平，比简单任务的要小一些，因为复杂任务本身可能就意味着一种压力。

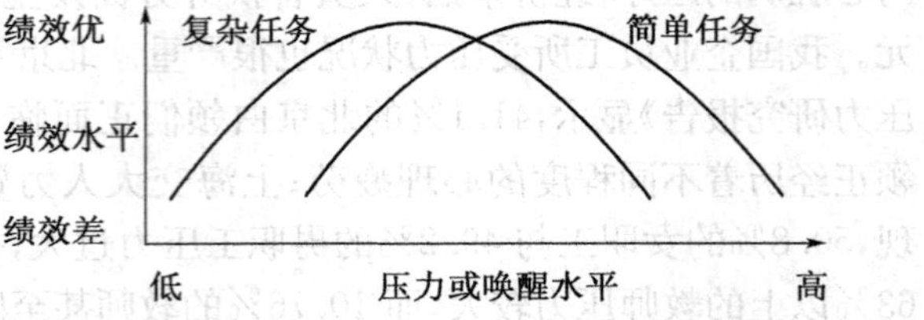

图 5-2 压力与绩效之间的关系

相比以往，现代人患心脑血管疾病、消化系统疾病、免疫系统疾病和内分泌系统疾病等身心疾病的比率明显趋高。在工业发达的日本流行这样一个名词：过劳死，这是指因为被迫紧张工作使得承受的压力超过所能承受的阈限，导致心脏病或中风而死。2005 年日本大约有 330 名人过劳死，创下历史最高记录。压力所带来的对个体和企业的种种损害，迫使我们去寻找压力源，对压力进行科学的管理。

压力源

引发压力感的来源即压力源（stressor）可能包含许多方面的内容，有来自组织外部也有来自组织内部的，有来自职业本身的，也有来自员工个人生活的，还有员工个人的人格因素。

社会环境因素和组织环境

社会生活中的重要事件包括灾害、环境污染、政治动荡、经济衰退、过度拥挤、战争创伤等。中国科学院心理研究所的调查发现，一般企业员工感受最为强烈的压力源是以下几点：① 社会公德；② 社会保障；③ 社会稳定；④ 社会分配不公。这也许反映了在中国社会经济、政治转型时期百姓所关心的共同问题。此外，当进入到不同文化背景的环境中时，由于面临新的风俗习惯、生活条件和生活方式，以及不同的价值观所产生的文化性压力源，也会使人们感受到很大压力。在中国传统文化背景下，人们常常因为面子问题承受了许多压力，以至于"死要面子活受罪"。

在企业内，组织文化、上级管理者的行为作风、群体内气氛、人际互动的网络等等，一起构成工作场合的组织环境，为员工提供了一个宏观心理环境。

组织文化所倡导的价值观和行为方式能否得到员工认同，组织政策和处理问题的方式是否重视员工的价值和发展，是否尊重员工，都影响员工工作的压力水平。如果组织环境不理想，员工必然缺乏忠诚，同时个人也承受很大的心理压力。

如果上级主管和同事及时提供帮助，使员工胜任个人工作，实现有价值的目标，他们便成为员工心理支持的来源。假如上级主管把下属视为对立面，处处挑剔或刁难，或者同事之间互相拆台，那么，上级主管和同事就成为员工工作压力来源。另外，上级和同事的互相支持则会为员工提供一个良好的心理缓冲带。

某些攻击行为，如工作场所暴力与性骚扰也可能变成严重的压力问题。美国管理协会的调查表明，近25%的组织承认曾经发生过暴力事件；而《纽约时报》的调查表明高达30%的女员工曾遭到性骚扰。

如果一个人无依无靠，又面临离婚、配偶死亡或者严重的疾病时，那么环境中的紧张刺激的损害会更大。在众人一起分担压力的情境下，良好的组织支持可以缓解心理压力。社会共同面临的灾难，诸如洪水、地震、飓风、战争等常常使人的优良品质得到发扬。而且，当大家共同对抗压力事件时，个人反倒感觉不到很大压力了。

组织内部的压力源

组织内部的压力源可以大致划分为四大类：行政政策与策略、组织结构与设计、组织程序，以及工作条件。如表5-1。

来自行政政策与策略方面的压力主要有裁员、竞争压力、绩效付酬计划、工作轮岗、行政规则和技术进步等方面。当前组织变革如购并、重组、裁员等成为国际潮流，许多员工不得不重新考虑自己的事业发展、新技能的学习、新角色的适应、新同事的结识，这些都可能引起很强的压力反应。

来自组织结构与设计方面的压力主要有：组织结构的集中化和正规化、生产线员工之间的冲突、业务内容的专业化、角色模糊和冲突、没有晋升机会、限制与不信任的文化等方面。高耸的组织结构、对自己的工作职责和权力的不了解等都可能使人不安和困惑。

组织程序方面的压力源主要有：严格的控制，仅有下行沟通的状况，极少的绩效反馈，集中决策、缺乏决策的参与，以及惩罚性的评价系统等。缺乏纵向沟通和决策参与的员工常常觉得自己处在一个不确定的环境中，可能产生猜疑和顾虑。

工作条件方面的压力源主要有：拥挤的工作空间，噪声，炎热或寒冷，污染的空气，强烈的气味，不安全的条件，照明差，生理或精神劳累，有毒的化学物质或辐射。

表5-1　组织内部压力源

行政政策与策略	组织结构与设计	组织程序	工作条件
购并、裁员	集中化和正规化	严格的控制	拥挤
竞争	生产线员工冲突	仅有下行沟通	噪声、炎热或寒冷
绩效付酬计划	专业化	极少绩效反馈	污染的空气
工作轮岗	角色模糊和冲突	集中决策	强烈的气味
行政规则	没有晋升机会	缺乏决策的参与	不安全、有毒物与辐射
技术进步	限制、失信的文化	惩罚性评价系统	照明差

资料来源：[美]弗雷德·鲁森斯，《组织行为学》，人民邮电出版社，2003年版。

2005 年北京第十届职业性呼吸系统疾病国际会议透露，目前我国有毒有害企业超过 1 600 万家，受到职业病危害的人数超过 2 亿，职业病已经成为重大的公共卫生和社会问题，其中尘肺病占到 80%，其他急慢性中毒约占 20%。上世纪 50 年代以来，我国累计报告尘肺病例 58 万多人，这个数字相当于世界其他国家尘肺病人的总和，而且由于现在厂矿企业劳动者的体检率低、报告不全，因此估计尘肺病实际发生的病例数不少于 100 万人。

工作本身的压力

工作本身的压力主要有工作负荷与时间要求、任务的复杂程度、任务的重要性、工作角色模糊与角色冲突和职业发展等方面。

随着市场竞争加剧和工作节奏加快，组织员工常会感觉要做的事情太多，而可支配的时间太少。当工作负荷不断加大，对某个岗位角色的期望太多或者太高、超过个人承受能力时，工作人员就无法胜任岗位工作，或者无法胜任临时任务，这种情况被称为角色超载。角色超载或者“工作过于辛苦”常常成为主要的压力来源。

工作的期限要求也是工作负荷的重要方面，这种期限限制可以有效地管理员工的工作行为，但同时也使员工处于较大的压力之下。值得注意的是，常常没事可干即工作欠载也会使人产生压力。① 多数人都有过无所事事的经历，在这种情况下，个体会感受到一种压力，并在压力驱动下寻找事情来做。据一项全球范围的压力调查，55%的员工指出时间压力、52%的员工指出工作负担过重是最大的压力源。平均而言，每周工作时间超过 48 小时的员工有 57%的可能性遇到健康问题。

任务复杂程度极高或者极低都能够导致压力产生，但这两种情况比较少见。一般来说，比较复杂和丰富的工作使员工感到有意义，而简单重复的工作则让员工厌烦。在实际工作中，任务复杂性导致的心理压力主要来自于简单机械的工作。简单重复的工作常常与低工作满意度、迟到、旷工、辞职等联系在一起。工作设计的简单乏味还会导致工作绩效的下降。比如安全检查人员、核电站操作员、复杂仪器和机械的操作工等工种，需要员工保持高度警觉，持续监控仪器设备，而需要操作的内容又非常单调，所以，这一类工作枯燥乏味，由此产生的厌倦情绪可能使操作员精力不集中，而心不在焉的工作状态将导致事故的发生。

让员工了解并认同工作任务的价值是很有必要的。员工根据其价值观和个人兴趣来判断工作的重要性。如果工作任务的结果和完成工作任务的过程没有

① Melamed, S., I. Ben-Avi, J. Luz, and M. S. Green. Objective and Subjective Work Monotony: Effects on Job Satisfaction, Psychological Distress, and Absenteeism in Blue-collar Workers. *Journal of Applied Psychology*, 1995, 80: pp. 29-42.

什么价值和意义，员工会产生强烈的无聊感，久而久之，不但使员工丧失工作积极性，还会给其带来消极的精神负担。

岗位设置表明整个组织分工的情况。如果某岗位的职责不明确，工作关系的各方面对该角色的期望没有明确界定，角色模糊的情况就会存在。另外，工作绩效标准不确定，工作成功与失败的奖励和惩罚标准不明确，同样会导致角色模糊的情况。角色模糊现象的存在使承担角色的员工无所适从，从而承受了“不确定性”所带来的压力。

常见的角色冲突有两种情况。第一种情况是来自不同方面对同一角色期望之间的分歧。例如，上层管理者可能要求对上班迟到的员工施以严厉的处罚，而一般员工可能希望考虑其个人的特殊需要，对迟到的员工宽容一些。第二种情况属于个体同时承担的几种角色之间的冲突。比如，在绩效考评过程中，主管要对下属的工作表现进行评价打分，从而决定员工得到相应的奖励或者惩罚。此时，主管的角色是裁判。但是，在绩效评价过程中，主管还要跟下属就目前的绩效表现进行沟通，从而发现绩效不佳的原因，制订提高工作绩效和提升个人发展的计划。这时，主管的角色是教练。主管承担的裁判和教练双重角色是矛盾的。

与职业发展有关的紧张刺激包括职业是否稳定有保障、职业发展的前途是否明朗、是否有升迁机会或者提高个人能力的培训机会等。当前机构重组、裁员、技术迅速发展、知识爆炸等对企业员工所带来的知识更新的要求，都会给员工职业生涯发展产生重要影响，给员工带来压力。

有国内学者对知识型员工工作压力的自我报告进行定量分析后，得到的九大类33项工作压力源结果，总结在表5－2中，表中的人数百分比为文本定量分析所获得的选择该项压力指标的人员的百分比。该表按照压力对个人工作行为与绩效的正面或负面影响，把33个压力源界定为两类：一类是一般来说对个人工作行为与绩效起正面影响的，作为良性压力的压力源，表中以黑体显示；另一类则对工作绩效起到负面作用，称为劣性压力。

表5－2　知识型员工工作压力源的九个方面①

压力源维度	具体压力源因素	人数百分比
工作本身的压力	**1. 工作责任大**	24.2%
	2. 工作难度高、强度大	22.9%
	3. 应急工作、紧迫	9.2%
	4. 工作风险大	2.6%
角色冲突和角色模糊	**1. 对新工作不能适应**	16.3%
	2. 自我个性与工作要求或组织文化冲突	11.8%
	3. 职位设置不合理(职责不明、权责不匹配)	3.9%
	4. 工作价值和意义模糊	3.3%

① 许小东、孟晓斌：《工作压力：应对与管理》，航空工业出版社，2004年版，第73页。

（续表）

压力源维度	具体压力源因素	人数百分比
工作背景和氛围造成的压力	**1. 竞争的压力**	42.5%
	2. 个人生活与工作冲突	16.3%
	3. 组织成员和家人朋友期望	9.8%
	4. 工作环境、设备条件差，工作安全不能保障	7.2%
	5. 社会评价和舆论	5.9%
	6. 组织缺乏前途或前景不明	3.9%
组织内的期望要求与组织运行机制的压力	**1. 来自组织的期望和任务分配**	19.0%
	2. 组织管理、决策模式和自己想法冲突	16.3%
	3. 岗位考核目标的完成比较困难	13.1%
	4. 薪酬制度不合理（分配不公或薪酬过低）	7.8%
	5. 组织成员对工作的支持和认可度不够	4.6%
	6. 领导方式不合理（专制或放任）	3.9%
人际关系和沟通造成的压力	**1. 建立良好人际关系的困难**	22.9%
	2. 与同级或下级沟通、协调有困难	9.8%
	3. 与上级部门、领导沟通有困难	5.2%
职业发展和自我开发的压力	1. 工作与学习、进修、深造发生冲突	5.9%
	2. 晋升的压力	3.9%
	3. 目前的工作不是理想职业	2.6%
自身能力素质不适应的压力	1. 能力、素质、知识结构不能满足工作要求	11.1%
	2. 身体条件不能满足工作要求	6.5%
知识更新和组织变革的压力	**1. 知识更新、技术升级带来的压力**	14.4%
	2. 组织重组或转制带来的压力	9.2%
	3. 单位裁员、个人下岗的压力	8.5%
自我期望的压力	**1. 对自己要求严格、期望值高**	15.7%
	2. 与他人比较职位、薪水所产生的压力	3.3%

表中可以看出，我国知识型员工排名前十名的压力源分别是：竞争、工作责任、人际关系、工作难度和强度、领导的期望、对新工作适应困难、个人生活与工作的冲突、自我期望、知识更新与技术升级、考核目标。其中竞争因素显然是最为明显的压力源，知识型员工在工作中感受到竞争压力的比例为42.5%，远远超过其他压力的比例。

个人生活事件

工作之外的事件与工作中承受的压力之间有密切关系，我们无法清晰地区别刺激是由工作因素还是由工作之外的因素引起的。另外，工作中的压力会削弱应付生活紧张事件的能力，反之亦然。组织成员往往都会感觉到很多压力可能源于他们的个人生活。像离婚、婚姻危机、家庭成员的去世、经济困难、生病、意外怀孕等重大的个人生活事件往往成为使人紧张的刺激。

霍姆斯(T. H. Holmes)和拉赫(R. H. Rahe)等为定量测量人们一年的生活变化情况提供了一种工具,①见表5-3。表中包括43项不同事件(也包含愉快事件,因为它们也可能带来压力,如假期等),根据它们产生的典型压力的大小排列,生活变化单位(life change units,LCU)越高,生活事件压力越大。把过去一年里所有发生的事件加起来,就能估计出他们所承受的压力的大小。假如一个人在一年中LCU积累分数不超过150分,则健康状况可能较好,两年内只有10%的可能性患上与压力相关的疾病;LCU积累分数为150~200,预示会有比正常多40%的可能性患上此类疾病;得分为200~300分的,两年内有比正常多50%的可能性出现严重的健康问题;如果大于300分,则有比正常高出80%的可能性患上与压力有关的疾病。因此这种工具能够预测和压力相关的疾病。

表5-3　个人生活压力事件

生活事件	LCU
1. 丧偶	100
2. 离婚	73
3. 分居	65
4. 牢狱之灾	63
5. 亲密家庭成员亡故	63
6. 重大的个人伤害或疾病	53
7. 结婚	50
8. 失业	47
9. 婚姻的调解和恢复	45
10. 离职退休	45
11. 家庭成员的健康或行为方面较大变化	44
12. 妊娠	40
13. 性功能障碍	39
14. 家庭添丁	39
15. 较大的工作调整	39
16. 较大的财产情况的变化	38
17. 亲密朋友病亡	37
18. 不同工作行业的变化	36
19. 夫妻间争吵次数的较大变化	35
20. 承担一个多于一万美元的抵押	31
21. 对一个抵押或贷款取消抵押品赎回权	30
22. 工作职责的主要变化	29
23. 儿女离家单独生活	29
24. 与姻亲发生纠纷	29

① Holmes, T. H., R. H. Rahe. The Social Readjustment Rating Scale. *Journal of Psychosomatic Medicine*, 1967, 11: pp. 213-218.

（续表）

生 活 事 件	LCU
25. 个人的突出成就	28
26. 配偶就业或失去工作	26
27. 结束或开始学习生活	26
28. 生活条件的较大变化	25
29. 个人生活习惯的改变	24
30. 与上级主管的纠纷	23
31. 工作时间或条件的改变	20
32. 居所的改变	20
33. 转学	20
34. 娱乐消遣活动在方式或数量上的较大变化	19
35. 在教堂活动方面的较大改变	19
36. 社会活动的改变	18
37. 少于一万美元的小额抵押或借贷	17
38. 睡眠习惯的较大变化	16
39. 在一起的家庭成员数目的变化	15
40. 饮食习惯的较大变化	15
41. 休假	13
42. 圣诞节(重大节日)	12
43. 轻度违法(如违章穿过马路)	11

资料来源：Holmes，T. H.，R. H. Rahe. The Social Readjustment Rating Scale. *Journal of Psychosomatic Research*，1967，2：pp. 216.

下表是大学生所面临的一些具有代表性的压力源，调查样本来自美国。这些事件按一个百分的尺度评估，1 表示压力最小的事件，100 表示压力最大的事件，这取决于被评估学生的具体情况。标明“高度压力”的事件得分在 71 至 100 分。“中度压力”的得分在 31 到 70 分之间，得分低于 30 分的归于“低度压力”一档。在一年期间，如果一个学生面临总分在 150 分以上的事件，那么这个学生因为过度压力，按 50％的概率会患上疾病。

表 5-4　　令大学生感到有压力的事件

高度压力事件	中度压力事件	相对低度压力事件
1. 父母死亡	1. 试读	1. 饮食习惯改变
2. 配偶死亡	2. 改变专业	2. 睡眠习惯改变
3. 离婚	3. 好朋友去世	3. 社交活动改变
4. 因不及格退学	4. 重要课程不及格	4. 与导师冲突
5. 未婚先孕	5. 发现新的兴趣	5. 成绩不理想
	6. 失去经济帮助	6. 成绩杰出
	7. 受重伤或生病	
	8. 父母离婚	
	9. 与爱情伙伴发生严重争吵	

资料来源：Baron，R. A.，D. Byrne. *Social Psychology*：*Understanding Human Interaction*. 6th ed. Boston：Allyn & Bacon，1991：pp. 571-573.

个人特点

压力源最终总会反映到个人层面上。同样面对一些紧张性刺激，有人会感受到压力，而另外一些人则可能无所谓。个性特点也许能够解释员工感受压力并对此作出反应的差异。

如果把过多的“必须”与“应当”带入生活，你将给自己增添许多压力。仔细地考虑这些信条，你会发现很少有真正的“必须或必定”的例子，而出现更多的则是“非常可能”或“尽力而为”。

弗雷德曼和罗森门两位学者在对心脏病患者的研究中发现了一种称之为A型性格的行为特征。① A型性格是一种行为与情绪的复合倾向，这种性格类型的人会表现出高度的成就动机与目标取向，对于工作上的挑战会有较多的心理激情甚至有非理性的敌意产生。A型性格的人有冲劲、精力旺盛、竞争性强、求胜心切，总想在最短时间内处理无数难以确定的事物，常常有如下表现：① 在既定的期限压力和超负荷条件下长时间地努力工作；② 经常在晚上或周末把工作带回家而不能放松；③ 经常与自己竞争，设定高的产出标准，似乎必须要努力保持这样；④ 在受到其他人工作努力的刺激情形下，或者在受到上级管理者的误解时容易有挫折感。而长期处于压力下的紧张状态会使人得心脏病——虽然他们可能无视这样的紧张状态。与此相反，B型性格的人很轻松，他们有耐心，不太在乎时间压力，对于工作和生活怀着休闲、低调的态度。

表5-5　通常会制造压力的“必须”

1. 我必须始终准时。
2. 别人必须始终准时。
3. 我每个星期天都必须去看望我的亲戚。
(如果你在那儿脾气不好或惹人反感，没有人会欢迎你)
4. 每个星期一我们都必须会面。
(如果没有什么可谈的，会面还有什么意义？)
5. 当被要求加班或去做其他额外的工作时，必须说“是”。
(其他的一些事，如家庭事务，也应有一定程度的优先权)
6. 我必须赚很多钱，以负担大房子和昂贵的汽车。
(物质比你的健康更重要吗？)
7. 我必须与任何人融洽相处。
8. 我必须总开着手机，总呆在这里，以免别人需要我时找不到我。
(你自己的需要和别人的需要一样重要)

资料来源：[英]杰勒德·哈格里夫斯，《压力管理》，中国社会科学出版社，2001年版，第18页。

美国心脏医学会在1981年将A型性格列为是罹患心脏病的危险因素之一。A型性格的人患心脏病的可能性是B型性格人的两到三倍。表5-6是用以诊断A型性格的一份问卷，它包含25个问题，你可以按自身情况回答是或

① Friedman, M., R. H. Rosenman. *Type a Behavior and Your Heart*. New York: Knoph, 1974.

否。如果有半数以上题目答"是"，希望你改变习惯，放慢一些生活的节奏。

表 5-6　A型性格问卷

1. 你说话时会刻意加重关键字的语气吗？
2. 你吃饭和走路时都很急促吗？
3. 你认为孩子自幼就该养成与人竞争的习惯吗？
4. 当别人慢条斯理做事时你会感到不耐烦吗？
5. 当别人向你解说事情时你会催他赶快说完吗？
6. 在路上挤车或餐馆排队时你会感到愤怒吗？
7. 聆听别人谈话时你会一直想你自己的问题吗？
8. 你会一边吃饭一边记笔记或一边开车一边刮胡子吗？
9. 你会在休假之前先赶完预定的一切工作吗？
10. 与别人闲谈时你总是提到自己关心的事吗？
11. 让你停下工作休息一会时你会觉得浪费了时间吗？
12. 你是否觉得全心投入工作而无暇欣赏周围的美景？
13. 你是否觉得宁可务实而不愿从事创新或改革的事？
14. 你是否尝试在限制时间内做更多的事？
15. 与别人有约时你是否绝对遵守时间？
16. 表达意见时你是否握紧拳头以加强语气？
17. 你是否有信心再提升你的工作绩效？
18. 你是否觉得有些事等着你立刻去完成？
19. 你是否觉得对自己的工作效率一直不满意？
20. 你是否觉得与人竞争时非赢不可？
21. 你是否经常打断别人的话？
22. 看见别人迟到时你是否会生气？
23. 用餐时你是否一吃完就立刻离席？
24. 你是否经常有匆匆忙忙的感觉？
25. 你是否对自己近来的表现不满意？

一个研究抽样发现管理者中有60%的人明显表现出A型性格，只有12%的人是B型性格。显然，A型性格的人通常在组织中表现得更好，更容易获得成功。然而在高层中他们似乎并没有B型人那么成功。B型性格的人通常不显得野心勃勃，而更有耐心、思维更广阔。

但最近的研究表明，A型性格实际上并不能预测心脏病。员工如何处理自己的攻击性行为是决定他们是否会得心脏病、高血压或出现其他健康问题的关键因素，像愤怒、敌意和侵犯性行为通常导致了心脏病问题，但这些往往是紧密伴随着A型性格的人。平均而言，A型性格的人比B型性格的人多56%的可能性体验到心脏节率反应。

工作压力管理

通常同事或者上级管理者并不把行为问题归因于压力因素，也很少付出同情心。但是既然压力所致危害重重，那么它本来就是应该得到妥善管理的，不论是个体还是组织都应采取各种措施消除或控制压力的消极影响。往往是面对压力时的应对策略与管理方法的不当，才真正导致压力。事实上，压力问题已经引起众多企业的关注，美国《财富》杂志所评出的世界500强企业已有80%以上设置了心理服务项目，从心理角度来考虑员工在沟通、职业心理健康、人际冲突和激励等方面存在的问题。但目前在我国的绝大部分企业中，心理健康服务还是空白。

个人的压力管理

有些人可能利用酒精、兴奋剂和毒品来缓解压力和不良情绪。但"借酒消愁愁更愁"，它们的作用是暂时的，过后的情况可能会更糟糕。还有人在情绪紧张时避开人群独处，效果往往适得其反。今天，人们逐渐以更积极的态度看待生活，养成良好的生活习惯，保持工作与日常生活的平衡。人们越来越重视自己动手自助治疗，主动减肥、节食，加强身体锻炼，为个人幸福真正地承担起了责任。下面是一些常用措施，可以帮助消除或缓解压力。

1. 合理规避工作压力情境，常用的方法有：① 选择真正适合自己的岗位。因为不同的人对不同的刺激情境的情绪反应是不一样的，工作压力的紧张性情绪体验具有情境特殊性。有一位海军士兵，从前是哈佛大学的学生，因为无法忍受学业的压力而退学。后来参加海军，驾驶飞机从军舰上起落，这被一般人认为是很危险的高压力工作，但是，他却没有感觉到任何压力。后来退伍，他又返回哈佛大学学习，但是仍然不能适应学习压力以致再次退学。② 工作轮换。工作的单调重复常常导致压力，适当的工作轮换(调动)可能有助于消除压力。③ 休假。休假可以使人暂时脱离压力情境，使精神获得释放，而且身体和情绪状态的改善可以提高人对压力的耐受能力。

2. 控制情绪反应和压力症状。常用的方法有以下几种。

(1) 锻炼。心理健康专家向人们推荐的第一种有效应付紧张情绪的方法就是体育锻炼。专家说，这是改变坏情绪的最好方法。现代医学还不清楚锻炼缓解消极情绪的机理，只是从理论上推断，当身体消耗大量能量时，有助于减轻压力和使人情绪愉快。而且专家的研究证据显示，连续步行10分钟，便能增加能量释放的水平，从而减轻压力至少一个小时。在各种运动当中，缓解压力的最好运动当属有氧韵律操。有的企业就为员工举办韵律操学说班，并举行韵律操表演比赛。也有很多企业组织员工进行徒步旅行、滑雪旅行、足球、篮球等体育活动。有些规模比较大的企业，还专门为员工提供体育锻炼的场所和设施，以及与体育锻炼有关的免费服务。

体育锻炼能够很好地减轻工作压力带来的各种症状，释放由紧张的工作产生的紧张情绪。除了鼓励员工积极参加体育锻炼之外，有的企业还设法让员工放弃一些消极的压力管理方式，比如抽烟、喝酒、暴饮暴食、发脾气等。

(2) 社会支持网络。社会心理学研究清楚地证明了人们需要社会支持。所谓社会支持网络指的是由一些个体组成的人际关系网络，在这个网络中，经常有互助性的活动和人际交往。在交往和活动中，员工的重要的心理需求得到满足，能够增强抵抗压力、缓解紧张情绪。

企业建立社会支持网络，最常见的方法是团队建设，其中包括人际关系处理技能培训等一系列训练。通过团队建设，让员工建立起亲密的人际关系。社会支持网络可以包括同事、上司、下属、家庭成员、朋友等，而支持性活动则可以采取多种多样的方式来进行。在社会支持网络中，社会支持以四种方式得到体现：① 工具性支持，某员工因为个人情绪原因影响了工作，同事会帮助他把工作做好，保证他能够按照要求完成任务；② 信息支持，员工遇到难以解决的问题时，同事或者上司会提供解决问题的重要信息；③ 评价性支持，在员工应付情绪问题的过程中，旁观者给员工提供反馈信息，让他知道他的努力正在取得成效，从而达到帮助的目的；④ 情感支持，周围的人向陷入情绪困境中的人表示理解、支持、同情、关怀，花时间同他谈心、陪他散步等。

(3) 放松。放松的含义很多，可能是拿着一本好书蜷卧在床上读，可能是看一部国家地理纪录片，可能是听一段音乐，也可能是生物反馈或冥想。在情绪紧张时，人的肌肉会绷紧。放松的主要目的是消除主要肌肉群的紧张感，包括手、胳膊、背部、脖子、脸部、脚等。这一方法包括全身放松、深呼吸、平缓内部心理情绪等。

生物反馈是帮助人们控制紧张状态的颇有前途的方法。在生物反馈训练中，被试者接受自己生理状态的某些信息（反馈），然后试图改变这种状态。例如，在学习控制紧张性头疼的过程中，把电极放置在前额上，此时任何肌肉活动都可能被电子仪器探测、放大，并以听觉信号反馈给被试者。在肌肉收缩时，信号（或声音）的强度上升，在肌肉放松时则强度下降。通过学习控制声音的音高，个体学会保持肌肉的松弛。经过 4～8 周的生物反馈训练后，被试者学会辨认紧张如何出现，同时不用机械的反馈也能减轻这种紧张。

(4) 心理咨询与治疗。心理咨询是咨询员与有情绪或心理问题的来访者之间的双向交流活动。通过双方的交流，帮助来访者更好地应付心理、行为或情绪问题，从而提高其心理健康水平。心理咨询的实质是沟通，通过思想、观念和感情的交流，咨询员帮助来访者更好地应付问题。

咨询工作可以由专业人员来主持，也可以由非专业人员主持。人力资源管理专业人员、部门经理或者主管、朋友或者同事，以及企业内部的医生，都可以充当咨询员的角色。咨询工作的高度保密性可以使来访者敞开心扉谈论自己工作和生活中的问题。

在咨询过程中，咨询员可以向来访者提供建议，告诉应该做什么，不应该做什么；提供支持，让来访者建立自信和勇气面对个人遇到的问题；向来访者传达对他问题的理解和共鸣，提供可能帮助解决问题的信息；帮助来访者把压抑在心中的情绪释放出来；帮助来访者理清思路，建立更加现实和有逻辑性的思维，消除不合理的观念；鼓励并帮助来访者采取改变措施，设置值得追求的目标，为现实目标制订合理的方法、程序、步骤等。

除此之外，值得一提的是，在中国数千年的文化传承中，国人养成了处理压力的一种特殊方式，这就是“忍”。

忍是一门学问，其实质是通过平时对自身的处世心态、思维方式的调节，实现在压力到来时以不管理为管理的智慧。《尚书》中说，“必有忍，其乃有济；有容，德乃大。”《论语·卫灵公第十五》中，孔子告诫说：“小不忍则乱大谋。”《左传·昭公三十一年》则反问道：“一惭之不忍，而终身忍乎？”元朝学人吴亮甚至专门编纂一本《忍经》，著名学者许名奎写出《劝忍百箴》，用来济世劝好、修身养性。

《忍经》中关于唐朝大臣娄师德的唾面自干的故事。

娄师德为人深沉有度量。他的弟弟被任命为代州刺史，将要出发，娄师德说：“我位至宰相，你又做了刺史，所受宠幸太多了，这是人们所嫉妒的。你打算怎样做来免除这些嫉妒呢？”弟弟跪下说：“从今以后，即使有人唾在我脸上，我也只是擦掉它而已，决不让兄长你担忧。”娄师德肃然说：“这就是我为你担忧的。人家唾在你脸上，是恼怒你。你去擦拭它，是忤逆了他的心意，所以会更使他恼怒。应当不去擦拭，而是笑着承受，让它自己干掉。”

也许正是这种面对压力时的独特秉性，使中国人养成了处变不惊的态度，即有了定力，有了雅量（肚量）。有雅量的人为世人所颂，人们称赞弥勒佛“大肚能容，容天下难容之事；慈颜常笑，笑世上可笑之人”，赞赏“宰相肚里能撑船”。这种抑制或否定人的正常的喜怒哀乐之情、即便泰山崩于前而色不变的能力，也许更符合中国国情下作为领袖的要求。

据《晋书》及刘义庆《世说新语·雅量第六》等记载，在中国历史上著名的淝水之战中，东晋王朝大破强盛的前秦军队，捷报传到最高军事指挥官东晋宰相谢安的府上时，谢安正与朋友下围棋，他接过战报草草看了一眼，就随手将文书置在几案之上，毫无喜色，仍然继续下棋。后来朋友问起战况如何，谢安才慢吞吞地说，小孩子们大破敌军了。可见谢安沉着忍耐的功夫是何等了得。但下棋结束后，他步入户内，兴奋之情再也按捺不住，用力过猛，竟将木屐之底在门槛上踏坏了。俗语“不觉屐齿之折”就是这么来的。

3. 时间管理。科学的时间管理不但对消除压力和紧张有很大作用，对管理行为本身也具有重要意义。

美国管理协会对352个公司的调查表明，那些让员工更多地控制自己时间的公司成功地降低了离职率。在时间管理上我们常犯的错误是：① 迷惑，不知道自己的目标；② 犹豫不决；③ 精力分散，不了解自己的不足，或者因为不好意思拒绝别人而承担了太多的任务；④ 拖延，人们常常拖延那些不愉快的、困难的或者难作决断的事情；⑤ 逃避，企图通过延长休息时间、阅读无关的书报或做一些琐碎的事情等方式来躲进幻想世界；⑥ 中断，中途打断手中的工作，这对那些需要思维连贯性的复杂工作是一种很大的伤害。

19世纪意大利经济学家和社会学家维弗雷多·帕累托(Vifredo Pareto)发现了帕累托定理，即80%的财富集中在20%的人口手中。从那时起，人们发现这个 80 比 20 的定理也适用于其他的许多情况。事实上，这也是时间管理中的一条核心指导原则。这一定理告诉我们，大约 80%的价值来源于日常生活中大约 20%的事情，所以把精力集中于这 20%的事情是至关重要的。另一方面，帕金森定律(Parkinson's law)①告诉我们，手上的工作容易自动膨胀，占满所有可以利用的时间。所以我们必须设置明确的目标并定期评估，可以按事务的紧急程度和重要性两个维度，对日常事务进行分类，然后合理安排自己的时间。如表 5-6 所示。

表 5-6　日常事务分类

	紧　急	不紧急
重　要	Ⅰ 客户投诉 机器故障 危机 急迫的问题	Ⅱ 防患于未然 提高产能 建立人际关系 发掘新机会 规划、休闲
不重要	Ⅲ 不速之客 某些电话 某些信件与报告 某些会议 必要而不重要的问题 受欢迎的活动	Ⅳ 繁琐的工作 某些信件 某些电话 浪费时间之事 有趣的活动

根据研究，电话干扰常常成为打断经营者工作和破坏其精神集中的最主要原因。解决的措施是让秘书先"过滤"大部分电话，在这里，界限明晰的分权和授权是很有必要的。开会也是著名的"时间杀手"，美国管理工程师联合顾问所与史玫特顾问公司的调查表明，大部分企业的会议都患有"会而不议，议而不行"的毛病，一定要注意加以整顿。此外，处理公私信件也是一件很浪费时间的事情。在明确的分权与授权后，如果仍有许多信件必须亲自处理，就应该尽可能地切中肯綮、简明扼要。丘吉尔曾说，如果不能在一张纸的范围内把想表达的意思完全表达出来，就不能算精简扼要。

组织的压力管理

组织的压力管理是指通过管理以消除或控制组织层面的压力源，从而消除或缓解个体员工的工作压力。从逻辑来讲，我们应该针对前面所述的组织环境、组织内部压力源和工作本身的压力三个方面着手，发展出一套组织的压力管理策略。主要内容包括：更多地关注员工的家庭，建设支持性社会网络；注重沟通，建立

① Parkinson, C. Northcote, http://www.vicomsoft.com/glossary/parkinsonslaw.html, 1958.

良好的社会心理环境与企业文化；重视企业中的非正式组织的作用；科学安排工作，任务，营造工作环境；科学确定劳动负荷；提高员工参与度，增强员工对工作任务的认同度；设计弹性工作时间、带薪休假、家庭事假等有助于保持员工良好情绪状态的工作制度。这里结合我国企业现状，着重强调以下几点。

首先，要“以人为本”，适当调整和改变任务要求。很多企业急功近利，盲目追求高指标、高水平、高速度，设置刚性的评价指标与评价体系，忽视工作满意度和员工所受心理压力水平。管理者要从源头找出过高压力的主要诱因，拟定人性化的目标计划、减压计划和考核指标，实现人与工作的和谐发展。

其次，要避免角色过载。由于我国传统文化意识下“内圣外王”与官本位的潜在意识影响，很多优秀员工骨干除了在业务范围之内被寄予厚望，也被赋予许多社会职务，兼职过多、头衔过多，没有充足的时间与精力从事其本职工作，带来了超负荷压力，导致角色模糊和角色冲突。因此，要从体制入手，给中青年骨干员工“减压”，减去对工作无用的赘疣，让他们回归到最得心应手的业务中去。

第三，要更多地关注员工的家庭，建设完备的支持性社会网络。在传统的家国同构的宗法人伦背景下，员工对于领导者的寄望远远超出了提高企业绩效这一范围，常常会在潜意识里把企业领导当做自己全部生活的家长权威，每当发现自己处于压力和困境之中时，就会期望领导及周围的社交网络提供支持。这就要求领导者深入关心员工的个人生活，给企业员工以强有力的心理支持。

第四，加强沟通。领导要重视传统的“思想政治工作”。中共政治教育的丰硕成果与先进经验表明，这是一种有效的沟通和态度塑造手段。建立有效的沟通渠道，加深员工之间的相互理解，促进相互信任。有效的沟通渠道可使员工及时了解公司的状况及外部环境的变化，从而及时作出调整，变被动为主动，减轻压力。中国文化是高语境的文化，举手投足，一颦一蹙，都可能有深层的含义，在这种情况下，以制度形式保证的经常沟通可消除许多不必要的猜疑，彼此间还可以加深感情。

在国外，员工协助计划（employee assistant program，EAP）作为组织的压力管理措施已成为组织帮助员工应对压力的一个很有价值的策略。EAP是从个人、家庭、小组等多渠道为组织员工提供多元化、个性化心理咨询服务的现代人力资源管理策略，目前已经在超过半数的多于50名员工的美国组织中得到应用。它能够稳定地减少缺勤发生，大幅度降低健康护理资金和减少纪律问题。

国外做了不少关于EAP的成本与收益的分析研究，发现EAP有很高的投资回报率。EAP国际协会主席Donald G. Jorgensen指出，在美国，对EAP每投资1美元，将有5至7美元的回报。1994年Marsh&Mc. Lennon公司对50家企业做过调查，在引进EAP后员工的缺勤率降低了21%，工作的事故率降低了17%，而生产率提高了14%。美国通用汽车公司的EAP每年为公司节约3 700万美元的开支。美国联合航空公司估计在EAP上1美元的投入能够得到16.95美元的回报。美国联邦政府卫生和人事服务部实施的员工咨询服务计划的成本效益分析显示，员工咨询服务计划的回报率为29%。

EAP的个体咨询，通过详细、精确、全面地了解员工的心理状态，协助员工应对不良刺激事件，帮助员工挖掘潜能、保持工作热情。EAP的家庭婚姻咨询则通过激发家庭成员之间的交流、互动，挖掘家庭内资源，增强员工的工作动力。EAP小组咨询是协助一组有类似特点、在同一团队中工作的员工共同分享并总结其保持工作动力的有效经验，提高员工缓解压力和协调人际关系的能力，增强企业内部凝聚力，从而更有效地促进企业稳步发展。

EAP的服务对象为企业员工及其直系亲属，是广义保健的重要组成部分，它以人本主义的观点看待员工个体，摒弃疾病与健康的主观界限，致力于从心理背景的水平上营造有利于个体潜力充分发挥的心理状态。目前EAP已经发展成为包括压力管理、职业心理健康、裁员心理危机、灾难性事件、职业生涯发展、健康生活方式、法律纠纷、饮食习惯、减肥等众多方面的综合性服务，全面帮助员工解决个人问题。服务内容的扩展与理论技术的创造性转变，使EAP受到美国的企业、政府部门、军队，以及欧洲众多国家的广泛欢迎。

自2001年3月我国第一个完整的EAP项目——联想客户服务部的员工帮助计划诞生以来，EAP已经在国内迅速发展起来。由于中国有着独特的文化传统和社会、经济现实，所以，我国EAP的发展应当符合中国社会和企业的具体情况，走本土化的道路，不能完全采用其他国家的做法。

在中国，员工酗酒、吸毒、滥用药物、艾滋病、性骚扰等问题并不特别突出。但同时，我国企业员工个人的压力、情绪以及心理健康状况堪忧。因此，对于中国企业来说，目前阶段EAP需要解决的个人问题主要应是：压力、情绪和心理问题，EAP专家应当由对中国企业心理问题有潜心研究的心理学专家来担任。

目前在我国尽管心理问题已给企业组织带来诸多不良影响，但人们对心理问题的关注以及心理健康意识仍然非常欠缺。因此，中国的EAP不应当也不可能仅仅只是解决具体的、现实的个人问题，还应当帮助员工提高心理健康意识，帮助企业消除或减少导致心理问题的原因，预防心理问题的产生。因此，中国的EAP应当从更全面的角度来设计，包括发现、预防和解决问题的整个过程，主要针对正常员工而不仅仅是已经出现压力问题的员工。

本章回顾

压力状态是由生理系统中因对刺激的反应所引发的非特定性变化所组成的。塞尔耶认为人体对压力的反应分警觉、抗拒和衰竭三个阶段。身体对慢性压力反应有三个阶段：恐惧期、抵抗期和疲惫期。压力可导致生理疾病，慢性压力还会导致一些心理病症，比如神经衰弱、焦虑症、强迫症、恐惧症、抑郁症等。员工的工作压力带来组织的医疗保健成本压力，可能大大降低工作满意度，加剧缺勤与辞职情况的发生。员工压力对其工作业绩有很大影响。

员工的压力源主要有：社会环境因素和组织环境；组织内部的压力源，如行政政策与策略、组织结构与设计、组织程序，以及工作条件等；工作本身的压力，如工作负荷与时间要求、任务的复杂程度、任务的重要性、工作角色模糊与角色冲突和职业发展等方面；个人生活事件与个人特点等。

可以通过合理规避工作压力情境、控制情绪反应和压力症状，以及科学的时间管理来进行个人的压力管理。可以通过强调人本管理、避免角色过载，以及员工协助计划等手段来进行组织的压力管理。

关键术语

压力	应激	一般性适应综合征
神经衰弱	焦虑症	抑郁症
耶克斯—多德森定律	压力源	角色模糊
角色冲突	角色过载	A 型性格
忍耐	心理咨询	社会支持网络
时间管理	员工协助计划	

复习思考题

1. 塞尔耶认为人体应对压力有哪些阶段？

2. 试分析一个典型的毛绒玩具制造厂的女工所承受的来自组织内部的压力源主要可能有哪些，如何对她们的压力进行管理？

3. 哪些措施可以改进时间管理？

案例 5-1

台积电的 EAP①

过去在台湾，人们追求的是稳定，一份银行工作被认为是金饭碗。但据台湾“劳工委员会”的调查，台湾所有企业的平均寿命不超过 13 年，复杂多变的环境使人们从求稳定转为不断追求挑战。正如台湾积体电路制造股份有限公司董事长张忠谋所说：“当你的专业不值钱时，再学习已经来不及了。”这

① 陈基国：《用心做员工关系——记台积电员工帮助计划》，见《企业研究——财智》，2002 年 12 月。作者时任台湾积体电路制造股份有限公司员工关系部经理。

些变化导致高薪科技企业员工的工作和生活重心发生改变。工作时间长、压力大，工作在生活中占了绝大部分，所有的人际关系可能都与工作有关，家庭生活、社群生活、心理健康慢慢被忽视。所以有的人说，高科技行业的收入虽高，但那只不过是将来的医药费，因而企业要帮助员工平衡工作和生活。

物质与心灵并重

员工帮助计划的目的在于通过系统的需求发掘渠道，协助员工解决其生活及工作问题，如：工作适应、感情问题、法律诉讼等，帮助员工排除障碍，提高适应力，最终提升企业生产力。台积电订定的EAP目标是追求物质和心灵并重，努力营造工作与生活融合的舒适环境。比如公司设置了一个24小时的开放空间，员工可以在这里纾解工作压力。

时间是员工最宝贵的资源之一，公司为了节省员工去医院排队看病的时间，引进了健康门诊，员工可以在这里经由网络预约挂号后，按约定的时间看病而无需排队。此外，在公司举办的年终晚会上，曾请来最受同仁欢迎的明星，如张惠妹、周华健等现场表演，员工只需凭员工证就可入场欣赏演出，不必像外面的演唱会花上三天三夜排队买票。

公司女性比例占了52%，为了照顾女性的需要特意设置了哺乳室，这里还成了妈妈们交流照顾孩子心得的新的生活空间。

在新竹、台北和台南地区找了专业律师事务所，向员工提供法律咨询服务。首先由公司法律部门确认他们的专业水平，然后再介绍给员工，员工就省去了验证这些律师事务所是否具备专业资质的麻烦。公司员工可以通过电话进行免费咨询，但如果需要进一步的法律服务，则可按员工优惠价格付费。

台积电员工帮助计划工具和主要方案

员工服务	健康中心	福委会
全天候供应美食街	门诊服务	各类员工社团活动
驻厂洗衣服务	健康促进网站	员工季刊
员工宿舍与保全服务	健康检查	急难救助
员工交通车与厂区专车	健康促进活动	电影院与文艺节目
员工休闲活动中心	健康讲座	家庭日
阳光艺廊	办公室健康操	运动园游会
网上商城	体能活力营	员工子女夏令营
员工休息室	妇女保健教室	托儿所
咖啡吧	哺乳室	特约厂商驻厂服务
书店	心理咨询	百货公司特惠礼券
便利商店	咨询服务（法律、婚姻、家庭）	
福委会网站	用心去做	

台积电实施员工帮助计划不是因为公司大，而且实施员工帮助计划不一定要花很多钱。可以不花很多钱却依然能达到很好的效果，关键在于要用心

去做。比如心理咨询，早期其做法是引进专业心理咨询师，但后来发现员工更需要的，是当他们需要帮助时，可以以更隐秘的方式走进咨询室，不至于有太多的压力。于是，台积电和“新竹生命线员工协助中心”合作在公司外部设置咨询中心，让员工直接打电话去预约、咨询。整个过程公司都不会介入，我们只要知道有多少人次做过咨询，男性和女性的比例，主要是哪些问题就可以了。这个改变过程并没有增加额外的成本，但是效果却很好。

还有如办公室美化，都由员工自己动手布置。我们在公司内规划阳光艺廊，邀请一些艺术家来展出作品，员工可在公司就近欣赏或购买艺术品，公司规划出艺廊空间并不需要额外出钱。还有洗衣服务，很多工程师不常自己洗衣服，我们就引进这个项目，洗衣店可以到公司指定的定点收取衣服，过几天再送过来。洗衣店有了生意，并帮员工解决了一些生活琐事，其在工作上也就更专注。很多大企业都办有托儿所，但台积电和其他企业做法不同的是，用网络将托儿所和员工的计算机联机。员工只要输入托儿所网址，就可以看到他的孩子在托儿所上课的情形，如此贴心的设计，让员工更加放心。

血浓于水

现在要提到的是1999年的台湾“九·二一”大地震。“九·二一”地震发生在凌晨1点41分，台积电的机器和园区很多企业一样是24小时运作，所以首先要维护的是人身安全，台积电立即疏散所有现场人员。需要说明的是这次紧急疏散不是临阵磨枪，工厂每个月都会进行紧急疏散演习，所以整个过程中没有人慌张，也没有人受伤。紧接着，马上协助员工打电话给他们的家人，向家人报平安。

大家发现地震发生后进公司的车子比出去的还多，他们都是公司的员工和管理人员，这些工程师都是担心他们负责的机器是否会受地震影响。因为一个芯片的生产需要一到两个月，做了一半停下来会报废，会影响向客户交货。可能他们自己家也受了损失，但他们却立刻回到公司。正是有了这种以厂为家的精神，才有了后来机器在72小时内恢复营运的奇迹。当很多国外客户听说这种超高的复原效率后都难以置信，除了感动，对台积电的信赖与订单也持续增加。事后，也发现一些同仁家里确实遭受到损失，于是台积电立即发放了急难救助金，并设立了捐款项目，以实际的行动来帮助他们。

还有就是2000年10月31号的新航空难事件。机上恰巧有台积电的一位员工，正和他的新婚妻子去度蜜月，恰巧搭的是这班飞机。当时，他曾一度被判定医治无效，后来经抢救脱离危险，但整个人的面部和脊椎受到严重损伤。于是，台积电发动全公司向他们送关怀，包括国外的厂区，写了很多卡片。公司也担心这样的关怀是一窝蜂式的，因此进行了特别策划，每个星期都安排人员去探望他，让他不断地感受到关怀，支撑他继续走下去的毅力与勇气。过圣诞节时，因为他和他太太住在不同医院，已经一个多月没有见面，所以公司特别为他和他太太安排了圣诞晚会。他过生日时，公司也送去了蛋糕，与他的父母一起庆生。当这位员工康复后返回工作岗位，公司针对他的特别需要调整工作环境与内容，还特别为他规划一个比较方便的停车位。如今，这位同仁已经顺利适应工作了。

在企业发展的各个阶段都可以做员工帮助计划，在快速成长时有成长的做法，到了成熟期有成熟的做法。小企业有小的做法，规模大有大的做法。只要企业将员工的问题当做自己的问题，真正用心去解决，自然会赢得员工的归属感和高效率。

问题

1. 台积电的EAP的服务对象和服务内容主要有哪些？
2. 如果你是台积电的新任员工关系经理，你将如何设计下一阶段EAP的主要内容？
3. 请思考应如何衡量组织的压力管理和EAP实施的绩效。

案例5-2

富士康员工跳楼事件

不到一年的"14跳"

自2010年1月23日，富士康19岁的员工马向前在富士康的华南培训处的宿舍跳楼死亡后，在不到一年的时间内，共有14起员工跳楼事件发生。而在2012年6月13日，成都公安局的官方微博消息确认，12日下午16时一名谢姓的富士康员工坠楼死亡。

富士康员工的连续坠楼事件在社会引起了轩然大波，媒体和社会公开谴责富士康的压榨式管理和"血汗工厂"的做法，严重侵害了职工的合法权益和人格尊严。富士康的高层迫于外界压力，作出了一系列回应。就在2010年上半年的员工"11连跳"发生之后，富士康总裁郭台铭2010年5月26日抵达深圳龙华厂区，向员工、家属和社会三鞠躬致歉，并表示："首先我自己要以非常诚挚而且非常慎重的态度来向所有的社会大众，我们所有的员工，还有家属，我致以最高的歉意。""大家产生冷漠才造成这些心理因素，而这些呢，我们是没有做得很好，我们也没有在这方面，可以说是有效地来防止。"不料返回台湾后不久，当晚11时22分，富士康竟再发生员工"第12跳"身亡的惨剧，难以置信的是，27日早又传出"第13跳"消息，一名女员工受重伤。而据消息灵通人士透露，第14跳被有关人员阻止。收到消息的郭台铭立刻乘私人专机，再度飞往深圳。富士康员工连串堕楼事件，已引起中央高度关注，多位中央领导对此作出重要批示。

富士康的"血汗工厂"管理

富士康科技集团创立于1974年，其母公司是台湾鸿海集团。富士康是专业从事电脑、通讯、消费电子、数位内容、汽车零组件、通路等6C产业的高新科技企业。作为全球最大的代工企业，自1988年在深圳建厂以来，员工人数从1996年的9 000人，增加到2009年74.8万人，2010年更是达到了80万人的从业大军，而富士康财富的创造者恰恰是这80万年轻人。

在富士康，多数年轻员工年龄都在19～23岁，刚进入社会，人生观和价值观还未完全形成，对工作和生活压力的缓解与应对方式还不成熟。另外，富士康公司的血汗压榨与缺乏人文关怀的野蛮式管理都是导致员工在重压之下，选择坠楼这种消极应对方式的重要原因。富士康内部一名不愿具名的员工透露，"在富士康，安管经常打人，员工见了他们都怕"。

小王是是从2008年进入富士康的一名流水线员工，现在成为流水线管理人员。他坦言，厂里提供的宿舍住人太多。"我以前的宿舍是12个人，这还是比较好的，最多的一个宿舍要住几十个人。"说起被领导骂，小王说比较普遍，当年他就是从流水线走过来的，"如果你做的东西不过关，在验收时会被贴红单，会影响入库，挨批是肯定的。老实点的员工挨骂就挨了，个性要强的就会和管理人员吵架"。小王说，厂里吵架的事时有发生。

另外，加班和恶意克扣工资在富士康都是常有的事情。但富士康新闻发言人此前却反驳外界给予公司的"血汗工厂"的称号。"如果我们是血汗工厂，为什么每天会有这么多人排着队要进来?"但这也被人直指"恰好暴露出富士康同样每天都有大批人排着队离开"。不管真相如何，富士康的员工跳楼事件必将引发该企业和社会对当前年轻员工工作和生活压力的深刻思考。

深圳当代社会观察研究所所长刘开明说："没有一个合适的机制让这种问题得到一个舒缓，把自己从一个机器人、一个赚钱工具变回一个人，那可就会有心理、生理等各方面问题出现，就会发生极端事件。"他表示，很难说到底谁是压死这些跳楼员工的最后一根稻草，各方面的原因可能都有，但是把原因归咎于这些年轻员工本身，显然富士康在推脱责任，社会应该承担最大的责任，政府应该承担最多的责任。

政府官方回应

富士康员工坠楼事件已引起官方关注，26日中午，深圳市委书记王荣首度率领深圳市有关部门官员到富士康，研究采取措施，防范再有自杀事件发生。王荣调研富士康时表示，政府未能制止富士康连续坠楼事件，感到不安。而据有关消息人士透露，国家公安部、人力资源和社会保障部、中华全国总工会等多个中央部委将于近日组织联合专家组入驻富士康展开实地调研。

在富士康"第11跳"后，深圳市26日也举行首次官方新闻发布会。深圳市政府秘书长、政府新闻发言人李平表示，富士康事件的发生原因是很复杂的，深圳市政府将在已经采取的措施上继续拿出应对的举措，同时也希望富士康提升管理水准，呼吁来深圳的年轻人珍惜生命。

李平同时表示，相关事件发生后，多位中央领导对此专门作出重要批示，中央政法委领导和省委主要领导在深圳开会之际，也进行了专题研究。他指出，富士康员工的连续坠楼事件，是快速工业化、城市化、现代化的转型期出现的特殊问题，有深层次的原因，涉及员工个体、企业和社会等多方面的因素。从个体来看，富士康的这些员工大多属于“80 后”和“90 后”，“思想观念不成熟，涉世不深，经历磨练不够，心理比较脆弱，对情感纠纷、环境变化、工作生活压力调节能力不够”。富士康集团 43 万处于相同年龄段的年轻员工聚集在一起，加上企业管理、文化建设等方面的问题，容易使一些问题和情绪产生“叠加效应”。因此，有必要综合各方面的力量，采取积极措施，合理慎重地处理富士康员工的问题。

资料来源：http://baike.baidu.com/view/3624334.htm。

问题

1. 你认为富士康员工跳楼事件的连续发生，原因到底何在？
2. 结合本章关于个人和组织压力管理的内容，请从员工个体和富士康集团两方面分析，该如何应对这些员工跳楼事件？
3. 针对富士康集团的加强职工宿舍的安全措施，提高最低工资等做法，你觉得富士康集团应该如何从深层次完善企业内部管理。

II

群体行为篇

◆ 第 6 章　群体行为
◆ 第 7 章　决策行为
◆ 第 8 章　团队管理
◆ 第 9 章　沟　通
◆ 第 10 章　领　导
◆ 第 11 章　冲突与冲突管理

第6章

群体行为

> 近者聚而为群，群之分，其争必大，大而后有兵有德。又有大者，众群之长又就而听命焉，以安其属。
>
> ——柳宗元《封建论》

唐朝思想家、政治家、文学家柳宗元在其名篇《封建论》说："近者聚而为群，群之分，其争必大，大而后有兵有德。又有大者，众群之长又就而听命焉，以安其属。"这段话非常形象地描述出了人从个体发展为群体，再从群体发展到社会的过程。

在中国的古典文献中有许多关于"群"的解释和描述。群，朋辈，所谓辈，"若军发车百辆为辈"，所谓朋，"朋也，类也"，①在《国语·周语》中也提到了"群"的解释，即"兽三为群"。由此看来，"群"字包含了两层含意：一是多，二是相似性。那么在组织行为学当中，群体的概念是什么，学者们围绕"群体"进行了哪些研究，得出了一些什么样有趣的结论呢？我们下面将逐一进行介绍。

---

① ［东汉］许慎著、汤可敬撰：《说文解字今释》，岳麓书社，1997年版，第510页。

群体的概念及分类

群体的定义

所谓群体是指"相互联系、彼此顾及且具有显著共性的多个人的集合"。[①] 群体形成的原因多种多样，但最为主要的是由于相互的吸引或是共同的利益，其中工作群体的形成主要是由上级指定。人们之所以要形成或加入某个群体主要是出于以下几种需要：

1. 安全需要。群体可以为个体提供安全感，个体加入群体之后，会感觉到自己拥有了保障和后盾，在遇到困难时会变得更坚强，同时减少独处时的不安全感。

2. 归属需要。加入群体意味着被他人所接纳和认同，这种接纳和认同满足了个体的友谊和情感的需要，可以增强个体的自信心。这在中国文化背景下尤为重要。

3. 自尊需要。个体在群体中占有一定的地位，执行一定的任务，为群体作出贡献，从而得到自尊心的满足。

4. 权力需要。当只有一个人时，权力需要是无法被满足的，只有在群体的互动过程中才能得以实现。

5. 完成任务的需要。群体都有其共同的目标，大多数群体的形成原因是为了完成某项具体的任务。为了完成个体所不能或难以完成的工作，人们聚集在一起从而形成了群体。

群体的组成要素

社会心理学家 Homans 通过对群体的剖析，发现在任何一个群体中都存在着相互联系的三个要素，即活动、相互作用、感情。三者关系如图 6－1[②]：

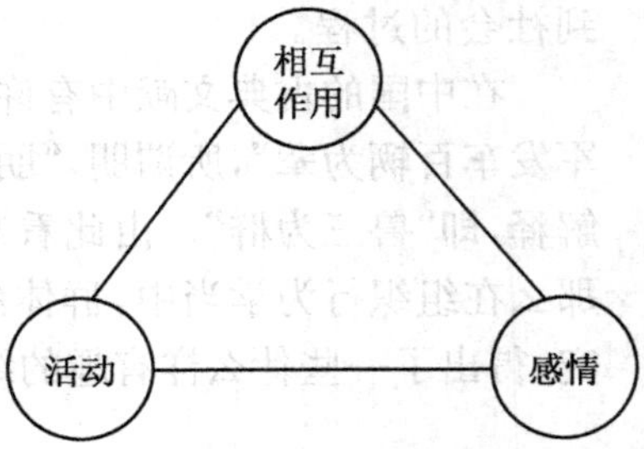

图 6－1　群体组成要素示意图

群体通过一定的活动表明其现实的存在。群体成员之间通过信息沟通使得

① Olmsted, M., A. Hare. *The Small Group*. 2nd ed. New York: Random House, 1978: p. 11.
② Homans, George C. *The Human Group*. New York: Harcourt Brace, 1950: pp. 43-44.

彼此的行为发生相互影响、相互作用。在这一相互作用的过程中，群体内成员之间以及成员与群体之间会形成一定的思想情绪和情感反应，这种情绪和情感上的反应又会反过来影响群体的活动和群体成员之间的相互作用，所以三种要素之间相互依赖，相互制约。

群体的特征

根据前述群体的定义可知，群体大都具有如下特征。

目标导向

每一个群体都有其特定的目标，在特定目标的引导下，群体成员就具有了共同的行动方向，群体成员的一切努力都应该紧紧围绕群体目标展开。在目标实现的过程当中，每个群体成员都承担一定的工作任务，扮演一定的工作角色，并通过彼此的合作，使群体的行为不断朝着群体目标前进。

共同规范

群体在建立和发展过程中会逐步形成一定的行为规范，这一系列的行为规范约束着群体中的每一位成员的行为，是每一位成员所必须遵循的。通过行为规范的约束和引导可以使得群体每个成员的行为都能符合群体的共同愿景，从而能够确保群体目标的实现。

相互影响

由相互独立的多个个体所组成的人群不能称之为群体。正是因为群体有其特定的目标和共同遵循的行为规范，才使得群体内成员的行为具有整体性和统一性，这种行为上的整体性和统一性必然使成员之间相互影响、相互作用、相互制约。

群体的分类

群体的种类表现出多样性，依据不同的分类标准，可以把群体划分为不同的类型①。

假设群体和实际群体

从群体是否实际存在的角度可以把群体分为假设群体和实际群体。所谓假设群体又可以称为名义群体或统计群体，它是指那些名义上存在只是为了研究和分析的需要而人为地划分出来的群体。比如按职业划分，可以分为工人群体、农民群体、教师群体、士兵群体、商人群体等；按年龄划分，可分为儿童群体、少年群体、青年群体、中年群体、老年群体等。根据群体的定义，这些人群并不能称之为严格意义上的群体，只是为了进行调查的需要或统计上的方便而人为归类的。而实际群体则是指现实生

---

① 袁俊昌：《人的管理科学》，北京：中国经济出版社，2003年版，第753—769页。

活中实际存在的群体,这类群体的成员之间有着面对面的直接的或间接的相互作用、相互影响以及实际联系。

大群体和小群体

按照群体规模的大小可以把群体划分成大群体和小群体。大群体中成员较多,组织结构复杂,成员与成员之间缺乏直接的联系和依赖关系,而是以共同的活动任务间接地发生联系,所以相对来说,大群体中的社会因素比心理因素的影响作用要大。小群体中成员彼此之间存在着直接的联系,从而建立起情感和情绪上的相互作用关系。因此,在小群体中心理因素的影响作用要大些。

共同作用群体、协作群体和协调群体

根据群体成员彼此的依靠程度可以把群体分成共同作用群体,协作群体和协调群体三类。共同作用群体是指群体中每个成员工作任务的完成依赖于群体的共同努力。协作群体是指群体中每个成员的工作任务是由成员个人独立完成,群体成员的关系是建立在分工基础上的协作关系,群体的工作目标通过分工来完成。协调群体是指为了调节群体成员在观念、思想上存在的冲突或为了提供某种解决问题的机会和条件而形成的群体。

正式群体和非正式群体

正式群体与非正式群体是依据构成群体的原则和方式的不同而划分的群体种类。正式群体可称之为工作群体,是由正式文件明文规定的群体。正式群体有既定的目标,明确的责任分工,固定的编制,规定的权利和义务。非正式群体又称自然群体,它一般是由于某种原因而自发地形成。非正式群体中也存在着一定相互关系的结构和规范,它虽然不是组织正式建立的群体,在组织中也不占据主导地位,但有时非正式群体对群体成员的作用和影响要比正式群体还大。因此,管理者要对组织中的非正式群体有足够重视。

团队是一种特殊的工作群体,它与群体既有联系又有区别,我们将在第 8 章专门来探讨有关团队的各种问题。

群体结构

所有的工作群体都有其内部结构,群体结构对群体内部的个体间的关系进行调节从而进一步影响和塑造群体成员的行为。群体结构变量主要包括:角色、规范、地位、群体规模和群体构成。

角 色

戏剧大师莎士比亚曾经说过，世界就是一个大舞台，所有男人和女人都是舞台上的演员。每个人在其所处的群体当中都扮演着一定的角色。所谓角色是指人们用以界定群体成员在群体内部各个岗位上所被期待的一系列行为模式的规范。由于每个人都同时扮演着多种角色，所以要理解一个人的行为，关键是弄清他现在扮演着什么角色。比如一个人在公司的下级面前扮演的是经理的角色，而他回到家在孩子面前扮演的就是父亲的角色。因此，也可以说，不同的群体对个体的角色要求往往是不同的。

一般而言，在一个特定的群体中，我们可以观察到成员有三种比较典型的角色表现，这些不同的角色对群体的绩效会产生不同的影响，如图 6-2 所示。①

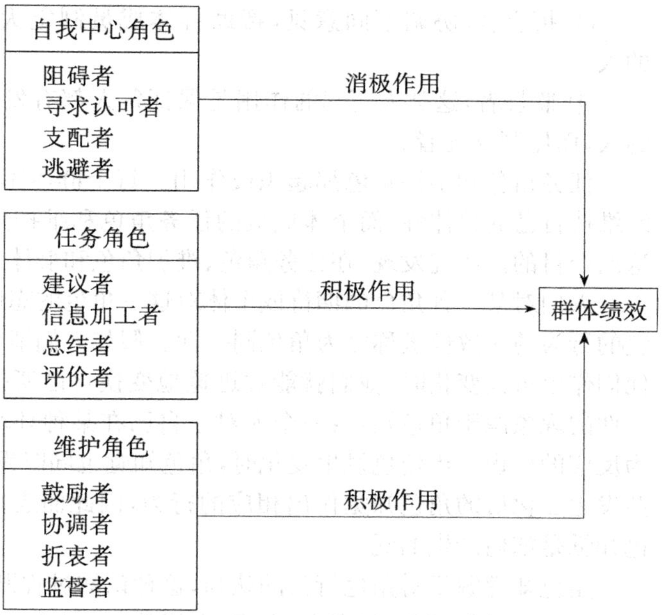

图 6-2 群体成员角色

自我中心角色

自我中心角色是指个体成员处处为自己着想，只关心自己，这类人包括：

① 阻碍者，指那些总是在群体通往目标的道路上设置障碍的人；

② 寻求认可者，指那些努力表现个人的成绩，以引起群体注意的人；

③ 支配者，这类人试图驾驭别人，操纵所有事务，也不顾对群众有什么影响；

④ 逃避者，这类人对群体漠不关心，似乎自己与群体毫无关系，不作贡献。

---

① 庄士钦：《组织行为理论与实务》，人民邮电出版社，2003 年版，第 63 页。

任务角色

任务角色的主要表现有:

① 建议者,指那些给群体提建议、出谋划策的人;

② 信息加工者,指那些为群体搜集有用信息的人;

③ 总结者,指为群体整理、综合有关信息,为群体目标服务的人;

④ 评价者,指帮助群体检验有关方案、筛选最佳决策的人。

维护角色

维护角色的主要表现有:

① 鼓励者,指那些热心赞赏他人对群体贡献的人;

② 协调者,解决群体内冲突的人;

③ 折衷者,协调不同意见,帮助群体成员制定大家都能接受的中庸决策的人;

④ 监督者,这类人所起的作用是保证每人都有发表意见的机会,鼓动寡言的人,而压制支配者。

任务角色和维护角色都起积极作用。每个群体不仅要完成任务,而且要始终维持自己的整体性,而个体成员的任务角色和维护角色的作用正是为了达到这两个目的。研究发现,在任务角色、维护角色和群体绩效之间有正相关关系。

人们对某一种角色的期待或个体对这一角色的态度与个体实际扮演这一角色的行为的一致性被称之为角色同一性。假如人们清楚地认识到环境条件需要他们作出重大变化时,他们就能够迅速地变换自己所扮演的角色。这种角色同一性的现象源于角色知觉:一个人对于自己在某种环境中应该作出什么样的行为反应的认识。当角色发生变化时,角色知觉也同时发生变化,从而使得人们按照发生变化后的角色知觉作出相应的行为,因此而表现出角色同一性。那么角色知觉是如何产生的呢?

角色知觉源于对角色行为的认知,这种认知过程既可能是一种亲身经历,也可能是一种习得,即通过书本、电视、电影等渠道获得某一角色的认知。此外,角色知觉还受到角色期待的影响。角色期待是指其他人认为你在一个特定的情境中所应该作出的行为反应,也就是说,我们作出某种行为反应,是以别人希望我们怎样做的解释为基础的。比如说警察巡逻时碰到抢劫,那么警察的行为就应该是奋不顾身地抓歹徒,而不是逃跑。当角色期待集中在一般的角色类别上时,就容易形成角色定式或角色刻板印象。心理契约是一个有助于我们更好地理解角色期待的概念。由于书面雇佣契约的不完全性,在雇主和雇员之间,必然存在着一种不成文的约定。这种心理契约规定了双方的期待,也即每个角色的行为期待。如果心理契约中蕴含的雇员对雇主的角色期待没得到满足,雇员的绩效和工作满意度就会受到负面影响。如果是雇主对雇员的角色期待没能满足,结果可能是雇员被施以某种形式的纪律处罚,甚至被解雇。

当个体面临多种不同的角色期待时,就可能会产生角色冲突。所有的人都经历过,而且一定还要继续经历角色冲突。而关键问题是,组织内部不同的角色期待所带来的角色冲突，是如何影响组织行为的。毫无疑问，角色冲突会增强个人内心的紧张感和挫折感。当面对角色冲突时，个体可以采取多种行为策略。比如，个体可以作出一种正规的、官僚式的反应。这样，角色冲突就可以依靠规章制度来解决。此外，个体还可以采取其他行为策略，比如退却、拖延、谈判等，也可以通过重新定义事实或情况，使多种角色期待趋于一致。

津巴多(Zimbardo)的模拟监狱实验①

一个相当具有说服力的角色实验是由斯坦福大学的心理学家菲利普·津巴多和他的同事所完成的。他们在斯坦福大学的心理学系办公大楼地下室里建立了一个"监狱"，他们以每天15美元的价格雇用了24名学生来参加实验。这些学生情绪稳定，身体健康，遵纪守法，在普通人格测验中，得分属正常水平。实验者对这些学生随意地进行了角色分配，一部分人为"看守"，另一部分人为"罪犯"，并制定了一些基本规则。然后，实验者就躲在幕后，看事情会怎样发展。

两个礼拜的模拟实验刚刚开始时，被分配做"看守"的学生与被分配做"罪犯"的学生之间，没有多大差别。而且，做"看守"的人也没有受过专门训练如何做监狱看守员。实验者只告诉他们"维持监狱法律和秩序"，不要把"罪犯"的胡言乱语(如"罪犯"说，禁止使用暴力)当回事。为了更真实地模拟监狱生活，"罪犯"可以像真正的监狱中的罪犯一样，接受亲戚和朋友的探视。但模拟看守8小时换一次班，而模拟罪犯除了出来吃饭、锻炼、去厕所、办些必要的其他事情之外，要日日夜夜地呆在他们的牢房里。"罪犯"没用多长时间，就承认了"看守"的权威地位，或者说模拟看守调整自己，进入了新的权威角色之中。特别是在实验的第二天"看守"粉碎了"罪犯"进行反抗的企图之后，"罪犯"们的反应就更加消极了。不管"看守"吩咐什么，"罪犯"都唯命是从。事实上，"罪犯"们开始相信，正如"看守"经常对他们说的，他们真的低人一等、无法改变现状。而且每一位"看守"在模拟实验过程中，都作出过虐待"罪犯"的事情。例如，一位"看守"说，"我觉得自己不可思议……我让他们互相喊对方的名字，还让他们用手去擦洗厕所。我真的把'罪犯'看作是牲畜，而且我一直在想，'我必须看住他们，以免他们做坏事。'"另一位"看守"补充说，"我一到'罪犯'所在的牢房就烦，他们穿着破衣服，牢房里满是难闻的气味。在我们的命令面前，他们相对而泣。他们没有把这些只是当做一次实验，一切好像是真的，尽管他们还在尽力保持自己原来的身份，但我们总是向他们表明我们才是上司，这使他们的努力收效甚微。"

这次模拟实验相当成功地证明了个体学习一种新角色是多么迅速。由于参加实验的学生在实验中表现出病态反应，在实验进行了6天之后，研究人员就不得不终止了实验。参加这次实验的学生，就像我们大多数人一样，

---

① Robbins, S. P.: *Organizational Behavior: Concepts · Controversies · Applications*，清华大学出版社，1997年版，第306页。

是通过大众传播媒介和自己的亲身经历,如在家庭(父母与孩子)、在学校(老师和学生),以及在其他包含有权和无权关系的场合,学习到了关于罪犯和看守的角色定式的内容。在这个基础上,这些学生就能够不费力地、迅速地进入到与他们原来的人格迥然不同的假设角色中。在这个例子中,我们可以看到,人格正常、没经过新角色训练的人,也会非常极端地表现出与他们所扮演的角色一致的行为方式。

规　范

所有群体都有自己的规范。所谓规范,就是群体成员共同接受的一些行为标准。群体规范让群体成员知道自己在一定的环境条件下,应该做什么,不应该做什么,所以从个体的角度看,群体规范意味着在某种情景下群体对个体的行为方式的期望。工作群体的规范就像一个人的 DNA 一样独一无二,但是根据群体规范的具体内容还是可以把它们分成以下几类:

① 绩效规范。群体通常会明确地告诉其成员为了完成群体的工作目标,达成群体的绩效目标,他们应该如何去完成自己的工作任务,应该达到什么样的产出水平,这类规范对员工个人的绩效有极其巨大的影响。

② 形象规范。这一类规范是关于群体成员的着装和形象方面的,组织成员对于工作场合的着装问题,也有些心照不宣的标准。

③ 社交规范。这类规范一般来自于非正式群体,用来约束和引导非正式群体内部成员的相互作用。

④ 分配规范。这类规范主要涉及员工的工作报酬,棘手任务的分配等等。

毫无疑问,中国人的伦理道德规范就是整个中华民族的群体规范。因为这些规范为广大的中国人所接受和认同,并规范着每个成员的个体行为,在此基础上又进一步形成了整个中国社会的道德秩序。这些特征与上述的群体规范的定义非常吻合,而且这种规范显然属于社交规范,因为伦理道德规范主要就是用来调整人与人之间的行为和互动的。

那么我们中华民族的群体道德规范中包含哪些内容呢?我们可以大致地将其归为五个主要方面。[①]

仁爱孝悌

在中华民族的道德规范中,"仁"是最基本,也是最重要的。"仁"与"人"、"道"是同一的,是人之所以为人的根本所在。"仁也者,人也。合而言之,道也。"[②]"仁远乎哉?我欲仁,斯仁至矣。"[③]"仁"德的核心就是要"爱人",所谓"仁

① 张岱年、方克立:《中国文化概论》,北京师范大学出版社,2004 年版。
② 《孟子·尽心下》。
③ 《论语·述而》。

者爱人”，而“仁”的根本就是孝悌，“孝悌也者，其为仁之本与。”①

谦和好礼

中国文化认为，礼是人与动物相互区别的标志。“凡人之所以为人者，礼义也。”②所以“礼”成为中国人的伦理道德规范的重要内容之一。讲礼貌是中国人之间往来的最基本的标准和尺度。

诚信知报

“诚者天之道也，思诚者人之道也。”③“诚”与“信”是相通的。“信，诚也，从人言。”④孔子曰：“人而无信，不知其可也。”⑤由此可以看出，在中国文化中，诚信应该是每个个体所应具有的品质。此外，知恩图报也是中国人伦理道德中的一条重要标准，所谓“投之木瓜，报之琼琚。”“滴水之恩，当涌泉相报”说的就是这个意思。

精忠爱国

在中国人的道德规范中非常强调“忠”的品质，尤其是对国家的忠诚。由于在中国封建社会，皇帝是国家的象征，所以对国家的忠也就表现为一种“忠君”的思想，但是“忠君”的背后其实是一种深层的国家意识，中国的历史上就曾经涌现出不少精忠爱国的正面典型，如屈原、林则徐等等。关羽的艺术形象塑造也正是体现出这种“忠”的意识（见案例6－1）。

见利思义

孟子曰：“鱼，我所欲也；熊掌，亦我所欲也。二者不可得兼，舍鱼而取熊掌者也。生，亦我所欲也；义，亦我所欲也。二者不可得兼，舍生而取义者也。”⑥中国人曾经由于对“义”过于强调而导致对“利”的轻视，但是传统义利观并非只要“义”而完全地拒绝和排斥“利”。孟子强调要“先义而后利”。荀子则提出“先义而后利者荣，先利而后义者辱。”⑦

由此我们可以看出，对关羽忠义行为的描述和刻画其实是一种社会期望折射。这样的行为是符合中国人的伦理道德规范的要求的。此外，像《三国演义》对其他正面典型的描写同样也反映出道德规范的要求，比如刘备的仁爱之心、礼贤下士，徐庶的孝等等。

一般而言，群体规范是在群体成员掌握使群体运作有效所必需的行为的过

---

① 《论语・学而》。
② 《礼记・冠义》。
③ 《孟子・离娄》。
④ [东汉]许慎著、汤可敬撰：《说文解字今释》，岳麓书社，1997年版，第326页。
⑤ 《论语・为政》。
⑥ 《孟子・告子上》。
⑦ 《荀子・荣辱》。

程中通过逐步强化渐渐形成起来的。大多数群体规范的形成主要是通过以下四种方式中的一种或几种①：

① 群体成员尤其是领导所作的明确的陈述；

② 群体历史上的关键事件；

③ 群体内部最初出现的行为模式；

④ 新成员所带来的其他群体的行为期望。

从众现象最能反映群体规范对群体成员所造成的压力。作为群体的一个成员，你肯定渴望被群体接受和认同，这样，你就会倾向于按照群体的规范来作出自己的行为。阿希（Asch）的经典实验充分证明这一点。阿希把七八个被试者组成一个小群体，并让他们都坐在教室里，要求他们比较实验者手中的两张卡片。一张卡片上有1条直线，另一张卡片上有3条直线，3条直线的长度不同。这3条直线中有1条线和第一张卡片上的直线长度相同（如图6-3）。线段的长度差异是非常明显的。在通常条件下，被试者判断错误的概率小于1%，被试者只要大声说出第一张卡片上的那条直线与另一张卡片上3条直线中的哪一条长度相同就可以了。但是当阿希安排的其他群体成员都故意作出了错误的回答时，大约有35%的被试者选择了与群体中其他成员的回答保持一致。这充分说明了，群体规范能够给群体成员形成压力，迫使他们的反应趋向一致。②

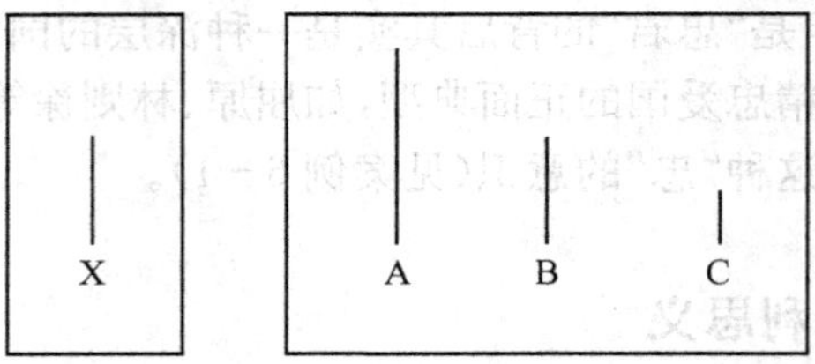

图6-3 阿希实验用卡片

地 位

地位是指别人对群体中成员的位置或层次的一种社会性的界定。即使是很小的群体也有自己的角色、权力、仪式方面的规范，以区别成员之间的差异。地位既可以是群体正式给予的，也可以是通过教育、年龄、性别、技能、经验等特征而非正式地获得，所以地位可以分为正式地位和非正式地位。任何东西只要与群体中的等级地位联系在一起，它就具有地位价值。由于群体中的地位的高低直接关系到个体成员在群体中行使的权利以及个体所能获得的相关经济利益，因此群体中的个体总是尽力去争取更高的地位，这样一来，地位就和群体的绩效紧密相关了。

① Robbins, S. P.: *Organizational Behavior: Concepts · Controversies · Applications*，清华大学出版社，1997年版，第309页。

② Asch, S. E. Effects of Group Pressure upon the Modification and Distortion of Judgments. In H. Guetzkow(ed.). *Groups, Leadership and Men*. Pittsburgh: Carnegic Press, 1951: pp. 177-190.

中国人对地位是非常敏感的。我们可以试举两个生活中的例子。比如我们在介绍朋友的时候往往会说："这是王主席的太太"，或者"这是李局长的女儿"等等，而不直接说"这是某某"。又比如，中国人吃饭、开会非常强调座位与人的匹配，如果一个人坐了自己不该坐的位置会受到别人的指责。外国人喜欢开圆桌会议，不强调地位高低，甚至刻意模糊地位的差别。而中国人喜欢开长桌会议，居中而坐的肯定是群体当中地位最高的人，其余的人按地位高低的顺序分两边而坐。中国人即使在圆桌上吃饭，那么一般面南背北的位置往往是最高地位的人坐的，因为中国古代的皇帝就是这样坐的，再不然就是面对门的位置，总之是有位次之分的。

既然中国人对地位是如此的敏感，那么中国人是通过什么来判断一个人的地位高低呢？显然财富和权力是两个最主要的参考标准。财富多的人往往被认为有社会地位，权力大的人，比如职务高的政府官员，也会被认为具有较高的社会地位。

除了财富和权力，中国人常常把"面子"和地位联系起来。如果你听到别人说你"面子大"，你一定会很高兴，因为"面子大"意味着地位高。假如你能发现某个人"有面子"，你一定和这个人处于同一个群体，因为"面子"这种东西只在群体内部流通。比如甲、乙、丙三人，甲与乙同一群体，乙与丙又同属一个群体，因为甲想求丙办件事，所以甲与丙在乙的介绍下相互认识，甲不可能对丙说"请给我个面子"，而会说："看在乙的面子上。"因为甲与丙之前并不认识，甲在丙这边是没有"面子"可言的。所以在中国社会，不是事情本身好不好或能不能办，而是要看是什么人出面。①

由于"面子"和地位扯上了关系，所以中国人"爱面子"、"要面子"，中国人之间讲究礼的方式就是"给面子"，如果你不给人"面子"，你就是无礼。而且在中国讲究礼尚往来，所谓"来而不往，非礼也。"所以你给人"面子"，也希望别人给你"面子"，否则你会不高兴。

至此我们可以分析林冲让位的原因了(见后面案例6-2)。林冲和晁盖皆是投奔而来，而且林冲先入寨，又是林冲杀的王伦，按理林冲当坐首位，但是林冲让给了晁盖。论财富，可能晁盖多一些，但是林冲坐了首位之后，财富就不是问题了；论权力，晁盖在其七人当中有权力，但是在水泊梁山没有，反而林冲当时已经是山寨的第四把交椅，应该说林冲更有权一些。由此看来，林冲让位是一种"给面子"的行为，是对晁盖的过去经历以及在其几个兄弟的那个小团体里的权力和地位的一种认可。既然林冲认为晁盖按资历应该比自己要享有更高的地位，那么让位给晁盖，给他"面子"就是理所应当的了。对于吴用和公孙胜也是如此。反观晁盖这一边，晁盖、吴用、公孙胜对自己的地位有非常明确的认知，对刘唐、阮小二，阮小五等人的地位的认识也很清

① 翟学伟：《人情，面子与权力的再生产——情理社会中的社会交换方式》，见《社会学研究》，2004年第5期。

晰，所以林冲再让时，就坚决不肯了，一来是因为来而不往非礼，林冲给他们“面子”，他们也得给林冲“面子”，否则林冲会有意见；二来是因为让位只是一种“礼”的体现，真正座次的排定还是靠对地位的认知，论武功才智，林冲无论如何不可能逊于刘唐、阮小二等人，晁盖等人心里是非常清楚的，所以扶住林冲做了第四位。这就是林冲排名第四的原因。假如林冲没有让位会出现什么结果我们不得而知，但估计是不可能长久的。因为晁盖这些人对群体中地位的认知和实际情况出现了偏差，这样的群体肯定不具有凝聚力，说不定没有多久就会发生“晁盖火并林冲”的故事，那样的话，《水浒传》就要面目全非了。

许多研究表明，群体规范的效力对于处于群体当中不同地位的人来说是不一样的。往往是地位越高的人对群体规范遵守得越少，也就是说，地位较高的群体成员具有较大的偏离群体规范的自由。如果一个群体成员对于该群体来说至关重要，而他又不在乎群体给予他的社会性报酬，那么在一定的程度上，他就可以漠视群体的从众规范，从而较少地表现出从众行为。当然，这种活动要以不妨碍群体目标的实现为前提才有可能成为现实。

此外，维持群体当中的地位公平感是非常重要的，相对应于正式地位的外在标志，如办公室的大小、工资报酬、福利待遇等等，都是维持地位公平感的重要因素。如果群体成员认为群体中存在着地位不公平现象，那么他们就会采取各种各样的修正性行为以化解这种不公平感。

林冲杀王伦正是一种修正性行为，林冲让位也是，林冲最后坐了第四把交椅就是一种地位公平修正行为的直接后果。

群体规模

影响群体整体行为的一个重要因素是群体规模。大量事实表明，小群体完成任务的速度比大群体快。但是，如果解决问题的过程采用的是群体参与的方式，则大群体会比小群体表现得好一些。一般而言，12 个人以上的大群体更善于吸收多种不同的观点，所以，大群体适合于完成诸如调查事情的真相之类的工作目标。相反，小群体善于完成像生产性任务那样比较明确的工作目标，因此，成员在 7 人左右的群体在执行生产性任务时，将更为有效。

一般而言，群体作为一个整体，其生产力即使不出现协同效应，也至少不应低于群体成员个体生产力之和。但是，社会惰化现象的出现对这一逻辑提出了挑战。所谓社会惰化是指一种个体在群体中工作的努力程度要比其单独工作时低的倾向。上世纪 20 年代末，德国心理学家瑞格尔曼在拉绳实验中，比较了个人绩效和群体绩效。他原来认为，群体绩效会等于个人绩效的总和，也就是说，3 个人一起拉绳的拉力是 1 个人单独拉绳时的 3 倍，8 个人一起拉绳的拉力是 1

个人单独拉绳时的8倍。但是，研究结果没有证实他的期望。3人群体产生的拉力只是1个人拉力的2.5倍，8人群体产生的拉力还不到1个人拉力的4倍。[①]

有一种关于社会惰化现象的原因解释是群体成员认为其他人没有尽到应尽的职责，因而降低了自己的努力程度以求得内心的公平感。另一种把群体责任的扩散作为对社会惰化现象的解释，由于群体活动的结果不能非常明确地归结为具体某个人的作用，个人投入与群体产出之间的因果关系非常模糊，所以个人就具有降低在群体中的努力的倾向，也即是说，如果个体在群体中的绩效无法体现和衡量时，群体的效率就会大打折扣。

群体构成

如果一个群体是由具有共同特征的个体所组成，我们可以说这是一个同质群体，如果一个群体是由不同特征的个体所构成，我们称其为异质群体。那么是同质群体的运行效率更高，还是异质群体的运行效率更高呢？一般而言，随着群体活动目标的复杂程度的提高，群体任务的完成需要群体成员能够具备多种技术和知识，就这一点来说，我们可以认为异质性群体更可能拥有多种能力和信息，运行效率相比于同质群体来说会更高一些。

如果一个群体的成员在性别、个性、观点、能力、技能和视野方面是异质的，就有可能会增加群体有效地完成任务所需要的知识和技能。值得注意的是，由于个体特征的巨大差异将可能导致群体内部产生较多的冲突，这样一来群体就不太容易随机应变。但许多事实证明，在执行任务时，那些经过一段时间相处、能够磨合得比较好的异质性群体比同质性群体更有效率。

群体的构成成分是预测群体成员的离职率的重要变量。人口统计学理论认为，像年龄和某个人加入某个特定群体或组织的时间这样一些特征能够帮助我们预测员工的离职率。[②] 需要注意的是，在那些经历不同、背景不同的人组成的群体中，由于群体成员之间的沟通往往会产生困难，因此这种群体中的员工离职率会比其他群体高，也就是说，异质群体比同质群体的离职率要高。

许多为了验证这一理论正确性的研究结果是令人振奋的。比方说，如果群体中的成员有一大部分是同时加入这个群体的，那么这些同类者之外的群体成员离职率可能会比较高。同样，如果同类者之间相处不融洽，矛盾较多，他们的离职率也会升高。虽然差异本身也许并不一定是群体成员离职率的高低的决定性因素，但是当一个群体内部存在巨大差异时，就会产生群体成员离职率升高的倾向。我们可以认为，群体内部其他方面的差异，比如社会背景、性别、教育水平等等，与群体成员进入群体的时间这一点相比，更有可能作为解释员工离职率升

---

① Kravitz, D. A., B. Martin. Ringelmann Rediscovered: The Original Article. *Journal of Personality and Social Psychology*, May 1986: pp. 936-941.

② Robbins, S. P.: *Organizational Behavior: Concepts · Controversies · Applications*, 清华大学出版社, 1997年版, 第315页。

高的原因，也更有可能作为预测员工离职率的重要变量。

群体过程

群体发展

大家一般认为群体的发展是有一定的顺序和一定的规律可循的，可是最近的研究表明，群体的发展没有什么标准模式可言。不过可以肯定的一点是群体发展的过程不仅受到组成群体的个体成员的个性特征的影响，还受到来自文化的、习俗的影响。我们认为，群体的发展过程其实就是从不熟悉到熟悉，从松散到紧密的一个过程。下面着重介绍群体发展的五阶段模型和间断-平衡模型。

群体发展五阶段模型

Tuckman 和 Jensen(1977)认为群体的发展要经过 5 个不同的阶段，这 5 个阶段是形成阶段、震荡阶段、规范化阶段、完成阶段和休止阶段。①

1. 形成阶段

这是群体发展的初始阶段，主要涉及群体成员间的相互认识。包括了解其他成员的性格、优点和行为。成员们要在这一阶段确定加入该群体是否能够满足他们的需要。最后，他们开始确定群体的领导。

2. 震荡阶段

在初步形成之后，群体必须面对一些十分重要的问题。首先，群体必须确定出其目标体系及各目标的优先次序。其次，应安排成员间进行相互交流、相互影响。这一阶段的核心问题是各人应扮演什么样的角色。

3. 规范化阶段

在规范化阶段，群体制订出一套规则和角色(含蓄的或明晰的)以协调群体活动，同时促进群体目标的实现。这一阶段群体成员间的关系开始亲密起来，群体也表现出一定的凝聚力。

4. 完成阶段

在这一阶段，群体成员明白了群体的目标和各自的角色，并制订出用于指导工作的规则。群体在这一阶段完成其绝大部分实质性的工作。

5. 休止阶段

一旦群体作出了决定，它常常会中止或解散。休止的原因可能是群体作用影响决策的时间期限已经到了，也可能是群体所关注的问题发生了急剧的改变，或者是群体运作无效及关键成员离去，又或者是群体实现了其目标，已无继续存

---

① Tuckman, B., M. Jensen. Stages of Small Group Development Revisited. *Group and Organization Studies*, 1977, 2: pp. 419-442.

在下去的必要。在这个阶段中，群体开始做解散的准备，注意力放到了群体的收尾工作上，高绩效不再是大家关注的焦点，这时的群体成员的情绪差异极大，有乐观的，也有悲观的。

一般人们都认为：群体从第一阶段发展到第四阶段，会变得越来越有效，绩效水平会提高。原因是显而易见的，因为随着大家的熟悉程度的提高，彼此之间的合作和协调会更有效率，但是使群体有效的因素远比这个模型所涉及的因素来得复杂。在某些条件下，高水平的冲突有可能会导致较高的群体绩效。所以，我们也可能会发现群体在第三和第四阶段的绩效水平相比于第二阶段来说下降了。此外，正像我们开头提到的那样，群体并不总是明确地从上一个阶段发展到下一个阶段。有些情况下，由于冲突，群体常常在这些阶段之间来回移动，然后随着冲突的解决，群体又开始按照顺序向下一阶段发展。因此，群体发展的各个阶段之间的界限并不是非常严格和清晰可辨。

从三国刘氏集团的发展历程当中（见后面案例 6－3），我们也可以依稀看到群体发展五阶段模型的影子。比如桃园三结义可视为群体形成阶段；当诸葛亮加入之后，群体出现短暂的震荡，然后进入规范化运作阶段；在刘备夺取荆州取得一席之地后，这个群体开始进入执行任务阶段；等到刘禅投降时，这个群体就宣告中止了。

间断—平衡模型

群体的发展并非都经历相同顺序的发展阶段，Gersick（1988）提出了群体发展的另一种理论模型：间断—平衡模型。① 该模型认为，群体发展当中的第一次聚会很重要，因为它能营造出群体的氛围，也能确定群体的领导；随后是一段均衡时期，群体投入正常的运作；然后变化突然发生，这一点称之为群体发展阶段的中点；由于认识到任务必须尽快完成，这种均衡状态被打破，同时在群体的各项安排上出现了革命性的变化。这一理论得到了一些研究的支持。这些研究证明在群体的形成和变革运作方式的时间阶段上存在着高度一致性。整个过程如图 6－4 所示：

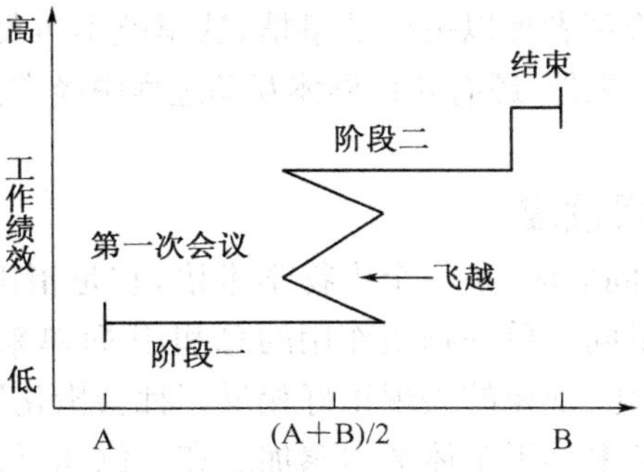

图 6－4 间断—平衡模型

① Gersick, C. Time and Transition in Work Teams: Toward a New Model of Group Development. *Academy of Management Journal*, 1988, 31: pp. 9-41.

群体成员完成其项目所要求的行为模式和假设的基本框架，以及群体的发展方向都会在群体成员的第一次会议上被决定。当群体发展的方向和行为框架被固化下来，那么这些东西在群体寿命的前半阶段被重新修订的可能性就微乎其微了。因此前半阶段将会成为依惯性进行群体活动的阶段，也就是说，群体发展倾向于静止，或者被锁定在一种固定的活动上。即使有一些新创意对初始模式和假设进行挑战，群体也不可能在第一阶段实施这些创意。

另一个更有趣的发现是，尽管每个群体完成项目所花的时间并不一定相同，但是每个群体进行转变的时间点却有惊人的相似，他们几乎都是在其寿命周期的中间点上发生转变。这种现象似乎是在说明每个群体在其存在时间的中间阶段都要经历中年危机。这种危机信号促使群体成员认识到，完成任务的时间是有限的，时间紧迫，必须快速行动。

这个转变宣告了第一阶段的结束，从而群体进入了第二个阶段。这一转变过程的特征是集中于迅速的变革，对旧的模式的扬弃，对新的观点的采纳。第二阶段是一个新的平衡阶段，群体开始依照其转变时期创造出来的新计划按部就班地开展工作。而群体的最后一次会议的特点是以迅速的活动来结束工作任务。

总而言之，间断-平衡模型希望告诉大家的事实是：群体在其存在过程当中会有一个短暂的变革时期，而这一变革是由于群体成员意识到任务时间期限的紧迫性而引发。由此可以看出，间断-平衡模型适用于描述临时性的工作任务群体的发展变化，而不适合长期的工作群体和非任务性的群体。

群体互动过程

在第二节群体结构中我们已经介绍过，由于群体规范对群体成员的约束，从而使得个体成员在作出偏离群体规范的行为时会很明显地感受到来自群体的压力，这种压力所造成的后果是群体成员行动的一致性，也就是“从众”现象。另外我们还介绍过由于“搭便车”心理的影响而产生的“社会惰化”现象，也即 1+1 小于 2 的情况。这两种现象都是在群体的互动过程中经常容易遇到的问题，也是需要群体管理者加以关注的事情，这里就不再赘述。

除此之外，还有几种群体互动过程中经常会出现的现象，下面分别加以介绍。

协同效应

“协同效应”是一个生物学术语，它是指由两种以上的物质相互作用所产生的效果不同于单一物质作用的总和，[①]简单来说就是 1+1 大于 2。这种现象与“社会惰化”现象的表现正好相反，“社会惰化”现象所代表的是负协同效应，群体互动的结果小于个体努力累加之和。例如复杂的工作任务往往采用多功能团队的形式加以完成，因为这种方式可以利用团队成员的多种技能和知识，从事个人

① Robbins, S. P.: *Organizational Behavior: Concepts · Controversies · Applications*，清华大学出版社，1997 年版，第 318 页。

成员所无法单独从事的一些活动。在这种情况下，群体活动的绩效水平将大于个体绩效水平的简单加总，我们就可以说协同效应出现了。

“协同效应”和“社会惰化效应”的产生可以用图 6－5 进行解释：

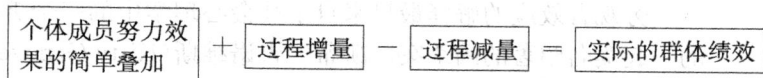

个体成员努力效果的简单叠加 ＋ 过程增量 － 过程减量 ＝ 实际的群体绩效

图 6－5 实际群体绩效的产生过程

当群体互动过程中的过程增量大于过程减量时，群体的绩效就呈现出 1＋1 大于 2 的协同效应；当过程增量小于过程减量时，群体的绩效就呈现出 1＋1 小于 2 的社会惰化效应。

社会促进效应

你是否曾经注意到，当你在进行某项活动时，由于其他人的在场会给你带来一些积极的影响。比如有可能你在平常的跳远练习时最多只能跳到 4.8 米，而你在参加运动会时却跳到了 5 米。社会促进效应是指当个人与其他人一起工作时，由于他人的在场而激发了自己的工作动机，由此而引发的绩效水平提高的倾向。那么社会促进效应怎样才能被观察到呢？如果你发现活动者的工作效率与其工作激情的变动方向一致，并且随着旁观者的增多而有所提高时，我们就说社会促进效应出现了。像讲演、艺术表演以及竞技运动等活动都具有很明显的社会促进效应，这些活动的结果与参与者的自身激情的大小之间具有强烈的正相关关系。

社会致弱效应

你是否遇到过类似的事情，有一首歌曾经是你私下反复练习得非常出色的，但是在与朋友一起去卡拉 OK 时你却唱得结结巴巴。这种现象与社会促进效应正好相反，被称之为社会致弱效应，它是指个体在群体中所取得的工作成效比其单独进行时要差得多的情况。当活动者的绩效水平与工作激情的变动呈负相关关系时，我们就说社会致弱效应出现了。例如医生动手术、科学家进行实验时就不宜有观众在场观看，因为在这种情境中，工作者可能会由于其他人的在场而刻意表现自己，从而分散了他所应该真正关注的问题方面的注意力。

社会标准化效应

社会标准化效应是指成员在群体共同活动中对事物的知觉和判断，以及工作的速度和效率趋于同一化的倾向。社会标准化效应的出现是由于群体中的成员在相互作用和相互影响的过程中，产生模仿、感染、暗示和遵从等心理过程，从而形成群体的行为常模，并进一步形成群体的标准所导致。这种行为标准一方面起到了引导各成员行为的作用，另一方面发挥着评价尺度的功能。

旁观者效应

旁观者效应(bystander effect)是社会惰化现象的典型表现之一，意指目击一件紧急事件的旁观者越多，受害者得到救助的机会却越少的现象。

旁观者效应的解释最早来自于社会心理学中的一个著名案例，1964 年美国的一起臭名昭著的凶杀案。凯蒂·吉诺维斯(Kitty Genovese)，一名年经的酒吧经理，于 1964 年 3 月的一天晚上在纽约昆士镇遭遇歹徒温斯顿·莫斯雷谋杀。该案件引起轰动的主要原因并不在于案件当事人和案件本身的重要性，而是在案发过程长达 30 分钟的时间内，媒体报道有 38 位目击者目击了凶杀过程，却没有一个人进行了制止或报警。人们这一冷漠的举动在后来被媒体大肆抨击，被誉为是现代都市人，特别是纽约人异化和不人道的证据。他们认为现代都市人快速的生活节奏和过度拥挤导致了人们的冷漠与人情味的缺乏。

但当时两名年轻的社会心理学家，比布·拉塔内(Bibb Latane)和约翰·达利(John Darley)(1970)①却并不这么认为，他们并不赞同媒体将这一事件笼统地概括为目击人群的冷漠和不作为，而觉得事件另有原因。为此，经过了数星期的精心筹划与准备，他们对 72 名学生进行了一项旁观者针对紧急情况的反应的试验，该试验涉及都市大学生个人问题的讨论。

在试验中，讨论以 2 人、3 人或者 6 人组的形式进行。他们将各自分配在隔开的工作间里，以尽量减少暴露个人问题时的尴尬；同时通过对讲机通话，轮流按安排好的顺序讲话。试验者或是一个人进行试验，或者同多个试验者一起进行。试验包括从房间的排气口排出烟，一个女人摔倒并受伤，一个女生突然抽搐等。研究者记录下在这些情况下试验者是否干预；如果干预，要花多长时间才行动。在以为只有自己和有癫痫病的那个人在谈话的参与者中，有 85％人冲出工作间去报告有人发病，甚至远在病人不出声之前；而在那些认为还有 4 个人也听到此次发作的参与者中，只有 31％的人采取了行动。为此，他们得出结论，在有他人在场时，救助行为都会受到抑制。② 当目击某一紧急事件的人数越多，受害者得到帮助的可能性却越小。拉塔内和达利将这种现象称之为“旁观者效应”。

对于这种有异于常识推理的心理学现象，拉塔内和达利给出的解释是，关键在于目击者是否意识到受害者需要帮助，这是否是一种紧急情况，另外，对于如何提供恰当的帮助，也是决定目击者能否进行干预的因素。因此，他们认为，旁观者效应实质上是一种责任分散效应。

虽然到目前为止，并没有科学的、权威的结论证明旁观者效应的确存在，但很多社会心理学家还是对旁观者效应作出了解释。

首先，根据人们会屈从于规范性认同的压力，每个人对所发生的事情，会自己思考并采取相应的行动。但有他人在场时，人们会通过观察其他人的举动来作出反应，特别是当人们对外界信息的感知模糊时，尤其需要从其他人的举动中

① Latane, B., J. M. Darley. *The Unresponsive Bystander: Why Doesn't He Help?* Englewood Cliffs: Prentice Hall, 1970.

② http://baike.baidu.com/view/481678.htm。

获取“合法性”信息，在自己采取行动之前，会和其他人的举动进行比较，以免出现尴尬局面。同时，这样做也是从众行为的表现，以求和他人的行动保持一致。

其次，心理学家们提出了多数人忽略的概念，即因为他人的在场影响了目击者对于陌生情况，尤其是紧急事件的判断。因为没有人去关心这件事，所以人们会认为看上去一切正常，是一种“人众无知”(pluralistic ignorance)的现象。

最后，也有学者指出，旁观者效应是人们责任分散的表现。在紧急情况下，当有他人在场时，个体不去救助受难者的社会代价会减少。见死不救产生的罪恶感和羞耻感带来的心理压力和责任会扩散到其他人身上，个体责任会相对减少，这也是导致人们冷漠对待紧急情况的原因。①

正是由于这些可能的原因导致的旁观者冷漠，拉塔内和达利(1970)认为可以采取五个步骤的分析过程来判断是否出现紧急情况，以及如何实施救助。②首先，目击者要注意到事件，其次，如果没有认识到事情的严重性，也不会采取后续行动；第三步和第四步是目击者要意识到承担责任和掌握如何实施救助。责任分散和缺乏救助能力都会导致旁观者的不介入；最后，旁观者要做出合适的决策，进行救助。上述几个决策步骤中，如果旁观者没有达到上面五步中的任何一步，他们都不会助人。

上述的旁观者效应虽然是社会心理学的内容，但在企业组织内，也存在着类似的旁观者冷漠的现象。在进行一项组织流程，或完成一项组织活动时，多数人构成的群体绩效却不及个体绩效的总和，导致了 1+1<2 的负协同效应，这对于组织协调群体的行动带来极大不利。一般来说，组织成员担心自己的利益受损、屈从于社会规范以及从众心理都是导致组织内“旁观者效应”产生的原因，尤其在涉及组织变革和文化宣贯时，极易出现这种现象。

小悦悦事件

2011 年 10 月 13 日下午 5 时 30 分，一出惨剧发生在佛山南海黄岐广佛五金城：年仅两岁的女童小悦悦(本名王悦)走在巷子里，被一辆面包车两次碾压，几分钟后又被一小货柜车碾过。让人难以理解的是，7 分钟内，18 名路人路过但都视而不见，漠然而去。最后，一位捡垃圾的阿姨陈贤妹把小悦悦抱到路边并找到她的妈妈。2011 年 10 月 21 日，小悦悦经医院全力抢救无效，在零时 32 分离世。这一事件也引发了全社会的关注。2011 年 10 月 23 日，广东佛山 280 名市民聚集在事发地点悼念"小悦悦"，宣誓“不做冷漠佛山人”。

对于这起众多路人见死不救的悲剧事件，媒体和公众都在谴责路过行人道德的缺失和人性的冷漠，这是人们之间缺乏信任的表现。有人甚至指出冷漠是国人劣根性的典型表现，好事者拿出鲁迅当年批判国民的文字加以佐证，大肆渲染悲剧事件的负面性。

---

① http://wenku.baidu.com/view/67bfef0b581b6bd97f19ea52.html。

② 阿伦森、威尔逊、阿克特著，侯玉波等译：《社会心理学》，中国轻工业出版社，2005 年版。

同时，也有人将人们的冷漠归结于城市生活人群的繁忙，导致了大家对于身外的事物漠不关心。城市居民由于长期处于拥挤的环境、快节奏的生活之中，严重感官超载使人们都有一种明哲保身的消极态度，即使真正遇到了紧急事件和需要施以援手的地方，也会有所保留和旁观。特别是在 2006 年"彭宇案"之后，整个社会的氛围更是加重了这种人情冷漠的程度，导致小悦悦悲剧的发生。

国外媒体也对小悦悦事件大肆报道，认为在转型时期中国社会已经出现了严重的道德问题。但对于人群的麻木，本章提及的"旁观者效应"是否也是导致小悦悦悲剧发生的原因？从心理学专业的视角来看，拉塔内和达利提出的在紧急事件中，能否做到的五个步骤是决定旁观者是无动于衷还是施以救助的关键。从小悦悦事件当时的情况判断，虽然很多车祸的目击者注意到了小悦悦被碾压于车下的惨剧和事情的严重性，但人们并没有意识到应承担的责任，目击人数的增加分散了每个人的责任意识，减少了自身的罪恶与羞耻感；同时，面对车祸的惨剧，一般人们也缺乏如何实施正确救助的能力，为了避免惹上不必要的麻烦，于是众人都选择了回避。

资料来源：http://baike. baidu. com/view/4682882. htm; http://wenku. baidu. com/view/0050d1ca05087632311212ee. html。

群体目标与任务

每一个群体都有其特殊的目标、任务和使命，一个群体工作绩效的最终判别标准是群体目标和任务的完成情况，因此，群体的目标和任务对群体互动过程的影响至关重要。可以这样说，在群体的目标和任务确定之初，群体过程的有效性标准就同时确立了。比如我们可以按照群体目标和任务的复杂程度把群体目标和任务划分成简单的和复杂的，那么，随着目标和任务的复杂程度的提高，要求群体成员之间需要更多的相互作用，以及在群体成员之间保持着较高的相互依赖性。如果一个群体所面对的是较为简单的目标和任务，那么群体成员可以按照标准化的操作程序来执行任务。而一旦群体所面对的是复杂程度较高的目标和任务，那么该群体成员之间必须具有良好的沟通渠道和氛围，以保证任何人的意见被准确地传达，这时，良好的沟通和最低水平的冲突将有助于提高群体绩效。

因此，沟通不良、领导不力、冲突水平较高不能作为预测群体绩效肯定糟糕的重要凭据，而要看这个群体的目标和任务的复杂程度。如果这个群体的任务很简单，即使出现上述症状，这个群体仍将有可能会是有效的。由此看来，相对于某一个具有特定的沟通水平、冲突水平的群体而言，群体目标和任务的复杂程度将是决定这一群体是否有效的关键因素之一。当然，除此之外，群体的规模大小以及群体成员的多元化程度也会对群体互动过程的有效性造成影响。

群体互动分析

有一种比较有效的研究群体互动的分析工具——社会测量法，它可以通过问卷调查或者面谈的形式去发现组织成员喜欢谁或不喜欢谁，愿意和谁在一起工作，不愿意和谁在一起工作等重要问题。例如，可以要求被访者回答：在组织中，你愿意和谁一起工作？或在工作时间之外，你愿意和谁一起娱乐？通过这种方式获得的信息可以用来绘制社会关系图。所谓社会关系图，就是把面谈或问卷收集到的信息，用图示的形式进行梳理及呈现，以获得组织成员的社交偏好。在运用社会测量法这一工具进行群体互动分析时常常会使用到下列的术语[①]：

① 社交网络，是指在一群特定的个体中存在的一系列特殊联系；② 簇，是指存在于社交网络之内的群体；③ 规范性簇，是指正式的群体；④ 自发性簇，是指非正式的群体；⑤ 结合体，是指为了某一特殊目标而临时性组合在一起的簇；⑥ 小集团，是指在群体成员间已经建立起友谊关系，存在时间较长的非正式群体；⑦ 明星，是指网络中关系网最为密集的人；⑧ 联络人，是指不属于其中任何一个簇，却联系着两个或更多的簇的人；⑨ 桥梁，是指同属于两个或更多的簇的人，在簇之间起着连接点作用的人；⑩ 孤立者，是指与社交网络没有联系的人。

研究发现，如果员工把自己看作是某个自发性簇的一员，他们在决定留下或流动时，往往会影响到整个群体一起行动。其次，如果群体成员之间人际关系很亲密，冲突水平就比较低，所以，自发性簇成员之间的冲突比较少的原因是因为他们之间的相互交往较多。最后，女性员工和少数民族员工容易形成结合体和小集团，而与其他同事相比，这类成员成为联络人或桥梁的可能性较小。

群体士气

正如《左传》所记载的曹刿论战的故事那样，所谓“一鼓作气，再而衰，三而竭。彼竭我盈，故克之”。群体士气是指群体中存在的一种齐心协力、高效率地进行活动的精神状态。[②] 群体士气对于群体绩效水平的高低具有非常重要的影响。

心理学家克瑞奇(D. Krech)等人于 1962 年在《群体中的成员》一书中提出，士气高昂的群体应该具有以下七个特征[③]：

① 群体的团结来自内部的凝聚力，而不是来自于外部的压力；

② 群体成员中没有分裂为互相敌对的小团体的倾向；

③ 群体本身具有适应外部变化的能力，具有处理内部冲突的能力；

---

① Tichy, N. M., M. L. Tushman, C. Fombrun. Social Network Analysis for Organizations. *Academy of Management Review*, October, 1979: pp. 507-519.

② 袁俊昌：《人的管理科学》，中国经济出版社，2003 年版，第 824 页。

③ 黄步琪：《组织行为学新编》，浙江大学出版社，2003 年版，第 195 页。

④ 各成员间具有强烈的认同感与归属感；

⑤ 每一成员都明确掌握群体的共同目标；

⑥ 各成员对群体的目标及领导者持肯定、支持的态度；

⑦ 各成员承认群体的存在价值，并具有维护此群体继续存在的倾向。

从理论上讲，一个群体如果完全符合士气高昂的七个特征，那么这个群体的工作效率必然会很高。心理学家戴维斯(K. Davis)研究了生产效率与职工士气之间的关系，并提出了三种情况：一是士气高，效率低；二是士气和效率都高；三是士气低而效率高。如图6-6所示[①]：

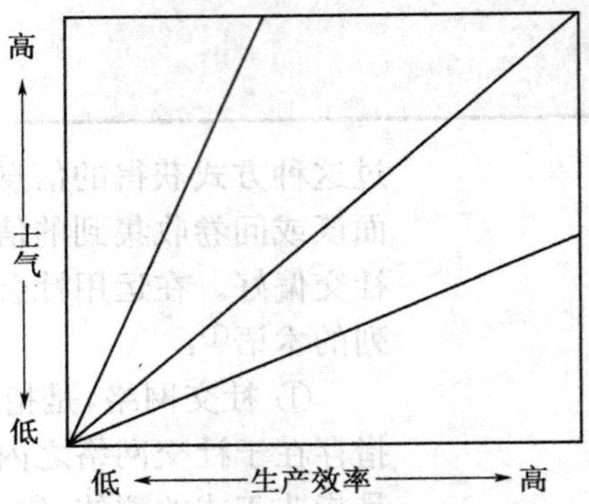

图6-6 生产效率与士气关系示意图

“士气高、效率低”反映出这样一个特点，即士气不是用在工作上，士气指向之处与群体目标不一致，“南辕北辙”这个成语反映的就是这样一种状态。“士气高、效率高”是一种理想的群体状态，是群体努力的方向。“士气低，而效率高”的状态极有可能是因为群体在严格的管理和控制之下所获得的短时间的高工作效率，这种短期状态难以持久，不利于群体长期目标的实现。

群体凝聚力

群体凝聚力是指群体与成员及成员之间彼此的吸引，以及成员与群体目标的一致程度。群体对成员的吸引力和成员对群体的向心力共同构成了群体的凝聚力。群体凝聚力主要表现在成员对群体的忠诚、对工作的责任感等方面。

群体凝聚力与生产效率

群体凝聚力的加强对于提高群体内部的沟通质量，降低群体内部的冲突水平，改善群体成员间的人际关系具有非常积极的意义。那么群体凝聚力与群体绩效之间存在着什么样的关系呢？社会心理学家沙赫特(Schachter)等人就群体凝聚力和生产效率的关系问题进行了相关的实验。他们以凝聚力和诱导作为实验的自变量，以生产效率作为因变量，选择了两个凝聚力强的实验组A、B，两个凝聚力弱的实验组C、D，以及一个对照组E，同时制作棋盘。工作的前16分钟五个组的工作效率相差无几，然后对A、C两组提出“提高生产量”的要求作为正诱导，对B、D两组提出“不要工作太快”的要求作为负诱导，对E组不作任何

① 黄步琪：《组织行为学新编》，浙江大学出版社，2003年版，第196页。

要求。结果如图 6-7①：

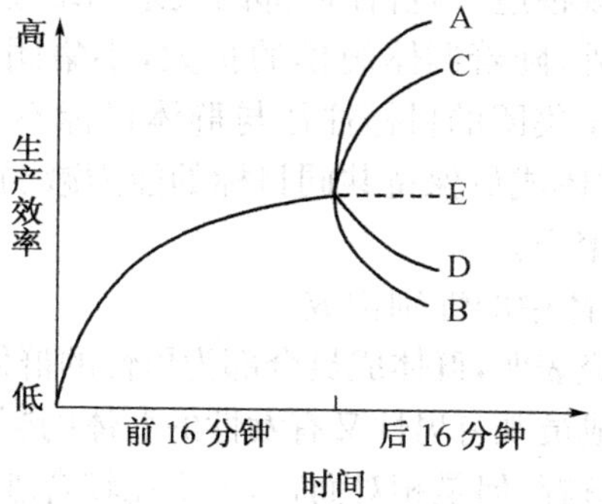

图 6-7 凝聚力与生产效率的关系示意图

由图可知：

① A 组高凝聚力，在积极诱导下，诱导效果明显，生产效率明显提高；

② C 组低凝聚力，在积极诱导下，有较低的诱导效果，生产效率有所提高；

③ E 组由于没有诱导，所以生产效率不变；

④ D 组低凝聚力，在消极诱导下，有较低的诱导效果，生产效率有所抑制；

⑤ B 组高凝聚力，在消极诱导下，诱导效果明显，生产效率明显抑制。

这一结论说明，低凝聚力的群体较难引导，高凝聚力的群体较容易引导。对于高凝聚力的群体，如果作正面引导，生产效率将有明显提高，如果作负面引导，生产效率将有明显抑制。

群体凝聚力的影响因素

群体成员相处时间、进入群体的难度、群体规模、群体中的性别构成、外部威胁以及历史上的成功是影响群体凝聚力的主要因素。

1. 群体成员相处时间

群体成员在一起的时间长短将会影响相互之间的凝聚力。如果他们在一起的时间比较多，他们就会比较容易形成较为亲密的关系。他们会相互了解，增进友谊，并进行其他交往活动。通过这些相互作用，他们往往能够比较容易发现大家共同的兴趣，从而增强相互之间的吸引力。此外，群体成员之间的物理距离对他们相处的时间有重要影响。

2. 进入群体的难度

如果获得某一个群体的成员身份越困难，这个群体的凝聚力就可能越强。这主要是因为群体成员在加入这一群体之前都具有一些共同的经历，这种过程越困难，这种经历就越为印象深刻。而由于这种共同的经历增强了群体成员之间的相似性，也就能够为他们彼此之间的沟通提供最好的话题素材，从而在他们之间建立起良好的对话平台，所以将有助于增强他们之间的凝聚力。

① Schachter, S. , N. Ellertson, D. Mcbride, D. Gregory. An Experimental Study of Cohesiveness and Productivity. *Human Relations*, March 1951: pp. 229-238.

3. 群体规模

群体规模越大,群体内部的关系网络越复杂,群体成员之间进行相互作用就越难。此外,随着群体规模的扩大,小集团从群体内部滋生的可能性也相应增大。由于小集团的目标往往与群体目标不一致,从而会影响其成员偏离群体目标,使得群体成员保持共同目标的能力减弱,所以小集团的产生通常会降低群体内部的凝聚力。

4. 群体中的性别构成

有研究表明,群体成员全部为男性的群体的凝聚力要比群体成员全部为女性,或者群体成员既有男性又有女性的群体的凝聚力低。这一现象目前还很难作出令人信服的解释,但是相对而言,一个比较合理的假设是,与男性相比,女性的竞争性较弱,而合作性较强,这样就有助于增强女性群体和混合群体的凝聚力。

5. 外部威胁

一般来说,在群体受到外部攻击的时候,群体的凝聚力往往会增强。因为这时候,群体与外部的矛盾激烈程度超出了群体内部的矛盾程度,群体内部成员很容易在群体领导的号召下团结起来。这也是为什么企业管理者或国家统治者在应付不了企业或国家的内部矛盾纷争时通过引入外部矛盾来分散成员的注意力,转移矛盾焦点,以求暂时息事宁人。

6. 历史上的成功

如果某个群体有非常成功的历史,它不仅容易建立起群体合作精神来团结现有的群体成员,同时对于群体外的人员也具有很强的吸引力和诱惑力。一般来说,成功的企业与不成功的企业相比,更容易得到新员工的青睐。因此,成功企业对新进人员选择面更广,这将使其能够从中优先挑选到优秀的人员,由此,群体的成功将进入一个良性循环的轨道。

群体间的互动

两个或多个群体之间的互动是群体互动过程的又一种表现形式,它与群体内部互动过程不一样,群体内部互动过程反映的是群体内部成员个体之间的行为特征,而群体间互动集中反映的是组织中群体与群体之间相互作用的行为特性。所以,群体间互动是不同工作群体之间的相互影响和相互依赖关系的体现,它表现的是不同群体间的交互作用过程。群体之间的互动并不总是积极的,当群体之间是合作态度时,群体间的互动将表现为建设性的积极互动;如果群体之间存在利益冲突时,群体之间的互动将表现为破坏性的消极互动。那么,群体间的互动过程受到哪些因素的影响呢,以及应该如何去有效管理呢?

群体间互动的影响因素

影响群体间互动的因素多种多样,主要归纳起来有如下八个方面。

1. 目标

群体是实现组织目标的基本单位,但是同时,每个组织中的群体又都拥有自己的目标。群体间的互动也就表现为多目标间的碰撞。群体间良好的互动关系来自于各群体目标的融合。当某一群体在实现自身目标的同时能够为其他群体创造实现自身目标的有利条件时，群体间的互动才具有建设性。

2. 群体间的依赖程度

组织中的群体是相互影响、相互依赖的。这种依赖关系可以分为三种：一是联营式依赖关系，这种关系存在于功能相对独立，但是其共同产品会为组织的目标作出贡献的两个群体之间；二是顺序式依赖关系，这是指一个群体依赖于另一个群体的投入，而且这种依赖关系是单向的，不可逆的；三是互惠式依赖关系，这种关系表明两个群体间必须通过交换投入和产出才能使得各自的目标得以实现，任何单方面的不合作损害的都是双方的利益。一般情况下，群体间的互动较多地发生在依赖程度较高的群体之间。

3. 任务及环境的确定性

任务和环境的不确定性带来的是群体间互动的大量需求，但同时又给群体间的互动造成相当大的困难。低不确定性的任务是规范的，低不确定性的环境是稳定的，所以在稳定的环境中从事规范性工作的群体可以不必与其他群体进行很多相互作用，即使需要一些互动，这种互动过程也应该是流畅的。反过来说，在不稳定的环境中从事规范性低的工作的群体需要获得更多的信息，从而需要与其他群体进行更多的互动，但是这种互动过程需要克服大量的障碍。

4. 时间

不同的群体对于工作时间取向上的认识是各不相同的，这种认识上的不同往往导致不同群体间互动过程的不协调和不配合。比如生产部门的人员关注的可能是当天的生产安排和本周的生产率等诸如此类的短期目标，而研发人员则可能更为关注长期的目标，因为研发的周期很长，所以研发人员考虑的可能是五年之后我们的客户在使用什么样的产品。这种时间取向上的差异主要是来自于专业化的分工和群体成员的专业背景的差异。

5. 群体行为的选择性

群体行为的自由度和固化程度体现出群体行为的可选择性大小。如果一个群体在完成工作任务目标时，所拥有的资源范围较广，服务的对象较多，我们就说它的行为自由度比较大，固化程度比较低。这样的群体在完成工作任务的过程中就必须与其他的群体进行更多的互动，因此，这样的群体就应该具有更强的互动能力，也即对互动过程的把握和控制能力更强。与这样的群体互动，互动过程应该更为有效。

6. 资源配置

降低群体间冲突，促使群体互动向积极的方向发展的一个关键因素是组织资源的合理、有效的配置。如果组织资源的配置偏离了组织发展的要求，必将引起群体间的不合作，冲突在所难免。

7. 相对地位

在组织中，并非每个群体的地位都一样重要，因此在群体间的互动过程中就会出现地位差异。这种地位差异的大小取决于互动过程中，一方相对于另一方的影响力的大小，也即互动权力的大小。互动权力的大小集中表现为权力的强度、权力的范围以及权力的影响程度。

8. 组织文化氛围

组织文化氛围对组织中的群体间互动过程起着关键性的作用。相互信任、彼此关心、开放、灵活、负责的组织文化氛围中，群体的互动过程更为积极、有效，而在消极的文化氛围中，群体互动过程也会变得消极、被动。

群体间互动的管理方法

对群体间互动过程进行有效的管理可以达到降低冲突水平，推进组织目标实现的目的，从而使得群体间的互动行为及过程对组织产生建设性或积极的作用。其主要管理方法有如下几种。

1. 制定规则与工作程序

构建一套明确的规则与工作程序是管理群体间互动过程的最简单、最经济的方法。规则和工作程序可以有效地约束群体行为，使群体间的互动行为在规定的框架之内进行。另外，明确的规则和工作程序将有助于降低部门或工作群体之间的信息流动和相互作用的需求，以减少冲突发生的机率。

2. 划分等级层次

在规则和工作程序不足以解决群体间互动过程时，划分等级层次就成为了首选的办法。这种办法旨在通过一种上下级的关系来明确各自的工作权限，从而可以提供在两个群体发生矛盾不能解决时的一种求助方式。

3. 明确任务计划

规则和工作程序所确立的只是组织内部信息流动的方向和顺序以及相应的权力分配。比如，谁向谁汇报，谁归谁领导等问题。但是遇到具体的问题时，往往还需要建立明确的任务计划体系来帮助具体项目的运转。通过明确任务计划使得参与项目的各个群体明白自己处于项目执行链的哪一个环节，上游群体是谁，下游群体是谁，我们应该如何和他们进行工作接口等等细节问题，进而可以减少发生责任推诿、互相扯皮等现象的概率。

4. 建立有效沟通机制

为了能够增进群体间的相互了解，培养群体间相互信任、相互支持的氛围，有效沟通机制的建立是必不可少的措施之一。通过建立有效的沟通机制可以减少群体间的误会和摩擦，降低冲突水平，形成积极的互动。而组织中纵向沟通渠道的畅通还可以使组织高层管理者洞察和掌握群体间互动过程是否处于良好的状态。

5. 联合型团队

针对群体之间经常发生的问题，可以通过设立联合型团队的方式加以解决，这时的团队成员扮演着群体间桥梁的作用。这些成员的存在将有助于抛弃部门本位主义思想，有助于增进不同部门人员之间的理解和合作。

6. 综合部门

当群体间的关系过于复杂，以至于通过前面的方法都不能得以有效地解决的时候，组织就应该考虑设立包含这些群体的一个综合性的部门。共同完成任务的两个或多个群体构成这个部门的成员。这种方法所需要付出的代价是高昂的，但是当这些群体之间的正常互动关系对于组织来讲是至关重要的时候，采取这种方法就是必需的。

如何在中国文化情境下提高群体绩效

不同的民族有不同的文化，不同的文化当中又蕴含着不同的风俗习惯、行为模式和心智模式。这些都使得受到不同文化熏陶的人将会有着不同的对待问题和理解问题的方式。从管理的角度来看，为了能够更好地、更加有效地提高群体的绩效，就不得不对群体所处的文化情境进行研究，从而采取相适应的管理措施和方法来打造高绩效群体。群体绩效受到多种因素的影响，如群体成员的能力和性格、群体规模、群体凝聚力、群体目标、群体构成、领导、非正式群体的存在等等。在这些因素当中受到中国文化情境因素影响的有：群体成员的人格特质、群体规模、群体凝聚力、领导和非正式群体。

中国人的人格特质与群体绩效

我们在前面的章节曾经谈到过中国人的人格特质，将林语堂的《吾国与吾民》一书中对中国人人格特质的描述与美国牧师明恩溥在《中国人的素质》中的描述进行对照可以发现，他们都提到"忍耐"、"知足常乐"和"因循守旧"是中国人的人格特质。而我们从企业组织发展、群体绩效提高的角度来认识这些人格特质时就会发现，这些特质成为群体绩效提高的绊脚石，"忍耐"意味着"苟同"和"从众"，"知足常乐"意味着"不思进取"，"因循守旧"意味着"缺乏创新"。所以在管理中国人所组成的群体，提高他们的绩效时就应该注意中国人所特有的人格特质对群体绩效所造成的影响。

为了更好地控制由"从众"、"不思进取"和"缺乏创新"等人格特质对群体绩效所造成的负面影响，我们应当在企业组织中建立良好的激励机制来鼓励创新，建立良好的信息沟通渠道和反馈机制来克服从众行为，使得那些在正式的、公开的场合不能得到充分发表的观点和意见可以通过其他渠道反映出来。由于创新本身具有一定的风险，而在中国目前的文化情境中对于失败的创新的容忍程度还不够高，"只许成功，不许失败"的观念还牢牢地占据着国人的大脑。所以，在企业中要培养一种开放、宽松的创新氛围，应该鼓励尝试，不管结果是成功还是失败。

群体规模与群体凝聚力的影响及控制

一般而言，群体凝聚力与群体绩效之间的关系是比较明确的，高凝聚力的群体所取得的工作绩效往往比较高，比如 Smith 等人 1994 年做的相关研究表明，在小型的高技术企业中，高层管理群体的凝聚力与其财务绩效之间存在着正相关。[①] 但是群体规模与群体绩效的关系却并不那么的明朗，我们可以利用经济学的知识来分析其原因。随着群体成员的加入，群体的整体绩效在增加，而且每增加一个群体成员所带来的边际绩效在增加，但是到了一定的成员规模后，成员的边际绩效在递减，并趋近于零，但是群体的整体绩效仍在增加，不过速度放缓，当群体成员的边际绩效为负时，群体绩效下降。当然这样的分析并不十分严格，我们主要是想说明，群体规模和群体绩效的关系并不是一种线性的关系。

同时，群体规模和群体凝聚力之间也存在着微妙的关系，往往规模越大，群体的凝聚力会降低，这是因为凝聚力高的群体往往表明在群体内部具有高度认同的价值观和信念，从而在行为模式和心智模式上表现出高度的统一。但是随着群体规模的扩大，群体成员间的差异会越来越大，冲突发生的概率也会增加，从而降低群体的凝聚力。所以，无论是单纯从群体规模与群体绩效的关系，还是从群体规模与群体凝聚力的关系进而对群体绩效的间接影响来看，为了更好地提高群体绩效，群体规模要控制在适当的规模水平上。

中国传统文化是强调群体凝聚力的，可以从中国传统文化的"和合"思想中感受到这一点。孔子主张："礼之用，和为贵"，[②]认为"君子和而不同，小人同而不和"。[③] 由此可以看出，中国传统文化强调和谐、统一的处世原则。但是在现在的中国社会当中，中国人的群体凝聚力在下降，这一方面是中国人个体意识的觉醒，以前强调个人服从集体，现在强调"以人为本"，而且在个体意识方面，中国人受到西方个人自由主义思想的影响比较多；另一方面也是中国人价值追求的转变所导致，中国传统文化强调"修身养性"，而现在中国人的价值追求带有了更多的功利主义色彩。

所以，在这样一个群体凝聚力下降的文化情境中，要提高群体绩效就必须在群体内部建立起塑造高凝聚力的氛围和机制，通过把个体的目标和价值追求与群体的绩效目标紧密地结合起来，在个体价值实现的同时实现群体绩效目标，这种策略是一种迎合的策略，即以满足群体成员的个人需求为出发点。还有一种策略是引导的策略，即通过对群体成员的引导，使得群体成员改变自己的价值追求而向群体目标靠拢，提升群体成员对群体目标的认同度，从而提高达成群体目标的意愿。此外，考虑到群体规模与群体凝聚力的关系，要适当地控制群体的规模，防止群体规模过大导致的群体分裂，在群体成员筛选上要注意控制和把关，

---

① Smith, K. A., K. G. Smith, J. D. Olian, H. P. Sims, D. P. O'Bannon, J. Scully. Top Management Team Demography and Process: The Role of Social Integration and Communication. *Administrative Science Quarterly*, September 1994, 39: pp. 412-438.

② 《论语·学而》。

③ 《论语·子路》。

尽可能地控制群体成员的差异程度。

领导在群体绩效提高中的作用

领导对群体绩效的影响是显而易见的，尤其是在中国文化情境下，领导对群体绩效的高低起到决定性的作用。

从前面提到的三国刘氏集团的发展历程可以看出，历史上这样一个赫赫有名，有着豪华阵容的群体的败落的最为主要的原因就是领导。这其中既有领导人领导风格问题(刘备的甩袖掌柜，诸葛亮的事必躬亲)，也有领导人的品格问题(刘禅的懦弱无用)。此外，人才储备和培养的不到位也是一个重要方面，但是这个问题归根到底还是领导人问题。

刘氏集团的群体氛围基本上是“唯上”的，而造成这种“唯上”氛围的罪魁祸首就是刘备和诸葛亮两个领导人。刘备得到诸葛亮感觉“如鱼得水”，所以刘备的决策权力全部下放。当然这一方面有利于诸葛亮开展工作，但另一方面也使自己丧失了决策的能力，以至于到后面兴兵伐吴的时候，因为决策失误大败而回。

诸葛亮对于造成这种“唯上”氛围负有不可推卸的责任。由于诸葛亮自己能力太强，以至于他，除了对庞统的才能表示出三分敬意，对其他人一概看不上眼，所以军中事务，无论巨细均要亲自过问，这无疑打击了下属的工作积极性，使得“社会惰化”效应普遍蔓延，无法产生一加一大于二的协同效应。也正是由于诸葛亮能力太强，导致他刚愎自用，刘备临终之前曾言马谡不堪大用，诸葛亮却对其委以重任，致使街亭失守。此外，刘备兴兵伐吴，诸葛亮留守两川，诸葛亮竟没有为刘备配备一名可临阵出谋划策的军师，连刘备的驻军图都要送回东川给诸葛亮审查，这样的决策机制怎么能不败?

其实像刘氏集团中的这种“唯上”氛围在中国人的群体中普遍存在。中国人的决策表面上看是集体决策，其实大多数时候都是“一言堂”，有时候一些方案、政策的出台常被人冠以组织的名义，被说成是“组织上的决定”，但实际上可能就是那么一两个关键人物拍板定夺的。这种“唯上”氛围的养成造成了中国人盲目屈从、崇尚权威的组织观念，使得群体互动过程中，大量“从众”行为的发生。这样的群体显然是没有活力和创造力的，群体绩效的提高也就无从谈起。

当组织中的权威消失时，中国人的群体往往一下子就变成了一盘散沙。所谓“树倒猢狲散”就是这个道理。“三个和尚没水喝”也是因为缺乏权威，假如其中一个和尚是主持，则情况就会大不一样。当在一个中国人所组成的群体中，不存在一个公认的地位比较高的个体时，往往会导致群体凝聚力的缺乏，并进一步导致群体绩效下降。也就是说，当中国人群体中的成员觉得大家彼此彼此差不多的时候，大家就谁也不服谁了，这也是造成“一个中国人是龙，三个中国人是虫”这一说法的原因。

那么如何克服中国人群体中的这种"唯上"的弊病呢？我们认为群体中要有"上"，但不能"唯上"。有"上"的意思就是要有权威，要有领导。在中国目前的文化背景下，群体中没有权威是不可想象的，除非这个群体不决策。只有在有权威存在的前提下，中国人的群体才能得以运转，而且权威可以对各方利益进行协调和平衡，可以提高决策效率，不致使决策陷入无限的争吵当中。要做到有"上"而又不"唯上"，首先要求"权威"要有宽广的胸怀，要能广开言路、善于倾听、勤于思考，对持反面意见的成员不仅要宽容，还要有足够的重视，所谓"忠言逆耳，良药苦口"；其次，群体中的成员要放弃"忍"的心理，不要一味追求一致性和所谓的"和谐"，要敢于发表意见和建议，不怕犯错误，不怕丢面子；最后，要在群体当中建立良好的决策机制和程序，培养良好的组织氛围，畅通沟通渠道，模糊地位差别，采用先进的决策技术。只有这样，群体中"唯上"的氛围才能被消除，群体互动过程才能是良好的、具有建设性和充满活力的，群体的凝聚力才能增强，群体的绩效才能得到提高。

中国人的小团体对群体绩效的影响

在中国人所组成的正式组织中总是会存在或多或少的小团体、小圈子，这些小团体和小圈子其实就是组织行为学中所指的非正式群体。非正式群体是出于政治、友谊或共同兴趣等原因而形成的。出于政治原因，非正式群体的形成可能是为了获得分享报酬或有限资源的权力，友谊群体可能在工作中形成、并延伸到工作场所之外的领域，在体育等方面的共同兴趣也可以使成员形成非正式群体。①

对于非正式群体，很多人更多地是关注其负面的、消极的影响，比如造成目标冲突、限制产出、导致从众现象、对变革造成阻碍等等。但是最近的一些研究已经开始认识到非正式群体的积极作用，比如，非正式群体可以使正式群体成为一个更为有效的完整系统，可以减少管理者的工作量，可以弥补管理者的能力缺陷，可以为成员的情绪提供一个安全的释放渠道，可以促进沟通。②

中国人群体中的小群体是大量存在的，这种小群体的大量存在一方面可能是因为中国人的需要层次当中，归属需要更为强烈一些，所以在正式的群体中自发地建立起自己的小群体；另一方面也有可能是中国人"宁为鸡头，不为凤尾"的"占山为王"的思想在发挥作用，对权力的追求和渴望使得一些人在正式群体中建立小圈子来树立自己的权威。正如上面提到的，非正式群体的大量存在会同时对群体造成正面和负面的影响。因此，要在中国文化情境下有效地提高群体绩效，克服小团体带来的负面影响，发挥小团体的正面积极作用是非常关键的。

群体中的独断氛围会使得小群体增多，因为独断氛围阻塞了言路，而作为群体成员来说，又有表达意见的愿望，所以在具有强烈独断氛围的群体内，小

① [美]弗雷德·鲁森斯著，王垒译校：《组织行为学》，人民邮电出版社，2003年8月版，第333页。
② [美]弗雷德·鲁森斯著，王垒译校：《组织行为学》，人民邮电出版社，2003年8月版，第336页。

团体会大量滋生，因此在中国这样的文化情境下就会出现“会上不说，会后乱说”、“当面不说，背后乱说”的文化现象。这从另一个侧面反映出非正式群体具有信息沟通和情绪宣泄的功能。所以克服非正式群体的消极作用就是要在正式群体中建立良好的沟通渠道和信息传递机制，广开言路，开展多层次、全方位的沟通。

由于小团体与组织的正式目标往往不兼容，所以常常造成目标冲突，因此，有必要在充分了解小团体的目标的基础上，对小团体进行合理的引导、实现目标相容，对于那些给组织造成极大阻碍或带来巨大隐患的、实在无法相容的小团体，要坚决予以剔除，否则将带来组织的分裂，所谓“一山不容二虎”就是这个道理。

本章回顾

群体就是指“相互联系、彼此顾及且具有显著共性的多个人的集合”。人们之所以要形成或加入某个群体主要是出于安全、归属、自尊、权力和完成任务等方面的需要。任何一个群体中都存在着相互联系的三个要素，即活动、相互作用、感情。群体的种类表现出多样性，依据不同的分类标准，可以把群体划分为不同的类型，例如，假设群体和实际群体，大群体和小群体，共同作用群体、协作群体和协调群体，正式群体和非正式群体。

所有的工作群体都有其内部结构，群体结构对群体内部的个体间的关系进行调节从而进一步地影响和塑造着群体成员的行为。群体结构变量主要包括：角色、规范、地位、群体规模和群体构成，通过研究这些变量就有可能解释和预测群体内的个体行为和群体绩效水平。在中国文化情境下，中国人的伦理道德规范构成了整个中华民族的群体规范，这其中包括：“仁爱孝悌”、“谦和好礼”、“诚信知报”、“精忠爱国”和“见利思义”。此外，中国人的“地位观”与西方国家也有着显著的差异，中国人常常把“面子”和社会地位联系起来。

根据群体发展五阶段论，群体发展要经过形成阶段、震荡阶段、规范化阶段、完成阶段和休止阶段。而间断-平衡模型认为，群体发展当中的第一次聚会很重要，随后是一段均衡时期，群体投入正常的运作，然后变化突然发生，这种均衡状态被打破，同时在群体的各项安排上出现了革命性的变化。在群体的互动过程中，会出现各种群体互动效应，例如，从众行为、协同效应、社会惰化效应、社会促进效应、社会致弱效应、社会标准化效应等。研究表明，群体士气和群体凝聚力都会对群体绩效水平的高低产生非常重要的影响。群体成员相处时间、进入群体的难度、群体规模、群体中的性别构成、外部威胁以及历史上的成功是影响群体凝聚力的主要因素。总的来说，影响群体间互动的因素归纳起来包括目标、群体间的依赖程度、任务及环境的确定性、时间、群体行为的选择性、资源配置、相对地位、组织文化氛围等八个方面。

不同的民族有不同的文化，不同的文化当中又蕴含着不同的风俗习惯、行为模式和心智模式。在管理中国人所组成的群体时，应该注意中国人所特有的人格特质对群体绩效所造成的影响。在当代中国社会当中，中国人的群体凝聚力在下降，所以，要提高中国人所组成的群体的绩效就必须在群体内部建立起塑造高凝聚力的氛围和机制，通过把个体的目标和价值追求与群体的绩效目标紧密地结合起来，在个体价值实现的同时达成群体绩效目标，或者通过对群体成员的引导，使得群体成员改变自己的价值追求而向群体目标靠拢，提升群体成员对群体目标的认同度，从而提高达成群体目标的意愿。在一个中国人所组成的群体中，不存在一个公认的地位比较高的个体时，往往会导致群体凝聚力的缺乏，并进一步导致群体绩效下降。因此，在中国人群体中不能缺少权威的存在，但是要求"权威"要有宽广的胸怀，要能广开言路、善于倾听、勤于思考，对持反面意见的成员不仅要宽容，还要有足够的重视。同时要求群体中的成员要放弃"忍"的心理，不要一味追求一致性和所谓的"和谐"，要敢于发表意见和建议，不怕犯错误、不怕丢面子。此外，还要在群体当中建立良好的决策机制和程序，培养良好的组织氛围，畅通沟通渠道，模糊地位差别，采用先进的决策技术。中国人群体中的小群体是大量存在的，而克服非正式群体的消极作用就是要在正式群体中建立良好的沟通渠道和信息传递机制，广开言路，开展多层次、全方位的沟通。

关键术语

群体	群体结构	角色
角色冲突	规范	地位
面子	群体规模	群体发展
协同效应	从众	社会惰化效应
社会促进效应	社会致弱效应	社会标准化效应
社会测量法	群体士气	群体凝聚力
群体绩效	小团体	

复习思考题

1. 群体结构变量包含哪几个方面？
2. 总结和归纳影响群体绩效的因素。
3. 群体之间互动的影响因素有哪些？并根据你的实际体会列出各影响因素的相对重要性程度，进行排序并作出合理的解释。
4. 试着回顾你所处群体之中所出现的各种互动现象，例如协同效应、社会惰化效应和从众行为等，并解释其原因。

5. 结合本章理论描述你所属群体的特征及类型，并思考你在各个群体中所扮演的角色以及所面临的角色冲突。你是如何处理和解决这些冲突的?

6. 分类并整理你所属群体的规范，并指出哪些是正式规范，哪些是非正式规范。观察正式规范与非正式规范之间是否存在着不一致，以及不一致的结果。思考非正式规范的成因，对比正式规范与非正式规范之间的约束力差异并作出解释。

7. 对比分析你所属不同群体之间凝聚力高低差异，并作出解释。分析群体凝聚力对群体行为的影响及作用方式。

8. 思考中国文化情境下的群体行为特征，以及如何提高群体绩效，如何克服群体行为中不利于绩效提高的不良因素。

案例6-1

关羽行为背后的道德规范

一提起关羽、关云长，大家都不陌生，这是一个中国家喻户晓的人物，关于他的故事也流传甚广。在中国人的心目中，关羽是忠义形象的代表和典范，所以在中国许多地方都建有关帝庙，供后人参拜敬仰。那么关羽的哪些行为表现出了他这种忠义的个人特征呢？这里就来叙一叙他的几个小故事。

场景一（节选自《三国演义》第二十回）一日，操入请天子田猎，帝不敢不从，随即上逍遥马，带宝雕弓、金鈚箭，排銮驾出城。玄德与关、张各弯弓插箭……引数十骑随驾出许昌。……操与天子并马而行，只争一马头。背后都是操之心腹将校。献帝驰马到许田……忽见荆棘中赶出一只大鹿，帝连射三箭不中，顾谓操曰："卿射之。"操就讨天子宝雕弓、金鈚箭，扣满一射，正中鹿背，倒于草中。群臣将校，见了金鈚箭，只道天子射中，都踊跃向帝呼"万岁"。曹操纵马直出，遮于天子之前以迎受之。众皆失色。玄德背后云长大怒……提刀拍马便出，要斩曹操。玄德会其意，摇手送目，不肯令出。……关公见兄如此，便不敢动。……驾回许都。众人各自归歇。云长问玄德曰："操贼欺君罔上，我欲杀之，为国除害，兄何止我?"玄德曰："投鼠忌器。操与帝相离只一马头……倘事不成，有伤天子，罪反坐我等矣。"云长曰："今日不杀此贼，后必为祸。"玄德曰："且宜秘之，不可轻言。"

场景二（节选自《三国演义》第二十五回）

话说程昱献计于曹操，将关公引出下邳，困于一土山之上。操派张辽前往说之。关公见张辽，曰："文远莫非说关某乎?"辽曰："不然。昔日蒙兄救弟，今日弟安得不救兄?"公曰："然则文远将欲助我乎?"辽曰："亦非也。"公曰："既不助我，来此何干?"辽曰："玄德不知存亡，翼德未知生死。昨夜曹公已破下邳……差人护卫玄德家眷,不许惊扰。……弟特来报兄。”关公怒曰:“此言特说我也。吾今虽处绝地,视死如归。汝当速去,吾即下山迎战。”辽曰:“兄今即死,其罪有三。”公曰:“汝且说我哪三罪?”辽曰:“刘使君与兄结义,誓同生死,而兄即战死,倘使君复出,欲求兄相助,而不可复得,岂不负当年盟约,其罪一。刘使君以家眷托付于兄,兄今战死,二夫人无所依赖,负却使君依托之重,其罪二。兄武艺超群,不思共使君匡扶汉室,徒欲赴汤蹈火,以成匹夫之勇,安德为义,其罪三。”公沉吟曰:“汝说我有三罪,欲我如何?”辽曰:“今四面皆曹公之兵,兄若不降,则必死;徒死无益,不若且降曹公;却打听刘使君音信,如知何处,即往投之。一者可以保二夫人,二者不背桃园之约,三者可留有用之身。有此三便,兄宜详之。”公曰:“兄言三便,吾有三约。若丞相能从,我即当卸甲;如其不允,吾宁受三罪而死。”辽曰:“愿闻三事。”公曰:“一者,吾今只降汉帝,不降曹操;二者,二嫂处请给皇叔俸禄养赡,一应上下人等,皆不许到门;三者,但知刘皇叔去向,不管千里万里,便当辞去。三者缺一,断不肯降。望文远急急回报。”

后经张辽回报曹操,曹操允诺,关公仍不敢专断,还要入城见二嫂,禀明相约三事,得嫂应诺之后,方才往见曹操。从此这段“屯土山关公约三事”的故事成为颂扬关羽忠义品质的重要篇章。

场景三(节选自《三国演义》第二十六、二十七回)

关羽探得刘备之下落,欲辞曹操,曹操闭门不见。关公思曰:“此曹丞相不容我去之意。我去志已决,岂可复留。”即写书一封,辞谢曹操。然后将累次所收金银,一一封置库中,美女十人,另居内室,汉寿亭侯印悬于堂上,丞相所拨人役,皆不带去。有人报于曹操,操曰:“不忘故主,来去明白,真丈夫也。汝等皆当效之。”随后关公就上演了一出“千里走单骑,五关斩六将”的精彩好戏。后人有诗赞曰:“挂印封金辞汉相,寻兄遥望远途还。马骑赤兔行千里,刀偃青龙出五关。忠义慨然冲宇宙,英雄从此震江山。独行斩将应无敌,今古留题翰墨间。”

通过这样的一些描写和刻画,关羽的忠义形象就栩栩如生地跃然于纸上了,而从此关羽就成为了国人心目中忠义形象的代表人物。关羽的行为受到如此的追捧,显然是因为其行为符合中国人的伦理道德和价值信念,因此我们可以通过关羽的行为来了解中国人的伦理道德规范,这是属于全中国人群体的规范。

问题

1. 分析其他小说中类似人物塑造中所体现出来的中国人的道德规范准则。
2. 思考中国人的道德规范准则的特殊性,以及对我们日常生活的影响。分析传统美德在生活中的现实意义以及对提高群体绩效的作用。

案例6-2

林冲缘何没有当老大

林冲，男，宋朝人，水泊梁山一百单八将中排名第六，为天雄星，属马军五虎将之一，曾任京师八十万禁军枪棒总教头，因受高俅诬陷被发配沧州道，后被陆谦在沧州追杀，无奈凭着柴进的举荐信投奔了水泊梁山，随后追随晁盖、宋江等人一路建功立业，在打完方腊回京师途中染风瘫，不久后病死。

其实在林冲职业生涯发展的道路上曾有一次绝好的机会可以坐上水泊梁山的头把交椅，但却失之交臂，是何原因呢？我们且来回顾一下事情的经过。

话说林冲投上水泊梁山不久，晁盖等人劫了生辰纲，杀了官差也投奔水泊梁山而来。当时水泊梁山的头领为王伦，此人心胸狭隘，嫉贤妒能，见晁盖人多势众，怕收留下来日后将取而代之，于是不肯收容，命下人取出金银赠与晁盖，望晁盖能够远投别处。当下林冲看不过眼，在晁盖等人言语相激和煽风点火之下，将王伦杀掉。按照一般的道理，杀人者之所以杀人往往是想取而代之，但林冲并没有这样做，而让晁盖坐了首位。让我们来看看书中这一段的描写："话说林冲杀了王伦，手拿尖刀，指着众人说道：'林冲虽系禁军，遭配到此，今日为众豪杰至此相聚，争奈王伦心胸狭隘，嫉贤妒能，故推不纳，因此火并了这厮，非林冲要图此位。据着我的胸襟胆气，焉敢拒敌官军，他日剪除君侧元凶首恶。今有晁兄，仗义疏财，智勇足备。方今天下，人闻其名，无有不伏。我今日以义气为重，立他为山寨之主，好么？'众人道：'头领言之极当。'晁盖道：'不可！自古强宾不压主。晁盖强杀，只是个远来新到的人，安敢便来占上。'林冲把手向前，将晁盖推在交椅上……再三再四扶晁盖坐了。……林冲向前道：'小可林冲，只是个粗鲁匹夫，不过只会些枪棒而已，无学无才，无智无术。今日山寨幸得众豪杰相聚，大义即明，非比往日苟且。学究先生在此，便请做军师，执掌兵权，调用将校，须坐第二位。'吴用答道：'吴某村中学究，胸次又无经纶济世之才，虽只读些孙吴兵法，未曾有半粒微功，怎敢占上。'林冲到：'事已到头，不必谦让。'吴用只得坐了第二位。林冲道：'公孙先生请坐第三位。'晁盖道：'却使不得。若是这等推让之时，晁盖必须退位。'林冲道：'晁兄差矣！公孙先生名闻江湖，善能用兵，有鬼神不测之机，呼风唤雨之法，谁能及得。'公孙胜道：'虽有些小之法，亦无济世之才，如何便敢占上。还是头领请坐。'林冲道：'今番克敌制胜，谁人及得先生良法。正是鼎分三足，缺一不可。先生不必推却。'公孙胜只得坐了第三位。林冲再要让时，晁盖、吴用、公孙胜都不肯。三人俱道：'适蒙头领所说，鼎分三足，以此不敢违命，我三人占上。头领再要让人时，晁盖等只得告退。'三人扶住林冲，只得坐了第四位。"（节选自《水浒传》第二十回）

所以当初林冲火并王伦之时,如果要坐首位,简直如探囊取物,易如反掌,但是其却只坐了个第四把交椅。后来随着水泊梁山的壮大,林冲的排名又向后移了两位,当然,这是后话了。那么我们怎么来看待这种让位行为呢?

问题

1. 利用组织行为学相关理论分析林冲让位的原因。
2. 用间断—平衡模型分析解释梁山泊群体的变革,并指出其中的关键事件。试想如果你是王伦,你将如何处理这其中的矛盾以免被杀身亡?

案例 6-3

三国刘氏集团的发展、壮大及没落

在中国古典文学四大名著之一的《三国演义》中有三大著名集团,即刘氏集团、曹氏集团和孙氏集团,这其中又以刘氏集团最为出名,书中描写着墨良多。刘氏集团最为出名之处就是文有诸葛亮、庞统两位绝顶谋士,武有关羽、张飞、赵子龙、马超、黄忠等五虎上将,可谓人才济济的超一流豪华阵容。但是就是这样的一个群贤聚集的群体却也只能三分天下而不得一统,最后败落不复存在。当然,这里所指的刘氏集团不仅指以刘备为领导核心的第一代集团,还有以刘禅,即"扶不起的阿斗"为第二代领导核心的领导集体。这样一个历史闻名的群体是如何创建、发展、壮大直至消亡的呢?接下来,我们就来概览一下。

刘氏集团的创建

刘氏集团的草创人员有三,即刘备、关羽和张飞。刘备乃中山靖王刘胜之后,汉景帝阁下玄孙,以贩麻鞋、织席为业;关羽乃河东解良人,在遇见刘备之前因杀势豪逃难江湖五六年;张飞乃一屠夫。就是这样的三人在黄巾起义的时候被官府的榜文吸引而至,得以相遇,然一见如故,遂于张飞庄后的桃园进行结拜。这一段故事被后人称为"桃园三结义",至此,刘氏集团的创建工作算是完成了。

刘氏集团的发展

刘氏集团虽然完成了草创阶段,但紧接着下一步就是如何发展的问题。由于关羽、张飞皆勇武有余,而谋略不足,加上刘备虽宽以待人,胸怀大志,却也是机智不足,所以在初期的发展上遇到了不少的困难。在徐州失守后,兄弟三人还天各一方失散在各处,后经多方辗转,兄弟得以团聚,之后又得常山赵子龙,在武将方面更是如虎添翼,但是谋士不足仍是困扰刘氏集团发展的最大问题。这个问题在刘备遇见了徐庶之后有了改观,先是大破曹仁、李典来犯之兵,后又用计取得樊城。可以说这是刘氏集团成立以来最为扬眉吐气的时候。但是好景不长，曹操用计将徐庶骗至许昌，使刘备痛失军师。值得庆幸的是，徐庶在走之前又举荐了诸葛亮，然后就引出了刘备三顾茅庐请诸葛孔明出山的一段佳话。紧接着，“博望坡孔明初用计”、“火烧新野”、“赤壁之战”、“袭荆襄、下南郡”等一系列的故事的发生使得刘备终于可得荆州之地进行喘息。刘氏集团开始进入良性循环的发展轨道。

刘氏集团的壮大

刘氏集团在刘备的倾力纳贤之下，文得“凤雏先生”庞统，武得黄忠、马超两员虎将，刘氏集团的阵容越发整齐和豪华。在这样的情境中，刘备依赖诸葛亮的一系列计谋取得汉中之地，进而自封为汉中王。过不多久，在曹丕称帝后不久，刘备在众大臣的力劝之下也即位称帝。可以说这时候刘氏集团已经达到事业顶峰了。三分天下，鼎足而立的局面也已基本形成。

刘氏集团的没落

在称帝即位不久，因记挂替关羽报仇之事，刘备开始着手策划讨伐东吴之事，虽有诸葛亮一班大臣极力劝诫也无济于事，刘备心意已决。可以说，兴兵伐吴是刘氏集团发展道路上的转折点。先是兵未发而张飞遇害，后又在伐吴过程中被陆逊击败，退守白帝城，并在白帝城完成了刘氏集团领导人的更迭。此后，虽仰仗诸葛亮的聪明才智可以上演“七擒孟获”的好戏，却也有因为刘禅的阻挠而“六出祁山”无功而返的败笔。当诸葛亮星损五丈原的时候，刘氏集团开始显现出颓势，并一发而不可收拾，最终被邓艾偷渡阴平，直下成都，刘禅心惧而降魏。至此刘氏集团宣告破产，不复存在了。

问题

1. 利用群体发展五阶段理论分析刘氏集团的发展历程。
2. 从刘氏集团的发展中总结高绩效群体的特征以及可以借鉴之处。
3. 运用多种理论分析探讨如何克服群体中的“唯上”氛围。

第7章

决策行为

知彼知己，百战不殆。

——《孙子兵法·谋攻》

西方决策理论学派的代表人物赫伯特·西蒙认为：管理就是决策。决策是管理的核心，决策能力是企业家为维持企业生存所必须具备的最起码素质。科学决策是企业家知识素质的综合体现，也是他们的主要工作。决策水平高低对企业的成败影响巨大，据美国兰德公司估计，世界上破产倒闭的大企业，85%是因企业家决策失误造成的。本章主要介绍决策的基本概念、决策过程、决策技术及决策过程中的影响因素。

决策的概念及分类

决策的概念

决策是从多种方案中作出的选择或决定，也可以说是多方案择优。决策包括决策前的提出问题、搜集资料、预测未来、确定目标、拟订方案、分析估计和优选，以及实施中的控制和反馈、必要的追踪等全过程。

决策的分类

按照决策的性质划分，可以分为战略性决策、战术性决策和业务性决策

战略性决策，指的是为使企业与外部环境保持适应性，而对影响企业全局、左右企业长远发展的重大经营性问题所作的决策。战略决策，多是非程序化、带有风险性的决策。搞好战略决策，主要是企业高层领导的职责。

战术性决策又称为策略决策或管理决策，指的是为了执行和实施战略性决策，合理而有效地处理企业内部的一些重大问题而作出的决策，如财务决策、销售计划决策、产品开发方案决策等。战术性决策主要由中层或高层管理人员制定。

业务性决策又称为日常管理决策，是指为了执行战略性决策和战术性决策，对日常生产经营活动中有关提高效率和效益、合理组织业务活动等方面进行的决策。这类决策主要由企业基层管理人员负责制定。

按照决策的条件划分，可以分为确定型决策、风险型决策和非确定型决策

确定型决策，指的是在已知未来情况下，对反复出现的经营管理活动所作的决策。

非确定型决策，指的是企业经营管理中出现的暂时无法定型化的问题，需要多种方案才能选择的决策。

风险型决策，指在对未来情况不能完全掌握的情况下，作出具有一定成败概率的决策。

按照决策因素的性质划分，可以分为定量分析决策和定性分析决策

定量分析决策，指的是借助一定的工具和数学模型，对决策因素进行定量分析的决策。

定性分析决策，指的是对一些决策因素不能进行定量分析，只能借助于决策者的知识、经验、分析和判断能力进行的决策。

按目标的多少划分，可分为单目标决策和多目标决策

单目标决策，指的是在判断某一决策方案的优劣时，只需考虑某个重要指标就可以确定的决策。

多目标决策，指的是在判断某一决策方案的优劣时，需要考虑多个指标才能加以确定的决策。

按照决策的重复性划分，可以分为程序化决策和非程序化决策

程序化决策又称为常规决策或重复决策，指的是经常重复发生，能按已规定

的程序、处理方法和标准进行的决策，其决策步骤和方法可以程序化、标准化，重复使用。

非程序化决策又称为非常规决策、例外决策，指的是具有极大的偶然性、随机性，又无先例可循且有大量不确定性的决策。这类决策往往是独一无二的，因此，在很大程度上依赖于决策者的知识、经验、洞察力及胆识来进行。例如：一个新产品的营销组合方案决策就是非程序化决策。因为，产品是新的，竞争者是不同的，市场环境也时过境迁，因此，以前的决策方案不能再用，必须制定新的方案。

个体决策

理性决策

理性决策的过程

所谓理性决策，就是决策者充分考虑各种情况，用评价行为后果的某个价值体系选择能给自己带来最大利益的方案。这种选择遵循如表 7-1 所示的理性决策模型(rational model)，包括八个步骤。

表 7-1　　理性决策模型

1. 界定问题
2. 确定决策标准
3. 给标准分配权重
4. 开发备选方案
5. 评估备选方案
6. 选择最优方案
7. 实施方案
8. 反馈调整

资料来源：斯蒂芬·P·罗宾斯，《组织行为学》(第 7 版)，中国人民大学出版社，1997 年版。

第一步是"界定问题"，当期望与实际情况存在某种程度的不一致时，问题就产生了。如果一位销售经理计划将销售收入提高 10%，结果只提高了 5%，这就需要决策，以采取措施提高销售额。

第二步是"确定决策标准"，决策者要确定哪些因素与决策相关，因而决策过程中就会加入决策者的兴趣、价值观、个人偏好等等。标准的确定因人而异，一个人认为重要的因素，另一个人可能会认为毫不相关。

第三步是"给标准分配权重"，影响决策的因素重要性并非完全相同，因此应给不同的标准分配相应的权重。

第四步是"开发备选方案"，要求决策者列出所有可能解决问题的备选方案，而暂时不需要对它们进行评估。

第五步是“给标准分配权重”，决策者根据步骤二、三建立的标准和权重对备选方案进行对比打分。

第六步是“选择最优方案”，从列出的众多已经评估过的备选方案中进行选择，选出第五步中总分最高者。

宋代有个丁谓修皇城的故事。宋神宗命大臣丁谓修复皇城。丁谓运用系统理论，抓住修复皇城过程中烧砖瓦、运沙石木料及处理废瓦砾三个重要环节。先修一条运河将汴河和皇城相连，用挖运河的土就地建窑烧砖瓦，通过运河将南方的木料、沙石运至皇城，材料备齐后将废瓦砾填进运河再用土覆盖后又恢复成良田，顺利完成了修复皇城的任务。

理性决策模型的假设

1. 问题明晰。问题应当是清楚明晰的，决策者有一个自己最希望达到的意义明确的单一目标。

2. 所有选项已知。假定决策者可以确定所有相关标准，并能够列出所有可行性方案。

3. 偏好明确。理性模型假定决策标准和备选方案的价值都可以量化，并根据个人的偏好排序。

4. 偏好稳定。具体的决策标准固定，分给它们的权重也是稳定的，不随时间推移而改变。

5. 不存在时间或成本的限制。基于这一假定，理性决策者可以获得与标准和备选方案相关的全部信息。

6. 收益最大化。理性决策者会选择能带来最高收益的备选方案。

有限理性决策

理性决策理论是将人视为“经济人”，以期望效用理论（expected utility theory）来解释并指导人们的决策行为。但事实上，理性决策的假设条件并不容易满足，人类决策行为并不完全符合理性决策程序。因此，阿罗（K. Arrow）提出有限理性（bounded rationality）的概念，他认为有限理性就是人的行为“即是有意识地理性的，但这种理性又是有限的”。一是环境是复杂的，在非个人交换形式中，人们面临的是一个复杂的、不确定的世界，而且交易越多，不确定性就越大，信息也就越不完全；二是人对环境的计算能力和认识能力是有限的，人不可能无所不知。

有限理性决策理论的奠基人是西蒙（H. Simon），他对古典决策理论完全理性的假设，抱着怀疑的态度，他认为现实生活中作为管理者或决策者的人是介于完全理性与非理性之间的“有限理性”的“管理人”，并在此基础上提出有限决策理论。由于人类的信息收集和处理水平的限制、感性偏见、时间和成本的压力等因素的影响，人们解决复杂问题的能力与完全推理的要求相距甚远，现实生活中大多数决策并不遵循理性模型。比如，人们通常满足于找到一个合理的而非最优的解决方法。如表 7－2 所示，表右侧的决策模型称之为有限理性决策模型，这种方法是把问题的本质抽象为简单化的模型，将问题的实质性特征分离出来，而不是直接处理其复杂的方方面面，这样就可以在简化的模型参数下采取理性行动，其结果是一个满意的决策而不是一个最优的决策，即是一个解决方案“足够好”的决策。

表 7－2　理性决策模型与有限理性决策模型的比较

决策步骤	完全理性	有限理性
界定问题	确定一个重要的组织问题	确定反映管理者利益和背景的问题
确定决策标准	确定所有的标准	确定有限的一套标准
给标准分配权重	评价所有标准并进行重要性排序	建立一个简单的评价模型
开发备选方案	制定广泛的各种方案	指定有限的一系列相似方案
评估备选方案	评估所有方案，每一方案的结果是已知的	从希望的解决方法出发评估方案
选择最优方案	选择获得最高经济效率的方案	寻找一个满意的、充分的解决方案

资料来源：斯蒂芬·P·罗宾斯，《组织行为学》（第 7 版），中国人民大学出版社，1997 年版。

有限理性决策理论的主要内容包括以下几方面。

（1）人的理性介于完全理性和非理性之间。即人是有限理性的，这是因为在高度不确定和极其复杂的现实决策情境中，人的认知能力和计算能力是有限的。

（2）决策者在识别和发现问题中容易受知觉上的偏差的影响，而在对未来的状况作出判断时，直觉的运用往往多于逻辑分析方法的运用。所谓知觉上的偏差，是指由于认知能力的有限，决策者仅把问题的部分信息当做认知对象。

（3）由于受决策时间和可利用资源的限制，决策者即使充分了解和掌握有关决策环境的信息，也只能做到尽量了解各种备选方案的情况，而不可能了解全部，因此，决策者选择的理性只能是相对的。

（4）在风险型决策中，与经济利益的考虑相比，决策者对待风险的态度起着更为重要的作用。决策者往往厌恶风险，倾向于接受风险较小的方案，尽管风险较大的方案可能带来较为可观的收益。

（5）决策者在决策中往往只求满意的结果，而不愿费力寻求最佳方案。导致这一现象的原因有多种：第一，决策者缺乏促进自己和别人继续进行探索的动力，通常只满足于在现有的可行方案中进行选择。第二，决策者本身缺乏有关能力，在有些情况下．决策者出于个人某些因素的考虑而作出自己的选择。第三，评估所有的方案并选择其中的最佳方案，需要花费大量的时间和金钱，这可能得不偿失。

直觉模型

直觉决策模型是从经验中提取精华的无意识过程。直觉决策不需要进行周密的逻辑分析，而是根据自己的经验选择方案。直觉性决策制定是一个非理性的过程，来自于一点一滴积累起来的经验。它不一定和推理分析分离，相反，两者完全可以相互补充。直觉决策主要的优点是可以在信息有限的情况下迅速决策。管理者在以下情况下最有可能采用直觉决策：① 问题具有高度不确定性；② 没有先例；③ 掌握的有效信息很少；④ 几个备选方案的评价相近；⑤ 时间有限而又必须迅速作出决策。

传统决策一般凭借决策者的经验和个人的意志，决策者的成功往往依凭个人的聪明才智和直觉之类的经验判断。在管理理论界也不乏有人肯定领导者凭个人直觉行事的方式。被誉为当代美国式经典管理学者哈泼·柯林斯极力推崇直觉，曾撰写专著《直觉——管理和决策中的超凡智慧》。据他了解，不少出类拔萃的领导者，作出的决策除了依赖正确的信息，更重要的是听从自己内心的声音——直觉。他认为，知识和经验在内心融合便是直觉，这是一种感觉事物可能的下意识的能力，只有真正具有超凡智慧的人才能在霎时接受直觉的指引，让自己多年的积累和磨砺在压力下迸发。德国管理心理学家法斯博士说："理智要通过费时的分析，会拖延决定，而直觉能在多少分之一秒内对形势或个人的态度哪怕是微小的变化作出反应。"

现在虽然已进入新的时代，世界变得越来越复杂，但是，采用所谓"第六感觉"、"预感"、"本能"等直觉行为方式的企业领导者似乎大有人在。瑞士洛桑国际学院对 1 300 人所作研究得出的结论是：一半以上的企业领导者是凭直觉办事的。世界轮胎大王弗郎索瓦·米什米就是典型的凭直觉办事的企业家，他对自己的决定或决策从不加以解释和说明，下属只要照办就是了，而他的企业却获得了极大的成功。

对于直觉的研究，理论界还在进一步探讨。有人认为，直觉本身不同于缜密的理性思维，这是一种捉摸不定的，似乎是非理性的过程。有人则认为，直觉并不是神秘的非理性力量，它是理性的，是可以用逻辑分析和阐明的，如同分析和阐明认识过程的其他环节一样，其成功在于重视外围信息。直觉是人的认识长期的量的积累所引起的质的飞跃，是创造性思维的一种特殊形式。目前，还有学者提出了迄今为止人们几乎一无所知的独特的"群体组织直觉"、"协作性直觉"的新问题。总之，直觉只是决策的一种形式，而不是绝对的，有人将其作为主要方式，有人作为补充，效果因人而异。对于过分强调个人作用的直觉决策方式，不是人人都可信手拈来，一般领导者需慎用之。

1995 年，英国有 233 年历史的最古老的巴林投资银行倒闭轰动一世，原因之一就与新加坡分行的一名 28 岁的经理人——利森——个人独断专行的"凭直觉"交易的决策错误有很大关系。1998 年 1 月 11 日被称为亚洲金融界奇迹的香港百富勤投资股份公司宣布停业清理，其原因与巴林银行如出一辙。由于该公司固定收入部 32 岁的负责人法籍韩国人安德列·李"偏执、傲慢"，凭个人直觉作出错误决策,使百富勤公司放债过多,处于危险境地。

替代传统决策的现代决策必然会被提到企业领导层的议事日程上。现代决策要求在准确、及时和充分信息基础上筹划未来。理论意义上的决策不仅意味着最终的选择,而且意味着设计和选择方案的准备全过程。决策目标和方案的提出,须基于理性的分析,不应鲁莽从事、只依照领导者的个人看法决策。领导者必须发掘和利用整个企业内的各种高见,由此建立决策共识。很多成功的决策往往是由两个以上的群体作出的,即使有些表面看来是"直觉"的个人决策,其内里还是蕴含"集思"的成分。因此,现代决策要求企业主要领导应安排多人参与其事,乃至借助"智囊团"、"专家小组",协助分担决策负荷,进行所谓"共享管理"的群体决策,而直觉决策则由领导者按实际情况择优取之。①

群体决策

群体决策是由群体中多数人共同进行决策,一般是由集体中个人首先提出备选方案,而后从若干备选方案中进行优选。参与群体决策的成员可能包括组织的领导者、有关专家和职工代表。

不同国家习惯于不同的决策模式,如美国很少谈群体决策,而重视个人决策,日本是比较喜欢采用群体决策的国家,中国则介于两者之间。产生这种现象的原因在于每个国家的文化传统不同。如表 7-3 所示:

表 7-3　　文化传统与决策

比较对象		中　国	日　本	美　国
个体特征	处世哲学	中庸之道	团体精神	自我精神
	行为表现	言不由衷、谦虚	言不由衷	言行一致
	求稳心理	强	中	弱
决策思维	指导思想	系统与综合	—	分析
	推理模式	原则演绎		归纳
组织观念	人际交往	以和为贵,注重情面与关系	以和为贵	我行我素
	权威崇拜	强	中	淡薄
	集体主义	强	强	弱

资料来源:鲍宗豪,《决策文化论》,上海三联书店,1997 年版。

① 周玉红:《关于直觉决策》,http://thinkpad.blogdriver.com/thinkpad/index.html。

群体决策理论

渐进模式①

渐进决策模式是由美国著名经济学家、政治学家和政策科学家查尔斯·林德布洛姆(C. Lind-blom)教授提出来的。渐进决策模式是直接针对传统理性决策模式的缺陷,根据实际政策制定的特点,从"决策实际上如何做"而不是"应如何做"的角度出发建立的一套极有特色的政策制定模式。渐进决策模式的特点:第一,渐进主义。林德布洛姆认为"政策的制定是根据过去的经验,经过逐渐变迁的过程,而获得的共同一致的政策"。这也就是说,决策过程只是决策者基于过去的经验而对现行政策稍加修改而已。林德布洛姆认为按部就班、修修补补的渐进主义者或安于现状者也许不像个英雄人物,但这种人却能认识到宇宙相对于自身的无限性并与之进行勇敢地角逐,因此可以说是足智多谋的问题解决者。

第二,积小变为大变。渐进决策看上去似乎行动缓慢,但它积少成多,实际速度往往大于一次大的变革。就是说,渐进决策并不是不要求变革,而是要求这种变革必须从现状出发,通过一点点的变化,逐渐达到根本变革的目的。

第三,稳中求变。渐进决策步子虽小,但却可以保证决策过程的稳定性,达到稳中求变。政策上的巨大变革是不足取的,因为往往欲速则不达,危及社会的稳定。渐进的方式比较容易获得支持,而急剧的变革往往会带来人们心理上的不适应和行为上的抵制。其情形有如青蛙的故事,渐进决策的表现类似将青蛙放在装满冷水的锅里,下面加火慢慢地烧,青蛙在锅里游来游去,水逐渐热起来,青蛙亦不会跳走,直至煮熟了。而急剧的政治变革,则类似将青蛙从放着冷水的锅里抓起来,再丢进很烫的锅里,这样青蛙一碰到热水立即会产生直觉反应而跳开。

林德布洛姆的渐进决策模式在充分考虑决策过程中实际困难的基础上,归纳和提出了一些比较符合决策实际情况的原则和方法,因而不失为一种灵活的和现实可行的决策模式,它本身也具有一些明显的缺陷,这主要体现在它的保守性上。一般说来,渐进决策模式比较适用于稳定和变动不大的环境,以及从总体上说比较好的现行政策。而一旦社会条件和环境发生巨大变化,需要对以往的政策进行彻底改变时,渐进决策所主张的修正和缓和就起不到它的作用,有时甚至会对社会的根本变革起阻碍作用。历史表明,在社会政治的发展过程中,有时需要采用渐进的决策方式,有时则需要剧变的决策方式,一切应以时间、地点、客观条件的变化为转移。因此,渐进决策作为一种模式不应是唯一的、排斥其他模式的决策模式。忽视渐进决策运用的限制条件,把它片面夸大为普遍适用的模式,这正是林德布洛姆渐进决策模式的弱点。

政治模型②

政治模型用于描述那些为了满足自己利益的人是如何作出决策的。偏好往

① 孙钱章:《现代领导方法与艺术》,人民出版社,2000年版。
② 谢明:《政策透视:政策分析的理论与实践》,中国人民大学出版社,2004年版。

往是基于个人自我利益的目标,在早期就确定的,很少会随着新信息的获得而发生改变。问题的界定、数据的搜寻和收集、信息的互换以及评价的标准都只是决策者用来达成(偏向)对其有利的结果的手段。

组织中权力的分配和参与者使用策略的有效性决定了决策的影响程度。政治模型并不明确关注道德的两难困境。然而,它接近前面已讨论过的两个自私的道德原则:① 享乐主义原则——你可以做任何事情,只要它符合你的自我利益;② 强权即公理原则——只要你有足够强大的权力就可以不需要考虑一般的社会传统。

欺骗是政治模型中的一种普遍的策略。例如,为了使高层管理人员更尊重种种关键人物,一些公司就扭曲预期的收益分配和花销。这些被修改了的数据甚至写进了一些文件,诸如投资资本商业计划、房地产预测报告,以及公司预期盈利报告等等。政治模型在全世界的组织中都普遍存在。例如,法国文化看重较高的权力距离。也就是说,上级与下级之间是不平等的,具有不同的阶层和特权被视为一种正常状态。法国组织中的政治模型是以许多潜在的假定和预期的行为为基础的。下面就是三个潜在的假定和预期的行为:

(1) 权力,一旦获得,就不应该与他人分享,除非与那些组织内的高层管理人员分享。一些人天生就是要领导他人,而另一些人天生就是要跟随别人。人要改变是很困难的。秘书就是按命令做事。中层管理人员在作出决策前,要与他的老板和组织中许多其他的人商量。

(2) 如果发现某个人是一块高层管理人员的料,要他去做他没有经验的工作也没有什么关系。因为他具有超人的能力,应该能从以前的经验中学会如何做现在的工作。

(3) 泄漏不必要的信息是有害的,因为如果那样的话,决策过程就不能被控制。何时、何地以及如何进行信息沟通是一个微妙的问题,这往往只有高层人士才能决定。

垃圾桶模式

垃圾桶模式最先是由科恩(M. Cohen)等人于1972年提出,而相关的概念,林德布洛姆在1959年就曾提及。这种模式是用来了解"无政府状态"组织的决策过程。"无政府状态"组织有三个特征:目标模糊、对如何达成目标的方法不甚清楚、参与决策的人员有相当的流动性。

1. 目标模糊

就第一项特征而言,"无政府状态"组织对整个组织本身所要追求的目标并不清楚明确,可以视必要情况随时加以调整。

2. 手段或方法的不确定

"无政府状态"组织的第二项特征是对如何达成目标的手段或方法并不清楚。这种组织的成员通常只知道与本身职责相关的业务知识,对整个组织的运作充其量只有一些很基本的粗浅的认识。成员需要去尝试错误,从经验中学习,甚至要在面对危机时摸索和思考解决问题的办法。

3. 参与决策人员的流动性

“无政府状态”组织的第三个特征是参与决策人员的流动性。以美国联邦政府来说，预算或是法案的制订不是行政部门所能全程主导、掌控或垄断的。国会议员有可能在立法过程中，对法案加以修正，舆论、利益团体或是游说团体也都会试图在政府决策的过程中施加影响力。愈民主的国家，参与或是企图影响决策的人的层面就愈广泛。

垃圾桶模式认为，具有上述三项特征的组织，其决策常常决定于问题、解决方案、参与人员和决策机会这四股力量的消长和互动。

群体决策技术

群体决策的最常见形式发生在面对面的互动群体中。但我们在讨论群体思维时已经指出，互动群体会对群体成员个人形成压力，迫使他们达成从众的意见。头脑风暴法、名义群体法、德尔菲法以及电子会议法是一些能够减少传统的互动群体法固有问题的有效方法。

头脑风暴法

头脑风暴法的意思是克服互动群体中产生的妨碍创造性方案形成的从众压力。其方法是，利用产生观念的过程，创造一种进行决策的程序，在这个程序中，群体成员只管畅所欲言，不许别人对这些观点加以评论。

在典型的头脑风暴法讨论中，6～12人围坐在一张桌子旁，群体领导用清楚明了的方式把问题说明白，让每个人都了解。然后，在给定的时间内，大家可以自由发言，尽可能地想出各种解决问题的方案，在这段时间，无论是受到别人启发的观点或稀奇古怪的观点，任何人都不得对发言者加以评价。所有方案都记录在案，直到没有新的方案出现才允许群体成员来分析这些建议和方案。需要注意的是，头脑风暴法仅仅只是创造观念的一种程序。最后方案的达成还需要借助于其他方法。

名义群体法

名义群体法是指在决策过程中对群体成员的讨论或人际沟通加以限制的一种决策方法。像召开传统会议一样，群体成员都出席会议，但群体成员首先进行个体决策。其具体方法是：① 每个成员以书面形式表达自己解决问题的方案和见解；② 每一位成员依次阐述自己的观点，由会议秘书记录下所有的观点建议，不允许讨论；③ 接着，群体成员开始讨论每个人的观点，并进一步澄清和评价这些观点；④ 每个群体成员独自对这些观点进行排序，最终决策结果是排序最靠前、选择最集中的那个观点。

名义群体法的主要优点是，允许群体成员正式地聚在一起，但是又不像互动群体那样限制个体的思维。

德尔菲法

一种更为复杂，更费时间的方法是德尔菲法，又称专家意见法。除了不需要群体成员见面这一点之外，它与名义群体法相似。德尔菲法的工作步骤是：① 在问题明确之后，要求群体成员通过填写精心设计的问卷，来提出能解决问题的方案；② 每个群体成员匿名并独立地完成第一份问卷；③ 把第一份问卷调查的结果在另一个中心地点整理出来；④ 把整理和调整的结果分发给每个人一份；⑤ 在群体成员看完整理结果之后，要求他们再次提出解决问题的方案，结果通常是启发出新的解决方案，或使原有方案得到改善；⑥ 在没有形成最终方案之前重复步骤四和步骤五，直到找到大家意见一致的解决办法为止。

就像名义群体法一样，德尔菲法能够保证群体成员免于他人的不利影响。因为德尔菲法不需要群体成员相互见面，它可以使地理位置分散的群体成员参与到同一个决策当中。当然，德尔菲法也有其不足，因为这种方法要占用大量时间，虽然可能最终形成比较完善的方案，但也极有可能失去了解决问题的最佳时机。

电子会议法

一种比较新颖的群体决策方法是名义群体法与复杂的计算机技术的混合，我们称之为电子会议法。它的具体操作步骤是：参与决策的人员坐在联网的计算机终端前；问题通过计算机屏幕呈现给参与者，要求他们把自己的意见输入面前的计算机终端；个人的意见和投票都显示在会议室中的投影屏幕上或者是传递到其他人的电脑屏幕上。

电子会议法的主要优点是：匿名、可靠、迅速。与会者可以采取匿名形式把自己想表达的任何想法表达出来，而不用担心受到惩罚。参与者一旦把自己的想法输入键盘，所有的人都可以在屏幕上看到。而且这种决策方法决策迅速，因为没有闲聊，讨论不会偏离主题。

但是这一方法也不是完美无缺，比如，那些打字速度快的人相比于表达能力强但打字速度慢的人来说能够更好地表达自己的观点，还有那些想出最好建议的人无法得到自己应有的奖励，而且这样做得到的信息也不如面对面的沟通所能得到的信息丰富。

表 7－4 对各种群体决策方法进行了对比，这样可以帮助我们在不同的问题上选择适当的决策技术。

表 7－4　群体决策方法与效果

效果标准	互动群体法	头脑风暴法	名义群体法	德尔菲法	电子会议法
观点的数量	低	中等	高	高	高
观点的质量	低	中等	高	高	高
社会压力	高	低	中等	低	低
财务成本	低	低	低	低	高
决策速度	中等	中等	中等	低	高

（续表）

效果标准	互动群体法	头脑风暴法	名义群体法	德尔菲法	电子会议法
任务导向	低	高	高	高	高
潜在的人际冲突	高	低	中等	低	低
成就感	从高到低	高	高	中等	高
对决策结果的承诺	高	不适用	中等	低	中等
群体凝聚力	高	高	中等	低	低

资料来源：斯蒂芬·P·罗宾斯，《组织行为学》（第7版），中国人民大学出版社，1997年版。

个体决策与群体决策的比较

"三个臭皮匠，顶个诸葛亮"这一中国家喻户晓的谚语道出的是群体决策相对个体决策的优点。北美和其他国家法律体系的一个基础信念是：两人智慧胜一人，通过这些国家的陪审团制度可以观察到这一点。现在，这种观念已经拓展到一个新的领域：组织中的许多决策是由群体、团队或委员会作出的。那么，相对于个体决策而言，群体决策真的那么有效吗？

群体决策包括领导群体决策和群体参与决策两种。所谓领导群体决策是指领导不是作为个人，而是由一个领导团队共同决策，也就是通常所说的最高管理层决策集团。群体参与决策则是较低层次的群体成员参与高层的决策情况，集中表现在群体成员参与领导决策的过程，能够对决策的最终形成起到一定的影响作用。

群体决策相比于个体决策有其自身的优点。

(1) 更完全的信息和知识。由于每个群体成员所掌握的信息都不相同，而且没有一个成员具备作出决策的完备信息，因此通过多名群体成员的参与可以提高决策信息的丰富程度，从而提高决策质量。

(2) 增加观点的多样性。群体成员的共同参与能够给决策过程带来异质性，这就为多种方法和多种方案的讨论提供了机会。

(3) 提高了决策的可接受性。许多决策的夭折并不是因为决策本身的正确性问题，而是因为在执行环节出了问题。那么为什么决策的执行总是不到位呢？原因在于决策方案的被接受程度。所以群体决策的又一大好处就在于通过群体成员的共同参与所形成的决策方案具有较高的接受程度，而且执行决策的员工的满意度也会提高。

群体决策机制并非完美无缺，它的主要缺点包括以下几点。

(1) 浪费时间。组织一个群体需要时间。群体产生之后，群体成员之间的相互作用往往是低效率的。这样，群体决策的周期就会比较长，从而就限制了管理人员在必要时作出快速反应的能力。

(2) 从众压力。由于受到从众压力的影响，在进行群体决策的时候，个体成员的意见会受到压抑，从而使得许多独到的见解和创新的建议不能被表达出来。

(3) 少数人控制。群体讨论可能会被一两个人所控制，如果这种控制是由低水平的成员所致，群体的运行效率就会受到不利影响。

(4) 责任的推诿。由于群体决策的结果是由整个群体来负责，因此会导致责任的不合理扩散，大家都认为结果不该由自己来负责。那么一旦出现问题的时候，由于责任的不清晰就会导致互相推卸责任。

总的看来，群体决策更为准确，因此群体决策比个体决策的质量要高。但是，个体决策比群体决策所花费的时间要少，所以个体决策比群体决策更有效率。因此可以得出结论，在不同的情况下要采用不同的决策方式。比如企业要考虑一项重大投资决策，这时采用群体决策方式能够提高决策的有效性，但是在处理突发事件的时候，往往个体决策更有效。

下面通过表 7－5 来全面地反映个体决策和群体决策在诸如速度、准确性、创造性、效率和风险性等决策特征方面的差异。

表 7－5　个体决策与群体决策比较

决策特征	个体决策	群体决策
速　度	快	慢
准确性	较高	较低
创造性	较高，适用于工作结构不明确，需要创新的工作	较低，适用于工作结构明确，有固定程序的工作
效率	取决于决策任务的复杂程度，通常费时少，但代价高	从长远看，费时虽多，但代价低，效率高于个体决策
风险性	视个体素质、经历而定	若群体成员富于冒险性，则决策趋于更大冒险性；反之，思想保守，则决策行为更趋于稳重

资料来源：斯蒂芬·P·罗宾斯，《组织行为学》(第 7 版)，中国人民大学出版社，1997 年版。

决策的影响因素

决策主体的差异

所有的人都会把自己的个性及其个体差异带到决策中。在组织内部，心理因素、决策风格及道德发展水平等与决策制定尤其相关。

个体/群体心理因素

西蒙开创了从心理学角度研究决策行为的先河。他指出由于决策相关的信息、时间以及决策者的认知能力等方面的限制，人类的决策行为并不遵循完全理性的原则，进而提出有限理性和满意原则。西蒙的研究指出了人的心理因素会使决策偏离理性，但没有告诉我们将如何发生偏离。

卡尼曼和特维斯基(D. Kaneman, A. Tversky, 1979)则从人自身的心理特质、行为特征出发，揭示影响决策行为的非理性心理因素，据此提出"前景理论"。"前景理论"揭示的是，人的心理特质影响到人的行为，进而直接影响到人们的判断和决策，并指出了决策过程中出现系统性偏差的关键信息。

"前景理论"有三个基本原理：一是大多数人在面临获得时是风险规避的，因此人们在面临获得时往往小心翼翼，不愿冒风险；二是大多数人在面临损失时是风险偏好的，因此人们在面对失去时会很不甘心，容易冒险；三是人们对损失和获得的敏感程度是不同的，人们对损失比对获得更敏感，因此损失时的痛苦感要大大超过获得时的快乐感。

1. 启发式偏差

在"前景理论"的指导下，研究者们逐步发现人类决策启发式(heuristics)及其决策偏差。决策者在不确定条件下，会采用一种启发式的思维方法。所谓启发式简单来说就是根据以往经验来对当前情况进行判断。大量研究表明，当人们要对一个复杂模糊、不确定的事件进行判断时，由于没有行之有效的方法，往往会走一些思维的捷径，比如：依赖过去的经验，通过对过去的经验进行分析处理，得到启示，然后利用得到的启示作出判断。这些思维的捷径，有时帮助人们快速地作出准确的判断，但有时会导致判断的偏差。这些因走捷径而导致的判断偏差，就称为"启发式偏差"。

启发式偏差主要有三种：代表性启发、易得性启发和锚定效应。

(1) 代表性启发。指人们在决策时，首先会考虑借鉴事件本身或事件的同类事件以往的经验即以往出现的结果。一般情况下，代表性是一个有用的便捷的决策方法。但在分析以往经验，寻找规律或结果的概率分布的过程中，有可能会产生严重的偏差，从而得到错误的启示，导致判断错误。

1982年，卡尼曼做了一个著名的实验：约翰，男，45岁，已婚，有子女；他比较保守、谨慎并且富有进取心；他对社会和政治问题不感兴趣，闲暇时间多用于业余爱好，比如做木匠活和猜数字谜语。

假设他来自于一个工程师和律师组成的样本群。然后分别告诉被试不同的先验概率。一组被试被告知工程师人数为样本的30%，律师为70%。另一组被试被告知工程师人数为样本的70%，律师为30%。询问两组被试约翰更有可能从事哪种职业？结果表明，两组被试大都认为约翰是工程师，即使在主试有意提醒他们注意叙述条件的情况下，这种现象仍未改变。这说明，人们只根据描述性语言的代表性进行判断却全然不考虑先验概率的影响。这种在判断时忽略基础比率而导致的谬误就是所谓的基础比率谬误。

同年，卡尼曼又做了一个实验：琳达，女，31岁，单身，坦率，活泼，她学的专业是哲学。当她还是个学生时，就非常关注歧视和社会公正的问题，并且参加过反核武器的示威游行活动。问琳达更有可能是什么样的人？

a. 琳达是一个银行出纳员；b. 琳达是一个崇尚女权主义的银行出纳员。

很多人都会选b项。因为对琳达的描述更符合我们心目中女权主义者的形象（或者说代表了我们心目中女权主义者的形象），所以我们就更倾向于认为琳达是一个崇尚女权主义的银行出纳员。我们在这里就运用了启发式的判断，却没有注意到这样一个基本道理：两个独立的事件同时发生的概率不可能高于其中单个事件单独发生的概率，从而犯了一个所谓的结合谬误。琳达是崇尚女权主义的概率可能很高，琳达是一个银行出纳员的概率可能不高，但琳达同时既是银行出纳员又崇尚女权主义的概率就肯定低于前二者的概率了。我们会犯这样一种错误的原因可能是因为对事件描述得越详尽，就越容易让我们产生联想，进而导致我们误以为事件越容易发生。

（2）易得性启发。指人们在决策时，记忆通常会依据一些容易想起来的事例来判断一种类别出现的频次或者事件发生的概率。一般来讲，经常出现的事件概率高，也容易被回忆，它们具有一定的一致性。但有的时候，影响易得性的因素与影响概率的因素是不一致的。例如，许多研究表明，材料的生动性、具体性、情绪化等可以影响易得性，但对客观概率没有影响，由此导致判断上的偏差。

1983 年，卡尼曼进行的另外一个实验是描述如下。问：以字母 k 开头的英文单词和第三个字母是 k 的英文单词相比，二者谁更多？大多数人认为以字母 k 开头的英文单词更多。因为人们很容易就想到以字母 k 开头的英文单词，比如 keep，kill，kitchen 等，但要想起第三个字母是 k 的英文单词就有些困难了，于是人们就会认为以字母 k 开头的英文单词会更多。实际上，第三个字母是 k 的单词是以 k 字母开头的单词的 3 倍。这就是典型的易得性启发式思维方式。

再举一个关于易得性启发的例子。有个 8 岁大的叫莫莉的孩子，她有两个最好的朋友，一个叫艾米，一个叫伊玛尼，两个朋友都住在附近。莫莉的父母知道艾米的家里放着一把枪，于是他们不许莫莉到艾米家玩。所以莫莉就经常跑到伊玛尼家玩，伊玛尼家的后院有个游泳池。莫莉的父母觉得自己的做法是在保护莫莉，可根据统计资料显示，这种做法一点都不明智。平均来说，美国每 1.1 万个家庭游泳池就可能溺死一个孩子。美国一共有 600 万个这样的游泳池，这也就是说，每年将近有 550 个不到 10 岁的孩子是溺死在游泳池里。相比之下，在美国，每 100 多万支枪才会杀死一个孩子。据估计，美国一共有 2 亿支枪，这就是说美国平均每年死于枪口下的孩子数量大约为 175 名。所以对于美国孩子来说，他们死于游泳池里的概率（1：11 000）要远远大于死于枪口的概率（1：1 000 000），也就是说莫莉在伊玛尼家的危险程度大概是在艾米家的 100 倍。[①] 问题就在于为什么莫莉的父母会觉得枪比游泳池更危险？这是因为媒体更愿意报道一名丧心病狂的家伙开枪打死一名孩子而不是一名孩子在游泳池里淹死。开枪打死一名孩子这样的事件更容易在人们的脑海中留下深刻的印象。

（3）锚定效应

锚定效应，一般又叫沉锚效应，是一种重要的心理现象，就是指当人们需要对某个事件作定量估测时，会将某些特定数值作为起始值，起始值像锚一样制约着估测值。在作决策的时候，会不自觉地给予最初获得的信息过多的重视。哈

---

① 史蒂芬·列维特：《魔鬼经济学》，广东经济出版社，2006 年版。

佛商学院的约翰森·汉蒙顿教授曾用简单的心理学实验来说明这一现象。要求一组不具备相应背景知识的被试先后回答两组问题:“土耳其的人口超过三千五百万吗,你认为土耳其的人口是多少?”“土耳其的人口超过一亿吗,你认为土耳其的人口是多少?”当第一问题所问及的人口数增加时,被试在回答第二问题时无一例外地提高了所估计的人口数量,这充分说明第一问题为被试设置了“锚定”。

左右人思考和判断的“锚定”形式多种多样,同事不经意的评论,早报上的统计数字,关于人的肤色、口音、衣着的固定看法都可能在你没有意识到时就已经影响到你对某一问题的思考和判断。最常见的一种经营决策“锚定”是过去的事件和趋势,营销人员在制定销售计划时经常参考去年的销售数据。这些数据很可能成为营销员综合其他因素的“锚定”。这种方式过分强调过去的事实,因而在市场变动加剧的形势下就可能导致错误的预测,进而导致决策失误。

2. 决策陷阱

启发式是一种决策策略,人们用这种策略来简化决策过程中对信息加工的需求,启发式能为管理者提供应对复杂问题的有效方法,在大多数情况下作出好的决策。但如果运用不当,则会发生偏差,进而陷入决策陷阱。下面介绍几种常见决策陷阱。

(1) 过度自信

在人们的决策中,过度自信是一个普遍的问题,其所带来的潜在破坏性也是巨大的。在美国挑战者号航天飞机的灾难中,过度自信扮演了重要的角色。在挑战者号航天飞机第25次发射前,美国宇航局的官员对飞行风险的估计是十万分之一,这样的风险估计大致等于飞机在三百年的时间内每天发射,也只可能产生一次事故。

通常,当面对有难度的工作和展示个人能力情况的时候,管理者往往会表现出过度自信。过度自信是大众对自身能力和知识面了解不足而产生的偏差。对自身能力过度自信的人对自己的判断总是高于实际,对自己知识面过度自信的人总是觉得自己明白很多东西,而实际上并非如此。这种过度自信并不意味着这些人无知或者无能,只是他们眼中的自己比现实中的自己更加优秀、更有头脑。

(2) 存在陷阱

许多心理实验表明,人在决策时具有强烈的维持现状的心理倾向,这就是心理学家所说的“存在陷阱”。存在陷阱来源于我们心灵深处一种渴望自我保护、免受创伤的本能保护反应。采取革新行动就得承担责任,面临失败和受指责的风险,因而需要承受更多的心理负担。趋利避害的本能促使人们维持现状,这种心理倾向使真正的创新也留下“存在陷阱”的痕迹。例如:最早的汽车,又被称为“不用马拉的四轮马车”。在网络上出现的第一份电子新闻报竟与印刷的报纸完全相似。

经营管理领域是存在陷阱心理阴影最浓厚的地方。因为管理制度、管理结构与管理方式的创新会牵发一系列的利益调整,人们总会褒贬兼有。而且经营管理的创新,其收益有时不是显性的或短时间内就可以获得的,所有这些因素都会使经营管理者在决策时自觉不自觉地在心理上为巩固既有存在寻找借口。

(3) 沉金陷阱

经济学家所称的沉没资本(sunk cost)是指那些过去已经投资而且再也无法撤回的金钱或时间,而心理上的"沉金陷阱"是指人总趋向于在已有决策的基础上作新的决策,即使明知过去的决策已过时无效,仍难以摆脱或修正以往的决策,其根源在于人心理活动中的快乐原则。人的心理本能地倾向于忽略和遗忘痛苦,它使人在回顾过去决策错误时产生防御性的反应——总希望以往的决策是正确的,这就不需要承受可能伤及自尊或名誉的心理负担。

沉金陷阱对银行经营的危害似乎更大。当一借款户的经营陷入危机时,银行的信贷经理更倾向于向他提供更多的资金,以使它起死回生。即使增加的贷款没能使该公司摆脱困境,信贷经理也宁肯相信客户对增加贷款的要求是合理的。事实上,这位经理已经被沉金陷阱牢牢套住,丧失了客观地评估风险的动机,从而易于作出错误的经营决策。许多经营有方的银行往往在发现一项有潜在危机的贷款后就立刻将它转给另一经理办理,以便新接手的人能以无偏向性的思考来客观地评估风险。

公司的规章条例在一定情况下有强化经营管理人员沉金陷阱的功效。对决策错误过于严厉的惩罚,易于导致中层管理人员宁愿将错就错,寄希望于这一不明智的决策会阴差阳错地自行好转。因此,高层管理人员应当明白,给予中层管理人员更宽松的环境,有益于他们摆脱心理上的沉金陷阱,使一些危害较小的错误决策得到及时修正,避免累积起来,造成更大的损失。

(4) 求证陷阱

心理上的求证倾向是指我们总是力求寻找信息去证实本能的感觉和业已存在的观点。对能支持和切合感觉与观点的信息,心灵具有更高、更积极的开放度,并天然地对那些与自身感觉与观点对立或矛盾的信息筑起抵御与责难的樊篱。有两种基本的心理能量对形成求证倾向产生作用。一种是我们的潜意识,它经常在尚未仔细考证清楚为什么做某事之前,往往已经打定了如何行事的主意;另一种是兴趣与好恶,它常使我们热心于自己喜爱的东西,厌恶反感的东西。这两种心理能量强化了我们决策时的求证陷阱,使我们自动地接受那些印证我们潜意识观念的信息。求证倾向不仅影响我们收集信息的途径,而且影响对收集到的信息的阐释。

决策中避开求证陷阱很重要,但这不是说不能依靠潜意识来进行决策。有一种我们称为直觉的东西常常在决策中扮演重要角色。生意场中的直觉往往是灵感与悟性的结晶,闪烁着经营天赋的火花。如果能够应用一系列理智的方法对潜意识进行规范与检测,消除直觉中的求证倾向,无疑有助于发挥直觉对决策有益的一面。

(5) 群体思维

群体思维现象是进行群体决策时不可避免的诸多局限之一,它是指由于从众的压力而导致群体对不寻常的、少数人的或不受欢迎的观点不能作出客观的评价。群体思维会发生在众多的场合之中，基于与群体保持一致以防遭到大多数人反对的考虑，那些具有与大多数观点不一致意见的群体成员往往会妥协或修正自己的想法，这种现象会妨碍决策质量的提高，最终将损害群体的绩效。

群体思维现象有多种症状表现：

① 群体成员把他们所提出的假设的任何被他人反对的部分合理化。不管事实与他们的基本假设的冲突多么强烈，成员的行为都会继续强化这种假设。

② 群体成员直接对那些持质疑观点的人施加压力，使其服从大多数人的观点。

③ 那些持有怀疑或不同看法的人，往往通过保持沉默，甚至降低自己看法的重要性，来尽力避免与群体观点不一致。

④ 如果某个成员保持沉默，其他人往往认为他表示赞成。换句话说，缺席者就被看作是赞成者。群体思维现象似乎与阿希的比较线段实验的结论完全一致。如果个人的观点与处于控制地位的大部分群体成员的观点不一致，在群体压力下，他就可能屈从、退缩或修正自己的真实感情或信念。作为群体的一员，我们会发现，与群体保持一致，即成为群体中积极的一分子，比成为干扰力量对我们更有利，即使这种干扰对于改善群体决策效果是必需的。

群体思维并非完全一无是处，有时也表现出积极的一面。比如说，群体思维会提高群体的凝聚力和成员的自我满意感。但是，群体思维对群体决策所造成的负面影响要加以慎重对待。那么如何来改变这一现象呢？以下几个方面会对群体思维造成影响。

① 群体凝聚力。一般来说，凝聚力强的群体内部讨论比较多，因而能够给群体提供更为全面的决策信息。

② 领导者行为。如果群体的领导者具备一种比较开放型的领导风格，鼓励成员积极提出不同建议，那么群体思维现象将会得到有效缓解。

③ 群体与外界的隔阂。长时间与外界隔离会使群体内部可选择和可评价的方案减少，另外对方案的评价会失去客观性，造成“近视症”现象的出现。

④ 时间压力。群体成员在作决策时，如果感到时间压力大而难以承受时，容易投机取巧、应付差事，从而影响决策效果。

⑤ 系统的决策流程。使用系统的决策流程将使得决策更加科学化和理性化。群体领导在决策初期应该避免表现出对某个方案的特殊偏好，因为这样将使得群体成员不愿意提出与领导不一致的意见，从而默认这一方案为最终方案。

(6) 群体转移

群体转移是指在决策过程中，成员倾向于夸大自己最初的立场和观点的现象。这一现象的产生会使得群体成员的观点朝着更为极端的方向转移。所以在有些情况下，群体决策比个体决策更保守，而更多情况下，群体决策倾向于冒险。

对于为什么会出现冒险转移现象，人们有多种解释。

① 责任分散化。每一种决策都与一定的责任相联系。作为个体决策者，决策的风险完全由个人来承担，因而个体决策的风险偏好比群体决策要小。反观

群体决策则不同,风险共担、责任分散使得群体决策成员的心理负担有所减轻,从而在决策过程中表现出更高的风险偏好。

② 群体氛围。群体讨论使得群体成员相互之间变得更加熟悉了,随着他们之间关系的融洽,他们会变得更加勇敢和大胆。

③ 社会比较作用。群体讨论激励成员向别人表明自己至少与同伴一样愿意冒险,否则容易给人留下思想保守的不良印象。

决策风格

决策者由于生活背景、教育背景、年龄和文化等方面的差异,每个人的价值观、知识架构、性情、看待和处理问题的方式等都会有所不同,从而在决策过程中表现出各不相同的风格类型和决策特点。人们在决策过程中,在两个维度上存在显著差异。首先是思维方式不同。一些具有逻辑性和理性思维的人,处理信息的过程是连续性的。相反,一些靠直觉和创造性思维的人,把事物看成一个整体来接受。其次是对不明确性的容忍度。一些人总是需要在组织信息时,采用使不确定性降至最小的方法;另一些人却能够同时思考多个想法。根据这两个维度的差异,可以将决策者的决策风格划分为四种类型,即命令型、分析型、概念型和行为型。

命令型风格的人追求理性,对不确定性的容忍度较低。但在制定决策时,他们关注效率和结果,利用最少的信息并且几乎不考虑备选方案。命令型决策者制定决策速度快,注重短期效应。

分析型决策者对不确定性有较大的容忍度。他们期望获得更多的信息,并考虑更多的备选方案。分析型决策者具有适应和应付新环境的能力。

概念型决策者眼界开阔,并考虑很多备选方案。他们着眼于长远目标,并且善于找到创新的方法来解决问题。

行为型决策者,他们善于和其他人合作,对同事及下属的工作绩效表示关心。他们接受别人的建议,擅长于理解沟通。此类型的决策管理者尽量避免冲突,并寻找可接受的方式。

大多数决策者会同时具备四种决策风格中的某些特质。也就是说,个人决策风格是由上述的四种基本风格所组合而成,而非只呈现单一的风格。一般而言,决策者的决策风格是由一个主要的风格和一至两种辅助风格所构成。决策风格本身并没有绝对优劣之分。决策的有效性,则主要取决于决策者风格与决策问题之间的适配性。

道德发展水平

道德发展与决策相关,是因为很多决策会使用道德尺度来衡量。一个权威的研究机构认为存在三种道德发展水平,每一种水平包含两个阶段,在每个延续的阶段,个体的道德判断增进缓慢,而且受外界因素影响较小。这三种水平和六个阶段的详细描述见图 7-1。

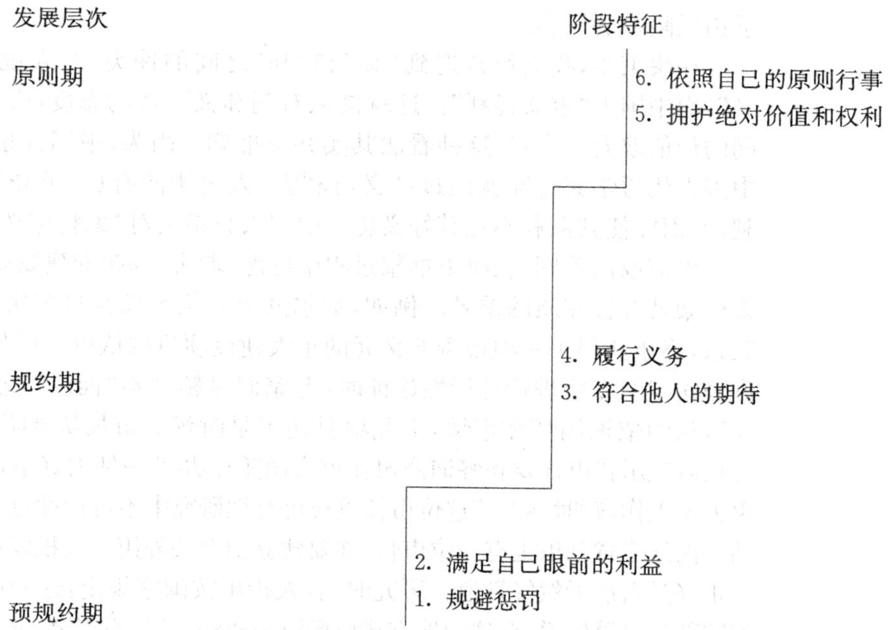

图 7-1 道德发展阶段

资料来源：斯蒂芬·P·罗宾斯，《组织行为学》(第7版)，中国人民大学出版社，1997年版。

在这预规约水平(precoventional)水平，只有当涉及个人利益，诸如奖惩措施、薪资福利或提升时，个体才会去关心其对错与否。规约水平(conventional)下的推理表明，道德观念存在于常规秩序的维护及他人的预期之中。在原则水平(principle)下，除群体或社会中的权威人士以外，个体也通过特定的努力来定义道德准则。

通过对道德发展阶段的研究，我们可以得到以下结论：① 人们以缓慢的方式依次通过这六个呈阶梯状上升的阶段。② 发展可能在某一阶段终止。③ 大多数成年人都处于第四阶段，他们都会遵循社会的各项法律准则。④ 管理者所达到的阶段越高，就越容易产生伦理性决策。例如，一位处于第三阶段的管理者易于作出得到其同事赞同的决策；一位第四阶段的管理者则会作出尊重组织规定和程序的决策，以成为“良好的企业员工”。

研究者还发现，个体在作出道德抉择时，可以采取三种不同的准则。首先是功利主义准则。决策的制定只以收益和后果为基础。功利主义目的就在于最大限度地获取收益，比如说为了追求利润最大化，一个管理者发出将解雇30%的员工的通知时，可以以最大收益的最佳人员数来为其行为辩解。第二个道德准则是权利。这一点促使个体作出的决定与基本的自由、人权相吻合，这意味着尊重和保护个体的基本权利，诸如隐私、自由言论、游行等权利。第三个准则是公平。这要求个体行使并捍卫公平的、无偏袒的规则，使利益与损失得到公平的分配。

这三个准则各有利弊。功利主义提高了效率和生产率，但容易忽视个体的权利。权利准则保护个体免受侵害，保证其自由和隐私，但会阻碍效率和生产率的提高。公平准则保护少数派和弱势派，但会减少个体的创造性和生产率以及承担风险的责任感。

在决策中，我们经常遇到"义"和"利"之间的冲突，有人说西方人"重利轻义"，而中国人"重义轻利"。这就是从对利和义二者的态度，表现出的东西方不同的价值取向。当然，这种看法其实并不准确。因为，中国人也并非不重功利，中国古代哲学家荀况就说过："义与利者，人之所两有也，虽尧舜不能去民之欲利，然而能使其欲利不克其好义也。"中国人只是反对"见利忘义"。

价值取向不同，在决策框架过程中好恶、取舍、抑扬和褒贬就不同，创设的决策框架就会存在质的差异。例如，哈尔滨市一位市长经过多次与国家有关部门联系，终于获得了一项投资6亿元的重大建设项目的认可。可是，在市计委和咨询公司组织专家进行可行性论证时，专家们对领导不"面从"，敢于"以胆各言其失"，认为依据国情和市情，上此项目还不是时候。市长认真听取了专家的不同意见后表示："市计委和咨询公司在重大决策中办了一件大好事，我要来的项目我再去做工作，暂时不上。"这位市长重视可行性研究中不可行性意见，一时被传为佳话。而辽宁省某市也有一位市长，他要建立山海关外第一大批发市场，但选址地地下正好是石油天然气管道。研究时，有人指出按国家规定，这种地段不能搞建筑；消防部门也警告说，在这种地方建市场第一违法、第二不安全，没有签字表示同意。但该领导仍坚持拍板上马，花了1 700万元人民币把市场建了起来。省政府得知，责令彻底推倒，造成巨大的财力、人力损失。这两个市长采取了不同的价值取向，决策结果完全不同，尽管他们表面上可能都遵从了同样的决策框架程序。[①]

决策环境因素

内部环境因素

组织本身的绩效评估、奖酬体系和时间约束会对决策者产生一定的约束。

在决策过程中，管理者们在很大程度上受到绩效评估标准的影响。如果一个管理者因为没有听到任何关于某个生产车间的负面信息，就认定这是运营最好的车间。那么我们就不难发现，他的生产车间主管会用相当多的时间以保证负面消息不会传到他那里，该管理的决策质量和决策效果将会由于信息的缺失而大打折扣。

组织的奖酬体系会对决策者产生一定的影响。例如，如果组织的报酬风险大，管理者们则可能作保守决策。从20世纪30年代到80年代中期，通用汽车公司不断给那些保持低调、避免争论、优秀团队成员的管理者们提供晋升机会、发放红利。这样做的结果是通用汽车的管理者们变得非常善于避开棘手问题。

时间约束也会影响决策。为在竞争中保持领先和顾客满意，必须快速制定一系列决策，而且几乎所有重要决定都有明确的最后期限。这种状况给决策者带来时间上的压力，在作出最后决策之前，往往难以搜集到所需要的全部信息。因此，理性模型忽略了这样一个事实，即组织内部的决策通常具有时间限制。

① 鲍宗豪：《决策文化论》，上海三联书店，1997年版。

决策并非在真空环境中作出，决策是有其背景的。事实上，把个人决策看作决策流中的一点更为确切。过去所作的决策像“幽灵”一样不断显现在当前决策中，比如从前的承诺会约束现在的选择。比如，决定一年预算额的多少，最重要的因素是上一年的预算额。因此今天的选择在很大程度上是历年所作选择的结果。

外部环境因素

(1) 决策环境复杂、形势紧迫容易使决策失误。相对简单的决策环境容易使决策成功，而相对复杂的环境使得决策比较困难，决策容易失误。

(2) 决策环境总是处在不断变化发展之中。现代各种高新科学技术迅猛发展，全球市场的形成，信息的迅速传播，这一切使得以往形成的传统决策环境发生变化。

(3) 历史环境和社会环境，包括陈旧的思想、观点对决策的影响。决策者群体生活在历史的社会的环境之中，他们的思想观念受到社会文化思想意识的深刻影响，这些影响在决策中会表现出来。从古代格言中，我们可以清楚地看到各种各样的传统的决策思想观念的表现。“各人自扫门前雪，不管他人瓦上霜”，“不在其位，不谋其政”，“人微言轻”等，这些观念忽视老百姓在决策中的作用，对人们影响深远。

文化差异与决策

决策者的文化背景会对其对问题的选择、分析的深度、对理性和感性的轻重之分，或组织决策应由管理者单独决定还是集体完成等方面产生重大影响。比如，非洲管理者制定决策的速度，比美国同行慢很多，而且更加深思熟虑。一些文化重在解决问题，另一些文化强调适应所处的环境。美国属于前一类，而印尼属于后者。日本文化强调一致性和合作性，因而日本管理者作决策时，团队倾向比美国强很多。

中国的管理决策方式受传统的君臣关系的影响。传统的君臣关系的总原则是“惠忠”，就是说做君主的要实行仁政，要有恩惠加于辅臣，同时做辅臣的一定要忠诚，要以诚心奉事君主。此外，中国传统的中庸思想也影响着中国管理者的决策行为。孔子说：“中庸知为德也，其至矣乎！”可见，儒家把中庸思想看作是最高的道德。其中“和为贵”的思想就成了中国人几千年来处理人际关系、民族关系、社会关系的传统原则。

儒家文化对国人长久的熏陶，形成了中国企业管理者决策行为的两大特点：一是不善于对下级进行授权。在传统的等级制度的影响下，形成了中国企业当中上下级之间较大的权力距离，这种较大的权力距离表现为企业当中管理者等级秩序森严，权力较大者拥有相应的特权，下属对上级有强烈的依附心理。二是决策上的集体主义。在“和为贵”思想的影响下，中国的管理者通常群众观念较强，形成了群体决策、民主集中的决策风格。①

---

① 中美企业管理者决策方式的比较分析，www. chinaceo. com，2001-07-04。

中国文化背景下的决策创新

从总体上看，与西方人相比，中国人决策方式的特点是较为宏观，注重从整体上把握，但在量化分析等精细的决策技术方面较为欠缺；重视"人情"、"面子"，对决策的制度、程序不够重视，决策容易受到"圈子"利益的影响；普遍存在"求稳"、"求和"的心理，创新的内生动力不足。要在中国文化背景下实现决策创新，提高决策质量和效率，就必须在发挥中国人的系统性决策思维优势的基础上，努力克服影响有效决策的"面子"、"圈子"、"过度自信"等各种心理因素，综合运用量化分析、风险评估、侧向思维、逆向思维等现代的决策技术和方法。

中国古代系统思维与现代决策的结合将日趋紧密。《孙子兵法》作为一部谋略之学，对组织的内外部因素和与这些因素相关联的内外部条件进行系统、动态考察的思维方法，对企业决策者仍有重要的借鉴作用。《孙子兵法》提倡"上兵伐谋"，这是它最具魅力的部分。孙子讲谋略，强调"因利而制权"，"悬权而动"，即根据竞争中条件的变化采用灵活机动的战略战术以制胜，即权变论。《九地篇》说："大九之变，屈伸之利，不可不察也。"《虚实篇》云："水因地而制流，兵因敌而制胜。故兵无常势，水无常形，能因敌变化而取胜者，谓之神。"企业的经营决策，从战略决策到各个部门包括生产管理、产品销售、财务控制、人力资源等部门的日常决策，都必须根据经营实力、市场行情及竞争对手情况的变化，善于运用权变的思想，这样才能使企业在竞争中立于不败之地。美国和日本的很多企业家就从《孙子兵法》中借鉴到了许多东西。①

侧向思维方法

侧向思维方法是通过预先设计来改变个体或团队感知和解释信息的方式，以创造新想法的一套技术。

表 7-6　侧向思维与纵向思维特征的对比

侧向思维	纵向思维
1. 尽力发现看事物的新视角，与变化和运动有关。	1. 尽力发现判断事物关系的绝对事实，与稳定性有关。
2. 避免寻找"正确"或"错误"的东西。尽力发现不同的东西。	2. 为每一步搜寻"是"或"否"的证据。尽力寻找"正确的"东西。

① 陈黎琴：《〈孙子兵法〉与现代企业经营决策》，见《西北民族学院学报》，2000 年第 1 期。

（续表）

侧向思维	纵向思维
3. 对想法进行分析，决定如何应用它们来产生新想法。	3. 对想法进行分析以决定为什么它们不能起作用因而需要抛弃它们。
4. 通过“不符合逻辑地”（自由联想）从一步跳跃到另一步，引进不连续性。	4. 通过一步一步的逻辑推理来持续搜寻。
5. 在产生新想法时，欢迎使用偶尔得到的信息；考虑不相关的因素。	5. 挑选那些被认为能产生新想法的信息，拒绝那些被认为无关的信息。
6. 通过避免明显的事实取得进展。	6. 使用已确定的模式取得进展，考虑很明显的事实。

资料来源：De Bono, Edward. *Lateral Thinking: Creativity Step by step*. New York: Harper&Row, 1970; De Bono, Edward Bono. *Six Thinking*. Hats, Boston: Little Brown, 1985.

侧向思维的方法包括一些技术，这些技术用来明确现有的想法和实践，刺激看问题的其他角度，帮助形成新想法。

田忌与齐威王赛马的故事

战国时期，齐威王十分喜欢与大臣们赛马赌输赢，赌注相当可观。因齐威王拥有良驹，赛马时赢多输少，大臣们普遍都有恐惧感。一天，齐威王相约要与田忌赛马，田忌既紧张又害怕，心想又要输一大笔钱。此时，“智多星”孙膑主动充当田忌的智囊，对齐威王参加比赛的三驾马车的马力作了调研分析，并测试了田忌的三驾马车的马力，采用以“弱车”消耗对方“强车”的战略，最终以3∶2获胜。

逆向思维方法

战国时代，有一天魏惠王坐在高高的王座上，问身边的庞涓与孙膑：你们有什么办法使我从王座上走下去吗？庞涓用习惯性思维，苦苦思索良久，想出了外敌入侵、大军压境、非要大王亲征的办法。而孙膑用了逆向思维，把问题倒过来想，他说：我虽不能让大王从王座上走下来，但我能让大王从地面走上王座。魏王信以为真，痛痛快快地从王座上走了下来。结果孙膑还在魏王蒙在鼓里的时候轻而易举地达到了目的！诸如此类的例子还很多，诸葛亮的“空城计”，韩信的背水布阵等，均属此类。他们的共同特点在于在解决问题时，故意进行反习惯、反逻辑的思考，使对方感到莫名其妙、大惑不解，从而达到自己的目的。

所谓逆向思维是一种一般形式逻辑所不能完全概括的思维方法。它不像习惯的思维方法那样沿着正常的固定的有序的程序进行推论，而是打破固有的思维定势，把问题颠倒过来进行反向思考。它与顺向思维相比，具有新、难、险三个特点。所谓新，即决策者在解决问题时思维新奇、想象新奇、对策新奇，既不重复别人，也不重复自己；所谓难，就是决策难度大，它由“新”派生出来；所谓险，是指作出的决策有较大的风险，在一般人看来似乎是“铤而走险”。

当今时代，信息的传输、扩散速度加快，在信息利用上的“顺向思维”往往产生大家都往一处挤的现象。例如，我国先后出现了很多热：彩电热、冰箱热、洗衣机热、VCD热，等等。这些盲目发展和盲目引进的“热”，造成资金和人力的极大浪费。在决策中运用逆向思维，能使我们透过事物的表象，去捕捉“热潮”中易于被人们所遗弃或忽视的“冷”，避开竞争对手，达到独辟蹊径、出奇制胜的效果。正因如此，逆向思维在领导者决策中往往具有其他思维方式所不可替代的作用。

张瑞敏的逆向思维①

1989年，中国冰箱的产量突然积累到了很大的一个量，各家冰箱厂商为了抢占市场，开始大面积降价，唯独海尔在一片降价风潮当中坚持不降价，不仅不降价，海尔总裁张瑞敏还作了一个惊人的决定，那就是提价。

对于“众人皆降我独提”，张瑞敏如此解释道：“有的人不清楚企业应该如何运行，只凭自己的臆想猜测……还有人说海尔可以降价，降价可以多卖。降价还需要教吗？正如当年毛泽东主席带领弱小的红军能打下中国，就是要‘出其不意，攻其不备’，就是‘不按常理出牌’。”这件事情不仅证明了张瑞敏的一个判断“你只要是真正地对市场、对用户非常真心，他就永远都会忠于你”，而且对海尔后来多元化和国际化的决策过程影响很大，张瑞敏凡是重大决策都喜欢用逆向思维来考虑问题。

《道德经》中对逆向思维早有精彩的阐述：“反者道之动，弱者道之用。天下万物生于有，有生于无。”说起来，无非就是“居安思危，思则有备，有备无患”的那一套，张瑞敏概括为“旱则资舟”，最典型的例子就是海尔的国际化。每人都说出去有这样那样的风险，张瑞敏却反过来思考：“我们要是不出去，风险会多大？”

本章回顾

决策是为解决某一问题而作出的决定和行动的过程。理性决策，就是决策者充分考虑各种情况，预测行为后果，从而选择能给自己带来最大利益的方案。然而对人的决策过程的研究表明，无论对于个体还是群体，人们其实很难做到真正理性决策。“满意”也就成为有效决策的评价标准。

在组织行为理论中，理性决策模型、有限决策模型、直觉决策模型、渐进模式、政治模型、垃圾桶模式等被用以表述或研究人类的决策过程。相应的，头脑风暴法、名义群体法、德尔菲法、电子会议法等决策技术方法也被应用于管理实践。

与个体决策相比较，群体决策通常具有观点的多样性、更完全的信息和知识

① 陈斌：《张瑞敏——极限生存二十年》，见《人力资本》月刊，2005年7月。

以及更高的决策结果的可接受性；但也会由于群体成员的从众压力、被少数人控制和时间的过多消耗而降低了决策效率。

决策的影响因素非常多。其中，决策主体在个体—群体心理上的差异、决策风格、道德发展水平等是影响决策的内在因素。决策又是在特定环境下进行的，其内部外部环境的不同、文化背景的迥异是影响决策的重要环境因素。例如，中国人在亲属关系这一社会文化结构中进行调节的决策行为，具有其合理性、稳妥性、安全性的长处，但同时也缺乏个性、开拓性与创造性。

从总体上看，中国人决策方式的特点是较为宏观，注重从整体上把握，但在量化分析等精细的决策技术方面较为欠缺；重视"人情"、"面子"，对决策的制度、程序不够重视，决策容易受到"圈子"利益的影响。要在中国文化背景下实现决策创新，提高决策质量和效率，就必须在发挥中国人的系统性决策思维优势的基础上，努力克服影响有效决策的"面子"、"圈子"、"过度自信"等各种心理因素，综合运用量化分析、风险评估、侧向思维、逆向思维等现代的决策技术和方法。

关键术语

理性决策	有限理性决策	直觉决策
渐进模式	政治模型	垃圾桶模式
心理因素	决策风格	道德发展水平
前景理论	启发式偏差	代表性启发
易得性启发	锚定效应	过度自信
存在陷阱	沉金陷阱	心理账户
群体思维	侧向思维	逆向思维
面子	孙子兵法	

复习思考题

1. 试比较个体决策和集体决策的特点。

2. 研究表明，人们通常是在有限理性的前提下作出决策的，有什么办法可以缓解有限理性给决策带来的不利影响？

3. 有人说，与西方文化相比，中国传统文化更注重直觉与经验，你同意这个观点吗？

4. 中国传统文化中对决策影响最大的因素是什么？

5. 回忆你的生活或工作经历，你有过哪些"决策陷阱"的心理体验？你认为"决策陷阱"可以避免吗？

6. 谈谈你对决策创新的理解。

7. 对于西方的决策理论，在中国文化背景下最值得借鉴的是什么？

案例 7－1

王遂舟的成与败[①②]

当我们透过一些表面现象，去关注一些失败的企业家为什么会作出那些从经营的角度来看简直让人不可思议的决策时，我们就会发现，除了他的知识和能力的局限之外，企业家身上的某一种潜在的非经济动机，始终在影响和制约着他的经营决策。这种潜在的非经济动机，又往往与社会环境、历史文化传统和他个人的特殊经历息息相关。原郑州亚细亚商场总经理王遂舟的成败故事生动地说明了这一点。

"中原之行哪里去——郑州'亚细亚'！"这恐怕是上世纪 90 年代初国人认知率最高的广告语之一。在中国的商业（零售业）经历了国营供销社、百货店阶段和小商品自由集市阶段，谋求进一步发展的时候，谁也未曾料到，是郑州这座内陆城市贡献了极富戏剧性的"第一课"。

1988 年，空军退役政工干部、32 岁的王遂舟作出了人生最重要的一个抉择：下海出任一家正在筹建中的百货商场的总经理。1989 年 5 月 6 日，营业面积达 1.2 万平方米的郑州亚细亚商场正式开业。据称王遂舟仅领了 40 万元开办费，只用了 198 天就完成了整个筹备期，创下当时河南商场筹建的历史记录。从开业的第一天起，亚细亚就以一种崭新而不凡的形象让人眼睛一亮。商场内清新宽敞，井井有条，四处是鲜花绿草，人工瀑布清水叮咚，商场里不但有营业员，还有闻所未闻的迎宾小姐、公关小姐和歌舞演员，中厅设置了琴台，每隔半小时就有乐手登台演出。最具创意的是，每天清晨，商场门口还有仪仗队升国旗、奏国歌，为围观的顾客做队列表演，这一场景一度成为郑州最著名的观赏景点。一夜之间，亚细亚就获得了消费者极大的认同。商场开张当天，郑州城万人空巷，顾客如潮水涌来，保卫人员分批往里放人，共放了十几批。下午 6 点营业大厅提前关闭，90％以上柜台的货物一售而空。1990 年，亚细亚的营业额达到 1.86 亿元，一跃而名列全国大型商场第 35 位，是上升速度最快的一匹黑马。此后三年，亚细亚的营业额每年均以 30％以上的速度递增，稳居河南第一。

集体性质的"野太阳"亚细亚在 1989 年喷薄而出，很快便以不遗余力的形象战和广告战名闻全国。1991 年，它以一敌五，向国营的五家商场郑州百货大楼、紫荆山百货大楼、商城大厦、商业大厦和华联商厦发起价格战。当时的郑州人口不到 200 万，市中心半径不足 200 米的二七广场周围却建起了几

① 《败企之鉴：昔日辉煌企业大败局》，中国餐饮创新咨询网。
② 郭梓林：《企业游戏——近距离文化观察》，生活·读书·新知三联书店，2000 年版。

万平方米的经营“阵地”，恶战连连。最低价、特优价、跳楼价、大酬宾，奖金元宝、桑塔纳、商品房……各种新名词新举措井喷而出。最极致的“大秀”在1992年5月上演，亚细亚租了飞机，在郑州上空撒下万张奖券。亚细亚商场其时被舆论推许为“具有改革意识和现代品味、走在全国同行前列的新兴企业”。1992年10月，王遂舟当选为“第三届全国十大杰出青年”。稍后，王遂舟被选为第八届全国人大代表。1993年2月，河南省人民政府发布嘉奖令，对郑州亚细亚商场及王遂舟个人通令嘉奖，而郑州也一度成为引领风气的城市，东西南北都派人到郑州“学习取经”。

也正是在当时，一些还不为人所察觉的危机已经开始萌芽了。王遂舟在商场形象塑造及商业活动策划方面堪称高手，可是对于管理他却始终提不起兴趣，亚细亚的种种问题——业务基础薄弱、运作混乱、“家天下”的“半军事化管理”，缺乏监督约束机制等等在日后的一次次危机中暴露无遗。低层次的移植、复制竞争模式，把经营手段当做经营目的，一时的热闹过后，五彩的大泡沫终被“吹炸”。

亚细亚内部高层人士曾坦言：开业九年的亚细亚没有进行过一次全面彻底的审计。在这九年中，亚细亚先后换了四任老总，却没一次审计，没一次交接。商品部的经理更是走马灯似的换，也没审计，没交接。1993年，有人向亚细亚借了800万元，却只是跟王遂舟口头打了声招呼，既没有合同也没有借条，随后几年，他一点一点地最后只还了300万元，其余的就不了了之了。在鼎盛时期，亚细亚每年的营业额一个亿、一个亿地往上翻，可是企业的纯利润却从来没有突破过1 000万元。王遂舟对场面热闹、宣传轰动乐此不疲，可是对每年到底能赚多少钱却看得很淡。一帆风顺时，有人说他这是“战略家风范”，不争蝇头之小利，可是到了穷途末路，这无疑成了最致命的缺陷。

1993年9月，王遂舟以郑州亚细亚商场为基础，扩股成立了“郑州亚细亚集团股份有限公司”。股东由两家扩大到五家(后增加至六家)，新入伙股东均为此前在海南发迹的金融商及房地产商。他们几乎是簇拥着王遂舟，走上了“连锁经营”的不归路。在不长的四年时间里，亚细亚先后开出了15家大型连锁百货分店，其中，省内六家，均以“亚细亚”命名，省外九家均以“仟村百货”命名。这家自有资本总额不过4 000万元的企业却进行着一场投资将近20亿元的超级大扩张。随着北京店、上海店、广州店的相继开张，从表面上看亚细亚帝国版图的疆域似乎在一天一天地扩张着。然而，事实是亚细亚所有的连锁分店，开业之日即亏损之时，惨状竟无一例外。

1996年末，暴风雨终于倾盆而下。这年11月，天津亚细亚商厦倒闭，商品被哄抢一空，亚细亚五彩购物广场开业，当天的销售只有100多万元，以致购物广场不敢对外公布这个数字。1997年3月5日，王遂舟正式离职，亚细亚先后有数位总经理上任企图挽救败局。然而败局已定，“亚细亚”这艘“商界航母”终于沉没了。

亚细亚企业文化所表现出来的两大特色是：对员工的“半军事化管理”与

干部以江湖义气为特征的凝聚方式。特别是对待最初在一起创业的伙伴们，一直维持着“宁可人负我，不可我负人”的义气形象。然而，由于在这种义气的后面没有明确的产权关系作为支撑，所谓的“亚细亚事业”其实是一块从供货商和银行那里赊来的“唐僧肉”。面对这块“肉”，权力决定一切。因为在产权不清的企业里，个人利益只与其在企业中的“职权”有关。没有共同的利益基础，又要保持以义气为前提的团结，领导者就必须容忍“自己人”以权谋私。当“分配”不均，造成极坏的影响时，王遂舟心疼的性质与一个企业的所有者的心疼是完全不一样的。他在干部会上的痛心疾首是这样一种腔调：“我从接触你们每一个人开始，最爱讲的是哪一句话？‘我自己的人，该怎么处理，是我自己家里的事，你外边的人，哪怕动我的人一根毫毛也不行！’可是现在你的毫毛太多了呀！‘护’也‘护’不过来了呀！可以说，换了任何一家单位，估计你已经没法过下去了！”，“干部们权力欲望”的无止境与所谓的“亚细亚事业”的无止境正好是南辕北辙。王遂舟为此头痛，但他不知道深层次上的原因正是出在他的决策风格上。更为严重的是，这种文化心态的扩散和变异，构成了“亚细亚”内部纵横密布的关系网以及干部们不择手段地追逐私利之风盛行，在顾此失彼而又没完没了的平衡中，牵扯出他们与王遂舟长达八九年的剪不断理还乱的恩怨史。直到1997年3月，王遂舟在广州宣布隐退时，最耿耿于怀的还是：“有人说王遂舟干了许多对不起弟兄的事。人哪，太难对得起了。100件事情，99件对得起，一件对不起，你就对不起他了！”其实，问题远不是这么简单（已经复杂得够让人头疼了）。一旦文化观念上出了问题，历代君王都是要大开杀戒的。为什么？你以为那些君王都是无能之辈？

王遂舟在亚细亚推行的江湖义气文化，最终因为无法解决由产权缺陷所带来的利益选择上的两难，最终不得不走向企业理念的反面。

问题

1. 哪些重要决策使得郑州亚细亚商场能够在创业初期迅速走向成功？
2. 哪些决策因素又使得亚细亚商场在经历短暂辉煌以后快速崩溃？
3. 从案例中可以推测出亚细亚商场的领导人具有什么样的性格和思想观念，对其决策有什么影响？中国的文化因素对其决策有什么正面或负面影响？
4. 纵观亚细亚商场的成败历程，你认为存在哪些重要节点，在这些节点上，怎样提高企业决策管理的质量？

第8章

团队管理

> 义以分则和，和则一，一则多力，多力则强，强则胜物。①
>
> ——《荀子·王制》

越来越多的组织发现，团队运作模式为协助组织解决问题、增加员工对组织的认同感、提高员工工作潜能和快速响应环境变迁与顾客需求提供了一个有效的方法。因此，组织愈来愈多地运用团队来完成组织目标，增加组织效能和提高生产力。有人在不久前做过调查，80%的“《财富》500强”企业有一半甚至更高比例的员工在团队中工作，此外，68%的美国小型制造企业在其生产管理中采用团队的模式，几乎所有的高科技企业都是使用项目团队的组织。团队运作模式还被广泛应用在制造业、零售业等众多行业。

① 依清代王先谦《荀子集解》，“义”即为“宜”，“义”的表现形式就是礼和法，前者是行为准则，更多表现为风格、习惯（下意识行为），后者是集体意志的体现，更多表现为法规、法令（强制行为）。

认识团队

团队产生和流行的背景

在经济发展的全球化趋势下，企业之间的竞争越来越激烈，组织所处的环境变化越来越快，不确定性大大增加。传统的科层组织受到挑战，目前组织内的很多工作兼具复杂性与分工协调性的特色，仅仅依靠个人的力量根本无法完成，只有依赖员工组成的团队，集合团队中每个人的能力与特色，整个团队同心协力才能完成。因此，如何让组织中的员工组成团队，在团队中互相合作，不但发挥个人专长及工作潜能，也能与其他员工愉快合作、相互学习，如何充分发挥团队的精神与力量，已成为组织成功的关键所在。

与传统的部门结构相比，在复杂多变的环境里运用团队的管理模式，具有很多优点。

（1）团队能够获得更多、更有效的信息，提高决策的速度和准确性。目前环境变化越来越快，组织需要掌握更多有效的信息以作出决策。团队的成员更了解团队中其他成员的相关信息，对于变化中的事物和需求更加敏感。另外在团队形成自身目标的过程中，团队运作模式能建立起更有效地解决问题和提出倡议的交流方式。因此，团队能用比个人更为快速、准确和有效的方法扩大组织的联系网，根据新的信息和挑战来调整自己的方法。因此，相比以个体为基础的工作设计来说，采用团队形式，决策更为迅速有效。

（2）团队管理使管理层有时间进行战略性的思考。当工作以个体为基础设计时，管理者往往要花去大量时间监督他们的下属和解决下属出现的问题，他们成了"救火队长"，而很少有时间进行战略思考。采用团队形式，尤其是自我管理工作团队形式，管理者可以有时间去做更多的战略规划。

（3）团队能把互补的技能和经验带到一起，这些技能和经验超过了团队中任何个人的技能和经验，使得团队能够在更大范围内应付多方面的挑战。如果某种工作任务的完成需要多种技能、经验，那么由团队来做通常效果比个人好。

（4）团队所形成相互信任的团队协作精神对于组织有着重要意义。在一个有着明确目标的、业绩优良的团队中，团队成员通常相互信任、相互帮助和支持，以团队方式开展工作，员工士气高涨。我们可以看到，团队规范在鼓励其成员取得优秀业绩的同时，还创造了一种增加工作满意度的氛围。

其实，在中国古代，人们就已经认识到了团队的意义。比如在传承并体现中国传统文化的四大名著之一《西游记》中，如果我们用现代管理学的角度观察，会发现《西游记》原来还是一部"古典团队建设理论"教科书，唐僧师徒五人（包括小白龙）组成的团队就是一个很成功的团队。本章将结合这一典型的中国古典团队，在中国传统文化下对组织中的团队进行认识和分析，进而为建立高效运行的团队提出基本思路。

团队的涵义

西方学者从不同的角度对团队下了定义。①

斯蒂芬·P·罗宾斯认为，团队是指一种为了实现某一目标而由相互协作的个体所组成的正式群体。

路易士(Lewis, 1993) 认为，团队是由一群认同并致力于去达成一共同结果而努力的组织。在路易士的定义中强调了三个重点：共同目标 (common goals)，工作相处愉快 (work together well) 和高品质的结果 (high-quality results)。

沙勒斯等人(Salas, et al., 1992)认为一个团队是由两个以上具有不同背景及特色的人所组成，他们被赋予特定的角色，表现出不同的功能，在有限的期间内紧密互动、相互依存，机动式地完成共同的目标或具有特别价值的任务。沙勒斯等人的定义，除了再度提到共同目标外，更提到了团队成员的相互依存性 (interdependence)。

桑斯卓等人(Sundstrom, et al., 1990)强调既相互依存又具有个性的个人，共同为其团队获致的结果向组织负责。夏克 (Shonk, 1992) 则从协调 (coordination) 和共同目标的观点，将团队定义成两个以上的个人，一起协调他们的活动来完成共同的目标。夏克强调，共同的目标和协调的活动使得这群人成为团队。

盖兹贝克和史密斯(Katezenbach and Smith, 1993)对团队的定义是目前在团队的文献中被广泛采用的。他们认为一个团队是由少数具有技能互补(complementary skills) 的人所组成，他们认同于一个共同目标和一个能使他们彼此担负责任的程序。

《西游记》中唐僧师徒团队是一个经典的成功团队，组成这个团队的目的是为了到西天取经。团队一共由五人组成，唐僧是团队的核心，性格坚毅，不畏艰难；悟空本领超群，降妖伏魔；沙僧忠厚老实，做挑担等日常后勤工作；小白龙当脚力；八戒基本上没出过什么力，但却起到润滑油的作用。

团队的特征

由以上西方学者的定义并结合唐僧师徒团队的例子，我们可以看出团队具有以下特征。

(1) 团队成员超过两人，但是人员规模必须受到限制，一般来说，人员规模应当在 2～25 人之间，最好在8～12 人之间。限制人员规模的目的是为了确保所有成员之间都能够充分相互了解并且发生影响，同时这也保证了团队结构的简单化和组织目标的纯正——团队人员规模大的话就不

① 陈忠卫:《经济学动态》，见《团队管理理论述评》，1999 年 8 月。

可避免地会出现分化，出现等级，最后出现“目标替代”，使得团队的目标被上层精英的个人目标所替代。

团队规模与团队目标

团队规模与团队目标是紧密联系在一起的，当团队规模过大时就无法保证团队目标的纯正，团队发展到一定的规模就不再是严格意义上的团队，而是形成了集团，是几个团队在发挥作用。

《水浒》中水泊梁山的规模变迁可以很好地解释团队规模与团队目标的关系。水泊梁山刚刚建立时，只有晁盖和其他一些好汉，如阮氏兄弟、刘唐等，团队的目标和成员的价值观高度统一：杀富济贫，与官府对抗。但是随着梁山规模的不断扩大——一直扩充到108个好汉——组织中逐渐出现了分权和等级结构，宋江和卢俊义等高层管理者用个人的价值观改造整个梁山组织的价值观，于是，梁山团队目标发生了大的转移，从原先的“替天行道”、对抗官府，转变为接受招安。

(2) 团队成员具有不同的技能、知识和经验，每个成员都能为这个团队作出一定的贡献。成员能了解彼此的角色、特长及重要性，他们在团队中分工合作，分享信息，交换信息，并相互接纳，能够认识到每个成员缺一不可，少了任何一个成员，团队的目标将无法顺利达成。

唐僧取经团队成员的特点：①

唐僧的取经团队中，五个人相互依存、缺一不可，唐僧虽然既非擒妖能手，又不会料理行程上的事务，但是他能把握大局、信念坚定，并得到上司的直接授权，同时有广泛的社会资源。唐僧得到唐太宗的直接任命，被授以袈裟和金碗，又得到以观音为首的各路神仙的广泛支持和帮助，在项目小组中起到了凝聚和完善的作用，是团队的核心人物。孙悟空本领超强，冲锋陷阵，不拘小节，在项目小组中起着创新和推进的作用，是实现组织目标的关键人物。猪八戒虽然本事不大，组织纪律性不强，好吃懒做，贪财好色，但具有乐观主义精神，能屈能伸，能说会道，在项目组中起到了润滑油的作用，以及信息沟通和监督的作用；沙和尚言语不多，任劳任怨，承担了项目中挑担等粗笨无聊的工作，起到了协调和实干的作用。师徒几人的技能相互补充，相得益彰，这是团队成功的关键。

(3) 团队成员共同承担团队成败的责任。团队成员的责任分担可以从两个层面来加以分析：第一个层面，团队成员在平常的团队运作过程中共同分摊团队的工作。第二个层面是针对团队的最后成果而言。团队的存在都有其特定任

① 《如何组织一个高效的开发团队》，http://www.hr.com.cn/articles/new_eyes/temp/12013.htm；《〈西游记〉故事对团队形态的启示》，http://www3.ccw.com.cn/club/bbs/bbsView.asp?essenceID=7414。

务，能否达成此任务便有成败责任归属问题，而团队的特色之一，即在于顺利完成团队的目标时，全体团队成员将分享此成果，共同接受组织的奖励。同时，当团体无法顺利完成特定任务时，则全体团队成员将共同承担失败的责任，而非由团队的领导者（team leader）或管理者(manager)独自承担失败的责任。

(4) 团队的建立是以完成团队的共同目标为主要任务。当人们为了共同的目标工作在一起时，信任和承诺会随之而来。因此，拥有强烈集体使命感的团队必将作为一个集体，为了团队的业绩表现共同承担责任。这种集体责任感常常可以产生丰厚的集体成果，组织的工作成果又反馈强化了这种集体责任感。同时，单纯为了交流、提高组织效率而组建的集团很难成为高效率的团队。只有当设定了适当的目标以及实现目标的方式之后，或者在团队成员一起承担责任之后，团队才有可能成为一支高效的团队。例如，唐僧师徒团队的目标十分明确，就是去西天取经。当然这并不是说团队的目标与个人的目标完全一致，而是指个人的目标的实现要以团队目标的实现为前提，个人能够在团队目标的指引下规范自己的行为。

团队工作思想代表了一系列鼓励倾听、积极回应他人观点、对他人提供支持并尊重他人兴趣和成就的价值观念。这些价值观念能帮助团队发挥功效，从而提高个人以及组织整体的业绩表现。在多变的环境中，团队的优势更加突出：它比传统的部门结构或其他形式的稳定性群体更灵活、反应更迅速，可以快速地组合、充足和解散。

团队与群体的区别[①]

在现实生活中，人们往往把团队与群体混淆在一起，其实团队与群体不尽相同。团队是由一群为了实现某一目标而相互协作的个体所组成的正式群体。群体是指由组织中若干具有目标导向的，相互联系、相互作用、相互依赖的人所组成的人群集合体。可以说，所有的工作团队都是群体，但只有正式群体才有可能成为工作团队。在人们的印象中，团队体现了团结、合作和共同目标等精神特征。提到团队，人们就会想起运动员在接力赛中的形象，想起足球队的所有球员在球场上密切配合争取胜利的形象。在群体中每个人本身是独立的，他们的目标各不相同，有着各自不同的活动。而团队的成员是有共同目标的，他们互相依赖、互相支持，共同承担最后结果。罗宾斯认为工作团队通过其成员的共同努力能够产生积极的协同作用，其团队成员努力的结果使团队的绩效水平远大于个体成员绩效的总和。罗宾斯对团队与普通群体的区别做了深入研究，得出四个结论：一是群体强调信息共享，团队则强调集体绩效；二是群体的作用是中性的(有时是消极的)，而团队的作用往往是积极的；三是群体责任个体化，而团队的责任既可能是个体的，也可能是共同的；四是群体的技能是随机的或不同的，而团队的技能是相互补充的。

图 8-1 显示了工作团队和工作群体的区别。

---

① 斯蒂芬·P·罗宾斯著，柯江华译：《组织行为学精要》(原书第 7 版)，机械工业出版社，2007 年版。

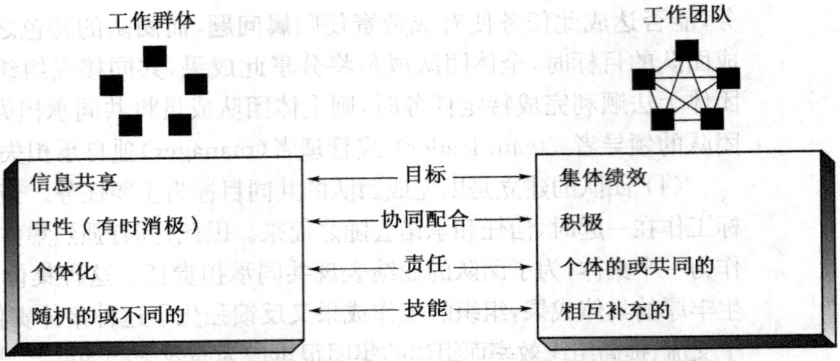

图 8-1　工作群体与工作团队的区别

我们也可以举个例子来说明团队与群体之间的差别：在一个班级内一起上课的人可说是一个群体，老师扮演着领导者的角色，学生看重的是个人的成绩，老师评鉴学生的表现也是以个人的成绩为主。这个班级的目标与学校的使命相同，但并不是由有着不同的知识、技能或经验的学生组成，学生之间不具相互依存性，因此，这个班级只能称为群体而非团队。唐僧师徒团队中五个人的技能相互补充，各有所长，相互依存；团队有明确的目标，领导者唐僧立场坚定，在任何情况下能够坚持目标，并且用目标去规范团队成员的行为，将个人目标矫正到与团队目标一致，最后经过成员的共同努力终于修成正果。由此，团体与群体的区别也可以按表 8-1 所述来理解。

表 8-1　　**团队与群体的区别**

群　体	团　队
群体规范与人们从事的任务没有关系	团队规范以任务为导向
群体中的成员不一定要参与到需要共同努力的集体工作中，不存在积极的协同作用	通过其成员的共同努力能够产生积极的协同作用
群体的绩效，仅仅是每个群体成员个人贡献的总和，不能够使群体的总体绩效大于个人绩效之和	其团队成员努力的结果使团队的绩效水平远大于个人成员绩效的总和

团队的形成及分类

团队的发展阶段①

一般来说，一个团队的发展大体可分为四个阶段。

第一阶段：团队的形成阶段。在团队组成之初，彼此间的陌生感使得成员往往相互很客气，渐渐地通过相互介绍、认识，在工作中逐步建立起了信任和依赖关系，取得了一致的目标。

第二阶段：团队的磨合阶段。经过短暂的相处后，

① 斯蒂芬·P·罗宾斯著，柯江华译：《组织行为学精要》（原书第 7 版），机械工业出版社，2007 年版。

由于过去所从属的文化背景不同，当对事物产生不同意见时，成员之间常常会互不服气，因此不服从领导、不愿接受团队纪律约束等现象时有发生。

第三阶段：团队的正常运作阶段。这一阶段，成员对自己在团队中担任的角色和共同解决问题的方法已达成了共识，整个团队达到了自然平衡状态，彼此差异缩小，成员之间已能够互相体谅各自的困难。

第四阶段：团队的高效运作阶段。成员之间互相关心、互相支持，能够有效圆满地解决问题、完成任务。团队内部达到高度统一，最终达到共同目标。

对于绝大多数的组织，其内部团队的发展都会经历这四个阶段，以唐僧取经团队为例来说明。

团队形成初期：唐僧刚踏上取经之路就先遇上了妖精，后又碰到老虎，他深知此行前途艰险而自己又无降妖除魔的本领，因此悟空的出现，对于形单影只的唐僧，不啻于天降甘霖。《西游记》中这样写道："悟空说，'我老孙，颇有降龙伏虎的手段，翻江倒海的神通'，三藏闻得此言，愈加放怀无虑，策马前行。师徒两个走着路，说着话，不觉得太阳西坠。"此时的悟空心中充满对唐僧救命之恩的感激之情，而唐僧则怀着对悟空一身本领的无限仰仗，两人开始了如同许多团队建设之初时，成员由于彼此间的新鲜感而感情格外亲密的阶段。

团队磨合期：上路不多久，悟空就厌烦了唐僧的无能与懦弱。在这一时期，成员间经过一段时间相处逐渐失去了起初的新鲜感，开始挑剔起彼此来，任何一点小的口角都有可能引发大的争端。当悟空打死了几个强盗遭唐僧责骂时，便立马撂下担子不干，翻筋斗飞走了，后悔得唐僧大叫："罢、罢、罢！也是我命里不该招徒弟。"而遇到了白骨精之后，这个取经团的团长和下属之间的矛盾彻底爆发了。在白骨精第一次假装被悟空打死后，忍无可忍的唐僧念了"紧箍咒"，而在悟空第三次打死白骨精变作的老头后，他终于将悟空逐出了师门。

团队的正常运作阶段：经历了三打白骨精的团队内耗之后，唐僧弄清了真相，师徒间化解了矛盾，认识到彼此相互依存，恢复了往日的融洽关系。

团队发展的类型

当我们建立团队时，首先要考虑建立什么类型的团队。根据不同的划分标准，可以将团队划分成不同的类型。

根据团队成员与组织内其他成员差别化程度的高低、团队成员与其他成员进行工作时一体化程度的高低、团队工作周期的长短以及团队产出成果的类别这四个维度，可以将团队分为三种类型：提供咨询意见的团队，生产和经营的团队以及负责管理的团队。①

① 琼·R·卡扎巴赫、道格拉斯·K·史密斯：《团队的智慧》，经济科学出版社，1999年版。

1. 提供咨询意见型团队

提供咨询意见的团队包括了特别行动小组，项目集团，审计、质量以及安全监督团。它们的任务是研究并解决特定的问题。

2. 生产和经营型团队

生产和经营的团队成员包括那些身处一线，负责基本生产、开发、操作、市场、销售、服务以及其他企业增值行为的人员。

在决定此类团队如何发挥最大功效时，高级管理层应该集中精力于所谓的"企业关键节点"，也就是最直接决定企业产品和服务成本与价值的那些地方，如财务管理、顾客服务、产品设计以及生产效率。如果"企业关键节点"依赖于多种技巧以及判断能力的实时结合，那么团队将是最佳选择。

3. 责任承诺型团队

虽然许多企业领导将那些向他们汇报工作的团体称为团队，然而事实很少如此。那些真正的团队很少将自己作为团队看待，因为它们是如此专注地投入于自己的工作。这样的团队可以在企业从上至下的任何职能和部门级别中出现。不论它们负责管理着几千名员工还是几名员工，只要它们承担着某项业务、工程或者职能任务，它们就构成了责任承诺型团队。

根据团队成员的来源、拥有自主权的大小以及团队存在的目的不同，也有人将团队分为以下四种类型。

1. 解决问题型团队

解决问题型团队主要关注它们责任范围内的特殊问题，提出解决问题的方案。团队成员一般来自同一个部门，每周用几个小时的时间聚会，讨论如何提高产品质量、生产效率和改善工作环境。在这种团队里，成员就如何改进工作程序和工作方法相互交换看法或提供建议。但是，这些团队几乎没有权力根据这些建议单方面采取行动。

20 世纪 80 年代以来，应用最广的一种解决问题型团队是质量圈(quality circle)，由 8～10 个职责相同的员工和主管组成，成员定期聚会，一起讨论工作中面临的质量问题，调查问题的原因，提出解决问题的建议，并在授权范围内采取有效行动。

2. 自我管理型团队

自我管理型团队是一种真正独立自主的团队，它们不仅探讨解决问题的方法，而且亲自执行解决方案，并对工作承担全部责任。自我管理型团队一般由每天必须一起工作以生产一种产品或提供一种完整服务的人员组成。通常由 10～16 人组成，他们承担团队成立以前自己的上司所承担的一些责任，主要包括控制工作节奏、决定工作任务的分配、安排工作休息、设立关键目标、编制预算等。彻底的自我管理团队甚至可以挑选自己的成员，并让成员相互进行绩效评估。这样，主管人员的重要性就下降了，甚至可以被取消。

自我管理型团队可以减少管理层次，形成扁平式的组织机构，大大提高员工的积极性，极大地改善产品和服务质量。这种类型的团队运作模式在通用汽车公司、百事可乐公司、惠普公司得到了很好的应用。但是，与传统的组织形式相比，自我管理型团队的缺勤率和流动率却偏高。

3. 多功能型团队

多功能型团队由来自同一等级、不同工作领域、具有不通工作技能的员工组成，目的是通过识别和解决跨部门、跨领域和多功能的问题来完成特定的任务。多功能团队能使组织内(甚至组织之间)不同领域的员工之间交换信息，激发出新的观点，解决面临的问题，协调复杂的项目。但是，在其形成的早期阶段往往要消耗大量的时间，因为团队成员需要学会处理复杂多样的工作任务。在成员之间，尤其是那些背景不同、经历和观点不同的成员之间，建立起信任关系并能真正合作也需要一定时间。

20世纪60年代，IBM就已经开始采用多功能型团队，将不同部门的员工组织到一起形成任务攻坚队。到了20世纪80年代末，多功能型团队得到了广泛的应用，当时几乎所有的汽车制造公司都采用了这一类型的团队来完成复杂的项目。

4. 虚拟团队

虚拟团队是指在不同地域空间的、通过信息技术进行合作的团队组织形式。与以上三种团队类型不同的是，虚拟团队不需要团队成员之间的密切的面对面接触来工作，可以跨时间跨地区甚至跨组织地工作。

虚拟团队的核心特征是人、目标和联系，这和其他团队有相似之处，但是虚拟团队最显著的特征是以一系列信息技术为纽带来联系成员和实施任务。在虚拟团队中经常运用到的三大类信息技术是：桌面视听会议系统、合作软件系统、网络系统。飞速发展的信息技术为虚拟团队的良好运行奠定了基础。

团队内部成员的类型

团队成员互不相同，大家相辅相成，共同达成目标。作为一个团队的领导者，必须了解不同类型的团队成员的优缺点，明确他们的角色，发挥他们的长处，这样才能把成员整合起来，使团队高效运作。通常一个团队内部成员有如下类型。

(1) 实现者(implementor)：这种类型的人比较保守，做事尽心尽责，喜欢按部就班地工作，同时对工作有一定的预见性。实现者具备一定的组织能力和实践经验，努力工作，自我约束能力强，但是缺乏灵活性，对未知的概念没有兴趣。

(2) 合作者(coordinator)：这种类型的人做事比较镇静、自信，自我约束能力强。合作者能够从别人的优点出发，不带任何偏见地对待和接纳所有有潜力的人，做事的目标性很强。但是这种人的智力和创造力却很一般。

(3) 塑造者(shaper)：这种类型的人有很强的组织能力，对人友好，思维敏捷。塑造者有一种向习惯势力、效率低下、安于现状和自欺欺人的现象挑战的动力，但是这种人急躁易怒，容易引起挑衅。

(4) 高智商者(plant)：这种类型的人个人主义严重，办事虽然认真但有一定的叛逆心理。这种人具备天才的素质，有丰富的想象力，智商很高，知识广博，但是往往很自负，不屑于做一般的工作，漠视团队的纪律。

（5）协调者（resource-investigator）：这种类型的人性格外向，待人热情，好奇心强，善于与人交流。他能够把大家集中起来去探究新鲜事物，能够对外界的变化做出及时的反应。但如果工作的魅力一旦削弱，他对工作也丧失兴趣。

（6）监控执行者（monitor-evaluator）：这种类型的人做事比较冷静和谨慎，不带有任何感情色彩。这种人有很强的判断力，做事脚踏实地，但缺乏灵感或激发别人的能力。

（7）团队的建造者（team builder）：这种类型的人有一定的社会地位，能够起导向作用，性格温和，同时比较敏感。这种人对团队成员和出现的情况能够做出及时的响应，能够鼓舞整个团队的精神。但在关键时刻往往犹豫不决。

（8）完美主义者（complete-finisher）：这种类型的人做事有秩序，尽心尽责，并且渴望工作。这种人能够圆满完成任务，追求十全十美的工作。但由于这种心理，使他过于拘泥小节，不愿让任何事情随随便便地通过。

除了以上的一种划分方法，麦肯锡的《团队的智慧》一书，还对成员作了另外一种方式的划分。（如图8－2团队内部成员的类型所示）按照性格的内向外向和控制欲的强弱，可以把人分为四种类型：控制欲强而性格外向的是力量型，控制欲强而性格内向的是完美型，控制欲弱而外向的是活泼型，控制欲弱而内向的是和平型。比如，在一群人讨论春游的过程中，活泼型的人会先嚷嚷：“我知道一个地方特别好，咱们去玩吧”，然后就不管了，接着力量型的人就会查找地图，安排车票和行程，和平型的人总会附和“好啊好啊”，完美型的人会嘀咕“其实也没有说的那么好，还挺贵”。又如《西游记》里的四个主要人物中，悟空是力量型，八戒是活泼型，沙僧是和平型，唐僧是完美型。

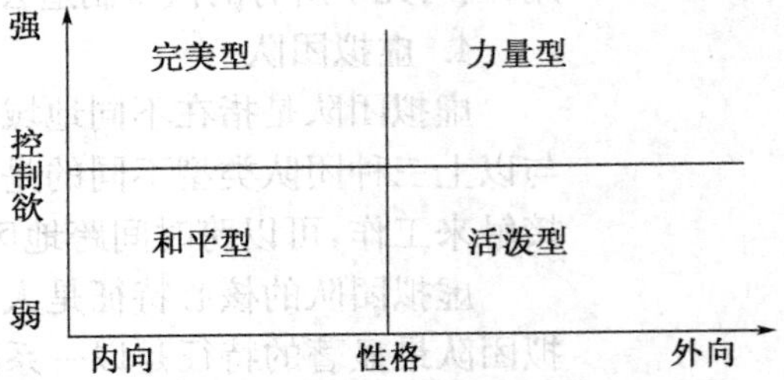

图8－2　团队内部成员的类型

如何建设高效团队

团队管理中存在的问题

与传统管理相比，团队所面对的内部环境发生了重大的变化，突出表现在以下几方面：① 管理方式，主要表现为行政权力的淡化，人员之间关系的平等化和协作的自动化等；② 工作方式与人员素质要求，主要表现为强调员工的自勉性、自律性和自觉性，鼓励员工发展成为熟悉多层次知识的通才，并能够实现相互沟通；③ 培训重心，主要表现为使员工从被动培训转向主动学习，即由对工作技能和知识的培训转变为对员工自主分析并解决问题的能力的培养。员工学习的重点在于洞察和理解问题的分析思路，并能够知道工作如何做和为什么这样做。

团队管理在实际的运营中存在很多问题和困难。

问题一:如何使得个人主义价值观与团队价值观相调和并统一?人们常说"一个中国人是龙,两个中国人是虫",意思即为中国人的团队观念不强,"宁为鸡头,不为凤尾",许多中国人仍然偏向于重视个人的责任和业绩甚于任何群体形式的责任和业绩,这是因为我们一直是在根据个人成绩来测评和奖惩的制度下成长起来的,这就造成了在我们"想做成点事情"的时候,个人责任和自我保护仍然是第一法则,建立在信任他人基础之上的责任分担只是一种例外。因此,不愿冒风险、不愿把个人命运交给团队几乎是与生俱来的想法。所以,团队中常常出现不诚信、缺乏合作精神、推卸责任、人人相轻、缺乏包容性等现象,而这些现象对于团队的运作常常是致命的。

问题二:如何改变员工传统的封闭式工作习惯?传统管理中,考核标准非常明确,人们习惯于专注自己"份内"的工作,工作进度已经被安排妥当;而在团队管理中,员工不仅要完成职责规定的工作,更需要拥有高度的沟通技巧,与相关人员进行广泛的交流与合作。但现实的情况是,大部分员工在传统的教育下并不善于沟通,更不习惯做完"份内"的事后,又"犯傻"去做其他与自己"不相干的事情"。

问题三:如何让团队成员将自己获得的信息和知识与团队成员进行共享?团队管理的前提是:人们愿意互相学习,让自己所拥有的信息和知识实现共享。但关键问题是,什么动机使他们愿意这么做呢?古语道"教会徒弟,饿死师父",因此,师父在教授徒弟时都要留一手。另外,还有很多家传绝技是"传男不传女,传子不传媳",总之一定要采取种种办法保护自己赖以安身立命的知识的专有性。知识和信息曾经一直被看作一种权力的资本,许多人认为只有对知识和信息保密,才能维持个人的权力和威望,拥有比别人多的知识与技能就可以获取更高的职位和更多的收入,将知识和技能与别人共享则意味着将自己的职位置于风险之中。因而无论是管理者还是员工,对知识与信息的保密成为潜意识中的自觉行为。面对这种状况,如何激发人们的合作动机,应该采取什么样的手段加以改变就成为了亟待解决的问题。

问题四:如何解决团队中的"搭便车"行为?团队合作意味着整体的行动,因而在团队管理中,考核形式必然是以团体工作结果为对象的团体考核,个人绩效难以测度。由此往往会导致部分成员的机会主义行为,即所谓的"搭便车"现象。大量资料表明,团队中成员间的合作经常被这种行为所破坏。应该采取怎样的措施才能解决这种现象呢?

问题五:如何解决团队的稳定性要求与创新性要求的矛盾?团队管理的出发点在于创新。然而,合作默契是长期协作的结果。为了能够形成紧密的合作关系,团队组合要求具有相当的稳定性。但是,稳定性与创新性往往又是一对矛盾。那么,团队管理中又如何把握两者的"度"呢?

中国文化环境下团队管理存在的突出问题——重“情义”，轻“理法”。[①]

我们可以分析一下刘备兄弟团队三分天下后失败的原因。具体而言，失败的原因有以下几点：

1. 华容道关羽徇私放走曹操。事前诸葛亮已有预见，可刘备任人唯亲，而且事后关羽未受任何惩罚。

2. 庞统阵亡。直接原因是缺乏团队精神，个人英雄主义。

3. 关羽大意失荆州。严重的个人英雄主义，没有贯彻组织的战略方针（联吴抗曹）。

4. 进攻东吴，火烧连营，白帝城托孤。将个人、家庭利益置于组织利益之上，为私仇而兴举国之兵。关键时候越级管理独揽大权。虽然刘备一直很信任诸葛亮，但令人不可思议的是伐吴之战竟是刘备亲自出征。刘备是一个有不少优点的总裁，但决不是一个能征善战的经理。没有完善的危机处理机制，在变故来临时完全丧失理智。

5. 完全没有培养形成人才梯队。刘备之后的刘禅自不必说，诸葛亮之后唯有姜唯，可才能不及孔明一半。武将方面，自五虎上将之后能拿得出手的就只有严颜和魏延了。不仅后继无人，而且片面依靠个别的人才，导致其他人积极性严重受挫，要不魏延怎么要造反呢？

总体而言，除去不重视管理梯队的培养等因素外，仅从团队建设而言，刘备的团队的致命问题就是有组织无纪律，团队仅仅靠情感维系，情大于法，完全的家族化管理，讲情义、讲面子，不讲制度。

高效团队的特征[②]

高效的团队才有可能是成功的团队，一般来讲，高效团队有以下几个共同特征。

目标明晰，永不放弃

高效团队都拥有十分明确的目标，并且团队成员清楚地了解目标所包含的重大现实意义。一旦目标确立，团队的所有行为必须围绕目标的实现进行有效的运作，为目标的实现服务，严禁在目标实现过程中出现“杂音”。团队中的所有战术行动必须统一于团队的战略目标，强调个体服从群体的思想，团队必须根据外部环境的不断变化，及时调整行动策略，确保目标的顺利实现。唐僧取经团队的目标就是西天取经，所以在去西天途中，虽然经历了外界重重磨难和内部个别组织成员的动摇，但组织的整体目标并没有因此改变。

另外，目标的实现绝非一帆风顺，肯定会遇到很多困难和障碍，因此目标既是一个战略的问题，又是共同愿景的问题。经历了磨难并且能够继续前进的团

---

① http://www.mypm.net/bbs，项目管理者联盟。

② 陈继瑜，http://www.glr163.com/Article/Print.asp，中国企业战略传播网。

队才有可能成为成功的团队。现代的团队建设理论强调团队及其成员能够在遭受多次挫折后有一种坚韧不拔、不屈不挠、矢志不渝的精神，善于在逆境中拼搏，总结经验，奋发图强，永不言败。唐僧尽管在取经途中屡次落入妖怪魔掌，但是却从未放弃西天取经，有一种不达目的誓不罢休的顽强精神。就团队建设的过程而言，这是一个不断成熟的过程，不断自我完善的过程。

相互尊重，相互信任

高效团队管理强调团队成员之间的相互尊重和相互信任。它包括两重含义：一是特定团队内部的每个成员间能够相互尊重、彼此理解。二是组织的领袖或团队的管理者能够为团队创造一种相互尊重的氛围。高效团队内部往往有一种清醒的专门小组意识，成员之间培养和确立了某种专门化的信念，使他们能够在组织内有效地工作。只有成员相互尊重——尊重彼此的技术和能力、尊重彼此的意见和观点、尊重彼此对组织的全部贡献，团队的工作才能比个人单独工作更有效率。

团队的内部关系作为委托—代理理论的一个应用领域，委托人与代理人之间客观上存在信息不对称的问题，只有相互信任达到默契才能实现“在各自不同的行为组合中，选择最大化期望函数”，才能最大限度降低团队出错的概率，步调一致向前，保障目标的顺利实现。

从团队发展历程的角度而言，团队建设必须经历磨合、相容两个阶段，最后达到一种默契的境界。团队好似一台精密机器，各个零件(即团队成员)各司其职，零件之间的公差匹配就是默契程度，公差匹配差必然导致机器磨损加剧，机器提前“退休”。授权不充分、同床异梦、内部不团结等现象很大程度上是由于团队成员之间默契程度不高，或者根本就是南辕北辙而造成的。

人尽其才，系统整合

团队成员具有不同的知识背景和性格特征，既有优点又有缺点，在用人时要有一种包容的态度，采用“瑕不掩瑜、人尽其才”的系统整合策略，借此挖掘团队的最大潜能，并努力做到人的边际效用价值最大化。

一个高效的团队必然是一个多元文化共同发展的团队、一个集思广益的团队、一个善于整合所有资源并谋求效益最大化的团队。现代西方管理学关注“如何通过包容促使绩效最大化”的问题，认为高效团队是一个多元文化的利益共同体，在共同愿景的指引下，团队运用现有的所有资源(含人力资源)，给团队成员足够的空间引导他们做正确的事情，将员工的奋斗及个人的成功有机地融入团队的成功中去，通过资源最优匹配与系统整合实现绩效的最大化。

唐僧取经团队中的成员具有不同的能力，各人又有很多缺点，但他们能够发挥各自的特长，实现了人力资源的优化配置。比如：唐僧性格优柔寡断，不明是非，但能把握大局，而且执着；孙悟空个人英雄主义严重，无视组织的纪律和制度，但能征善战，适合打头阵；沙僧老实巴交，缺乏主见，工作欠灵活性，但最适合搞基础工作；八戒看似一无是处，但能讨领导欢心，能调节气氛，这种人有时也不可少。何况他能在日常生活中照顾领导,关键时候也能搭把手。中国象棋中各个子力相互依托、相互倚重,通过系统整合构筑整体优势,实际上就是这种系统整合思想的体现。

有效沟通,善于解决冲突

沟通是指把信息、观念和想法传递给别人的过程,是一种理解的交换的过程。沟通是管理过程中各个环节的基础,将组织的各个职能融为一个整体,同时将组织与包含有众多利益相关者的外部环境予以联系。沟通在文化和组织行为管理中处于中心地位。组织内部的沟通不畅将导致团队建设的挫折。高效团队的成员之间通常能够迅速准确地了解彼此的想法和情感;管理层和团队成员之间也通常能进行健康的信息反馈。

另外,还要善于解决冲突。团队由不同的成员组成,由于每个人"习相远",人的不同社会属性决定了冲突产生的必然性。如果控制不善,冲突就会演变为一场灾难。因此如何解决冲突成为团队管理工作中的一个关键问题。解决冲突要坚持以下几个原则:首先就是对事不对人。冲突是由团队成员对事件的不同认识而产生的,如果将个人的感情引入冲突解决机制,必然导致冲突复杂化,因此只能将范围限定在冲突的事件本身。其次是公心为重,目标明确。现实工作中不同的价值观、指导方针将导致冲突,但是鉴于团队的战略利益一致性,只要坚持公心为重,本着"两权相益取其重,两权相害取其轻"的原则,相信可以找到解决冲突的最佳均衡点。第三是心态平和、善于听取不同意见,善于从不同角度吸取精华,使自己的见解更加完善,更富有系统性。冲突的解决实际是一种逆向思维、倾听不同意见并且综合运用妥协艺术的过程,因此冲突的解决方案应该具有积极、非个人化以及合作性等特征。第四,遏制冲突事态扩大化。团队内部任何冲突事件的扩大化都没有受益方,都将导致一种潜在的灾难,都会极大损害团队的系统凝聚力,削弱团队的整体实力。因此一个成熟的团队应该善于把握、控制冲突的进程,严格控制任何冲突扩大化的苗头,力求通过对话求同存异、达成共识。

合适的领导

高效团队的领导往往起到了教练或后盾的作用,他们为团队提供指导和支持,而非试图控制下属。他们能够为团队指明前进的方向,带领成员度过困难的时期;能够向成员阐明变革的可能性,鼓舞成员的信心,帮助他们更充分地了解自己的潜力。

中国传统文化下团队领导的特征

虽然团队尊崇团体决策,甚至有些类别的团队如自我管理团队实行的是无领导的管理,但是在中国文化下团队的领导或者说扮演领导角色的团队成员所起到的作用依然很大,甚至在某些时候关系到团队的成败,"火车跑得快，全靠车头带”就是对此最好的解释。那么团队的领导应当具有什么样的特质呢？我们还是以唐僧取经团队中的领导唐僧为例加以说明。

很多人纳闷唐僧肉眼凡胎，为什么能够成为取经团队的领导。其实唐僧是团队的一位合适的领导，没有他的存在，团队很难完成西天取经的任务。在《西游记》中，唐僧是完善与凝聚者，按照麦肯锡的《团队的智慧》一书对人的分类，唐僧应当属于完美型。作为一个成功的团队领导，具体来讲有以下几个特点。

1. 品德高尚，德才兼备。在中国文化中，重要的评判人才的标准就是德才兼备，其中“德”超过才排在首位，可见在领导考核标准中对“德”的重视，当然德的意义比较广泛。以唐僧为例，他目标坚定，有很坚韧的品性和极高的原则性，不达目的不罢休，为团队成员设定了清晰而明确的愿景；他始终以团队的目标为重，不被利益诱惑。除了德之外，唐僧还是位大才子，取经之前已经是名誉唐朝的佛学大师，并在当时最著名的寺庙开坛讲学。唐僧的这些软权力深深打动了每个成员，赢得了大家的尊重，所以即使他被妖精抓住不在团队时，猪八戒猪头猪脑地要求分家的情况下，其他成员（孙悟空、沙僧）仍旧能够以唐僧的思想为理念，坚持与妖魔斗争，把他救出来，将取经进行到底。

另外唐僧博爱广施，知书达理，懂得照顾好自己的团队成员以及身边的人。中国团队中的领导很重要的一点是：不仅要照顾好自己，更要照顾好大家。因为在中国文化下，团队领导在某种程度上扮演着家长的角色。

2. 掌握业务核心，拥有广泛的人际关系，能够支配众多的社会资源。在《西游记》中，唐僧获取了西天取经的独家经营权——经书只传给唐僧一人，从而掌握了取经团队的核心价值。另外，唐僧具有极深的社会人脉资源，取经一开始就获得唐王价值不菲的资助，既给宝物（金钵盂、宝马、袈裟）又给政策（通关文牒等），而在取经过程中更是得到观音菩萨、如来佛祖以及众路神仙的帮助，可谓关系通天。在中国这个讲究关系的社会中，拥有深厚的社会资源对于团队的成功无疑是极为关键的。中国目前有些企业家甚至将关系看作是企业最大的财富，如，新华联集团的董事长傅军曾经说过，今天新华联最大的财富不是我的资产，而是一批切切实实的朋友。

3. 既讲制度又懂人情，能控制并利用好业务骨干。《西游记》里的唐僧给悟空念紧箍咒，是因为孙悟空触犯了团队的原则而杀生，违背了团队的核心价值观，所以唐僧狠下心来对悟空进行处罚。

总之唐僧能够用制度对核心员工进行控制，保证团队目标的统一性，维护团队成员个人价值观与团队集体价值观的统一性。当然，除此之外，唐僧还有其重感情的一面，他在深夜为弟子缝补衣服，关心弟子生活，浓厚的师徒之情使得团队的气氛更加和睦、融洽。

完善反馈机制，健全“管理控制系统”

在一个高效的团队内部，必然存在一种有效的管理控制系统，即能够通过洞察团队内部及其周围的所有信息，达到对团队建设状况了如指掌的目的，又善于根据不同的扰动因素征候在第一时间给予反馈，并果断采取措施，保证团队的良性发展。

团队建设作为管理控制系统理论的一个应用领域，是实施组织战略的一种工具，是建立在综合运用多种现代知识的基础之上的，其目标是有效地整合系统内部所有可用的资源，积极融入外部环境，并且运用内部完善的反馈调节机制保证团队顺畅高效的运作以及良性健康的发展。为了达到这个目的，在现实工作中就必须善于扩大信息来源的规模，保证内部监督机制以及管理责任制的落实，严格把握信息的时效性，通过不断的学习提高团队的危机处理能力，不断完善反馈途径，建设科学的决策机制，努力构建有效调节、不断完善的闭环管理控制系统，使团队建设成为不断自我反馈完善、不断增强效能的稳定闭环回路。

了解人性，正确激励

人是需要激励的高等动物。激励是一种心理过程，任何组织都应该激励员工，有些组织甚至将能够激励他人的管理者视为成功的管理者。激励具有明显的文化属性，不同文化的社会个体需要不同的激励方式，不同的方式产生不同的激励功效。因此在设计激励制度时应该以人的社会需求为出发点，了解团队成员的心理动态，在设置具有普遍激励意义的制度的同时，对不同的员工设定具有个体针对性的激励制度，借此全方位完善激励制度。

激励的目标是一种可以实现的梦想，是一种共同愿景。团队领导的一个重要职责就是在严于律己的基础上以身作则，以“我就是标杆”的态度，充分调动全体员工的积极性，共同为实现目标而奋斗。必须注意的是，虽然必要的约束手段是成功的保障，但是滥用惩罚措施必然导致团队的失败（例如，唐僧应该慎用紧箍咒约束悟空，切不可滥用）。现实工作中的关键是应该把握好“度”的问题，妥善解决有效激励的问题。

内部与外部的支持

要成为高效团队的最后一个必需条件就是相应的环境支持，既包括内部合理的基础结构，也包括外部给予的必要资源条件。从内部条件来看，团队应拥有一个合理的基础结构。这包括适当的培训、一套易于理解的用以评估员工总体绩效的测量系统以及一个起支持作用的人力资源系统。恰当的基础结构应能够支持并强化成员行为以取得高绩效。从外部条件来看，管理层应给团队提供完成工作所必需的各种资源。

唐僧取经团队就得到了丰富的外部资源：在取经之初唐僧就直接得到了唐太宗和观音的任命，既给袈裟，又给金钵盂，使他拥有准入的资格和营运资金，观音还帮着招纳本领高强的团队成员；在取经途中又得到以观音为首的各路神仙的广泛支持和帮助。

创建高效团队

团队虽然是一种行之有效的群体运作方式，但是其形式本身并不能自动保证高效率的运作，况且，在其实际运营中还会碰到很多的困难和问题，所以团队组建成功并不意味着高绩效必然产生。要想真正发挥作用，达到组织的愿景，就必须创建高效的团队。高效团队的创建，必须解决团队管理中存在的问题，不断调整和完善自身，使团队成熟起来。研究表明四个方面的因素会影响团队绩效：工作设计（自主权和自我管理，运用不同技术和能力的机会，为一个确实能对他人产生影响的任务或项目而工作）；团队的组成（成员的能力、性格、角色、差异性，团队规模以及成员的适应性等）；工作关系（足够的资源、有力的领导、相互信任的氛围、反映团队成员工作效果的绩效考核和激励体系）；团队进程（团队成员对共同目标作出承诺，团队特定目标的建立，团队效率，对冲突的管理，将无效工作减少到最低）。当然，在中国文化下建设高效团队还应考虑传统文化因素的深刻影响。

高效团队的创建，需要从以下几个方面着手。

确立具体目标

制定具体的、可以衡量的、现实可行的绩效目标，为团队运营设立愿景。在工作过程中将共同目标转化为具体的工作要求，比如将销售商的退货率减少50%，或是将毕业班的数学成绩由60分提高到95分。确定明确的具体工作目标，让具体工作目标与整体目标联系起来，可以使团队凝结成一个强有力的整体，究其原因有以下三点：一是具体的团队业绩目标能够以一种不同于企业整体任务和个人工作目标的方式来定义工作产出，简单的每次例行公事般的集会决策不可能长久维持团队的优秀业绩；二是具体的团队业绩目标能够增进团队内部明晰的沟通和建设性的碰撞；三是具体目标的可行性能帮助团队集中精力于如何获得结果。

确立适当的团队规模

为了使团队成员之间都能够充分了解并且互相发生影响，保证团队结构的简单化和组织目标的纯正，应当严格控制团队成员人数，一般不要超过12人。适当的团队规模，容易形成较强的团队凝聚力、忠诚感和相互信赖感。

选择适合团队要求的成员

首先要考虑成员能力、性格、角色的合理搭配，实现个人能力的优化组合，达到团队系统功用最大化。一个团队一般需要三种不同技能类型的人：具有技术专长的成员；具有发现问题、解决问题和决策技能的成员；善于聆听、反馈、拥有解决冲突及调和人际关系技能的成员。

其次，要考察个人的价值观是否与团队相同，以减少和避免录用后“搭便车”行为的出现。

再次，要求团队成员有良好的个人教育背景、技术能力以及与人沟通的能力。

最后，要对不合格的人员设立灵敏的检测和淘汰机制，并准备充足的合格人员“蓄水池”，以保证人员的可获得性。

选择合适的领导和团队结构

团队应选择合适的领导和结构来协调团队成员的不同意见并解决团队中的日常问题。例如，如何安排工作日程、如何解决内部冲突、如何分配具体的工作任务使之与团队成员的个人能力相匹配、如何作出和修改决策以及如何获取外部资源等。

建立合理的激励机制

团队应建立平等明晰的评价标准，让每位团队成员的贡献都可以衡量，每个人都可以清楚地看到谁做了什么，而且每位成员都对自己的行为负责。尽管团队中有一定余地可以兼容不同工作风格的员工，但也要制定统一的业绩标准（工作的效率和品质是所有成员都应当遵守的基本标准），以防止“鞭打快牛”的不公平现象，避免团队内由此引发的冲突。

要改变传统的、以个人导向为基础的绩效评估与奖酬体系，除根据个人贡献进行评估和奖励外，还应当以群体为基础进行绩效评估和利润分享，鼓励合作而不是仅鼓励某一个优秀的个人。除了基本的个人薪酬系统之外，还可以设定一种以团队完成目标为前提的个人奖金。另外晋升、加薪以及其他各种激励都会以员工在团队合作中的表现为衡量标准。

工作设计方面，由于认识到团队成员的工作动力主要来自于工作本身，应采用灵活合理的工作方式，使员工体会到工作的意义和价值。另外设计合理的容错规则也是一种重要的方法，例如可以规定人员创新失误的资金补贴范围。

提供足够的培训让员工体会团队带来的满足感

通过培训来保证团队成员价值观与团队价值观的一致，矫正团队成员的个人行为，保证团队成员工作的高效率。

在团队培训中，人员对新知识和信息的接受至关重要。培训已经不是传统意义上集中时段的训练，而应该是即时的、全方位的学习。要让员工感觉到学习的紧迫性，并把每个学习机会转变成交流和合作的机会。为此，必须制定周密的培训计划，来实现培训思路的根本转变。

将团队文化建设贯穿到团队管理的各个环节

首先，增强成员对团队的认同感，使团队成员为自己是团队的一员而感到自豪。如果团队成员都能有“风雨同舟”、“同呼吸、共命运”的感觉，对团队管理将会非常有利。

其次，让每个团队成员认识到他们之间的协作以及他们的贡献对于团队的成功是至关重要的。

团队文化建设可以贯穿到管理的各个环节。比如,在绩效考核和薪酬管理方面,充分体现团队的特点,以集体的成果来决定创造的价值;把团队价值观贯穿于培训的始终;在宽松的环境中,树立团队的榜样等。总之,要持之以恒地把团队管理必需的理念渗透到每个团队成员的行为中。

高层管理团队(TMT)建设

动荡的商业环境、一体化的全球经济、捉摸不定的宏观经济、日新月异的信息革命、多元化的业务趋势等现实的经营环境对企业的高层领导提出新的挑战。稳定环境下,领导人单枪匹马、单打独斗的方式已经难以适应激烈的市场竞争,越来越多的企业采用了高层管理团队的方式进行运作。

高层管理团队是指公司高层经理的相关小群体,包括CEO、总经理、副总经理以及直接向他们汇报工作的高级经理。① 高层管理团队的成员来自企业最高层,即企业的战略制定与执行层,负责整个企业的组织与协调,对企业经营管理拥有很大的决策权与控制权的高层领导团队具有团队概括性的特征,也有其独特的区别于一般工作团队的特征。高层领导团队的决策功能更强,竞争激烈、变化快速的市场条件要求高层管理团队成员紧密地团结在一起工作,作出更快的反应,更灵活、更好地解决问题,有更大的成效②。在这种情况下,对高层管理团队进行研究,打造一支高效的高层管理团队越发显得重要。

Hambrick为高层管理团队研究搭建了基本的理论框架,他在1996年提出从三个方面描述和测量高层管理团队,包括团队组成、团队运作过程与团队结构。团队组成与结构主要是指高层管理团队成员的传记特点(包括年龄、教育、资历等)及职权结构。高层管理团队的运作过程,包括团队成员之间的协调、沟通、冲突处理、领导、激励等行为。

高层管理团队的传记性特征及职权结构

1. TMT团队同质与异质

同质性指TMT成员特征及重要态度、价值观的趋同化;异质性指成员之间的差异化,包括认识性差异与经验差异。同质性与异质性孰优孰劣并无定论,一般认为,同质性适于解决常规问题,异质性适于解决特殊问题。

人员同质导致相似的感觉和相互吸引,特别是价值观、信任和态度的一致,会增加团队识别力和内聚力。内聚力依次与高度一致、对优先行动路线的高度承诺、缺少信息公开和干涉团队充分使用信息的能力相联系。相似的背景和经验能减少沟通障碍,使交流变得容易,但也会使成员思维趋同而遗漏机会,对问题不敏感。

---

① Li, J., K. R. Xin, A. Tsui, et al. Building Effective International Joint Venture Leadership Teams in China. Journal of World Business, 1999, 34(1): 52-61.

② Smith, K. G., K. A. Smith, J. D. Olian, et al. Top Management Team Demography and Process: The Role of Social Integration and Communication. *Administrative Science Quarterly*, 1994, 39: 412-438.

在相对简单的环境下,同质性能使团队沟通更加方便、快捷,提高公司绩效。

Hambrick 和 Mason 认为 TMT 异质与团队经历的冲突水平及类型相关,团队越多样化,关于如何解决战略问题的观点就越不相同。团队异质可能导致部分战略决策者更具有创造力并能提高适应性。TMT 异质对组织绩效的影响是不确定的,它随公司的战略和社会背景而权变。但是在复杂的情况下,如公司重新定位、环境震荡、技术变革及总裁继任,领导班子异质性能增强战略重新定位的灵活性,对团队绩效有积极作用。

2. 年龄

由于年龄差异,年轻与年长的经理们成长的环境、教育方式会不同,通常在工作中表现出不同的价值观与行为。通常 TMT 成员平均年龄越大,越倾向于回避风险,所执行的企业战略较少发生变化;而年轻的经理们更容易改变战略,更愿意尝试创新的冒险行动。对日本的 TMT 研究发现,在日本这种东方文化背景下,年龄异质性对团队的稳定有很强的促进作用。①

3. 教育水平和专业背景

教育包括正式教育与在职培训,与其他因素相比,个人的教育水平通常能反映他的认知能力和技巧。在研究传记性特点对企业战略变化的影响中,TMT 成员的平均教育水平是最强的解释变量,高教育水平的团队倾向于采取重要的战略决策来获得企业长期生存发展。

TMT 成员的专业背景会影响到公司战略决策,特别是在管理团队中处于主导地位的领导的专业背景会导致公司战略向其专业领域内倾斜,但是多元化的团队成员的决策风格可以纠正 CEO 的决策方向,提高战略柔性。②

4. 任期

TMT 成员的任期会对组织绩效产生影响。人们一起工作很长时间,一些相关的思想、行为开始影响团队行为,特别是沟通行为。任期越长越是伴随着 TMT 的稳定,内部冲突的减少和沟通的加强。此外,任期越长的领导班子越具有凝聚力和共同的认知结构。由不同任期的经理们组成的 TMT 可以拥有这样一笔财富,即以社会经验和组织经验为基础形成的多样化观点。③

高层管理团队的运作过程

TMT 运作过程研究的核心问题是行为的整合和协调,一个行为协调的 TMT 能够共享信息、资源和决策。行为整合不同于"社会整合",后者更多的是"大家喜欢在一起",而"行为整合"要求大家共同行动。

---

① Wiersema, M. F., A. Bird. Organizational Demography in Japanese Firms: Group Heterogeneity, Individual Dissimilarity, and Top Management Team Turnover. *Academy of Management Journal*, 1993, 36: 996-1025.

② Korsgaard, M. A., D. M. Schweiger, H. J. Sapienze. Building Commitment, Attachment, and Trust in Strategic Decision Making: The Role of Procedural Justice. *Academy of Management Journal*, 1995, 38: 60-84.

③ Finkelstein, S., D. C. Hambrick. Top Management Team Tenure and Organizational Outcomes: The Moderating Role of Managerial Discretion. Administrative Science Quarterly, 1990, 35: 484-503.

1. 团队领导

“火车跑得快，全靠车头带”，TMT 的领导人至关重要，起到协调、整合、指导、激励成员的“领头羊”的作用。每个 TMT 中一般都有一位核心领导人，这种现象在国内外的著名企业中非常普遍。比如在华为的 TMT 中，虽然人才济济，有被称为“华为女皇”、“华为国务卿”的孙亚芳，先后离开华为的“左膀右臂”郑宝用和李一男，以及现在被称为“六大金刚”的 6 位副总裁——费敏（产品与研发）、洪天峰（运作与交付系统）、徐直军（战略与市场）、纪平（财经管理）、胡厚昆（销售与服务），但任正非仍旧是华为 TMT 中无可争议的核心，他像一位经验老到的船长，为华为探方向、定航道，其适时抛出的如《华为的冬天》、《华为的红旗能扛多久等》甚至引领着中国的整个 IT 业小心翼翼地避过雷区，为后人照亮前进的道路。联想的柳传志也是中国教父级的企业家，其成功不仅在于曾将联想带进了世界 500 强，更大的贡献在于倾情培养年轻领导人，培养了一批独当一面的接班人：联想电脑的杨元庆、神州数码的郭为，弘毅投资的赵令欢。但联想电脑巨亏后，柳传志还是重新复出，一年后就扭转颓势；还亲自操刀，引进泛海集团作为战略投资者，进一步理顺了联想的法人治理结构和产权体制，公布联想控股未来的五大愿景和两大任务①，为联想未来更大的发展空间奠定框架。柳传志的大手笔和纵横捭阖的气魄让人叹为观止，精神领袖的作用仍旧无可替代。

2. 团队冲突

Boulding 将冲突定义为一种对团队中的差异、不相容的愿望，或者无法妥协的渴望部分的认识。Amason 和 Schweiger 识别了团队中的两种冲突：认知冲突和情感冲突。他们认为认知冲突是功能性的，通常是任务导向的，关注如何实现共同目标的判断力的差别，在 TMT 中认知冲突是不可避免的；情感冲突是非功能性的，它倾向于情感和关注个人的不相容或怀疑，当认知差异被感知为个人批评时，情感冲突就会出现在 TMT 中。Amason 和 Sapienza 研究了三个影响 TMT 冲突的因素：团队规模、公开和相互关系。当各种冲突发生时，内聚力是凝聚团队成员的强大向心力。坦率、公开讨论的团队规范提高了团队内部分歧的透明度。②

3. 团队沟通

团队行为的重心是沟通，这也是社会交流的本质。Tjosvold 运用合作与竞争的理论对团队的沟通进行了深入的研究。他的基本观点是，当人们之间具有合作关系、共同目标时，会导致开放的讨论和互相帮助；人们的竞争关系或独立关系会引起闭锁的思维，阻碍沟通，所以团队成员的关系会影响到团队内成员的互动。

团队的沟通渠道有正式与非正式之分，正式沟通渠道包括正式商谈、结构化

① 联想控股的五大愿景和两大任务。五大愿景：第一，以产业报国为己任；第二，要值得信赖，并受尊重；第三，多个行业领先；第四，在世界范围内有影响力；第五，国际控股。两大任务：一是运筹规划资金和战略方向，协同作战；二是选择合适的企业，直接投资核心资产。

② Amason, A. C., H. J. Sapienza. The Effects of Top Management Team Size and Interaction Norms on Cognitive and Affective Conflict. *Journal of Management*, 1997, 23: 495-516.

会议、公文交流等；非正式沟通渠道包括自发谈话、非结构化会议。作为频繁分享信息的方式，正式渠道与非正式渠道都必不可少，但是它们都有一定的限度，超过这个限度，就会降低交流的效率或有损团队融洽。

提高高层管理团队凝聚力的策略

我国企业的TMT有其自身的特点。受中国传统文化影响，我国企业倾向于由资历深的年长者担任领导职务，同时年长的管理者希望年轻的管理者能尊敬并服从他们；在结构上，我国企业倾向于等级有序的层级结构；在团队过程方面，高层管理者通常不愿意分享未明确公布的信息，在制定决策过程中更多地考虑人际关系而不是绩效。在我国的很多企业，高层管理人员的传记特点和文化背景的差异已形成一种"圈内"与"圈外"的关系。如何在中国文化背景下，建设高效的TMT对中国的企业来说是个挑战。①

1. 建立TMT的共同愿景②

形成一个有利于企业成长的TMT共同愿景是维持TMT和提高TMT凝聚力最为关键的要求，其主要作用为：指导人们的行动；提醒人们的行动，防止重复以前的错误；激励人们的行动，并不是以工作本身而是以工作的目的激发人们的积极性；控制人们的行动，防止企业进入不相关的商业领域；使人们获得自由发挥的空间，避免进入"我们过去就是这样做"的惯例。③

愿景是建立在信仰之上的，受个人价值观和信仰的支持与影响，TMT的每个成员都有着不同的个人愿景、目标和价值观，把TMT的个人目标和组织目标相统一是构建共同愿景的关键，也是衡量一个组织管理水平高低的重要尺度。构建共同愿景可以从以下几个方面切入。首先，识别所有的内部与外部利益相关者，按重要性程度排序，并作为组建TMT的依据。其次，理解信息和价值观。获得如团队目前的状况、现在的价值观等信息，通过对周围环境全面的描述来预测将来的情况。最后，要提高TMT成员对话的质量。TMT的每一个成员对完成愿景的建立过程都有不同的想法，有必要通过对话的质量来影响和协商个人分歧。TMT成员之间积极沟通、增加了解、消除误会非常重要，柳传志在培养杨元庆作为核心领导人的过程中，曾指出沟通的重要性，他说，在确定作为培养对象后，我对你要做的事是：① 加强对你的全面了解。你自己也要抓住各个机会和我交流各种想法。不仅是工作上的，还应该包括方方面面的。② 加强和你的沟通，使你更了解我的好处和毛病，性格中的弱点，"后脑勺"的一面，这样才能产生真正的感情交流。③ 互相帮助。但更多的是我用你接受的方式指导你改正缺点，向预定的目标前进。

2. 选择合适的人组成TMT并注意角色分工互补

角色互补有两层含义：一是TMT成员个性、技能和经验的异质性；二是

---

① 孙海法、伍晓奕：《企业高层管理团队研究的进展》，见《管理科学学报》，2003年第8期，第82—89页。

② 陈忠卫、贾培蕊：《基于心理契约的高层管理团队凝聚力问题研究》，见《管理科学》，2004第10期，第46—52页。

③ Lucas, James R. Anatomy of a Vision Statement. *Management Review*, 1998, 87(2): 22-27.

TMT成员的分工协调，即要在工作角色与团队角色协调的基础上，在协作的前提下努力做到成员的个性、技能和经验等的互补。明确应该将哪些人纳入团队，明确团队的权责范围和领导的角色。

如何选择合适的人组成角色互补的TMT在不同性质的企业有着不同的标准和结果。在国有企业，TMT大多以通关任命方式确定领导人，班子成员之间很难相互配合融洽，下面一般也很难心服口服。民营企业的老板有自由选择TMT成员的权力，应该有什么样的具体标准呢？柳传志在1994年给杨元庆的一封信中曾提到在他心中年轻领导核心应该符合两个条件："一要有德。这个德包括首先要忠诚于联想的事业，也就是说个人利益完全服从于联想的利益，还有就是能实心实意地对待前任开拓者们的付出；二要有才，有能力带领队伍取得胜利。"并提出了"大鸡和小鸡"理论，指出新的领导核心只有把自己锻炼成火鸡那么大，小鸡才肯承认你比他大。当你真像鸵鸟那么大时，小鸡才会心服。只有赢得这种"心服"，才具备了在同代人中作为核心的条件。属于"才"和"德"边缘范围的内容还有：无私，对自己的严格要求，对伙伴的大度、宽容，虚心地看到别人的长处，不断反省自己的不足等等。在华为，任正非多年来一直对企业的各级接班人提出了两点最基本的要求：一是要认同华为的核心价值观，二是要具备自我批判精神。也就是既要坚持原则，也要不断自省，在"否定之否定"中创造性地发展。

中国文化对团队建设的影响与塑造

中国传统文化先是以儒、法、道为主流的文化体系，随着佛教的崛起，又形成了儒、释、道的流派格局。几千年来，儒道互补，儒法结合，儒佛相融，佛道相通，在各种不同价值系统的区域文化和民族文化的冲击碰撞下，逐步走向融合统一，其基本精神和价值取向影响着一代又一代中国人的工作和生活。李泽厚曾在《中国思想史论》①中写到："由孔子创立的这一套文化思想在漫长的中国社会中，已无孔不入地渗透在广大人民的观念、行为、风俗、信仰、思维方式、情感状态……之中，自觉或不自觉地成为人们处理各种事务、关系和生活的指导原则和基本方针，亦即构成了这个民族的某种共同的心理状态和性格特征。值得重视的是，它由思想理论已积淀和转化为一种文化—心理结构。不管你喜欢不喜欢，这已经是一种历史的和现实的存在。"

中国文化对团队建设的积极影响②

1. 利用古人向往"天人合一"、"贵中尚和"的理想，可以强化成员对团队的

① 李泽厚：《中国思想史论》，生活 读书 新知三联书店，2008年版。
② 吴筱明：《论传统文化对团队管理心理的双重塑造》，见《华人应用心理学发展论坛会刊》。

责任。

中国传统文化崇尚“天人合一”，认为世界是一个有机统一的整体，人不能脱离自然、应与自然和谐发展，人性与天道应相互沟通。如“人法地，地法天，天法道，道法自然”、“天地与我并生，万物与我为一”等。“天人合一”思想背后折射出的是中国传统文化贵中尚和的特征。与西方文化较多地强调对立面的冲突不同，“贵中尚和”的精神培育了中国人追求和谐、反对分裂的整体观念，如“天下一家”、“四海之内皆兄弟”等，转化为深层的社会心理结构，是民族凝聚力形成并发挥作用的思想基础。这种整体观念、大局意识和集体荣誉感有利于团队成员形成一种自然而然的团队责任感。

2. 利用“刚健有为”、“自强不息”的中国传统文化内涵，可以激发团队成员开拓进取的精神。

“天行健，君子以自强不息”，就是要求有志向、有作为的人像自然的变化发展那样，生生不息，永远向前。无数先贤对刚健有为、自强不息的认同和追逐，使这一精神成为中国文化的重要内涵，成为中华民族精神的象征。但这种刚健有为精神，绝不是急功近利的个人奋斗，而是积极向上、充满活力、满腔热情地去实现自身价值，从而为国家、为民族、为社会作出更大的贡献。无论是孔子提倡的“达则兼济天下，穷则独善其身”，还是范仲淹的“先天下之忧而忧，后天下之乐而乐”，都是这种精神的最好诠释。同样，作为团队成员，更需要这种刚健有为、自强不息的开拓进取精神。因此，在这种文化内涵的推动下，激励每一名团队成员把刚健有为、自强不息内化为自己开拓进取的动力，推进团队整体绩效的持续提升。

3. 利用古人注重“厚德载物”、“道德本位”的思想，塑造团队成员良好的人格素养。

以儒、道两家思想为主干的中国文化，是一种伦理本位的文化，高度推崇道德。“厚德载物”语出《易经大传·象传》：“地势坤，君子以厚德载物”，体现了传统文化中宽广仁厚、兼容并蓄的精神特质。孔子提出“为政以德，譬如北辰，居其所而众星共之”，讲的也是道德在成就一个人事业中的重要性。在道德修养中，追求的是“反躬自省”、“修己安人”，强调的是践行道德的自觉性与主动性。

团队建设中，我们需要专业素质高的人才，但前提是他们具有良好的职业道德。因此，在构建高效团队中，充分发挥传统文化的作用，有利于引导成员反躬自省，培养其高尚人格和爱岗敬业的职业道德。

4. 利用古人推崇“以情为重”的态度，可以营造整体和谐的管理局面。

中国文化是一种人伦文化，历来讲究驭人之道，把人心向背作为事业成败的一个关键因素。管子最先提出以人为本：“夫霸王之所始也，以人为本。本理则国固，本乱则国危。”同时，在中国传统文化“情”与“法”的博弈过程中，古人往往更加注重“情”的因素，而这种“情”是以“仁”为核心的。孔子说：“仁者爱人。”又说，“仁者，人也”。这里的“仁”所体现出来的“情”是以对人的关怀为价值指向的，因此“以人为本”与“以情为重”两者指向是统一的。这种文化特征充分反映出中国人更强调人性的管理，反映出中国文化重人为精神、重道德的倾向，或者说中国文化以情感为本。

在团队建设中，“以人为本”、“以情为重”是指要关心团队成员的需求和个性，做到彼此尊重信任，构建组织与成员之间的心理契约，而不仅仅是法律上的雇佣关系，这样才能真正调动成员的积极性，他们才会全身心地投入到工作当中去。

中国文化对团队建设的消极影响

传统文化对团队管理既有正面影响，也表现出消极不利的影响，消极影响主要表现在以下几个方面。

1. 中国传统文化具有明显的自律性、内倾性和封闭性，影响了团队成员之间的沟通和交流，也不利于释放压力。

中国人的传统个性倾向于自制、谨慎、耐心，个人情感世界多数深藏于内，含而不露，又善于掩饰自己，而较少冲动和兴奋，表现出压抑自我的行为特性，掩饰自己真实的思想情绪，忽视自身真正的内在的需求。尤其是中国的传统文化强调的“慎独”、“自省”，使人们形成了仅靠自身的力量来化解个人内心矛盾的习惯。这种突出的封闭内倾的性格特征及独有的文化观念，使得当事人不愿或不敢向他人诉说自己的内心世界，严重影响了团队成员之间的沟通和交流，不利于团队工作效率的提升。

2. 中国人的人格具有显著的社会倾向性，影响团队成员创造和创新的实现。

在个体社会化过程中，中国人强调群体意识和社会责任，社会价值取向远远重于个人价值取向，集体利益远远高于个人利益，追求“忍辱负重”、“克己奉公”，反对个人表现，牺牲自己的权利和幸福，或“言不由衷”，或“委曲求全”。

“中国人的社会倾向性人格是中国农业社会的特点和文化产物。”[①]这与源于工业化社会，以自我实现、竞争、自由、平等倾向等为代表的个人倾向性人格大相径庭。传统文化形成了人们性格中的顺从性、求同性等缺陷，影响创造和创新的实现。

3. 中国传统文化中对权威的顺从和依赖心理非常明显，影响了团队成员的自主性。

中国传统文化讲求“忠孝”，后发展为“三纲五常”，孔子提出了“君君、臣臣、父父、子子”的人伦思想。后来，孟子则进一步提出了“五伦”的人伦之道，即所谓“父子有亲，君臣有义，夫妇有别、长幼有序，朋友有信”。“五伦”主要强调的是上下的权威与服从关系，要求人们尊卑有别、长幼有序、谦恭有礼。绝大多数人的行为遵从权威，对上服从，对下威严，顺从与支配、依赖与权威同时存在于中国传统文化中。这种对权威的顺从和依赖心理不利于团队成员积极主动地完成工作。

---

① 秦宗仓、原志良、管黎荔：《中国传统文化精要与当代团队成员》，军事科学出版社，2006年版。

有效利用中国传统文化塑造高绩效团队

面对博大精深的中国传统文化，我们要"取其精华，弃其糟粕"，在团队建设中，实现对传统文化的有效转化，塑造高绩效的团队。

1. 由过分强调人情关系向重视能力的转化。

中国的文化传统强调人与人之间的关系，重人情关系而轻才能。儒家就讲仁者爱人，所谓的仁者爱人并不是说一视同仁，而是强调亲疏有别，对人际关系的处理总是本着关系有远近，感情讲亲疏的原则。中国人对人际关系的重视和强调体现为差序格局。中国人讲关系，但是把关系分为亲人关系、朋友关系、生人关系。对待亲人关系，是讲亲情、讲责任，在分配上是讲按需分配；对待朋友关系，是讲友情、讲人情，在分配上是讲按劳分配；对待生人关系，是讲利害、讲公平，在分配上是讲平均分配。但在现代管理中，应转向重才能而包容人情。当然，对能力的重视本身也在发生重要的改变。在农业社会，重视的是体能；在工业社会，重视的是智能；而在知识经济时代，重视的则是全能（包括非智力因素）。

2. 由过分强调个人品德修养和价值取向向制度规范转化。

在价值与规范的关系上，过去是重价值而轻规范。现代管理中，开始转向重规范而包容价值。现在的组织更加容忍成员不同价值观念的并存，一般不干预成员个人价值观和生活上的做法。组织更加注重通过制度的保障，激励或约束个人行为，而不单纯依赖个人品德的好坏。

3. 由过分注重权力位置向以绩效导向转化。

中国社会等级森严，"屁股决定脑袋"，位置决定一切。但是在团队建设中，应淡化权力位置，注重业绩表现。

同时在转化的过程当中，不能矫枉过正，要做到重才能而包容人情，重规范而包容价值，重绩效而包容位置，把中国的传统文化与现代管理有机结合，才有利于促进高效的团队建设。

本章回顾

团队是一群为数不多的、具有互补技能的人组成的一个群体，他们相互承诺，具有明确的团队目标。团队成员一般超过两人，但是人员规模必须受到限制，成员具有不同的技能、知识或经验，共同承担团队成败的责任。团队的发展可分为形成、磨合、正常运作和高效运作等阶段。团队可分为提供咨询意见、生产和经营以及负责管理的团队。高效团队一般有以下特征：目标明晰，永不放弃；相互尊重，相互信任；人尽其才，系统整合；有效沟通，善于解决冲突；完善反馈，健全"管理控制系统"；了解人性，正确激励；内部与外部的支持等。高层管理团队（TMT）的建设对于组织的发展至关重要，在回顾国内外对 TMT 的研究后，提出了建设 TMT 的具体措施。中国传统文化对 TMT 的建设有着双重影响，我们要“取其精华，弃其糟粕”，积极转化，把中国传统文化与现代企业管理有机融合，促进高效团队的建设。

关键术语

团队	群体	团队规模
实现者	合作者	塑造者
协调者	高层管理团队(TMT)	

复习思考题

1. 团队具有哪些特征，团队与群体的区别是什么？
2. 团队发展的类型有哪些？
3. 如何打造高绩效的高层管理团队？
4. 在中国文化背景下如何创建高效团队？

案例 8-1

医院糖尿病团队管理模式

在医院的糖尿病团队管理模式中，医生、护士、营养师从不同的专业角度共同管理病人，把“医生的病人”变成“大家的病人”，使病人在各个方面，包括饮食、运动、日常行为与习惯、用药、监测血糖等均得到全面的指导。下文选自浙江大学附属邵逸夫医院护理教育部的楼青青等人的学术论文——《糖尿病团队管理模式的实施》①，请仔细阅读。

糖尿病是一种影响各系统乃至心理健康的疾病。对糖尿病病人进行科学的管理，教会其掌握糖尿病自我护理的知识与技能已迫在眉睫，需要各科医生、护士、营养师及心理学家等专业人员的共同管理，即团队管理。糖尿病的团队管理在美国已形成完整的体系。无数的实验已从不同角度证明其效果明显优于传统的治疗。2000 年我院参照美国罗马琳达大学医学中心糖尿病病人的教育与管理模式，结合我院实际开展糖尿病的团队管理。现将实施

① 楼青青、徐玉斓、王青青、冯金娥、叶志弘、陆颖理、徐端珩：《糖尿病团队管理模式的实施》，见《护理学杂志》，2002 年 2 月第 2 期。

方法介绍如下。

1　小组成员及职责

1.1　医生

内分泌科全体医生5名,包括内分泌科主任、副主任医师各1名,主治医师2名,住院医师1名。主要职责为完成病人的治疗和检查,并参与课堂教学与科研。另有外籍医生1名,担任高级顾问,参与所有糖尿病教育事项的决策,协调小组之间及与其他部门间的关系,为小组提供专业指导,并参与糖尿病的课堂教育。

1.2　护士

糖尿病专科护士1名(赴美进修3个月后专职从事糖尿病教育工作),其职责是为病人提供床边教育、心理支持、课堂教育、门诊教育、随访,并参与科研。

1.3　营养师

营养师3名,负责糖尿病病人的饮食管理和课堂示范食物的准备。营养科主任参与课堂教学。

2　小组成员的管理

2.1　成立糖尿病小组委员会(advisory committee)

该委员会由1名外籍医生、3名高年资内分泌科医生(内分泌科主任、副主任医师,主治医师各1名)、糖尿病专科护士、护理教育部主任及营养科主任组成。外籍医生担任委员会的主席。通过定期会议,讨论具体工作的实施,如合作的方式、课程的设计与安排及科研等;阶段性评价团队工作的开展情况;制定下一阶段的计划。所有有关糖尿病团队管理的决定必须通过该委员会集体讨论。

2.2　科室间的合作

小组成员来自不同科室,医生由内分泌科主任领导;糖尿病专职护士由护理教育部领导;营养师由营养科主任领导。组成团队后,由内分泌科主任统一调配、协调各项工作。每位团队成员均配院内传呼机,以便联系。

3　实施方法

3.1　住院病人(内分泌科及会诊病人)的团队管理

3.1.1　一般评估:由医生全面评估病人,决定病人的检查与治疗;开具饮食医嘱和糖尿病教育医嘱,并注明重点教育内容;确定是否需要外围成员的协助(如心理医生的介入)等。糖尿病专科护士每周跟随医生查房1～2次,熟知病情及病人的心理状况,评估病人的需要,尤其是学习的需要。并向医生提供病人的信息,如病人的要求,饮食、服药状况及心理问题等。

3.1.2　床边教育主要由糖尿病专科护士承担,教育内容有:① 基础知识。糖尿病的概念、影响血糖的因素、糖尿病的急慢性并发症、足部的护理、低血糖的处理、糖化血红蛋白(HbAlc)的知识、血糖的控制(饮食、药物、运动)及血糖的自我监测及教育。以上内容列入表格,该表格放入病历中,完成后逐项打钩，确保每位住院病人都学到以上知识。② 操作的示范与回示范。主要是胰岛素的注射及血糖仪的使用。病人或家属正确地回示范后打钩。该项目亦列入同一表格，确保病人学会正确的操作技能。③ 心理支持。初发病人、血糖控制较差及严重并发症的病人往往有许多心理问题，有的不愿配合治疗。糖尿病专科护士在细致评估后，认真倾听病人主诉并与病人交流。纠正病人认识上的误区，说服病人配合治疗，向有关科室或人员转达病人的意见及要求，同时提供强有力的心理支持。

3.1.3 饮食管理：医生开具饮食医嘱后，营养师配餐，主要根据病人病情及饮食习惯配餐。主任参与糖尿病的课堂教育及课后随访。

3.1.4 教育后评估：教育后每天由糖尿病专科护士评价病人的知识和行为改变，评估病人新的教育需要并提供相应的教育与帮助，发现问题及时解决或告知医生(如低血糖反应、心理问题、情绪改变等)；在进餐时间巡视病房，评估饮食结构和食物的量、病人正确选择食物的能力及病人的实际进食情况，把饮食中存在的问题、病人的意见及时反馈给营养室。

3.2 门诊病人的管理

3.2.1 设立糖尿病专科门诊：包括医疗门诊及教育门诊。教育门诊免费，由专科护士及营养师负责。医生看完病人后把病人送到教育门诊，对病人进行个别辅导，由病人向护士、营养师汇报血糖控制、饮食、运动、用药情况，护士及营养师肯定病人的正确行为，并通过表扬强化，指出病人需改进之处；帮助已经过课堂教育的病人理解课堂知识，并把所学知识融入日常生活中。对初诊病人进行基础知识教育与技能教育，并提供心理支持。

3.2.2 课堂教育：① 一级课程。其内容与床边教育基本相似，但更深入。并留时间让病人提问及相互交流，时间为3小时。对象为初发病人及未接受基础知识教育者，讲课者为内分泌专科医生、专科护士及营养师。根据需要每1～2周1次。② 二级课程。在一级课程的基础上，进一步讲解各系统并发症的病理生理改变，营养配餐示范，行为治疗，运动疗法等。授课者除糖尿病小组的成员外，还有眼科、心内科、肾内科及精神卫生科等科的医生。时间2～3天，每2个月1次。分次或一次性完成。

3.2.3 课后随访：根据不同情况，要求对病人每1～4周进行1次随访。不能定期随访的病人则电话随访。课后3个月、半年、一年定期评价。

问题

1. 文中所述团队的含义是否具有组织行为学意义上的团队的各种特征？
2. 糖尿病专职护士在此管理过程中扮演什么样的角色？护士们可能会遇到哪些问题，应如何从制度设计上解决这些问题？
3. 试剖析糖尿病团队管理模式中各组织成员的工作任务，讨论本文所忽略的组织成员之间的沟通、协调问题。

案例 8-2

华帝燃具股份有限公司高层管理团队建设①

1992年，中山市小榄镇七个没有任何背景、出身穷苦又想干大事的青年，怀着纯粹的理想凑钱创办了华帝公司。创业之初，七名老板订下一个对日后稳定发展起至关重要作用的“君子协定”：在股权分配上，开发区所在村占总股本的30%，余下的70%七人平分，每人拥有10%。这样，在国内许多企业看来最伤脑筋的股权问题上，华帝在创办阶段就轻松地跨越了。接下来，他们对一些具体事务进行了磋商，并达成了共识：决策高度民主，求同存异，少数服从多数；年终分红一样多；不许亲戚进厂；不向妻子谈及企业的事，不准她们到公司来……

弹指13年，华帝的年销售额已达10亿元，连续十年稳坐灶具龙头老大的位置。随着华帝在行业内的地位和影响越来越大，七名老板的创业故事经社会的传播，具有了强烈的传奇色彩。他们故事的传奇性不仅在于共同创业，芸芸众生更多的是惊叹于他们的协调能力和沟通能力。

很多“评论家”和中西文化比较学者指出，中国人的团结合作精神比较差，台湾学者柏杨所著《丑陋的中国人》对国民的劣根性多有揭示，也对互助精神的欠缺“恨其不幸，怒其不争”。在中国企业尤其是股份制民营企业中，“职场政治”弥漫其间，为了一点蝇头小利、利益分配的不均衡，或沟通不畅、言语上的偶尔冒犯，都会造成很深的隔阂，结伙创业的股东最终以分道扬镳收场，严重的甚至由伙伴演变为仇敌；更有甚者，在家族式企业内，“兄弟反目”的不幸也屡屡上演。人事的纷扰最终导致企业在商场上不战而败，真正应了一句戏文：忽喇喇起高楼，忽喇喇大厦倾。内部倾轧的代价令人痛心不已。到底是什么力量让这七位毫无血缘关系的老板团结一心、甘苦与共13年呢？

七个老板除了都有为共同的事业奋斗的信念之外，权力和金钱方面的制度高度制衡也是维系他们和谐关系的重要纽带。在权力方面，最初他们各自负责一个部门的事务，在董事会里虽有董事长和董事之分，但在决策上高度民主，求同存异，少数服从多数，谁也不能大包大揽；不允许亲戚进入公司，基本上杜绝了扶持个人势力的可能。在财务方面，公司成立初期，七个人均以企业为重，每月都只拿400元工资，好几年没有分红，把所有的资金用到企业的滚动发展上；个人的所有费用不得在公司财务上报销，老板们从公司预支的款项，在年终分红中扣除；2万元以上的开支，须经其他两位董事签字认可，5万元以上由董事长签字。

---

① 黄启均、尹传高：《华帝之道》，中信出版社，2006年版.

当年的创业元老之一、现今掌门人黄启均则说，我们的性格都比较平和，权力欲望也都不强烈。就个人而言，有一套房子，每年有足够维持家庭生活开支的分红，有一些存款就行了，还需要什么呢？至于后辈，我只想提供一个好的学习环境给他，他今后的发展是他的事，我不管。

创业阶段，七个老板筚路蓝缕，省之又省，励精图治。七个人挤在一间20平方米的屋子里办公。哥七个遇事儿互相商量，谈发展大计时你一句我一句，不分高下。最后，如果一项提议被否决或是通过，那通常是集七人意见之大成的结果。

他们也有分歧，但他们的立足点是“办事”，只要一想到是为公司“办事”，他们就求同存异，互相沟通。所以，在华帝的七个老板中，只有意见分歧，没有摩擦冲突，或者说，因为他们温和宽厚的性格，使分歧没有激化成矛盾。这或许就是他们能合作十余年而未上演“宫廷政变”、“权变”的关键。

问题

华帝的高层管理团队建设有哪些借鉴之处？

第9章

沟通

> 上下不交而天下无邦。①
>
> ——《易经·泰卦》

“沟通”一词从字面来看就很形象——挖沟开渠使水源贯通。俗语讲得好：“流水不腐，户枢不蠹”，水不经过沟通便是一潭死水，毫无生气。企业也是如此，在当代社会，精于沟通者，必先得人心、得天下。企业内部良好的沟通文化可以使所有员工真实地感受到沟通的快乐和绩效。加强企业沟通，既可以使管理层工作更加轻松，也可以使普通员工大幅度提高工作绩效，同时还可以增强企业的凝聚力和竞争力，因此我们应该从战略意义上重视沟通。

沟通的内涵

什么是沟通

“沟通”是组织行为学中最经常接触到的一个词。到底什么是沟通？美国学者 David W. Johnson 给沟通作过这样的定义：沟通是被他人所知觉的语言或非语言行为。② 菲利普·R·哈里斯（美）认为：沟通

① 大意：上面与下面的思想不沟通，天下就像没有国家一样。

② David W. Johnson:《合作学习》，北京师范大学出版社，2004 年版。

是一个循环的相互影响过程，这个过程包括信息发出者、接收者和信息本身。① 而在D·赫尔雷格尔等人所著的《组织行为学》中提到，沟通是通过一种或多种信息媒介，对想法、事实、信念、态度和感受进行传递和接受，并产生反应。概括地来说，沟通就是指信息在人与人之间的、通过一种或多种媒介的传递。它是一种通过传递观点、事实、思想、感受和价值观而与他人相接触的途径。②

维尔斯—斯宾克斯模型（the Wells-Spinks model）是关于沟通的一个比较经典的模型。③ 它比较详细地描述了沟通的整个过程及其影响因素。首先由发出者形成需要沟通的想法，然后用字、词、句、段对想法进行编码。编码后的信息被传递给了接收者，接收者对这些信息解码，并与自身的思维相结合，形成新的想法。于是接收者变成了新的发出者，并将信息传递给原来的发出者。这个产生新发出者并传递信息回原发出者的过程就叫作反馈。原发出者会对反馈的信息进行再次解码并形成想法，然后开始下一个沟通循环。

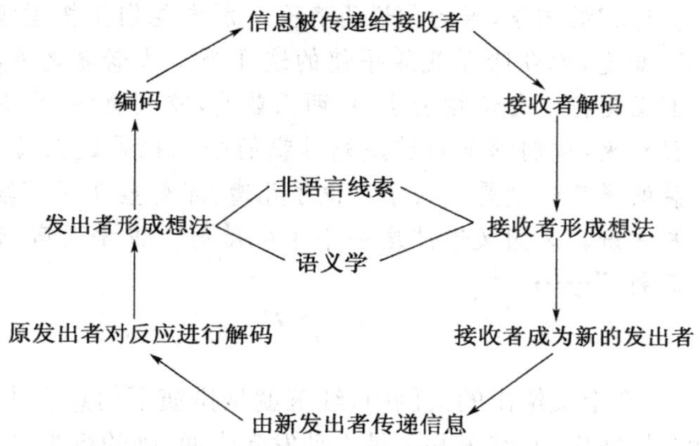

图9-1 沟通模型

沟通的几个基本要素

从维尔斯—斯宾克斯模型中，我们可以看出沟通的要素主要有以下几个方面。

信息发出者

信息发出者也就是沟通的发起者，他因为某一目的，产生需要与他人沟通的想法，将需要沟通的内容进行编译以传递给他所要沟通的对象。

① 菲利普·R·哈里斯、罗伯特·T·莫兰著，关世杰译：《跨文化管理教程（第5版）》，新华出版社，2002年版，第30页。

② D·赫尔雷格尔等：《组织行为学》，中国社会科学出版社，2001年版，第279页。

③ Wells, B., N. Spinks. *Organizaitonal Communication: A Leadership Approach*. 4th ed. Houston: Dame Publications, 1994: pp. 453-61。

下面一段话摘自《红楼梦》第二十七回。

……这里红玉听说,不便分证,只得忍着气来找凤姐儿。到了李氏房中,果见凤姐儿在这里和李氏说话儿呢。红玉上来回道:"平姐姐说,奶奶刚出来了,他就把银子收了起来,才将张材家的来取,当面称了给他拿去了。"说着,将荷包递了上去。又道:"平姐姐叫我问奶奶:才旺儿进来,讨奶奶的示下,好往那家去的,平姐姐就把那话按着奶奶的主意打发他去了。"凤姐笑道:"他怎么按我的主意打发去了?"红玉道:"平姐姐说:我们奶奶问这里奶奶好。原是我们二爷不在家。虽然迟了两天,只管请奶奶放心。等五奶奶好些,我们奶奶还会了五奶奶来瞧奶奶呢。五奶奶前儿打发了人来说,舅奶奶带了信来了,问奶奶好,还要和这里的姑奶奶寻两丸延年神验万全丹。若有了。奶奶打发人来,只管送在我们奶奶这里。明儿有人去。就顺路给那边舅奶奶带去。"话未说完,李氏道:"嗳哟哟。这些话我就不懂了。什么'奶奶''爷爷'的一大堆。"凤姐笑道:"怨不得你不懂。这是四五门子的话呢。"说着,又向红玉笑道:"好孩子,难为你说得齐全。别像他们扭扭捏捏蚊子似的。——嫂子你不知道,如今除了我随手使的这几个丫头老婆之外,我就怕和别人说话。他们必定把一句话拉长了,作两三截儿,咬文嚼字,拿着腔儿,哼哼唧唧的,急得我冒火,他们那里知道。先时我们平儿也是这么着。我就问着他:难道必定装蚊子哼哼就是美人了?说了几遭,才好些儿了。"李宫裁笑道:"都像你破落户才好。"凤姐又道:"这一个丫头就好。方才两遭,说话虽不多,听那口声就简断。"……

在上文给出的案例中,红玉就是扮演了信息发出者的角色。但是比较特殊的是,案例中,红玉并不是主动发起沟通,她的行为是在平儿的吩咐下产生,但平儿本人却没有参与到这个沟通环节中来。

信息接收者

信息接收者是信息发出者传递信息的对象,他接收发出者传递来的信息,并将其解码,理解后形成自身的想法。案例中存在着两个信息接收者:凤姐和李氏。凤姐是主动的接收者,或者说是红玉所选择的沟通对象。而李氏原本不需要加入这个沟通,由于正好处于沟通的情境中,而被动地成了信息的接收者。

需要说明的是,沟通中的信息发出者和接收者并不是一定的。当接收者对发出者的信息进行反馈时,他就变成了发出者,而最初的发出者就变成了接收者。

反馈是信息接收者在接收到信息后,根据自身理解形成新的信息,再将这些信息反向传递给原来的信息发出者的过程。反馈可以在一定程度上保证沟通的质量,使沟通更好地进行。首先,接收者可以通过反馈告诉发出者,他接收信息的效果如何,是否听到并听懂了。在案例中,李氏和凤姐的反馈就是截然相反的。一个听不懂,另一个则能够很确切地理解红玉要表达的意思。第二，接收者在接收到信息之后，可能形成不同的意见或新的想法。通过反馈，这些意见和想法又被传递给发出者，促进了沟通的进一步展开。这样沟通就不仅仅是一个单向传递的过程，而是一个循环往复的过程。而信息也就不再是简单的传递和复制，它可能被更新、修改，甚至被否定。这种类型的反馈并没有很明确地体现在我们所给出的案例中。事实上，在中国文化背景下，组织沟通往往会忽视第二种类型的反馈。尤其是在上行和下行沟通(这两种类型的沟通将在第二节中有较详细的论述)中，这种现象尤为明显。在这两种沟通中，信息的发出者和接收者常常重视的是沟通的形式，而不在意沟通的质量和结果，于是反馈就变得可有可无。也正因为如此，信息只是在形式上被传递而没有在实际中被接收，组织中的沟通达不到预期的效果，组织的整体工作效率也就受到影响。

信息内容

信息内容就是发出者所要传递给接收者的信息。案例中，信息内容就是红玉要传达给凤姐的那些话。

信息内容的传递涉及编码和解码两个过程。编码是指将信息用某种符号和方式表达出来的过程。这个过程可以是语言方式，也可以是非语言方式，甚至可以是两者的结合。在日常的生活和工作中，我们往往采用的就是两种相结合的方式。案例中，主要采用的是语言方式。好的编码应该较为明确地表达出发出者要传递的意思，尤其当要传递的内容较多或较复杂的时候，编码质量就尤为重要。在案例中，红玉就提供了一个优质编码的例子。短短的几句话，却有很大的信息量，且表述清晰，就如凤姐所说"难为你说得齐全"，"方才两遭，说话虽不多，听那口声就简断。"而不好的编码就会造成沟通的障碍，如案例中凤姐提到的其他人，"必定把一句话拉长了，作两三截儿，咬文嚼字，拿着腔儿，哼哼唧唧的，急得我冒火，他们那里知道。"

解码是编码的逆向操作，是将发出者传递来的符号翻译回信息的过程。如果发出者发出的是一个圆的信息，接收者却解码成方的信息，这个沟通就是失败的沟通，所以说，解码的质量至关重要。解码的质量既与编码的质量有关，也与接收者的接收和解码能力密切相关。同样的信息符号，凤姐能够很准确地理解其中含义，而对于李氏来说，她的反应就是："嗳哟哟。这些话我就不懂了。什么'奶奶''爷爷'的一大堆。"凤姐的解释是，"怨不得你不懂。这是四五门子的话呢。"从组织行为学的角度来看，一是由于凤姐具有管理者的身份，对红玉所描述的事情比较了解。换言之，凤姐已有的知识集使其能够将红玉传递的信息符号很好地解码。而李氏的知识集和她接收的符号有所偏差，所以不能将其解码，造成沟通无法顺利完成。二是红玉要沟通的对象是凤姐，因此她选择的是能让凤姐清晰高效地理解的信息符号，她的编码是针对凤姐而不是李氏完成的。李氏加入沟通是一个偶然事件，让李氏理解谈话内容不是这次沟通的目的，因而不需要特意去实现。

沟通的分类

按照不同的划分方式,沟通可分为不同的类型,最典型的划分有以下几种。

下行沟通、上行沟通和平行沟通

根据沟通中的信息走向的不同,沟通可分为:下行沟通、上行沟通和平行沟通。

下行沟通

下行沟通是指信息由组织中的较高层级向较低层级流动的过程。下行沟通是管理者实施管理职能的最主要方式之一。如何实现好下行沟通,是管理者需要关心的问题。

首先,管理者要培养积极的沟通心态,要充分意识到沟通对管理的重要性。其次,管理者要重视在沟通中与员工的互动。中国文化中,自古存在的官僚主义作风在今天的组织中仍然盛行。管理者命令式地传达信息,员工被迫无条件地接受。管理者既不清楚员工是否真正领会了他的意思,也不去了解员工对接收到的信息有什么想法,也就是我们前文中提到的不重视反馈。缺乏互动是下行沟通中最常见的问题。第三,管理者要与员工建立相互信任的关系。如果沟通不能够在相互信任的条件下进行,那么所传达的信息也就失去了可靠性。员工可能会不听从或不相信主管的话,导致管理工作无法展开。第四,管理者要选择合适的沟通内容。沟通的内容既包括质的部分也包括量的部分。所谓质,就是管理者要保证他们所传递的消息清晰明确,不会让员工在接收到信息后,反而对工作产生困惑或不知所措的情绪。所谓量,是指管理者要注意沟通的时间和频率。信息量过少显然不利于组织工作,但并不是沟通的信息量越大越好。如果员工接收了过多的信息,超出了他们所能处理的信息量,会觉得被信息淹没、迷惘并产生压力。我们称之为沟通过量。

上行沟通

上行沟通与下行沟通相反,是指信息由组织中较低层级向较高层级流动的过程。上行沟通使管理者能够了解员工的想法与需要,了解员工的工作状况。如果缺乏上行沟通,管理者将无法获得足够的信息,从而难以作出正确的决策。上行沟通也存在着种种问题,例如,在大型组织中上行沟通比较缓慢,信息容易扭曲等。

在中国的组织中,上行沟通最显著的问题就是“报喜不报忧”。员工在与上级沟通时,往往只说他们觉得上级想听、喜欢听的内容。为了得到管理者的欣赏和嘉奖,员工可能只汇报工作中取得的成绩,甚至夸大自己的业绩,而对工作中遇到和产生的问题刻意隐瞒或尽量忽略。员工在上行沟通中会考虑很多因素,有时仅仅因为老总心情不同,沟通的内容就会有很大的差异。这种信息的过滤和扭曲，使得管理者不能听到员工真实的声音，甚至会破坏管理者和员工间的相互信任。某公司总裁就曾在讲述公司的文化风格时提到，他听说下面的人找他汇报工作要先问问他的秘书：今天老总的心情怎么样？

改善上行沟通的方式有以下几种。第一，管理者要做一个好的倾听者。好的倾听者不仅要听到对方的内容，也要体会对方的意思和情绪。第二，可以通过提问来鼓励上行沟通。开放式的提问可以给员工更大的描述空间，封闭式的提问则可以使问题聚焦，从而得到比较具体的回答。灵活地运用这两种提问方式，可以提高上行沟通的质量和效率。第三，可以采用员工小组会谈的方式。在会谈中营造轻松的氛围，让员工敢于发表自己的意见和建议。第四，管理者对下级传递的信息要有开放的态度，不能因为不好的消息就对下属苛责，要鼓励员工反映真实的情况，甚至和员工打成一片。第五，有效地利用非正式沟通。非正式沟通在组织沟通中起着举足轻重的作用，这一点在下文中将有更具体的阐述。

平行沟通

平行沟通是指信息在组织同层级之间的流动，这个同层级既包括同层级的人员也包括同层级的部门。平行沟通可以通过横向的联系来减少层级之间的辗转，节省时间，提高工作效率，而且也有利于相互间的协调、配合。同时，平行沟通与上行沟通和下行沟通相比，更自由、更轻松，且没有压力，正因如此，沟通渠道变得畅通。这点对消除组织中各水平单位间利益与事权的冲突或重复，达到协同一致的目的有重要作用。非正式的沟通体系在平行沟通中亦很必要，同层级的非正式接触，常是使组织单位稳定、组织关系良好的因素。平行沟通也因组织结构不同而产生差异，扁平组织中平行沟通的比例高于科层制组织。

正式沟通和非正式沟通

按沟通的组织系统来分，沟通可分为正式沟通和非正式沟通。

正式沟通

1. 概念

正式沟通是指通过组织明文规定的渠道进行信息的传递和交流。例如管理者向下级传达指令，员工向上级汇报情况，组织与组织之间信函与文件来往，定期召开会议等。这类沟通代表着组织，比较正式和慎重。

总体来说，正式沟通的优点是沟通效果较好、约束力较强、易于保密。一般重要的信息会采用这种沟通方式。其缺点是因为依靠组织系统层层传递，故沟通速度比较慢，而且显得刻板。

2. 正式沟通模式

正式沟通的模式分为：链式、轮盘式、Y式、环式、全通道式。如图9－2所示。

链式是信息按照层级单向逐级传递的沟通模式。在这种模式中，沟通只可能是上行或下行的，不可能是平行的。一般来说，链式沟通严格遵循正式的命令或上报系统，其结构稳定、内容精确。但链式沟通的形式死板，沟通成员间的协作程度也比较低。

轮盘式是五种模式中中心性最强的。这种沟通模式以处在中间的人或组织为核心，其他成员围绕核心者而存在。核心者可以自由地与周围每一位成员进行交流，但周围成员相互之间却没有信息通道，不能进行沟通。这是一种典型的"中心性"网络。这种网络对解决问题的速率、精确度、群体作业的组织化、领导人的产生等都会产生良好的效果。轮盘式沟通把领导者作为所有群体沟通的核心，在这种情况下，只有领导能够了解全面情况，并向下级发出指示。而各成员之间缺少沟通，导致成员满意度降低。如果群体任务复杂，那么，这一沟通模式所带来的工作质量会很低。因此，这种模式不适合于完成复杂的任务，但如果任务简单，而且成员都愿意接受领导者的权威，那么它的效果将是积极的。

Y式的中心性仅次于轮盘式。A可以与BCD进行自由的沟通，而与E沟通需要以D为中介。Y式的沟通模式兼有链式和轮盘式两种沟通模式的优缺点，信息传递迅速，但是难以有效提高全体员工的士气。

在环式模式中，成员们只可以与临近的成员相互沟通，而与较远的成员缺乏沟通渠道。这种模式中，中心性已经不存在，不产生领导人。环式沟通的信息传递速度缓慢、准确性低，但由于没有层级的差异，沟通成员的士气和凝聚力反而高于前三种沟通模式。

在全通道模式中，每个人都可以同其他所有的人进行交流，没有中心人物，组织是一种全方位开放的网络。在这种模式中，成员之间地位平等、关系融洽，经常相互沟通，通过协商解决问题。但由于没有人承担明确的领导职责，每个成员都有决策权，当任务比较简单的时候，完成效率反而可能会低于其他几种沟通模式。在现代企业的项目小组中，经常能够看到全通道的沟通模式。

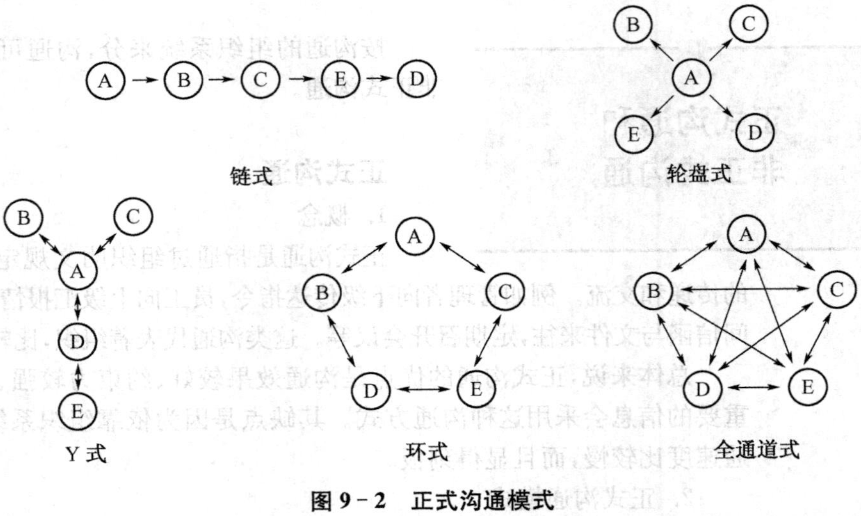

图9-2　正式沟通模式

每一种沟通模式都有其各自的优缺点，不存在相互替代的关系。不同的模式适用于不同的组织结构和人际关系，没有哪一种模式在任何情境下都是最优方案。只有将几种模式适时运用、综合运用，才能够取得最理想的沟通效果。

非正式沟通

1. 概念

非正式沟通是指在正式沟通渠道以外进行的信息传递和交流。它来源于企业的非正式组织。非正式组织一般指的是企业中的人们在相互交往中自发形成的、以情感为基础的、未经管理制度认可的团体——这类团体一般是不定型、无名称的，人员之间的关系靠共同利益和友谊维系。

非正式沟通的优点有：沟通方便、内容广泛、方式灵活、沟通速度快，可传播一些不便正式沟通的信息。而且由于在这种沟通中比较容易把真实的思想、情绪、动机表露出来，因而能提供一些正式沟通中难以获得的信息。管理者要善于利用这种沟通方式。缺点是：这种沟通比较难以控制，传递的信息往往不确切，易于失真、曲解，容易传播流言蜚语而混淆视听。所以应对这种沟通方式予以重视，注意防止和克服其消极的一面。

在中国文化的氛围中，非正式沟通在组织中具有举足轻重的作用，甚至在某些情境中，非正式沟通要比正式沟通更重要、更有效。这与中国文化强调"人伦关系"有关。

人伦关系有自己的特点，主要有：第一，它强调人际关系的结构性。人伦关系是由亲及疏，由近及远，由熟人到生人所组成的人际关系网络。它习惯于把人与人的关系分为"天伦"与"人伦"，前者是血缘关系，后者是非血缘关系。在非血缘关系中，它又可分为"熟人"和"生人"。因而人伦关系是由"自己人"所组成的人际生活的圈子，它对一般的人际关系具有排斥性。在这个关系中，它具有"自己人"的情感与交往方式。要想加入这种人伦关系，要想获得对这种人伦关系的领导权，首先要变成"自己人"；没有这层关系，则要拉为"自己人"。第二，在人伦关系中，人际交往遵循的法则主要是情感法则，它对理性、权威、外在命令往往具有抗拒力。在人伦团体中，一方面具有为他人着想的利他主义，以及吃点亏也无所谓的人情味；另一方面也具有抹杀原则的调和气氛。第三，作为个体，人伦关系与人际关系最大的区别就在于个体所对应的人伦关系不同，或者说，人伦关系的结构层面不同，权利和义务也就不同。就是说，"伦"不同，"分"也就不同。在不同的关系中，人们具有不同的地位、情感、态度，强调安分守己、安伦尽分。总之，人伦关系与人际关系的最大区别就在于它是一个整体的具体的概念，是由各种结构性的人际关系组成的整体网络。在这里，个体的需要不是孤立的，人伦的需要成为个体需要的一部分，并可以转化为个体的需要。

在中国社会中，这种人伦实体的非正式组织具有必然性和巨大的组织功能，它不仅是正式组织的重要补充，而且在一定条件下，比正式组织还要"正式"。

——樊浩《中国人文管理》①

① 樊浩：《中国人文管理》，见东南大学哲学与科学系教科书，1994年。

2. 非正式沟通模式

非正式沟通的模式除了链式、轮盘式、环式、全通道式等，还有非目的性发散模式和目的性发散模式。前几种模式与正式沟通中的模式类似，后两者则与正式沟通有较大的区别。

非目的性发散模式。如图9-3所示，以A为信息起点，散布某些消息给B、C或更多人。这些人都是由A随机选择的，其选择原因可能只是因为当时他们正在一起工作或休息，存在时间或空间上交流的便利。B、C又和A一样，将信息随机地传递给非正式组织中的其他人，这些人又将信息随机传递给另外一些人。信息就以这样的方式不断向外扩散。

目的性发散模式。这是非正式组织中最常见的信息交流模式。这种模式与非目的性发散模式类似，都是通过一级一级地信息传递使信息不断向外扩张。不同的是，在目的性发散模式中，信息传递不是随机的，而是有目的性和选择性的。例如在图9-3中，C在接收到由B传递来的信息后，就选择他所认为合适的对象D和E，将信息再传递给他们。所谓合适的对象，可能是与所传递信息内容有关的人，也可能是虽然与所传递信息无关，但与C关系非常密切，C觉得有必要与其共享信息的人。

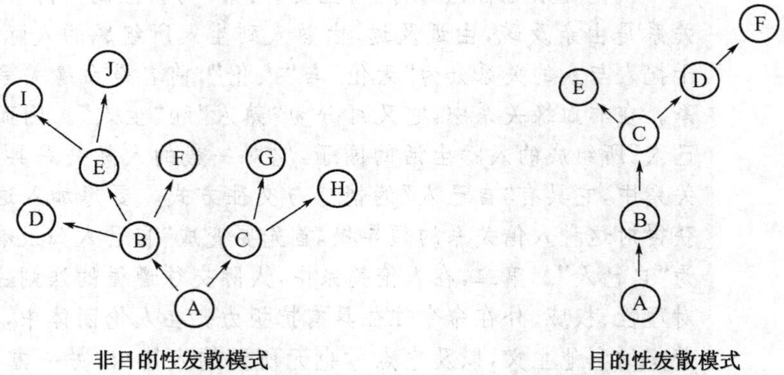

图9-3 非目的性发散模式和目的性发散模式

目的性发散模式是非正式沟通与正式沟通区别最大的一种模式，因为这种模式中沟通成员是由沟通的发起者自由选择的。在正式沟通中，由于受到层级结构、具体业务流程等因素限制，沟通的对象往往是既定的，既不能由信息发出者选择也不能随意更改。但在非正式沟通中，由于非正式组织打破了层级的限制，又不受组织中规章制度的束缚，所以沟通有了一个极为轻松的氛围。无论是沟通的内容还是对象，都可以自由地决定和选择。这种自由的沟通模式也使人伦关系得到发展。如《中国人文管理》中提到的，人伦关系是由“自己人”所组成的人际生活的圈子……要想加入这种人伦关系，要想获得对这种人伦关系的领导权，首先要变成“自己人”，没有这层关系，则要拉为“自己人”。人伦关系对一般的人际关系具有排斥性，因此正式沟通很难将组织成员的同事关系、上下级关系转变为“自己人”的关系。要完成这种转变，大部分靠的是这种有目的性和选择性的非正式沟通。

3. 非正式沟通的特点

与正式沟通相比，非正式沟通有着自身的特点。

（1）非正式沟通大多属于小群体传播。我们一般将信息交流分为三种，即两人间传播、小群体传播和公众传播。而非正式沟通基本上属于第二种，因此它也就具有小群体传播的各种特性。由于小群体规模小，其中的个体成员经常面对面共同从事某些活动，因而相互交流极为频繁，相互影响也极其有力，对个人的心理、意识、人格的形成都起着重要的作用。群体的直接接触性和直接互动性是其内在特性。

（2）非正式沟通形式呈现多样性。非正式组织成员之间日常联络或沟通的方式多种多样，如用一句暗喻或打个手势，其伙伴就能明白其意思，而无需用语言来表达。

（3）非正式沟通速度比较快。正式组织中的信息交流往往要遵循一定的规程，信息交流的方式也比较单一，从而限制了信息流通的速度。而在非正式沟通中，成员之间交流比较自由，信息交流的方式多种多样，因此信息传递速度比较快。此外，在组织形成正式信息之前，非正式组织中往往就会流传各种有关即将产生的正式信息的传闻。在正式信息传达之前，员工们往往已经通过非正式沟通对该信息的大部分或全部内容有所了解或熟知了。

（4）非正式沟通具有非层次性。在正式沟通中，纵向传播，即上行沟通和下行沟通，是一种主要的信息交流方式。由于角色地位的不平等，纵向传播往往具有不平等的性质。而在非正式沟通中，基本不存在纵向的信息交流，成员之间的地位是平等的。即使在正式组织中是上下级的关系，在非正式沟通中，这种隶属关系也在一定程度上被人们所忽略。由于交流者之间的这种平等关系，各沟通参与者在精神上、心理上基本没有什么权力压力，这种交流往往充满坦诚开放的气氛，但同时也容易形成争执紧张的关系。

（5）非正式沟通具有非准确性。在正式组织中，为了保证企业信息的可信度、目标的一致性、行为的准确性，其信息交流应该是真实而明确的。尤其是上行沟通和下行沟通，还常以文件发布为主要或辅助形式，以确保信息被准确地接收、了解和执行。但在非正式沟通中，其起因有时候是源于对某些事件的怀疑和猜测，有时候是对道听途说消息的询问和讨论，这些沟通的内容往往不具有真实性，甚至是完全虚构的。此外在非正式沟通中，信息传播者并不像正式沟通中那样具有责任感，有的人不仅会传播尚未被证实的信息，甚至会自己编造出一些绯闻以吸引大家的注意。因此非正式组织往往是“小道消息”和“谣言”迅速传播的温床。

（6）非正式沟通不受管理层控制。有一项著名的研究是对一家小型生产厂67名管理层人员沟通模式的调查。调查使用的基本方法是这样的：从每名信息接受者那里了解他是怎样获得某一信息的，并追踪到信息源。结果发现，尽管小道消息是信息来源的一种重要途径，但仅有10%的管理人员担任联络员的角色（即将信息传递给他人）。比如，当一名经营人员辞去保险公司工作时，81%的经营人员知道此事，但只有11%的人将信息传递给其他人。

（7）非正式沟通往往具有一定的派生性。非正式沟通的内容常常是由正式沟通的内容引起的。例如某企业制定了新的规定，在正式沟通中，上级把这些规定传达给下级，让其执行。相应的，在非正式沟通中，就会针对这些规定展开讨论，产生欢迎、接受或抵触等各种情绪。在交流过后，结果会对员工接受新规定的程度产生深刻的影响。同时，交流的结果也可能会反馈给上级，辅助其了解新规定的执行效果或考虑是否要改进新颁布的规定。

（8）非正式沟通有时具有非组织目标性和个人目的性。非组织目标性指的是非正式沟通的内容不一定是与正式组织的总体目标相关的，有时只是参与者出于个人利益的考虑而与他人进行信息交流活动，也即个人目的性。比如由兴趣而结成的非正式组织，只是由于成员之间有着共同的爱好而经常聚在一起。他们所讨论的话题大多是围绕着共同的兴趣爱好而展开，目的是为了寻找在自己感兴趣领域中的志同道合者，使自己产生归属感。因此这种沟通只是单纯的满足个人的某种需要，而与正式组织的总体目标基本上没有关系。

口头沟通、书面沟通、非语言沟通

按照沟通的方式，我们可将沟通划分为口头沟通、书面沟通和非语言沟通。

口头沟通

口头沟通是指借助于口头语言进行的沟通。它包括正式、非正式的面谈，正式、非正式的会议以及电话等。

口头沟通的优点是：沟通双方具有亲切感，沟通速度快，可以得到及时的反馈。不同的语音和语调可以弥补文字所不能表达的涵义，增强沟通的效果。如果是面对面的口头沟通，则更可以运用姿势、表情等辅助手段，使信息能够被更准确地表达和理解。因此，沟通的双方可以直接进行思想交流，问题可以立即得到解决，具有双向沟通的好处。

口头沟通有其自身的缺点：一是，口头沟通受空间的限制。口头沟通往往只适用于面对面小范围的信息交流。随着科技的发展，这种局限已经逐渐被打破。人们可以通过电话、Internet 等多种通讯手段，实现不同地域的大范围的口头沟通。但这些手段往往需要较高的成本投入，一些组织仍然很少甚至没有采用。二是，口头沟通受时间的限制。通过语言进行信息交流必须在同一时间进行，这就要求沟通双方在时间上的一致性。口头沟通具有即时性，因此往往没有书面沟通准备得充分，可能会遗漏或扭曲一些原本要交流的内容。三是，大多数的口头沟通没有记录，事后难以查证。这样既不利于信息的传播，也不利于信息的储存。口头沟通在传递过程中经过的人越多，失真的可能性就越大，甚至可能完全失真。

有效的口头沟通需要技巧：

（1）建立良好的沟通关系。要同别人沟通，首先要唤起对方的注意，让对方明确意识到你正在试图同他进行沟通。通常陌生人之间，沟通关系的确立是通过所谓的“打招呼”和自我介绍。而熟悉的人之间，则常常使用非语言的方式——面部表情和身体动作等，例如微笑和点头。

(2) 把握沟通的契机。沟通的契机是指沟通双方展开沟通的机会。怎样巧妙地选择沟通的机会是一个很重要的问题。时间、地点、环境以及开始交谈时的话题都需要一一把握。

(3) 重视倾听的技巧。沟通是一个双向的过程，需要沟通双方的互动，每个参与者既是信息的发出者也是信息的接收者。因此善于倾听与善于言语表达同样重要。倾听的技巧一般包括以下几个方面。第一，具有积极主动的参与精神。接收者不能只是被动地接收对方传递过来的信息，更要主动地去理解和思考。第二，多给予对方肯定的回答。中国有句古话，"话不投机半句多"。如果双方没有共同语言，沟通很难进行。如果不断地针对对方的观点进行批驳或提出反对意见，只会让对方觉得没有面子，不想让沟通再继续下去。称赞对方或明确地肯定对方的意见，能够让对方保持沟通的兴趣和意愿。第三，忠于对方所讲的话题。中途打断别人的话题是极不礼貌的做法。第四，善于提出问题。提问使沟通能够有效地向下一步展开，并使沟通更具有针对性。同时也可以让对方了解，你在很仔细地倾听。第五，利用非言语行为表示对沟通的关注。例如稍稍前倾身体、保持目光接触、积极的面部表情等，都是表示感兴趣的非言语行为。要避免在沟通过程中表现得心不在焉。

(4) 调整言语行为。沟通是一个复杂的信息交流过程，要达到预定的沟通目的，就必须根据实际情况控制好自己的言语行为。如果发现沟通的内容偏离了既定方向，就必须加以调节，重新组合言语形式，以保证沟通目的的实现。

书面沟通

书面沟通是指借助于文字进行的沟通。在书面沟通中，较为常用的是备忘录、公文、报告、书信、便条和通知等。

书面沟通弥补了口头沟通的不足，准确清晰，可以在大范围内传播，在传递过程中不容易被歪曲，可以长时间保留，使接收者可以有领会和阅读的时间。换言之，书面沟通摆脱了时间和空间的限制，沟通内容具有稳定性。因此，正式沟通常采用书面沟通的方式。

但书面沟通的缺点也是显而易见的：一是，沟通耗时较长。二是，不能得到及时的反馈。三是，没有语音、语调、表情、姿势等元素的辅助，信息可能会被误解和歪曲。四是，书面沟通可能让人感觉比较生硬，不如口头沟通容易让人接受。

要让书面沟通达到预期效果同样需要技巧：

(1) 选择合适的书面沟通形式。一般来说，信件比备忘录、印刷体比手写体要显得正式和郑重。但手写体又比书写体显得亲切、不生硬。根据不同的沟通需要，选择合适的沟通形式，这是首先要考虑的问题。

(2) 提高文书的可读性。例如语言简洁，尽量避免使用复杂和生僻的字句，适当地使用比喻、例子、图表等，逻辑性强，严谨有条理。

(3) 重视反馈。书面沟通不能只是一个单向的文书传递的过程，更不能将书面沟通当做一种形式。要注重接收者阅读后的反馈，使书面沟通也成为一个互动的过程。

非语言沟通

上面的两种沟通都是以语言为沟通基础的,而非语言沟通则不通过语言来传递信息,但它常常与口头沟通和书面沟通伴随发生。非语言沟通主要以下述几种方式为沟通基础。

1. 副语言。副语言是指语音系统中音质、音量、音色、音调、节奏、声音、速度等因素。人们在沟通的过程中,总是自觉或不自觉地运用副语言来传情达意。俗话说“说话听声,锣鼓听音”,就是提醒人们在语言交流的过程中,从语言之外的因素去领会信息传递者的真实意图。能够运用和捕捉沟通中的“话外音”或“潜台词”,是有效沟通需要的技能之一。

2. 类语言。类语言是指有声而无固定意义的声音符号系统,包括言语行为中的咳嗽、呻吟、叹息、嬉笑声、“口头禅”、鼓掌声等功能性的发声。类语言主要是为了表明某种情绪或态度的状态。例如爽朗笑声表示心情愉快,唉声叹气表示身心疲惫或处境不妙。沟通时,要准确把握沟通对象的情绪,避免说出不合时宜的话而导致沟通失败。

3. 体态语言。体态语言又称身体语言,是人们利用身体器官的运动、变化来表达某些信息的行为。例如我们抬眉毛表示不相信,我们耸耸肩表示无所谓,我们敲指头表示不耐烦。体态语言是语言沟通的补充,并常常使语言沟通复杂化。某种身体姿态或动作本身并不具有明确固定的含义,但当它和语言结合起来时,就使得发送者的信息更为全面了。

4. 非语言沟通也会伴随着书面沟通而发生。沟通者的书写行为本身往往会有意无意地表现出个人性格和当时的心境。一般来说,字端正,性格也庄重;字潦草,性格则马虎;书写苍劲,性格老成持重;书写流畅潇洒,性格则开朗豁达。如果一向书写工整的人突然字迹潦草,那可能意味着他此时心烦意乱。“笔迹学”就是专门针对书写字母的线条、形式、大小、笔势、连接、方向、字距、签名字体等展开研究,从中捕捉书写者的有关信息。

沟通的新方式

随着时代的发展、科技的进步,沟通的方式也越来越呈现多样化的趋势,许多新型的沟通方式逐渐被采用和普及。

即时通信软件

随着 MSN、FACETIME、QQ、Yahoo 等即时通信软件的出现,组织成员即使相隔万里,也可以随时随地进行即时沟通。即时通信软件增强了团队的信息共享和沟通能力,提高了工作效率,减少了企业内部通讯费用和出差频次等,从而为企业节省了开支,同时也创造出一种新型的企业沟通文化。

电子邮件(E-mail)

电子邮件是用户或用户组之间通过计算机网络收发信息的服务。目前,电子邮件已成为互联网上使用最广泛、最受欢迎的服务之一。电子邮件是网络顾客服务双向互动的根源所在,它是实现公司与顾客对话的双向走廊和实现顾客整合的必要条件。目前互联网上60%以上的活动都与电子邮件有关。使用互联网提供的电子邮件服务,实际上并不一定需要直接与互联网联网,只要通过已与互联网联网并提供邮件服务的机构收发电子邮件即可。

短信

现在,非正式沟通常常会采用短信的方式,正式沟通中偶尔也会使用。中国人是世界上最喜欢发短信的,短信发送量居世界第一。有人把这种现象归结为中国人的性格传统保守,适合使用短信这一交流方式。中国人喜欢把当面或电话里不方便说的话用短信方式传达给对方,这是避免尴尬的好办法,最符合中国人要"面子"的习惯。

网络会议

由于Internet已实现了实时传输音频和视频,使得网络会议成为可能。网络会议不受时间、地域的限制,只要联入Internet,地球上任何一个角落的人都可以参加会议,并且可以像普通会议一样自由发言。网络会议大大减少了会议的差旅费,节省了大量的时间,提高了工作效率。

网络时代的沟通

随着互联网的发展,人们沟通的方式发生了巨大的变化,互联网技术对沟通产生了巨大的影响。网络因为其快捷性、互动性、成本低廉等特有的优势,而成为组织沟通的重要渠道之一。在传统的沟通方式中,正式组织由于组织层级结构的存在,上行和下行沟通网络更多地表现为链式和Y式,但是互联网的出现打破了组织层级对沟通所形成的障碍,使得组织中的高层管理者可以直接面对一线的员工。比如,2008年6月20日,胡锦涛总书记首次在人民网强国论坛同网友在线交流,历时大约20分钟。胡锦涛总书记与网友在线交流时,明确表示"通过互联网来了解民情、汇聚民智,也是一个重要的渠道"。另外,互联网的存在改变了传统的沟通模式和工作方式,并且有助于减少沟通过程中存在的噪声。例如,2009年3月26日晚,美国总统奥巴马召开首次白宫网络座谈会并通过互联网直播,在回答会场提问的同时,也回答了来自网络的部分问题。据悉,约有10万网民提交了10多万个问题,并投票选出了其中十大问题。TechPresident.com联合创始人安德鲁在其博客上表示,"这是21世纪伟大的一步,这是第一个21世纪的'炉边谈话',在这里总统可以直接和美国民众对话,不需要经过主流媒体过滤的对话"。安德鲁进一步表示,"更重要的是,这是白宫的正式确认:网络方式是21世纪实际可行的民主方式"。白宫将这种创新称为"大众参与的网络座谈会",是

“白宫和民众之间进行直接约会新方式的第一步”。（来源：中国经济网）

网络对传统沟通方式的影响主要表现为以下三个方面：

首先，网络消隐了现实社会中组织层级之间的权力关系，为相对平等的互动式沟通打下基础。在传统的技术环境中，下行和上行沟通是主要的沟通方式，而正如上文所阐述的，这种沟通方式缺乏互动，权力的不平等使信息沟通变得艰难。管理者与员工之间，往往横亘着交流的鸿沟，常使信息遭遇失真和屏蔽。而互联网的使用可以部分解决这些问题，因为在互联网中，管理者也只是网络终端的普通使用者，通过网络，管理层可以越过层级体系直接与员工进行沟通。这种透明的交流，是其他沟通方式所无法比拟的。在虚拟的网络中，管理者甚至可以虚拟普通员工的身份，与各层次的员工直接进行沟通。中国人普遍比较含蓄，普通员工在传统的沟通渠道里可能不太愿意发表自己的看法，但在网络里，则可以褪去对权力的怯意，畅所欲言。

其次，网络沟通的方式多种多样，传递的信息内容也是全方位、多层次的。人们在沟通之前一般都需要对沟通方式进行选择，因为不同沟通方式在传递信息方面的效果是不同的。所以在沟通中，人们会根据信息的类型来选择不同的媒介和沟通方式。在传统的技术环境下，公告、文件、备忘录、信件、电话、传真、面谈等各种沟通方式之间的界线是很明显的。在互联网时代，电子邮件作为一种最快捷最方便的交流方式，可以传输文字、图像等各种类型信息，相对于电话、传真等来说，具有不可替代的优势。电子邮件的管理功能，可增强企业内部协同办公的能力，提高工作效率，节省企业开支。除此以外，视频会议、即时通讯软件等信息交流平台也成为企业管理中常用的沟通工具，可以有效地解决因部门分散带来的沟通不便的问题，员工可以随时通过即时通讯软件进行沟通，实现企业内部协同工作。在组织结构日趋扁平化的今天，网络沟通打破了部门之间的障碍，使得企业上下级、平级之间的信息联络更为方便，实现了沟通流程的扁平化，大大提高了企业的管理能力和效率。

再者，网络沟通及时、快捷、方便、成本低廉。以往，企业为了很好地进行沟通，设立了意见箱、开座谈会，但是很少有企业能够及时对员工反映的问题作出反馈，没有反馈就会打击员工沟通的积极性，使得企业的沟通陷入一个恶性循环。造成这种情况的原因，固然与管理者对沟通主观上不重视有关，但客观上也与传统的沟通手段落后有关。现在很多企业设立了自己的OI系统，并规定了对信息反馈的时间，网络的及时性正好可以满足信息反馈的要求，使得沟通的效果及时得到体现。网络的方便快捷也使得员工更加愿意参与对话。现实中，往往由于电话、传真、座谈会等沟通方式成本高昂，员工主体缺失的现象频频出现，而网络的出现，可以将员工的想法，通过网络真实传递，使企业家决策所需信息来得更加真实。同时，无纸化的操作、相对低廉的网络费用也节约了办公资源，降低了企业沟通成本。

当然，互联网这种新型的沟通渠道的出现，也给组织内部的沟通管理带来了新的挑战。

首先，是对领导权威的挑战。网络时代，信息沟通速度快、来源广，信息相对透明度高，组织的领导者很难再通过独占信息资源来维护其权威地位。因此，领导不仅要注重对人的管理，更要加强对信息的管理，重要的不再是独占信息，而是提高整合信息能力。

其次，网络化和信息化方便了人们的交流，却影响了员工口头沟通和肢体语言沟通的能力。员工躲在网络的后面，比较容易控制信息的表达，例如，一个人在面对面沟通的时候，说了假话，会增加他控制自己面部表情、声音表情的难度，但是在网络中说了假话，再不安也不会被对方发现，这在一定程度上削弱了信息的可信度。长期对网络沟通的依赖，还有可能导致人际交往障碍。

总之，网络的出现大大改变了沟通的行为，提高了沟通的效率，但是也带来了新的问题。组织的沟通不应该完全依赖于网络，传统的沟通形式还是有存在的必要，组织要善于用两者之长，对组织沟通进行全方位的管理。

有效沟通

有效沟通的原则

什么样的沟通是有效的？我们要根据以下几个原则进行判断。

首先，保证沟通的"量"。有效的沟通要保证传达足够的信息量。如果信息内容缺失，即使其他方面做得再好，接收方也无法全面、完整、准确地理解。

第二，保证沟通的"质"。在前文中，我们就一再强调，信息需要被准确地表述和理解，这就是指沟通的"质"。

第三，保证沟通的"时"。信息的有效性很大程度上依赖于它的及时性。一条过时的信息，即使是完整而准确的，其价值可能也会大打折扣。

在组织中，保证沟通的质量与效率已经成为一种重要的能力。所谓沟通能力是指一种正确倾听他人倾诉，理解其感受、需要和观点，并作出适当反应的能力。我们简要地将这种能力划分为四级①。如何使组织成员的沟通能力达到第三级甚至第四级，是一个值得研究的问题。

第一级：谈话中，不善于抓住谈话的中心议题；表达自己的思想、观点不够简洁、清晰；以自我为中心，缺乏对他人应有的尊重。

第二级：能以开放、真诚的方式接受和传递信息；知道交流的重点，并能通过书面或口头的形式表达主要观点；尊重他人，能倾听别人的意见、观点。

第三级：能用清楚的理由和事实支持自己的观点；身体力行，通过自己行为与言谈的一致来沟通相关信息；善于倾听，适当提问以获得对信息的准确理解，并适时地给予反馈。

第四级：保持沟通清晰、简洁、客观，且切中要害；针对不同听众，调整适当的

① 中国人力资源开发网，www.Chinahrd.net。

语言和表达方式以取得一致性结论；能发展并保持广泛的人际网络。

沟通中的障碍

由于受到多种因素的影响，沟通过程中会遇到许多障碍。我们按照其影响因素，将沟通中的障碍划分为四类：能力因素障碍、社会及组织因素障碍、心理因素障碍、文化因素障碍。

能力因素障碍

能力因素障碍指的是由于沟通者的个人沟通能力而导致的沟通障碍。

1. 表达能力。有的沟通者表达能力欠佳。例如用词不当，词不达意、口齿不清或字体难辨；观念含糊，逻辑混乱；自相矛盾，模棱两可等等，这些都会使信息接收者难以准确了解信息发出者的真实意图。

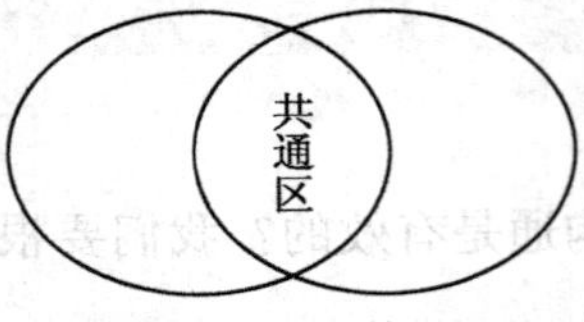

图 9-4　知识共通区

2. 知识、经验差异。当信息发出者将自己的观点编译成信息码时，他只是在自己的经验范围内进行编译；同样，接收者也只是在他们自己的知识和经验基础上译解对方传送的信息含义。我们将发、收双方共有的知识和经验称为“共通区”，如图 9-4 所示。通常说，共通区越大，双方交流越顺利，交流范围越广。如果共通区很小，那么在甲看来很简单的问题，乙可能就完全无法理解，从而导致沟通失败。

3. 非语言因素。如前文所述，非语言沟通在沟通过程中起着重要的辅助作用。它总是伴随着语言沟通而发生，只要两者一致就会彼此增强效果。但是有的沟通者不懂得如何运用非语言沟通的技巧，不使用非语言要素辅助沟通，甚至非语言暗示与实际要表达的意思不一致。这样就使信息接收者产生困惑，引发沟通障碍。

社会及组织因素障碍

社会及组织因素障碍主要有：组织结构、社会角色地位、信息过量等。这些因素是由信息沟通者所处环境的特性及所在位置决定的。

1. 组织结构因素。组织结构不合理，会影响沟通的效果和效率。组织层次过多、部门设置不合理，信息传递就会出现失真，并且不断积累；机构重叠、沟通过程缓慢，影响沟通的时效性；条块分割，条条和块块各自为一己私利而层层设卡，封锁信息；渠道单一，造成信息不足，影响沟通效果。

2. 社会角色地位因素。社会角色地位的不同，同样会对沟通造成影响。社会地位不同的人通常具有不同的意识、价值观念和道德标准，从而造成沟通的困难。不同阶层的成员，对同一信息会有不同的甚至截然相反的认识。政治差别、宗教差别、职业差别等，都可以成为沟通的障碍。不同党派的成员对同一政治事件往往持有不同的看法；不同宗教派别的信徒，其观点和信仰各异；职业不同常常造成沟通的鸿沟;年龄的差异也会造成“代沟”。

3. 沟通过量。信息不足会影响沟通的效果,但是沟通过量同样会导致沟通者对蜂拥而来的信息无暇顾及。他们要花大量的时间和精力来辨别和处理这些信息,从而产生迷惘的情绪甚至感到压力。管理人员常常抱怨,他们花在沟通活动上的时间过多,反而影响了他们正常工作的完成。

心理因素障碍

心理因素障碍主要包括:过滤、选择性知觉、个性和气质、情绪等方面。

1. 过滤。过滤指信息发出者有意操纵信息,以使信息显得对发送者更为有利。过滤的主要决定因素是组织结构中的层次数目,组织垂直的层次越多,过滤的机会也就越多。但是只要存在地位的差异,就会存在过滤。员工们常因害怕传达坏消息或想取悦老板而只向上级报告他们认为上级想听的东西,这也就扭曲了沟通的内容。例如在前面的章节中所提到的“报喜不报忧”的现象。

2. 选择性知觉。在沟通过程中,接收者会根据自己的需要、动机、经验、背景及其个人观点,对信息进行筛选。解码的时候,接收者还会把自己的兴趣和期望带入信息之中。符合自己观点和需要的,很容易听进去,不符合自己观点和需要的,就不大容易听进去。心理学家哈维(Harvey)等人通过实验曾得出如下结论:① 信息接受者从不太可信的来源得到一个比他原来期望好一些的坏消息,会引起他对这个来源的重视;② 如果这个消息和原来期望的一样坏,他对这个来源就不太重视;③ 如果这个消息比原来期望的更坏,他对这个来源就更不重视。

3. 个性和气质因素。性格、气质也时常会成为沟通的障碍。一个诚实、正直的人,发出的信息容易使人相信;反之,一个虚伪、狡诈的人,其发出的信息虽属实,也不一定能使人轻易相信。

同样,气质也是影响沟通的心理因素。有些人性情暴躁,容易动怒,有些人生性腼腆,不爱交际,都会影响信息的交流。在接收信息时,容易急躁的人对信息的理解容易片面,而镇定的人则能较好地接收、理解信息。

4. 情绪因素。在接收信息时,接收者的感觉也会影响到他对信息的解释。不同的情绪感受会使个体对同一信息的解释截然不同。如果交流双方都处于激动状态,就无法进行客观而理性的思维活动,就容易歪曲对方的信息,导致无法沟通。即使是同一个人,由于其接受信息时的情绪状态不同,也可能对同一信息作出不同的解释和行为反应。

文化因素障碍

沟通中,由于文化的差异而引发的障碍多种多样。

1. 跨文化差异。即使在理想的条件下进行有效的沟通也是困难的,不同的文化因素使沟通问题变得更加复杂。信息的编码和解码过程取决于个体的文化背景,而文化背景因人而异。个体的文化背景差异越大,对一个文字和动作理解差距就越大。不同文化背景的人对事物的理解和评价不同,反应也各异。

例如,一般来说,西方社会比较注重个人发展及成就,阶级观念并不牢固,因此他们的沟通方式比较直接。不少在中国社会里生活或工作的西方人士,都会觉得中国人比较含蓄和不易捉摸。反过来看,中国人做事则以中庸为本,重视团体的和谐。在工作时,他们不希望过分突出自己,更不愿意和同事或上司发生任何明显的冲突。

2. 性别差异。研究表明男人间说话强调状态,而女人通过谈话建立联系。也就是说,男人听和说是一种状态和独立。女人听和说表示一种亲密和联系。因此,对于许多男人来说,谈话主要是在等级社会保持独立和地位的一种方法。对女人而言,谈话是获得支持和肯定的一种谈判方式。例如,男人经常抱怨女人总谈论自己的问题,女人批评男人不耐心倾听。当男人听到一个问题时,他们将提供确定的答案,坚持其独立和控制的欲望。而女人把有关问题的提出看成是促进亲密的方法,女人提出问题是为了获得支持和联系,而不是为了获得男人的建议。

有效沟通法则

要做到有效沟通,需要遵循以下原则。

选择合适的沟通渠道

沟通是一个传递信息的过程,通过何种途径来传递信息,是沟通是否有效的基础条件之一。不同类型的沟通需求应选用不同的沟通渠道。例如,组织中的正式沟通一般采用会议、信件等形式。如果通过短信进行正式沟通,一般状态下是很不合理的,这样既不利于信息的完整传递,也不能够正式留存归档。

选择正确的沟通方式

有效的沟通在一定程度上取决于信息接收者能否理解、如何理解沟通的内容。接收者的认知取决于他的教育背景、经历、情绪等诸多要素。如果沟通者没有意识到这些问题,其沟通将会是无效的。所以与人沟通时,一定要考虑对方的接收能力。如果一个经理人和一个文化程度不高的员工交谈,他必须用对方熟悉的语言,否则结果可想而知。

理解沟通对象的需求

在进行沟通之前,了解接收者的需求是什么显得尤为重要。理解接收者期望听到什么,我们才可以知道是否能利用他的期望来进行沟通。如沟通能够符合接收者的渴望、价值与目的的话,它就具有说服力。一家公司员工因为工作压力大、待遇低而产生不满情绪,纷纷怠工或准备辞职时,公司管理层反而提出口号"今天工作不努力,明天努力找工作",就会更加招致员工反感。

注意沟通细节

除了对整体方面的掌握,沟通还要注意很多细节方面的问题。沟通是一门艺术,往往一个小细节的缺失,就会影响沟通最终的效果。沟通中的细节问题很多,下文中将列举几点。

1. 善于询问与倾听

在沟通中,当对方默不作声或欲言又止的时候,可用询问引出对方真正的想法。以聊天的方式开头,营造比较自然的谈话气氛,然后通过问题来引导沟通的主题的走向。谈话的过程中,除了要注意仔细聆听外,也要注意简单复述听到的内容,以确定没有听错,同时也让对方了解自己很重视此次沟通。

2. 正确使用身体语言

身体语言在沟通中非常重要,眼神、表情、手势、坐姿都可能影响沟通。专注地凝视对方还是低着头,或是左顾右盼,都会造成不同的沟通效果。因而要保证有效的沟通,需把握好身体语言的尺度。

3. 注意情绪的控制

人如果处在比较激动的状态,常会因冲动而失去理性。在这种情况下进行沟通,往往会作出情绪性的决定。同时,过度兴奋和过度悲伤的情绪都会影响信息的传递与接受。因此要注意情绪的控制,让自己保持在比较理性的状态。

跨文化沟通时需要留意的问题

在跨文化沟通中,如果能遵循以下几个原则,将会减少沟通中的误解和矛盾。

1. 假定差异。我们大多数人认为其他人与我们很相似,其实并非如此。来自其他国家的人通常与我们有很大差别。如果你能假定对方与你原本就是存在差异的话,就会少犯许多错误。

2. 强调描述而不是理解和评价。对一个人发出的信息的理解和评价要基于其文化背景。因此不要轻易评价,除非你对其所处的文化背景有全面的理解和认识。

3. 确保你的理解正确。一旦你对来自另一文化背景的人的信息有所解释和评价,就要尽量确保你的理解正确,因而要进行更深入的考察,不要想当然。仔细评价接收者的反馈,以证明你的假定正确。在做重要的决定和报告时,参照与你有共同文化背景的同事的意见,以确定你的理解正确无误。

中国文化背景下的有效沟通

在中国文化的背景之下,沟通有着其自身的特色。要在中国文化背景下实现有效的沟通,以下几点是值得注意的问题。

"含蓄沟通"

中国人普遍比较"含蓄","不善表达,不善沟通",主张说话要圆通、留有余地,不要把话说满。

有个小故事可以说明中国人"不善表达,不善沟通",并且有时太爱猜疑。一个人去找邻居借斧头,可是他觉得邻居与他有些矛盾,不知道会不会借给他,所以边走边想,越想越气,最后跑到邻居的门口说:"你不用借斧头给我了!我才不会求你!"其实邻居可能乐意把斧子借给他,可他在并不了解邻居意见的情况下就去揣摩邻居的想法。

另外,中国人比较喜欢说话留有余地,有什么意思不明确表达出来。举个日常生活中大家都会碰到的例子:客人王先生来做客,主人李某招呼他坐下,并顺便问他"喝点什么",王先生按照惯例回答"随便,随便",中国人喜欢说随便,其实并非随便,里面有很多含义,如果你就给他倒杯白开水就大错特错了。读者可以思考一下随便背后的含义,主人李某应当怎么回答才比较合理。①

唐僧取经团队就吃过沟通不畅的苦头,"九九八十一难",有几难完全就是内部沟通出了问题。譬如"三打白骨精":孙悟空无疑是对信息的本质把握最早、最清楚的人,但是他性子急,不善于传递正确信息。孙悟空擅自打死妖怪,唐僧误以为大徒弟滥杀无辜,劣性不改。而猪八戒对大馒头的兴趣早就超过了对妖怪的警戒,当欲望被阻后,为了满足一己之私,利用师傅与师兄的信息通道淤塞,散布师傅爱听、师兄憎恶的谣言,结果师兄被逐。沙和尚本身对信息分辨能力不高,老实人凭感觉做事,只会唉声叹气。结果唐僧被白骨精掠走,白骨精成为师徒四人沟通不畅的受益者。

"实话成本"

在中国文化下沟通之所以困难,还有一个重要原因是:组织内政治氛围太浓厚,说实话的成本太高。

一位公司老总反映与员工沟通存在很多困难。他说,在公司跟员工谈话,结尾通常会说:"今天我跟你谈话的意思只是这个事情本身,没有别的意思。"为什么要这么说?因为员工非常敏感,你说他哪些方面需要改进,他会联想到公司是否想辞退他;你问他们部门的工作量是否饱和,他会联想到公司是否想裁人。大家喜欢猜来猜去,相互间不信任,本来只是工作上的问题,但非要上升到政治的高度,所以都不说实话。

① 曾仕强:《中国式的管理行为》,中国社会科学出版社,2003年版。

对非正式沟通的过度运用

虽然我们在前文中强调要重视非正式沟通的作用，但在中国的文化背景下，往往会有非正式沟通过盛之虞。我们常常遇到这样的情况，下属在工作中遇到了问题，本应该在工作时间向领导提出并讨论。但下属却往往避免采用这样的方式。他们会在下班后，找领导吃饭喝茶，在闲谈的过程中，提出工作中的问题。虽然说，这样的做法避免了直接在正式工作中交流的尴尬，但仍然会导致很多的问题。首先，它削弱了正式沟通的威信，损害了正式权力的行使。其次，应该工作内解决的问题被带到了工作之外，影响了工作的效率。

因此，在日常的沟通中，需要注意正式沟通和非正式沟通两种方式的选择。同时，组织内部也需要对非正式沟通作正确的引导，使其能够发挥更好的作用。

“坏消息”管理

前文已经提到，“报喜不报忧”的现象在企业组织中大量存在。

在上行沟通中，老板总是最后一个知道坏消息的人。对于身居高位的老板们来说，坏消息必须“过五关，斩六将”才能传到他们耳朵里。一线人员通常是最早知道坏消息的人，即使他想把问题反馈给上司，却不一定能解释清楚。当坏消息出现时，部下总是倾向于自己解决，然后向老板“邀功”，而部下自行解决问题的过程，可能正是坏消息恶化的过程。有句古话，“纸是包不住火的”，但部下总是心存侥幸，只有等到纸真的包不住火的时候，才会让问题暴露。

在层级化的管理体系中，层层汇报可能意味着层层掩盖问题，至少会对坏消息进行适合自己需要的“修正”。有一个营销经理干脆在营销大会上说，所有营销人员都不得绕过我直接向老板汇报。当某个人“垄断”了老板的信息源时，企业就永远没有坏消息，只有灾难。

在下行沟通中同样存在这样的问题。许多公司领导人不愿让员工知道坏消息。他们害怕失去业绩卓著的员工，因而对坏消息秘而不宣，以期留住这些人才。有些领导人则希望自己能够赶在公布消息之前，把问题解决掉。而许多领导人对坏消息所抱的态度就是一条：避而不谈。当然，也有这样一些人，他们认为绝大多数员工层次太低、素质太差，无法应付坏消息带来的打击。

那么这样的“坏消息”大量积压，带来的后果是什么呢？首先，坏消息的积压也就意味着危机的积压，问题不能及时解决，就会像滚雪球一样，越滚越大。其次，当坏消息最终被知晓，员工及上下级之间的信任就会受到影响。第三，上行沟通中信息的垄断，使管理者无法准确地了解市场，从而作出正确的定位。因此，如何有效、有技巧地传递“坏消息”，也是中国文化背景下极需重视的问题之一。

“官话”、“套话”

在中国，人的地位面子极为重要，为使其得到体现，人们在沟通的过程中常故意采用一些特别的方式。如使用别人听不懂的语言文字，采用复杂的、符号化的、专业术语较多的表达方式。一些领导在交流的过程中还喜欢说一些官话、套话，这使他的发言冗长且内容含糊不清。这样的表述很显然影响沟通绩效。尽管有些场合中，官话套话在某一程度上是必需的，但在企业的日常沟通中，我们仍应该向西方学习，强调语言的简单、直白，铺陈直叙，开宗明义，做到简洁朴实。

反馈的忽视

控制论的创始人维纳曾说过，一个有效行为必须通过某种反馈过程来取得信息，从而了解目的是否已经达到。但中国人的沟通常常不是一个完整的闭环，对反馈的忽视同样是沟通中存在的严重问题之一。

忽视反馈的原因在很大程度上与前面所提的“含蓄沟通”有关。中国人讲究“喜怒不形于色”，认为这是老练沉稳的表现。因此，肢体语言和面部表情就较少地运用于沟通中。这就使沟通的双方无法通过这些附属语言，对对方的意思进行揣度。除此之外，人们也会在言语中对需要反馈的内容刻意地隐藏和回避，凡事“留分寸”、“留余地”，让对方无法了解其真实想法和意图。

要解决这一问题，首先要让沟通的参与者了解到沟通不仅是信息传递的过程，更是信息分享的过程。其次，沟通者要知道如何利用表情、手势、姿态等附属语言来辅助表达信息。第三，沟通者可以加强沟通中的激励，鼓励交流的对象尽量地表达出自己的想法。

本章回顾

沟通是指信息在人与人之间的通过一种或多种媒介的传递。它是一种通过传递观点、事实、思想、感受和价值观而与他人相接触的途径。按照不同的划分方式，沟通被划分为不同的类型，如上行沟通、下行沟通和平行沟通；正式沟通和非正式沟通；口头沟通、书面沟通和非语言沟通等。为了达到有效沟通，需要讲究一定的原则。尤其是在中国文化背景之下，要实现有效沟通，需要重视解决“含蓄沟通”、“实话成本”、“坏消息”管理、“官话”、“套话”、“反馈的忽视”等问题。

关键术语

沟通	信息	交流
上行沟通	下行沟通	平行沟通
正式沟通	非正式沟通	口头沟通
书面沟通	非语言沟通	有效沟通
含蓄沟通	实话成本	"坏消息"管理
官话套话	反馈	

复习思考题

1. 非正式沟通在组织激励中如何发挥作用?
2. 如何利用有效沟通缓解组织间的冲突?
3. 组织个体的心理和行为会对沟通产生怎样的影响?
4. 组织沟通中最主要的障碍有哪些?
5. 组织中可以采取哪些措施以提高沟通的有效性?
6. 中国文化背景下的沟通有哪些特点?

案例9-1

拐弯抹角的沟通与人情关系的营造

1. 智救李乐的故事。

明代嘉庆年间,给事官李乐清正廉洁。有一次他发现科考有舞弊现象,立即写奏章给皇帝,皇帝对此事不予理睬。他又面奏,结果皇帝以故意揭短罪,传旨把李乐的嘴巴贴上封条,并规定谁也不准去揭。封了嘴巴,不能进食,就等于给他定了死罪。这时,旁边站出一个官员,走到李乐面前,不分青红皂白,大声责骂:"君前多言,罪有应得!"一边大骂,一边叭叭地打了李乐两记耳光,当即把封条打破了。由于他是帮助皇帝责骂李乐,皇帝当然不好怪罪。其实此人是李乐的学生,在这关键时刻,他曲意逢迎,巧妙地救下了自己的老师。

2. 史马迁所著《史记·游侠列传》中记载了一个大侠郭解的故事。

有一次,雒阳某人因与他人结怨而心烦,多次央求地方上有名望的人士出来调停,可对方就是不给面子。后来他来到郭解门下,委托他来化解这段恩怨。郭解接受了这个请求,亲自上门拜访委托人的仇家,做了大量的说服工作,好不容易使其同意了和解。

一切事情本来可以结束了,这时郭解对这位委托人的仇家说:"这件事,听说当地许多有名望的人也出来调解过,但没能做好。这次我很幸运,你也很给我面子,让我了结这件事。我在感谢你的同时,也为自己担心,我毕竟是外乡人,在本地人出面不能解决问题的情况下,由我这个外地人来完成和解,未免使本地那些有名望的人感到丢面子。"他进一步说:"这件事这么办,请你再帮我一次,从表面上要做到让人以为我出面也解决不了问题。等我明天离开此地,本地几位绅士、侠客还会上门,你把面子给他们,算作他们达成这一美事吧,拜托了。"

3. 林语堂在《冬至之晨杀人记》一文中描述中国人求人办事的情景。

大概来客越知书识礼,互相回敬的寒暄语及大绕大弯的话头越多。谁也知道,见生客是不好冒冒昧昧,像洋鬼子"此来为某事"直截了当开题,因为这样开题,便不风雅了。凡读书人初次相会,必有读书人的身份,把做八股的工夫,或者是桐城起承转伏的义法拿出来。这样谈话起来,叫做话里有文章,文章不但应有风格,而且应有结构。大概可分为四段。不过谈话并不像文章的做法,下笔便破题而承题,入题的话留在最后。这四段是这样的:(一)谈寒暄,评气候;(二)叙往事,追旧谊;(三)谈时事,发感慨;(四)点明奉托之"小事"。凡读书人,绝不肯从第四段讲起,必须运用章法,有伏,有承,气势既壮,然后陡然收笔,于实为德便之下,兀然而止。这四段若用图画分类法,亦可分为:(一)气象学,(二)史学,(三)政治,(四)经济。第一段之作用在于"坐稳",符于来则安之之义。"尊姓""大名""久仰""夙慕"及"今天天气哈哈哈"属于此段。位安而后情定。所谓定情,非定情之夕之谓,不过联络感情而已,所以第二段便是叙旧,也许有你的令侄与某君同过学,也许你住过南小街,而他住过无量大人胡同,由是感情便融洽了。如果大家都是北大中人,认识志摩、适之,甚至辜鸿铭、林琴南——那便更加亲挚而话长了。感情既洽,声势斯壮,故接着便是谈时事,发感慨。这第三段范围甚广,包括有:中国不亡是无天理,救国策,对于古月三王草将马二弓长诸政治领袖之品评,等等。连带的还有追随孙总理几年到几年之统计。比如你光绪三十年听见过一次孙总理演讲,而今年是民国二十九年,合计应得三十二年,这便叫做追随总理三十二年。及感情既洽,声势又壮,陡然下笔之机已到,于是客饮茶起立,拿起帽子,突兀而来,转入第四段:现在有一小事奉烦,先生不是认识××大学校长吗?可否写一封介绍信。总结全文。

问题

1. 导致李乐的上行沟通不顺利的原因可能有哪些?解救李乐的方式体现了中国文化的哪些特点?
2. 可能有哪些因素使得郭解在解决纠纷后作出那样的决定?
3. 结合林语堂的文章,试对当前营造人情关系的主要途径及其经济成本进行分析。

第10章

领　　导

> 论曰：将者国之辅，智信仁勇，合群策群力冶而用之，是之谓大将。
>
> ——《清史稿·卷三百十八·列传一百五》

领导和领导过程贯穿了整个人类的文明史。早在公元前6世纪，中国的经典著作中就出现了对领导者和领导才能的描绘。在孔子的著作中，强调了树立一种道德规范的重要性，以及把奖惩作为一种领导手段对于建立良好道德行为的重要意义。老子则强调了有效的领导应该保持低调，尽量不要干涉他人的工作："太上，不知有之。其次，亲之誉之。其次畏之。其次侮之。信不足焉，有不信焉。犹兮其贵言。功成事遂，百姓皆谓我自然。"①也就是说"能够使人几乎意识不到其存在的领导者才是最好的，如果要人们执行他的命令并且称颂他的功绩，这位领导者就不那么优秀了；更坏的情况是这位领导者还遭到了人们的谴责。一个领导者不高谈阔论，而当他完成任务、达到目标之后，他就会对自己说，这是我应该做的。"②同时，我们也可以从拉美、希腊、罗马的文献中找到很多有关领导的记载。《奥德赛》告诉我们，对于一个成功的领导者来说，自信心极为重

---

① 《老子》第十七章。

② 乔恩·L·皮尔斯、约翰·W·纽斯特罗姆：《领导者与领导过程》，中国人民大学出版社，2003年版，第15页。

要。《出埃及记》中描写了一个杰出的领导者摩西在将以色列人从古埃及统治下分离出来的领导过程中历经磨难的故事。

什么是领导

领导的含义

20世纪,领导已经成为了管理学中最吸引人和最容易引起争议的内容之一。据说美国国会图书馆在1896年尚没有一本关于领导问题的书,但在一个人的寿命的时间内,到1985年时,就这一问题便可检索到5 000多个条目。关于领导的定义几乎和研究领导的专家一样多。以下是一些专家学者给出的定义。

政治学家、社会学家如是说:意大利政治学家马基雅维利在《君主论》中说,领袖是权力的使者,是那些能够利用技巧和手段达到自己目标的人。美国政治学家伯恩斯说,领导人劝导追随者为某些目标而奋斗,而这些目标体现了领袖及其追随者共同的价值观和动机、愿望和需求、抱负和理想。德国著名社会学家马克斯·韦伯认为,有效的领导者有一种魅力,其具有的某种精神力量和个人特征,能够对许多人施加个人影响。

管理学家如是说:彼得·德鲁克认为,有效的领导应能完成管理的职能,即计划、组织、指导和度量。哈佛大学的约翰·科特教授说,好的领导应能"鼓励人们朝着真正能给他们带来长期最大利益的方向努力,而不是把他们引向绝境。'好的'领导不会浪费他们稀缺的资源,也不会造成人性的阴暗面"。斯蒂芬·罗宾斯认为领导就是影响一个群体实现目标的能力。孔茨认为领导的管理职能的定义,是指影响人们为组织和集体的目标作贡献的过程。赫塞和布兰查德认为领导就是在特定情境中,通过个体与群体的行动来成功实现目标的过程。

由于每个人生来就属于群体和组织——家庭、学校、工作单位以及社会,每个人在生活中基本上时刻感受到领导的存在并且对于什么是领导都有自己的看法,所以这些定义各不相同。但是这些定义给出了理解领导定义的几个切入点。

其一,领导的内容之一是作为特殊社会活动的领导行为(leadership),领导行为围绕组织的目标实施并完成的整个过程就是领导过程;

其二,领导的内容之二是作为特殊社会角色的领导角色,即领导者(leader);

其三,环境是导致领导定义的多样性的一个重要因素。领导是一个动态的过程,领导的有效性是领导者、被领导者、环境相互作用的函数,它可用下列公式来表达:

$$领导的有效性 = f(领导者、被领导者、环境)$$

因此,本书作者同意赫塞和布兰查德给出的定义,即领导就是在特定情境中，通过个体与群体的行动来成功实现目标的过程。① 领导者就是特定情境中，通过支配、控制和影响组织中个体或群体的行为来实现组织目标的组织角色。领导的本质是涉及领导者、追随者（下级）和情境的互动过程。从领导的大概念可以衍生出自我领导、团队领导、战略领导、象征领导和组织（国家）领导等概念。领导不同定义的先后提出反映了西方领导学研究所经历的领导特质理论、行为理论和情境理论的发展阶段，笔者将在后面三节详述。

领导与管理

如前所述，领导的涵义之一是领导行为，即作为特殊的社会活动。在这个层面上，我们要将领导与管理进行区分，领导和管理的功能和作用有明显的区别：

首先，领导和管理的职能范围不同，管理的职能比领导宽泛。管理包括计划、组织、领导和控制等职能，领导是管理的主要职能之一。管理的对象是人，也可以是物（如生产管理、物流管理、信息管理等）；而领导的对象通常是人，通过对他人施加影响从而实现组织的目标。

其次，领导和管理在组织中的作用不同。领导的主要作用是做正确的事，确立组织正确的行动方向非常重要，领导者更关注企业的未来；管理强调的是正确地做事，方向一旦确定，如何用最好的途径和方法、如何高效地达到组织目标是管理的重点，管理者更关注企业的现在。

再次，领导和管理在组织工作中的侧重点不同。领导重在影响和引导，在组织变革的时候制定新的目标，探索新领域；管理重在协调和控制，维持既定秩序，配置资源，提高现有效率，把已经决定的事办好。

此外，人们常常将领导看成一门艺术，必须结合具体问题具体分析，因时因地因人而异，没有什么万能的领导方法和理论。而管理则更科学、更正规，人们在不同的企业环境中，使用较为标准化的管理方法和工具。

约翰·科特通过对1 000多位世界知名企业的高层管理人员的访谈，分析概括了领导和管理的区别。在他的著作《变革的力量》(A Force for Change)一书中，科特对领导行为与管理行为作了下面的区分如表10－1：

表10－1 领导和管理的区别

	管 理	领 导
确定目标进程	**编制计划与预算** • 为达成目标，制订出详细的步骤和计划进度 • 为达到预期目标，进行资源分配	**指明方向、给出战略** • 展现未来的远景与目标 • 指出达到远景与目标的战略

① Hersey, Paul, Kenneth Blanchard. *Management of Organizational Behavior*. Englewood Cliffs, N.J.: Prentice-Hall, 1988: p. 86.

（续表）

	管　理	领　导
实现目标所需的人力和网络结构	**组织和配备人员** • 组建所需组织结构及配备人员 • 规定权责关系 • 制订具体政策和规程指导行动 • 建立系统和方法监督完工状况	**指导人们** • 同协作者沟通，指明方向、路线 • 让人们更好理解目标、战略及实现目标后的效益 • 指引人们根据需要组建工作组、建立合作伙伴关系
执行	**控制和解决问题** • 通过具体详细的计划监督进程和结果	**鼓动和激励** • 动员克服改革中的障碍 • 鼓动在初具条件的情况下，努力克服人力与资源的不足，实现改革
结果	• 具有一定程度的预见性并建立良好的秩序 • 得出各利益所有者如用户、股东期望的关键效果	• 取得较大进展的改革 • 具备进一步挖掘如开发用户期望的新产品等潜力

资料来源：[美]约翰·科特著，方云军、张小强译，《变革的力量：领导与管理的差异》，华夏出版社，1998 年版。

最近一些年，很多理论家和实践者强调了管理者和领导者之间的差异。例如，Bennis 指出："为了在 21 世纪生存，我们将需要新一代的领导者们——领导者们，不是管理者们。两者的区别是非常重要的。领导者们征服环境——变化的、紊乱的、模棱两可的环境，这些环境有时候看起来像要图谋反抗我们，并且如果纵容它们则必将使我们窒息——那时管理者们只得向它投降。"他随后继续指出他对管理者和领导者之间某些特定差异的想法，如表 10－2 所示。

表 10－2　21 世纪的管理者与领导者的一些特征比较

管理者特征	领导者特征
管理	创新
复制	起源
维持	发展
集中于系统和结构	集中于人
信赖控制	激发信任
短视的	远视的
询问如何和何时	询问什么和为什么
关注基本情况	关注整体
模仿	首创
接受地位	挑战地位
经典的好战士	自己人
正确地做事	做正确的事

资料来源：Warren G. Bennis. Managing the Dream: Leadership in the 21st Century. *Journal of Organizational Change Management*, 1989, 2(1): 7.

《红楼梦》里王熙凤管理方法

“世间洞明皆学问，人情练达即文章。”中国博大精深的文化和文学作品中有很多我们值得回味的管理学和领导学的案例。此处说一个王熙凤接受贾珍委托“协理宁国府”的故事，旨在说明王熙凤的种种措施和经验属于管理的范畴，而非领导。

王熙凤到宁府之前，贾珍给她宁国府的“对牌”。贾珍说：“妹妹爱怎么办就怎样办，要什么，只管拿这个取去，也不必问我。”得到了贾珍的授权是她在宁府行使财权、物权、人权的必要前提。在她把任务承担下来之后，第一步是“我须得先理出一个头绪来”，就是找出“问题点”来。王熙凤将宁府管理混乱的原因归结为五点：一是人口混杂，遗失东西；二是事无专管，临期推委；三是财务混乱，滥支冒领；四是任无大小，苦乐不均；五是家人豪纵，有脸者不服管束，无脸者不能上进。这五点体现了王熙凤管理的思维过程，即集中于事，审视内部，发现问题。

接着，王熙凤根据现实中存在的问题，“新官上任三把火”，开始执行她的管理计划，对组织内部进行严格的协调和控制。第一把火，树立自己作为管理者的权威。要做到“令行禁止”，树立说话算数的形象。王熙凤对赖升媳妇有一段话讲得很清楚：“既托了我，我就说得要讨你们嫌了。我可比不得你们奶奶好性儿，诸事由得你们。再别说你们‘这府里原是这么样’的话，如今可要依着我行，错我一点儿，管不得谁是有脸的，谁是没脸的，一律清白处治中。”王熙凤的第二把火，是建立宁府各类人员的岗位责任制，把任务落实到人头。要求做到各司其职，一个萝卜一个坑，不能做了和尚不撞钟。特别强调：“如今都有了定规，以后哪一行乱了，只和哪一行算账。”王熙凤的第三把火，对任务有布置更有检查，并且有严格的时间要求。她能根据任务执行过程中的信息反馈，采取相应的坚决措施。“不论大小事，都有一定的时刻。”而她自己也“天天按时刻过来，点卯理事”，能以身作则。结果是：“于是宁府中的人才知道凤姐厉害，自此俱各兢兢业业，不敢偷安。”

王熙凤协理宁府，使宁府很快由乱变治。从中我们可以看出，王熙凤所做的工作属于管理的范畴，重在协调和控制，制定规章制度，维持既定秩序，提高现有效率，把已经决定的事办好，正确地做事。

领导者与追随者

据说，在唐僧西天取得真经100年之后的一天，唐僧到如来家里做客。席间如来问唐僧最喜欢哪个徒弟，唐僧的答案是：八戒。理由如下：① 八戒最大的优点就是可爱，有他就少不了笑声。② 八戒在队伍里面确实是个人素质最差的一个。但是，他有助于最大限度地发挥队伍的整体功效。③ 而且，八戒这个人脸皮很厚，不怕指责。一件事情做不好，大家都可以把责任推到他头上。这样就节省了内部处理问题的时间。而由于他的存在，其余的人员自然而然就会对自己有一种信心，因为他的能力一定是比八戒强的。④ 八戒比较喜欢溜须拍马。一个领导者，不可避免地就会对一个总是夸赞他的手下产生好感甚至依赖感。《西游记》是我们耳熟能详的古典名著，唐僧师徒四人在完成取经这个共同组织目标的过程中，唐僧是领导，他的三个追随者，为何是八戒而不是悟空最讨师傅的欢心呢？

领导的另一层涵义是作为特殊社会角色的领导角色，称为领导者(leader)。有了领导者，必然有被领导者，即追随者与之相对应。领导者与追随者，上司与下属的关系，实质上是一种相依相生、共荣共存和相互影响制约的关系。真正决定一个组织命运的力量是占大多数的追随者，领导者不能仅仅着眼于奖惩权和法理权，依赖职位权力的影响力。正如唐代名相魏征所言，“君，舟也；人，水也。水能载舟，亦能覆舟。”作为一个领导者，只有代表和反映了广大追随者的愿望、要求和利益，才能得到大多数组织成员的真心支持，才能共同达到组织的目标。而作为追随者，也必须具备一定的素质，才可能成为一个不断进取的合格追随者。研究者总结了一个合格追随者应具备的四点素质：①

1. 他们能够很好地管理自己，他们能够自我思考、独立工作。

2. 他们能够对目标作出承诺。有效的追随者除了思考自己的生活之外，还会对一些事情作出承诺。大多数人都喜欢和除了体力投入之外还有情感投入的同事合作。

3. 他们建构自己的能力并为达到最佳效果付出努力。有效的追随者掌握那些对组织很有用的技能，他们对自己设置的绩效目标比工作任务和工作群体所要求的更高。

4. 他们诚实，有勇气，值得信赖。有效的追随者是独立而具批判性的思考者。他们有很高的道德标准，信誉良好，对自己的错误承担责任。

当然，由于领导者与追随者所处的地位和出发的角度不同，能力和责任不同，要求两者事事达成一致也是不现实的。一般来说，追随者更关心自身和眼前利益的实现，而领导者不仅仅要考虑每一个个体的利益，还必须考虑整个组织的利益和长远的利益。追随者考虑问题时一般从自身的角度考虑怎么办，而领导者则必须结合环境等组织内外面临的多种因素考虑怎么办。著名的诺贝尔经济学奖获得者西蒙教授曾经就领导者和追随者的关系打比方说：“非常实际地讲，领导者或上级人员不过是公共汽车的司机而已，要是他不把乘客拉到他们希望的地方去，乘客就不跟他走了。就开车的方向而言，乘客只给他留下了较小的自由选择权。”

---

① [美]罗宾斯(Robbins S. P.)著，孙健敏、李原等译：《组织行为学》，中国人民大学出版社，1997年版，第344页。

在中国,领导者与追随者的关系也有着鲜明的特点。中国人具有较高的集体主义倾向,在一个组织中,受传统的儒家思想的影响,等级观念比较严重。根据雷丁(1992)的说法,管理理论可以总结成一个词"patrimonialism",它表明家长制、等级制、家庭化、相互义务、个人主义和联系的主题。在中国,领导者比较独裁和专横,他们会给追随者明确的任务,规定追随者的自主性的权限范围,而与追随者保持较大的权力距离。追随者被期望表现出勤劳、忠诚、遵从和维护领导面子的行为。这是领导者和追随者的心理契约,是对以孝为首的家庭社会结构的直接反映。追随者经常对其顶头上司给予口头上的恭维或是礼物上的讨好,俗称"拍马屁"。正如在引言案例中,唐僧说喜欢八戒的理由是因为八戒喜欢溜须拍马。"一个领导者,不可避免地就会对一个总是夸赞他的手下产生好感甚至依赖感。"

领导权力的来源

在组织中,权力和影响是领导者工作的中心。组织中各级领导者之所以能对下级进行管理,率领和引导组织成员为实现组织目标而努力,正是因为领导者拥有与其职务相对应的权力。

按照弗伦奇和雷温的分类,组织内部的领导者权力可分为五种类型:

1. 法定性权力 (legitimate power),其核心是指挥和命令、决定和否定,通常由组织按照一定程序和形式赋予领导者进行命令和指挥的权力。

2. 强制性权力(coercive power),这是一种对下属在肉体、精神或物质上进行威胁,强迫其服从的权力。这种权力建立在惧怕惩罚的基础上,一个人如果不服从,就有可能产生不利的后果,由于对这种不利后果的恐惧,这个人就对强制性权力作出了反应,其实质上是一种惩罚性权力。

3. 奖励性权力 (reward power),这是决定给予还是取消奖励、报酬的权力,是一种通过提供益处对他人施加影响的权力。奖励性权利与强制性权力相反,人们服从于一个人的愿望或指示是由于这种服从能够给他们带来益处。在组织中,领导者对奖酬的控制力越大,他对下属人员的奖酬方面拥有的权力就越大。

4. 专家性权力 (expert power),这是由于具有某种专门知识、技能而获得的权力。这种权力是以敬佩和理性崇拜为基础的。领导者本人学识渊博,精通本行业务,或具有某一领域的高级专门知识与技能,即获得一定的专长权。

5. 感召性权力 (referent power),这是因领导者的特殊品格、个性或个人魅力而形成的权力。这种权力建立在下属对领导者的尊重、信赖和感性认同的基础上。企业领导者公正无私、胆略过人、勇于创新、知人善任、富于同情心、具有感召力、善于巧妙运用领导艺术,则易获得下属的尊重和依从。

前三种权力是由个人在组织中的职位决定的,都来源于行政力量,表明了领导者行使权力的合法性以及在职权范围内的支配地位,无法保证领导的有效性。对此本书第12章将有详细的叙述和分析,此处不再赘述。后两种权力取决于领导者个人的知识和人格因素,与职位无关。确认了领导者和被领导者之间的相互认可关系，是保证领导的有效性的重要前提。有关这一方面将在下一节领导特质理论中予以重点介绍。

领导在组织中的角色和责任

通常在人们的心目中，领导者是那些具有王者风范或具有领袖魅力的人，他们使周围众多的人愿意追随他们，如《圣经》中率领希伯莱人走出埃及的摩西、印度的圣雄甘地、美国黑人民权领袖马丁·路德·金、带领中国人民成立中华人民共和国的领袖毛泽东等等。他们具有超凡的远见，过人的胆识，能够指引国家和人民前进的方向。美国管理学家豪斯认为这样的领导人具有三种魅力：高度自信，具有支配性，坚持自己的信念。

同时也有很多人认为，领导不仅应该有远见卓识，更应该能够识才用人，即"将将"。汉王朝建立之初，刘邦与群臣议论战胜项羽的原因时曾有过一段精辟的论述："夫运筹帷幄之中，决胜千里之外，吾不如子房；镇国家，抚百姓，给饷馈，不绝粮道，吾不如萧何；连百万之军，战必胜攻必取，吾不如韩信。此三者，皆人杰也。吾能用之，此吾所以取天下也。"（《史记·高祖本纪》）刘邦将创建汉朝霸业归因于他任用了张良、萧何和韩信这三位杰出的人才，从中也体现出刘邦是一位深谙用人艺术、知人善任的杰出领导者。另一个典型的例子是刘备，刘备三顾茅庐、声泪俱下请到孔明出山，刘备摔阿斗让赵子龙对其死心塌地。诸多举措使刘备不仅拥有了诸葛亮、庞统等战略人才，也拥有了关羽、张飞等五虎上将作为其出色的执行人才，从而不断壮大力量，从早期的"孤穷刘备"到创下三分天下的基业。毛泽东也说过，领导的责任就是"定方向，用干部"，非常精辟。杰克·韦尔奇曾说："我的全部工作是关于人的工作，我不会设计发动机，我只能把赌注押在人身上。"这些都道出了领导者在组织中最重要的责任。

关于领导者在组织中的角色，也有不少新的观点。在现代企业中，领导者具有多重角色：① 外交家，领导者需要认识外界环境，协调与其他组织之间的关系，调动各方资源为组织所用；② 传教士，宣传企业文化、理念，解释组织的目标；③ 调解人，统一不同意见，化解组织冲突；④ 观察家，了解环境变化和趋势，洞察组织文化、结构、动作和成员的变化，加以引导；⑤ 教师，训练群体成员遵照组织目标和规则，不断提高成员的素质。[①]

那么，领导者的责任究竟有哪些方面呢？2002 年，《哈佛商业评论》邀请了美国六位企业界、非营利组织和学术界的领导人和专家来讨论领导者的责任问题，请他们分别列出各自心目中的最重要的三项任务，得出以下三个主题：第一，构想并传递组织的远景，该远景应该建立在对未来的正确把握和对环境的深入分析基础上，应能传递企业的使命和目标，并能够得到组织成员的认同；第二，领导人要能为组织增加价值，不仅仅是利润，还包括共同的价值观和企业文化；第三，要有一套足以激励追随者乐于为实现组织远景而努力工作的组织机制和措

① 刘辉：《领导风格是什么》，见《经营管理者》，第 45 页。

施保证。① 由此可见,领导的责任可以大致归为两类:其一,领导要制定组织目标和进行战略安排;第二,领导要建立协作体系,通过各种方式激励组织成员为实现组织目标而努力工作。

下面几段文字将从中国文化的视角,探讨领导角色和责任。

中国管理有着悠久的对人实行领导的管理文化的传统,这种传统的最高境界就是"帝王学"。② 中国领导模式的基本要素有:长上合一的伦理传统;伦理政治的文化原理;内圣外王的控制逻辑;修己安人的管理思路;德主力辅的价值取向等等。其中由于中国传统文化中长上合一的伦理传统和家长制的影响,领导通常扮演"大家长"的角色。

中国社会结构的基本特征是在由原始社会向文明社会过渡的过程中没有打破原有的氏族体系,而是把氏族社会的组织结构原理上升为文化社会的文化原理,从而形成了家国一体,由家及国的社会结构。这种结构特征体系体现在伦理关系和管理的领导模式上,就是长上合一。中国社会长期奉行的家长制就是一种最集中的体现。家长制就是用大家长治家的方式实行社会管理。在家国一体的基础上,中国人形成了天下一家的理念,而既然是天下一家,对人的领导方式自然是家长式的。人们常说的"当官不为民做主,不如回家卖红薯"就典型地体现了这种家长式领导的内涵。它要求领导者以爱民的情怀对下属进行管理,而下属则要以忠孝一体的情感服从领导。中国领导者的大家长式的领导角色在组织中还体现在对下属生活的关怀上。领导不仅对下属在工作上给予指导,还对下属八小时工作以外的生活给予关怀,比如有些领导会乐于担当下属的"红娘"。当下属遇到一些想不通的问题时,他们也愿意向自己的领导倾诉,双方进行一种结合了上级和下属、长辈和晚辈之间的谈话。当领导将所在的组织变成一个大家庭,领导在其中担当大家长的角色时,组织的凝聚力一般更强,领导的领导效能就能得到保证。但是,从另一方面来说,这种大家长式的角色也带来了组织里"唯上"的后果。中国文化讲求和谐,回避对抗,人际交往中要求给被批评的人留面子。在中国老百姓眼里,家长总是对的,正所谓"不听老人言,吃苦在眼前"。作为大家长的领导也大多是对的,领导提出的观点总是很少被否定。究其原因,一方面如果下属提出不同的看法,往往被看作是与领导过不去;另一方面,被领导者往往不愿提出不同的看法,因为提出与领导不同的"异议",可能要为自己的行为负责。而顺从领导,就可以不为自己的行为负责了。因此,有时候下属往往采取放弃自己的观念的态度来对待工作,服从领导。一旦领导的决策出错,组织也不得不承担后果。

谈到领导责任,中西方领导在领导过程中的注意力不同导致领导责任不同。西方的领导者比较注重组织内部制度的构建和完善。西方的领导科学发展比较健全,领导理论的提出很多是建立在实证研究、数量分析的基础上。领导者比较重视在组织里建立种种制度和规范,领导管理的过程就是制定规则、执行规则和

---

① 《哈佛商业评论》,中文版,2002年9月,第102页。

② 樊浩:《中国人文管理》,第117页。

维护规则的过程。而中国人常常有类似“规矩是死的，人是活的”观念，不严格遵从组织的制度。中国的领导者更注重人际关系的构建，这是由于中国人历来重视血缘关系与归属感的特征，这一特征在现实生活中表现为复杂的裙带关系网。领导者就是生活在这样的环境中，他们不可避免地受到这一观念的影响，在工作中往往有意无意地建立并拓展自己的关系网。这一关系网络从客观上讲，对于工作有一定的促进意义，但同时又会造成一定的负面影响。现代管理是一个复杂的过程，靠传统式的关系网，特别是裙带关系是不能适应现代管理的需要的。在大型企业中，更是如此。世界上没有一个跨国公司是靠裙带关系式的组织关系组织起来的。

领导特质理论

组织行为学中的领导部分的理论非常多，但各个理论之间有着内在的联系。领导理论的研究在时间上呈先后、在内容上逐层递进。学习时读者除了清楚每一理论的内容、特点外，还要清楚它们的内在联系，只有这样才能学以致用。

领导特质理论是基础，之后的领导理论都是在批判的基础上从不同的角度入手得出来的。例如特质理论指领导是天生的，是内生性的。那么如果从外生性上进行研究，认为领导可以进行培养，就自然得出了领导的行为理论。再后来出现的是领导权变理论，主要观点是：判断一种领导行为效果好不好，不仅取决于领导者本人的素质和能力，而且还取决于许多客观因素。领导行为是一个很多因素的函数。

西方特质理论综述

“特质是指一个人的行为中重复发生的规律性和趋势。”[①]特质理论是所有领导理论中最古老的一种理论。这种理论着重于研究领导者的人格特性，并且认为这些人格特性是天赋的。例如，有些学者研究社会名流的生理素质，得出领导者必须具备的天赋条件涵盖了：体格的魁梧与否，身体的轻重，个子的高矮，外貌长相等等。我们有时候不得不承认天赋条件和遗传因素有关，比如说大家留意一下奥运会或国际田联举行的各种赛事，在男子短跑等爆发力要求高的项目上，黑色人种的运动员成绩总是名列前茅。但是在第 28 届雅典奥运会上，当中国人刘翔打破男子 110 米栏的奥运会纪录并平了世界纪录时，人们不得不惊叹后天的培养同样也起作用。

在这种理论的影响下，有的管理学家力图从领导者所具有的个人性格品质

① Hogan, R. Personality and Personality Measurement. In M. Dunnette and L. Hough (eds.). *Handbook of Industrial and Organizational Psychology*. 2nd ed. Palo Alto: Consulting Psychologists Press, 1991: p. 875.

上找出有效领导的特质，并通过对这些特质的分析来寻求取得最佳领导效果的途径。1936年，奥伯特和奥德波特[1]将标准英语史词典中18 000个描述特质的形容词归为五个宽泛的人格维度，对特质作了划分。美国心理学家吉普(Gibb)认为天才的领导者应具备以下七个基本条件：① 善言；② 外表英俊潇洒；③ 智力过人；④ 具有自信心；⑤ 心理健康；⑥ 有支配他人的倾向；⑦ 外向而敏感。而斯托格狄尔认为，[2]个人的先天特性、品质，对于区分领导人与非领导人，有效领导者与无效领导者是有一定意义的，并认为领导者的先天特性应该是：① 有良心；② 可靠；③ 勇敢；④ 责任心强；⑤ 有胆略；⑥ 力求革新进步；⑦ 直率；⑧ 自律；⑨ 有理想；⑩ 有良好的人际关系；⑪ 风度优雅；⑫ 胜任愉快；⑬ 身体强壮；⑭ 智力过人；⑮ 有组织能力；⑯ 有判断能力。麦肯锡公司创始人之一马文·鲍尔(Marvin Bower)在他1997年出版的《领导的意志》中指出，领导者应该具备以下14种品质：① 值得信赖；② 公正；③ 谦逊的举止；④ 倾听意见；⑤ 心胸开阔；⑥ 对人要敏锐；⑦ 对形势要敏锐；⑧ 进取、进取、进取；⑨ 卓越的判断力；⑩ 宽宏大量；⑪ 灵活性与适应性；⑫ 稳妥及时的决策能力；⑬ 激励人的能力；⑭ 紧迫感。

值得信赖——最重要的领导特质

1992年，退休的马文·鲍尔总结他领导麦肯锡的经验与对有效领导毕生的思考，写了《领导的意志》这本书。在马文·鲍尔所构筑的领导力的理想国度里，领导者依靠信任、榜样与说服去激发人们思考与行动，从上到下的领导力完全替代层级制的命令与控制。全球知名的领导力专家詹姆斯·库泽斯和巴里·波斯纳在他们合著的《领导力》一书中也对领导者最具有影响力的品质进行了随机调查，其中有88%的受访者选择了真诚、值得信赖，71%选择有前瞻性，66%选择有能力，65%选择有激情，除此以外还有很多的指标都是不到50%的。

为什么值得信赖会逐渐成为领导者的重要特质呢？首先，一个有诚信的领导者会恪守承诺，绝不出尔反尔，并以此作为目标激励自己不断前进。其次，值得信赖的领导者言出必行，不会说一套做一套，因此其领导行为的可预测性更高，杜邦公司已经退休的董事长里查德曾说过："如果你总是说真话，那么你就无需记住你曾经说过什么话。"再次，与一个值得信赖的领导者沟通交流不需要前思后想、遮遮掩掩，生怕一不小心说错话或者谈话内容被泄露，因此双方沟通的有效性得以提高。另外，如果下属认为自己的领导是值得信任的，那么他的工作热情和忠诚度都会大大提升，古语"士为知己者死"说的就是这个道理。最后需要强调的是，"值得信赖"一般用来形容一个人的道德

① Allport, G. W., H. Odbert. Trait Names: A Psycho-lexical Study. *Psychological Monographs*, 1936, 47(Whole No. 211).

② Stogdill, Ralph M. Historical Trials in Leadership Theory and Research. *Journal of Contemporary Business*, Autumn 1974.

水平，而我们说的“值得信赖”其实是一个综合指标，不光是对领导者个人品质方面的信任，也是对领导者自身能力方面的信任。

既然值得信赖如此重要，那么我们应当如何培养他人对自己的信任感呢？① 应当尽可能地向他人表明，指导你进行决策的基本价值观是一致的；② 追求胆量、执着、奉献，而非懦弱、动摇、自私；③ 开诚布公地说出你的感受，“诚实不是欺骗，坦荡不是虚伪”，例如表明你既是在为自己的利益而工作，也是在为别人的利益而工作；④ 尽量做到正直、公平、公正；⑤ 保密；⑥ 展现出自己的才能，对能力方面的信任也是值得信赖的重要组成部分。

巴纳德(Barnard)归纳了成功领导者必备的五种特质。① 活力和耐力：有活力是一个人具有吸引力的重要因素，也是具有说服力的一个特征。很少有人会对马丁·路德·金的充满激情的演讲或墨索里尼进行法西斯行活动时表现出的狂热等无动于衷。另外，领导者常常需要长时间、高负荷地工作，这就使耐力成为最基本的要求。② 说服力：说服力是一种通过影响他人而使之服从的能力。这是领导者必备的最重要的素质。说服力来源于恰当的表达能力、令人生畏的体格和道德感染能力等天赋。领导者首先应该倾听并理解那些劝服对象的不同观点，而后应说服追随者行动并能使领导者和这个群体双方都满意。③ 决策力：决策对于一件事的完成是必需的。决策是领导者的三大主要职能之一(孔茨)，一个领导者不仅必须拥有作出决策的技能，还必须愿意作出决策，愿意接受决策的结果。④ 责任心：赋予领导者权力的同时就赋予了责任，随心所欲、不负责任的领导很少会成功。领导的肩上总是要担当与其权力匹配的责任，领导者勇于承担责任同时也是给下属一种态度和安全感。领导者必须愿意做那些在特定情况下为其下属相信是道义上正确的事情。这种行为的稳定性对领导过程非常重要。⑤ 智力能力：一定的智力能力对一个处在领导者角色的人来说，虽然很重要，但并不具有必然的战略意义。智力是一个人受思想指导的活动方面表现出的综合效力。[①] 智力的三元理论[②]将智力分为分析性智力、实用性智力和创造性智力。此外，研究者还从领导者的个性、动机和能力角度发现了他们与非领导者的不同特质。罗伯特发现领导者拥有不同于非领导者六项素质，即：进取心；领导和影响他人的欲望；正直和诚实；自信、智慧；与工作有关的高技能。[③]

领导者特质研究的基本假定是某些少数人，天生即赋有适于担任领导者之人格特质，这些人格特质不仅使其与一般人不同，而且能够使其获得一般人的追随。而对领导者特质研究的结果也不尽相同，加上领导者的个人特质也

---

① Cronbach, L. *Essentials of Psychological Testing*. 6th ed. New York: Harper & Row, 1984.

② Sternberg, R. J. *Beyond IQ: A Triarchic Theory of Human Intelligence*. New York: Cambridge University Press, 1985; Sternberg, R. J. *Successful Intelligence*. New York: Plume, 1997.

③ Rowden, Robert W. The Relationship Between Charismatic Leadership Behaviors and Organizational Commitment. *Leadership & Organization Development Journal*. Jan. 2000, Vol. 21 issue 1/2: p. 6, p. 30.

会随着情境而改变，所以若想找出一套领导者所共同拥有的特质，实在有困难。

现代特质理论认为应该抛弃"遗传决定论"，认识到领导是个动态过程，领导者的人格特征和品质是在实践中形成的，可以通过训练和培养加以造就。不同的国情特点，不同的社会历史条件，对一个合格的领导者的个性特征的要求是不同的。美国普林斯顿大学包莫尔教授认为，一个领导者应该具备下述十项条件才是合格的。这十项条件是：合作精神，决策才能，组织能力，精于授权，善于应变，勇于负责，敢于求新，敢担风险，尊重他人，品德超人。而日本企业界则认为，一个领导者要有十项品德、十项能力。十项品德是：使命感，负责感，信赖感，忍耐力，积极性，进取心，忠诚老实，公平，热情，勇敢。十项能力是：思维决策能力，规划能力，判断能力，创造能力，洞察能力，劝说能力，理解的能力，解决问题的能力，培养下级的能力，激发积极性的能力。

中国古代对领导者特质的感知

在中国，领导学发展起步也很早，可以追溯到帝王学。古代统治者十分重视领导人才的选拔。姜太公向周文王提出了"六守原则"以帮他选拔助其治理国家的领导，即仁、义、忠、信、勇、谋。太公曰："富之而不犯者，仁也。贵之而不骄者，义也。付之而不转者，忠也。使之而不隐者，信也。危之而不恐者，勇也。事之而不穷者，谋也。"意思依次是说，具备领导者素质的人在被授权掌控较多资源时，不会过度使用；在身处显赫而权重的职位时，仍然保持谦逊；能够体察上意，广纳各方意见，不独断；能够诚信对人；能够面对危机，从容应对；能够有权变之道，随机应变。

《素书》引太公姜尚兵法的《三略》中的《上略》曰：将能清能静，能平能整，能受谏，能听讼，能纳人，能采言，能知国俗，能图山川，能表险难，能制军权。即作为领导者需要做到：镇定，廉洁，公正，严谨，开明，判断力强，宽宏大量，具有丰富的知识，通晓社会、历史习俗和地理情势，机灵可靠，调度有方。

孙子在《孙子兵法·始计第一》中也提出了选拔将帅的五条标准：即"将者，智、信、仁、勇、严也。"这个标准普遍适用于选拔领导者。对领导者素质的要求把"智"放在第一位是意味深长的，不论是将帅还是企业领导，必须要有智慧，有独到的见解与点子，有创新的思维。"信"直接关系到领导者的信誉和威望以及实现自己诺言的能力和诚意。综观中外古今，凡失信于民的，没有一个能够得民心的。"仁"，在中国传统文化中可谓独具特色，领导者应该对部下予以关心、爱护和尊重，"仁者爱人"更是儒家学说的重要理念之一。"勇"在兵战中是决定胜负的关键因素之一，两强相遇勇者胜。在商战中，"勇"体现在勇于面对风险并敢于承担风险拍板的胆略和魄力。当然，勇以智为基础，要智勇双全。"严"是说领导者不仅要对追随者严格要求，更重要的还在于对自身的严格要求。领导必须在严于律己前提下，去严格要求别人。《孙膑兵法·将义》将义、仁、德、信、智作为领导者必备素质，也有类似的表述。

当代中国人对领导者要素的感知标准变化①

人们内心关于领导概念的看法，既含有领导者是什么，又含有领导者应该是什么；既表明了人们对领导者的要求，也表明了人们对领导者的期望。心理学家将这种探明人们"内心"领导概念结构（Sternberg，1985）的理论称之为内隐领导理论。

1988年，凌文轻教授、方俐洛教授首次对中国内隐领导理论进行了研究，发现中国内隐领导理论按重要性排序依次由个人**品德因素**（领导者应该身先士卒，办事严谨，能接受新事物、新观念，言行一致，有原则性，善于授权，不屈不挠，以身作则），**目标有效性因素**（领导者应该具有事业心、自信心、责任心；具有组织能力、管理能力和应变能力；善于处理重大问题，善于用人。这些特质将有助于他们所领导的团体目标的实现），**人际能力因素**（领导者应作风民主，表里如一，能理解别人，有人情味，体察民情，与群众打成一片，平易近人，友善。这些特质会使领导者具有吸引力，形成独特的人格魅力，有利于协调和处理好上下左右、方方面面的人际关系，达到有效沟通的目的），**才能多面性因素**（领导者应多才多艺、兴趣广泛，不仅喜爱艺术、爱好体育运动，而且要精通外语，还要有冒险精神。这些特质代表着领导者"才能"的广度，既有助于组织目标的达成，又有助于处理人际关系，从而增强领导效果）四个维度构成。这说明中国人在选拔领导时首先重道德、重人品，然后重能力、重人情以及重业绩。

到了2002年，学者又作了一次相同的调查，领导四因素的内容有了更换，信度和效度有了下降，排序已调整为目标有效性、才能多面性、个人品德、人际能力。这说明随着经济的发展，社会的进步，西方管理思想、西方人才理论的普及，具有浓厚中国传统文化底蕴的中国人将西方管理思想融会贯通，形成了情、理、法相融合的中国特色的管理思想，体现在领导概念方面，更注重领导的管理、组织能力以及综合素质，人们重人品更重能力、重人情更重业绩，以及道德观念淡化。

中西方对领导特质要求的差异

同时，在回顾这些古今中外领导特质理论时，我们可以清晰地感知领导者特质要素构成的差异以及其折射出的领导者理论的差异。

其一，对领导者的道德素质的要求不同

中国人对领导者在道德水平上的要求非常高。一般来说，要求领导者有能服众的品德，即领导者不仅在工作中，而且在个人生活中都应该是道德楷模。孔子有"四忧"，首先"忧"的是"德之不修"。墨子主张"任人为贤"，实行"察能予官，以德就列"②。宋代司马光认为："夫德者人之所严，而

① 林琼、凌文轻、方俐洛：《透析中国内隐领导概念的内涵及变化》，见《学术研究》，2002年11期，第98页。

② 《墨子·尚贤》。

才者人之所爱；爱者易亲，严者易疏，是以察者多蔽于才而遗于德。自古昔以来，国之乱臣，家之败子，才有余而德不足，以至于颠覆者多矣。"①在德与才的关系上，司马光认为："才者，德之资也；德者，才之帅也。"②高尚的品德比聪明才干、明察事理更为重要。

这充分体现了中国儒家思想。儒家总是把"内圣"与"外王"，"修己安人"与"修身，齐家，治国，平天下"结合起来，形成了深厚的德治思想。首先，中国伦理型的文化要求把道德修养作为领导者的最重要的内在素质，这样才能内圣外王，修己安人。内圣是对个体的道德修为，外王是对社会的管理。外王的基础是内圣，内圣为了外王。修己须达到内圣的境界，安人必须先安心和安身。其次，领导者有德，才能德治德化。德治德化主张依靠领导者言行身教的力量和道德感化来影响下属达到管理的目标。以德治人，德为治人之本，因此领导者的人格和道德水平是实现管理的前提条件。德治在本质上是一种治心的管理方式，通过对人心的治理，达到治身的目的。治心则需要在情感上感动别人，通过情感的互动达到管理的目的。

总之，在中国传统文化里，虽然也不排除峻法严刑，但德行就是力量，以德治人，以人格感化人，以人道、仁义、群体为中心，以心理情感为纽带，以情理渗透为原则的"德治"方式却始终占有主导地位。在这种文化里，领导者的道德素质就特别被加以强调。

西方领导理论对领导人在行为上能否有快捷的反应能力，工作绩效如何等更为关注。从美国心理学家沃伏曼等人于1986年对美国人的内隐领导理论的研究结果来看，在美国的内隐领导概念中，没有独立的"德"因素。西方人对领导者的私生活一般过问很少，而对守法、正直、诚实等品质要求较高。比如美国前任总统比尔·克林顿，虽然绯闻事件不断，还和下属有越轨的关系，但美国社会并不过多追究他的绯闻，却对总统是否作伪证问题穷追猛打。

其二，领导者对自身领导特质塑造的重点不同

对于东方的中国人来说，人们更关注领导者本身。由于长期封建统治的影响，"领导"是神圣和受人尊敬的，往往被神化。在封建社会"普天之下，莫非王土；率土之滨，莫非王臣"。在这种观念的指导下，中国的领导者非常注重如何提高自身的气质修养从而以德服人，注重如何树立领导的权威等等。或者说，中国的领导者更注重人格感召力的培养。

西方领导理论更强调领导的行为过程，而不仅仅是领导者本身。所以，领导者特质的构成中含有很多要求领导者与追随者、与情境互动的能力。强调过程、强调环境控制，而不是强调领导者本身。比如说领导和影响他人的欲望、说服力等等。西方的领导者更注重科学管理能力的培养。

---

① 《资治通鉴》。
② 《资治通鉴》。

中国文化背景下基于权力和特质的领导者类型划分

结合上文所述，中西方领导者的特质和要素组成虽然有着不少差异，我们仍然可以归纳出这其中共有的两大特质维度：其一，科学管理能力特质。如西方理论所倡导的决策力、智力；中国传统文化下所提倡的智、严、勇、谋、才能多面性和人际能力。科学管理能力是领导者调动自身的智力和才能，通过正确地计划、组织、协调、决策完成领导过程的能力。其二，人格感召力特质。西方理论所倡导的活力和耐力，说服力，责任感；中国传统文化下所提倡的德、忠、信、仁和义。人格感召力有助于提高领导者的人格魅力，使领导者在组织中树立道德典范，达到更高的领导绩效。

依据本章第一节对领导者权力构成的分析，我们可以发现获得权力的方式和途径是不同的。根据领导者获得权力之方式和途径可以将权力分为职务权和统御权两大类。职位权是由组织所授予的权力，其大小取决于个人在组织中的地位高低和职务大小，是一种刚性的权力。任何人，只要他有了一定的职位，他就同时拥有了这种权力。强制性权力、法定性权力和奖励性权力属于职务权，其中法定权居于核心地位，强制权和奖励权都是由其派生出来的，并服从法定权运行的需要，为实现法定权服务。统御权，即所谓“死而不亡则寿”，[①]是由个人素质决定的，即领导者不凭借特权，不凭借组织赋予的正式权力，而能说服、影响、统帅和指导他人行动的能力。统御权来自于领导者个人的品质和才能。这种权力的大小完全取决于领导者品质的感召力大小和个人才能的大小，是一种柔性的权力。

在组织中，领导者依据组织的结构和规章制度拥有职务权力，但拥有职务权，只是领导者可以行使职务权的必要条件，而不是充分条件。因为领导者具备行使职务权的法定资格，并不意味着领导者就具备行使职务权所必需的能力。本书在前面已经阐述了领导者的特质和要素，领导者是否具备科学管理能力，决定了领导者能否有效地行使职务权。而是否具备人格感召能力则是行使统御权的充分必要条件，因为统御权是领导者从组织的制度外获得的，其来源基础是领导者的个人素质。然而获得统御权并非易事。对此，中国古代思想家对统御权有深刻的认识。领导者要想获得统御权，必须具备以下三个特点：① “君子不器”。领导者不能成为器皿，不是简单地执行规章制度，而是要具备影响力。② 磨难中成长。诸葛亮曾提出“知人七道”——“间之以是非而观其志，穷之以辞辩而观其变，咨之以计谋而观其识，告之以祸难而观其勇，醉之以酒而观其性，临之以利而观其廉，期之以事而观其信”。[②] 领导者要成为“七道”中的主体，在是非中树立志向，在辞辩中应用权变，在谋略中练就胆识，在灾祸中成为勇士，在生活中修养最佳秉性，在利欲中考验自己以达到廉洁奉公，在履行诺言时彰显信誉。③ 刚柔相济，以柔克刚。

---

① 《老子》第三十二章。

② 《诸葛亮集·将苑》卷四。

在组织中，每个领导者都是在一定职位上实现领导过程，通过行使权力来实现组织的目标或为实现组织的目标服务，即“在其位，谋其政”。然而领导可行使的权力有着不同类型，因此在领导过程中，每个领导者都有着不同的权力组合。在中国文化情境中，德治思想决定了领导者对可使用权力的偏好。荀子认为领导者有三种领导方式——威有三：有道德之威者，有暴察之威者，有狂妄之威者。[①] 道德之威就是领导者的统御权，可以做到“故赏不用而民劝，罚不用而威行”。[②] 德主力辅和德治德化的思想，强调领导者人格感召力对被领导者心理上的引导或征服。同时，中国文化对权力有不同的理解。“权，然后知轻重；度，然后知长短”[③]，“锤谓之权”[④]。在这里，“权”的本意是指权衡。因此中国人所谓的“权”，是权度、权量、权衡之意，这并没有揭示权力的本质或来源，而是用权之术。因为以上对权力的解释，皆来自于中国封建社会的早期，权力的本源实质上来源于统治者的“皇权”，也就是来自于所谓“神授”的传统权力。在现代社会的组织中，也就是层级组织中，任何领导者的权力基础，都毫无疑义地源于法理权力，即合法组织的规章制度所赋予领导者的职务权。但我们所处的现实告诉我们，相同职位上的领导者的权力并不相同。权力在中国传统文化的意义上，不是一种简单的对于法理规章教条的执行，而是通过权衡、权度对时务所做的应变处理（翟学伟，2004）。对于领导者而言，职务权是刚性的，而统御权是柔性的，取决于领导者自身，所谓权衡或权度就是根据情况对职务权和统御权施行不同的组合，以达到最佳的领导效能。

通过以上对领导者特质的构成和权力的类型分析，可以知道这种权力组合的背后是由领导者的特质所决定，即职位权的行使有赖于科学管理能力特质，而统御权的行使有赖于人格感召力特质。

布莱克和穆顿提出了培养领导方式的管理方格理论（Blake & Mouton, 1964），充分概括了领导行为研究中所提炼的员工导向和生产导向，把管理人员放置在由绩效导向行为和维护导向行为构成的坐标系中进行评价，从而得出不同类型的领导方式。我们借鉴管理方格理论，依据职务权和统御权两个维度，得出五种领导者模式。

庸者型领导（1,1 型）。领导者既没有科学管理能力，又没有人格感召能力，造成领导者虽然拥有职务权力，但却无法合理地行使，从而造成职务权力的缺失，同时又无法在心理上引导和控制被领导者。因此这一类型的领导者在领导过程中完全没有着力点，将使组织彻底丧失其功能或偏离组织目标。

强者型领导（1,9 型）。在领导过程中，高度依赖职务权力，通过严格的组织结构、规章制度来完成决策、协调和控制等一系列领导功能，并借助严格的惩戒措施对被领导者施加影响和控制，忽视被领导者的心理和情感反应和承受程度。

---

① 《荀子·强国》。

② 《荀子·强国》。

③ 《孟子·梁惠王上》。

④ 《广雅·释器》。

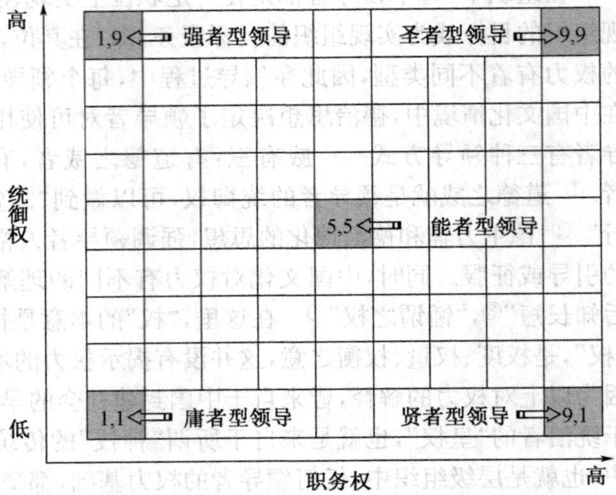

图 10-1　中国文化背景下的领导者分类

贤者型领导(9,1 型)。在领导过程中,高度依赖领导者个人以人格感召力为核心的个人魅力,轻视组织结构和规章制度的作用,从而导致决策、协调和控制等一系列领导功能的模糊和领导过程的随意。在中国文化情境中,这是一种理想化的领导模式。

能者型领导(5,5 型)。领导者具备一定的科学管理能力和人格感召能力,在领导过程中,依照组织的程序和规章制度,行使职务权力,并和统御权力相互匹配。这是常见的领导者模式。

圣者型领导(9,9 型)。领导者既有高超的科学管理能力,又有非凡的人格感召能力,从而在领导过程中,由于领导者在精神上的感召和制度上的激励,使被领导者能够主动地为实现组织的目标而努力工作,在整个组织中形成积极、团结而有序的工作氛围。

我们认为在中国文化情境中关于"德"和"力"的传统思想,对于领导者特质的构成和权力运用的种类进行了实质上的价值排序。即"德主力辅"意味着在人们的意识中,对于领导者素质而言,存在着领导者的人格感召力特质优于科学管理能力特质的倾向;对于领导者所行使的权力而言,存在着统御权优于职务权的倾向。根据领导者特质和领导者权力类型之间的关系,我们以职务权和统御权为两个维度,给出了中国文化情境中的领导者类型,即:庸者型领导、强者型领导、贤者型领导、能者型领导、圣者型领导。我们所得出的结论和模型,是基于领导理论的基本观点,结合中国文化情境特征所作的探索性研究的初步结果,将为今后领导理论在中国文化背景下的理论探索和深入研究提供一种可能的构建。

特质理论的不足

特质理论是领导理论的基础，由于存在以下一些缺陷，所以在解释领导行为方面并不十分成功，它的不足表现在：① 忽视了下属的需要。具有某种特质的领导可能适合管理某些下属，但不适合管理另一些下属。② 没有指明各种特质之间的相对重要性。成功的领导可能需要具备许多特质，但其中某些特质最为关键。③ 情境因素。没有考虑到工作的结构性、领导权力的大小等情境因素的影响，因此不能解释为什么具有不同特质的领导在各自的组织中都可以工作得非常出色。④ 没有区分原因和结果，特质与绩效之间的相关研究并不能解释是因为具有某些特质才导致成功，还是因为成功才建立了这些特质。

上述不足也为领导理论的进一步发展和完善提供了广阔的空间。

领导行为理论

具备恰当的特质只能使个体更有可能成为有效的领导者，但无法对领导者进行成功的预测。即便没有领导特质，人们也期望成功的领导者和不成功的领导者在行动上能够表现出一些区别。20 世纪 50 年代，人们开始转向研究领导者的行为。研究者在确定领导行为作风类型与群体工作绩效之间的一致性关系上获得了一定的成功。最富有代表性的行为理论有如下几种。

俄亥俄州立大学的研究：定规和关怀①

俄亥俄州立大学进行的领导研究，目的在于确立能促进组织和群体达到目标的领导行为。他们收集了大量下属对领导行为的描述，列出了 1 000 多个因素，并最终归纳和定义了领导的两个关键维度：定规维度和关怀维度。

1. 定规维度(initiating structure)指的是领导者更愿意建构自己和下属的角色以实现组织目标。这种类型的领导者强调通过计划、信息交流、日程安排等指明群体的方向。高定规的领导者会制定个人的任务分配，果断采取行动，从不向下属征求意见和看法。低定规者不采取主动，“不插手”管理，让下属自己定义任务和最后期限。过分高的定规与高流动率、高申诉率和低满意度联系在了一起。

---

① Stogdill, R. M. , A. E. Coons(ed.). Leader Behavior: Its Description and Measurement. *Research Monograph*, 1951(58). Columbus: Ohio University, Bureau of Business Research. This research is updated in C. A. Schriescheim, C. C. Coglister, and L. L. Neider. Is It Trustworthy? A multiple-level-of-analysis reexamination of an Ohio State Leadership Study, With Implication for Future Research. *Leadership Quarterly*, Summer 1995.

2. 关怀维度(consideration)是指领导者尊重和关心下属,更愿意与下属建立相互信任、双向交流的工作关系。一个高关怀度的领导者特别重视群体关系的和谐以及同下属在心理上、情感上的亲近。高关怀与高工作满意度、低流动率联系在了一起。

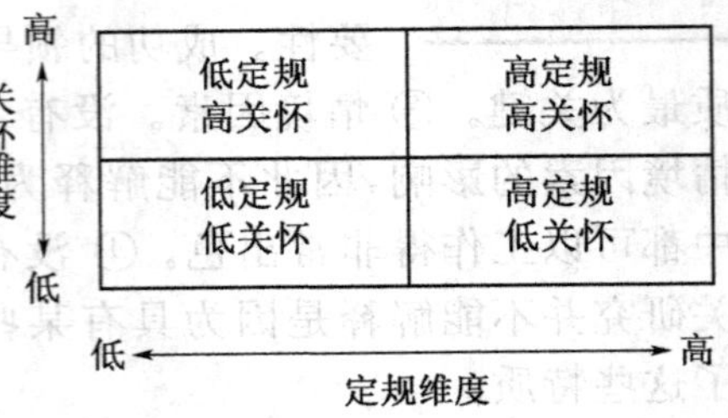

图 10-2　定规和关怀

研究发现,在定规和关怀维度方面均高的领导者比其他三类领导者更能使下属取得高工作绩效和高满意度,但是也要具体情境具体分析。

密歇根大学的研究:以生产为中心的行为和以员工为中心的行为

密歇根大学研究了领导行为的两个概念化维度:以生产为中心的行为和以员工为中心的行为。以生产为中心的领导者行为关注于任务,而非人员,更强调工作的技术或任务事项,并把群体成员视为达到目标的手段。以员工为中心的领导者重视人际关系,他们总会考虑到下属的需要,并承认人与人之间的不同,以员工为中心的领导把对工作单位中的社会方面的强烈关注和高绩效期望结合了起来。密歇根大学研究者的结论对以员工为中心的领导者十分有利。以员工为中心的领导者与高群体生产率和高工作满意度成正相关;而以生产为中心的领导者则与低群体生产率和低工作满意度联系在一起。

勒温的领导作风理论

勒温(K. Lewin)提出了领导作风理论,该理论研究领导者工作作风类型以及工作作风对员工的影响,以找到最适合的领导作风。它以权力定位为基本变量,把领导者在领导过程中的极端行为分为三种类型,即专制、民主和自由放任。

勒温认为,对团体有三种不同的领导方式:专制的领导方式、民主的领导方式、自由放任的领导方式。第一种是独断专行的领导行为,这种领导者从工作和技术方面考虑,认为权力来源于他们的职位,认为人类的本性懒散,必须加以鞭策。第二种是民主式的领导行为,领导者从人际关系方面考虑管理,认为领导者的权力来源于他所领导的群体,被领导者受到激励后会自我领导,被领导者也应该适当参加决策。第三种是放任式的领导行为,这是一种俱乐部式的领导行为，领导从福利方面考虑问题，认为权力来源于被领导者的信赖，领导者并没有大胆管理。

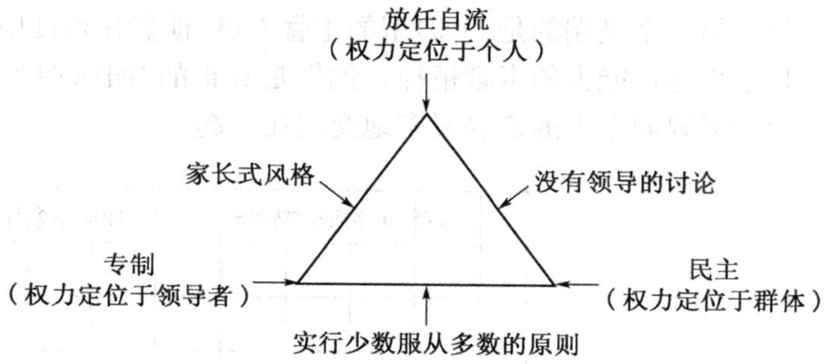

图 10-3　领导权力定位的关系

由于领导方式不同，其效果也不一样。但这三种方式并不相互排斥，在不同的情况下可以选择不同的方式。同时勒温还发现，一个团体除了领导者之外，还有参与者。团体规模的大小是决定其成员参与程度和人数的一个主要因素。此外，如果团体成员的权力和地位比较平等，则参与者的人数会显著增加。工作团体不是一群无组织的乌合之众，工作团体是有结构的，团体结构塑造团体成员的行为，使人们有可能解释和预测团体内大部分的个体行为以及团体本身的绩效。勒温的领导作风理论从图中可以得到形象的说明，在实际工作中三种极端的领导作风并不常见，大多数领导者的领导作风往往是介于两种极端类型间的混合型。

布莱克和穆顿的管理方格论①

管理方格理论（management grid theory）是研究企业的领导方式及其有效性的理论，是由美国得克萨斯大学的行为科学家罗伯特·布莱克（Robert R. Blake）和简·莫顿（Jane S. Mouton）在 1964 年出版的《管理方格》一书中提出的。这种理论倡导用方格图表示和研究领导方式。他们认为，在企业管理的领导工作中往往出现一些极端的方式：或者以生产为中心，或者以人为中心；或者以 X 理论为依据而强调靠监督，或者以 Y 理论为依据而强调相信人。为避免趋于极端，克服以往各种领导方式理论中的“非此即彼”的绝对化观点，他们指出：在对生产关心的领导方式和对人关心的领导方式之间，可以有使二者在不同程度上互相结合的多种领导方式。为此，他们就企业中的领导方式问题提出了管理方格法，使用自己设计的一张纵轴和横轴各 9 等分的方格图，纵轴和横轴分别表示企业领导者对人和对生产的关心程度。第 1 格表示关心程度最小，第 9 格表示关心程度最大。全图总共 81 个小方格，分别表示“对生产的关心”和“对人的关心”这两个基本因素以不同比例结合的领导方式。

---

① Blake, R. R., J. S. Mouton. *The Managerial Grid*. Houston: Gulf, 1964.

管理方格图中，布莱克和穆顿认定有四种极端的领导作风。(1,1)类可称之为“贫乏型领导”，主管人员不关心人或生产，很少过问他们的工作。实际上，他们已放弃自己的职守，只是无所事事或者只充当将上级信息向下属传达的信使。处于另一个极端的是(9,9)型的主管人员，他们在行动中不论对人还是对生产都显示出尽可能大的奉献精神。他们是真正的“团队型主管”，他们能够把企业的生产需要同个人的需要紧密地交织在一起。

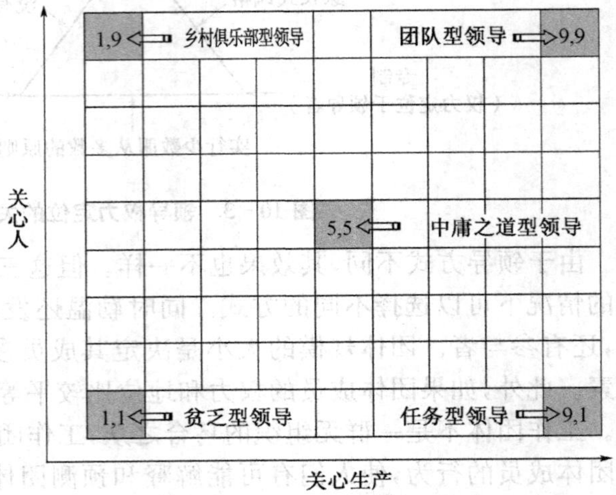

图 10-4 管理方格论①

另一种作风是(1,9)类，即“乡村俱乐部型领导”。在这类领导方式中，主管人员很少甚至不关心生产，而只关心人。他们促成一种人人得以放松，感受友谊与快乐的环境，而没有人关心去协同努力以实现企业的目标。处于对应的另一个极端是(9,1)类型，即“任务型领导”。他们只关心促成有效率的经营，很少甚至不关心人，他们的领导作风是非常专制的。

把这四种极端的领导类型作为基点，就能够把每种管理技术、方法和方式置于方格图中的某个位置。显而易见，(5,5)型的主管人员对生产和人的关心是适中的，他们得到充分的士气和适当的产量，但不是卓越的。他们并不设置过高的目标，对人则很可能是相当开明的专断态度。(9,9)型领导被认为是最有效的领导，能带来生产力和利润的提高、员工事业的成就与满足、身体与精神的健康等绩效。

管理方格在识别和区分领导作风方面是一个有用的工具，但它没有告诉我们为什么一名主管会落在方格图上的这一部位或那一部位。为了找出这方面的原因，我们必须考虑一些根本原因，诸如领导者和追随者的个性、主管人员的才干和得到的培训、企业环境以及其他对领导者与被领导者都有影响的情境因素。

这两位作者还根据自己从事组织开发的经验，总结出向(9,9)型领导方式发展的五个阶段的培训。

阶段一：组织的每个人都卷入方格学习，并用它来评价自己的管理风格。

① 图参考罗宾斯等著，孙健敏等译：《管理学》(第7版)，中国人民大学出版社，2003年版，第494页。

阶段二:进行班组建设,以健全的协作文化取代陈旧的传统、先例和过去的实践,建立优秀的目标,增强个人在职位行为中的客观性等。

阶段三:群体间关系的开发。利用一种系统性的构架来分析群体间的协调问题,恰当地利用群体间的对抗以从中发现组织中存在的管理问题,利用这种有控制的对抗去识别为建立一体化所必须解决的症结问题,为使各单元之间的合作关系不断改善而制定下一次的实施计划。

阶段四:设计理想的战略组织模型,要确定最低限度的和最优化的公司财务目标。在公司未来要进行的经营活动、要打入的市场范围和特征、要怎样创造一个能够具有协力效果的组织结构、决策基本政策和开发的目标等方面作出明确的描述,以此作为公司的基本纲领和日常运作的基础。

阶段五:贯彻开发。研究现有组织,找出目前营运方法与理想战略模型的差距,明确企业应该在哪些方面进行改进,设计出如何改进的目标模式,在向理想模型转变的同时使企业正常运转。布莱克和穆顿认为,通过这样的努力,就可以使企业逐步改进现有管理模式中的缺点,逐步进步到(9,9)的领导定向模式上。

管理方格理论在美国和许多工业发达国家受到一些管理学者和企业家的重视。《管理方格》一书对美国经理阶层及管理学界有较大影响,出版后长期畅销,印数接近100万册。该书于1978年修订再版,改名为《新管理方格》。

荀子的领导类型和领导方式说[①]

荀子根据古代统治者的管理目标和管理特点,提出以下四种领导类型:聚敛型,笼络型,法治型,修礼型。

聚敛型的领导只搜刮民脂民膏,充实府库和自己的私囊。

笼络型的领导者只注重取民,给百姓小恩小惠,达到一时笼络人心的效果。

法治型的领导只顾富国和富士,不顾人民的疾苦。

修礼型的领导者是荀子最推崇的。荀子曰:"故修礼者王,为政者强,取民者安,聚敛者亡。故王者富民,霸者富士,仅存之国富大夫,亡国富筐箧,实府库。筐箧已富,府库已实,而百姓贫。夫是之谓上溢而下漏,入不可守,出不可以战也,则倾覆灭亡可立而待也。"(《荀子·王制》)修礼型领导懂得如何正确对待人民和有用之士。荀子曰:"故君人者,欲安则莫若平政爱民矣;欲荣则莫若隆礼敬士矣;欲立功名,则莫若尚贤使能矣。"(《荀子·王制》)修礼型领导的领导方式如下:"故君国长民者,欲趋时遂功,则和调累解,速乎急疾,忠信均辨,说乎庆赏矣;必先修正其在我者,然后徐责其在人者,威乎刑罚。三德者诚乎上,则下应之如景向,虽欲无明达,得乎哉!"(《荀子·富国》)这就是说,修礼型的领导者调和宽厚,不猛烈急躁;忠诚信实,公正评论强于物质激励;多检查自己,不妄自责备下级。采用这种领导方式,百姓就会积极响应,达到比较好的领导效果。

---

① 俞文钊:《现代领导心理学》,上海教育出版社,2004年版,第368页。

坦南鲍姆的领导行为的连续统一体模式[①]

坦南鲍姆（R. Tannenbaum）和施米特（W. H. Schmidt）于1968年提出了领导行为连续体理论。他们认为，经理们在决定何种行为（领导作风）最适合处理某一问题时常常产生困难。他们不知道是应该自己作出决定还是该授权给下属作决策。为了使人们从决策的角度深刻认识领导作风的意义，坦南鲍姆和施米特提出了下面这个连续体模型。

领导风格与领导者运用权威的程度、下属在作决策时享有的自由度有关。在连续体的最左端，表示的领导行为是专制的领导；在连续体的最右端表示的是将决策权授予下属的民主型的领导。在管理工作中，领导者运用的权威和下属拥有的自由度之间是一方扩大，另一方缩小的关系。在高度专制和高度民主的领导风格之间，坦南鲍姆和施米特划分出七种主要的领导模式（如图10－5）。

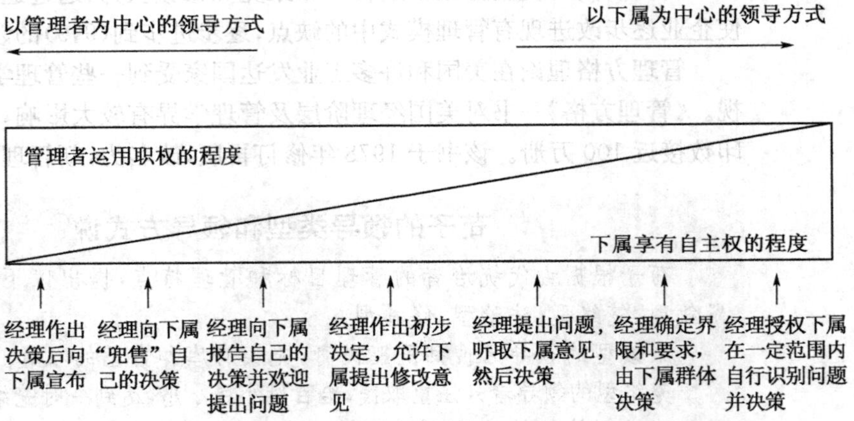
以管理者为中心的领导方式
以下属为中心的领导方式
管理者运用职权的程度
下属享有自主权的程度
经理作出决策后向下属宣布
经理向下属“兜售”自己的决策
经理向下属报告自己的决策并欢迎提出问题
经理作出初步决定，允许下属提出修改意见
经理提出问题，听取下属意见，然后决策
经理确定界限和要求，由下属群体决策
经理授权下属在一定范围内自行识别问题并决策

图10－5 坦南鲍姆的领导行为的连续统一体模式

在上述各种模式中，坦南鲍姆和施米特认为：不能抽象地认为哪一种模式一定是好的，哪一种模式一定是差的。成功的领导者应该是在一定的具体条件下，善于考虑各种因素的影响，采取最恰当行动的人。当需要果断指挥时，他应善于指挥；当需要员工参与决策时，他能适当放权。领导者应根据具体的情况，如领导者自身的能力、下属及环境状况、工作性质、工作时间等，适当选择连续体中的某种领导风格，才能达到领导行为的有效性。通常，管理者在决定采用哪种领导模式时要考虑以下几方面的因素：

管理者的特征。包括管理者的背景、教育、知识、经验、价值观、目标和期望等。

员工的特征。包括员工的背景、教育、知识、经验、价值观、目标和期望等。

环境的要求。环境的大小、复杂程度、目标、结构、组织氛围、技术、时间压力和工作的本质等。

这一理论的贡献在于不是将成功的领导者简单地归结为专制型、民主型或放

---

① R. Tannenbaum and W. H. Schmidt. 如何选择领导模式. *Harward Business Review*, 1968.

任型的领导者，而是指出成功的领导者应该是在多数情况下能够评估各种影响环境的因素和条件，并根据这些条件和因素来确定自己的领导方式，采取相应的行动。该理论也存在一定的不足，这就是他们将影响领导方式的因素即领导者、下属和环境看成是既定的和不变的，而实际上这些因素是相互影响、相互作用的，他们对影响因素的动力特征没有给予足够的重视，同时在考虑环境因素时主要考虑的是组织内部的环境，而对组织外部的环境以及组织与社会环境的关系缺乏重视。

中西方领导行为理论的差异①

领导者的意图、心理、价值观、关系等影响到其行为的过程和风格，从而影响着领导行为。然而这些因素都受到文化、政治、社会及经济系统的影响。从总体上讲，领导者的行为至少应包括以下方面：行为主体（领导者），行为客体（追随者），行为背景（组织），行为内容（领导行为）。中西领导理论在领导行为上有较大的差别。

首先，对领导者的认识不同。中国人对待领导者的认识主要体现为：强调权势与等级制度；尽量避免对抗和冲突，高风险回避；高层控制许多下级，最终决策的权威集中于上层领导的手中。而处于西方文化传统中的领导者，经常使用目标管理、图解的比率指标，常进行面对面的对抗，办事效率比较高。

其次，对追随者的认识不同。中国的追随者在工作中，往往自主性小，很容易服从别人的意见，很少参与管理，“唯上”思想重，与上属的关系可以归纳为屈从型的工作关系。而西方的追随者对待工作时常具有更大的权力与自主性，很少愿意服从别人的意见，主动参与管理。

再次，领导职能的不同。中国的领导人作为群体的首脑，强调共同观念与和谐，“和为贵”，尽量避免对抗，常采用自上而下的沟通。西方领导者作为决策制定者及群体首脑，采用强有力的、坚定的、明确的方式直接管理，通常观念各异，面对面的对抗很普通，强调工作中的透明度，通常运用自上而下的关键性沟通，而非关键性沟通经常由下而上进行。

综上所述，中国的领导理论，首先是治国平天下的政治统治理论，治国安邦是核心，组织管理强调内部的安定和谐，而对于如何赚钱盈利则是次要的，因而中国的领导理论非常重视领导素质，特别是个人品德的内在要求。西方领导理论主要讨论组织中的领导行为和领导过程，关心领导模型的构建、领导与环境的互动、领导者的心理特征以及如何提高领导效能等问题。二者有着诸多差异。

领导权变理论

说到后天环境对人的影响，大家总是会想起这样一个古老而著名的故

---

① 张劲松：《略谈中西方领导理论的不同》，见《领导科学》，第32页。

事——孟母三迁。① 昔孟子少时，父早丧，母仉氏守节。居住之所近于墓，孟子学为丧葬，躃踊痛哭之事。母曰："非所以居子也。"乃去，舍市，近于屠，孟子学为买卖屠杀之事。母又曰："亦非所以居子也。"继而迁于学宫之旁，每月朔望，官员入文庙，行礼跪拜，揖让进退，孟子见了，一一习记。孟母曰："此真可以居子也。"遂居于此。这个故事说明，孟母三迁和后来孟子的巨大成就是分不开的，可见后天的环境对人才培养的巨大作用。在领导过程中，环境（或称情境）对领导效能也是一个重要的变量因素。

领导行为理论的研究试图寻求对各种情境下都普遍适用的领导行为模式，但是却一直难以找到答案。原因在于领导行为理论忽视了对影响领导有效性的情境因素的考虑，没有考虑到领导是一个动态的过程，领导工作的效率取决于领导者、被领导者和环境的相互作用。脱离了情境因素去寻找一种万能的领导风格和领导行为，和特质理论一样，无法得出科学的有说服力的结论。在领导特质理论和领导行为理论受阻之后，不少学者认识到了任何一个组织的领导者都应该根据环境的变化采取随机应变的方法。领导学的研究进入了权变理论（contingency theory），又称情境理论（situational theory）阶段。权变理论认为，组织中的个人和群体都是相互依存、相互影响的，同时，整个组织依存于环境。领导的有效性是领导者、被领导者、环境相互作用的函数，它可用下列公式来表达：领导的有效性$=f$（领导者，被领导者，环境）。权变理论的基本观点是要根据环境的类型选择各种各样的领导方式，这里的环境是指组织中的领导者所直接考虑到的各种内外部因素的总和。以下是几种主要的权变理论。

费德勒权变理论模型②

弗雷德·E·费德勒（Fred F. Fiedler）经过长期的研究，于1951年提出了权变理论（contingency theory），这种理论考虑到了领导者的特性和情境的特性两个方面。费德勒的理论假设是领导者会倾向于一整套特定的领导行为。领导者是任务导向或者关系导向的。任务导向的领导者是指令型的，将情境结构化，设置最后期限并做好任务分配。关系导向的领导者关注的是人员，他们是体贴型的。费德勒认为，最重要的领导问题是将领导者的个性和他们所处的情境进行匹配。这种理论认为有效的群体取决于领导者与下级打交道的风格以及情境对领导者的影响和控制程度之间适当的匹配。该理论的特点是将个体的个性和特点与情境联系起来，将领导效果作为二者的函数进行预测。

费德勒设计了"最难共事者"问卷（least-preferred coworker questionnaire，LPC），用以测量领导者的领导风格是任务导向的还是关系导向的。问卷由16组对照形容词组成（见表10-3）。费德勒让回答者回想一下自己共事过的所有同事，

① http://www.eweihai.com/wenhua/2003—8/200382173221.shtm。

② Fiedler，F.E. *A Theory of Leadership Effectiveness*. New York：MaGraw-Hill，1967.

并找出一个最难共事者，在16组形容词中按1至8个等级对他进行评估。如果以相对积极的词汇描述最不喜欢同事（LPC得分高），则回答者很乐于与同事形成良好的人际关系，就是关系取向的领导者。相反，如果对最不喜欢同事看法很消极（LPC得分低），则说明回答者可能更关注生产，就称为任务取向的领导者。

表10-3 最难共事者问卷

										得分
快乐	8	7	6	5	4	3	2	1	不快乐	
友善	8	7	6	5	4	3	2	1	不友善	
接纳	8	7	6	5	4	3	2	1	拒绝	
有益	8	7	6	5	4	3	2	1	无益	
热情	8	7	6	5	4	3	2	1	冷淡	
轻松	8	7	6	5	4	3	2	1	紧张	
亲密	8	7	6	5	4	3	2	1	疏远	
热心	8	7	6	5	4	3	2	1	冷漠	
合作	8	7	6	5	4	3	2	1	不合作	
助人	8	7	6	5	4	3	2	1	敌意	
有趣	8	7	6	5	4	3	2	1	无聊	
融洽	8	7	6	5	4	3	2	1	好争	
自信	8	7	6	5	4	3	2	1	犹豫	
高效	8	7	6	5	4	3	2	1	低效	
开朗	8	7	6	5	4	3	2	1	郁闷	
开放	8	7	6	5	4	3	2	1	防备	
得分说明：如果总得分低于57分，即处于低分状态；如果得分在58—63，即处于中等状态；如果得分高于64分，即处于高分状态。										

费德勒认为有三种情境因素能够决定任务取向或是关系取向的风格是否更加有效率。

第一个因素是领导者—成员的关系，尤其领导者被成员接受的程度。如果其他人因为领导者的魅力、专长而愿意跟随，领导者就不需要依靠任务取向的行为；然而，如果领导者没有被信任，且下属消极地看待领导者，情境就有可能需要任务取向的领导行为。研究表明，这是迄今为止最重要的单一尺度。

第二个因素是任务结构，这里具体是指需要被完成的工作的特性。高度结构化的、有详细说明或计划的任务和作业比模糊的、含混不清的和缺乏组织性的任务能给予领导者更多的影响。

第三个因素是领导者的职位权力。这是指领导者的权力以及他取得各方面支持的程度。这种情境特征发生在几乎所有的不同组织和群体中，根据领导者在作出决策时具有多少正式权威，从下属那里得到多大程度的服从而有所区别。

费德勒把上述三个条件的每一变数分成两种情况——上下关系好与差,工作任务明确与不明确,地位权力强与弱,可组合成八种领导类型。费德勒的结论是在十分有利和十分不利的情境中,任务取向的领导者工作得更好,在中度有利或不利的情境中,关系取向的领导者工作得更好。费德勒的权变理论指出要想提高领导的效果,一方面可以试图改变领导者的个性或替换领导者以适应情境,另一方面可以改变情境以适应领导者。

费德勒的权变理论对深入理解和研究领导哲学具有重要的价值。首先,从领导效果出发研究领导方式,而不是从领导者的素质出发强调应采取的领导方式,拓宽了领导理论与领导哲学的研究范围。其次,研究领导问题,必须将领导方式与环境影响联系起来,将领导者和被领导者之间关系的影响联系起来。它

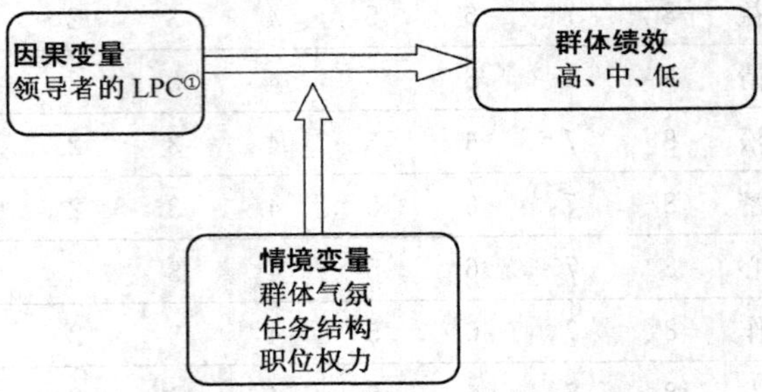

图 10-5 费德勒权变模型一

资料来源:Yukl, G. A. *Leadership in Organizations*. Englewood Cliffs, N. J.: Prentice-Hall, 1989, p. 196.

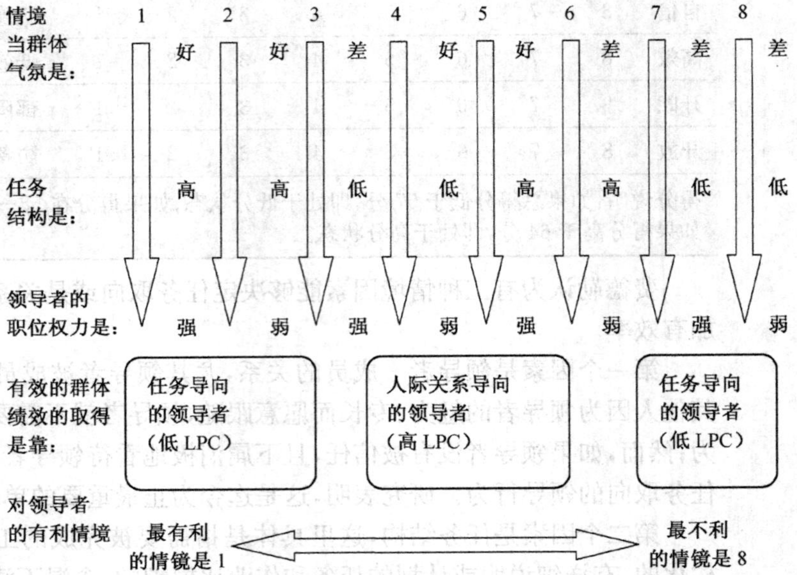

图 10-6 费德勒权变模型二

资料来源:Fiedler, F. E. *Leadership Experience and Leadership Performance*. Alexandria, Va., U. S.: Army Research Institute, 1994.

① LPC: least preferred cooperation,最不喜欢的合作者。

表明并不存在一种“绝对最好”的领导方式，企业领导者必须具有适应性，自行适应变化的情况。第三，根据环境的具体情况来选用领导人，而这一点常常被忽视。第四，领导者要适应环境，但也有必要改造环境以符合领导者的风格。例如领导者与下属的关系可以通过改组下属组成加以改善，使下属的经营、文化水平和技术专长更为合适；任务结构可通过详细布置工作内容使其更加定型化；领导者的职位权力可以通过变更职位、充分授权，或明确宣布职权而增加其权威性。

赫塞—布兰查德的情境领导理论

由赫塞和布兰查德发展的一种情境领导理论对很多管理者具有吸引力。一些大公司和小企业已经采用了情境领导理论(situational leadership theory)，并且热情称赞它的实用价值。这种理论认为，领导者的关系行为和任务行为的水平要适应跟随者的准备状态和成熟度。所谓成熟度是指个体能够并且愿意完成某项具体任务的程度。成熟度是一个表征下属准备状态的变量，即承担自己行为责任的能力和意愿，包括两个重要的维度：胜任度和认同度。根据这两个维度，可以将下属成熟度从低到高分为四个阶段：

R1——下属不胜任也不愿意承担某项工作；

R2——下属缺少能力，但愿意承担某项工作；

R3——下属有能力，却不愿意承担某项工作；

R4——下属有能力也愿意承担某项工作。

赫塞和布兰查德采用费德勒的领导维度分类，进一步把每一维度分为低和高两个水平，组合成四种类型的领导风格，具体如下：

S1——指示(高任务—低关系)，领导者定义完成工作需要的角色，明确告诉下属要完成什么样的工作，何时何地完成以及如何完成。

S2——推销(高任务—高关系)，领导者向下属提供结构化和支持性的指示。

S3——参与(低任务—高关系)，领导者与下属共同决策，向下属提供便利条件和沟通渠道。

S4——授权(低任务—低关系)，领导者向下属提供极少的具体指示或者个人支持。

随着下属由不成熟走向成熟，领导行为应按照下列程序逐步推移：高任务与低关系→高任务与高关系→低任务与高关系→低任务与低关系。当员工成熟度很低时，领导者为他们安排工作，加强指导，指明干什么、怎么干，也就是说，应采取高任务、低关系的领导方式，即指示式为最有效；当员工成熟度有了初步提高，领导者应逐步放手并适当授权，通过说服教育来激发下级的积极性，应采取高任务、高关系的领导方式，即推销式为最有效；当被领导者的成熟程度达到相当水平时，在工作上就让其参与管理，负更多责任，让他们独立安排组织，此时应采取低任务、高关系的领导方式，即参与式最有效；当被领导者的成熟程度达到很高阶段时，领导者就可以授权让其独立地工作，应当采取低任务、低关系的领导方式，即授权式为最有效(如图10-8所示)。情境领导理论的主要精神是强调对不同成熟程度的员工，应采取不同的领导方式，才能取得较好的领导效果。这就启发领导者必须创造条件帮助员工从不成熟向成熟转化，把使用与培养结合起来，注重教育，注重人才开发，这一点是可以借鉴的。但是情境领导理论对不成熟和很成熟的对象采取低关系的论点，是有片面性的。在我们看来，加强领导，关心员工与员工成熟之高低并不是相互排斥的，关键在于要注意方式与方法，根据不同对象，采用不同的领导方式与方法。

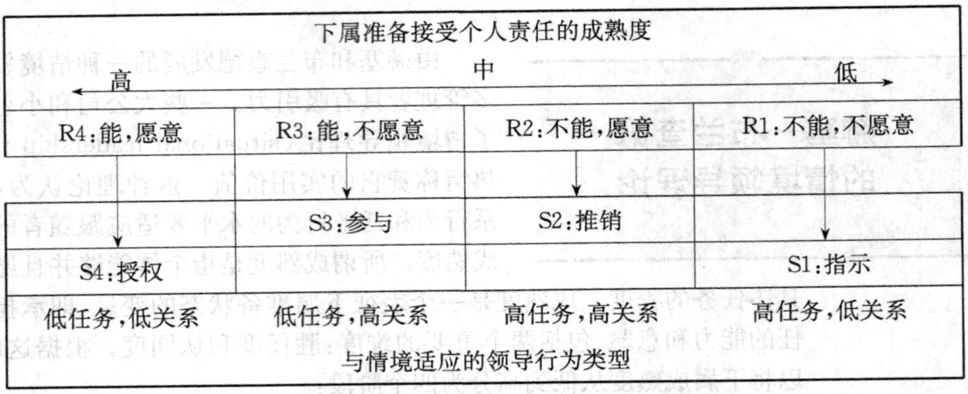

图 10－8　赫塞和布兰查德的情境领导模型

资料来源：傅永刚、陈树文，《组织行为学》，清华大学出版社，2010 年版，第 322 页。

豪斯的路径—目标理论

这是加拿大多伦多大学教授豪斯（R. J. House）于 1971 年提出的一种领导行为的权变模式，如下图10－9所示。这是比较新的理论，近年来在国外颇受重视。目标导向模式把美国心理学家佛隆的激发动机的期望模式和俄亥俄州立大学的领导行为四分图结合起来。这种模式的基本精神是提出领导工作的程序化问题。路径—目标理论（path theory）①有助于理解领导的内涵。以工作动机的期望理论为渊源，路径—目标理论认为领导的作用在于促进努力与绩效、绩效与报酬之间的联系，进而达到满足员工需求、激发员工动机、增加员工满意度、提高工作绩效的目的。领导者的具体任务包括：① 识别每位下属的个人目标；② 建立报酬体系，使个人目标与绩效挂钩；③ 通过帮助、支持、辅导、指导等方式扫清员工在通向高绩效的道路中遇到的各种障碍与困难，促使员工达到满意的绩效水平。

豪斯提出了可供选择的领导行为：第一，指导型行为，即让下属明白领导者期望他们做什么，对下属如何完成具体任务给予具体指导，详细制定工作日程表。第二，支持型行为，指和下属建立友好信任的关系，关心员工的需求、福利、幸福和事业。第三，参与型行为，指遇到问题征询下属的意见和建议，允许下属

---

① House, R. J. A Path-goal Theory of Leader Effectiveness. *Administrative Science Quarterly*, Sep. 1971: pp. 321-38; House, R. J. and T. R Mitchell. Path-goal Theory of Leadership. *Journal of Contemporary Business*, Autumn 1974: pp. 81-97.

参与决策。第四，成就导向，指为下属设置有挑战性的目标，期望并相信下属会尽力完成这些目标，从而大幅度提高绩效水平。

路径—目标理论认为，领导行为的选择主要考虑下属的特征和工作环境的特征这两类权变因素。领导者的主要作用是为跟随者提供支持和帮助，以扫清目标完成过程中的障碍，这为提高领导有效性提供了有益的启示。一些人也对该理论提出了批评，有的研究者认为下属的工作业绩可能是领导者行为改变的原因，而不是该理论提出的领导者行为改变的结果。但是从积极的方面来看，人们必须承认路径—目标理论表明了哪些因素是影响工作的动机。另外，路径—目标理论在讨论领导者行为和结果如满意度和工作业绩时，引入了情境因素和个体差异，这有助于解释为什么一种特定的领导风格在某一种情境下效果更好。

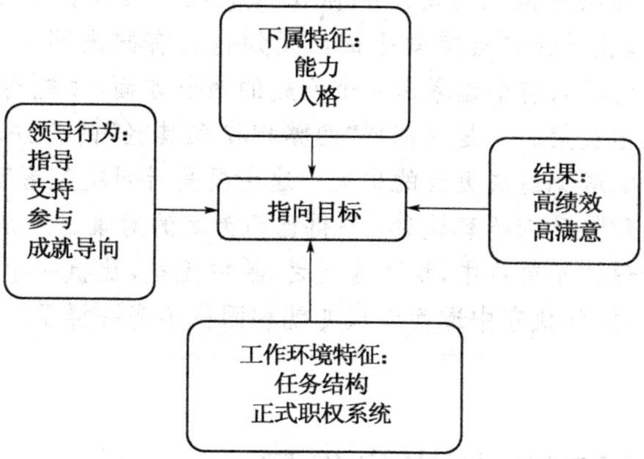

图 10-9 豪斯的路径—目标理论

此外，权变理论还包括心理学家佛隆（V. H. Vroom）和耶顿（P. W. Yetton）①于 1973 年提出来的领导参与模型，格雷恩的领导者—成员交换理论②等等。领导的权变理论目前被公认是一种有效的研究方法，由于它将领导行为与领导者所面临的情境结合起来研究领导行为模式，较好地解决了领导行为方式的选择问题以及领导者的培训问题，从而克服了早期的领导行为理论所遇到的障碍，所以今天仍然是领导理论的主流。但是，目前的情境理论主要是研究情境与领导行为的相互作用。所以，我们认为目前的权变理论也是一种行为理论，是基于情境的领导行为理论。

---

① Vroom, V. H., P. W. Yetton. *Leadership and Decision Making*. Pittsburgh: University of Pittsburgh Press, 1973; Vroom, V. H., A. G. Jago. *The New Leadership: Managing Participation in Organizations*. Englewood Cliffs, NJ: Prentice-Hall, 1988.

② Dienesch, R. M., R. C. Liden. Leader-member Exchange Model of Leadership: A Critique and Further Development. *Academy of Management Review*, July 1986; Graen, G. B., M. Uhl-Bien. Relationship-based Approach to Leadership: Development of Leader-member Exchange (LME) Theory of Leadership over 25 Years: Applying a Multi-domain Perspective. *Leadership Quarterly*, Summer 1995.

孔孟思想中的权变管理观①

孔子主张在遵循原则性的同时，也要注意处理问题的灵活性。他说："可与共学，未可与适道；可与适道，未可与立；可与立，未可与权。"强调在处理实际问题时要灵活运用，创造性地发展；同时在处理问题时要把握一个合适的度，而什么是合适的度，并不是固定不变的。要根据不同的事情、不同的场合、不同的人加以衡量。他称这种处理问题的方法为"通权达变"。

在现代管理学里，我们将这种通权达变的管理方法称为"权变管理"。管理的权变观认为管理理论和管理科学不主张存在一种最佳的方法适用于所有的情况，而是在普遍原理与视情况而定之间有一个折衷地带。孔子的权变思想，主要体现为把握中庸之道的一个"度"。而这个度并不是固定不变的，要视实际情况而定。要抓住以下几个关键。一是要抓住一个问题的两个方面，孔子说："吾有知乎哉？无知也。有鄙夫问于我，空空如也，我叩其两端而竭焉。"只有全盘考虑一个问题的两个方面，才能得出对问题的总体认识，从而作出决策。二是要把握"两弊相权取其轻"的方法。懂得权衡轻重、变通处理，才能避免造成更大的损失。这主要是针对决策者面对的决策方法都不如人意，而形势又刻不容缓时，不得已而为之的对策。三是要避免过分追求"执中"。孟子说："子莫执中，执中为近之，执中无权，犹执一也。"意思是说不要刻意追求中道，假如执守中道而无权变就和固执不变一样了。

领导理论的当代发展

领导问题一直是管理学和心理学的热点，近年来又涌现出了诸多关于领导的新观点。相对于以往的领导理论来说，这些新观点或从原有的角度进行了深化，或从其他角度进行了丰富，使领导理论领域更加呈现出"理论丛林"的现象。这里主要介绍几种代表性的理论。

魅力型领导理论

魅力型领导理论（charismatic leadership theory）是领导特质理论的延伸。"魅力"（charisma）一词来源于希腊语，原意为"神赋的礼物"，是指上帝赋予的、天生的一种特殊才能。20 世纪初，德国社会学家马克斯·韦伯最早将该词引入了社会学领域，意指领导者对下属的一种吸引力、感染力和影响力。

从 20 世纪 70 年代后期开始，很多学者对"魅力型领导"这一概念做了重新诠释和深入研究，增添了不少新的内容，魅力型领导理论的现代发展经常被归功

① 袁红林：《孔孟思想中的权变管理观》，见《企业管理》，2001 年 8 月，第 52 页，有删改。

于罗伯特·豪斯(Robert House)的工作。豪斯认为,魅力型领导者具有高度的自信、坚定的信念以及支配他人的强烈欲望。魅力型领导者的下属们不仅仅把领导者当做上级看待,而且把他们当做英雄或楷模式的人物看待。他们对领导者表现出高度的认同和信任,显示出对领导者的无限忠诚。他们仿效领导者的价值观和行为,并从其与领导者的关系中获得自尊。① 沃伦·本尼斯(W. Bennis)在20世纪80年代早期深入访谈了90名美国最有成就的总裁,并于1984年在整理和分析了这些访谈记录之后,就大多数成功领导者的共同特征进行了一些总结。② 在随后与伯特·纳努斯(B. Nanus)合著的《领导者》一书中,他们又将这些特征归纳为四种共同的能力:具有远大的理想和目标;能够通过沟通向下属阐明这个理想和目标并使之认同;坚定不移地朝着目标的方向努力;对自己的能力有清楚的认识并善于利用这种力量。③ 1987年,加拿大麦吉尔大学的康格(Jay Conger)和卡依格(Rabindra Kanungo)对魅力型领导的行为及其归因进行了一项研究,他们的研究结果如表10-4所示。2003年美国进行的一项"美国最有魅力总统"的调查结果显示,肯尼迪、克林顿、林肯等都是在美国人心中最具有个人魅力的总统。林肯认为与下属的非正式接触与正式会议一样重要,有时甚至会更加重要,因此在担任总统的四年时间中,他大部分时间都是和军队一起度过的。林肯在树立榜样、追求愿景以及善于交流这三个方面都体现了魅力型领导者的精髓。

表10-4 具有领袖魅力和不具有领袖魅力的领导者的行为构成

构 成	具有领袖魅力的领导者	不具有领袖魅力的领导者
与现状的关系	完全否定现状并努力改变它	肯定现状并努力维持它
未来目标	设计的愿景与现状差异很大	设计的愿景与现状没有很大差异
受欢迎状态	共享观点和理想使他受到欢迎,并成为值得认可和模仿的对象	共享观点使他受到欢迎
专 长	善于运用非传统方式打破现有秩序	善于运用现有手段在既定框架内实现目标
行 为	非传统的、非常规的	传统的、遵从现有行为模式
环境敏感性	对改变停滞不前现状的环境敏感性需求高	对环境敏感性需求低,从而维持现状

① House, Robert J. A 1976 Theory of Charismatic Leadership. in J. G. Hunt and L. L. Larson (eds.). *Leadership: The Cutting Edge*. Carbondale: Southern Illinois University Press, 1977: 189-207.

② Bennis, W. The Four Competencies of Leadership. *Training and Development Journal*, 1984, 38(8): pp. 14-19.

③ Bennis, W., B. Nanus. *Leaders: The Strategies for Taking Charge*. New York: Harper Collons, 1985.

（续表）

构　成	具有领袖魅力的领导者	不具有领袖魅力的领导者
表达能力	强烈表达将来愿景和领导动机	目标表达含糊，缺乏领导的动机
权力基础	个人权力（基于专长、尊重和英雄式崇拜）	职位权力和个人权力（基于奖励、专长和对相似朋友的喜欢）
领导者—追随者关系	精英人才、企业家和模范 转变下属的观点并使其共同投入改革	平等主义者，寻求一致意见 命令下属同意他的观点

资料来源：Conger, J. A., R. N. Kanungo. Toward a Behavioral Theory of Charismatic Leadership in Organizational Settings. *Academy of Management Review*, 1987, 12: 637-647.

概括而言，魅力型领导者都有自己矢志不渝、坚定追求的愿景，这个愿景是崇高的、令下属向往的；他们往往具有高度的自信、良好的表达和沟通能力，善于从下属的需求出发将愿景绘声绘色地描绘出来，使之与其一起奋斗；他们怀有高度的热情和充沛的精力，喜欢采用新奇的、非传统的变革措施来逐步实现共同愿景。

由于魅力型领导产生于领导者与下属之间的相互作用过程中，因此魅力型领导的下属也具有一些共同特征。当下属认为他们的领导者具有个人魅力时，他们往往会受到鼓舞，会对该领导者及其决策表现出较高程度的尊敬、信任、忠诚和接受。魅力型领导的下属的特征主要有：对领导者高度尊敬和敬仰、对领导忠诚和奉献、对领导充满爱、高绩效预期、无条件服从等。

魅力型领导对下属和企业所产生的影响具有积极的一面也具有消极的一面，我们在讨论魅力型领导时，既要看到他们所带来的积极作用，也要看到他们的消极作用。魅力型领导有助于员工更好地得到心理成长和能力提升，同时魅力型领导的影响机制会为企业创造一种成就导向的文化氛围，让员工将努力工作、完成目标、实现共同愿景作为自我价值的一部分，从而有助于企业更好地达到预定计划。一个有道德的魅力型领导者所关注的是组织目标，他们运用自己的权力服务他人，使下属得以成长和发展，实现彼此共同的目标；而非道德的魅力型领导者则关注个人目标，他们有一种自私的、内在的个人价值取向，运用自己的才能，利用与下属的特殊关系，来实现自己的个人目的。[①] 如果一个企业或组织的所有员工都对某个魅力型领导过于依赖、过于崇拜、过于服从的话，就有可能出现大问题。例如二战时期，正是由于德国人对希特勒的盲目崇拜，才导致了疯狂的侵略、破坏和上亿人的死亡。通常，魅力型领导产生的一些消极作用可以表现为：① 由于下属对魅力型领导的敬畏，从而降低了他们提出好的想法与建议的可能性；② 由于下属对魅力型领导的崇拜，从而使他们产生了领导永远是正确的错觉；③ 过分自信和乐观会让魅力型领导忽视危险的实际存在；④ 对魅力型领导的过度依赖阻碍了企业产生有能力的新领导的机会。

① 安弗莎妮·纳哈雯蒂著，王新、陈加丰译：《领导学》（原书第4版），机械工业出版社，2007年版，第182页。

交易型与变革型领导理论

1978年，美国政治社会学家伯恩斯(Burns)在对政治领域中的领导者进行定性研究的基础上提出了领导过程应包含交易型(transactional)和变革型(transformational)两种领导行为。[①] 1985年之后，巴斯(Bass)等人在自己大量研究的基础上，深化和发展了交易型领导理论和变革型领导理论的内容。

交易型领导(transactional leadership)理论的基本假设是：领导者和下属的关系是以两者之间一系列的交换和隐含契约为基础的。在交换中，领导者给下属提供实物、晋升机会、荣誉等物质或精神奖励，以满足下属的需求与愿望，而下属则以服从领导者的命令指挥，完成其所交给的工作任务作为回报，整个过程就像是一系列交易。本章前几节所介绍的大多数领导理论，如领导行为理论和领导权变理论，都属于交易型领导理论。

变革型领导(transformational leadership)，又译为转换型领导或转化型领导。与交易型领导不同的是，变革型领导是一种领导者向下属灌输思想和价值观，并以此激励员工的过程。在这个过程中，领导者除了引导和协助下属完成工作任务之外，常常运用领导者的个人魅力，通过对下属的鼓励来激发他们的思想，通过对下属的关心来改变他们的工作态度和价值观，使他们能够将组织利益置于个人利益之上，从而全身心地投入到工作中去。表10-5总结了交易型领导者与变革型领导者的特征和方法。巴斯在大量研究的基础上推论，在很多情况下交易型领导是一种对平庸的规定，而变革型领导则带来组织在面对需要的变化和革新时的超额绩效。他认为，通过选拔、晋升、培训和发展政策培育的变革型领导，将会使组织健康、运转良好和有效。[②]

表10-5　交易型领导者与变革型领导者的特征和方法

交易型领导者
1. 不确定奖励：为努力提供奖励作为交换，承诺奖赏好绩效，赏识成就
2. 差错管理(积极型)：观察和寻找对于规则和标准的背离，采取纠正行动
3. 差错管理(消极型)：仅在标准没有满足的时候进行干预
4. 放任：放弃责任，避免作出决策
变革型领导者
1. 魅力：提出愿景和使命，培养自豪感，获得尊重和信任
2. 激励：表达对员工的高期望值，激励他们加入团队，用简单方式传递重要意图
3. 智力刺激：提升智慧、理性和谨慎地解决问题
4. 个性化关怀：给予个体关注，个性化地看待每位员工并给予针对性的培训和建议

资料来源：Bass, Bernard M. From Transactional to Transformational Leadership: Learning to Share the Vision. *Organizational Dynamics*, Winter 1990, 18: pp. 19-31.

---

① Burns, J. M. *Leadership*. New York: Harper & Row, 1978.

② Bass, Bernard M. From Transactional to Transformational Leadership: Learning to Share the Vision. *Organizational Dynamics*, Winter 1990, 18: pp. 19-31.

这两种领导的本质区别在于其中的动机。对于交易型领导，真正的目标是许诺的薪金，工作只是达到目标必要的一步；而对于变革型领导来说，虽然薪金或其他形式的报酬很重要，但真正的目标是成就。具体而言，变革型领导者相对于交易型领导者主要有以下四个方面的不同：① 变革型领导者能够把下属追求较低层次的生理需要（例如安全）提升为较高层次的心理需要（例如自尊和自我实现）；② 变革型领导者能够激励下属超越个人利益而满足组织利益；③ 变革型领导者可以把下属发展成为领导者；④ 变革型领导者为组织描绘了未来蓝图，让下属相信为了实现美好愿景所付出的艰辛和努力都是值得的。[①]

交易型领导者关注现状、追求稳定，他们擅长利用传统的管理方式（例如计划、预算、控制等）保持组织顺利高效地运转。而变革型领导者除了分析和控制下属在具体规则和激励目标下的活动之外，更加关注培养下属的共同价值观、远见等无形素质，他们能够带领组织在战略和文化上进行革新，推动产品和技术的创新。交易型领导与变革型领导两者共存且互相补充，交易型领导不一定过时，而变革型领导也并不是灵丹妙药，什么样的领导方式有效还必须要因人、因时、因地而异。比如，在受传统的习惯和规则约束的组织中，常把对现状存有疑虑、完成任务时常寻求创新方式的领导者看作是缺乏稳定性的，因此这样的组织不容易接受变革型领导者；而在一个变革倾向、风险承担和开放性高的组织中，更适宜选择变革型领导风格。

领导者—成员交换理论

在领导者—成员交换（leader-member exchange，LMX）理论提出之前，对领导行为的研究大多数集中于领导者，通过考察和归纳领导者的特质和行为来解释领导的效果，这些领导理论几乎都基于这样一个假设：所有领导者都以同样的方法对待他们的下属。但是葛伦等学者对此提出了质疑（Dansereau，Graen & Haga，1975[②]；Graen，1976[③]；Graen & Cashman，1975[④]），他们认为对不同下属采取相同领导者行为的情况是不存在的，由于时间和精力有限，领导者在工作中要区分不同的下属，要与不同的下属建立起不同类型的关系，那些和领导者关系密切的下属被称为圈内人（in-group），其他人则属于圈外人（out-group）（如图 10－10 所示）。圈内人会比圈外人从领导者那里获取更多的信息、关注、信任、

① Tichy，Noel M.，Mary Anne Devanna. *The Transformational Leader*. New York：John Wiley & Sons，1986：pp. 265-266.

② Dansereau，F. Jr.，G. Graen，W. J. Haga. A Vertical Dyad Linkage Approach to Leadership Within Formal Organizations—A Longitudinal Investigation of The Role Making Process. *Organizational Behavior and Human Performance*，1975，13：46-78.

③ Graen，G. Role Making Processes Within Complex Organization. In M. D. Dunnette（ed.）. *Handbook of Industrial and Organizational Psychology*. Chicago：Rand McNally，1976：pp. 1201-1245.

④ Graen，G.，J. Cashman. A Role-making Model of Leadership in Formal Organizations：A Developmental Approach. In J. G. Hunt and L. L. Larson（eds）. *Leadership Frontiers*. Kent，OK：Kent State University Press，1975：143-166.

特权和晋升机会，而作为交换，圈内人将会对领导者更为忠心耿耿，全力支持领导者，工作也会更卖力，因此工作绩效和工作满意度往往也比圈外人高。相反，圈外人与领导者的沟通机会和时间较少，双方的关系仅限于正式的工作范围内，同时，领导者可能会认为圈外人的绩效和态度都比圈内人差。这就是领导者—成员交换理论的基本思想，该理论把领导行为的研究重点从领导者上转而放在领导者和下属的相互关系上。

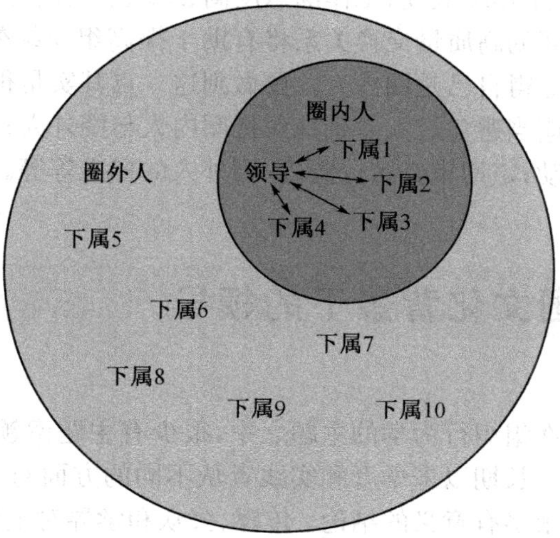

图 10－10 领导者—成员交换理论模式

研究表明，领导者一般早在和某位下属进行交互作用的初期就将其划分为圈内人或圈外人，主要经过三个阶段[①]：① 检验及评估阶段。在这一阶段领导者与下属之间的关系尚未定型。领导者根据各种决定圈内人或圈外人的主观与客观标准，判定下属是否属于圈内人。这一判定标准目前尚不完全清楚，但有证据显示，在年龄、性别、价值观等方面与领导者是否具有相似性，以及是否具备某些才能、特质与社会背景等是决定某一下属能否成为圈内人的主要因素。最后，圈子划分完成，领导者与圈外下属关系的发展将在本阶段结束。② 信任开发阶段。这一阶段仅为圈内人而设。领导者为圈内人安排挑战性的任务，提供表现的机会，强化彼此之间的信任；而圈内人此时也要用表现来证明自己对领导者的忠诚。③ 建立情感联系阶段。已经建立良好关系的圈内人可能经历这一阶段。在该阶段中，领导者与圈内人的关系与联系不仅进一步加强，而且带有浓重的情感色彩。此后，下属将绝对服从领导者的意愿。

在圈内人员资格认定的过程中，文化也起着非常重要的作用。在美国、德国这些成就导向型国家，评价个人的标准是他们的绩效而不是他们的社会地位或

① Graen, G., M. Uhl-Bien. The Transformation of Work Group Professionals into Self-managing and Partially Self-designing Contributors: Toward a Theory of Leadership Making. *Journal of Management Systems*, 1991(3): 33-48.

过去的资历(*Trompennaars*，1994[①])，人们期望领导者能够根据他们的能力、绩效而非私人关系来选择圈内人。在中东或法国这样的归因性文化强烈的国家，由于崇尚社会地位和出身，因此高质量的领导者—成员交换关系更依赖于领导者对下属的信任。马来西亚人把效忠工作群体和工作和谐摆在首位(Kennedy，2002)。在中国香港，领导者就有首先关心自己人的义务(Alder，1991[②])。

LMX模型认为，高质量的领导者—成员交换关系将带来员工流动率和离职率低、工作绩效高、工作满意度高、组织承诺高等良好结果。因此，开发与每位下属之间的高质量交换关系将有助于提高组织绩效，这也就意味着应当努力让下属都觉得自己是圈内人。要做到这一点其实是很难的，但有几点建议可供参考，比如应当避免过大差别地对待圈内人与圈外人；尽可能地促进下属在圈内、圈外的流动；定期审查区分圈内、圈外人的标准等等。

中国文化背景下的领导

在组织行为学的主题之中，很少有主题像领导主题一样长时期被人们高度关注。长期以来学者和实践者从不同的方面对领导进行了很多探讨和总结，得出了很多有意义的结论。传媒、公众和学界对组织领导的言行、更迭倾注了很多热情，韦尔奇等卓越领导者的事迹在全球范围内被广为传颂。本章在前几节中从什么是领导出发，指出领导的本质是领导者、追随者和环境的互动过程。之后依次介绍了领导的特质理论、行为理论和权变理论三大理论流派中的代表理论，并且描述了领导理论的最新发展。在前文中，笔者力图从中国传统文化视角下找出人们对领导学的理解。在本节笔者进行总结，并给出一些建议，以提高在中国文化情境下的领导绩效。

中国文化背景下领导者要遵循的原则

中国传统文化源远流长，中国古代的《周易》、儒家、道家、墨家、法家，以及南北朝传入中国的佛教等众家学说对领导思想都有所涉及。以《周易》为代表的有“刚柔相济”、“崇德广业”等思想；以孔子和孟子为代表的儒家主张“修己安人”、“以民为本”等思想；以老子、庄周为代表的道家有“道法自然”、“无为而治”等思想；以墨翟为代表的墨家有“兼爱”、“利人”等思想；以韩非子为代表的法家有“崇法尚术”、“唯法为治”等思想；以孙武为代表的兵家有“运筹帷幄”、“知人善任”、“随机应变”等思想；以释迦牟尼为代表的佛教有“以善为本”、“以人为本”等思想。

---

① Trompenaars，A. *Riding the Waves of Culture*：*Understanding Culture and Diversity in Business*. London：Nicholas Brealey，1994.

② Adler，N. J. *International Dimensions of Organizational Behavior*. 2nd ed. Boston：PWS—Kent，1991.

中国文化背景下，领导者要达到较高的绩效，可借鉴遵循以下几个原则。

1. 以人为本。所谓“人”，就是处于领导系统中的人，即中国古代所谓的“民”。中国传统领导哲学是以“人”为核心的。孔子有云：“仁者，人也。”“仁者，爱人。”“夫仁者，己欲立而立人，己欲达而达人。”孟子云：“民为贵。”“天时不如地利，地利不如人和。”这些文字说明几千年前的中国古代先贤们就提出了以人为本的思想。古代思想家强调“人为政本”，所谓“水能载舟，亦能覆舟”就是这个道理。这种人本思想主张国家的官员要忧国忧民，在观念层面上和今天这个全球化、信息化的新经济时代所倡导的“人本主义”本质上是相通的。从领导学的角度说，中国古代的人本思想就是要领导者在领导过程中，充分认识和发挥人的作用，要以员工为导向，重视调动他们的积极性和激发他们的创造力，要重视人际关系的协调，从而达到较高的领导绩效。这又体现在如下几个方面：① 首先，企业要实行相对稳定的人事政策。在中国传统文化下，如果企业频繁地“炒”人，员工会人心不稳，企业领导会被认为没有人情味，久而久之，企业凝聚力下降，管理成本升高，员工忠诚度下降。实践表明，实行基本稳定的人事政策的企业具有劳资协调度高，员工主动性强等特点。② 其次，企业要建立强大的员工改造系统和机制。从成本和现实考虑，企业既然不主张轻易淘汰员工，就必须改造员工，为员工提供学习的机会，通过培训提升员工的能力。③ 企业要适度支持员工的个人生活。中国传统文化是家国一体的文化，企业也会提倡让员工“以厂为家”。企业不仅仅要追求利润，更要对员工负责。适度支持员工的个人生活，虽然经济上会有点损失，但是换来的是企业对员工负责的社会形象和员工在感情上对企业的认同和承诺。

2. 以德为先。儒家提出了著名的“修身、齐家、治国、平天下”的命题，从中可以看出中国古代领导思想的逻辑起点是“修身”。《大学》中有“德者本也”之说，对“德”的地位进行了更直接的定位。“齐家、治国、平天下”目的是为了“安人”，可见先“修己”才能“安人”。“修己”做到了，领导者的道德威望无形中就提高了，对被领导者的感召力加强了，就可以达到更好的领导绩效。

以德为先体现在德力论上。德力论是中国传统价值体系的重要内容。① 德力关系在个人层面上，表现为道德品质与个人能力的关系。根据赵馥洁先生的研究，德力论有五种价值取向：孔孟倡导尚德轻力论；荀子倡导全德凝力论；墨家倡导义圣力暴论；法家倡导务力废德论；王充倡导德力具足论（赵馥洁，1991）。其中王充所倡导的德力具足论看法比较全面，他认为德和力二者各有独到的价值，相辅相成。在领导者个人层面上，既要重视德行的养成，又要注重个人知识和能力的培养，王充有云，“事成或可以德怀，或可以力摧。外以德自立，内以力自备”（樊浩，1994）。在领导过程中，“为政以德”，“德”的管理功能在“力”之上。② 德力关系在社会层面上，表现为道德教化与经济实力的关系，强调在领导方式上要德治德化。对领导者个人来说，要以德治人，即德为治人之本，因此领导者的人格和道德水平是实现其领导有效性的前提条件，为其追随者起到一定表率作用。儒家认为领导者、官员的道德修养不仅是个人的私事而且是关乎治国的大事，从而建立了把修身齐家与治国平天下相结合的体系，唯有如此，领导者才能“内圣外王”。从领导过程角度来说，所谓德治德化，其核心是以德治人，以德化人。德治在本质上是一种治心的管理方式，领导者通过对追随者人心的治理，达到对追随者治身的目的。而治心则需要领导者在情感上感动追随者，通过双方情感的互动达到有效性的领导这一目的。总之，在中国传统文化中，德行就是力量。所以历代在选拔治国者、领导者的时候，强调德才兼备、以德为先的标准。

3. 以能为基。领导者自身的能力和素质也是有效实施领导的基础。在领导者权力的五个来源中，专家性权力就是一例，专家性权力是指由于具有某种专门知识、技能而获得的权力。这种权力是以敬佩和理性崇拜为基础的。领导者本人学识渊博，精通本行业务，或具有某一领域的高级专门知识与技能，即可获得一定的专家权，在下属面前有权威。

对于其他领导者应该具备的能力，中西方的研究者提出了很多标准，在本章前面已有不少叙述。这里我们从管理心理学的角度出发，很多专家认为对领导者能力的研究应当从决定领导者能否成功实施领导的内在品质入手，抓住领导者性格与心理特征中具有长期稳定性的重要特质，才有可能揭示出领导者成功的关键因素。我们就将这种领导者在长期的工作、修养中形成的，决定着领导者的思想和行为，而其他人又难以模仿和学习的内在心理特质，称为领导者的核心能力。通过研究，专家发现，领导者的核心能力包括这样三种能力，即洞察力、包容力和意志力。

(1) 洞察力。洞察力是指领导者对事物本质的认识能力，这种能力又可以分为对人的洞察力和对事的洞察力两种。对人的洞察力是指对人的思想、情绪、目的、愿望、能力和个性等个人特征的判断和分析能力。实现有效领导的关键之一就是合理用人，但是人的性格、需求、愿望和能力尽管可以通过经历、学历及工作表现来进行评判，但是这些都不能完整地反映一个人的信息，尤其是其内在的性格心理特征。因此，对人才的合理使用离不开领导者慧眼识人的能力。对事的洞察力是指领导者对事物的本质及其发展变化趋势的认识和把握能力。进入21世纪，领导者所面对的组织内外部环境是不断变化的，能否作出适应环境变化的正确决策是决定组织存亡和领导成败的重要因素，而正确决策的前提就是对事物本质及其变化趋势的准确预测和把握。在此基础上，才能在环境变化中抓住机遇，规避风险，成功地实现组织目标。

(2) 包容力。包容力是指领导者心胸的开阔度以及对事物的心理承受能力。古语说得好："有容乃大。"领导者要具有足够的包容力，容己、容人、容天下万事万物。包容力也可以分为对人的包容力和对事的包容力两种。对人的包容力是指领导者容人、用人的能力。领导者要用好人，善于识人固然重要，但更重要的是容人和用人，尤其是能容忍和使用那些比自己更强的人，那些缺点与优点一样突出的"怪才"、"奇才"和"偏才"，甚至那些与自己有矛盾、冲突或分歧，常常让自己下不来台却又能力很强的"刺儿头"。否则可能造成组织人才结构的不合理或单一，影响组织的健康发展。战国时期，孟尝君食客三千，既有高谈阔论之士，也不乏鸡鸣狗盗之徒，正是由于孟尝君心胸宽广、大度容人，才能在生死关头得到那些鸡鸣狗盗之徒的帮助而逃得性命。对事的包容力是指领导者面对复杂环境和繁忙事务的心理承受能力。

包容力是决定领导者工作能力和领导水平的重要因素。一个能够坦然面对复杂的工作和沉重的压力，善于使用各种人才的领导者，必然有着高超的领导艺术，能洒脱地安排好自身的生活和组织的工作。三国时的周瑜就缺乏包容力，他容不下诸葛亮这种超过自己的人才，更因无法面对自己“赔了夫人又折兵”的失败而活活气死。

(3) 意志力。组织战略的实施、管理水平的提高、市场空间的开拓以及组织的长远发展都需要坚持不懈的奋斗，都需要领导者具备第三种核心能力——意志力。意志力是指领导者行动的决心、毅力以及持之以恒的精神和坚韧性。只有具备了坚强的意志力，领导者才会勇于竞争、敢于竞争，才会有足够的勇气和魄力去推进组织的变革，才能在挫折和困难面前知难而进、艰苦奋斗，也才能用持续的奋斗将组织战略付诸实施。

洞察力、包容力和意志力之所以成为领导者的核心能力，不仅仅是由于它们具有上述特点，更重要的是，只要具备了这三种能力，领导者就能够具有远见卓识，产生巨大的战略创造力、在战略实施中的魄力和果断决策的能力，也就必然会获得胜任领导工作所必需的其他素质，如判断能力、应变能力、组织能力、用人能力、协调能力、激励能力和社交能力等。因此，领导者只要努力在长期的领导实践中培养洞察力、包容力和意志力这三种核心能力，就必然能够使自身素质和领导水平得到全面的提高，获得事业的成功。

4. 作为一个在中国文化背景下的领导者，想成功一定不能忽略“面子”、“人情”、“官本位”等民族文化心理因素的影响。

面子是中国传统文化的表现，是一种普遍的社会心理。鲁迅把面子看作“中国人精神的纲领”。早期留美之人类学家胡先缙女士经过归纳分析，把面子定义为“人从社会成就而拥有的声望，是社会对人看得见的成就的承认”。为了顾全面子，人要学会在不同情境下扮演不同的角色。“面子功夫”做足了，才能在人群里游刃有余。为了保全他人面子，中国人一般避免在公共场合批评别人，尤其是上级和长辈；一般当面评论别人时，特别注意委婉的用词或者褒扬的语言占大半，缺点少说或不说。对于领导者而言，批评下属要注意方式，不要当众惩罚下属。

在中国，人情不仅是一种普遍的情感，也是一种可以用于交换的资源，是人际关系的纽带。台湾学者黄光国指出了人情的三种含义：第一，人情是指个人遭遇到各种不同的生活情景时，可能产生的情绪反应，是人生而有之的一种心理状态。第二，人情是人与人进行社会交易时，可以用来馈赠对方的一种资源，这种资源可以是具体的金钱、财物等物化的、有形的实际存在物，也可以是抽象的、无形的情感活动，如发表言论进行支持等。这时的人情，已经成为了一种商品。第三，人情是指中国社会中人与人相处之道。通常所说通情达理、人情练达，即是指人深谙相处所应遵守的规范准则来待人接物处世。翟学伟认为，中国人的人情不但是重要的，而且是有亲疏远近之分的。对中国人来说，人们可以把是否真心诚意放在一边，而专讲客气与互惠。于是，中国人际关系中富有特色的交换行为就产生了。领导者往往在这种人情关系中居于优势地位，或者说更能运用这种资源。中国领导在领导过程中忽略对合理组织制度的构建和经济效益最大化的追求，过于注重关系网络的建立，容易造成任人唯亲和窝里斗，从而导致组织内耗，使组织效率低下。不懂得拒绝，怕背上“不近人情”的罪名，领导者会不自觉地掉进人情关系的陷阱。

“官本位”思想长久以来也植根于中国传统文化之中。官本位是指以官职的大小、官阶高低来衡量人们的社会地位和人生价值。我国自秦朝开始，就实行严格的吏制。实行了千年的科举制度是为“学而优则仕”提供制度保障的。官本位意识强调官尊民卑，领导地位充满特权。中国的领导官员具有两重性，一方面表示对规则的遵守和提倡，甚至制定规则；另一方面使用潜规则来破坏硬规则。中国的企业领导也常常在企业发展到一定规模，自己有了一定的社会地位和资源后，去主动谋求更多的政治资源。

除此之外，中国的领导者往往深受以下一些文化因素的影响。首先，中国领导比较强调平均主义，对对抗行为进行回避。激励下属不敢力度过大，以免下属遭人嫉妒，“木秀于林，风必摧之”；批评下属又不直接，要给下属留面子。所以激励机制运行效果不好。其次，“以和为贵”，中国领导最希望看到的是一团和气，其益处是这样的氛围符合大部分人的胃口，工作开展起来会相对顺利；其弊端是培养出一大批“老好人”，缺乏活力与创新。第三是“机会主义”，中国领导往往不愿挑头，特别是在决策过程中。这样最后的结果表现为好则揽功，坏则法不责众。第四是“游刃有余”，中国领导讲求要“领会某某精神”，而这种精神在不同的角度可以有不同的解读，为政策的执行留下足够的回旋空间，以至有时“倒因为果”，即通过实际的成效来为先前提出的某种“精神”作支持——虽然有时这种因果关系并不存在——从而显示出领导的“某某精神”的重要作用。第五是“韬光养晦”，中国领导通常不会咄咄逼人，而是耐心地等待时机，“不鸣则已，一鸣惊人”，追求最后的实际效果。

华人家长式领导行为

近20年来，华人社会，包括大陆、香港、台湾及东南亚华商在经济上的崛起和腾飞，越来越多的学者开始关注和研究这些具有儒家文化传统的企业是如何经营与管理的(Silin, 1976; Redding, 1990; Westwood & Chan, 1992)。在此背景下，台湾学者郑伯壎等人(2000)通过长期的深入观察和访谈，提出了一个中国式的领导理论——家长式领导(paternalistic leadership)。樊景立与郑伯壎明确指出家长式领导具有三个重要成分——威权(authoritarianism)、仁慈(benevolence)和德行(moral)，且将家长式领导界定为：一种类似父权的作风，拥有清楚而强大的权威，但也有着照顾与体谅下属，以及道德示范的成分在内；同时点明家长式领导三种成分分别与敬畏顺从、感恩图报、认同效法的下属反应具有相互对应的关系(Farh & Cheng, 2000)。

家长式领导之所以不同于西方的领导理论，其根源就在于中西方文化的异质性。家长式领导扎根在几千年中华传统文化之上，是中华文化的体现。

① 威权领导:"家"是中华文化的核心概念之一,杨国枢将中国人由家庭中习到的经验类化到其他组织的过程称为泛家庭主义(pan-familism)。用泛家庭主义来解释华人组织中的领导行为,领导者扮演着类似于父亲的角色,下属则扮演着类似于儿子的角色,领导者必须有父亲般的威严,而下属必须有儿子般的顺从和忠诚。② 仁慈领导:在儒家思想中,两个人的角色关系是建立在相互性(mutuality)上的。而在中国人的人际交往中,广泛存在着"报"的观念,报的核心是互惠。领导者运用权威的范围其实是有局限性的,因为下属并不是非要依赖于上级的。因此领导者对下属仁慈,关心他们的生活,将其视为自己人,这些会让下属有亏欠、感激的感觉,并愿意给予领导者积极的回报,即感恩、忠诚和服从。③ 德行领导:作为中华文化主流与基石的儒家文化极为强调个人的道德修养,这种思想反映在华人企业组织中就表现为领导者必须具备一定的道德品质和职业操守,否则就不能被下属所真正信服。

领导艺术

现代社会的组织是立体的组织,常常处于错综复杂的内外环境中。因此,对领导者的要求越来越高,他们必须因时、因地、因事而变换领导方法和风格以达到理想的领导效果。领导艺术就是富有创造性的领导方法的体现。当领导科学和领导艺术相结合,领导者"两手抓,两手都要硬",领导职能就能充分地实施。

领导艺术的内容,归纳起来,大致上有两种:① 把其视为履行职能的艺术,主要包括沟通、激励和具体指导的艺术,以及决策艺术、授权艺术、用人艺术等。② 把它视为提高领导工作有效性的艺术。除上述内容外,还包括正确安排自己的工作和时间,处理好各方面的关系,以及吸引员工参与管理等。①

宋江、刘备和唐僧的领导艺术浅析

《水浒传》、《三国演义》、《西游记》均被列入我国古典文学四大名著,大家对里面的故事耳熟能详。书中的主人公有一个共同点,即宋江、刘备、唐僧,都是平常人看来的无能之人,能力都比不上他们的追随者。宋江武艺不如寻常的地煞星,计谋不如吴用等人,而为一百单八将之首;民间奚落刘备的江山是哭来的,一遇到危险就痛哭流涕;而唐僧呢,斗妖除魔的本事不但不济手下的三个徒儿,连胯下的白龙马都不如,身陷险境时,唯一能做的是念救苦救难观世音的名号或者叫"徒儿快来救我"。

宋江以群盗之首招安拜将,刘备三分天下,唐僧取得真经、功德圆满。三个无能之人最终成就大业,究竟是造化厚他,命该如此,还是别的原因?其实我们仔细一分析,三人都具备无能之能,即个人的文武之资质未必出众,但有

---

① 罗锐韧:《哈佛管理全集》(上卷),企业管理出版社,1997年版,第561页。

驾驭群雄、审时度势、合纵连横的出众才能，更掌握了必不可少的政治资源，而这些才能和资源在中国的政治生态和社会背景下，往往能克服自身的文才武略之不足，脱颖而出。

先说驾驭群雄、审时度势的才能。宋江广收天下英雄，积累了雄厚的人脉关系，最后因为浔阳江头题写了反诗，在法场上被众兄弟劫了后，终于决心上梁山。此时上梁山正是恰到火候。宋江被晁盖等人救出后，对晁盖表白："小弟来江湖上走了这几遭，虽是受了些惊恐，却也结识得许多好汉。今日同哥哥上山去，这回只得死心塌地，与哥哥同死共生。"首先说清自己的功劳，并非空手上山，而是有功于梁山，其次再撕掉当初满口忠孝，不反官府不违父命、不从草寇的面纱，表达了铁心从寇的决心。如果宋江再晚上梁山，如卢俊义那样，梁山事业进行得如火如荼，再上梁山有投机的嫌疑，而且无尺寸之功，甭说想代替晁天王，即使想坐第二把交椅，恐怕梁山众人都不会服气。宋江有吏的圆滑手段，吏的通达精明，其驾驭群雄之能力，远超晁盖，而晁盖徒有匹夫之勇和江湖义气。

刘备从一个卖草席的破落皇族起家，本钱没法和挟天子以令诸侯、文武都有盖世之能的曹孟德相比，就是和守父兄之业、多谋善断的孙权，似乎也不是一个重量级的。刘备选择的策略完全是基于自身条件，套用一句流行语"即一切从实际出发"。先不断地依附群雄，他曾依附过刘焉、卢植、刘表等人，在此期间不断网罗了关、张、赵、诸葛等武将谋士，最后时机一到，自领益州牧，玩了个空手道，骗取了天府之地。此时便可和曹、孙一决雌雄。

唐僧能驾驭群雄的东西最具有物化的特征。其实现实生活中老大驾驭众兄弟和这个和尚管教一帮杀人放火出身的徒儿手段差不多："胡萝卜加大棒"。胡萝卜就是恩惠，唐僧把悟空从五指山下救了出来，接着用悟空之力收编了八戒、沙僧，自此在徒儿面前，唐僧一直有种道德的优势，即师傅是你们的恩人。但降服这些魔鬼出身、本领高强的徒弟仅仅靠恩情显然不够，他还有观世音给的最厉害的一个东西"紧箍咒"。俗世间的老大驾驭众人，都会有各种各样的紧箍咒，或宗教教义或利益或胁迫。宋江、刘备、唐僧做老大除了以上原因外，另一个重要的本钱就是其政治资源，这些资源在皇权社会里包括道德、礼法甚至谶言等等。①

作为三个组织的领导，三人都有明确的奋斗目标，并招贤纳士，积累整合了强有力的人力资源。宋江志存高远，认清楚"义"字是笼络各路江湖英雄好汉的灵魂，一切从大局出发，最后获得大多数人支持完成了招安；刘备从正统的儒家思想出发，以匡复汉室的理想目标吸引人，以高超的攻心之术驾驭人，又通过自己的人格魅力感召人；唐僧以取得真经，修成正果，立地成佛为目标，不断地鼓舞人，恩威并施，最终完成了目标，名垂史册。

① 改编自：《砍柴，说宋江、刘备和唐僧的"无能"之能》。

本章回顾

综观西方领导科学的思想和理论的发展脉络，可发现其经历了从“对领导者素质的研究”到“对领导过程和领导行为的研究”，到“对领导和情境的研究”，到“对领导文化的研究”，再到“对以人力资本为依托的知识领导的研究”，西方领导思想建立了一整套领导科学的框架，并成为今天领导科学发展的基础。中国的领导者应该在通晓中国传统文化的基础上，发挥传统文化对领导过程的积极影响，弱化和避免其消极影响，同时吸取西方领导思想中的合理精华和科学内核。在当今全球一体化和组织形式多样化的时代，领导者常常面临跨文化管理的情境，领导者要注重领导过程中人的作用，注重文化的作用，要不断增强自身的全球化意识、创新意识、忧患意识和人才意识，不断提高自身的领导理论水平和实践能力，不断学习，在实际中摸索领导艺术，从而达到较好的领导绩效。

关键术语

领导者	领导行为	领导与管理
领导者与追随者	领导权力来源	领导角色和责任
家长制	领导特质理论	领导者要素的感知标准
定规和关怀	以生产为中心	以员工为中心
领导作风理论	管理方格理论	费德勒权变理论
连续统一体模式	情境领导模型	下属成熟度
路径—目标理论	领导参与模型	领导者—成员交换理论
领导的归因理论	魅力型领导理论	交易型与变革型领导理论
领导艺术	五维文化度量理论	以人为本
以德为先	华人家长式领导	

复习思考题

1. 领导的含义是什么？领导与管理有何区别？领导者与追随者的关系是什么？

2. 领导的权力来源是什么？领导在组织中的角色和责任分别是什么？在中国文化背景下这种角色和责任有什么特点？

3. 西方的领导特质理论的内容随时代变化有何发展?中国古今对领导者特质的要求分别是什么?中西方的特质理论各有什么侧重?领导特质理论有什么不足?

4. 领导行为理论大致包括几个理论,分别是什么?中西方领导行为理论有何差异?

5. 什么是领导艺术?领导艺术在实践中如何体现?请举例说明。

6. 根据五维文化度量理论,中国文化有什么特点?你认为在中国文化背景下,领导者要遵循什么原则,才能提高领导绩效?

案例 10-1

柳传志——联想管理三要素①

1984 年,40 岁的柳传志开始了"联想"的创业生涯,他带领的 10 名中国计算机科技人员前瞻性地认识到了 PC 必将改变人们的工作和生活,在北京一处租来的传达室中开始创业,年轻的公司命名为"联想"(legend,英文含义为传奇)。在公司发展过程中,联想勇于创新,实现了许多重大技术突破,其中包括了研制成功可将英文操作系统翻译成中文的联想式汉卡,开发出可一键上网的个人电脑,并于 2003 年,推出完全创新的关联应用技术,从而确立了联想在 3C 时代的重要地位。凭借这些技术领先的个人电脑产品,联想登上了中国 IT 业的顶峰,2004 年时联想已然连续八年占据中国市场份额第一的位置。1994 年,联想在香港证券交易所成功上市;1998 年后,联想生产了自有品牌的第一百万台个人电脑。2003 年,联想将其英文标识从"Legend"更换为"Lenovo",其中"Le"取自原标识"Legend",代表着秉承其一贯传统,新增加的"novo"取自拉丁词"新",代表着联想的核心是创新精神。2004 年,联想公司正式从"Legend"更名为"Lenovo"。联想集团于 2004 年作为第一家中国企业成为国际奥委会全球合作伙伴。联想在 2005 年 5 月完成对 IBM 个人电脑事业部的收购,这标志着新联想将成为全球个人电脑市场的领先者——年收入约 130 亿美元,服务于世界各地的企业客户和个人客户。目前,联想已经成为中国最让人激动不已的品牌,联想集团已经成为中国最有价值和实力的高科技企业集团。

柳传志,1944 年 4 月生于江苏镇江。1967 年毕业于西安军事电讯工程学院。他的专业属于逻辑思维较强的理工科类,曾在国防科工委十院四所和

① 部分资料来源于联想中国主页 http://www.lenovo.com.cn/about/lenovo/company1959.shtml;http://business.sohu.com/52/58/article200 三三 5852.shtml;何森:《企业英雄》,中国经济出版社,2003 年版。

中科院计算所从事科学研究工作。1984年以20万元人民币投资，柳传志与其他10名计算所员工共同创办中科院计算所新技术发展公司，1989年成立联想集团，1988年以30万元港币合资创办香港联想电脑有限公司。1997年，两个公司经过整合统一为联想集团有限公司。柳传志作为公司的最高决策者和管理者，负责制定公司的长远发展战略，实现经营目标。柳传志在日常工作中，非常注意听取各种意见，著名的经济学家吴敬琏等教授是他的朋友和"智囊"。柳传志作为联想的早期创业者之一，先后获得第二届全国科技实业家创业奖金奖第一名，全国有突出贡献中青年专家，中国改革风云人物，1995年全国劳动模范，1997年他当选为全国工商联副主席，1998年当选九届全国人大代表，2000年1月被《财富》杂志评选为"亚洲最佳商业人士"，2000年6月被《商业周刊》评选为"亚洲之星"，以及CCTV2000中国经济年度风云人物等。

柳传志在十余年的企业管理生涯中，创造性地提出了联想"贸工技"的发展道路，总结出"管理三要素"、"培养领军人物"等一系列重要的管理思想。这些理论对于联想从早期的"大船结构"发展为舰队结构，并逐步成为一个国际化的大型企业，起了非常重要的作用。这里重点介绍一下联想的"管理三要素"。

建班子

战略要靠班子来制定，队伍要靠班子来带，所以建班子是三要素中第一位的。班子建设有两种情况，一是"1＋1＜1"，就是一个班子做事还不如一把手一个人做好，主要原因是无原则纠纷和产生宗派；第二种是"1＋1＜2"，主要是班子的积极性没有调动起来，或者调动起来之后要防止互相碰撞。

1. 如何防止班子产生宗派和无原则纠纷？核心就是一把手是不是把企业的利益放在第一位的问题。如果一把手主动自律，严格要求自己，就可以非常光明磊落地把一切问题放在桌面上来谈。联想有一个规定，当第一把手和第二把手或第三把手之间发生纠纷的时候，如果这个部门工作业绩还可以，就无条件地调走第二把手，但对第一把手给予警告——换了人再出现这种情况就说明一把手一定有问题，要制裁。这样一来，大家都会非常小心。

2. 如何实现"1＋1＞2"？首先必须让班子成员明白他和整个战局的关系，还要讲清楚事情做好了会怎样，做不好后果会怎样，这样就初步调动了积极性。第二，制定业绩或奖惩的标准。第三，这个标准应该是被承认的，是班子研究过的，这样积极性会有充分的调动。联想高层班子是主发动机，下面各层班子是小发动机。

3. 建班子的三大难题。第一个难题，班子的人进来后，如果不称职，怎么把他请出去。解决这个问题要注意两点，一是班子的人要德才兼备，以德为主。高层领导的德，就是要把企业的利益放在第一位。二是有话要放在桌面上讲，这是一个班子保持团结和正气的关键所在。第二个难题是重大问题有不同意见，两边比例差不多怎么办？方法是一把手先一个一个地谈话，先谈此事的最高原则，大原则到小原则再到具体问题。一把手用权要谨慎，当和下属意见不一致时，如果没有想好，而下属振振有词，就照他的办，但办完后要及时总结；如果想清楚了，就不必多做讨论。第三个难题是如何提高班子成员素质。这时一把手要注意先集中后民主。就是我定规则大家做，取得大家的信任后再逐步提高素质，替换班子成员。一把手的工作方式有三种：指令性、指导性和参与式方式。到了指导式的时候，下面就都是发动机了。

定战略

关于定战略，联想有个五步法。第一是确定公司远景。我们自己提出的口号是，联想要成为长期的、有规模的高科技企业。短期行为的事我们不做，非高科技企业的事我们不做。第二是确定中远期发展战略目标。我们认为现在的联想充其量只能制定五年的远景规划。第三步是制定发展战略的总体路线。有很多具体步骤：制定前的调查和分析，外部的调查分析和本行业的状况和前景分析等；内部资源能力的审视，包括形成价值链各个环节的分析、核心业务流程的分析和核心竞争力的分析等；竞争对手的分析和比较。第四步是确定当年的战略目标(总部和各子公司的)，并分解成具体的战略步骤来操作实施。第五步是检查调整，达到目标。联想在1996～2000年制定了五条路线：坚持信息产业领域内多元化发展；国际和国内同时发展，以国内市场为主；走贸、工、技的道路；积极发展产品技术，以此为基础逼近核心技术；以充分利用股市集资作为实现2000年中期目标的融资手段。

制定目标以后，调整更重要。我们在制定战略的时候，前面好像是草地、泥潭，要小心翼翼、反复琢磨、仔细观察，然后轻手轻脚地在上面走。走实了，是黄土地了，撒腿就跑。制定的过程非常小心，动起来要快，调整是动起来以后的事情。

带队伍

带队伍要做好三件事：一是如何充分调动员工的积极性；二是如何提高员工的能力；三是如何使机器有序、协调、效率高，这就是组织、架构和规章制度要解决的事。

首先，说到做到，要从规章制度上体现出来。联想有一个小规定，开会迟到就要罚站。谁迟到，谁就站一分钟，所有人把会停下来，就像默哀一样，非常难受。柳传志自己也被罚站了三次。

激励方面的核心就是将员工的发展方向和追求与企业的目标融合在一起，这是最高愿望。这一点联想叫入模子，不管是什么样的人进到联想，都要熔化在这个模子里。这个模子可以被改造，比如联想有些地方做得不好，大家提了意见和建议后可以改进，但是员工进来之后就要先按模子做。

最后就是领军人物和骨干队伍的培养。联想对领军人物有“德”、“才”两点要求。“德”就是要把企业的利益放在最高地位；“才”就是一个学习型的人，要善于总结，善于学习，善于把理论的东西拿去实践，善于把实践加以总结。

柳传志还指出，要想在今天的中国当个好总裁，还要具备对中国环境适应和改造的能力。社会主义初级阶段的含义很丰富，为此，总裁还要考虑到企业面临的大环境和小环境。他认为，研究高科技企业要把好四个关口：一是观念；二是机制，三是环境；四是管理。管理固然重要，但在中国这种特殊环境中，老总如不对前三个方面有研究，事情是做不好的。就此，对企业老总有两个要求：一是目标要高，要把企业当做事业来干，这样才能受得住委屈，才能充满正气；二是要对环境有一眼看到底的能力，要审时度势，要把事情看清楚，知道办得办不得，后果会怎么样。联想认真研究了这个问题并且专门成立一个公关外联部，专门负责和国家各部委打交道，考虑如何保持企业的正常运作和如何获得国家的支持。

总之，柳传志认为做总裁首先要知道企业管理、企业外部环境是怎么回事，粗细都要能讲清楚。第二是总裁一定要清楚手下的员工是什么样的。第三是总裁要明白他想要什么样的员工做事，目前的员工够不够格，理想的员工是什么样的。第四总裁要知道怎么培养员工。明白事，明白人，明白怎么把你身边的人变成这样的人，差不多也就是个好总裁了。

柳传志精彩观点

1. 鸡蛋论

针对中国企业与政治的关系，柳传志用“鸡蛋论”作了概括：“企业要发展，周边的环境极为重要。一个鸡蛋孵出小鸡，37 度半到 39 度的温度最为适合。那么，40 度或 41 度的时候也能孵出小鸡来，但是到了 100 度就一定不行了。对企业来讲，1978 年以前可能是 100 度的温度，什么鸡蛋也孵不出鸡来。而十一届三中全会以后，可能就是 45 度的温度，生命力极强的鸡蛋才能孵出鸡来。到 1984 年我们办联想的时候，大概就是 42 度的温度。今天的温度大概是 40 度左右，也不是最适合的温度。因此，生命力顽强的鸡蛋就要研究周边的环境，一方面促使环境更适合，一方面加强自己的生命力，以便能顽强地孵出小鸡来。”

2. 盖房论

我对管理的理解就像认识一个房屋的结构一样，房子的屋顶部分是价值链的直接相关部分——怎么去生产，怎么去销售，怎么去研发等等。这一部分实际上就是运行层面，包括研发策略、销售策略、降低成本策略等诸多方面。这个层面在不同行业是完全不同的，如麦当劳与 PC 在相关方面肯定不一样。第二部分是围墙，这主要是管理的流程部分，如信息流、资金流、物流等等，这一部分由于有科学规律可循，好的企业之间虽略有差距却大致相同。第三部分是地基，也就是企业机制和企业文化层面，包括现代法人治理结构、企业诚信形象的建立、内部激励机制等。在一部分好的企业体现的方式不同，但是本质也是一样的。对于美国企业来讲，由于成熟的市场机制和企业机制已经形成，就没有必要更多地讨论地基这部分的问题，像法人治理结构，董事会与股东、管理层的关系，商誉诚信等等这些都没有必要去讨论。因此，美国企业更关注于运行层面的策略和技巧。但中国市场正处于转型期，缺乏成熟和完善的机制支撑企业发展，因此中国的企业要做大，就必须越过运行层面去关注更深层次的管理问题。所以我们十几年来的主要工作，除了研究屋顶和围墙部分以及怎样赚取利润等等，另外一个主要的工作就是研究怎样把地基打好，使我们可以长期地发展下去。

问题

1. 什么是领导？正确认识国情，体现了领导理论的哪一个理论？“鸡蛋论”和“盖房论”反映了什么问题？
2. 联想的管理三要素中分别体现了企业领导过程中的哪些环节和部分？
3. 领导者行为的核心行为中，制定企业战略和用人是重要的部分，如何正确地完成这两点？
4. 影响领导有效性的因素有哪些？在中国文化情境和社会背景下，中国当代企业家如何提高领导行为的有效性？

第11章

冲突与冲突管理

> “喜怒哀乐之未发，谓之中；发而皆中节，谓之和。中也者，天下之大本也；和也者，天下之达道也。致中和，天地位焉，万物育焉。”①
>
> ——《礼记·中庸》

组织中的冲突是普遍存在的，冲突的表现形式是多种多样的，但是，由于东西方文化存在差异，往往导致人们对于冲突的感知、态度和处理方式上的差异。在西方国家，无论是社会学家还是组织理论学者以及企业管理人员，都一致承认组织中冲突现象的普遍存在，而我国的企业管理则一直对冲突问题避而不谈，似乎企业内有了冲突就意味着管理的失败。实际上，冲突的后果有破坏性的，也有建设性的，保持适度的冲突水平对企业的创新是有利的。各种组织在生存发展过程中，都必然经历这样那样的冲突，有组织与外部环境之间的冲突，也有组织内各部门之间的冲突，甚至还有组织内个人之间的冲突。托马斯(Thomas)等人进行的一项调查表明，企业中的管理者大约有20%的时间来处理企业内的冲突

---

① 大意是：人们若能把“中和”的道理加以推广，天地就各安其所，万物也各遂其生了。其中，“中”是内在未发的心灵结构，即“仁爱”之“性”；“和”是发之于外的人伦结构，也就是“义礼”之“情”，即“发乎情，止于礼义”(《毛诗序》)。孔子所谓“礼之用，和为贵”(《论语·学而》)即此意。

问题。[①] 加拿大学者明茨伯格(Mintzberg)对管理者的活动进行的研究发现，经理人员经常面临三种不同的故障：下属之间的冲突，组织之间的冲突，资源的损失或有损失的危险。他把排除故障或纠纷处理列为经理人员的十大角色之一。[②]

冲突的基本概念

冲突的概念、特征

冲突的概念

冲突是一种广泛的社会现象，它存在于人类社会活动的各个层面、各个领域和所有的行为主体之中，并以形形色色的形式而存在。

“喜怒哀乐之未发，谓之中；发而皆中节，谓之和。中也者，天下之大本也；和也者，天下之达道也。致中和，天地位焉，万物育焉。”

冲突概念是社会学、心理学等许多学科中的重要概念，不同学科对于冲突的定义各不相同。组织行为学主要研究广泛存在于组织各项活动中的冲突，这些冲突作为组织活动的基本内容和基本形式之一，影响和制约着组织和组织成员的行为倾向和行为方式。因此，这里我们主要给出组织行为学研究中对冲突的两种有代表性的定义。

托马斯将冲突定义为一个过程，它开始于一方感知到另一方对其关心的事物有或将要有消极影响时。[③]

罗宾斯(Robbins)将冲突定义为感知意识(知觉)、对立、稀缺和封锁。进而认为冲突是一种潜在的或公开的确定性行为。他把冲突定义为一种过程，在这个过程中，一方努力去抵消另一方的封锁行为，因为另一方的封锁行为将妨碍他达到目标或损害他的利益。[④]

尽管不同领域的学者对“冲突”内涵的理解各不相同，[⑤]但我们可以归纳出

---

① Thomas, K. W., W. H. Schmidt. A Survey of Managerial Interests with Respect to Conflict. *Academy of Management Journal*, 1976，转引自 *Developing Managerial Skills in Organizational Behavior*。

② [加拿大] Mintzberg, H. 著，孙耀君、王祖融译：《经理工作的性质》，中国社会科学出版社，1986年版，第76页。

③ Thomas, K. W. Conflict and Negotiation Processes in Organizations. In M. D. Dunnette and L. M. Hough (eds.). *Handbook of Industrial and Organizational Psychology*. 2nd ed. vol. 3. Palo Alto, CA: Consulting Psychologists Press, 1992.

④ [美] 史蒂芬·P·罗宾斯著，郑晓明译：《组织行为学精要》(第5版)，机械工业出版社，2000年版，第251页。

⑤ See, for instance, Fink, C. F. Some Conceptual Difficulties in the Theory of Social Conflict. *Journal of Conflict Resolution*, December 1968: pp. 412-60; For an updated review of the conflict literature, see Wall Jr., J. A., R. R. Callister. Conflict and Its Management. *Journal of Management*, 1995, 21(3).

这一概念的如下共同点：

第一，冲突是否存在不仅是一个客观性问题，也是一个主观的知觉问题。客观存在的冲突必须经过人们去感知，内心去体验，如果没有人意识到冲突，那么一般就认为没有冲突存在。

第二，冲突产生的必要条件是存在某种形式的对立或不相容，并相互作用。①

第三，冲突的主体可以是组织、群体或个人，冲突的客体可以是利益、权力、资源、目标、方法、意见、价值观、感情、程序、信息、关系等。

第四，冲突是一个过程，它是从人与人、人与群体、人与组织、群体与群体、组织与组织之间的相互关系和相互作用过程中发展而来的。

冲突的不同观念

人们对于冲突的观念可以概括为三种类型，即传统观念、人际关系观念和相互作用观念。

1. 传统观念。从19世纪末到20世纪40年代，冲突的传统观念在冲突理论中占主导地位。传统观念认为，冲突是群体内功能失调的结果，冲突都是消极的、有害的，势必造成组织、群体、个人之间的不和、分裂和对抗，降低工作效率，影响组织目标的实现。因此，必须尽量减少冲突，最好是避免冲突。在这种观念指导下，许多组织的管理者把防止和消除冲突作为管理工作的主要任务之一。

2. 人际关系观念。从20世纪40年代末至70年代，冲突的人际关系观念在冲突理论中占统治地位。人际关系观念认为，对于任何组织、群体和个人而言，冲突是与生俱来、不可避免的客观存在。冲突既无法避免又不可能彻底消除，其影响既有消极的一面，也有积极的一面，所以，应当接纳冲突，适当地控制和利用冲突。

3. 相互作用观念。冲突相互作用的观念盛行于20世纪80年代以后，是当代冲突理论中的主流学派。相互作用观念认为，冲突对于组织或群体既有建设性、推动性的一面，也有破坏性、阻滞性的一面。没有冲突，过分融洽、安宁的组织或群体会失去生机、活力和创新精神。相反，保持适当的冲突水平，可以促进组织变革，使组织保持旺盛的生命力。所以，组织中管理者的任务是要管理好冲突，限制破坏性冲突，促进建设性冲突，充分利用冲突的积极影响，限制冲突的消极影响。

冲突的特征

1. 客观性。冲突是客观存在的、不可避免的社会现象，是组织的本质特征之一。任何组织只有冲突程度和性质的区别，而不可能不存在冲突。

2. 主观知觉性。客观存在的各种冲突必须由人们自身去感知、内心去体验。当客观存在的分歧、争论、竞争、抵抗等反映成为人们大脑或心理的内在矛

---

① Putnam, L. L., M. S. Poole. Conflict and Negotiation. In F. M. Jalin, L. L. Putnam, K. H. Roberts, and L. W. Porter (eds.). *Handbook of Organizational Communication: An Interdisciplinary Perspective*. Newbury Park, CA: Sage, 1987.

盾斗争，导致人们进入紧张状态时，冲突才被人意识和知觉到，这就是冲突的主观知觉性。

3. 二重性。传统观点认为，冲突意味着分歧和对抗，必然造成组织和群体内部产生不和，影响组织目标的实现，甚至威胁组织的生存，因此所有的冲突都是破坏性的，应尽可能减少和避免冲突。现代观点认为，适当的冲突能使组织保持旺盛的生命力，不断进行自我批评和创新。因此，冲突对于组织、群体或个人既具有建设性、有益性，有产生积极影响的可能；又具有破坏性、有害性，有产生消极影响的可能。以前者为主要特征的冲突，称为"建设性冲突"或"功能正常的冲突"，而以后者为主要特征的冲突，称为"破坏性冲突"或"功能失调的冲突"，这就是冲突的二重性。冲突对于组织的利与弊如表 11－1 所示，建设性冲突与破坏性冲突的区别如表 11－2 所示。①

表 11－1　冲突对于组织的利与弊

	消极影响	积极影响
对成员心理的影响	带来损害，引起紧张、焦虑，使人消沉痛苦，增加人际敌意	使坚强者从幻觉中清醒，从陶醉中震惊，从不能战胜对方中看到自己弱点所在，发愤图强
对人际关系的影响	导致人与人之间的排斥、对立、威胁、攻击，使组织涣散，削弱凝聚力	"不打不成交"，使人加强对对方的注意，一旦发现对方的力量、智慧等令人敬畏的特质，就会增强相互间的吸引力；团体间的冲突促进团体成员一致对外，抑制内部冲突，增强凝聚力
对工作动机的影响	使成员情绪低落，心不在焉，不愿服从与之冲突的领导的指挥，不愿与相冲突的同事配合，破坏团结愉快的心理气氛，减弱工作动机	使成员发现与对方之间的不平衡，激起竞争、取得平衡的工作动机，振奋创新精神，发挥创造力
对工作协调的影响	导致人与人之间、团体与团体之间的互不配合、互相封锁、互相拆台，破坏组织的协调统一和工作效率	使人注意到以前没有注意到的不协调，发现对方的存在价值和需要，采取有利于各方的政策加以协调，使有利于组织的各项工作得以开展
对组织绩效的影响	互相扯皮，互相攻击，转移对工作的注意力，政出多门，互不同意，降低决策和工作效率，互争人、财、物，造成积压、浪费	反映出认识的不正确，方案的不完善，要求全面地考虑问题，使决策更为周密
对组织生存、发展的影响	冲突达到一定程度后，双方互不关心对方的整体利益，有可能使组织在内乱中濒临解体	冲突本身是利益分配不平衡的表现，它迫使人们通过互相妥协让步和互相制约监督，调节利益关系，使各方面在可能的条件下均得到满足，维持内部的相对平衡，使组织在新的基础上得到发展

① 余凯成主编：《组织行为学》，大连理工大学出版社，2001 年版。

表 11-2 建设性冲突与破坏性冲突的区别

建设性冲突	破坏性冲突
关心目标 对事不对人 促进沟通	关心胜负 针对人(人身攻击) 阻碍沟通

4. 程度性。现代冲突观认为,不仅要区别冲突的性质,而且要进一步区别冲突的程度。美国学者布朗(L. D. Brown)等①在对冲突与组织绩效之间关系的研究中,发现冲突水平与组织效率之间的关系主要表现为:当冲突水平过高时,组织会陷入混乱、对抗,甚至分裂、瓦解状态,破坏绩效,危及组织正常运转乃至生存;当冲突水平过低时,组织缺乏生机和活力,会进入变革困难时期,组织发展停滞不前、难以适应环境的低绩效状况;当冲突达到最佳程度时,它可以阻止迟滞,解除紧张,激发创造力,培养创新的萌芽,使组织保持旺盛的生命力。罗宾斯在《管理学》一书中用表格和图示的方法表现了冲突水平与组织绩效之间的关系(见表 11-3 和图 11-1)。

表 11-3 冲突与组织绩效

情境	A	B	C
冲突水平 冲突类型	低 功能失调	适度 功能正常	高 功能失调
组织内部特征	冷漠 迟钝 对变化反应慢 缺乏新观念	生命力强 自我批评 不断革新	分裂 混乱无秩序 不合作
组织绩效	低	高	低

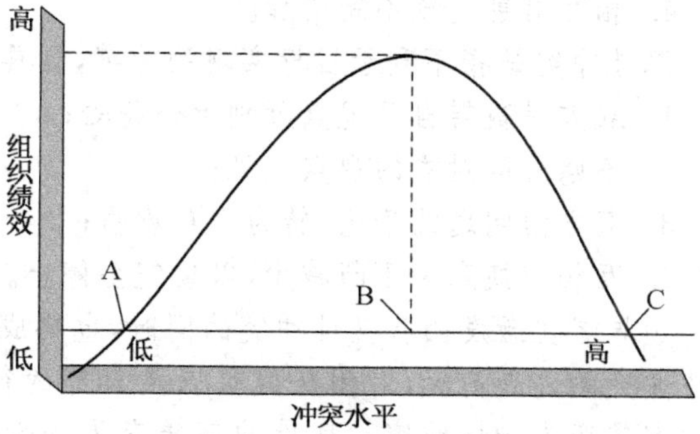

图 11-1 冲突水平与绩效的关系

资料来源:表 11-3 和图 11-1 根据 Robbins, S. P., M. Coultar. *Management*. 5th ed. Prentice-Hall, Inc., 1996: p. 633, figure17-4 翻译整理。

---

① Brown, L. D., A. E. Clarkson. Conflict. In C. L. Cooper, C. Argyris (eds.). *The Concise Blackwell Encyclopedia of Management*. Oxford, England: Blackwell, 1998: pp. 105-107; Walls Jr., J. A. Conflict and Its Management. *Journal of Management*, 1995, 21: pp. 515-558.

中国古代的“谏官”——激发适度的冲突水平

中国古代治理得比较好的封建王朝都设立了专门与皇帝唱反调的“谏官”，人为地制造内部冲突。这种“谏官”有的叫谏议大夫，有的叫御史，他们有“风闻议事”的特权，即可根据“小道消息”发表议论，即使讲错也不会被追究责任。这种人为制造冲突的制度，有效地防止了皇帝的许多错误决策。一般而言，凡是执行这种制度比较好的王朝都比较长寿，而这种制度执行得不好或没有这种制度的王朝都比较短命。同样道理，企业里也可以设置这种职能类似的“谏官”，这种“谏官”最好不要兼任其他行政职务，以免由于自身利益及本位主义思想影响其看问题的客观性，这种“谏官”的现代名目可以是“政策研究主任”、“企业管理部经理”、“总经理特聘顾问”等，当然也可以考虑从外部聘请顾问来激发冲突。

总之，适度的冲突水平对于防止组织僵化，促进组织的创新和变革具有重要的作用。

明辨冲突类型，控制恶性冲突

领导者需要清晰地分辨冲突是良性冲突还是恶性冲突。判断冲突是良性冲突或是恶性冲突的关键标准是：冲突对目标实现、团队建设的影响。良性冲突与恶性冲突的特点比较如下。

良性冲突是指冲突各方目标一致，实现目标的途径手段不同而产生的冲突。良性冲突具有以下特点：

1. 双方都关心实现共同目标和解决现有问题；
2. 双方愿意了解彼此的观点，并以争论问题为中心；
3. 双方争论是为了寻找较好的方法解决问题；
4. 相互信息交流不断增加。

恶性冲突是指不利于目标实现的冲突，其具有以下特征：

1. 双方对赢得自己观点胜利十分关心；
2. 不愿听取对方的观点意见；
3. 双方由问题的争论，转为人身攻击；
4. 互相交换意见不断减少，以致完全停止。

领导者在激发团队良性冲突的同时，也要成为良性冲突的控制者。时刻关注冲突的进展情况，对团队成员以及自身的行为加以规范和控制，避免良性冲突转变为恶性冲突。良性冲突转变为恶性冲突的诱因往往是冲突双方的语言或态度，它对缓和矛盾或激化矛盾起着举足轻重的作用。控制冲突双方语言或态度的原则主要是：

1. 说话有目的性，态度坦率诚恳。鼓励充分发表个人的意见，但要围绕如何解决问题，开诚布公，就事论事。

2. 语言和态度因人而异。沟通中要注意到对方的年龄、性别、学识、修养及个性等，根据不同人的特点选择不同的语言和态度，这样才能促使沟通更充分，并最终达成共识。

3. 合乎礼仪。无论引发冲突的原因是什么，只有互相尊重、心平气和的沟通态度才有利于解决问题，要避免高声喊叫、得理不让人或无理搅三分的语气或态度。

冲突的类型

根据人们看待冲突的视角不同，可将冲突分为许多种。常见的冲突分类有以下几种。

根据冲突对组织影响的不同，可将冲突划分为两种类型

1. 建设性冲突：又称功能正常的冲突，是指对组织有积极影响的冲突。

2. 破坏性冲突：又称功能失调的冲突，是指对组织有消极影响的冲突。

根据冲突产生原因的不同，可将冲突划分为四种类型

1. 目标冲突：由于冲突主体内部或冲突主体之间存在着不一致或不相容的结果追求所引发的冲突。

2. 认知冲突：由于冲突主体内部或冲突主体之间存在不一致的看法、想法和思想而导致的冲突。

3. 情感冲突：由于冲突主体内部或冲突主体之间情感上的不一致而引发的冲突。

4. 程序冲突：由于冲突主体内部或冲突主体之间存在不一致或不相容的优先事件选择——过程顺序安排而产生的冲突。

根据冲突影响范围的不同，可以将冲突划分为四种类型

1. 组织间冲突。发生在两个或多个组织之间的冲突称为组织间冲突。竞争会增加组织间的冲突。组织间冲突有时是有利的，例如有些企业以公平竞争的方式来提高产品和服务的质量。有时也可能是有害的，例如前几年中国 VCD 企业之间的竞相压价，不仅损害了单个企业的利益，而且阻碍了整个行业的发展。除了与竞争对手之间的冲突，组织还会因为与供应商、客户、政府机构、社会团体等之间的相互依存关系而发生冲突。

2. 群体间冲突。当冲突发生在群体或团队之间时，就称为群体间冲突。群体间冲突有时会对每个群体都产生积极影响，如提高群体的凝聚力，增加对任务的关注，以及提高对群体的忠诚度。当然，也可能产生负面影响，如冲突中的群体会产生一种“势不两立”的心理，彼此都把对方当做敌人。

3. 个体与个体间冲突。也称人际冲突，指的是发生在两个或多个个人之间

的冲突。许多个体差异都会导致人们之间的冲突，例如个性、态度、价值观、理解力等。

4. 个体内部冲突。[①] 当冲突发生在一个个体内部时，称为个体内部冲突。个体内部冲突又可分为角色间冲突、角色内部冲突和个人角色冲突。角色是外人对于某个个体的一系列期望。当某个人所承担的两种或多种角色之间发生冲突时，就属于角色间冲突，例如，一位职业女性在事业和家庭两种角色不能协调好时发生的冲突。角色内冲突是指单一角色内部的冲突，例如，在矩阵型组织中，一个员工往往有两个直接上司，当这两个上司对该员工的角色期望不一致时，就可能发生角色内冲突。当角色指派者对扮演特定角色的某个个体的期望违背了个体的价值观时，就会出现个人角色冲突。例如，如果一个化工企业的员工是环保主义者，而经理却授意他在上夜班时超标排放污水，这就与该员工的价值观相背，就会出现个人角色冲突。

杜布林（Andrew J. Dubrin）对冲突的分类[②]

杜布林根据冲突的结果和原因两个维度将冲突区分为四种类型。从结果看，冲突可以分为有益的和有害的（有作用的和机能失调的）；从原因看，可以分为以实质为主和以个人为主。实质型冲突主要由技术和行政上所关切的事情引起，而个人型冲突则指憎恨和忌妒，其中包含个人情绪和态度，个性的冲突就属于这一类。

表 11－4　杜布林对冲突的分类

类型Ⅰ （有作用的——实质性的）举例：某药品公司的两个产品部门争夺开发一种少女使用的科隆香水。尽管重复劳动，终于把产品投放到市场并证明是成功的。	类型Ⅱ （机能失调的——实质性的）举例：财务部门与制造部门为购买一部价值高昂的机器发生了冲突，最后，以购买一部比较便宜的机器取得妥协，但是，这部机器不适用于生产，钱花了，可是生产效率并没有提高。
类型Ⅲ （有益的——个人的）举例：审计部门和广告部门长期存在着不良关系，审计部门因指责广告部门的欺骗行为而加剧了这种关系，广告部门在支出账目中使用的不法行为被发现了，于是，这些行为被制止了。	类型Ⅳ （有害的——个人的）举例：某旅馆的厨房工作人员不信任、不喜欢他们的老板，一天晚上，他们恶作剧地向客人供应不新鲜的面包和咸汤，使得许多客人把这家旅馆的房间退了，于是，厨师被解雇了。

① ［美］黛布拉·L·纳尔逊、詹姆斯·坎贝尔·奎克著，桑强等译：《组织行为学：基础、现实与挑战》，中信出版社，2004 年版，第 417—418 页。

② ［美］安德鲁·J·杜布林著，奚慧等译：《组织行为基础——应用的前景》，机械工业出版社，1985 年版，第 179—183 页。

冲突产生的根源

杜布林对冲突根源的分析

杜布林在《组织行为基础——应用的前景》①一书中概括了以下八种冲突产生的根源。

人的放肆本性

很多证据表明，许多人存在着潜在的放肆倾向，想公开表现出来。战争、棒球竞赛、斗牛、杀人以及孩子打架等向我们提供了有力的证据，证明人至少是部分地具有放肆和敌视本性的动物，许多人常常把组织当做表现冲突的场所。

争夺有限资源

在复杂的企业组织中工作的人们不得不为得到完成任务所需的资金、材料和劳动力而不断进行斗争。没有一个组织能给组织中的各个部门开出“空白支票”，让他们要多少填多少，管理当局不得不根据其对组织有效性的贡献大小来分配资源。当各个群体通过竞争得到这些有限资源的份额时，群体间就会产生冲突。

价值和利益的冲突

组织中大量冲突之所以发生，是因为各个小群体的价值和利益不一致，工会与管理当局之间的冲突就是一个很好的例子。他们往往就增加工资的能力问题发生争执。工会方面认为，既然公司的利润和销售额都已达到新的记录，就有能力为工人增加工资，而管理当局却为他们反对增加工资进行辩解，他们认为，增加了工资，将减少每一股份的收入，这就使得公司很难有机会吸引潜在股东前来投资。

基于本位的冲突

群体间冲突的出现有时是因为不同的群体有不同的任务，这些任务本来就是彼此对立的。例如制造部门和财务部门之间的冲突，制造部门往往为了更高的产品质量和更短的交货期而希望有更多的预算支持，而财务部门的职责则是尽可能地控制成本和预算。

追逐权力

冲突有时是由于人的贪婪和对权力的追逐而引起的。在不同的文化背景下，或多或少都有一些人有较强的权力欲望，希望能够获得支配他人的权力，尤其对中国人而言，“官本位”思想的影响更是根深蒂固。

---

① [美]安德鲁·J·杜布林著，奚慧等译：《组织行为基础——应用的前景》，机械工业出版社，1985年版，第179—183页。

责任不清

组织中的各个部门往往由于对该由谁来担负不断发展中的任务，存在不同看法而出现群体间的冲突。实际上，几乎没有一个组织广泛地采用“工作说明”并定期修订“工作说明”。

引进变革

变革是组织中重要的压力源，也是群体间冲突的重要来源之一。例如，兼并和合并往往带来群体之间的冲突、竞争和压力，当一个组织被合并到另一个组织时，在接收的公司和被接收的公司之间常常存在着权力斗争，因此，应设法确定权力的分配计划以减少冲突。

青海石油管理局在变革中遇到的难题

青海石油管理局是中国石油天然气集团直属国有企业，是一个集石油勘探、开采、储运、加工、销售为一体的大型综合性企业。青海石油管理局实行局长负责制，有机关处室 27 个，二级厂处 55 个，员工总数 23 500 人，基本属直线职能制。

1995 年起，为加快产业结构和队伍结构的调整，青海石油管理局实施分流转岗，减员增效，进行再就业工程，但是富余下来的 8 500 名员工该如何安置，成为摆在青海石油管理局领导面前的难题。

一种观点认为，这些即将下岗分流的职工为企业的建设作出了很大的贡献，他们的子女有的到外地上大学了，有的还在企业工作，不应该对这些人放下不管，青海石油管理局可以采取多元化开发，鼓励下岗职工自谋职业，从事个体和民营经济开发。另一种观点则认为，既然要改革，就必须真正实行市场化运作，否则将这些人背在背上，企业就没有办法发展。

（案例来源：全国高校管理案例库研究编写组编，《管理案例库教程》，中国科学技术出版社，2004 年版，改编。）

组织的气氛

一个组织的特性、个性或“气氛”常常是造成群体间冲突的根源。例如，上层管理人员之间激烈和频繁的冲突造成一种气氛，使组织中的底层也产生冲突。

比斯诺（H. Bisno）的冲突根源的分析

比斯诺在《论冲突管理》（1988 年版）中把各种冲突根源归结为五种类型：生物社会型、个性和交往型、结构型、文化和观念形态型、复合型。①

① Bisno, H.. *Managing Conflict*. Calif: Saga Publication, 1988.

生物社会型根源

许多学者把挫折—攻击作为冲突的根源，挫折是由期盼比实际更快地增长这样一种倾向所引起的，挫折往往会产生攻击，而攻击会引起冲突。

个性和交往型根源

包括心理失调，人际技巧缺乏或不足，人们之间的相互激励、竞争和交往方式的差异，彼此关系中的不公平(不平等)现象。

结构型根源

许多冲突来自于组织或社会的结构之中，权力、地位和等级的不平等是许多冲突产生的根本动力。公民权利、妇女权利等运动都是由社会结构性的冲突根源所引起的。

文化和观念形态型根源

政治信仰、社会信念、宗教信仰和文化信念的不同往往会导致激烈的冲突。冲突也产生于具有不同价值体系的人们中间。

观念与文化的差异导致的冲突

老杨在扬子石化工作多年，2006 年底，被派往中国石化与德国巴斯夫公司共同投资建设的石油化工生产基地工作。刚接到调任通知时，老杨心里很平静，觉得自己在扬子石化这样的大型石化企业里工作多年，有着较丰富的工作经验，应该轻松胜任。但是当老杨进入合资公司后，情况却远非自己想象得那么简单。首先面临的是语言的问题。由于合资公司的工作语言以及大部分正式公文都是英语，而老杨的英文基础较差，所以刚开始工作时，就连日常最基本的交流和沟通都成问题。其次面临的问题是观念与文化的差异。合资企业有不少外籍人士，他们来自多个国家，老杨在工作中就常常需要与这些比利时人、德国人、美国人打交道。这些外籍人士大多认真守时、计划性强、公私分明，而且固执己见、不留人情。老杨觉得很不适应。此外，老杨还感觉合资企业的工作节奏快、压力大，必须不断学习才能适应和应对工作的挑战。

(资料来源：刘新，《企业组织冲突管理研究》，见《中国地质大学博士论文》，2010 年 5 月，第 53 页。)

复合型根源

在许多情况下，各种冲突根源往往复合性地发挥作用。例如，同一单位的两个工人之间会发生冲突，或许是由于结构上的原因，诸如权力差别，或许是由于不同的个性和交往方式，或许是由于不同的文化和价值观，这些都会使他们之间发生分歧，从而导致争端的复杂化。

纳尔逊和奎克对冲突根源的分析

纳尔逊和奎克将冲突的来源分为两大类：结构因素——源于组织的性质和工作的组织方式，个人因素——源于个体间的差异。①

结构因素

与组织结构有关的冲突根源有：专业化、相互依赖性、共用资源、目标差异、职权关系、地位矛盾、管辖权的模糊。

专业化：当工作高度专业化时，每个人都成为某项任务的专家，由于几乎不了解别人的工作，高度专业化的分工可能导致冲突。销售人员和工程师之间的冲突是典型的专业化冲突，工程师是技术专家，负责产品的设计和质量，销售人员是营销专家，负责联络顾客。工程师经常抱怨他们无法按照销售人员向顾客承诺的交货期完成工作，因为关于如何设计切实可行的交货期限，销售人员缺乏必要的专业知识。

相互依赖性：有一些工作具有相互依赖性(顺序性)，即要求群体或个体在另外一个群体或个体完成目标的基础上继续自己的工作。这样，如果工作例程出现问题，当事人就很容易指责对方，从而产生冲突。例如，在一个制衣工厂，如果裁剪布料的工作落后了，缝衣工人的工作必然要被耽误，裁剪工和缝衣工之间的冲突就产生了。

共用资源：任何时候，多个个体或群体都要共用一些资源，这有可能产生冲突，当共享的资源比较稀缺时，这种可能性就更大了。如果一个秘书同时为多个经理服务，每个经理都认为自己的任务是最重要的，这就会导致秘书在工作优先安排上产生冲突。这类冲突来源类似于杜布林所说的“争夺有限资源”。

目标差异：当工作群体的目标不一致时，也会产生冲突。例如，某有线电视公司，销售人员的目标是尽可能多地销售新型装置，而服务部门的目标是及时安装这些装置，随着销售额的增加，服务部门的工作量翻倍，许多订单被延迟，冲突不可避免地产生了。这类冲突来源类似于杜布林所说的“基于本位的冲突”。

职权关系：对于大多数员工来说，传统的老板—员工关系让人感到不舒服，因为其他个体有权命令他做什么或不做什么，况且有些老板十分独裁。当组织向着团队或授权的方向发展时，职权关系导致冲突的可能性会下降。

地位矛盾：在有些组织中，管理人员和非管理人员之间存在着明显的地位差异，管理人员可以享受某些特权，如弹性的工作时间、个人电话等，而非管理人员则没有，这可能导致怨恨和冲突。

管辖权的模糊：指的是在一个组织中，责任界限不清楚，当发生了一件无法界定责任的事件时，员工们就会倾向于“推卸责任”，或避免接触这件事，这样，关于问题的责任就产生了冲突。这类冲突来源类似于杜布林所说的“责任不清”。

---

① [美]黛布拉·L·纳尔逊、詹姆斯·坎贝尔·奎克著，桑强等译：《组织行为学：基础、现实与挑战》，中信出版社，2004年版，第410—414页。

个人因素

源于个体差异的冲突根源有：技术和能力、个性、观念、价值观和道德观、情绪、沟通障碍、文化差异。

技术和能力：员工的技能水平可能是有差异的，这可能导致冲突，特别是当员工之间有较强的依赖性时，熟练的、胜任的员工会发现，他们很难和缺乏技能的新员工一起工作。

个性：组织内的员工往往具有各不相同的个性，在一起工作的过程中，可能会因为差异化的个性而产生冲突。

观念：观念的差异也会产生冲突。就人员激励来说，如果管理者与员工之间没有共同的观念，报酬体系就会引发冲突。通常，管理者认为员工需要什么，他们就向员工提供什么，但是，那不一定是员工所期望的。

价值观和道德观：价值观和道德观的差异也会引发冲突。例如，老员工非常看重对公司的忠诚度，即使真的生病了，也不会休病假，而新员工则追求流动性，他们甚至会打电话请病假，逃避工作。

情绪：情绪可能是工作中冲突的来源，家庭中的问题也可能波及工作场所。

沟通障碍：空间距离、语言等方面的沟通障碍，可能导致信息的误解，从而导致冲突。另一种沟通障碍是价值判断，听众在接受一条信息之前，他就会进行价值判断。假如某个团队成员是一个经常爱抱怨的人，当他走进管理者的办公室，在他还没有发出信息之前，管理者可能已经贬低了这条信息的价值，于是冲突也就产生了。

文化差异：文化的多样性可以为组织的创新注入活力，但有时它们也可能成为冲突的根源。例如，在美国员工和中国员工共同工作的组织内，美国员工可能将中国员工的含蓄委婉当做不坦率、不果断，而中国员工则将美国员工的坦率批评当做不近人情、不给面子。文化差异引起的冲突主要是因为对对方的文化缺乏理解。

罗宾斯对冲突根源的分析

根据罗宾斯在《组织行为学》①一书中的观点，冲突产生的条件（也称冲突源）可分为三类：沟通因素，结构因素和个人因素。

沟通因素

研究指出，语义理解的困难、信息交流不充分以及沟通渠道中的“噪音”都构成了沟通障碍，并成为冲突的潜在条件。具体而言，大量证据表明，培训的不同、选择性知觉以及缺乏其他的信息，造成了语义理解方面的困难。研究进一步指出：过多或过少的沟通都会增加冲突的可能性。显然，沟通的增加在达到某一程度之前是功能性的，超过这一程度就可能是过度沟通，导致冲突可能性的增加，即过多的或者过少的信息导致了冲突。另外，沟通渠道也影响到冲突的产生，人们传递信息时会进行过滤，来自于正式的或已有的渠道

① Robbins, S. P. *Organizational Behavior*. 9th ed. Prentice-Hall, Inc., 2001.

中的沟通偏差,可能导致冲突。

结构因素

"结构"概念,包括了这样一些变量:规模、分配给群体成员的任务的专门化程度、管辖范围的清晰度、员工与目标之间的匹配性、领导风格、奖酬体系、群体间相互依赖的程度等。

东西方企业中领导风格、奖酬体系方面的差异

从领导风格来看,中国人特别重视领导者的德行,也就是对其人格的价值评价,领导者的主要权力来自于其人格的感召力,凭借其修身所得,以理服人,以德感人。因此,中国式的领导常常不是"英雄",而是具有容忍、大度、大智若愚等中国人崇尚的美德。这可能与西方企业中对成功领导者的评判标准大相径庭。从奖酬体系来看,在西方的劳动分工制和专业化管理原则下,多用个体诱因:对员工的贡献给予物质报酬;对个体的成绩加以确认和肯定以满足其成就感。由于员工所获报酬局限于自己工作内容和目标,易产生冲突和对抗。而东方管理模式普遍以集体价值为取向,采用集体诱因,让参与者共同分享效益,但这一做法易陷入平均主义,导致过度地降低冲突。

正因为存在领导风格、奖酬体系方面的差异,在跨国企业中相关方面的冲突也时有发生。

个人因素

最重要的个人因素包括个人的价值系统和个性特征,有证据表明具有特定的个性特质的人,例如具有较高权威、武断和缺乏自尊的人,更容易导致冲突。在研究社会冲突时最重要却最容易被忽略的变量,是价值观的不同,也就是说,人们对许多重要的问题例如自由、幸福、勤奋工作、自尊、诚实、服从和平等的看法不同。价值观的差异能很好地解释很多问题,比如偏见、个人对群体的贡献与应得报酬之间的不一致、对一本书的评价等等,都属于价值判断的问题。

中国传统文化背景下冲突产生根源的特殊性

除了以上西方学者所分析的冲突产生的根源之外,由于东西方文化的差异,中国传统文化背景下冲突产生的根源有其特殊性。

总体来说,中国传统文化中谦逊、中庸的处世之道,使人们遇事少走极端,努力寻求一种人际关系的和谐,这在一定程度上可以减少冲突的发生。另外,中国文化中的"官本位"思想、"面子"心理,中国文化的高语境特性,以及对"义"与"利"的取舍等,对人们的影响可以说是根深蒂固的,这使得组织中冲突的产生往往具有更多的非经济性。

“官本位”思想

中国几千年的封建统治和科举制度，对人们的思想和行为产生了很强的示范和导向作用，甚至有所谓“万般皆下品，唯有读书高”的说法，在中国古代，读书的唯一目的是考取“功名”，求得一官半职。可以说，“官本位”的思想影响着中国人的人生观和行为，正如杜布林所分析的，冲突有时是由于人的贪婪和对权力的追逐而引起的，这种现象在任何一种文化背景下都有体现，只是在中国传统的“官本位”思想影响下，可能更加突出。当组织中的许多人都对某个可能的空缺跃跃欲试时，冲突也就不可避免地产生了。

官本位思想作为冲突产生的根源之一

中国几千年的封建制度所遗留下来的“官本位”思想，对中国人的影响是根深蒂固的，无论是企业管理者、教师还是科研工作者，都以谋个“一官半职”为荣，而往往忽视了自身特有的职责，导致自身的角色定位产生偏差。例如，在许多国有企业，“官本位”思想的存在使一些企业厂长、经理不是集中思想搞好经营管理，不是把思想放在如何求得企业的发展和提高盈利水平及竞争力上，而是把目标锁定在级别、职务的提升上，致使他们过于注重企业规模的扩张，而忽视企业的经营绩效，甚至导致企业严重亏损。“官本位”思想已经误导了国有企业的厂长经理个人目标的选定，进而影响到了企业的生产经营。

在大学和科研院所也存在类似的情况，我们往往习惯于将科研骨干想方设法提拔到领导岗位上来，而现实是，有些科研骨干并不具备管理和领导的才能，被放到领导岗位上之后，由于事务性工作的大量增加，占用了其绝大部分的时间和精力，有可能造成不仅领导工作没有做好，连原来擅长的科研工作也大打折扣的现象，不能不令人为之惋惜。

“面子”心理

中国人在工作和生活中都极注重“体面”，即爱面子。从积极方面来说，爱面子代表一种羞耻感在驱动个体向上，但更多时候爱面子的影响是消极的，导致某些人“打肿脸充胖子”的行为。中国人爱面子，怕丢脸，在人际交往中，很注重给别人以面子，同样也是给自己面子，因为给别人面子是有面子的表现。中国人都很重视面子，也总是去评价别人有没有面子，中国人总是希望自己比别人更有面子。在这种对面子的追逐中，每个人都努力使自己更有面子，其结果是大家都越来越重视面子，面子在社会中所发挥的作用也越来越大。面子心理的影响也使中国人很少直接说“不”。

跨文化谈判中的"面子"

一个美国商业女性就一项进口业务正在与一位中国商人谈判。她并没有意识到她的一项提议不能为对方接受。当讨论这项提议的时候，中国商人说美方的提议需进一步研究，她就更加详细地阐述了她的提议。中方听完进一步的阐述后，说要考虑考虑。为什么这样反应呢？因为中国人认为直接表明自己的反对立场会损害对方的面子，毕竟对方做了那么多的努力。而美国人则大惑不解，结果谈判破裂。如果她后来知道中国人不能接受她的提议，相信她会想：要是他直说他不同意并向我解释原因的话，我会考虑其他提议的。但是中方代表则更关注保留双方的脸面，他认为在谈判中避免丢脸比达成共识更为重要。

（案例来源：根据 http://edu.sina.com.cn/en/2003—11—16/16570.html 中关于面子的案例改编。）

高语境的文化

人类学家爱德华·霍尔的高低语境学说指出，在在高语境文化中，信息的传递与沟通是通过体语、上下文联系、场景等进行的。高语境文化是指"绝大部分信息或存于有形的语境中，或内化在个人身上，极少存在于被编码的、清晰的被传递的讯息中"①，这种过程导向型的沟通，往往取决于接收者的诠释。低语境文化则刚好相反，是"大量的信息蕴含在清晰的编码中"②。个人主义文化（如美国文化）的成员倾向于低语境信息，往往使用发送导向型的沟通，信息发送者有义务使接收者正确地理解信息；与之相反，集体主义文化（如中国文化和日本文化）的成员则倾向于高语境信息，间接交流，因为维持群体内的和谐一致是十分重要的。③

中国是一个高语境国家，高语境文化的特征是很多时候表达含蓄、用字隐晦，需要他人根据当时讲话的环境以及非言语的线索，比如声调、表情、动作，去揣测文字背后或话语背后的真正含义，也就是说中国文化的沟通讲究点到为止、言简意赅，同时强调心领神会，常有所谓"此时无声胜有声"的境界。而美国等西方国家倾向于低语境文化，在沟通的时候强调直截了当、开门见山，把所有要沟通的信息都用明白无误的、可编码的文字语言传达出去，常常没有隐藏在字里行间的意义，不需要说话听声、锣鼓听音。高语境的人思维跳跃，善于推测、思考，善解人意，缺点是坚持性差；低语境的人喜欢按部就班，本分，不喜欢变化，善于做重复与有条理的工作。④

---

① Hall, E. T. *Beyond Culture*. Garden City, NY: Doubleday, 1976: p. 79.

② Hall, E. T. *Beyond Culture*. Garden City, NY: Doubleday, 1976: p. 70.

③ Gudykunst, W. B., S. Ting-Toomey. *Culture and Interpersonal Communication*. Newbury Park, CA: Sage, 1988.

④ 陈晓萍：《跨文化管理》，清华大学出版社，2005年9月。

在经济全球化的今天，企业的跨国经营越来越普遍，员工的多元化程度也越来越高，如果对东西方文化在语境方面的差异了解不够，很可能对跨国企业日常经营中员工间的沟通和理解造成障碍，从而产生冲突。另外，在跨文化谈判中，如果对对方的文化了解不够，低语境文化的一方可能认为对方含糊其辞、不够真诚，而高语境文化的一方可能认为对方过于直率，不留情面，如不能及时沟通消除误会，谈判可能因此而步履艰难，甚至可能失败。

“义”与“利”的冲突

“义”指思想行为符合道德，“利”指利益、功利，中国历史上关于“义”和“利”的关系以及人们应如何对待两者有不同的观点。孔子认为“君子喻于义，小人喻于利”（《论语·里仁》）；战国时孟子指出：“仁义而已矣，何必曰利”（《孟子·梁惠王上》）；西汉董仲舒主张“正其谋（义），不正其利，明其道，不计其功”（《汉书·董仲舒传》）；司马迁则认为“天下熙熙，皆为利来；天下攘攘，皆为利往”（《史记·货殖列传》）；北宋苏洵强调义、利结合。

尽管有很多关于“义”、“利”关系的争论，但是，仍然有许多“仁人志士”在“义”与“利”发生冲突时，采取了“舍利取义”甚至“舍生取义”的壮举。

李嘉诚大义忍让

俗话说：人为财死，鸟为食亡。古往今来，不知多少人为这一“财”字，弄得家破人亡，身败名裂。但偏有这么一个人，能够忍字当头，舍利取义，他就是李嘉诚。

李嘉诚自收购了和记洋行以后，长江实业有限公司就像芝麻开花一样，蒸蒸日上起来。李嘉诚又雄心勃勃，瞄准了英资“置地公司”控制的九龙尖沙咀。他故伎重演，暗中悄悄地收购“置地公司”的股票。谁知此时半路上杀出个程咬金，他便是包玉刚。

包玉刚本是做海上生意的，是漕帮帮主。世界航运不景气，这位海龙王来了个诺曼底登陆，开辟第二战场，海水倒灌，一下子便卷住了置地公司。不过，包玉刚既是半路上杀出的程咬金，交战也像老程那样，劫皇杠也要自报家门，图个光明正大。此番包玉刚收购置地公司，明打明地在香港搭起了擂台，公开叫阵。那置地公司也不含糊，列队亮阵，敲锣应战。

程咬金虽厉害，还要靠秦二哥帮忙。包玉刚和置地公司收购战打到他的脸跟老祖宗包拯一样黑的时候，李嘉诚早已低价购进了百分之十的股票。但李嘉诚是个夜老虎，习惯于黑夜中悄悄抵近作战，而不是包玉刚那种极其正规的阵地战。但商战和战争一样，各有所长，亦各用所长，本是八仙过海，各显神通。此刻李嘉诚如仍用夜老虎的方法用心忍住，很快就会形成魏、蜀、吴三国鼎力的局面，如果和老包联手也能弄出个赤壁之战的事态来，即使不这样，他将手中股票随便抛售给哪一方都能获得巨额利润。

但李先生不但激流勇退,还将自己购得的百分之十的股票原价卖给了老包。老包得到支持,如同握有三口御铡一般,刹那间铡得置地公司连夜写好降书顺表,俯首称臣。

古人云,滴水之恩当以涌泉相报。李嘉诚之所以这样做,是因为上次收购和记洋行时,受到包玉刚的资助,此次便以空前的机会好好地报答了老包一番。

(案例来源:周宁主编,《中国人的忍》,国际文化出版公司,1993 年版,第 93 页,稍作改编。)

冲突分析

分析冲突是处理冲突的基础,关于冲突的分析模式,许多学者都有不同的见解,这里着重介绍三种冲突分析模式。

庞迪的冲突分析模式

行为科学家庞迪(Pondy)是一位美国学者,他在对冲突形成的原因和表现出来的特点进行分析后,提出了一个由三种类型冲突模式所组成的冲突分析模型①(见表 11－5)。

1. 冲突的讨价还价模式。这种冲突模式主要是指组织成员或其他竞争主体在争夺紧缺资源时,彼此之间所发生的"讨价还价类型"的冲突。这种模式的冲突若处理不当或任其发展,冲突各方可能形成不同利益群体或集团,并进而可能演变成相互攻击倾轧的破坏性冲突,从而对组织和组织效率产生消极影响。

表 11－5　　庞迪的冲突分析模型

类　型	表　征	示　例
讨价还价模式	竞争稀缺资源	企业内劳资双方的集体薪酬谈判(集体或有组织地讨价还价)
官僚模式	上级对下级行使职权,支使控制下属(纵向冲突)	经理要求秘书为办公室人员煮咖啡
系统模式	各单位或部门间缺乏合作与协同(横向冲突)	营销部门作出了生产部门无法达到的产品质量承诺

2. 冲突的官僚模式。这种冲突模式主要是指在正式组织中,按照指挥链和职权关系,当上级在运用职位权力支使和控制下级的活动与行为时所发生的垂直方向冲突。当上级的命令和意志与下级职责的关联度较小、与下级的工作规范和是非观念差距较大时,这种冲突容易发生或加剧。官僚模式的冲突对于组

① Pondy, L. R. Organizational Conflict: Concepts and Models. *Administrative Science Quarterly*, September 1967: pp. 296-320.

织的统一、和谐与士气，对于组织的正常运转和功能机制，都会产生直接或间接的影响，是任何组织在组织建设与组织关系中必须重视的冲突模式。

3. 冲突的系统模式。这种冲突模式主要是指在正式组织内部行使不同职能的主体（单位、部门、团队）之间所发生的冲突。这类冲突的特征或根源是，组织内行使不同职能的主体在完成一些需要高度配合、协作的组织任务中，发生了分歧、不一致或对抗，酿成了组织内部系统性矛盾冲突，从而影响或危及组织目标和任务的有效完成。这种冲突模式需要在组织系统的框架内加以解决。

罗宾斯的冲突过程分析

罗宾斯在其《组织行为学》一书中将冲突过程分为如下五个阶段（如图 11－2）。

阶段Ⅰ：潜在对立与不相容

产生冲突的第一步是存在导致冲突产生的条件，也可以被看作冲突的原因或来源。冲突的前提条件可以概括为三个方面（这在第二节冲突产生的根源中已有分析，这里只简单提一下）。

沟通：沟通可能成为冲突的来源，这源于语义上的困难、误解和沟通渠道中的“噪音”等因素。

结构：组织结构沿着水平和垂直等方面的分化程度越大、群体规模越大、工作分工越专业化、管理制度和范围越模糊、组织内不同群体之间目标的负相关性越大、领导风格越专制等，就越易产生冲突（角色冲突）。

个人变量：组织中的个人，其价值观和个性特征差别越大，越容易产生冲突。

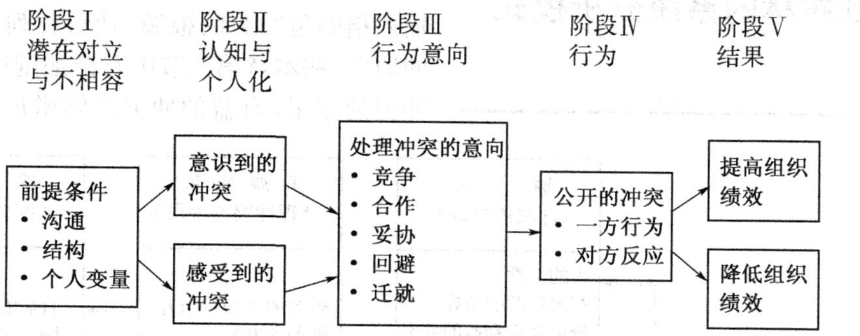

图 11－2 罗宾斯对冲突过程的分析

资料来源：根据 Robbins，S. P. *Organizational Behavior*. 9th ed. Prentice-Hall，Inc.，2001：p. 386，figure 13－1 翻译整理。

阶段Ⅱ：认知与个人化

我们在冲突的定义中提到，认知是必需的。因此，一个或更多的群体必须认知到前提条件的存在，但是，认知到冲突并不意味着必然出现个人冲突。例如，你感受到了与同事间的不和，但这也许并不能让你感觉到紧张或焦虑，也不会影响你对同事的态度。当你投入感情，亲身感受到焦虑、紧张、挫折或敌对时，冲突也就产生了。

阶段Ⅲ：行为意向

冲突被双方感知后，人们就会产生对付冲突的行为意向(行为意向不等于行为)。根据两个维度，即合作程度(一方愿意满足对方愿望的程度)和肯定程度(一方愿意满足自己愿望的程度)，可以确定出五种处理冲突的行为意向，也就是处理冲突的五种基本策略，我们将在本章第三节冲突的管理中作详细论述。

阶段Ⅳ：行为

在这一阶段，双方对于冲突会表现出某些行为。公开的冲突包括各种各样的行为，从微妙的、间接的、有意的横加干涉到直接的、侵略性的、激烈的无控制的冲突。程度低的冲突，比如一个学生举手示意，对老师讲的问题提出质疑；而罢工、战争、恐怖袭击等则属于程度最高的冲突。

阶段Ⅴ：结果

冲突双方的行为可能导致两类结果：功能正常的结果，即冲突提高了群体的工作绩效；功能失调的结果，即冲突降低了群体的工作绩效。

杜布林的系统分析模式

杜布林运用系统的观点来观察冲突问题，提出了冲突的系统分析模式(见图 11－3)。

该模式分为三个要素，即输入、干涉变量和输出。输入指的是冲突的根源，杜布林列举了八种冲突产生的原因(在本章第二节中有详细阐述)。输出部分是指冲突的结果，有益的冲突能够增加激励，提高能力，而

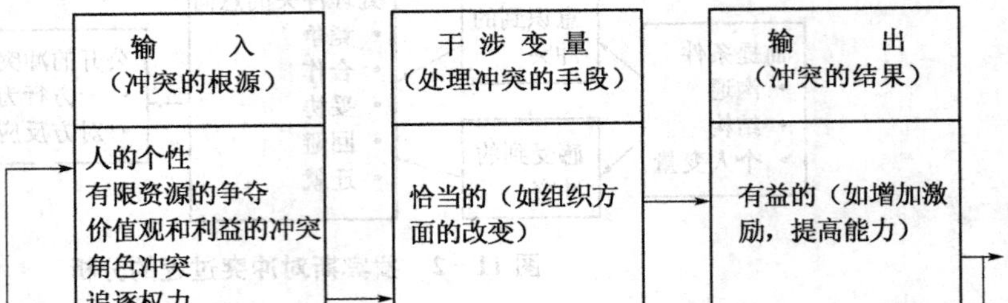

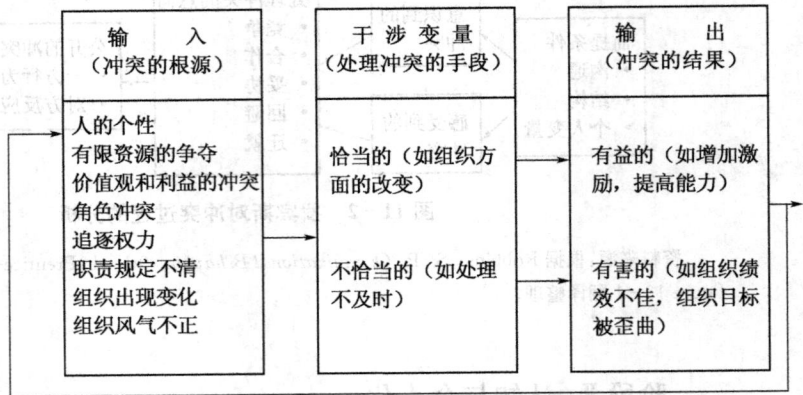

图 11－3　杜布林的冲突系统分析模式

资料来源：杜布林著，奚慧等译，《组织行为基础——应用的前景》，机械工业出版社，1985 年版。

有害的冲突可能导致组织绩效不佳，组织目标被歪曲。干涉变量是指处理冲突的手段，恰当的处理手段将带来有益的结果，不恰当的处理将产生有害的结果。

冲突的结果又可能产生进一步的冲突，图 11－3 中用反馈的箭头表示。

冲突管理的一般理论

发现冲突、识别冲突是分析冲突的前提，分析冲突的根源和发生过程是管理冲突的基础。本节主要介绍冲突管理的基本概念、原则、策略和技术方法。

冲突管理的基本概念

冲突管理有广义与狭义之分。广义的冲突管理应当包括冲突主体对于冲突问题的发现、认识、分析、处理、解决的全过程和所有相关工作，也就是对于潜在冲突（潜在的对立或不一致阶段）→知觉冲突（认识和个性化阶段）→意向冲突（行为意向阶段）→行为冲突（行为阶段）→结果冲突（结果阶段）的全过程进行研究管理；狭义的冲突管理则着重把冲突的行为意向和冲突中的实际行为以及反应行为作为研究对象，研究冲突在这两个阶段的内在规律、应对策略和方法技巧，以有效地管理好实际冲突。迄今所见的论述冲突管理之大部分文献多立足于狭义冲突管理的范畴。

随着组织或群体内部分工的日益细化、具体，外部环境的日趋复杂多变，竞争的日趋激烈，技术和信息的日益进步，不同主体之间的相互交往与互动活动日趋频繁，多层次、多类型的冲突现象十分普遍，冲突问题越来越突出，冲突已经成为一种十分重要的组织现象和社会现象。因此，一个组织、群体以至个人能否学习、掌握和提高冲突管理的科学知识和艺术技巧，能否及时、正确、有效地实施冲突管理，趋利避害地驾驭冲突，直接影响着自身目标的实现，关系到组织、群体和个人的生存与发展。

冲突管理的基本原则

冲突管理是有规律可循的，掌握这些规律和基本原则，对于有效地处理冲突可以起到事半功倍的效果。具体而言，冲突管理应遵循的主要原则有以下三点。

倡导建设性冲突，避免破坏性冲突，将冲突控制在适当的水平

西方的现代冲突理论认为，冲突对于组织的影响既有积极的方面，也有消极的方面，冲突水平过高和过低都会给组织和群体带来不利影响。因此，在冲突管理中应当注意，对于引起冲突的各种因素、冲突过程、冲突行为加以正确处理和控制，努力把已出现的冲突引向建设性轨道，尽量避免破坏性冲突的发生和发展，适度地诱发建设性冲突并将之维持在适当的水平之内，以便达成“弃其弊而用其利”的冲突管理目标。

实行全面系统的冲突管理,而不是局限于事后的冲突控制和处理

传统的冲突管理把工作的重点放在冲突发生后的控制或处理上,比较被动,实际上冲突的形成、发展和影响是一个系统的过程。现代冲突管理理论认为:冲突管理不仅仅是公开冲突发生后的事情,而应当包括潜在冲突、知觉冲突、意向冲突、行为冲突(公开冲突)、结局冲突等所有冲突阶段的事情,必须对冲突产生、发展、变化、结果的全过程、所有因素、矛盾和问题进行全面管理,才能把原则落到实处,尽量减少破坏性冲突的消极作用,充分发挥建设性冲突的积极作用,最大限度减少冲突管理的成本。

具体问题具体分析,因地制宜处理冲突的原则

不存在一成不变,放之四海而皆准的冲突管理理论和管理方法,必须针对具体的情况,根据所处的环境条件,实事求是地分析问题、认识问题,灵活采用适宜的策略和方法,随机应变地处理冲突。

冲突管理的基本策略

托马斯二维模式

社会心理学家曾用一维空间来表述人们在冲突中的行为,这一维空间是从竞争到合作,认为有的人倾向于竞争,有的人倾向于合作,有的人介于两者之间。近年来许多研究表明,这种看法不能全面反映冲突行为。美国行为科学家托马斯提出了冲突处理的二维模式——合作性(一方试图满足对方关心点的程度)和坚持己见(一方试图满足他或她自己的关心点的程度)。以"合作性"为横坐标,"坚持己见"为纵坐标,定义了冲突行为的二维空间,并组合成五种冲突处理策略,即竞争(坚持己见,不合作)、合作(坚持己见,合作)、回避(不坚持己见,不合作)、迁就(不坚持己见,合作)和妥协(中等程度的坚持己见和合作)。如图 11-4 所示。

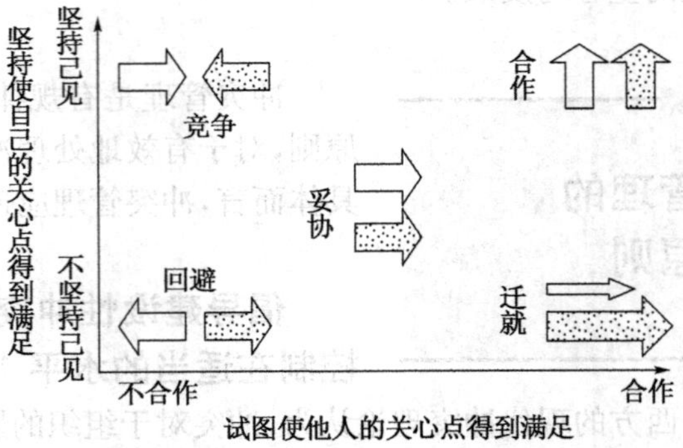

图 11-4 托马斯二维模式

资料来源:Thomas, K. W. Conflict and Negotiation Processes in Organizations. In M. D. Dunnette and L. M. Hough(eds.). *Handbook of Industrial and Organizational Psychology*. 2nd ed. vol. 3. Palo Alto, CA: Consulting Psychologists Press: 1992, p. 668.

1. 竞争策略。又称强制策略，为满足自身的利益而无视他人的利益，这是“我赢你输”的策略，双方都会坚持自己的观点，并试图通过施加压力，迫使另一方放弃自己的观点。所施加的压力可以是威吓、处罚，这种策略很难使对方心悦诚服，很少有解决冲突的好办法，但在应付危机或双方实力相差很大时往往有效。

2. 回避策略。既不满足自身的利益也不满足对方的利益，试图置身于冲突之外，无视不一致的存在，或保持中立，以“退避三舍”，“难得糊涂”的方式来处理冲突。以人际冲突为例，当两个人有矛盾时，一个人跳槽到另一企业，或离开原部门，到与冲突对象无关的部门工作，或是仍留在原职位，但不再与冲突对象发生工作或私人联系。当冲突双方依赖性很低时，回避可避免冲突，减少消极后果。但当双方相互依赖时，回避则会影响工作，降低绩效。

3. 妥协策略。妥协实质上是一种交易，有人称之为谈判策略，指的是一种适度满足自己的关心点和他人的关心点，通过一系列的谈判、让步、讨价还价来部分满足双方要求和利益的冲突管理策略。为避免僵局，双方可能会作出一定让步，但不会一开始就这么做，以免给人以实力不强的印象，在讨价还价中失去主动性。妥协策略在双方有达成一致的愿望时会很有效，但让步的前提是在满足对方的最小期望的同时，双方都必须持灵活应变的态度、相互信任。消极影响是双方可能因妥协满足了短期利益，但牺牲了长期利益。

4. 迁就策略。又称克制策略或迎合策略，当事人主要考虑对方的利益或屈从于对方意愿，压制或牺牲自己的利益及意愿。实行迁就策略者，要么是为了从长远角度出发获取对方的合作，要么是不得已屈从于对方的势力和意愿。假如是情绪冲突，迁就能避免冲突升级，改善双方关系，如夫妻吵架；但当冲突是实质的合作、资源共享、责任共担时，迁就并不能解决问题，反而会被视为软弱。

5. 合作策略。尽可能地满足双方利益，基本观点如下：① 冲突是双方共同的问题；② 冲突双方是平等的，应有同等待遇；② 每一方都应积极理解对方的需求，以找到双方满意的方案；④ 双方应充分沟通，了解冲突情景。合作策略是一种旨在满足冲突各方的需求，而采取合作、协商，寻求新的资源和机会，扩大选择范围，“把蛋糕做大”的解决冲突问题方式。

合作策略能否成功，取决于冲突的具体情况及双方同样获利的可能。某些公司用该策略应付劳资谈判的做法是资方增加工人的工资或福利，同时工会也要与资方合作，修改工作计划与程序逻辑，以降低成本、提高质量、提高生产率。

以上五种冲突管理模式，给出了人们在面对冲突时可以采取的不同策略。彼德·康戴夫在《冲突事务管理——理论与实践》一书中，给出了这五种冲突管理策略的表现形式及其应用场合，见表 11－6、表 11－7。

表 11-6 冲突管理五种策略的表现

竞争 1. 创造胜败局势 2. 运用对抗 3. 运用权力达到某人的目的 4. 迫使其认输 **回避** 1. 忽略冲突并希望冲突消失 2. 将问题列入不考虑对象，或者将其束之高阁 3. 要求放慢节奏以抑制冲突 4. 采用保密手段以避免正面冲突 5. 求助于正式规则，将其作为采用某种冲突解决方法的理由	**妥协** 1. 谈判 2. 期盼成交和达成协议 3. 寻求满意的或可能接受的解决方法 **迁就** 1. 退让 2. 屈服和顺从 **合作** 1. 解决问题的姿态 2. 正视分歧并进行思想和信息上的交流 3. 寻求整合性的方式 4. 找到大家都能取胜的局势 5. 视问题和冲突为一种挑战

表 11-7 运用五种冲突管理策略的场合

冲突模式	场　合	冲突模式	场　合
竞争	1. 当迅速、果断行动至关紧要之时——紧急状态 2. 有关需实施新行动的重大问题——如费用削减，推出新的规则、法律等 3. 有关公司福利的重大问题，且当你知道你是正确的时候 4. 反对那些利用非竞争性行为的人们	回避	1. 当问题很平常，或者更重要的问题刻不容缓的时候 2. 当你认识到满足你的愿望无望之时 3. 当冲突解决的害大于利时 4. 为了促使人们冷静和恢复理智 5. 当收集信息比立即决定更迫切时 6. 当其他人能更加有效解决冲突时 7. 当问题不相干或不总是出现时
合作	1. 当双方意愿无法达成妥协时，寻找一种整合性的解决方法 2. 当你的目标明确之时 3. 听取不同意见者的高见 4. 将关心变成意见一致以达到齐心协力 5. 因感到有损于彼此关系而精诚合作	迁就	1. 若发现自己错了，就要允许更改为更好的立场，从而显示你的知情达理 2. 若问题对别人比对自己更加重要，就应满足他人而维持合作 3. 为今后的问题建立社会信誉 4. 当你要被战败和失败之时使损失最小化 5. 当和谐与稳定特别重要之时 6. 为了使下属吃一堑，长一智
妥协	1. 目标重要，但不值得努力去做或者继续坚持己见会弊大于利 2. 彼此旗鼓相当，从而导致互相排斥他方的目标 3. 暂时化解冲突防止问题复杂化 4. 因时间紧迫而采取的权宜之计 5. 合作或竞争未成功时采取的策略		

资料来源：彼德·康戴夫著，何云峰等译，《冲突事务管理——理论与实践》，世界图书出版公司，1998年版。

布莱克—穆顿模式——冲突方格

布莱克与穆顿根据原先的"管理方格"(managerial grid)模式,修改后设计出另一个冲突方格(conflict grid)模式,可以根据"关心员工"和"关心工作"两个维度来分析管理者在处理冲突时的态度与风格。如图 11 - 5 所示。

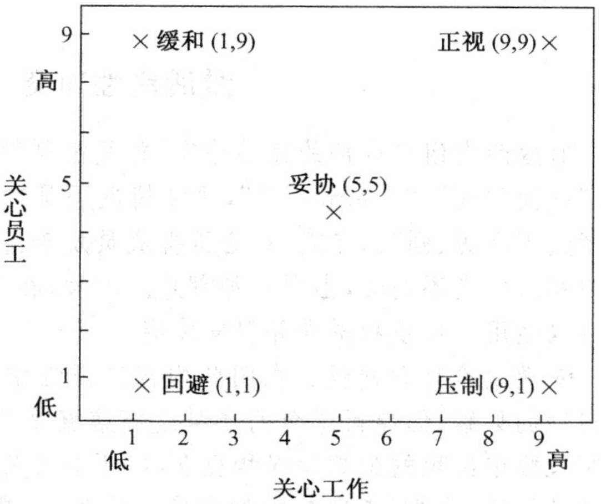

图 11 - 5　布莱克和穆顿的冲突方格

资料来源:[美]布莱克(R. R. Blake)、穆顿(J. S. Mouton)著,孔方济、徐吉贵译,《新管理方法》,中国社会科学出版社,1986 年版。

据布莱克—莫顿冲突方格,管理者在处理冲突方面有五种策略可供选择:

(1,1)方式——回避

采用此种策略,管理者需要保持中立态度。把逃避或回避冲突的可能性视为借以缓和矛盾冲突的有效方法,但冲突的基本根源问题仍然未被解决或没有被积极面对。

(1,9)方式——缓和

管理者采用这种策略,是认为可通过缓和紧张气氛,或维持表面的和谐关系使矛盾双方和平共存。同样,冲突的双方根源问题仍未被彻底解决。

(9,1)方式——压制

管理者采用这种策略时,大多数会认为可通过权力迫使冲突双方服从。例如高层判决谁胜谁负,全面压制冲突行为。

(5,5)方式——妥协

管理者若采用此种策略,冲突双方需作出妥协或谈判,结果是无人赢,亦无人输。在大多数情况下,这种方式虽然不能算是最理想的解决方式,但仍可视为较为切实可行的方式。

(9,9)方式——正视

管理者采用此种策略,大多数认为可通过积极面对的方式来解决冲突问题。例如,经过客观的讨论与分析,各方面的意见与观念都经过深入分析考虑,从而提出并达成冲突双方都同意或接受的解决问题的方法。一般而言,这是一种较为积极的冲突管理方式，能彻底解决冲突。

需要说明的是，托马斯二维模式是从冲突双方对待冲突的态度和行为的角度来划分冲突处理模式的，而布莱克—穆顿的冲突方格模式是站在管理者的角度，探讨管理者面对组织中的冲突可以采用哪些处理方法，管理者往往并不是冲突过程中的当事人。

激活良性冲突

有效激发组织内部的良性冲突，首先需要管理者审视自身。团队冲突过少，"一团和气"或"死水一潭"，很多情况下是因为管理风格造成的。如果管理者过于严厉、强硬、专断，将会压抑成员发表意见的意愿，久而久之，成员将对组织工作漠不关心，出现精神懈怠。其次，在采用适当管理风格的基础上，也可以运用一些技巧诱导并引发冲突。

● 奖励合理化建议。在团队内部广泛征求意见，对那些敢于挑战现状、提出独创见解、倡导新观念的成员进行表扬或奖励乃至职位晋升；对那些在冲突过程中出现的少数异议和观点，决不能轻易地批评、嘲笑与指责，要冷静地与其沟通、分析，指出其中的利害。此外，还要让不同的观点交锋碰撞，迸发新的思想火花，引导良性冲突深入发展。

● 淡化等级观念。等级观念严格的组织中，下级往往表现出很强的服从性，缺乏挑战上级的勇气。管理者需要在日常工作中有意识地淡化等级制度及观念，营造一个平等的工作氛围，大力鼓励团队成员表达自己的意见，耐心倾听并表示重视。

● 引入竞争。要在组织中有意识地加大竞争力度，制造"鲶鱼效应"。如果一个组织长期听不到不同的声音、反对的意见，就有必要在内部挖掘和提拔"鲶鱼型"成员，或通过从外界招聘的方式引进背景、价值观、态度或管理风格与当前成员不同的个体，引导其直接与原有员工发生良性冲突。

● 削减压制冲突的制度。制度一旦传递给团队成员平均主义、奖罚不分、责任不明等信息时，团队内部就可能出现"你好我好大家好"的"和气"景象；多劳多得、奖惩分明的制度约束，会促使团队成员为了提升自己的业绩而提出不同的解决方案。

管理恶性冲突

当恶性冲突在团队中已经出现时，团队管理者必须及时采取措施化解恶性冲突，在恶性冲突对团队造成更坏的影响之前将其转变为良性冲突，或将其制止。常用的手段主要有：

● 使冲突表面化。出现恶性冲突，不能掩盖，需要将冲突正式提到桌面上来解决。将冲突双方召集到一起，让他们充分表达自己的意见，寻找分歧点及产生分歧的原因，明确要"推进问题解决"而不是一味"陈述问题"，并最终选择一个令双方都比较满意的解决方案。

● 强调双方相互依赖。冲突的起因很多是因为冲突的双方过于维护自己的利益，过于强调自己目标的实现。这时，需要强调组织是一个分工合作的系统，成员之间的相互依赖必不可少，而双方的对峙无法推进问题的解决，最终将会给双方都造成损失。让冲突双方看到冲突对自己造成的损失并愿意妥协或合作，就意味着可以较好地消除冲突。

● 消除成见和误会。组织内部存在一些本来不应该有的偏见也是很正常的事情，但需要通过正确的手段解决问题，抱怨和责备是行不通的。因此，领导者需要树立团队的良好形象，增加成员对组织的认同感。此外，要营造一个良好的沟通氛围，让冲突双方换位思考，在坦诚的沟通中增加对彼此工作的职责、原则和目标的认同及理解，从而消除偏见和误会。

● 利用第三方调解。当冲突发生双方僵持不下的情况或冲突发生在领导者与员工之间时，请第三者进行调解是一个较好的方案。第三者可以是组织内部公认的较有公正心或和一般员工沟通顺畅的普通员工，也可以是上级领导。由第三方出面协调，能够让冲突的双方愿意倾诉，在发泄不满情绪后，便能够心平气和地听取调解意见，进而化解冲突。

● 进行人际关系训练。冲突的过程中，产生情绪化的争执很难避免，情绪化的针锋相对会加剧冲突的破坏性。领导者需要控制好员工在冲突中的语言方式、态度和行为，倡导良好的沟通气氛。通过外部或内部的人际关系训练，让冲突双方使用一定的人际关系技巧进行沟通和交流，这对于化解内部冲突、营造良好的人际关系氛围，能够起到非常大的作用。

● 重新设计组织结构。通常，直线职能制的组织结构很容易诱发恶性冲突。当职能部门之间恶性冲突频繁发生、破坏严重并很难调和时，重新设计组织结构不失为一种较好的选择。变革的方向是组织结构扁平化、减少管理层级、扩大管理幅度、引入跨部门团队合作工作方式等等。这种新型组织结构的特点是讲求平等、重视沟通，利于化解恶性冲突并促进良性冲突。

资料来源：李丽，《激活团队内部的良性冲突》，见《人力资源》，2006 年第 6 期。

冲突管理的技术方法

有许多有效的技术可以用于处理冲突，但有一些组织的行动是无效的。

无效的技术①

不作为：不采取任何行动，期望冲突可以自行消失。现实是，大多数冲突并不会自行消失，采取不作为行为会使处于冲突中的个体产生挫折感。

保密：试图让大多数人不了解冲突，但这只会增加人们的怀疑，对冲突的处

① 纳尔逊、奎克著：《组织行为学：基础、现实与挑战》，中信出版社，2004 年版，第 426—428 页。

理没有帮助。

拖延周旋：指在冲突中通过拖延行动来争取时间。冲突中的个体常被告知，问题正在解决或老板正在考虑这个问题，结果也会导致挫折感和不满。

正当程序不作为：对于某些处理冲突的过程而言，由于成本太高，花费的时间太多，个人承受的风险太大，以至于没有人会采用这种方法。

人格损毁：指给竞争对手贴标签，或诋毁竞争对手，这都是无助于冲突处理的，还有可能导致后院起火。

有效的技术

表 11-8　冲突管理技术

冲突解决技术	
问题解决	冲突双方通过面对面的会议，公开讨论以识别存在的问题并解决它
更高的目标	创建一个只有冲突双方相互协作才能获得的共享的目标
资源的扩充	当冲突是由于资源（如资金，提升机会，办公空间）的稀缺造成的，则这些资源的扩充可以获得双赢的解决办法
回避	从冲突中退出或压制冲突
缓和	冲突双方求同存异
妥协	冲突的每一方都放弃一些东西
权威命令	管理人员使用正式的权力来解决冲突，然后将他自己的期望与冲突双方进行沟通
改变人的因素	使用改变人的行为的技术，如人际关系培训，来改变导致冲突的态度和行为
改变结构因素	通过工作的重新设计、调任、协调职位的创造等方式，改变正式的组织结构和冲突双方的相互作用模式
沟通	用模糊或威胁性的信息来提高冲突水平
引入外人	在小组中增加一个背景、价值观、态度和管理风格与现有员工不相同的员工
企业重构	用重新调整工作小组，改变规章制度，增加相互依赖等类似的结构变革去破坏现状
任命一个胆大妄为的人	设计一个批评家，故意与小组的多数职员进行辩论

资料来源：根据 Robbins, S. P. *Managing Organizational Conflict: A Nontraditional Approach*. Upper Saddle River, NJ: Prentice-Hall, 1974, pp. 59-89，表 13-4，翻译整理。

中国文化背景下的冲突管理

东西方文化背景下，由于价值观、思维模式的不同，冲突产生的根源，冲突处理的原则、策略和具体方法等都是有差异的。关于冲突产生根源的特殊性在第二节中已有阐述，本节将从冲突处理的原则、策略和具体方法，存在的问题，如何提高冲突管理的水平等几个方面来分析中国文化背景下如何有效地管理冲突。

中国文化背景下的冲突管理现状

“持中、贵和”的处理冲突原则

“持中、贵和”的原则源于中国传统文化中的儒家思想。中国人传统上崇尚儒家思想，曾一度“独尊儒术”，以持中、贵和作为处理冲突的原则。

持中，就是坚持中道，不走极端。“过犹不及”，孔子用“持中”来规定和谐的界限，并以此作为达到与保持和谐的手段。在他看来，无过无不及，凡事去其两端而取中，便是“和”的保证、“和”的实现。《中庸》将孔子所主张的持中原则，从“至德”提到“天下之大本”、“天下之达道”的哲理高度，强调通过对持中原则的体验和实践，去实现人与人之间、人道与天道之间的和谐。

贵和，就是以和为贵，和而不同。儒家主张和为本、和为美、和为贵。儒家的“和”有多方面的含义。一是“和而不同”。和是差异的综合、多样性的统一。“君子和而不同，小人同而不和”。“和”指和谐，“同”指附和。“和”的精髓在于对不同质的事物的兼容性。二是“中则和”。《礼记·中庸》：“喜怒哀乐之未发，谓之中；发而皆中节，谓之和。中也者，天下之大本也；和也者，天下之达道也。致中和，天地位焉，万物育焉。”中和就是讲究适度，采取协调兼顾、一视同仁的态度。三是和为贵，“礼之用，和为贵”，以“和”为解决矛盾的上策。四是“和生实物”，“和气生财”，“家和万事兴”。

为了达到“和”，求得稳定，中国传统文化提供了一整套的理论原则。管理者的奋斗目标就是平天下，使天下大治，大治就要稳定。从整个社会的角度来说，就是要“天下归仁”，要“礼之用，和为贵”。一旦天下归仁后，就会天下稳定。具体地说，人与人之间的“和”：对上和，要忠、孝、尊、崇、恭、敬，使天下有道；对平级和，要忠、恕、信、义、敦、睦，推己及人，协调矛盾；对下和，要宽、厚、慈、惠、爱；对外族和，要信任、尊重、不轻视、不敌视，相互融洽，共享太平。总之，人与人之间，包括君臣之间，父子之间，夫妻之间，兄弟之间，朋友之间，上下左右之间，内外之间，都要和。不仅如此，还要人性和，即情绪表达上要有节制，像古人所说的，“喜怒哀乐之未发，谓之中；发而皆中节，谓之和”，“治气养心之术，血气刚强，则柔之以调和”，“刚柔得道谓之和”。政事和，要“宽以济猛，猛以济宽，政事以和”，就是说，要能法理、人情并顾，恩威并济，宽猛互应。人与自然要和，就是要“天道自然”，“不与自然争职”，一切顺其自然。一句话，就是在各种矛盾冲突中，要适当地平衡，采取“中庸”的方式加以调和，这样才能使社会达到和谐稳定的境地。

“持中、贵和”思想使中国人在处理矛盾和冲突时，十分注重和谐局面的实现和保持。做事不走极端，着力维护集体利益，求大同存小异，有着积极意义。党的十六届四中全会提出要构建“和谐社会”，充分体现了中国传统文化中“天人合一”、“以人为本”、“和为贵”的思想，通过运用政策、法律、经济、行政等多种手段，解决人与自然界之间、社会中不同阶层的人们之间的矛盾，创造一个民主法治、公平正义、诚信友爱、充满活力、安定有序、人与自然和谐相处的社会。当然，从消极的一面来看，“持中、贵和”思想不鼓励冒险和出头，有可能抑制个人创造性的发挥。

忍让、妥协和退避的冲突管理策略

应当说，一种和谐稳定的社会环境对经济的发展是必需的，也是有利的。但是，中国传统管理者为达到“和”的目的，选择的行为方向和策略基本上是消极的，包括忍让、妥协和退避。《左传》中说，“让，礼之主也，世之治也。”而“忍让”取向的第一步就是“不争”。《荀子》说：“人生而有欲，欲而不得则不能无求，求而无度量分界则不能不争。争则乱，乱则穷”。孔子也说，“君子无所争”，“君子矜而不争”。这样抑制被管理者的竞争心理，使本来十分稀缺的竞争意识进一步遭到泯灭。

在中国，“忍让”哲学是非常有名的，“小不忍则乱大谋”，“忍得一时之气，免得百日之忧”、“以曲求伸”、“忍一忍风平浪静，让一让海阔天空”的“忍”字格言在民间非常流行，俯拾皆是，影响着中国人的人心和人生。再加上中国传统文化主张“无为，无败、无执，故无失”，鼓励人们道德上的修养，鼓励人们陶冶和内省，以达到“内则修己，外则安人”的目的。这方面的例子很多，如“唾面自干”的故事就很典型。宁可忍气吞声，以求相安无事。中国历史上的管理者就是这样教人来调节矛盾和冲突、寻求稳定的。不仅如此，中国传统管理还以“名分”来规范和约束冲突，遏制人们的欲望，以使人人安分守己；以“重义轻利”来消弭因资源匮乏、物质分配不均而产生的紧张与冲突。难怪中国许多有学问的人家里的正墙上，特意挂着一个“忍”字作座右铭。“忍”已经影响着每一个中国人。

忍让、妥协不行的话，就采取退避的方式来避免冲突，即所谓“惹不起躲得起”。中国传统文化中倡导“舍之则藏”，“退而独善其身”。这种不参与的退避策略，几乎成为中国传统社会的基本心态，对知识分子的影响尤其大。许多知识分子一旦不得志，一旦与统治者的目标有分歧，就弃官退隐山林，走向自然，与世隔绝。中国古代社会的隐士名流特别多，出家人特别多，佛教、道教比较发达，与这种退避策略很有关系。这种退避的取向和策略，一直影响着现代企业管理。①

中国文化背景下冲突管理的具体表现形式

1. 具备“权变”思想，但缺乏创新意识。从积极的角度看，受中庸之道影响，中国人具备较强的“权变”思想，善于从平衡各方面的利益角度出发解决问题，这对于一些敏感问题的解决是有利的。例如，对外关系中的“求同存异”思想，在香港、澳门问题上提出的“一国两制”原则。但是，“中庸之道，和为贵”思想也有消极的一面，在它的影响下，不少人循规蹈矩，不敢越雷池一步，缺乏创新意识，在组织中，往往否认冲突的积极影响，导致组织的创新和变革能力欠缺，害怕或漠视冲突的存在，不利于有害冲突的早期识别。

2. 重德治，轻法制。中国传统文化强调法理、人情并顾，在冲突处理时，常

① 唐任伍：《避免冲突管理模式的中西差异》，见《经济管理》，2001年第21期。

常采用“摆事实，讲道理”、“动之以情，晓之以理”的方法，希望首先能以理服人，以情动人。从积极的方面来说，用伦理道德的方式来处理某些冲突，可以将这些冲突以协商、调解的方式尽快解决，可避免冲突事态的扩大，也可以免去繁琐的诉讼程序，节约处理成本；但从消极的方面来说，如果一味强调德治，忽视法制手段对冲突解决的作用，可能导致“情大于法，有法不依”的严重后果，不利于整个社会冲突处理机制的完善。

3. 讲人情，重关系，爱面子。中国社会是面子、人情的社会。中国人情世故的核心是面子。中国文化中的“关系”，如果翻译成英语可以是“联系（connection）”、“社会网络（social networking）”和“特殊的人际关系（special interpersonal relationship）”，但是，中文中的“关系”还带有“权力、社会地位和资源传递（resource transmission）”的含义。中国人最讲究“关系”，这个关系简单地说，就是指个人和他人的人际互动状态，包括角色地位关系和交情关系。在冲突处理方面，有时只要注意给足对方面子，冲突则自然化解。面子的核心就是尊重，而尊重的核心就是在生意往来、朋友交往中要将对方的位置摆得比自己高一点。如此一来，人情得以积累，朋友得以增多，你的生存环境和发展空间也就会愈来愈良性化。另外，中国人讲究行为的“合情合理”，在解决冲突时也往往先采取“摆事实，讲道理”的方式，“动之以情，晓之以理”，而不像西方国家动辄“法庭上见”。

4. “忍”。在中国文化中，“忍”字被当做许多人的座右铭，“忍”的内涵十分丰富，根据《辞海》中的解释，“忍”的主要含义有三个。一是“容忍，忍耐”。《论语》中说：“是可忍也，孰不可忍也?”，引申为坚忍、顽强；《晋书·朱伺传》，伺曰：“两敌相对，唯当忍之，彼不能忍，我能忍，是以胜也。”二是“抑制”。《荀子·儒效》：“志忍私，然后能公；行忍惰性，然后能修。”三是“残忍，忍心”[①]。中国人信奉“退一步海阔天空”，“留得青山在，不怕没柴烧”，在不敌对方的时候，可以暂时采取妥协、退让的策略，以求得积蓄力量、东山再起的机会。这使得中国人在解决冲突的过程中，比较注重长远规划，正所谓“君子报仇，十年不晚”，因此，才有“忍辱负重，委曲求全”等说法。

越王勾践“卧薪尝胆”

公元前496年，吴王阖闾率军攻打越国，不料却被越王勾践打败，阖闾在混战中身受重伤，回师途中死去。阖闾的儿子夫差继位后，厉兵秣马，发誓报仇。两年后，吴王夫差率兵大举进攻越国，在夫椒（今太湖洞庭西山）大败越军。越王勾践走投无路，只得向夫差屈膝求和。勾践及其大臣范蠡等三百人到了吴国，为吴王服役。勾践为吴王养马驾车，整整服侍了三年之久。夫差以为勾践已完全臣服，便放越王君臣回国去了。

勾践回国后，发誓要报仇雪耻，他担心安逸的生活会消磨意志，就用柴草作被褥，并在屋内悬挂一只苦胆，经常去尝尝，提醒自己不要忘记复兴大业。

① 《辞海》，上海辞书出版社，1999年版（缩印本），第567页。

这就是人们所说的"卧薪尝胆"。勾践励精图治，重用范蠡、文仲等贤能之士管理国事，同时训练军队，发展生产。经过十几年奋斗，终于转弱为强。

公元前482年，勾践乘吴王夫差与诸侯会盟之机，率军偷袭吴国，大败吴军，俘吴太子友。夫差只得向越国求和。公元前473年，勾践灭掉了吴国，夫差自杀。从此越国成为江淮一带的强国，越王勾践也成为春秋战国时期的一代霸主。

对于企业而言，冲突产生的根源是多种多样的，目前企业处理冲突的具体做法也不一致。以目前企业中普遍存在的劳动争议问题的解决为例，处理途径有以下几种：① 用人单位与劳动者自行协商解决；② 向本企业劳动争议调解委员会申请调解；③ 经调解不成，或当事人不愿调解的，可向企业所在地的劳动争议仲裁委员会申请仲裁；④ 当事人对仲裁裁决不服，可向人民法院起诉。

可见，目前在劳动争议这类冲突的解决途径上，我国企业的做法既有反映中国文化特色的地方(如首先采用协商和调解的方法)，也有与国际接轨的地方(在不得已的情况下，可以求助于仲裁和司法程序)。让我们来看一下协商、调解与仲裁有哪些不同。

协商是指冲突双方面对面地讨论存在的分歧，通过互谅互让找到处理冲突的理想方式。影响协商过程的因素主要有三个。

(1) 认知框架。认知框架是指双方感知情境的方式，包括三个基本维度：关系—任务，双方关注的是彼此的关系还是争议的财物；情绪—智力，双方关注的是争议的情绪(如愤怒，怨恨)，还是具体的行为；合作—胜利，双方关注的是彼此获益，还是打败对方。研究表明，采用任务、合作方式的协商比采用打败对方的协商更有效。同样，采用智力或关系方式比采用情绪、任务方式的协商更易取得满意的结果。

(2) 知觉偏差。研究发现，冲突双方在协商过程中经常出现一些知觉偏差。比如有时一方认为自己的利益与对方完全不一致，另外一些时候，一方又会认为对方会和自己一样优先考虑一些问题。

(3) 赢失导向。冲突双方协商时，有两种截然不同的导向：双赢(win-win)与赢失(win-lose)。前者是指努力追求双方利益的最大化，后者是指努力使自己得而对方失。

调解是指第三方通过各种形式迫使冲突双方自愿达成协议。调解人通常没有正式权威，不能强迫冲突各方接受自己的意见。但是，调解人可以通过澄清问题、鼓励沟通、提出建议、融通关系等措施迫使冲突得以顺利解决。

广义的仲裁是指拥有职权的人(通常是上司)在认真分析冲突的基础上提出双方都能接受的解决问题的协议。也就是说，从广义来说，仲裁过程并不一定要依赖于正式的仲裁机构才能进行。仲裁的类型有：① 有约束力仲裁(binding arbitration)，是指双方同意接受的仲裁；② 自愿仲裁(voluntary arbitration)，是指双方保留拒绝执行自主权的仲裁；③ 传统仲裁(conventional arbitration)，是指仲裁者可以提出任何解决方案；④ 最终提议仲裁（final-offer arbitration），是指仲裁者只能在冲突双方提出的最后方案之间作出选择。应当指出的是，仲裁可能会留下一些潜在问题。例如，冲突一方怀疑仲裁者存在偏见，冲突双方可能对仲裁持有异议等，这些都会影响仲裁的执行。

中国文化背景下冲突管理存在的问题

对建设性冲突强调不够，忽视了冲突积极性的一面

中国文化中强调"和为贵"和"忍"的思想，实际上是在忽略或回避冲突，没有意识到适度的冲突水平对于组织的生存和创新是很有利的。因此，在中国文化背景下的冲突管理，首先应当解决的是组织成员对于组织冲突的态度，使他们认识到建设性冲突对于组织的重要意义，从而主动去激发和保持组织内适度的冲突。

在冲突处理策略方面，过分强调忍让、妥协和退避，忽视其他策略的运用

根据托马斯的二维模式，冲突管理策略有竞争、回避、妥协、迁就和合作五种模式，中国文化很显然忽视了对于竞争策略和合作策略的运用。实际上，在竞争日趋激烈的今天，无论对于组织中的个体，还是对于组织与组织之间的关系来说，冲突的解决要更多采用"竞合"的策略。

对人情、关系和面子的过度强调可能导致冲突处理的低效率

由于对人情、关系和面子的重视，中国人在处理冲突时往往采取多次协商的方式，有可能延误冲突处理的最佳时机。另外，讲人情、重关系可能导致冲突解决过程中缺乏原则，"大事化小，小事化了"。

最后，虽然从网络理论和社会资本的角度来看，中国传统文化中对人情和关系的重视，在某种程度上可以解决由于资源稀缺造成的冲突，提高资源的搜寻效率，减少交易成本，但是，人情和关系的维持，需要经常性地投入时间、精力或物质财富，也会导致冲突处理成本的上升。

中国文化背景下，如何提高冲突管理的水平

迪安·乔斯沃特（D. Tjosvold）[①]认为，有效管理的冲突可以提高组织的创造性和生产率。多数组织对于冲突，要么采用非赢即输的竞争方法，要么采取回避的方法，这两种方法都把冲突看成是消极的。相反，一种积极的冲突观则认为适当的冲突可以获得双赢的效果，积极的冲突观就是认识到冲突影响的两面性，将冲

① Tjosvold, D. *The Conflict-Positive Organization-stimulate Diversity and Creativity*. Addison-Wesley Publishing Company, 1991.

突的出现看作是发现问题、提高组织创新与活力的良好机遇。

在这样一个全球联系日益密切的时代，作为在中国文化背景下运作的企业的管理者，应当采取兼收并蓄的方法，同时吸取东西方文化中的精髓，以提高企业内部冲突管理的水平。具体可以从以下几方面入手。

1. 树立积极的冲突观，认识冲突影响的两面性，充分发挥建设性冲突对于企业的积极作用。适当激发建设性冲突，提高组织的活力和创新能力。对于建设性冲突的激发，在中国文化背景下似乎显得更为重要。中国几千年的封建统治，统治者一向是采用“压制”的手段来对待下层人民的反抗，造成了中国文化中一种普遍的“唯上”现象，上级决策过程中很少听取下属的意见，下属也往往对上级的决策唯命是从，很少提出异议，组织中看似一团和气，实际上气氛沉闷，缺乏活力和创新。因此，在中国文化背景下，要想真正激发出建设性的冲突，首先要改变深藏于人们内心的“唯上”思想，鼓励人们发表不同意见，组织的管理者不仅要对上级负责，更要善于倾听下属的意见，真正理解“良药苦口利于病，忠言逆耳利于行”的含义。

2. 逐渐淡化“官本位”思想的影响，针对不同岗位对能力要求的差异，配置相应能力的员工，并为不同岗位的员工设计差异化的职业生涯，克服角色定位偏差所带来的冲突。

3. 针对中国人对“面子”的重视，建立完善的第三方机制来处理冲突。中国文化中对面子的重视，使得人们较少采用当面对质的方式去处理冲突，而更倾向于采用中间人或第三方的方式从中周旋。除了前面提到的调解和仲裁机制外，考虑到中国文化对上级比较尊重的传统，人们往往将自己的上级作为中间人，借助于上级的权威去调解下属个人或部门间的冲突。

4. 针对跨国企业中由于文化语境的不同而产生的冲突，重要的是加强文化敏感性训练，提高对不同文化语境的理解能力。

5. 针对“义”与“利”的冲突，既不能一味强调“义”(即道德)，忽视市场经济条件下物质激励对员工的作用，也不能过分强调纯粹的物质利益，导致“见利忘义”现象的泛滥。

6. 吸取“和为贵”思想的精华，注意平衡各方面的利益，努力实现双赢或多赢的局面。

7. 大力发展心理咨询和治疗的社会中介服务体系。针对中国社会目前正处于新旧体制转换过程中的现实，新旧体制碰撞中的人们往往面临巨大的心理压力和冲突，应当考虑大力发展心理咨询和治疗的社会中介服务体系，因为适当的心理辅导对于缓解员工的工作和生活压力，减少冲突的产生，提高组织运行的效率是十分重要的。

8. 完善冲突处理机制。综合运用协商、调解、仲裁和诉讼等冲突处理机制，提高冲突处理的效率。

本章回顾

冲突是任何组织中所普遍存在的客观现象之一，它的作用有积极的，也有消极的。不同的文化背景下，冲突产生的根源是有差异的，人们对冲突的认知、态度、处理策略和方法也不完全相同。美国行为科学家托马斯将冲突管理策略区分为竞争策略、回避策略、妥协策略、迁就策略和合作策略五种。布莱克—穆顿模式利用冲突方格，认为人们在处理冲突时可能采用回避、缓和、压制、妥协或正视的策略。

作者认为，在中国文化背景下，提高冲突管理水平可以从以下几方面入手：① 树立积极的冲突观，认识冲突影响的两面性。② 逐渐淡化"官本位"思想的影响，克服角色定位偏差所带来的冲突。③ 针对中国人对"面子"的重视，建立完善的第三方机制来处理冲突。④ 针对跨国企业中由于文化语境的不同而产生的冲突，重要的是加强文化敏感性训练，提高对不同文化语境的理解能力。⑤ 处理好"义"与"利"之间的关系。⑥ 吸取"和为贵"思想的精华，注意平衡各方面的利益，努力实现双赢或多赢的局面。⑦ 大力发展心理咨询和治疗的社会中介服务体系。⑧ 完善冲突处理机制。综合运用协商、调解、仲裁和诉讼等冲突处理机制，提高冲突处理的效率。

关键术语

冲突　建设性冲突　破坏性冲突
冲突根源　官本位　"面子"心理
高语境文化　低语境文化　讨价还价模式
官僚模式　系统模式　冲突管理
托马斯二维模式　冲突方格

复习思考题

1. 举出两个例子来说明你对冲突的态度，分析它们是积极的、消极的还是中性的。

2. 分别举例说明你在何种场合下，会选择回避、缓和、压制、妥协或者正视的冲突处理方式。

3. 你认为中国文化背景下冲突产生的根源有哪些特殊性。

4. 请说明激发适度的建设性冲突对于组织的重要性。

5. 你认为中国文化背景下,该如何提高冲突管理的水平。

案例 11-1

联想收购 IBM PC 业务

2003 年联想最终以付出一笔高达 12.5 亿美元的天价收购了 IBM PC 业务。联想想借 IBM PC 品牌出海,真的能如愿以偿吗?联想收购 IBM PC 业务后,面临以下各种冲突。

1. 文化和决策方式的冲突

IBM 内部是一个非常民主的环境,具有低权力距离的民族文化特征,上下各部门只有分工不同,领导和下属地位平等,一视同仁,每个人都同样受到尊敬。为了鼓励员工提出建议,IBM 设立了四条双向沟通的通道:与高层管理人员面谈、员工意见调查、直言不讳、申诉。员工通过这四条通道对上级提出意见和建议,上级考虑员工建议,作出民主决策。

而联想集团权力集中,具有高权力距离的文化特征。组织成员普遍持有"官本位"的思想,在决策方式上表现出"唯上现象",其决策方式是"上级下命,下级执行",甚至在决策会议上,发言顺序和发言内容都很有讲究。

联想的集权文化和决策方式与 IBM 民主氛围和决策方式产生冲突。联想收购 IBM 后,许多联想在美国招聘的有美国教育背景的中国员工和收购前 IBM 员工在为联想工作三个月后纷纷辞职,这正是文化和决策方式的冲突导致的负面影响。

2. 管理理念的冲突

在管理理念上,IBM 具有"以人为本"、"自由的工作氛围"的特征。① "以人为本"是 IBM 企业文化的精髓,在 IBM 公司里没有自动晋升与调薪,晋升调薪依工作业绩而定,与学历、工龄、职位无关。IBM 尊重员工的个人利益,重视他们的价值和人性需要,任何作出一定贡献的员工不会因为得不到适当的物质奖励而感到失望。② 自由的工作环境也是 IBM 企业的一大特点,员工都习惯于美国硅谷那种灵活松散的工作作风。IBM 的人才理念中指出公司需要"野鸭子",被驯化的野鸭子就失去了创造力,公司尽力避免驯化员工,给员工宽松自由的工作环境,让他们发挥个性。

联想文化中也一直强调以人为本的原则,但在实际操作中最突出的特点是规范、标准、纪律严明。联想创始人柳传志一直提倡联想的"家文化",就是"老一代企业家像家长一样以强大的管理权威成为企业的象征和毋庸置疑的权力制高点,所有的人就像家族成员一样感受'慈父'关怀的同时,必须服从'严父'的教诲和权威,不仅对成员的工作进行管理,对员工个人行为也进行细致的关注和规范”。对新员工的培训，联想形象地称为“入模子”，即不管员工原来个性如何，到联想后就用一个统一的模具，训练成具有高度标准化和一致性的员工。

当联想并购IBM PC业务部后，联想的“严格的量化管理”方式与IBM的“自由”的管理方式存在冲突，用联想的管理方式会扼杀IBM员工的创新精神，而IBM的自由放任的管理方式可能并不符合中国及联想的文化。无论联想员工，还是IBM员工，在刚开始接受另一种管理方式时，都会产生不适应。

3. 利益的冲突

从现实的利益角度来看，联想收购IBM PC业务后，还得面临利益的冲突。联想多数员工的工资当时处于四五千元/月的水平，而IBM员工可能是数千美金/月，甚至更高。这种薪资鸿沟导致原联想员工心理的不平衡，并最终表现为IBM PC业务降薪、裁人。但是美国的劳动保障很全面，联想要裁掉IBM员工不会很容易，首先IBM不想给自己带来麻烦，会以合同方式确保现有人员的稳定；另外，裁员意味着联想要支付巨额雇佣违约金。此外，人事变动中可能会导致客户流失和无形资产流失。

4. 人才冲突

收购时，联想员工全是中国本土化，高层管理者都来自联想内部，完全缺乏国际企业管理人才。联想在收购PC业务之后，一方面要留住IBM原有人才，一方面又要加强控制权，会从总部派嫡系掌控IBM PC业务的领导权。这样一来，IBM原有人才与联想派驻人才的冲突不可避免。

5. 政治冲突

IBM总部位于北卡罗来那州，北卡罗来那是美国大选中共和党占据相当优势的一个州，民风相对比较保守，联想收购后，IBM PC业务产权性质的改变会让美国公众对公司的态度发生改变，如IBM职员对突如其来的中国员工会持有敌视、排斥的态度。并购不久，曾发生了这样事情，美国政府原来订购了一万多台Thinkpad笔记本电脑，但是由于有美国议员提出这是支持中国政府的行为，美国就撤出了订单。

6. 认知冲突

联想对IBM PC业务的收购，给市场/消费者认知也带来了冲突，当IBM笔记本上打上Lenovo的标示后，消费者对产品的认知产生冲突。正如许多消费者表达的：“IBM笔记本电脑上印着联想的LOGO，我不确定质量是否如之前的IBM电脑。”

资料来源：柳传志，《2007中国管理100年会午宴实录 联想并购IBM到底买到了什么》，见《英才》，2008年第1期；乐思伟，《从联想对IBM PC的收购看文化融合的冲突与对策》，见《广东外语外贸大学学报》，2008年第1期。

问题

联想收购IBM PC业务后，面临哪些冲突？这些冲突的性质、来源及可能产生的影响是什么？试图找出你对这些冲突进行管理的办法？

III

组织行为篇

◆第 12 章　权力与组织中的政治行为
◆第 13 章　组织理论与组织设计
◆第 14 章　组织文化
◆第 15 章　组织变革
◆第 16 章　组织发展

第12章

权力与组织中的政治行为

> 其身正，不令而行，其身不正，虽令不从。①
>
> ——《论语·子路》

权力的定义与内涵

权力是一个很忌讳的话题，似乎谁要谈论权力，谁就有权力欲，谁就是野心家。但对现实中的人们而言，权力已经成为一种活生生的东西，它虽然不能被看见，却能够被感觉到。任何组织，从国家组织、党政组织、工商组织、教育组织到宗教组织，乃至黑社会组织等各种组织，都一定存在权力关系和现象。权力是使孤立的个人以一定方式形成组织的“粘合剂”。权力被正确地使用，就能成为理性的载体，在社会的运行和发展中发挥重要的作用。管理者通过了解权力在组织中的本质和运行机制，就能更为有效地利用权力，从而提高组织的绩效。

① 自己行为正当，不发令也行得通；自己行为不正当，发令也没人听从。

权力的概念

社会学家马克斯·韦伯从社会学的角度对权力定义，指权力是一个人或几个人所拥有的机会，这些机会通过集体行为，甚至是在他人反对的情况下，实现自己意志的可能性。① 克特·W·巴特在《社会心理学》一书中认为，权力是在个人或集团的双方或多方之间发生利益冲突或价值冲突的形势下执行强制性的控制。②《不列颠百科全书》则把权力定义为一个人或许多人的行为使另一个人或其他一些人的行为发生改变的关系。③

在人类群体中产生相对稳定的权力关系起源于群体中"组织"的产生和发展。组织的产生可以使人与人之间偶然的权力关系稳定下来。而权力关系的稳定和发展可以促使组织的巩固和发展。任何组织，从国家组织、党政组织、工商组织、教育组织到宗教组织、黑社会组织等各种组织，都一定存在权力关系和现象。权力是使孤立的个人以一定方式形成组织的"粘合剂"。

在组织中，权力是指能够影响或控制其他个体或群体心理和行为的能力。从理论和实践上讲，任何组织成员都存在拥有权力的可能，而不一定只有领导者才拥有权力。而领导者的权力，或者说领导权力，是指领导者为实现组织目标而影响和控制下属心理与行为的能力。

权力的特征

权力具有以下三个特性。

1. 相对性。权力不能孤立地存在，它存在于具体的组织之中，并存在于组织的成员之间。一位公司的总裁对公司员工进行控制和影响，以及在公司经营过程中对资源进行享用、处置等相关权力，只存在于该公司中及相关利益者中。

2. 单向性。权力是一种影响力，在影响者和被影响者之间是不完全平等的。

3. 后果性。权力的行使会产生后果，对接受影响的人或群体产生有利或有害的后果。

权力的关键——依赖

最广义而言，权力关系产生于相互依赖，它改变资源的占有关系。社会交换理论认为当拥有他人需要的某种资源，就产生他人对你的依赖，便因此获得了权力，④即权力源自对所需资源的依赖。在对权力关系的任何一种解释中，主要的因素都是行动者的目标和为实现这种目标所需要的资源分配。在组织情境中，当某个成员拥有对实现组织目标具有重要意义或不可缺的资源，就产生组织或组

① 马克斯·韦伯：《经济、诸社会领域及权力》，生活·读书·新知三联书店，1998年版，第41—42页。
② 克特·W·巴特：《社会心理学》，南开大学出版社，1984年版，第420页。
③ 《不列颠百科全书》，第14卷，第15版，第697—698页。
④ 彼得·布劳：《社会生活中的交换与权力》，华夏出版社，1988年版，第164页。

织内部其他成员对其的依赖，进而这个成员就在组织内部享有权力。这种资源是金钱、实物、知识、能力、技术、情感、信念、价值观或人际关系等。产生依赖的原因，是你所需要的资源具备：重要性、稀缺性、不可替代性。

对渴望得到资源的控制权分配直接导致依赖，但依赖并不会自然而然地导致服从。因为，服从只是在没有其他出路时才会存在。下级摆脱控制的主要办法有四种。第一，他们可以以自身所拥有的资源或物质实惠贿赂上级，使上级放弃对下属所期望得到的资源实际控制权。第二，下级可以想办法到其他地方寻找他所依赖的资源。能够得到另一个供给来源，这显然会影响他，使其改变心甘情愿奉命行事的态度。第三，下级可以想办法同其他具有类似的与其成互补依赖关系的人们结合起来，并努力改变依赖与服从之间有关的交换比率。第四，他可以作出判断，对他自己来说，从事非利己活动与放弃使他处于依赖状态的资源相比，哪个代价更大，从而修改他的目标，以便限制自己对别人的依赖。简言之，当找不到其他出路或者当他们的追求会带来比最初交换包含的不平衡更大时，不对称依赖才会导致服从。

任何关系中的权力总量，都是由有关的依赖分配和是否有摆脱依赖的出路直接决定的：假定其他情况相同，那么，不平衡愈严重，摆脱就愈困难。为获得资源所必需的非利己活动总量就愈大，从而包含的权力总量也愈大。

权力与领导的关系

领导与权力是两个密切相关的概念。领导者将权力作为手段。领导者要达成一定的目标，权力是促使他们实现目标的手段。

权力与领导有以下区别：

1. 目标的相容性不同。权力不要求构成权力关系的双方有一致的目标，只需要依赖性。然而，领导则要求领导者和被领导者双方的目标具有相当的一致性。

2. 影响的方向不同。领导权一般侧重于向下属施加影响，而尽量减少横向和向上的影响。而权力则不同，被领导者由于知识、资源、决策、网络等因素，也可以导致领导者对被领导者产生依赖，形成权力。

3. 研究的领域不同。在组织行为学中，有关领导的研究集中于领导方式，探讨与研究领导者对下属的支持程度、决策范围等；有关权力的研究包括更为宽泛的领域，集中于探讨和研究如何获得权力。

权力的来源与类型

在组织中，领导者为何能够对下级施加影响和控制？权力源自何处？马克

斯·韦伯将权力分为三类:[①]

1. 法理权力。它的基础是合法性,建立在相信统治者的章程所规定的制度和指令的合法性之上,领导者合法进行管理和领导。

2. 传统权力。它的基础是古老传统的神圣性,建立在相信历来适用传统的神圣性和由此授予统治者权威的合法性之上。人们拥有和行使权力的地位是继承而来的,并坚信这是合法的。

3. 虔信权力。它的基础是对某一人的超凡的圣洁、英雄业绩或者高尚道德的虔诚信仰。

在组织行为学理论中,组织中权力的来源可分为两类:人际间的权力来源和结构性权力来源,见图 12-1。

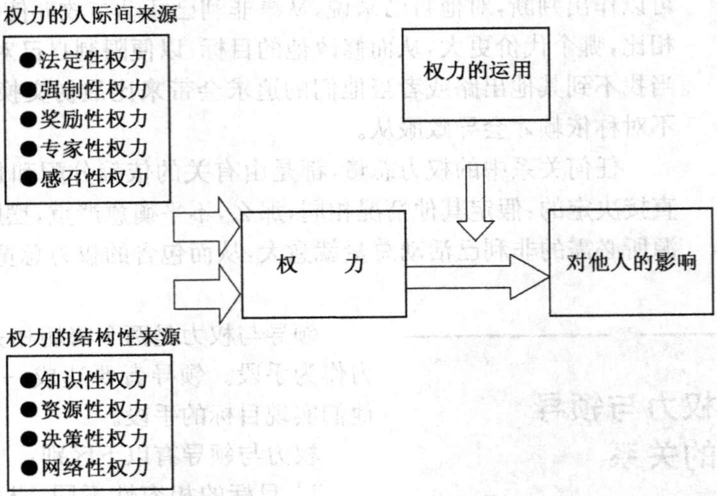

图 12-1　组织中权力的来源

资料来源:改编自 D·赫雷格尔等《组织行为学》,华东师范大学出版社,2001,第 418 页。

人际间来源的权力

人际间来源的权力是指在管理者和下属、领导者和追随者之间互动过程中形成的权力。

按照弗伦奇(John French)和雷温(Bertram Raven)[②]的分类,组织内部的源自于人际间关系的权力可分为五种类型。

1. 法定性权力(legitimate power)。这是组织内各等级领导职位所具有的正式权力,其核心是指挥和命令、决定和否定,通常由组织按照一定程序和形式赋予领导者进行命令和指挥的权力。法定权力的作用基础是职位的权威性,凡是处于某一职位上的领导者都拥有一定的法定权力,可在其职权范围内行使运用有关权力。被领导者亦必须服从领导者依权发布的指示。

---

① 马克斯·韦伯:《经济与社会》上卷,商务印书馆,1997 年版,第 241 页。

② French, J. R., B. H. Raven. The Bases of Social Power. In D. Cartwright, Ann Arobor. *Study in Social Power* (ed.). Michigan: University of Michigan Press, 1959: pp. 118-149.

2. 强制性权力(coercive power)。这是一种对下属在肉体、精神或物质上进行威胁,强迫其服从的权力。这种权力建立在惧怕惩罚的基础上,一个人如果不服从,就有可能产生不利的后果。由于对这种不利后果的恐惧,这个人就对强制性权力作出了反应,强制性权力实质是一种惩罚性权力。在组织环境中,当下属人员意识到违背上级的指示或意愿会导致某种惩罚,如降薪、扣发奖金、分配不称心的工作、降低待遇、免职等,就会被动地遵从其领导。

3. 奖励性权力(reward power)。这是决定给予还是取消奖励、报酬的权力,是一种通过提供益处对他人施加影响的权力。奖励性权利与强制性权力相反,人们服从于一个人的愿望或指示是由于这种服从能够给他们带来益处。在组织情境中,奖酬的范围包括增加工资和奖金、提升职务、表扬、提供培训机会、分配理想工作、改善工作条件等。奖励权建立在利益性遵从的基础上。当下属认识到服从领导者的意愿能带来更多的物质或非物质资源的满足时,就会自觉接受其领导,领导者也因此享有相应的权力。在组织中,领导者对奖酬的控制力越大,他对下属人员的奖酬方面拥有的权力就越大。

4. 专家性权力(expert power)。这是由于具有某种专门知识、技能而获得的权力。这种权力是以敬佩和理性崇拜为基础的。领导者本人学识渊博,精通本行业务,或具有某一领域的高级专门知识与技能,即获得一定的专长权。专长权的大小取决于领导者的受教育程度、求知欲望、掌握运用知识的能力,以及实践经验的丰富程度。领导者拥有的专长权越多,越容易赢得下属的尊敬和主动服从。

5. 感召性权力(referent power)。这是因领导者的特殊品格、个性或个人魅力而形成的权力。这种权力建立在下属对领导者的尊重、信赖和感性认同的基础上。企业领导者公正无私,胆略过人,勇于创新,知人善任,富于同情心,具有感召力,善于巧妙运用领导艺术,则易获得下属的尊重和依从。它一般包括以下三种权力:

(1) 个人魅力权力。这是一种无形而难以用言语表达或概括的权力。个人魅力权力是建立在对个人素质的认同及对人格的赞赏这一基础之上。由于领导者的个人魅力构成了他的权力,吸引组织成员去欣赏他、追随他,并且以接近他为荣。同时,领导者的个人魅力激发了追随者的热忱和忠诚,因此这种权力具有巨大而神奇的影响力。

(2) 背景权力。这种权力是由于具有辉煌的经历或者特殊的人际关系背景、血缘关系而获得的权力。

(3) 情感权力。这种权力是由于领导者和追随者之间感情融洽、心灵契合而形成的影响力。

上述五种权力又可以划分为两类权力。

一是职务性权力,即指权力的获得是由组织授予,其大小取决于个人在组织中的地位高低和职务大小。任何人,只要他有了一定的职位,他同时就有了这种权力。强制性权力、法定性权力和奖励性权力属于职务权,其中法定权居于核心地位,强制权和奖励权都是由其派生出来的,并服从法定权运行的需要,为实现法定权服务。

二是人格性权力，即由个人素质决定的。即领导者不是凭借特权，不是凭借组织赋予的正式权力，而能说服、影响、统帅和指导他人行动的能力。这种权力来自于领导者个人的品质和才能，其大小完全取决于领导者品质的感召力和个人能力的大小。

对于人格性权力，在中国的领导理论中由来已久，被称为统御权，所谓"死而不亡者寿"。[①] 然而拥有统御权并非易事。对此，中国古代思想家对统御权有深刻的认识。领导者要想获得统御权，必须具备以下三个特点：① "君子不器"。领导者不能成为器皿，不是简单地执行规章制度，而是要具备影响力。② 磨难中成长。诸葛亮曾提出"知人七道"——"问之以是非而观其志，穷之以辞辩而观其变，咨之以计谋而观其识，告之以祸难而观其勇，醉之以酒而观其性，临之以利而观其廉，期之以事而观其信"。[②] 领导者要成为"七道"中的主体，在是非中树立志向，在辞辩中应用权变，在谋略中练就胆识，在灾祸中成为勇士，在生活中修养最佳秉性，在利欲中考验自己以达到廉洁奉公。③ 刚柔相济，以柔克刚。儒家倡导的领导者人格也可以说是水型人格，亦可称是刚柔相济型人格。"上善若水，水善利万物而不争。"[③]老子认为，柔弱胜刚强。处于弱势而把自己摆在低下的位置，守柔弱之势、沉心敛气、辨识先机、不立危墙之下、化解危机于未萌，从而达到不战而屈人之兵的效果，其境遇反倒比处于强势地位要好。此"弱"非彼弱，此弱可谓外柔内刚、弱于形而强于神，是故柔弱可以胜刚强。

女性与男性人际间权力来源的差异

权力可以划分为法定性权力、强制性权力、奖励性权力、专家性权力、感召性权力五种类型，在这五项权力的使用方面，男性领导者和女性领导者还存在诸多差异。

法定权没有显著的性别色彩，组织赋予的职位权力都会对下属产生影响力。但研究表明，女性在组织法定权的获取方面存在自我限制的思想。在面临挑战时，有些女性领导者会本能地首先考虑性别，过多地考虑女性角色，在组织赋予更多的或更换的法定权方面踯躅不前。与此相反，那些在职场上能够不断前行的女性管理者，无论在工作心态，还是在工作要求方面，首先把自己看成与男性一样的管理者，没有太多的性别考虑。当取得优秀的业绩时，这样的女性管理者更能够赢得组织和同行的尊重。

强制权和奖励权也没有显著的性别色彩，领导者一定要对这两种权力理性运用，建立一套理性/公平的规则，方能够得到下属的认可。如果领导者根本没有考虑现有的公平规则，或者因感情用事而导致规则遭到破坏，这些都会极大地影响领导权力，动摇权力的基础。女性和男性在理性运用这两种权力上存在一定的差异。与男性领导者相比，女性领导者更强调人性化管

① 《老子》三十二章。
② 《诸葛亮集·将苑》卷四。
③ 《老子》八章。

理，感性的成分会多一些，因此理性的规则往往容易被忽视。此外，女性对规则认识不足，例如，研究企业的发展时发现大多数女性领导者不如男性领导者所领导的企业规模大。从领导权力的角度看，这种现象是因为女性对于规则建立认识不足而形成的，她们对人的感性管理往往要大于理性的规则管理，组织管理还停留在创业时的个人习惯层面，组织的规模很难有大的发展。

专家权是组织内非正式组织领导者最有效的权力来源，会有比较明显的性别差异。与男性领导者相比，女性领导者处于劣势。正如我们所看到的，女性成为民间领导者的可能性较小；我们也很少听说由女性领导者所带领的集体跳槽事件；在对于35岁出路的问题上，女性IT人士选择做管理的比率高达42%，只有26%的女性愿意创业，而37%的男性愿意创业。在增强被领导者对领导者的承诺方面，专家权应该说是最重要的。然而许多女性领导者由于对工作缺乏进取心，再加上繁重的家庭角色，使她们放弃了学习，这本质上是等同于放弃了专家权的发展。专家权的缺失成为女性失去持续领导力的重要原因之一。

在感召性权力方面，女性领导者和男性领导者存在着明显的差异。女性领导者具有一种更为包容的风格；女性领导者对员工的参与要求较高，她们努力培养自己与员工，以及员工之间的相互信任和尊重；她们更注重有效的交流。女性领导者所表现出来的这些优秀品质使她们更能够赢得下属的信任。如果女性领导者追求男性领导者的独特品质，领导效果反而不会太好。在许多情形下，女性领导者只需要发挥独特的魅力就能够有效地影响下属。

资料来源：依据 http://www.ccw.com.cn 相关材料自行整理。

结构性来源的权力

结构性来源的权力是指由于组织的结构性因素或情境性因素所产生的影响和控制力。

权力的结构和情境来源反映了在不同团队和部门中工作与职位的划分。工作分派、工作场所和工作角色自然就导致了对信息、资源、决策和其他人的不均等的接触机会。组织中大量的具体情境因素几乎都能够成为权力的来源，其中重要的权力结构来源包括知识、资源、决策和网络。

1. 知识性权力。组织是利用知识来创造产品和提供服务的信息处理者。知识性权力这一概念意味着，具有达成组织目标关键知识的个体、团队或部门拥有权力。那些处于能够控制当前运作的信息以及开发关于替代方案的信息、或获得关于计划的信息等职位上的个体，将获得影响他人行为的极大权力。所以有的员工和辅助性的部门——如数据处理中心——有时看起来会拥有与组织目标及主要活动之间的关系不相称的影响力。

2. 资源性权力。组织需要大量的资源，包括人力资源、资金、设备、原料、补给品和顾客才能生存。特定的资源对于一家公司成功的重要性以及公司获得它们的困难程度各不相同。资源性权力意味着能够提供必不可少的或难以得到的资源的个体、团队或者部门将在组织中获得权力。哪一种资源是最重要的，取决于具体的情境、组织的目标、经济环境以及提供的产品和服务。

3. 决策性权力。组织中的决策通常都是由许多个体、团体或者团队参与并按照一定的规则或程序而作出，决策过程形成了另外的权力差异。决策性权力认为个体、团队或部门都因它们能够影响决策过程的程度而获得相应权力。它们可能会影响组织提出的目标、评价一个问题的前提、被考虑的备选方案、预期的成果等等。影响决策过程的能力是一种微妙和常常被忽视的权力来源。决策的权力并不必然属于组织中的最终决策者。

4. 网络性权力。结构和情境权力的存在并不仅仅依赖于得到信息、资源和决策，也依赖于合作完成任务的能力。与组织中的其他个体和部门有着联系的管理部门将比那些没有这种联系的更有权力。自然、传统的上下级垂直关系是权力的重要方面，但是这些联系并不是全部。内部和外部网络所提供的水平联系有助于解释相当多的权力差异。网络性权力意味着组织内外大量的附属关系、信息渠道和联盟代表了权力的来源。

中国人对权力的理解

中国文化对权力与西方的理解完全不同。“权，然后知轻重；度，然后知长短”①，“锤谓之权”②。锤是称量物体的重要标准，因此具有重要作用，后来引申为称和称量、衡量的动作。在这里，“权”的本意是指权衡。“百姓有过，在于一人，谨权量，审法度，修废官，四方之政行焉”。③ “且人因难权，权而用其长者，当举也”。④称量、衡量事物，决定取舍，这显然是一种极大的权力，由此引申出权力的概念。因此中国人所谓的“权”，是权度、权量、权衡之意。中国人没有明确的法定性权力的观念，即制度上没有权力的界限，而是个人在特定的位置上通过自己的权度、权量、权衡来获得权力，而这种权力来源是结构性的，即源自于知识、资源、决策和网络。因此，相同位置上不同的人实际影响力和控制力差异极大。

权力的延伸——权威与权势

在组织中，按照组织的规章制度具有同等权力的人，他所发挥的影响力和控制力不同，在组织成员心目中的地位也大不相同。同时，一些按照组织的规章制度没有权力或权力很小的人，却享有与之地位不相符的巨大影响力或控制力，例如我们常见的领导者的秘书们。

---

① 《孟子·梁惠王上》。
② 《广雅·释器》。
③ 《论语·尧日篇》。
④ 《吕氏春秋·举难》。

权 威

岳飞经历大小二百余战，亲自临敌六十八次（《岳飞家史考》第六册）。岳飞既明言，又善于实践的品德深受广大将士和人民的爱戴。高宗皇帝曾赞叹岳飞：“国尔忘身，谁如卿者！”“非一意许国，谁肯如此！”（《金佗稡编》卷三）乾隆皇帝拜谒汤阴岳飞庙，在题诗中赞岳飞：“两言臣则师千古，百战兵时。”岳飞无愧为军人的光辉楷模。

“文官不爱钱，武官不惜死”名言，出自岳飞口。他严格按两言规范自己的言行，并身体力行。他位至将相，俸禄很高，加上高宗皇帝不时重赏，收入颇丰，但在物质生活上勤俭节约。他廉洁奉公，严以律己，不置私产，不娶姬妾，常将自己的收入贴补抗金军需和接济北宋逃难过江的老百姓。绍兴年间，高宗见统帅官在杭州都建有府第，想为岳飞建营第，岳飞辞道：“敌未灭，何以为家”（《宋史·岳飞传》）。这与当时追求物质享受、生活奢侈，官绅士大夫爱钱敛钱成风的社会现象形成了鲜明对比。在大敌当前、国难当头时刻，武官有责率先领部进行抵抗反击。岳飞在抗击不可一世的金国大敌入侵时，赤胆忠心，不畏强敌，身先士卒，舍生忘死，与将士们浴血奋战在抗金战场。在危难关头，他挺身而战，力败强敌。岳家军常以少胜多，出奇制胜。克复南京，收复襄阳六郡，偃师大捷，朱仙镇全胜，迫敌北渡黄河。金兵出世以来还未遇到如此劲敌，发自肺腑地惊叹：“撼山易，撼岳家军难！”

资料来源：http://www.yuefei.net/ydwz/004.htm。

权威是与权力密切相关并相近的一个概念。权威是对权力拥有者所施加的影响和控制在心理上的认可和赞同。可以说，权威是权力的表象形式，或者是权力运作的心理结果和心理延伸。

西蒙将权威定义为指导他人行动的决策制定权。① 权威是上级和下级之间的一种关系，它包括上、下级双方的行为。上级人员的行为模式包含命令和预期。命令是指针对他人选择备选行为的命令语；预期是指命令将被他人作为抉择准则而接受的估计。下级人员的行为模式受到一个决定性决策的支配，在这种行为中，下级人员暂时放弃了挑选备选方案的本领，接受命令或信号准则作为其决策的依据。据此，西蒙认为权威包括两个要素：服从的预期和顺从的意愿。他认为权威关系是角色关系的一种，具有三种功能：加强行使人的个人责任；保证决策制定工作中专门知识和专门技能的利用；有助于活动的协调。② 因此，职责、实际知识和协调构成权威职能的三要素。

从大量政治学、领导学和组织行为学的研究成果来看，将权威和权力等同或混同显然是不正确的。权威和权力有以下三方面的区别：

第一，权力与权威的来源不同。权力是权威的基础，职务权力和人格权力的

① 赫伯特·西蒙：《管理行为》，北京经济学院出版社，1988年版，第122页。

② 赫伯特·西蒙：《管理行为》，北京经济学院出版社，1988年版，第131—132页。

双重因素构成了权威的基础和综合影响力。

第二，权力与权威的表现形式不同。权力的存在和表现是由组织的规章制度所明文规定的，是显性的。而权威存在于接受影响和控制的人的心理状态和精神世界中，是隐性的。

第三，权力与权威的作用效果不同。权力，特别是职务权力可以无视人们的反对，强迫人们接受并服从，它的作用效果是刚性的。而权威则意味着人们在接受影响和控制过程中的心理震慑或心悦诚服，它的作用效果是柔性的。

权力和权威作为一对概念，其基本内涵普遍存在于人类社会之中。大量的组织行为研究理论都源于西方社会，但由于中国文化的独特性，中国人对于权威的理解有所不同。

首先，在中国人的观念中，权力和权威的界限不是很清楚。权力往往自然带来权威，因为领导者不要求追随者在心理上的赞同，而强调力量和威胁所导致的心理震慑，使人们感到可敬、畏惧甚至可怕，从而获得威慑力、威严乃至淫威，所谓“有威而可畏，谓之威”①。所以中国人的权威更强调的是其基础——权力之中的强制和惩罚。

其次，中国人的权威观念具有非理性特征。在组织中，职务性权力构成了权威的合法性基础，权威来自法制的确认，因此，权威是一种理性权威。但中国人由于缺乏法定性权力的观念，权威的影响和控制范围超越了应有的法制基础，而追随者也认同并接受这种逾越应有界限的影响和控制，呈现非理性的特征。

第三，中国人的权威观念更具私人色彩。中国的领导者倾向于灵活而留有余地地行使规章制度所赋予的权力，因为如果严格按章办事，追随者所认同的是制度，而非领导者个人。领导者要突显个人的权威，就要权衡行使自己职务权力的方式和幅度。同时，领导者追求通过运用人格性权力，即专长、个人魅力、情感和背景等个人因素来使追随者臣服，其目的是形成个人对追随者的影响和控制，不因地位和职务的变化而变化，导致权威的私有。

获得权威是每个领导者朝思暮想的追求之一。尽管权威的获取过程和原因很复杂，但获得权威基本上依靠三个途径。

1. 追随者由于害怕领导者的强制力而服从并接受领导者。追随者担心如果他们不按照领导者的要求去做，就会给自己带来不利。在这种情况下，领导者设法使追随者害怕并想象其不利后果。由于领导者实施的强制性影响力，追随者不愿意受到这种潜在后果的不利影响，所以迫于无奈，往往“口是心非”地曲意附和。当这种情况发生，追随者对领导者的一切承诺都是表面和违心的，一旦脱离或暂时摆脱领导者的威胁，原来的承诺都会随之烟消云散。这种途径形成的权威是建立在领导者和追随者双方都增加担忧的基础上。当领导者担心追随者不会轻易服从指令时，会倚仗强制力作用，采取大棒政策，但这些措施的效果难以长期维持。当领导者或其所依赖的制度被废除时，强制性措施所产生的影响力和控制力就不再存在。并且，过度的强制性措施会激发追随者的抵抗。因此，

① 《左传·襄公三十一年》。

领导者和追随者双方都难以摆脱这种途径所导致的体力和情感上的负担。单纯依靠强制力所建立起的权威，只会助长组织内部的怀疑、欺骗和不忠，最终导致系统崩溃。

2. 追随者谋求通过服从领导者而获得利益。人际关系中的这种影响力是建立在人们对各自所占有或控制的资源进行互利交换的基础之上的，是一种功利性的影响力。追随者有着领导者想要获得的资源，如信息、知识、技能、精力、金钱、时间等；而领导者也控制着追随者渴望得到的东西，如信息、金钱、升职、友谊、包容、安全、精神慰藉等。因而，追随者认为，只要认同、服从并接受领导者的影响和控制，以此作为交换条件，就可以从领导者那里获得相应的回报。在组织中，组织自身的形成和发展，组织活动的展开等许多行为都是由功利性因素所推动。功利性是建立在组织成员对平等和公正的感觉之上。只要追随者感到自己的付出会得到相应的回报，领导者和追随者之间的关系就能得到维持。以功利性因素作为决策基础的追随者，心理感觉是受到领导者的吸引，而非领导者控制或强制才作出服从的决策。功利性因素的作用也使得领导者可以通过其自身的地位、专长和吸引力达到影响和控制追随者的目的。当领导者和追随者双方都依赖功利性因素时，追随者服从领导者的行为从本质上是领导者功利性影响而产生的相应的反作用。长期的实践表明，建立在功利性影响力基础上的领导者和追随者的关系常常只能导致个人主义而不能获得团队精神。因为在这种关系中，每个组织成员只考虑自己的个人得失与前途希望。一旦个人得失面临挑战或前途希望骤然变化，领导者和追随者的关系将濒于瓦解。

3. 追随者由于信任、尊重和敬慕领导者的原因而认同和服从领导者的影响和控制。这种影响力不同于以上两种影响力。在这种影响力的作用下，追随者相信领导者以及领导者的使命。因此，领导者和追随者之间能够友好相处，领导者能够得到追随者的信任、尊重、敬慕和拥戴，而追随者在与领导者的互动过程中则感到自信、踏实和负有使命感。追随者自愿跟随领导者，相信领导者和其正从事的事业，自愿去完成领导者所希望的任务。与机器人被动地任由他人控制和操纵不同，追随者是处于能动、明智、全心全意的奉献状态。

权　势

宦官“九千岁：魏忠贤”的权势

“万岁爷”是封建社会皇帝的专有称谓，王公贵族有时被称为千岁。作为一个太监，能被称为仅次于皇帝的九千岁，这在中国历史上恐怕只有明朝的大宦官魏忠贤一人曾经做得到。魏忠贤是无赖，为逃脱赌债而自阉入宫。魏忠贤大字不识一个，是彻头彻尾的文盲，但他博闻强记，尤善逢迎拍马，为人更是猜忌残忍、阴险毒辣。

与皇子乳母对食　客氏通过笼络皇子朱由校，在停奶之后，得以继续留在宫中,当朱由校之母去世后,客氏竟然取代了朱由校母亲的角色。当时明宫中盛行宦官与宫中女子结成假夫妻的行为,称"对食",魏忠贤即与客氏结成了对食。明熹宗朱由校即位后,客氏备受宠信,被封为奉圣夫人,其家中子弟被任命为锦衣千户。大字不识的魏忠贤也因客氏的关系而一跃成了司礼秉笔太监。客、魏两人沆瀣一气、横行无忌,共同把持宫中大政,对他们的行径不屑一顾的太监、宫女,包括皇帝的妃嫔、皇后,都受到其胁持或迫害。

熟悉皇帝偏好,投其所好 明熹宗生性好动,爱好骑马、泛舟、演练。魏忠贤投其所好,从各地选大批上好的马匹供皇帝骑乘,以至于皇宫成了跑马场。魏忠贤还常带皇帝到北海泛舟,有时自己与客氏充当船夫。魏忠贤还挑选甲士万余人在宫中列阵,宫女与宦官也都加入阵中,早晚操练,号称内操,皇帝如同将军指挥打斗,玩得不亦乐乎。明熹宗还善于木工制作和土木工程,对皇帝秉性深知的魏忠贤专挑皇帝专注于木工活时请皇帝示下,皇帝总是不耐烦地把决定权交给魏忠贤,这正好给了他为所欲为的时机。

迫害忠良,扩大权势 在熹宗执政初期,东林党人在朝中有很高的地位。东林党人是明末以江南士大夫为主的一个政治集团,他们反对矿监、税监的掠夺,主张广开言路,实行改良。魏忠贤要达到操纵政局的目的,他先迫三朝元老叶向高离朝,然后罗织罪名,疯狂地迫害东林党人,制造了《东林同志录》、《东林点将录》,把反对者都列入东林党人的名单,加以迫害。对贬官在外或罢官在家的东林党人也没有放过。

魏忠贤权倾朝野,一批投机之人纷纷投其门下,争当其干儿义孙,其亲信充斥整个明朝朝廷,如礼部尚书顾秉谦、大学士魏广微等。此外,为讨好魏忠贤,各地官员还想出了为其立生祠、塑雕像等招数。浙江巡抚潘汝桢在杭州西湖边为魏忠贤建立生祠,其规模超过了岳飞庙与关公庙。其后,各地都抚大吏,甚至一般商人、无赖都纷起仿效,还请皇帝为他们建立的魏忠贤生祠赐名。这些人对魏忠贤的泥胎五拜三稽首,高呼九千岁。对魏忠贤的歌颂之声不绝于耳,这些人为了表示对魏忠贤的尊敬,不再呼其名,而称"厂臣"。由此可见阉党魏忠贤的权势何其盛也!

通过上面的论述,我们知道中国人理解权力和权威与西方相比有许多特殊的含义。这就使得中国的领导者、拥有权力者或是弄权者,无论是在社会生活或者是在具体的组织中,对权力都有背景性或脉络性的理解,而这种背景和脉络都源自于中国独特的人际关系网络。在组织中个人的权力或权威与一定的人际关系网络结合起来,形成权力或权威的网络,使权力和权威的影响和控制作用超越原有的法定界限,就构成权势。权势使无权的人变为有权,也使权力由小变大。

在组织中,A为领导者,拥有相应的权力或权威,B和C为A的追随者,且在组织中地位平等。A可以命令B和C,B和C接受A的影响和控制,这是权力或权威的作用。但B和A有特定的关系,C和A没有特定的关系,导致C既受A的影响和控制,也接受B的影响和控制。依据组织的规章制度,从B的地位、职务、角色没有影响和控制C的理由；从知识、技能、能力和个人品质等方面，B也没有优于C进而影响C的地方。那么B影响和控制C的唯一理由是B与A有特定的关系，B能够凭借这种关系，通过A的权力或权威来影响和控制C，这样权势就产生了。

权势产生和存在的基础是中国文化所构成的独特人际关系网络和人际交往方式。每一种文化都有因适应环境而产生的基本特征，即美国人类学家斯图尔特所称的文化核心。中华文化实际上是以儒家学说为主流的文化。如果将中华文化与西方文化加以比较的话，就会发现，二者的本位和价值取向迥然相异：西欧文化以个体为本位，奉行的是个人主义，强调的是人权、人格、独立和自由，人际关系主要靠契约来维持，所以有人称西方社会是"契约社会"；而中华文化以群体为本位，以家为中心，强调的是家、族、宗、国，人际关系重伦理，重亲情，所以有人说中国社会是"伦理社会"。

在中国历史上长期占主体地位的儒家文化，在结构上最大的特点便是伦理中心主义。这种以伦理为中心的文化构架，以家庭为中心，由小而大，由近而远，由亲而疏，延伸扩展，形成社会网络。有学者将这种网络概括为"五缘"，即亲缘、地缘、神缘、业缘和物缘。所谓亲缘，就是宗族宗亲关系(包括血亲和姻亲)，有父族、母族和妻族，就是儒家经典《中庸》上说的"君臣也，父子也，夫妇也，昆弟也，朋友之交也"。由于中国社会长期以来形成了以父系为基础的结构，所以便形成了同父共祖、以姓氏为标志而结合起来的人群，其组织就是家庭、宗祠、宗亲会等。中国人的亲缘关系复杂而广泛，亲缘关系的核心是"五服关系"(见图12-2)。所谓地缘，就是邻里乡党关系，古之乡遂遗规有所谓比、闾、族党、州、乡、邻、里、鄙、县、遂等。现代则为以籍贯认同的小同乡和大同乡，其常见的组织形式便是各种同乡会馆。"美不美，家乡水；亲不亲，故乡人"，老乡关系就是这种地缘观念的产物。所谓神缘，就是以共同的宗教信仰和共奉之神祇为标帜进行结合的人群，其组织形式就是神社、教会等。所谓业缘，就是因同业和同学关系而结合的人群，如各种商会、同业公会、行业协会、学会、研究会以及同学、同行、战友等等。所谓物缘，则是以物为媒介而发生关系并集合起来的人群，如以某种名优特产组成的行会、研究会之类的组织。"五缘"关系相互联系，互相依存，中国社会从而形成了以其为基础的纷繁芜杂的人际关系。

中国传统的农业文明、以家族和村落为中心的社会生活，以儒家思想"和"为中心的价值体系，构成了中国人社会关系的基础，也形成了浸染中国社会文化的组织及其成员的关系基础。长期的农耕性与聚居性的家庭生活要求人们将"情"而非"理"作为交往的核心。在这种文化影响下的组织中，如果不是一切"情"有可原，将导致组织内部个体与群体"和谐"关系的丧失。

因此，权力与权威、盘根错节的人际关系网络、以"情"为中心的交往方式和原则，构成了组织中权势。

权势是这种中国文化的独特显现。组织中的权势有如下的特征：

1. 普遍性。由于中国社会人际关系网络的复杂和庞大，在组织中任何人都会自觉或不自觉地依照某种关系种类而被划入某一关系网络中，从而陷入一定的权势范围。在组织中，组织成员所谓的“划线站队”现象比比皆是。如他是张三的人，你是李四的人，不属于任何势力范围的组织成员反而会很孤立、很特殊。

2. 依附性。人际网络是权势形成的基石，这种网络形成的目的或是为了借助领导者的权力或权威而实现自己的意愿，或是为了扩大领导者的权力或权威的影响和控制范围。但这种人际网络的形成并不依据组织内部的正式关系，而是依据与领导者种类繁多的私人关系，如前文所提到的“五缘”关系，这种非组织的关系本质是个人的人身依附。

				高祖母	高祖父				
			族曾祖母	曾祖母	曾祖父	族曾祖父曾祖之兄弟			
		族祖母	从祖祖母	祖母	祖父	从祖祖父祖父之兄弟	族祖父族曾祖父之子		
	族母	从祖母	世叔母	母	父	世叔父	从父从祖祖父之子	族父族祖父之子	
族昆弟之妻	从祖昆弟之妻	从父昆弟之妻	昆弟妻	妻	己	昆弟	从父昆弟世叔父之子	从祖昆弟从父之子	族昆弟族父之子
	从祖昆弟之子妇	从父昆弟之子妇	昆弟之子妇	妇	子	昆弟之子	从父昆弟之子	从祖昆弟之子	
		从父昆弟之孙妇	兄弟之孙妇	孙妇	孙	兄弟子孙	从父昆弟之孙		
			兄弟之曾孙妇	曾孙妇	曾孙	兄弟之曾孙			
				玄孙妇	玄孙				

图 12－2　五服关系图

资料来源：翟学伟，《中国社会中的日常权威》，社会科学文献出版社，2004 年版，第 100 页。

3. 扩散性。权力或权威按照关系网络延伸、扩散出去，使其影响和控制范围扩大。拥有权力(权威)者在形成权势的关系网络中成为一个权力(权威)的源头,其影响力和控制力不断沿着特定的网络发散出去,同时,处于网络中的个人,接受影响和控制,并再把这种影响和控制传递出去,使得权力(权威)的影响和控制作用递延、发散,范围不断扩大。

4. 渗透性。权势的存在,使权力或权威的影响和控制不确定在某一应有的方面或某一应有的领域内发生作用,而是可以在人际关系网络所涉及的任何地方发生作用,并导致组织成员原有身份或特征的丧失。例如前面所举的秘书的例子,秘书作为一种职业,其工作性质是服务性的,工作内容主要是上传下达,并无任何的决策判断权力,但由于其常伴领导左右,与领导者关系密切,因此承受了本属于其服务的领导者的权力或权威,就会超越原来的身份和地位,所具有的实际影响和控制力远大于职务,丧失原来作为秘书的身份和特征,成为领导者下属心目中的"二领导"。

权势在中国社会是如此普遍,以至于在我们的日常语言中有丰富而生动的描述或形容,如"大树底下好乘凉"、"一人得道,鸡犬升天"、"狗仗人势"、"仗势欺人"、"打狗还要看主人"等,或褒或贬。褒是因为有荫可乘的喜悦,贬是因为无依无靠的沮丧。在中国的任何组织中,都存在权势的现象并产生广泛的影响。

1. 权力的非理性延伸。在组织中,任何领导者都应在其职权范围内发挥影响和控制作用,所谓"在其位,谋其政,行其权,尽其责"。但由于权势的存在,使领导者的实际影响和控制超越其职务范围,蔓延到组织的其他部门甚至组织之外,导致一些领导者或一些组织成员不在其位,可谋其政,代行其权,但不尽其责,从而对组织的正常运作造成负面影响甚至带来混乱。

2. 冲突的增加与激化。权力产生的根本原因是对他人所需资源的控制。如前文中B和C的关系,B按照组织的规章制度可以占有或控制着一定资源,但由于其和领导者A的关系,可以得到本应由C占有或控制的资源,这样势必导致B和C由于争夺资源而发生冲突。并且,由于B和A有某种关系,那B和C的矛盾就成为C和A的矛盾。如果C与组织中另一位领导者D也有某种关系,那么B和C的矛盾,就会演化为领导者A和领导者D的矛盾,从而导致冲突范围和激烈程度的扩大。

3. 权力的私人化。组织中领导者的权力是由组织的规章制度所赋予,并不为领导者个人所拥有,其作用大小和范围受到组织制度的规范、调整和制约。而权力的作用一旦沿着领导者的个人人际关系网络延伸,就不受任何组织制度的制约,因为这种网络关系对于组织而言是非正式的,与组织规章制度所建立起的关系是无关的,其本质是领导者与接受领导者影响的人的个人依附关系。源自领导者的权力或权威在网络中的存在、作用和范围完全依赖于领导者个人的意志,权力行使与否完全依赖于领导者个人的意愿,导致组织所赋予的权力的影响和控制作用实际为领导者私人所掌握。

组织中的政治

1591年春天，万历皇帝打算授予申时行以太师衔，这是文官的最高职衔，即使是张居正，也只是在临死前才得到了这样的荣誉。申时行坚决辞谢，万历又提议赐给申时行伯爵的俸禄，这也是没有先例的。申时行又一次极其惶恐地声称他没有功德可以接受这样的恩赐。以上的提议虽然都没有成为事实，但是已经使申时行感到窘迫。这种特殊的宠信使别人因羡生嫉，给他执行皇帝和百官的联络职务增添了困难。申时行纵然以长厚著称，但官员们绝不会愿意这个位极人臣的首辅再立下拥立太子的新功。就在这个时候，他又一次成为舆论攻击的对象。那一年的阳历九月，福建佥事李琯参劾首辅，说申时行主持的大峪山陵寝工程出了问题，按照他的情报，地基内已经有水涌出。这位远在数千里之外的地方官，冒着丢掉前程的危险来参首辅，其目的不外乎公开警告申时行：你虽然得到皇帝的信任，但是文官集团仍然有足够的力量动摇你的地位，如果你不对全体文官负责的话，这种牺牲决不会是没有意义的。

资料来源：节选自黄仁宇，《万历十五年》。

权力是组织的"粘合剂"，组织一旦形成，权力就开始发挥作用。组织中的每位成员都希望在组织中找到适合自己的岗位以发挥自己的才能，实现自己的个人目标。组织政治是组织中的个人和群体为了实现更为满意的结果而获取、运用权力和其他资源的活动。

政治行为是指一些人为了保证他们的自我利益、满足自己的需求并推进他们自己的目标而影响他人行为和组织中事态的进程的行为。以这种方式来形容，几乎所有的行为都可以被当做是政治行为(表12-1)。然而把行为称作政治行为，通常意味着一种判定，即有的人以其他人或整个组织为代价来获取资源，并且这不是由组织的正式角色所要求的。

表12-1　常用的政治行为策略

形　式	内　容
组织中常见的政治行为	
目标转换	参与者把组织目标进行转换，使组织的目标与其利益相一致
要　挟	当组织中存在高度互赖性时，采取拖延、阻碍或破坏行动，以组织利益为要挟，体现自身的重要性或明目张胆地提出利益诉求
抵　抗	通常被基层员工所使用，表现为：不执行或敷衍新的规定；联合在小群体周围设置"警戒线"，并在内部推出领导，阻挠外界干扰，并且内部行动步调一致

续表

形　式	内　容
组织中常见的政治行为	
传播故事	通过正式的故事显示组织中主流价值或管理方希望培塑的价值；通过私下流传的故事的传播可以完成对当权者诋毁，降低其权威，以至于透露出人事变更时的人心向背的重要信息
连纵合横	包括建立同盟、建立帝国、巩固竞争阵营、做大预算
权力展示	通过展示权力吸引追随者，震慑对手，巩固地位，提高声望
退出与颠覆	选择退出，甚至颠覆、解体组织
寻求外援	通过各种途径向外部求助，或借助外部监管机构，或借助社会舆论
个体常用的政治行为	
接受劝告	个体更加谨慎地听取或接受建议
机动性	个体保持灵活性并且从来不完全将自己局限于一个职位或计划
沟　通	个体从来不说出自己知道的所有事情。相反，她隐瞒信息或者精心地选择说出来的时间
妥　协	个体仅仅将妥协作为一个暂时的计策并继续坚持自己的计划
信　心	个体一旦作出了一个决定，他必须给他人知道自己正在做什么的印象，即使他并不知道时也是如此
总是像领导一样	社交友谊式的气氛制约了管理者的权力，所以管理者总是与他的下属保持距离感

资料来源：杨占营、刘海贞，《组织政治：权力负系统中政治行为的经验描述与评价》，《南京政治学院学报》，2012 年第 161 卷第 28 期，第 4—9 页；Buchanan, D. and Banham, R. *Power, Politics and Organizational Change*[M], London: Saga, 1999, p. 193。

政治行为存在的原因

政治行为是组织中普遍存在的现象。其存在的根本原因是以下几方面。

1. 组织成员是由具有不同背景、价值观、目标和利益的个体和群体所组成，这就导致了对于决定目标、过程、决策程序和争夺资源的潜在冲突。

2. 如果组织的资源充足，那么组织中不同利益群体的需要都可以得到满足，从而实现其目标。然而，组织所控制和掌握的资源是有限的，这就使潜在的冲突可能转变为现实的冲突。由于资源的有限性，不可能满足组织中所有成员的任何需求。而且，一个人或群体的利益往往是以牺牲其他个人或群体利益为代价的。这种对资源和利益的争夺压力，导致了组织成员展开激烈的竞争。

3. 组织对组织成员以及组织成员之间对行为的评价标准是不同和模糊的。当把某些行为称为政治行为时，人们通常都是以自我为中心和有偏见的。组织成员会为他们自己的政治行为进行辩护，声称是为了保护合法性权力或利益的有效管理。然而却把其他人类似的行为称作“玩弄权术”的政治行为（表 12－2）。更为重要的是,组织对成员某些行为的绩效考核标准也是模糊不清的。

表 12-2　　政治行为与有效管理

政治行为	有效管理
责备他人	富有责任感
套近乎	建立工作关系
溜须拍马	表现忠诚
推卸责任	分派职权
不露马脚	为决策寻找充分证据
制造冲突	鼓励改革和创新
拉帮结伙	实现团队工作
泄露机密	提高效率
早有预谋	预先计划安排
出风头	有才干,有魄力
有野心	事业心强
投机	精明敏锐
奸诈狡猾	老练沉稳
妄自尊大	胸有成竹
完美主义	细心周到

资料来源:斯蒂芬·P·罗宾斯,《组织行为学》(第 7 版),中国人民大学出版社,1997 年版,第 368—369 页。

4. 决策环境的不确定性。组织及其成员用以决策的条件是不充分的,所掌握的事实很少是完全客观的,这就给组织成员留下了很大的争论余地,因此,组织成员将不得不尽其所能运用所有办法和力量来施加影响,以实现他们的目标或获得利益。

当决策程序和绩效测量是不确定的或很复杂,当对稀缺资源的竞争很激烈的时候,管理者和员工更可能会表现出政治行为。相反,在更稳定和不那么复杂的环境时,决策过程是清晰的,而且竞争行为也更少,就不太可能产生过多的政治行为。图 12-3 说明了这些结论。

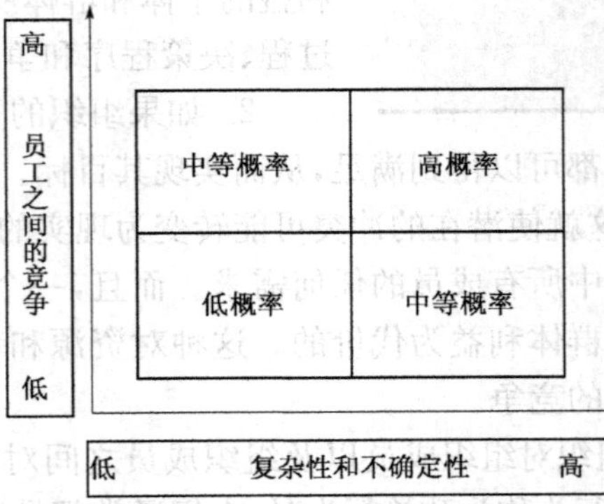

图 12-3　组织中政治行为发生的概率

资料来源:Beeman, D. R., T. W. Sharkey. The Use and Abuse of Corporate Politics. *Business Horizon*, March-April 1987, p. 27.

政治行为的来源

正如权力有着个人和结构两方面的来源，组织中的政治行为也同样源自这两种来源：个人因素和组织因素（图 12－4）。

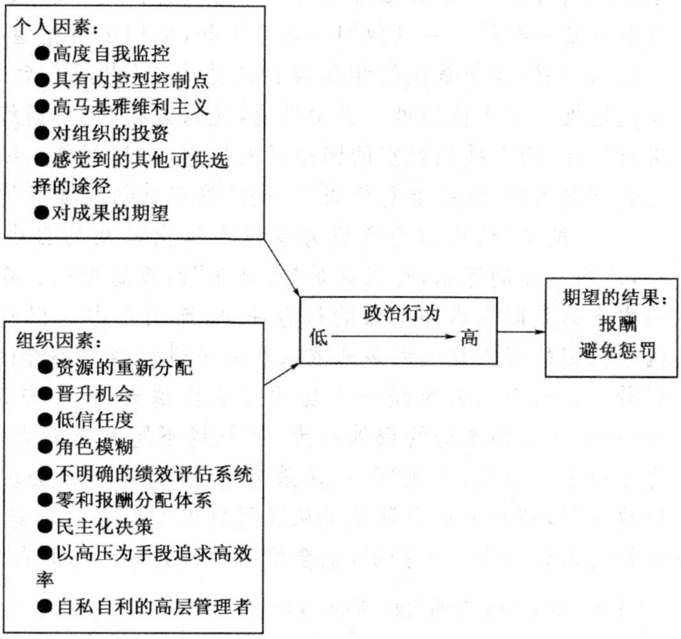

图 12－4　引发政治行为的因素

资料来源：改编自斯蒂芬·P·罗宾斯，《组织行为学》（第 7 版），中国人民大学出版社，1997 年版，第 369 页。

宁夏二建集团公司副总经理江永林因为“太想当总经理”了，居然两次雇凶追杀集团董事长兼总经理丁某。近日他在银川市被推上被告席。在我的印象当中，这是一个月之内第二次看到国企副总雇凶谋杀老总的消息了，就在 11 月，山东鄄城县某公司副总经理张某，也是因为雇凶谋杀老总而被逮捕。

副总谋杀老总，如果偶尔出现一次，我们不妨把它简单地视为一起普通的刑事案件，不必大做文章。但如果频繁出现，这里就一定有更深刻的社会原因了。副总距老总只有一步之遥，想当老总应该说不是什么非分之想。但为什么非要采取这种堪与古代“皇位争夺战”相类似的残忍手段“取而代之”呢？在我看来，原因主要有两条：其一是“一把手”通吃，副总没有权力，没有参与资源配置的资格；其二是角逐权力者没有退出游戏的自由。

国企老总在企业内的独占性权力，是老总们成为觊觎者谋杀目标的一个重要原因。一般来说，老总在企业内往往集管人、管钱和用权于一身，但因为老总的进退去留完全是由上级主管部门决定的，因此无论是新三会（股东会、董事会、监事会）还是老三会（职代会、党委会、工会）都很难对他形成有效制衡。属于经营班子成员的副总，虽然从普通员工的眼里看来好像很风光，但实际地位和一般办事人员相若。由于有权和无权之间有着极大的利益差异，一些品质恶劣的副总往往就会铤而走险。

导致副总谋杀老总成为一个社会现象的另一个重要原因就是由于制度背景和个人素质等因素，副总们除了升任老总外，几乎别无出路。现在的国企经理人员，并不是真正意义的“职业经理人”，其素质、能力和普通的行政官员基本是一样的。一旦他们和老总失和，他们很难指望自己在其他企业找到自己的位置；即便是他们相信自己的能力，退出国企后的前景也存在很大的不确定性。由于他们难以自由进退，便只能在“郁郁而终”和“鱼死网破”之间进行选择，而且按照现在的国企用人机制，一旦老总出缺，副总“扶正”的希望是非常之大的，谋杀老总就成了一种“难以抵制的诱惑”。

“一把手”通吃和角逐权力者没有退出游戏的自由，导致了激烈的窝里斗，浮出水面的谋杀，可以说是“窝里斗”的最高形式。在这些案件的背后，反映出来的是国企内部激烈的权力斗争；而国企内部权力斗争之所以激烈，和国企内部的资源配置太多地依靠职权来进行是分不开的。一般来说，一个人凭着自己的个人素质获得成功的可能性越大，他参与窝里斗的可能性就越小；一个人自由选择的余地越大，他就越不愿意把精力消耗在毫无意义的权力斗争上。因此，要把“副总谋杀老总”作为一种社会现象来消除，最根本的解决方案，还是要把资源配置从以行政权力为主导转变为以市场为主导——市场会承认一个人的价值，也会给一个人充分选择的自由。

资料来源：《中华工商时报》，2004-12-09。

个人因素

从个人角度进行考察，可以确定某些与政治行为相关的因素，如个性特征、需要等。从个性特征来看，高度自我监控、具有内控型控制点、高马基雅维利主义和权力需求较强烈的人更容易有政治行为。

自我监控能力较强的人对社会线索比较敏感，并表现出较强的社会从众倾向。相对于自我监控能力较差的人而言，他们更擅长有手腕的政治行为。属于内控型的人，他们相信自己能控制所处的环境，因此更趋于采取主动的态度，按照他们的意愿操纵形势的发展。而具有高马基雅维利主义个性特征的人具有控制的愿望和权力的需要，为了实现个人的目标和利益，他们对玩弄政治手腕更觉得心安理得。

此外，个人对于组织的投资，因其感觉到的其他可供选择的途径以及对成功的渴望，都会影响到组织成员参与非法政治活动的程度。为了获取更多的利益，成员对组织的投资越大，离开组织所造成的损失就会越大，因此，他就越不可能采用非法的政治。一个人可供选择的机会越多，他越有可能冒风险而采取非法的政治行动。最后，如果对于使用非法手段获得成功的期望不高，他也不会贸然行事。对使用非法手段获得成功期望较高的人往往是两种人：政治技巧娴熟、经验丰富而拥有权力的人，无法根据经验来正确判断自身所处环境的人。

组织因素

政治行为更多源于组织特征。尽管研究表明，个体差异在促进组织的政治化倾向中起着重要作用，但更多的事实证明，特定的情境和文化更会导致政治行为的产生。当一个组织的资源趋于紧张，现有的资源供给和分配模式发生变化或存在晋升的机会时，容易引发政治行为。此外，如果组织文化具有如下特征：低信任度、角色模糊、不明确的绩效评估系统、零和报酬分配体系、民主化决策、以高压为手段追求高效率、自私自利的高层管理者，这样的组织容易成为滋生政治行为的温床。

当组织要提高效率时，必须相应地减少资源。由于担心资源减少所导致自身资源的丧失，组织成员会采取政治行为以保护自己的既得利益。任何变革，特别是那些有可能导致资源分配方式变化的改革，可能引起冲突并增加组织中的政治行为。

晋升决策一致被认为是组织中最具有政治性的行为。晋升或发展的机会导致组织成员为有限的资源展开激烈的竞争，并力图影响决策的结果。

组织中信任度越低，政治行为发生的频率越高，非法的政治行为也会越多。因此，高的信任度一般来说会抑制政治行为，特别是非法的政治行为。

角色模糊意味着对组织成员行为的范围、职权缺乏明确的界定。因此，对成员的政治行为的范围和功能几乎没有限制。由于政治行为是指正式角色要求范围之外的行为，因此角色越模糊，成员越容易卷入政治行为而不被察觉。

到目前为止，组织的绩效评估系统远未达到尽善尽美的科学水准。组织的绩效评估中所用的主观标准越多，且越强调单一的结果指标，或者行为和评估之间的时间拖得越长，组织成员参与政治行为而且能够蒙混过关的可能性就越大。主观的绩效评估标准缺乏精确性，使用单一的评估标准使得成员只能致力于达到单一目标，而牺牲了其他重要工作内容的良好绩效。

组织采取零和报酬分配体系，将使员工容易卷入政治行为。零和报酬分配体系把分配看成固定数额，因此任何成员或组织群体的所得必然以另一成员或群体的损失为代价，即我赢了，就意味着你输了。

降低组织的专制化程度是目前组织的普遍发展趋势。但这种民主的管理倾向并没有受到所有组织管理者的欢迎。按照民主原则所建立的委员会、大会和集体会议沦为管理者施展手腕、玩弄权术的场所。

组织成员面临的工作压力越大，卷入政治行为的可能性越高。当成员必须严格地对自己的工作成果负责时，会迫使他们不得不掩饰真实的工作表现和成果。

当组织中上层管理人员行为失范，在组织成员心目中成为只会致力于政治行为之辈，尤其当这些擅长政治行为的管理人员获得成功以及一定的回报后，组织会形成支持和鼓励政治行为的气氛。从某种意义上说，高层管理人员的行为失范将不言而喻地表明政治行为在组织内是被接受的，等于允许或暗示低层次的组织成员可以运用政治行为。

权力的运用

权力的有效利用

在组织中，当领导者、追随者或者团队面临一个他们想要影响他人行为的情境时，他们就必须选择一种策略。影响策略是个体或团体运用权力来影响和控制他人或群体的行为时所采用的方法。这些策略是以权力为基础，并将其转化为具体行动的方法，在有些文献中被称为权术（power tactics）。

经过调查研究，在组织的具体工作情境中有九种不同的权术维度或影响策略，见表 12－3。

研究人员发现，人们并不是均等地使用这九种权术或策略。无论这种影响是自上而下或是自下而上，最常用的策略是理性说服。研究人员还发现了影响权术选择的四个权变因素：领导者的相对权力、领导者试图影响他人的目的、领导者对于追随者服从于他的程度的期望和组织文化。

1. 领导者的相对权力。领导者的相对权力通过两种方式影响权术的选择。首先，掌握被认为有价值的资源的领导者和被认为占据支配地位的领导者，运用的权术多于那些被认为权力相对较小的管理者。其次，有权力的领导者比权力相对较小的领导者更为频繁地使用压力策略。根据研究资料可以推测，大多数领导者都期望采用简单的要求和理性的说服。当追随者拒绝或不太情愿服从时才使用压力策略，压力策略是一种备用性策略。对权力的抗拒导致领导者使用更为直接的策略。明显的例子是提出简单要求转变为坚持必须满足要求。但权力较小的领导者如果遭遇抵制，更倾向于停止行动，因为他们会感到要采取压力策略时付出的代价难以承受。

表 12－3　　权术维度

权术维度	定　　义
理性说服	利用逻辑论辩和事实论据
鼓励性的要求	以价值、理想或抱负来激发热情
协　商	在规划策略、活动或变革时广泛参与
迎　合	在提出要求之前先努力创造一个有利的气氛
交　换	提出相互帮助、利益或是承诺在以后报答
个人要求	利用忠诚或友谊
联　盟	为了某种创造性或活动而谋求他人的支持或帮助
合法化	试图通过权力或证明其与政策、实践或传统的一致来确立一项请求的合法性
压　力	利用要求、威胁或持续的催促

资料来源：Yukl，G.，P. J. Guinan，D. Sottolano. Influence Tactics Used for Different Objectives with Subordinates, Peers and Superiors. *Group & Organization Management*, 1995, 20, p. 275; Buchanan, D., R. Banham. *Power, Politics and Organizational Change*. London: Sage, 1999, p. 193.

2. 领导者试图影响他人的目的。领导者还会依据目的的不同选择不同的权术。当领导者试图从上级那里获得某些资源,他们会使用迎合的策略,更多地以甜言蜜语与上级搞好关系。当领导者试图说服上级接受新的建议,经常采取的策略是理性说服。这种权术与目标的相互匹配同样适用于处理对下级的影响和控制。例如领导者运用理性说服和鼓励性的要求向下级灌输自己的思想并运用情感手段来获取下级的好感。

3. 领导者对于追随者服从于他的程度的期望。领导者对成功的期望也会影响其对权术的选择。当过去的经验和情况表明,领导者对此类事件处理的成功率很高时,领导者会倾向于使用简单的要求来获得追随者的服从;当此类事件未曾经历或者成功的前景不太容易预测时,领导者更愿意采用硬性规定和组织规章制度的力量来实现自己的目标。

4. 组织文化。组织文化会导致领导者权术选择的不同。众所周知,每个组织都具有不同的组织文化,这是构成组织差异的基础。例如,在一些组织中,组织成员之间的关系和谐、融洽,成员之间习惯于相互帮助、相互支持;而另一些组织则保守、僵化,成员之间的关系紧张。因此组织文化对领导者权术的选择会施加巨大的影响。某些组织的文化鼓励领导者使用鼓励性策略;而另一些组织则倾向于采取理性说服;还有一些组织长于合法化策略,习惯于运用规章制度和硬性约束来指导组织成员的活动。

你愿意为下列哪一位高管工作?

有两位高管,两位都报酬丰厚并经验丰富。两位高管年纪差不多大。让我们把一位叫作 Aspirational(给予灵感型),因为那是他的领导风格。他总是能发现人们好的一面,在他们中寻找真相。他通过鼓励来领导别人。他与公司的一线员工坐在一起,这些员工都直呼其名。他是一个好人,他从好的方面来领导别人。

第二位高管玩弄政治,而且总是想赢,所以让我们叫他 Political(政治型)。如果你问我有什么样的角色模型可以代表他,那么我会告诉你他就像前苏联的领导人米 Mikhail Gorbachev。他的精神是你需要通过任何必要的手段让自己往上爬,而只有你到达顶端的时候,你才可能使事情变得更好。

第二位高管在五年前爬到了公司阶梯的顶端,现在发现他领导的组织机构只会对恐惧、恐吓和威胁作出回应。所以,这就是他领导的方式。他倾听小道消息,总是知道谁在玩政治游戏或者谁可能削弱他的势力。他在开会时公开让他的管理者难堪,尤其是对那些他听说可能要谋求向上发展的人。他的座右铭就是公平第一,同情靠后。

现在你需要作出一个选择。你愿意为 Aspirational 还是 Political 工作呢?

权力的误用

组织中最常见的权力的误用有以下几种情况：

1. 偏袒。影响个人的事业、前途和晋升的能力，它是出于个人的喜好，并以其他人为代价的。

2. 牺牲。牺牲是偏袒的反面，阻止或限制他人事业、前途、晋升等。

3. 缺乏礼貌。在公共场所粗鲁地呼唤别人，辱骂或羞辱下属。

4. 缺乏尊敬。轻蔑地对待下属，在公共场合训斥下属，在公共场合执行纪律、进行惩罚。

5. 威逼和骚扰。上级对下属的压倒性行为。主要有以下几种形式。

- 种族偏见
- 性别骚扰（女性员工受到男性的骚扰）
- 健全人员对伤残人员的欺凌
- 宗教狂热和迫害
- 个人好恶，尤其指领导意识到自己的位置受到威胁时所产生的厌恶感

6. 寻找替罪羊。寻找某人为上级的过失替罪。

7. 机会不均等。根据性别、种族或其他非能力因素，制定出提拔优先顺序。①

8. “大”权“小”用。指一些领导或管理者因受其他权力干扰、人情因素或收受好处等影响，对一些违法乱纪行为不能秉公执法，“大事化小，小事化了”。

9. “小”权“大”用。指领导或管理者为满足其某种欲望，刁难于人，谋求私利，放弃原则，违规越权办事。如一些人，为了引诱行贿送礼，办事时百般刁难当事人，“吃、拿、卡、要”，谋求私利；还有一些权力拥有者，为满足某种欲望，胆大妄为，擅自决策，放弃组织原则，越权违规办事。

10. 特权乱用。指因权力配置不科学、不均衡产生的一些特权部门、特权岗位和特权人员，他们利用特权，乱用特权，损公肥私，腐化堕落。

11. 集权滥用。指权力在运作过程中因受人为等因素的影响发生不规则转移，权力集中到少数人或某一人身上，出现权力垄断和违规决策。如一把手专权或某个副职与一把手合谋集权，班子其他成员的职权被压缩，甚至完全被剥夺，丧失了对一把手或一把手支持的某个副职的制衡，结果出现了经费开支“一支笔”、干部任用“一言堂”等。

12. 公权私用。指权力在运作过程中，有时会发生异化和演变，组织权力部门化，部门权力个人化，个人权力商品化。②

一般而言，员工完全明白这些误用行为的程度和普遍性，至少在一个非正式层次上，这种行为的存在总是会对个人和组织的动力产生负面作用。

---

① 理查德佩廷格：《掌握组织行为》，广西师范大学出版社，2001 年版。

② 陈长胜：《论当前权力滥用现象的表现、成因及防治对策》，见《华北水利水电学院学报》，2006 年 2 月。

中国文化背景下权力的有效利用

儒家文化在中国历史上占据主体地位并对当代中国社会有深厚的影响。儒家文化强调“身正令行”和“道之以德”，所谓“身正”就是为政者即用权者的道德人格高尚，强调道德人格在权力运用中的重要作用。在儒家“道之以德”的思想中，“德”包含有两个方面的内容：一是要用道德的教化来诱导百姓自律地遵守社会的各种规范，实现社会的有序化管理；二是要求管理者经过修身，提高道德品质，运用道德的影响力来完成管理的任务。“道之以德”包含着对管理者自身的道德要求。人格的影响力主要通过领导者的威信来表现。人格影响力很强的领导者，才能有崇高的威望和威信，威望和威信在管理中具有重要的意义。儒家的这些思想在历史和现实中具有重大的意义。管理的人本化是现代管理和当代中国社会的发展趋势，认识人在社会和生产发展中的地位，重视人、尊重人、满足人的需求以及创造良好的工作环境，文明的管理方式，启发人的道德自觉，实现管理的自律性，是组织管理的核心。儒家提出的“身正令行”和“道之以德”的用权思想，虽然已经有了两千多年的历史，但它没有成为过去，对当代中国文化背景下的组织管理仍然具有重要作用。

如前所述，按照管理学理论，领导者的权力分为五种类型：法定性权力、强制性权力、奖励性权力、专家性权力、感召性权力。前三者属于职务性权力，是刚性权力；后两者属于人格性权力，是柔性权力。职务性权力是管理的基础，没有职务性权力就不可能实行管理，但是管理不仅仅只是刚性权力的应用，还需要借助于管理者的人格性权力。没有威信就没有权威，真正的权威是建立在被管理者对管理者崇敬、信服、倾心的基础之上的，强迫命令不可能树立起管理者的威信。随着人本的民主管理的发展，刚性权力的应用已经逐渐削弱，如果只用控制、强制和监督等管理手段，已和时代的发展相悖，以专家性权力和感召性权力为核心的人格性权力发挥着越来越大的作用，充分体现了“身正令行”和“道之以德”的用权思想。

德力论是中国传统管理思想的重要内容，而德主力辅是其核心学说之一。德主力辅的关系在领导方式上强调德治德化，其核心是以德治人，以德化人。德治在本质上是一种治心的管理方式，通过对人心的治理，达到治身的目的。而治心则需要在情感上感动别人，通过情感的互动达到管理的目的。同时，以德治人，德为治人之本，因此领导者的人格和道德水平是实现影响和控制追随者的前提条件。在中国传统文化里，德行就是力量，因此，中国古代思想家认为以德为核心的感召力是构成权威的核心。荀子指出“威有三：有道德之威者，有暴察之威者，有狂妄之威者”。“故赏不用而民劝，罚不用而威行，夫是之谓道德之威。”“道德之威成乎安强，暴察之威成乎危弱，狂妄之威成乎灭亡矣。”[①]由此可见，领导者的德行，不用赏赐就能使百姓尽力，不施刑罚就能树立权威。因此，结合上述权威的构成分析，我们可以得出结论：权威虽然是多种权力共同作用的综合结果，但权威的人格性权力构成了权威的核心。

---

① 《荀子·强国》。

领导者要树立权威，应坚持以下原则。

1. 榜样原则。儒家认为，为政的关键是要“正”，“政者，正也。子帅以正，孰敢不正。”[①]如果为政者自己身正，其所管辖下的各级管理人员以及民众就没有不正的。所谓“身正”就是为政者的道德人格高尚，它具有重要的影响力。“其身正，不令而行；其身不正，虽令勿从。”[②]为政者自己“身正”，其人格影响力延及其下级和民众，下级和民众就能够自觉地遵守社会的规范，不需要命令他们去做什么就会自觉去做什么；相反，为政者自己身不正，你下命令去强制他们做什么，他们也不会服从。孔子还说：“苟正其身矣，于从政乎何有？不能正其身，如正人何？”[③]。为政者自己身正，管理国家就没有什么困难，如果自己都身不正，又有什么资格去教育别人、端正别人呢？所以孔子说，“为政以德，譬如北辰，居其所而众星共之。”[④]只要为政者自己身正了，就能像北极星那样使众星拱护在它的周围，得到民众的拥护。

2. 民本原则。领导者要控制和领导组织成员，必须关心和重视组织成员的意志和需求，而把自己的个人私欲放在后面，所谓“江海所以能为百谷王者，以其善下之”[⑤]，领导者只有借助和依靠组织的集体力量才能实现组织的功能和目标。

3. 宽容原则。作为领导者，最忌把自己看成是最高明的、最神圣不可侵犯的，而下属则毛病众多，一无是处。对下属百般挑剔，看不到长处，这是导致上下级关系紧张的重要原因。领导者要虚心接受追随者的批评，使得追随者敢于指出并纠正领导者的错误，从而在组织内部形成敢说真话的氛围，这样能够防止领导者由于固执己见而导致错误扩大和蔓延。追随者不会因此认为领导从善如流而产生轻视，只会钦佩领导者的判断能力。领导者要容许追随者有行动和判断的自由，对不同于自己或传统观点的见解能够容忍。领导者的宽容能对部下产生良好的心理影响。因为人都是有感情的，当人们感到你待人宽厚、气量大度时，就会油然而生一种亲切感、温暖感，心甘情愿地忘我工作，形成上下左右关系融洽氛围，从而使自己的领导活动像磁铁一样产生内聚力和引导力。

4. 正直原则。正直是领导者的最基本素质，要做到正直，必须不信谗言、严于责己、真诚相见、爱憎分明、不喜奉迎，为人要秉承“己所不欲，勿施于人”的原则，处事要不从众、重调查。

5. 可控原则。领导者应该意志坚强，并且要有自制力，为了达到目的而控制自己的感情，约束自己的言行。任何人的性格都存在着两重性，这就对领导者的控制能力提出了很高的要求。并且，人的性格都不是一成不变的，而是动态变化的。因此领导者要具有如下可控能力：果断但不武断；坚定但不固执；活泼但不轻浮；勇敢但不鲁莽；沉着但不寡断；机警但不多疑；豪放但不粗鲁；老实但不愚昧；忍让但不软弱；谨慎但不怯懦；自信但不自负；自谦但不自卑；自强但不自

① 《论语·颜渊》。
② 《论语·子路》。
③ 《论语·子路》。
④ 《论语·为政》。
⑤ 《老子》六十六章。

骄;自尊但不自赏;自爱但不自娇。

在中国文化背景下要有效地利用权力,须遵循以下原则。

1. 法治原则。现代组织的权力来自于国家的法律、法规和组织内部的规章、制度,并由这些界定了权力的范围、强度和行使程序。一方面要建立严密、科学的组织系统和完善的规章制度,完整明确地界定组织的结构和程序。另一方面,管理者应该有牢固的规则观念,即必须严格按照国家的法律、法规和组织的规章、制度行使权力,明确自己只能按照程序在规定的范围内行使组织所赋予的职务性权力,并据此行使相应的人格性权力,从而防止滥用权力。在法治原则下,管理者的人格性权力必须在职务性权力的范围内行使,否则将导致组织内部的冲突和混乱。

2. 戒私原则。权力的使用只能服务于组织的目标和功能,管理者必须做到三戒:戒以权谋私、戒以权徇私、戒滥权讲江湖义气。这是管理者的基本道德和职责要求。这样可以防止在组织中形成权势网络,而导致的权力私有化。

3. 效用原则。运用权力,必然会产生其应有的效用。在权力运用过程中,应以实现组织目标、节约组织资源为目的,有效地运用不同类型的权力。因此,要客观、准确地对具体环境和权力使用对象进行分析和了解,审时度势地应用不同的权力类型和影响策略,以达到最佳的权力运用效果。

本章回顾

在组织中,权力是指能够影响和控制其他个体或群体心理和行为的能力。权力具有以下三个特性:相对性、单向性、后果性。最广义而言,权力关系产生于相互依赖性,它改变资源的占有关系。社会交换理论认为当拥有他人需要的某种资源,就会产生他人对你的依赖,因此便获得了权力。领导与权力是两个密切相关的概念。领导者将权力作为手段。领导者要达成一定的目标,而权力是促使目标实现的手段。

在组织行为学理论中,组织中权力的来源可分为两类:人际间的权力来源和结构性权力来源。人际间来源的权力是指在管理者和下属或领导者和追随者互动过程中形成的权力。组织内部的源自于人际间关系的权力可分为五种类型:法定性权力、强制性权力、奖励性权力、专家性权力、感召性权力。在上述五种权力中,又可以归纳为两类权力:一是职务性权力,为前三种权力;二是人格性权力,为后两种权力。关于人格性权力,在中国古老的领导理论中早有研究,被称为统御权。结构性来源的权力是指由于组织的结构性因素或情境性因素所产生的影响和控制力,包括:知识性权力,资源性权力,决策性权力,网络性权力。中国文化对权力与西方的理解完全不同。中国人所谓的“权”,是权度、权量、权衡之意。中国人没有明确的法定性权力的观念,即制度上没有权力的界限,而是个人在特定的位置上通过自己的权度、权量、权衡来获得权力,而这种权力来源是结构性的，即源自于知识、资源、决策和网络。

权威是与权力密切相关并相近的一个概念。权威是对权力拥有者所施加的影响和控制在心理上的认可和赞同。可以说，权威是权力的表象形式，或者是权力运作的心理结果和心理延伸。权威和权力有以下三方面的区别：来源不同，表现形式不同，作用效果不同。在中国传统文化里，德行就是力量，要以德治人，以人格感化人，因此中国古代思想家认为以德为核心的感召力是构成权威的核心。中国的领导者，无论是在社会生活或者是在具体的组织中，对权力都有背景性或脉络性的理解，而这种背景和脉络都源自于中国独特的人际关系网络。在组织中个人的权力或权威与一定的人际关系网络结合起来，形成权力或权威的网络，使权力和权威的影响和控制作用超越原有的法定界限，就构成权势。权力与权威、盘根错节的人际关系网络、以“情”为中心的交往方式和原则，构成了组织中权势的产生。

组织中的每位成员都希望在组织中找到适合自己的岗位用以发挥自己的才能，实现自己的个人目标。组织政治是组织中的个人和群体为了实现更为满意的结果而获取、运用权力和其他资源的活动。政治行为是指一些人为了保证他们的自我利益、满足自己的需求并推进他们自己的目标而影响他人行为和组织中事态的进程的行为。以这种方式来形容，几乎所有的行为都可以被当做是政治行为。政治行为是组织中普遍存在的现象。

在组织中，当领导者、追随者或者团队面临一个他们想要影响他人行为的情境时，他们就必须选择一种策略。影响策略是个体或团体运用权力来影响和控制他人或群体的行为时所采用的方法。这些策略是以权力为基础，并将其转化为具体行动的方法，在有些文献中被称为权术。儒家文化在中国历史上占据主体地位并对当代中国社会有深厚的影响。儒家文化强调“身正令行”和“道之以德”，所谓“身正”就是为政者，即用权者的道德人格高尚，强调道德人格在权力运用中的重要作用。在儒家“道之以德”的思想中，“德”包含有两个方面的内容：一是要用道德的教化来引导百姓自觉地遵守社会的各种规范，实现社会的有序化管理；二是要求管理者经过修身，提高道德品质，运用道德的影响力来实现管理的任务。

关键术语

权力	权威	权势
依赖	人际间来源	结构性来源
权术	政治行为	德力论

复习思考题

1. 中西文化对权力的理解差异是如何体现在企业的管理实践中的？

2. 如何从权力的人际来源和结构来源理解依赖与权力的关系？

3. 权威与权势的区别与联系是什么？

4. 企业在管理实践中是否会出现规章制度与领导者权威的冲突？存在或不存在的原因是什么？

5. 在中国企业的管理实践中，导致政治行为的主要因素是组织的还是个人的，如何克服？

案例 12－1

李广将军

李将军广者，陇西成纪人也。其先曰李信，秦时为将，逐得燕太子丹者也。故槐里，徙成纪。广家世世受射。孝文帝十四年，匈奴大入萧关，而广以良家子从军击胡。用善骑射，杀首虏多，为汉中郎。

……

广居右北平，匈奴闻之，号曰“汉之飞将军”，避之，数岁不敢入右北平。

广出猎，见草中石，以为虎而射之，中石没镞。视之，石也，因复更射之，终不能复入石矣。广所居郡闻有虎，尝自射之。及居右北平射虎，虎腾伤广，广亦竟杀之。

广廉，得赏，赐辄分其麾下，饮食与士共之。终广之身，为二千石四十余年，家无余财。终不言家产事。广为人长，猿臂，其善射亦天性也，虽其子孙他人学者，莫能及广。广讷口少言，与人居则画地为军陈，射阔狭以饮。专以射为戏，竟死。广之将兵，乏绝之处，见水，士卒不尽饮，广不近水；士卒不尽食，广不尝食。宽缓不苛，士以此爱乐为用。其射，见敌急，非在数十步之内，度不中不发，发即应弦而倒。用此，其将兵数困辱，其射猛兽亦为所伤云。

……

太史公曰：《传》曰“其身正，不令而行，其身不正，虽令勿从”，其李将军之谓也。余睹李将军悛悛如鄙人，口不能道辞。及死之日，天下知与不知，皆为尽哀。彼其忠实心诚信于士大夫也！谚曰：“桃李不言，下自成蹊。”此言虽小，可以喻大也。

资料来源：摘自《史记・李广列传》。

问题

结合案例 12－1，分析中国文化背景下，领导者应具备怎样的素质才能有效地运用权力和权威。

案例 12-2

柳传志：公司政治的境界

“办公司就是办人”，柳传志的这句名言，跟马基雅维利的名言如出一辙：“对人们应当加以爱抚，要不然就应当把他们消灭掉。”柳传志同所有成功企业家一样，有着强悍的形象，明知不仁也要强为。马基雅维利当年概括意大利那 3 000 多个城邦君主的德性，很能传神地表达出柳传志们的境况：“他如果善良，就要灭亡；他必须狡猾如狐狸，凶猛像狮子；当守信有利时，他表现得很虔诚；当不利时，他比任何人都可以不讲信义。”

1. 倪光南与柳传志的博弈

倪光南与柳传志一个是工程院院士，一个是“中国商业领袖的旗帜”，二人的反目成仇，一直是中国现代商业史上最具影响力的博弈典型。最初，柳传志三顾茅庐，请倪光南加盟联想，并为倪开设“永远正确的特区”，将倪送上“神坛”。倪光南的“智慧”变成“联想汉卡”和“联想微机”。可惜，在巨大的物质利益面前，两个人展开了肉搏战，最后倪光南状告柳传志不成，被“扫地出门”，股份和身份尽失。1994 年，联想一系列高新攻关项目宣告下马，并不是那些项目没有取得技术成就的机会，也不是那些项目不会给联想带来巨大的利益，而是因为从那一年倪光南开始不安分起来，那些项目或许会进一步强化倪光南在联想的地位和权力，这是柳传志所极不情愿的。他在为生存而拼搏，在为不进监狱而挣扎，发展的事只能往后放。

院士倪光南直到今天也不知谁是老板。倪光南一直认为，自己是在为组织打工，他有义务向组织倾诉，而忘了或不承认一个现实：柳传志是老板！客观地看，一个平台的运转，有一系列无形资产在起作用，关键看这个平台是谁搭起来的，是谁调动了周边的关键资源，这样说来，联想无疑是柳传志的。他把这个平台当做命根子，以他超乎常人的心智和体能打理着平台的所有细根末梢，柳传志的意志就代表了资本的意志。

2. 孙宏斌政治意识

1990 年，孙宏斌凭着热情与蛮劲被提拔为联想集团企业发展部的经理，主管范围包括在全国各地开辟的 18 家分公司。当时柳传志在香港筹备香港联想。孙宏斌自以为柳传志的深意是尽量让联想的老人们靠边，于是分公司的大事小事基本上都由他一个人说了算。孙宏斌在分公司开始拥有很高的威信的同时，与元老们的冲突和摩擦也逐渐升级。最后，一纸“孙宏斌权力太大，结党营私，分裂联想，联想要失控！”的告急信将柳传志从香港拽回了北京。

柳传志回到北京之后马上进行了调查，发现孙宏斌的事情确实不是“空穴来风”：外地分公司，人由孙宏斌选取，财务不受集团控制，还有人说希望孙宏斌带领分公司“独立”出去。更不可争议的是孙宏斌居然办了一份《联想企业报》，而且在头版突出企业部的纲领：“企业部的利益高于一切！”善于见微知著的柳传志，当然知道这样的文化取向对于他正在竭力倡导的“大船结构”的破坏性。

年轻气盛的孙宏斌懂得事业的逻辑、懂得调动属下的积极性，却唯独不懂公司政治的风情。他的属下在柳传志召集的整风会上为了保护他直接顶撞柳传志。会后孙宏斌拒不执行柳传志裁掉这个人的动议，错过了缓和矛盾的契机。一旦确定“不可救药”，柳传志马上快刀斩乱麻，决不手软。孙宏斌很快获莫须有的挪用公款罪名被投进了监狱。

在监狱里，孙宏斌的“政治意识”突然觉醒，他发觉了自己的离经叛道，品味出那左右一个公司运行的潜规则。他竟然天真地想在一个独裁的金字塔体系中另立山头，树立自己的旗帜，难怪被投进监狱！在柳传志冷酷无情的外表中，他读出了那脆弱而顽强的人性。一如母亲为了保护幼子与豺狼搏斗，柳传志为保护自己视同命一样的公司，不得不跟他动真格的。他理解了柳传志。在他快要出狱的时候，以一个新人的朝气主动找到柳传志承认错误。柳传志对他的坦诚和胸襟刮目相看，并慷慨借给孙原始积累的第一笔启动资金，帮助其打造了一支中国房地产的百亿军团。自己的地盘上，孙宏斌无保留地授予了他的团队以信任，但同时也划清了“零容忍”的底线。不在场上踢球的孙宏斌，对上场人员的拉帮结派格外在意。顺驰曾有多名高层领导被解职和开除，原因是他们违反了这个最基本的东西。在公司的发展中，如果有人说出话来其他人不敢质疑，孙宏斌就会像柳传志一样倍感紧张。平台是他的，你尽可以批评他独裁，但他不能容许公司除了他以外还能有另外的权威。

3. 结尾

柳传志，在他们那一批经历了混沌的企业家中，率先把公司整体上市，利用资本杠杆，打造了产权关系明晰的联想系：联想控股作为大股东，控制着联想集团、神州数码、联想投资、融科智地、弘毅投资等五大板块；柳传志及其高层管理团队个人也持有了足以让他对联想系的发展不敢掉以轻心的股份，从根本上解决公司的体制和动力问题。难怪柳传志成为许多企业家佩服的驾驭公司政治的高手。

资料来源：《柳传志——公司政治的境界》，见《强者——企业家的梦想与痴醉》。

问题

结合案例分析：案例中人物权力的来源，及在组织中采取了何种政治行为，这些政治行为对公司会产生哪些影响？

第13章

组织理论与组织设计

> 凡治众如治寡，分数是也；斗众如斗寡，形名是也。①
>
> ——《孙子兵法·势篇第五》

为了使全体成员协同工作，执行工作计划并实现组织目标，管理者要根据工作任务、任务环境和人员状况，对工作进行组织。设计和维护一个结构，以保证各项任务的执行，就是组织工作的任务。它包括工作任务分类、部门和层级安排、各部门工作的分配协调、权力委派等。

现在许多组织的设计，仍然以西方古典组织理论为基础。但是，由于经济、社会、技术等环境因素的发展变化，古典组织理论逐渐显示出其局限性。因此，今天的组织设计吸收了新的现代化组织理论观点，使组织结构设计适应内外环境的变化，更好地服从组织自身的追求。

组织设计的基本维度

组织理论对组织设计的讨论，主要围绕几个基本维度。这些维度一般包括

---

① 治理千军万马就如同治理小部队一样简单，那是由于有严密的组织编制；指挥大军作战就如同指挥小部队作战一样容易，那是由于有有效的号令指挥。

工作专门化(job specialization)、部门化(departmentalization)、控制幅度(span of control)、命令链(chain of command)、集权与分权(centralization-decentralization)、正规化(formalization)。

工作专门化

工作专门化是指工作任务的分工。管理者将组织的一项任务分解成具有特殊活动的专门工作。活动规定了执行者要做什么。例如,"销售经理"工作的活动定义为在一段时间内采用各种合适的方法来进行产品的推广、渠道的建设等工作,其他的销售经理可能运用同样的方法和程序来处理不同类型的工作。因此,工作可以、而且能够通过某种方法的使用来实现专门化。专门化工作分工和标准化工作带来的高效率最早由泰勒(F. W. Taylor)[①]研究发现,并确定为组织设计的基本原则。随着科学技术的发展,专业化分工越来越细,促进劳动生产率大幅度提高。

将任务分解成具体的工作具有经济上的优点,它是创造组织的一个历史原因。随着社会工业化和城市化程度越来越高,手工艺产品让位于大规模生产的产品。大规模生产产品依赖于获得专门化劳动所具有的经济利益能力,获得专门化劳动最有效的方法就是通过组织。

组织中的劳动任务分工主要通过三种方式来进行:

(1) 工作被分解成不同的专业。大多数人从职业或专业角度来考虑专门化。因此,我们认为会计、工程师、科学家、医生以及其他各种专业人才存在于组织和日常生活之中。

(2) 工作可被分解成不同的活动,这些活动是组织工作的自然程序所必需的。例如,制造厂通常将工作分解成制造和装配工作,个体被分配从事这些工作中的某一项工作。这种劳动分工的特殊表现形式称为水平专门化。

(3) 工作可在组织的纵向上进行分解。所有的组织都有权力层次,从最低层的监管者到最高层的管理者。首席执行官的工作与监管者的工作是不同的。

决定组织中每一项工作做什么是管理决策的一个关键。但是需要注意的是,工作在专门化的维度上变化很大,一些工作比另一些工作具有更高的专门化程度。管理者能够通过改变工作的专门化程度而改变一个组织的结构。例如,宝洁公司的前首席执行官埃德温·阿兹曾经通过改变公司销售代表的专门化程度而改变整个组织的结构。阿兹之所以进行这样的变革是因为他认为销售代表与顾客发展很强的纽带关系会使他们丧失竞争的本能。他认为团队成员如果将精力过分投入到建立团队内部的关系以及与顾客的关系上,就不会注意到销售量和利润。阿兹改变了宝洁公司传统的团队销售方式,只让销售代表销售范围很窄的产品,这种决策对组织产生的效果之一就是在某一个产品范畴内就有多个不同的销售群体。从劳动专门化角度来看,销售代表现在销售更加专门化的

① [美]F. W. Taylor 著,韩放译:《科学管理原理》,团结出版社,1999 年版。

产品，组织也成为更加专门化的单位。

但是自上世纪80年代以来有一个趋势，就是组织小型化，而这种趋势的一个明显效果就是管理工作的非专门化，特别是中层管理者的工作。例如，通用电器公司曾大大减少各个层次的管理者的人数，结果就是管理者有更多的事做，他们的工作专门化的程度降低，而控制的幅度则增加了。

部门化

组合工作的基本原则是如何有利于工作的协调。经过专门化设计的工作是各自分离的，同时又是整个任务的相互关联的部分，总任务的完成依靠各部分任务的完成。但是工作必须通过管理按照规定的专门化和时序展开。当一个组织专门化工作达到一定数量时，管理者就不能有效地对工作进行协调。因此，为了创造可管理的工作，各自分离的工作必须组合成模块。

创造部门时，从管理学角度考虑的关键是决定工作组合的依据。一些运用广泛的部门化方法将在组织设计部分予以阐述。最常见的部门化方式包括职能部门化，事业部部门化，区域部门化等等。这些不同的部门化方式都得到了运用，但其适用的组织类型因这些方式的特点而异。

控制幅度和组织层次

为部门化确定合适的基础就建立了组合在一起的工作类型。但是这还没有确定包括在一个具体群体中的工作数量，也就是控制幅度。一般而言，这个问题实际上就是一个管理者能够监督多少名员工。也就是说，控制幅度宽的组织和控制幅度窄的组织到底哪一个更为有效？这个问题与一个部门的管理者能够处理的人际关系的范围有关。而且，控制幅度的定义不仅包括正式分配的下属的数量，还包括那些能够接近管理者的员工的数量。

当一个管理者的下属数量以算术级数增加时，其与下属之间的潜在的人际关系的数量会呈几何级数增加。这种关系的保持是因为管理者可能与下属之间存在三种类型的人际关系：个人直接关系，直接群体关系以及交叉关系。个人直接关系是指管理者与每一名下属之间发生的个人关系，直接群体关系是指管理者与下属之间可能存在的每一种关系，交叉关系是指下属之间相互作用的关系。在决定管理者的控制幅度时需要考虑的一个关键问题不是关系数量，而是实际关系发生的频率和强度。

组织中的层次有多少，取决于组织的规模、活动内容的特点以及组织内的管理幅度。大部分组织的层次可以笼统地分为高层、中层和基层这三个层次。规模较大的组织可能在高层之上还会设有类似“总司令部”性质的最高领导层，而规模小的组织可能仅仅包括管理层和基层这两个层次。同时，组织的每一个层次还都具有相应的职责和职权。组织高层的主要职责是负责组织的运作决策。他们将会决定组织的目标和制定组织未来发展的战略规划，设计组织的核心运作流程以及基本的组织结构。而组织中的中层成员的主要职责则是制定具体的工作计划，组织、指挥和监督工作计划的实施，以及评价工作业绩和制定修正措施等等。基层的主要职责是具体实施和完成工作计划。

此处，将以我们最为熟悉，同时也是社会中数量最多的组织——“企业”为例来分析它的内部层次，以此来印证上面对于组织结构的分析。

美国斯隆管理学院提出一种安东尼结构(Anthony structure)①，这种组织的经营管理结构分为三个层次：

(1) 战略计划层，为企业的最高层，主要工作是企业目标的设定和为实现目标所实施的资源配置。

(2) 管理控制层，即中间管理层，主要任务是为实现企业目标有效地利用资源。

(3) 操作控制层，即下层管理层，其确保某项特定的业务能够被高效地执行。

因此，总的来讲，企业的组织结构可以分为战略计划、管理控制和操作控制这三个层次。当然，这是根据西方某些学者的理论而进行的划分，这种认识肯定具有一定的价值，但是并不代表唯一可能的理论。根据蒋志青(2004)的观点，企业的组织结构还可以分为经营、管理和业务这三个层次，这种分类方法的出发点是企业组织中工作内容的不同。根据他的分析，企业的工作内容分为三个部分：做什么，怎样做和绩效评价。

企业要做什么事情和评价做得如何，首先取决于企业的价值取向以及产品或服务的定位，其次取决于能否拥有或者可以配置做此事情所需要的资源，为此经营者要确定企业的经营战略，即确定企业目标、方针，制定战略规划、人力资源规划、产品或服务开发计划、技术及设施发展规划、财务管理计划、基本流程设计、基本结构以及考评系统等的政策和原则。经营战略的制定为企业的经营工作，经营战略的实施可以分为管理工作和业务工作。人力资源管理、技术及设施管理、财务管理、产品质量及流程设计管理，以及考评管理等为企业的管理工作。企业从市场调查开始，直至将商品和服务送到市场所发生的一系列的工作为企业的业务工作。

所以，企业的组织结构从其工作内容的不同的角度来看，就可以分为经营、管理和业务这些层次了。而组织结构则是经营层、管理层和业务层在职责、权限和相互关系的有序安排。

命令链与命令统一性

命令链是一种连续的权力链条，从组织的最高层延续到最低层。它明确无误地规定谁向谁汇报工作，以及在工作中负责命令监督哪些人。与此相关的一个概念是命令统一性(unity of command)，它意味着一个人应该对一个主管，并且只对一个主管负责。如果命令的统一性遭到破坏，下属就要应付多个主管的命令，

① 杨文士、张燕：《管理学原理》，中国人民大学出版社，2004 年版。

容易导致冲突和混乱。

集权与分权

管理者决定应该给每项工作和每个工作承担者赋予多大的权力。正如我们已经知道的，权力是指一个人作出决定不需要更高管理层的批准，并得到其他人服从的影响力。一名销售经理可能有权雇佣销售员，并有权分配他们到特定区域工作；另一名销售经理可能没有雇佣他人的权力，而可能有权分配他们到特定区域工作。管理者必须在集权与分权之间取得平衡。

集权的原因

1. 管理者必须得到授权决策的培训。正式的培训项目可能相当昂贵，可能大大超过其所得利益。

2. 很多管理者习惯于自己作决策，抵制对下属权力的下放。结果，他们的工作效率处于低水平上，因为他们相信权力下放就意味着丧失控制。

3. 行政管理成本的发生。因为必须发展或改变会计和工作业绩系统，以向高层管理者提供有关他们的下属决策效果的信息。当低层管理者具有了权力，高层管理者就必须掌握评价权力使用效果的方法。因此，他们通常创造报告系统，评价他们组织中低层次的管理者的决策结果。

4. 最实际的集权的原因可能是分权意味着功能的重复。每一个自主单元必须完全自给自足以能够独立，但这就存在重复的高成本。一些组织发现分权的成本超过了所得到的利益。

分权的原因

1. 相对高程度的分权鼓励专业化管理者的发展。组织分权能够使管理者作出重要决策，获得技术或者在公司中得到提升。通过运用他们的权力对很多问题作出决策，管理者发展了专长，使自己能够处理更高层次的管理问题。具有广泛决策权的管理者常常要作出困难的决策，结果他们为了提升到拥有更多权力和责任的岗位而接受培训。上层管理者根据实际决策表现来比较管理者。根据管理者的业绩表现进行的提升可以排除个人偏好，以及减少提升过程中的个性因素。

2. 高程度的分权导致组织内出现竞争的氛围，激励管理者在这种竞争环境中作出贡献，因为他们的各项工作业绩将与同行进行比较。在一个竞争的环境中，管理者在销售、降低成本以及员工发展等方面展开竞争，这对组织的整体业绩都是一个积极因素。但如果一个管理者的成功是建立在另一个管理者的失败上，竞争环境也能促使破坏性行为的发生。然而不论结果是积极的或是破坏性的，只有在个体具有权力去做那些能够使他们获胜的事情时才会呈现明显的竞争环境。

3. 具有相对较大权力的管理者能够行使更多的自主性，因此能够满足他们参与问题解决过程的愿望。这种自主性能够催生管理创造性和管理天才，对组织和管理者的发展和适应具有促进作用。正如我们知道的，能够有参与设置组织目标的机会本身可能就是积极的激励因素。但是目标设置的一个必要条件就是要有权力进行决策。很多组织，不论大小，都选择了遵循分权的政策。

集权度及其应用

集权度是指在组织层次中决策制定的位置。具体地说，此概念是指组织中的授权。通常研究者和实际工作者从决策制定和控制的角度来考虑集权度。尽管这个概念很简单，但实际应用却很困难。

困难主要来自三个方面：首先，在同一层次的人可能具有不同的决策权。第二，在组织中并不是所有的决策都是同样重要的。第三，个体可能没有知觉到他们的权力，尽管他们的工作描述中包括这些权力。

正规化

正规化又称规范化，是指有关工作方法和程序的具体化和条文化的程度。组织结构被描述为正规化程度高，就是采用规则和程序规定每一个个体应该做什么，活动应该怎样执行。这样的组织都有标准化的操作程序、具体的指导以及明确的政策条文。

1. 劳动高度专门化对制定劳动规则和呈列条文是非常必要的。工作专门化程度越高，留给劳动者思考判断的余地就越小。

2. 授权程度高需要对权力的使用进行检查。结果，组织就会对决策制定进行规范，并要求汇报权力的运用情况。

3. 职能部门是由相似性很高的工作组成的，由于工作的相似性以及这些部门工作的明确性，管理者可以形成条文来规范这些工作。

4. 宽的控制幅度不鼓励一对一的监督。管理者的下属太多，就没有一对一进行监督的基础，结果就是管理者要求形成条文来通知他们。

表 13-1　组织维度与组织决策的关系

维　　度	决　　策
规范化程度高	1. 专门化程度高 2. 功能化部门 3. 控制幅度宽 4. 授权
集权度高	1. 专门化程度高 2. 功能化部门 3. 控制幅度宽 4. 集权
复杂性高	1. 专门化程度高 2. 区域，顾客或产品化部门 3. 控制幅度窄 4. 授权

古典组织理论与组织特征

古典组织原则

古典组织原则主要来自军队和教会的组织模式，认为权威是管理不可或缺的要素。组织结构，就是权威关系。在这里，权威是绝对的，下级必须依存于上级。而权威的有效性则取决于上级拥有的惩罚权力。在军队和教会中，管理带有明显的强制性特征。这种原则也反映到企业管理中。在同时代的企业界，经常采用的管理措施就是运用纪律进行惩戒、解雇和使用其他的惩罚。早期组织设计强调命令、纪律和权威的重要性。

韦伯的行政组织理论

对古典组织理论作出贡献的有泰勒（F. W. Taylor）、法约尔（H. Fayol）、韦伯（M. Weber）等人，其中影响最大的是德国社会学家韦伯。韦伯提出的行政组织理论（bureaucracy），是强调组织观念，严格按照行政手续办事的体制和形式。① 韦伯的行政组织管理超越了人事因素，相对于当时的封建家族统治和裙带关系，是一个巨大的进步。人们认为这是对企业组织的重大贡献，所以称韦伯为“组织理论之父”。

韦伯提出的“bureaucracy”，被翻译为“官僚主义”或者“官僚结构”。但韦伯使用这个词并没有包含官僚主义的意思。他设计官僚组织体系，希望可以摆脱封建裙带关系，使组织按照程序规范来运行，让组织成员按照业绩获得晋升。

韦伯的组织模型有五个显著特征：

(1) 界定非常清楚的、专业化的工作岗位和职务，每个岗位和职务都规定了详细的任职资格、工作职责、绩效要求，以及完成岗位工作所需要的资源和支持。

(2) 工作职位有正式层级结构、清楚的命令链和权力大小规定。

(3) 有书面规则和标准操作程序来规范各种工作活动。

(4) 单位和部门之间有清晰的边界，组织和外部环境之间也有明确的界限。跨越内部和外部界限的联系，由专门的部门或者人员来实现。

(5) 组织内有标准化培训、职业发展路径和奖励制度。符合工作岗位职责要求的成员可以获得稳步职业发展。

由于结构特点，官僚结构能够实现高水平的生产和效益。广泛使用的组织模型中都蕴涵着官僚结构的特点和实践活动。美国的联邦包裹服务公司（UPS）非常强调效率，它通过将自动化和组织设计结合起来实现了很高的效率，而专门

---

① [美]彼得·布劳，马歇尔·梅耶著，马戎译：《现代社会中的科层制》，学林出版社，2001年版。

化和规范化是 UPS 组织结构为了达到这个目的所设计的显著结构特征。该公司明确定义工作和命令链。任务范围从卡车清洗和维修人员到高层管理人员，都按照权力层次进行排列，组成管理等级。这么高程度的专门化使得管理层使用很多形式的书面报告，如日常工作记录显示每个员工的工作配额和工作业绩。公司政策和活动都是以书面形式通知的，在进行雇佣和提升决策时作为参考。这家公司直接与美国邮政局在小包裹的投递业务上进行竞争。虽然美国邮政局得到政府的补助，而且不用交税，但联邦包裹投递公司通过强调运作效率成功地开展了与美国邮政局的竞争。

古典组织模型的优点与不足

优点

以韦伯官僚组织为代表的古典组织模型有很多优点，主要包括以下几点。

1. 可靠性和预见性。对规则和标准程序的重视，使得官僚结构能够使组织对要取得的结果进行可靠的预期。通过创造和控制条件，取得预期中的结果，是管理者追求的重要目标之一。在今天，仍然有很多组织采用官僚式设计，根据严格的工作程序向顾客提供良好的产品和服务。

2. 公正无私。强调工作规则、标准化程序以及明确的工作职责领域，使韦伯的行政管理体系成为一个“非个人化”的管理系统。工作活动的执行、对工作结果的追求，均不依个人偏好和人情关系而改变。

3. 专业知识。专业化的职务和职位，使得个人和部门能够专注于自己的工作任务，不断发展、深化专门知识，使得以经验和知识为基础的能力水平不断提高。

4. 清晰的命令链。清晰的层级结构，使得责任和汇报关系明确无误。在官僚结构中，谁有权作出决策，哪些人向决策者汇报工作，都有明确规定。在古典组织模型中，决策自上而下传达，信息自下而上传递。

总之，官僚结构具有许多优点，并相当出色地满足了工业时代的许多需要。通过建立权力层级制和具体的规章程序，管理制度为对大量人员进行有序管理和防止权力滥用提供了一个有效的方式。它不受个人感情影响，以工作关系为基础，而不是像前工业组织那样徇私和重用亲属。官僚制也提供了一种系统而合理的方法，由少数人组织和处理因太复杂而很难理解和处理的工作，这样就大大提高了大型组织管理的效率。

不足

当组织环境发生变化，古典组织模型的优点不能带来优势的时候，优点就会逐渐变成弱点。众所周知，组织内各部门官僚化程度不同，比如研究开发部门，就较少依赖正式的规则，标准化程度低，层级也更扁平化。同样，当市场竞争加剧，环境因素变化时，企业组织必须作出反应，比如要加强客户服务、持续改进产品质量、产品和服务多样化等。在这种情况下，古典组织模式稳定的预测性和可靠性就变成了缺点。上个世纪80年代，全面质量管理运动就遭遇了官僚结构的繁文缛节、部门间壁垒、领导单方面发号施令等方面的消极抵抗。对官僚化组织结构的批评集中在以下几个方面。

1. 过分强调权威。权威是官僚结构的重要特征。管理者不愿意放弃权力，拒绝向下属授权，结果导致决策无效或者决策错误。而且，在官僚结构中，决策和执行截然分离，结果决策完全自上而下，下属处于被动状态，积极性和创造性受到压抑。

2. 影响信息沟通。高度专业化和部门化，使生产效率得到提高。然而，由于每个部门都有自己的目标追求、独特的行为方式、不同的价值观和态度，导致部门间壁垒高筑，限制了信息的横向流通。由于官僚结构设置严格的等级，重视自上而下的传达，忽视了自下而上的信息传递。这些情况都阻碍了组织总目标的达成。

3. 过多的繁文缛节。大量正规的规则和程序，是为了消除、协调组织活动中的不确定因素，为组织目标的实现创造一个尽可能稳定的条件。但是，在官僚组织中，大量的规则程序会产生严重的副作用。第一，因为要照章办事，当发生新情况时，就必须增加更多的制度和章程，才能对新的情况作出反应。处理太多的规章事务耗费大量精力，严重影响工作效率。第二，规则程序一旦建立起来，而环境却发生了变化，旧的规章不再适应，要破除却十分困难。如此一来，僵硬的规章制度反而成为实现目标的障碍。

4. 缺乏弹性。官僚组织只对现有规章规定的情况作出反应，当环境发生变化时，由于没有相应的规定，就无法作出灵活反应。在迅速变化的世界里，官僚组织耳不聪目不明，反应迟钝。

5. 没有人性。官僚结构强调规则和程序，把人看作是机器上的一颗螺丝钉，无视人的心理和情感，严重压抑人性，同时也影响组织发展和目标完成。

6. 彼得原理和帕金森法则。管理者害怕下属的能力高超，威胁到自己的地位，于是所提拔的对象，往往不能胜任岗位工作。同时，管理人员对下属封锁消息，一个人可以做的事情需要几个人来做。结果，人员数量与所做的工作数量成反比。

权变组织理论与组织特征

古典组织理论将组织看作封闭系统，不考虑和组织有关的环境因素、技术和个人特征等方面的差异。权变组织理论则把环境与组织设计联系起来。权变理论认为，不能用单一的模型来解决所有组织设计问题，只能设计在特定情况下有最大成功可能的方案。

根据权变理论，组织设计要考虑的因素主要有环境的不确定性、技术、组织规模、组织发展策略等。

环境与结构

组织环境的不确定性

组织环境是组织边界之外的对组织具有潜在或者部分影响的某些方面。每个组织可以分析的环境大致包括 10 个方面:产业、原材料、人力资源、财务资源、市场、技术、经济环境、政府、社会文化和国际部门。

环境对组织影响有两个基本面:对环境信息的需求和对环境资源的需求。高度不确定的环境条件产生了对信息的需求及基于信息而作出反应的巨大需求,组织也关心稀缺材料、金融资源以及这些资源的可获得性。

不确定性是指决策者不具有关于环境因素的足够的信息,并且他们难以预测外部的变化。不确定性增加了组织对环境反应失败的风险。环境的复杂性和稳定性决定了环境的不确定性程度。

环境的简单—复杂方面是指与组织经营有关的外部环境因素的多少、因素是相似的还是相异的。环境中的因素越多,差异性越大,则环境越复杂。

环境的稳定—变化方面指的是环境因素的变动频率。长期保持不变的环境因素就是稳定的。环境因素在短期内发生变化,或者有多个因素同时发生变化,就是不稳定的环境。

环境的简单—复杂维度和稳定—变化维度的结合,形成评价环境不确定性的一个框架。所以,环境的不确定性大致分为四种情况:稳定的环境、中低度不确定环境、中高度不确定环境和高度不确定环境。

组织结构特征

组织控制和管理的方式随环境不确定程度发生变化。为了适应环境的不确定性,组织结构设计就要作相应的变化和调整。

1. 增加职位和部门。当外部环境的复杂性程度增加时,组织就要增加相应的部门,以便更好地应付组织外多种多样的环境因素。

2. 建立缓冲和边界跨越。应付环境不确定的传统方法是建立并发挥缓冲部门的作用。例如,为了应付原材料供应数量和价格方面的变化,采购部门通过增加、减少库存来实现对生产部门要求的缓冲。人力资源部门则采用有效招聘、培训和员工保留等手段,实现市场人才竞争对研发技术中心的缓冲。缓冲部门围绕技术核心,在环境与组织之间交换信息、原材料、资源和货币等。

比较新的方法是使用边界跨越。例如牛奶生产商让顾客参观奶牛场和牛奶生产车间,让客户对牛奶质量更加信赖;电脑研发设计人员对重点客户进行访问,现场了解顾客关心的问题。通过边界跨越把组织的核心技术暴露给顾客,是因为组织相信良好的客户关系可以帮助吸收环境的不确定性。边界跨越主要涉及信息交换,一方面将环境变化的信息引入组织,另一方面向环境发送组织状态良好的信息。边界跨越作用主要通过市场研究、情报、销售和广告等部门来实现。

3. 部门分化与整合。当环境复杂而且变化迅速时,处理不确定性变成高度专业化的工作。这就需要专门的知识和技能,以及相应的态度和行为模式。

根据劳伦斯（P. Lawrence）和洛希（J. Lorsch）的研究，①组织分支单位的结构是与他们面对的环境的不确定性程度相关联的。例如生产部门面对的是相对稳定的环境，其组织结构比较定型化。研究部门面对的是不确定的环境，它的结构不能定型化。假如环境相对稳定，采用机械化的组织结构比较有效，注重章程、程序和权威；假如环境不确定，则宜采用有机化结构，注重灵活、分权、协作。

组织内部门高度分化的后果是协作困难。当不同部门的工作目标、态度、价值观和行为习惯差异很大时，整合的实现就需要花费更多的时间和资源。所谓整合，是指部门之间合作的质量。整合的实现，往往借助专门的整合人员或者机构。在高度不确定的环境中，组织的分化和整合水平都很高，而在低不确定环境中，组织分化和整合水平也比较低。当组织的分化和整合水平与环境相匹配时，组织运行会更好。

4. 机械模型与有机模型。伯恩斯（T. Burns）和斯托克（G. M. Stalker）对英国的 20 家工厂进行了研究，②结果发现了外部环境与内部结构的关联。当外部环境稳定时，内部结构有更多的规章、程序和明确的权力等级，组织规范化程度高，高度集权。这种类型的组织被称为机械型组织。

在迅速变化的环境中，规章和程序的约束比较少，员工被赋予比较大的自主权，书面记录也很少。权力的层级不明确，决策分权化。这种类型的组织被称为有机型组织。

根据伯恩斯和斯托克的研究成果，当环境变化比较快的时候，适合采用有机型组织设计，当环境变化比较慢的时候，宜采用机械型组织设计。

5. 机构性模仿。向成功的同行看齐，是管理者采取的组织管理策略方法之一。当产品、服务、顾客、主要环境因素都很类似时，可以选择一个比较成功的企业，模仿它的结构、管理方法和经营策略。这种模仿可以帮助减少不确定性。然而，模仿的结果是和同行中的企业趋于相同，这也许是采取差异化竞争策略的企业所不愿意看到的。

6. 计划和预测。通过分析研究，对将来环境因素及其变化的情况作出预测，然后未雨绸缪，采取有预见性的应对措施，可以减少不确定性的影响。计划和预测的作用是有限的，在高度不确定环境中，计划的帮助会很小，因为不可预测的因素和变化的情况太多了。

环境不确定性与组织结构

根据环境不确定性的四个层次，组织结构设计呈现出相应的特征组合，具体情况见表 13－2。

---

① Lawrence, P., J. Lorsch. *Organization and Environment*. Cambridge, MA: Harvard University Press, 1967.

② Burns, T., G. M. Stalker. *The Management of Innovation*. London: Tavistick Publications, 1961.

表 13-2 环境不确定性与组织结构特征

低度不确定性（简单、稳定）	中低度不确定性（复杂、稳定）	中高度不确定性（简单、变化）	高度不确定性（复杂、变化）
机械结构：规范集权	机械结构：规范集权	有机结构：下属参与、分权、使用团队	有机结构：下属参与、分权、使用团队
部门很少	部门很多，有些边界跨越	部门很少，边界跨度大	很多不同的部门，广泛的边界跨越
无整合作用	很小整合作用	很小整合作用	很大的整合作用
很少模仿	有些模仿	模仿迅速	广泛的模仿
计划少	有些计划	计划导向	全面的计划预测

技术与结构

技术与结构之间的关系，首先按照组织水平技术和部门水平技术分别加以阐述，然后讨论部门间技术的互相依赖程度，以及高级信息技术对结构设计的影响。

组织技术与结构

1. 传统生产型企业

英国产业社会学家武德沃德(J. Woodward)研究了 100 家制造企业，①她把企业生产技术分为三个组群。

(1) 小批量和单件生产。制造和装配小批订单，满足顾客特定需要，基本属于店铺式经营。顾客要求就是制作标准。小批生产主要依靠手工操作，例如特殊的服装、仪器、工艺品等。

(2) 大批量生产。长期生产标准化零部件，由于顾客没有特殊要求，产品按照统一定制的标准下单。大多数装配线、汽车部件等都属于大批量生产。

(3) 连续加工生产。正规过程是机械化的，生产环节之间没有间隙，机械化标准化程度超过装配线。石油冶炼、橡胶品制造、制糖、酿酒等都属于连续加工生产。

武德沃德的研究结果表明，大批量生产的制造企业，适合采用机械型组织设计。另外两种生产技术的企业，适合采用有机型结构设计。这是因为，单件和小批量生产的企业，会遇到许多变化因素，比如顾客的多种需求；连续生产的企业依赖流水生产设备、系统无间隙的生产流程，一旦发生故障会造成严重后果，所以要采用有机型的结构设计；大批量生产的企业，一般不需要应付意外发生的情况，可以采用正规化和定型的组织结构设计。

2. 计算机一体化生产企业

随着科学技术的发展，生产过程采用机器人、数控机床以及多种计算机软件，这被称为计算机一体化生产(CIM)。计算机一体化生产采用计算机辅助设

① Woodward, J. *Industrial Organization: Theory and Practice*. London: Oxford University Press, 1965.

计(CAD)、计算机辅助制造(CAM)和管理自动化。CIM 可以使企业很快从一个产品转向另外一个产品的生产，而且反应快速精确。CIM 使得大量定制化生产成为可能，有的服装公司已经开始根据顾客的特殊需要设计服装款式，并且通过 CAM 完成不同款式服装的生产。

与传统的大批量生产技术相比，CIM 生产管理跨度比较窄、层级少、专业化程度低、分权化，呈现出有机型结构的特征。

3. 服务业

与生产企业相比，服务业有两个显著特征。第一是生产和消费同步，这意味着通过员工和顾客相互作用完成服务，例如医生给病人看病，老师给学生上课。第二是产出的无形性。服务业的产出通常以信息、知识和情感体验等方式存在。

服务技术的特点要求员工与顾客密切接触，组织边界的作用很小。考虑到服务要为顾客提供方便，服务地点与顾客接近，服务型企业结构的地域分布比较广。因为服务要面对不同顾客和特殊情景，员工的自主权和自由度比较大，工作活动较少有规章和程序制约，对员工的专业技能和人际关系技能要求很高。

部门技术与结构

部门技术可以从两个维度来考察。第一个维度是多样性，第二个维度是可分析性。通过技术对原材料进行转变，当转变过程具有可分析性时，其工作可以简化到机械性步骤，员工按照目标和程序进行工作，这样的技术就具有很高的可分析性。如果转变过程不可以简化，工作过程完全是运用智慧和经验创造性地解决问题，这样的技术可分析性就很低。

根据技术多样性和可分析性，部门技术分为四个类型：多样性低，可分析性高，是例行技术；多样性低，可分析性低，是技艺性技术；多样性高，可分析性高，是工程性技术；多样性程度高且不可分析，是非例行技术。

技术类型与结构特征。一般来说，例行技术要求机械型结构设计，工程性技术要求很高的机械型结构设计，非例行技术要求有机设计，而技艺性技术要求很高的有机型结构设计。

部门间依存性

汤普森(J. Thompson)将部门间互相依存关系的情况分为三类[①]：集合性、序列性和相互性。假如部门工作基本上是独立的，两个部门可以单独完成工作，互不往来，这种关系属于集合性关系。第一个部门的产出，是第二个部门的投入，第二个部门的工作，依赖于第一个部门的产出，这是序列性关系。在技术密集的组织当中，前一个部门的产出是后一个部门的投入，后一个部门的产出同时又是前一个部门的投入，这是互相依存性关系。

依存性与结构特征。对于集合性依存关系的部门，管理者要利用规则和程序使各部门工作标准化，使每个部门运用相同的程序和财务报告，部门间不需要

① Thompson, J. *Organizations in Action*. New York: McGraw-Hill, 1967.

大量协调。对于序列性依存关系的部门，需要比较多的计划安排，并需要比较多的日常沟通活动。对于相互依存性部门，在结构安排上除了做大量计划，还要有经常性的横向沟通和协调机制。

高级信息技术

信息技术的快速发展及其在企业的广泛应用，使得组织结构发生比较大的变化，具体表现在：

组织结构扁平化。传统组织结构有很多层级，中间的层级最主要的功能是信息的上传下达，信息技术的引进使得中间管理层的存在不再是必需的。

集权化和分权化程度的提高。一方面，管理者通过信息往来获得更多更快的信息，可以获悉工作现场瞬间发生的事情，并根据具体情况作出决策。信息技术对于希望集权的管理者是一个好消息。希望分权的管理者同样可以利用信息技术向下属授予更多的权力。普通员工可以利用计算机网络跟踪产量的转移、安排自己的工作、预计生产过程中出现的问题。

协作性加强。高级信息技术可以帮助促进上下沟通和横向沟通，即使一个企业的各个层次机构分布在世界上的不同角落，沟通都可以随时进行。

组织规模与结构

在组织理论中，组织规模被视为影响结构设计的一个重要变量。多数研究表明，大型组织与小型组织在如下一些方面存在差异。

规范化

大型组织具有更高的规范化程度，原因是大型组织更依靠规则、程序和书面工作去事先进行标准化设计，对大量的员工与部门进行控制。相反，小型组织可以通过管理者的个人观察进行控制。规范化也可能提高大型官僚组织中更加规范的和非个人化的行为和交往方式。相反，在小型松散的组织中则有比较多的偶发行为和社会交往方式。

分权化

在完全官僚化的组织中，所有决策都由具有控制权的高层管理者作出。但是，组织规模越大，就越需要分权，否则，决策的速度、质量就会受到损害，或者高层决策者不堪重负。

复杂性

大型组织显示出复杂性的显著特征，规模与复杂性之间的关系显而易见。其中原因有三：第一，在大型组织中对传统的专门化的需要更加普遍。第二，随着组织中部门规模的增大，产生了细分的压力，部门最终达到最大化以致管理者不能有效地控制它们。第三，传统的纵向的复杂性需要保持对大量人员的控制，随着员工人数增加，为保持控制幅度所增加的层级会更多。

发展策略与结构

钱德勒(A. D. Chandler)研究了美国 70 多个最大的企业，认为组织结构要服从组织发展策略。① 也就是说，组织结构要随发展策略而改变，否则，组织策略将招致失败。

钱德勒的研究发现了四种不同的发展策略。许多组织最初往往是一个单独的办公室或者一个工厂，只执行单一职能，比如制造、销售或者设计等。这一阶段的策略是扩大规模。第二阶段，随着规模扩大，多个机构或者工厂分布在不同地域，从事相同的职能工作。这时就需要有协作，要求有标准化和专门化的部门。第三阶段是纵向的整体化。当组织扩大了它的职能，就要建立相应的职能结构。第四阶段是产品多样化，多种经营。这时需要注重新产品的评价、资源分配、部门化和协作。因此需要建立按照产品划分的组织结构。

组织结构设计

没有明确与合理的结构，一个组织必然陷入混乱状态。根据部门组合方法，组织结构有职能结构、事业部结构、区域结构、矩阵结构、网络结构、横向结构以及多种组合综合运用的混合结构。

职能结构

在一个职能式结构中，组织从下至上按照相同的职能将各种各样的活动组合起来，比如所有的销售人员将被集中在销售部并由负责主管市场营销的副总裁负责管理；所有的生产人员被集中在生产部由生产部经理负责管理。他们的工作通过分层管理进行纵向协调。同一个职能部门的员工有相似的价值观和工作目标。这种相似性促进了职能部门内的协调、效率和质量。通过职能式结构，与特定活动相关的所有人的知识和技能得到巩固和共享，为组织提供了有价值深度的知识。

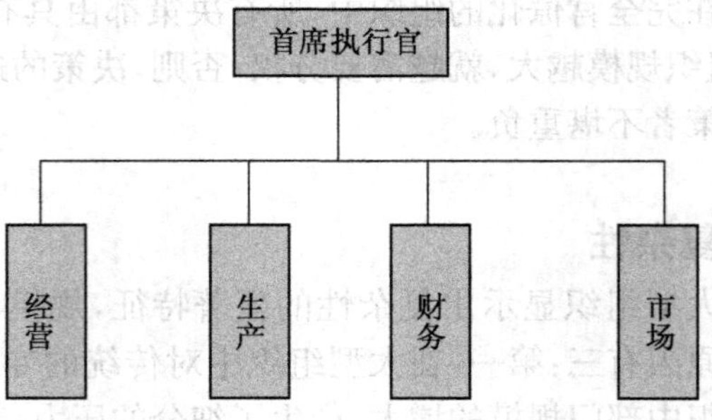

图 13－1 职能式组织结构示意图

① Chandler, A. D. *Strategy and Structure*. Cambridge: MIT Press, 1962.

因为组织绩效需要所有部门协作完成，所以职能部门之间需要充分的信息交换。这样就必须建立跨越职能部门的工作流程进行订单处理、库存管理、流动资金管理，协调产品开发和设计等。交叉职能信息的处理任务主要落在总经理身上，而且他还要处理各部门间的冲突。总经理可能会增加一个参谋(部门)，或者使用正式协调机制，比如计划和预算系统，来管理这些综合性的工作。

当组织起主导作用的关键因素是专业知识、效率和质量，而且外部环境相对稳定时，职能结构运作良好。表 13－3 概括了职能式结构的优缺点。

表 13－3　职能式组织结构的优点和缺点

优　点	缺　点
1. 促进职能部门内的规模经济	1. 对外界环境变化的反应较慢
2. 促进深层次知识和技能的提高	2. 可能引起高层决策堆积，高层超负荷
3. 促进组织实现职能目标	3. 导致部门间缺少横向协调
4. 生产一种或少数几种产品时最优	4. 导致缺乏创新
	5. 对组织目标的认识有限

资料来源：Duncan, Robert. What Is the Right Organization Structure? Decision Tress Analysis Provides the Answer. *Organizational Dynamics*, Winter 1979, p. 429.

当 Lee Lacocca 接管 Chrysler 公司时发现，有 35 个副总裁，每个人都有自己的地盘。每个人都各自工作，部门之间很少沟通。让人难以置信的是，主管工程的副总裁和主管生产的副总裁很少联系。在那一时刻，他明白了自己面临着多么大的困难。

在这里，好像很少有人知道一个公司内部不同职能部门之间的互相作用是至关重要的。一般来说，工程部和生产部的人几乎应该同吃同住了，而这些人居然老死不相往来。

在采用职能式结构的组织中，部门间的协作成为影响公司整体业绩的主要元凶。各个部门都按照自己的方式行事，追求各自的目标，但是，他们就是看不到共同目标在哪里，不知道通过沟通协作来促进共同目标。此外，职能式结构会按照当前模式进一步分化，形成众多小的独立王国。组织机构规模迅速膨胀。

有一家公司的总经理发现，工程技术部过去是由一个人来管理的，技术和运营的区别并不存在。但是在建立运营部门之后，运营人员开始进一步明确他们的责任范围，并且限制工程技术人员参与到运营职能当中去。这种结构使得每个部门成为独立王国，妨碍了工作联系，结果企业不得不花比以前更多的钱来进行系统开发和运营。让人烦恼的是，这些独立王国的“国王”们，把所有的事情都推到总经理面前，让他来拍板。

当然，职能式结构也并非一无是处。因为各部门专注于自己的职能，专业人员在财务、研发、销售、人力资源等领域都取得了长足的进步。人才培养和职业生涯发展也逐步走上了正轨。

事业部结构

事业部结构有时也可以称为产品部结构。通过这种结构可以针对单个产品、服务、产品组合、主要工程或项目、地理分布、利润中心来组织事业部。事业部制结构的显著特点是基于组织产出来进行组合。

事业部结构也具有自己的优点和缺点（如表13－4）。与职能结构相比，事业部结构模式在获得跨职能部门协调方面非常有效。当通过传统的纵向科层不再能够实现对组织的有效控制时，当目标是以适应和变革为导向时，采用这种结构是适合的。诸如通用电器、强生、美的电器等大型公司，都划分为一些较小的、自主经营的组织（也称战略经营单位），以便于实现更佳的控制和协调。在这些大公司内部，这种单元有时称为事业部、业务部，并且每个事业部都是一个具有独立经营资格的法人实体，并在总部的指导下运作。

在一个事业部当中，由于员工是以他们所在部门而不是以职能专长来区别的，因而交叉职能协调能力比在职能结构中更强。每个部门被划分为收入中心、成本中心、利润中心和投资中心等，部门根据各自的使命对其工作业绩负责。事业部之间的协调由集团总部的管理人员负责，他们负责事业部间的资源分配和长期战略的制定。

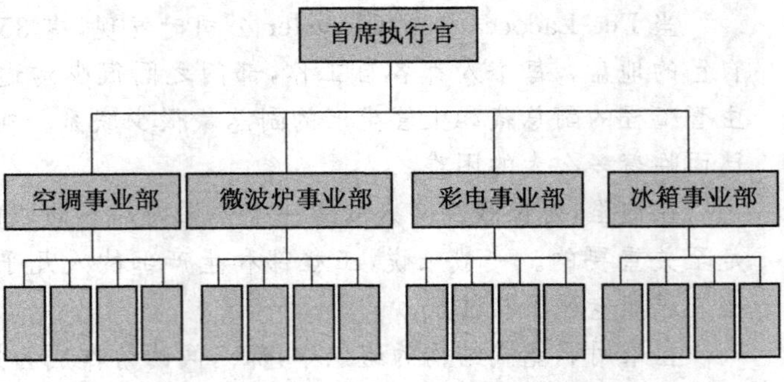

图13－2　事业部组织结构示意图

为了开发新产品、满足客户需要、保持市场份额等，需要各职能部门密切协作时，事业部式结构能够运行良好。在大中型企业中经常见到的多元化战略，例如生产多种产品、进入不同行业和市场、为不同顾客提供服务、在不同地区销售产品等，也适用事业部结构。因为每个事业部都拥有完整的职能资源，所以它可以针对自己的产品、市场和顾客作出反应，并适应变化了的需求。

表13－4　事业部组织结构的优点和缺点

优　点	缺　点
1. 适应不稳定环境下的快速变化	1. 失去了职能部门内部的规模经济
2. 由于清晰的产品责任和联系环节从而实现顾客满意	2. 导致产品线之间缺乏协调
3. 事业部内跨职能的高度协调	3. 失去了深度竞争力和技术专门化

(续表)

优　点	缺　点
4. 使各分部适应不同的产品、地区和顾客	4. 产品线间的整合与标准化变得困难
5. 在规模大、产品多的公司效果最好	
6. 分权决策	

资料来源:Duncan, Robert. What Is the Right Organization Structure? Decision Tress Analysis Provides the Answer. *Organizational Dynamics*. Winter 1979, p. 431.

事业部结构的缺陷是规模经济不足,从而导致效率降低。例如,原来属于同一个部门的技术人员有 50 个人,平均分配成五个事业部之后,进行深入研究所需要的技术合作可能被削弱,而且研究设备也要分配到五个事业部。因为员工是以事业部而非专业来划分的,基础性、深层次的研究往往被忽略。而且,为了追求各自目标,各事业部之间可能会产生纷争。

在咨询公司的帮助下,某家电企业顺利完成了从职能式结构向事业部结构的转变。总经理发现很多令人满意的变化。它改进了责任划分、预算和计划。员工们在事业部内的协作变得更容易了。总经理可以花比较少的时间来关注公司的日常运行,从而有更多时间来考虑公司的战略方向。他说:现在,公司没有我照样可以向既定的方向前进,大量的信息我都不用看了。

但是,使用新的结构之后,公司结构又产生了新的问题和挑战。第一个问题就是资源分配。各事业部都认为公司总部在资源分配方面不公平。其中彩电事业部的领导以前是人力资源总监,有人指责说,当他还是人力资源总监时,就趁公司转型的机会把很多得力的销售和生产管理人员都划给了彩电事业部。对于一些公用的资源,各事业部考虑的不是怎样更好地共享,而是企图把所有重要资源都据为己有。总经理发现,他常常要买三份东西,因为资源共享在事业部之间是一件很困难的事情。

第二个问题是,尽管事业部内部有合作,但是在事业部之间则犹如高墙相隔,几乎没有沟通和交流。自从推行事业部结构之后,集团总经理就很少收到有关产品开发的设想。对于一个以研发推出新产品著称的公司来说,这可不是什么好消息。

此外,每个事业部都在制定自己的业务流程,而且都想使用自己的技术平台,但是公司不可能提供多个技术平台。随着事业部的成长,每个事业部在考虑是否分成不同的职能部门。事业部在数字上玩花招,以便给自己留有更多的财务资源,并为自己将来的发展留后路。各个下属部门也在玩同样的游戏。对集团总经理来说,想要获得公司清晰的财务信息越来越困难了。

区域结构

进行结构整合的另一个基础是组织的用户或顾客。这种情况下最常见的结构是区域式的。不同国家的顾客，或者一个国家不同地区的顾客，可能会有不同的偏好和需求。每个区域单位包括所有的职能，以便在该地区生产和销售产品。跨国公司在不同的国家就会设立自主经营的分部。

区域分部结构的优点和缺点与事业部组织的特征相似。在这种结构下，组织能够适应各自地区的特殊需求，员工按照区域性目标而非国家性目标来分派。强调区域内的横向协调，而不是跨地区协调或是与全国总部的关系。

矩阵结构

有时，一个组织的结构可能会同时专注于产品和职能，或强调产品和区域。实现这一目的的一种方法就是运用矩阵式结构。当深度专业技术知识和产品创新与变革对实现组织目标都非常重要时，就可以考虑应用矩阵式结构。当整合了横向联系机制的职能式、事业部式、区域式结构均不能很好发挥作用时，矩阵式结构常常是解决问题的最后选择。矩阵是一种实现横向联系的有力模式。矩阵式结构的独特之处就在于将纵向设计和横向设计结合起来，使产品事业部结构和职能式结构可以同时得到实现。

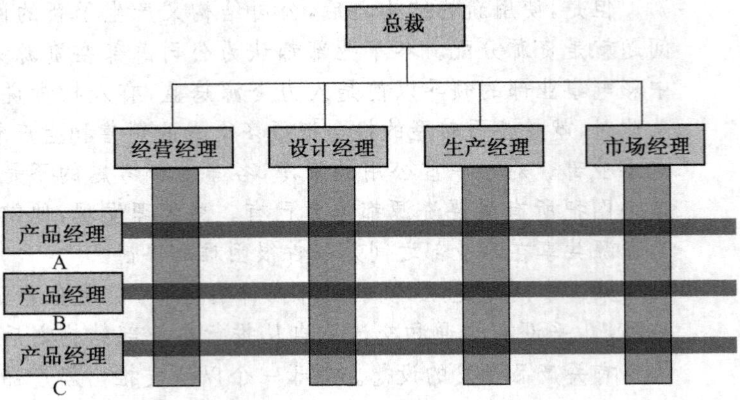

图 13-3　矩阵式组织结构示意图

与前面提到的几种组织结构相比，矩阵式组织结构的优缺点如表 13-5 所示。

表 13-5　矩阵式组织结构的优点和缺点

优　点	缺　点
1.　获得适应顾客双重要求所必需的协作	1.　导致员工卷入双重职权之中，使之沮丧而困惑
2.　实现产品间人力资源的灵活共享	2.　意味着员工需要良好的人际关系技能和全面的培训

（续表）

优　点	缺　点
3. 适应不确定环境下复杂的决策和经常性的变革	3. 耗费时间，包括经常性的会议和冲突解决会议
4. 为职能和生产技能改进提供了条件	4. 除非员工理解这种模式，并采用一种团体组织式的而非纵向的关系，否则将无效
5. 在拥有多种产品的中等组织中效果最佳	5. 需要很多经理来维持这种权力平衡

资料来源：Duncan, Robert. What Is the Right Organization Structure? Decision Tress Analysis Provides the Answer. *Organizational Dynamics*, Winter 1979, p. 429.

为了给各种型号的轿车配备密封条，某汽车配件公司专门成立了项目团队，每个团队负责为一种车型研究设计和销售配套的密封条。团队成员来自于原来的研究开发部、工艺技术部、生产车间、销售部、客户服务部等部门，他们同时接受项目团队负责人和原来职能部门领导的双重指挥。这种结构设计的初衷，是希望每个项目团队拥有研究开发所需要的各种专业人才，可以专心于一种产品的研究设计和经营。同时，项目组成员又参与原有职能部门的活动，专业知识和技能也得到发展。

项目团队解决了原来结构中的一些问题，但是，同时也产生了一些新问题。在跨职能的项目团队中，没有明确谁有权作出哪些决定。例如谁有权决定产品的特点，是否允许销售人员打折，项目经理是否可以告诉工程技术人员产品设计中应优先考虑的因素。项目经理和运营人员之间的冲突越来越尖锐。

项目团队不知道他们的权力到什么地方为止。项目团队的工程技术人员会努力执行项目团队的工程计划，但是无权改变工程部门的时间进度。每个项目团队都想让自己的产品成为工程部最重要的产品。每个项目团队也都想从职能部门拉来最高级的人才，希望他们在所代表的职能部门中更有影响力。解决权威问题的一个办法是让高级主管参加所有项目团队会议，由他来做所有决定。曾经有一段时间是这么做的。但是这并非是切实可行的办法，因为高级主管需要时间来担负起他们的其他职责。

项目团队也产生了其他资源分配问题，有项目团队内部的，也有项目团队之间的。因为项目团队没有系统地确定资源应当按照何种优先顺序在小组内进行分配。

横向组织结构

横向组织结构使组织摆脱上层管理者负担过重的问题，并打破传统的部门界限。这种组织围绕工作流程而不是职能来建立结构。例如研发部门根据新产品研发核心模块来组织研发团队，采购部门根据采购业务来组织采购团队。横向组织结构特点主要表现在以下三个方面①：第一，该结构重视团队成员的自我管理，成员在执行任务时拥有高度的自治权；第二，横向组织的结构层次大大减少，成为扁平化组织，这种扁平化的结构之所以能够维系，是因为员工主要通过自我管理而不是直接命令开展工作；第三，横向组织结构的正规化水平低，高层管理者制定产出目标，员工组成的团队在如何组织工作、完成目标方面，拥有自主权。横向组织结构如图 13－4 所示。

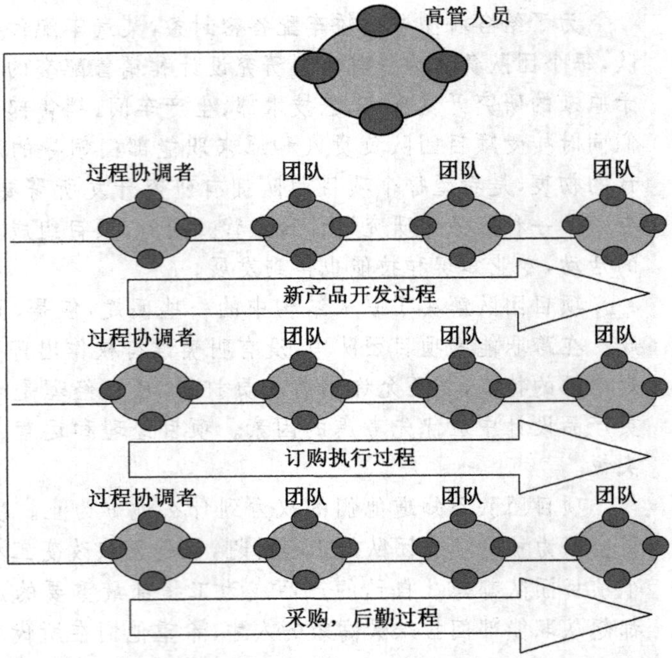

图 13－4　横向组织设计示意图

资料来源：Byrne, J. A. The Herizontal Corporation. *Business Week*. Dec. 1993, 20, pp. 76-81，有修改。

横向组织代表了一种日益流行的结构，因为它通常反应更迅速且更具灵活性。这种结构往往能够降低成本，因为这种结构的核心——团队较少依赖正式的层级结构。横向结构在跨越传统职能边界的沟通与协调方面表现更为出色。在有更高自治权的情况下，这种结构还使得更快、更全面的决策成为可能。与上述优势相伴随的是，由于需要持续的人际技能培训，横向组织结构往往难以持

① 史蒂文·麦克沙恩、玛丽·安·冯·格里诺著，汤超颖译：《组织行为学》，中国人民大学出版社，2008 年版，第 216 页。

续。在跨越职能的横向团队初创阶段，其相比于层级结构，需要更多的协调时间。同时，由于处于这种结构下，员工对于其在团队或组织中的角色认知更为模糊，可能感受到更大的压力。而且，由于冲突增多，职能权力削弱和职业发展阶梯不明晰，团队的领导也会感受到更大的压力。

网络结构

从前文对权变理论的阐述我们可以得知，组织所处的外部环境会对组织结构及组织间关系产生巨大的影响。自 20 世纪 60 年代始，企业所处市场环境的动态性增强，企业在原材料、人才、技术、顾客等几乎所有的经营领域都遭遇激烈的竞争，外部环境不再是稳定的或可预测的。在这种前提下，原先的大规模生产模式以及与此相匹配的组织模式——层级制组织结构面临巨大的挑战。众多的竞争对手、个性化的顾客需求，要求企业在控制成本的同时为顾客提供定制化的产品。这意味着企业的生产模式以及与之适应的组织模式都应随之改变。首先是纵向分工的细化，从原先的产业链上下游分工合作向产品内分工推进，这意味着企业必须调整组织结构以利于快速协调企业间关系，结构的扁平化几乎是必然的，但扁平化的同时，组织各层级的管理幅度变宽，不利于控制。基于企业间细化分工形成的企业内部生产的专业化以及信息技术的日新月异，使得上述问题得以缓解。其次是企业间的横向合作日益增多，这种合作几乎出现在每个经营领域，从原材料到技术几乎无所不包。这种合作关系的普遍和深入改变了人们对企业间只存在竞争关系的单一认识。与此相随的是，出现了众多协调这种横向合作的组织形态，如虚拟企业、模块化组织等。上述两点使得网络组织大行其道。在这种组织形态下，组织边界之内只保留最具竞争力的活动，而其他的职能则外包给其他专业机构。如果从企业组织的成员来判断组织边界，这种类型的组织就是一个团队型组织；如果从组织的业务活动范畴来判断该组织的边界，就会发现这种组织和承接外包业务的组织之间没有明确的边界划分，呈现出网络式联系。网络组织结构的一个典型示例如图 13－5 所示。

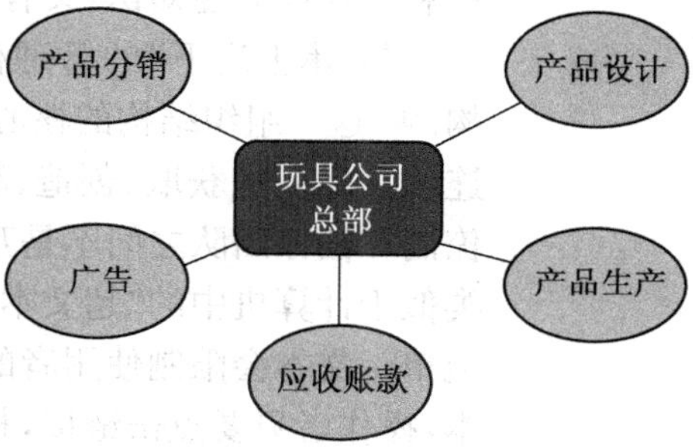

图 13－5　网络式组织结构

网络组织的优点主要体现在以下两个方面：第一，通过向网络中的其他成员脱卸不具有竞争力的经营环节，组织能够凝聚其核心竞争力；第二，通过组织间协同，形成了一个强强合作、极具灵活性的市场竞争主体。与此同时，这种组织形态的缺点也显而易见：组织间的协作不像组织内的协调那样易于实现，这使得网络呈现非常不稳定的状态，极大地影响了网络内的各个成员组织及其作为一个整体的市场竞争力。

“超文本”式结构

日本学者野中郁次郎是知识创造理论的创始人。他认为，金字塔型的组织遵循的是一种“自上而下”的管理模式，简单且经过筛选的信息经由组织的底层传递到组织的高层，高层管理者利用这些信息制定计划和命令，最后通过组织的层级体系向下传达。这种组织模式背后所隐含的假设是只有高层管理者才有能力，且被准许去创造知识。横向组织遵循的则是一种“自下而上”的管理模式。在弱化管理层级、模糊劳动分工之后，组织从一线员工到最高层只有三到四个层级，高层管理者的命令和指示不多，他们的任务是成为具有创新精神的一线员工的赞助者。员工以独立行动者的姿态开展工作、创造知识。自治，而不是相互作用，是这种管理模式的重要原则。知识是由个体创造的，而不是由相互作用的个体所组成的团队创造的。

野中郁次郎认为，“自上而下”的管理模式适合于处理显性知识，但由于高层控制知识创造过程的缘故，这种模式忽略了对可能发生在企业一线员工那里的隐性知识的开发。而“自下而上”的管理模式对处理隐性知识有利，但它过于强调自治，这意味着，在组织内部传播和共享这些隐性知识极为困难。

在野中郁次郎所总结归纳的“承上启下”管理模式下，高层管理者创造的是愿景和梦想，而中层管理者则是开发第一线员工可以理解和实施的比较具体的概念。中层管理者试图解决高层管理者所希望创造的东西与现实世界实际存在的情况之间的矛盾，成为连接高层和一线员工之间的纽带，使得组织成为一个既有利于管理显性知识，又有利于管理隐性知识的知识创造的“场”。

与“承上启下”的管理模式相适应，野中郁次郎提出了“超文本”式组织结构。① 这一组织结构的核心条件是，它使创造知识的企业具有按某种循环过程连续并反复地获取、创造、利用和积累知识的战略能力，其目标是建立一种将官僚制和任务团队之间不是互相排斥而是彼此互补的组织结构。这种超常规组织类似于计算机中的“超文本”，即多层文本的迭加组成。每个普通文本只有一层，但单一文本会限制使用者的视野，所以，“超文本”技术可以很方便地打开多个文本，操作者只要点击链接，相关的“网页”就一层层都跳出来了。甚至可以用一个指令，将所有相关文本都以某种逻辑方式连接到一起，大大方便了多层存取和对照观察。

“超文本”式组织结构是由相互连接的层次或环境构成：业务系统、项目团队和知识库相互连接，最终构成新的组织结构。

① 野中郁次郎、竹内宏高著，李萌、高飞译：《创造知识的企业——日美企业持续创新的动力》，知识产权出版社，2006 年版，第 189 页。

中国文化特征与组织设计

在一个特定的文化背景中，人们秉承特有的价值观和行为方式。而旨在提高企业经济效益而进行的组织结构调整，往往建立在西方文化价值观基础之上。比如授权、使用团队、强调自主管理等观念，常常与较低的权力距离、较弱的不确定性回避和较强的个人主义有关。当所有这一切应用到传统中国文化和共产主义公有制历史悠久的社会，而个人的作用又不突出时，问题和麻烦就接踵而至。重新塑造和改变行为模式的尝试通常会对根深蒂固的观念构成威胁，此种传统社会观念往往具有依赖性、家长式统治、随遇而安以及埋没自己态度的特征，而不具有那种过分自信的人生价值观。

根据权变组织理论的观点，组织设计要适应环境特征而作出相应改变。适应的目的，是为了通过组织结构的作用，更好地实现组织的追求。因此，组织设计需要考虑文化因素的影响。

组织形态与背景

公共部门包括政府、教育机构、医疗卫生机构等。受教育产业化和医疗产业化等政策的影响，中国的教育、医疗卫生和其他相关公益部门开始市场化，逐步变化为以赢利为目的的机构。私营部门包括改革开放后蓬勃发展的私营企业，以及一些企业化运作的学校、医院和公共服务机构。中小型国有企业正在私有化进程之中，使得私有部门的队伍逐步壮大。此外还有大量的国有企业，通常是和国家安全与经济命脉关系密切的大型企业。

政府和公共部门的组织设计采取了典型的官僚组织结构，有一整套严格的程序和办事制度。从组织形式来看，与韦伯的官僚组织设计很相似。但是，中国的政府和公共部门与西方传统的官僚设计相比有一个很大的不同，那就是党务部门对权力的控制。在中国的政府和公共部门当中，除了行政管理组织之外，还有一个党务管理系统，根植于行政管理系统之中。党务管理系统中的工作人员工资，由国家财政支付。更重要的是，党务管理人员的职权大于行政人员职权。所有科级以上的公务员，均由党务部门认命、考核、晋升或者辞退。

国有企业的组织设计，最初完全参考公共部门的组织设计，经过 20 多年的改革，逐步向现代企业组织设计靠拢，但仍然带有传统国有企业的烙印，保留了党团管理系统，相关管理人员的工资由企业支出。企业内管理人员按照公共部门的方式授予行政级别，科级以上管理者由党务管理部门负责认命、考核、晋升和辞退。

私营企业的发展是最近 20 多年的事情。民营企业从无到有，从小到大，在发展的过程中，其组织形态比较多样，主要有家族企业、合伙制企业、有限责任公司和上市公司，其中家族企业占据主导地位。

中国文化背景下的组织特征

专业化程度低

中国历史上工业基础差、科学落后，是专业化程度低的主要原因。但是，组织设计上的文化考虑，也是原因之一。企业组织设计，要考虑组织内部的专业分工，考虑企业组织的边界，比如哪些产品和服务由企业自己提供，哪些从组织外购买。中国企业的组织设计普遍存在“大而全”、“小而全”的状况，主要表现在企业盲目追求自成体系，企业间专业协作化程度低，大、中、小企业间缺乏有效的分工协作。以汽车工业为例，汽车工业是一个专业化要求较高的行业，在日本一个汽车厂的零部件协作厂就有上万家，而中国一汽、二汽的协作厂尚不足200家，多数零部件靠汽车厂自己生产，而不是由具备专业水平的零部件协作厂去生产，这样势必严重影响企业的竞争力和社会资源的有效配置，降低劳动生产率，从而产生低水平的过度竞争，造成交易成本的增加，最终阻碍企业技术进步和制度创新。加之汽车工业厂点分散、管理多头、相互封闭、地方保护主义严重、缺乏专业化分工与协作，在一定程度上造成了中国汽车工业专业化程度的低下。中国汽车零部件生产企业仍然主要是围绕某一集团发展的，规模较小，尚未形成面向全行业甚至国际市场的大汽车零部件生产集团。目前国内整车厂的自制率仍在50%～60%，而国外大公司最多只占到20%左右。同时国外目前已大量出现专业化的设计公司、咨询公司，但这在中国汽车工业中还是新鲜事。

缺乏规范

制度不健全，缺乏管理规范是中国企业的普遍现象。个体员工不知道如何管理自己的工作，公司也不提供这方面规范的培训。员工间的协作缺乏规范，信息交流、汇报渠道不正规。比如E-mail不是正式规定的沟通标准，各人都认为自己有保持“独特”沟通习惯的权力。若要推行标准规范，则被员工视为“没必要”，视为对自己权力自由的限制，推行阻力很大，往往是过了一段时间就不了了之。缺乏协作规范导致扯皮，例如防火墙产品说明书，很多商家就写得很差，从技术上讲很容易解决的一件事，但就是解决不了。面对顾客询问，都是一副此事不好办的麻木面孔。

任人唯亲

1. 家族企业中的亲情关系。在小型的家族企业当中，几乎所有管理职位均由家族成员或者亲戚担任，随着企业规模扩大，有血缘关系的家族成员仍掌管所有的重要岗位。家族企业通过放大的家族原则来整合社会关系、扩大组织边界，在关系处理中随时把握着一种亲疏远近的关系原则和内外有别的尺度。家族企业即使在实行股份合作制和股份制之后，也仍然保留了浓厚的家庭和家族色彩。

家族成员的参与常常使创业获得最需要的低成本资源，家族成员更容易建立共同的利益和目标，从而更容易进行合作。家族式管理结构更能保证企业领导的权威,有更强的凝聚力和对企业更高的忠诚度。此外,家族企业任人唯亲,还有一个重要的考虑,就是对外来人的不信任。这里既有文化方面的原因,也有社会大环境方面的原因。正如一位私营企业老板所说:任人唯亲是为了稳定,任人唯贤是为了发展。

家族企业以血缘、亲情关系这一天然的人际关系为依托,靠家庭观念这个初级的社会规范来维系,使得企业组织结构的设计具有一定的封闭性、排他性和随意性,这种局限性在一些规模大的公司中表现得尤其明显。

2. 政府公共部门中的人情关系。在政府和公共部门中,任人唯亲现象的表现与家族企业有很大差异。在同一个组织中,由有血缘关系的家庭成员担任重要职务的现象几乎看不到,但可能会出现这种现象:与高层有血缘关系的亲属往往被安排在另外一个组织当中担任要职。

3. 国有企业中的人情关系。与家族企业和公共部门相比,国有企业中的人情关系又有其特殊性。一方面,国有企业与政府公共部门组织有相似性,比如严格的制度规范,根据人情关系安排重要岗位任职者。另一方面,由于国有企业的领导有追求经济利益的责任,任人唯亲的现象一般会被控制在一定范围之内。一些有工作能力,但缺乏高层关系资源的员工,也有许多机会晋升到重要岗位。

4. 亲情和人情关系对组织的影响。亲情和人情关系,能够促进人际交流和协作,提高群体的凝聚力和成员对组织的忠诚。但是,过分重视人情而破坏基本的组织原则,会产生诸多严重的弊病。

根据一般组织原则,企业对岗位任职者的安排,应该任人唯贤,而不是任人唯亲。把亲情和人情关系作为人员选拔的唯一标准,是人情和亲情关系导致的最严重的问题。

对家族企业来说,任人唯亲对企业获得重要的人力资源、保证组织的安全、促进企业发展都有积极的作用。但是,任人唯亲的危害在于,当掌握重要职位的人能力不足以胜任工作时,组织的基本能力和公正性就受到严重损害。

在公共部门和国有企业,由于人情关系需要付出努力才能建立,因此,任人唯亲的做法除了伤害组织能力,还有一个很坏的导向作用。多数岗位任职者会把相当多的个人精力和组织资源投入到关系建立活动中,目的是为了获得更多的晋升机会。在裙带关系盛行的组织中,这种努力多半是有害的。

在所有形式的组织中,如果正式工作关系受到血缘关系或者人情关系的影响,岗位工作的职权大小、命令链、业绩评价、工作分配等都会在某种程度上被扭曲,根据严格规范、工作程序和层级组织起来的组织,其高效运行的能力受到关系的侵蚀。更糟糕的是,如果本来就没有建立起严格的、标准化的工作程序,工作中的沟通、协作和问题解决主要通过人与人之间非正式的关系,这种情形必将导致严重的混乱。而且,在这种环境当中,引进外来者非常困难,因为外来者缺乏组织内关系资源,难以开展工作,即使是被委以重任的高层管理者也不能避免这一困境。

集权专制

孔子曰:君君臣臣父父子子。人是生而不平等的,权力集中在君和父手中,作为下属的臣子只有服从的义务。集权专制是中国文化的一个突出特征，独裁者对权力和资源的垄断，民众对权力和官位的追求，则形成了独特的官本位和官文化。在今天，这一特征仍然体现在各种组织设计当中。

1. 家族企业的集权。家族企业未必采用家族式管理，判断一个企业是否是家族式管理的一个简单做法就是观察企业的重要决策权。家族式企业最明显的特征就是集权，经营决策的重要权力都集中在"家长"手中，采用集权化领导方式。有些家族企业也从社会招聘职业经理人，安排到高层重要岗位，但是，又不愿意把重要的决策权让出来。家族企业的老板还会根据自己的想法，随时改变企业的组织结构。甚至，有的企业老板刻意树立绝对权威，搞个人崇拜，听不进反对意见，导致企业管理水准下降、决策失误、活力减弱、效率降低、组织僵化、上下沟通受阻，由此带来一系列问题，致使企业走下坡路。

改革开放以来，许多企业获得了长足发展，涌现出一大批知名企业和企业家。然而在很多企业中，维系企业权力基础的却是企业最高领导人的超凡权力。他们因为自己的远见卓识、杰出的才能、非凡的人格魅力成为企业的绝对主宰和精神领袖。"一人身系天下安危"，这种脆弱的权力体系将直接影响企业长远、稳定的发展。一旦企业家决策失误，或者企业家离开，企业必然陷入动荡的局面，其发展难以预测。逐步向现代企业制度转化，形成以法定权力为基础的、集权与分权相结合的内部权力体系，才是企业长久稳定发展的保证。

2. 部分政府和公共部门高耸的组织结构。公共权力目前还缺乏公众的制约，导致某些组织一把手大权在握，下属只能服从上级的决策。集权最消极的后果是决策错误，对经济、社会发展造成严重影响。集权的另外一个表现是目前部分政府和公共部门的职能缺乏科学、客观的考核激励机制，组织的使命、目标等可能被置于次要地位。

3. 国有企业的集权式管理。国有企业经营状况，在很大程度上依赖于一把手的能力和良心。在组织内部，领导者职责与权力不对称，只要不贪污、不受贿、不犯政治错误，国有企业老总一般不会因为经营失败而被解雇。对国有企业员工来说，由于追求官位，组织内管理职业的发展道路是一条金光大道，而专业技术发展道路却是羊肠小道。这种设计在很大程度上制约了企业技术能力的发展。

4. 总的来看，在不同类型的组织当中，集权是一种普遍性的事实。在管理者当中，主要依赖高层管理者甚至一把手；在整个组织当中，主要依赖高层管理者，普通管理者和组织成员的主观能动性在很大程度上被忽视了。而且，由于当权者对权力的贪恋，组织内责任和权力不对称的情况普遍存在，中下层管理者必须承担工作责任，却没有相应的权力，极大挫伤了其工作积极性。此外，高层管理者集权，不愿意分权给别人，还容易导致管理幅度过大，工作负荷超过个人精力或者能力。

缺乏约束机制

中国人重视德行在行为引导中的作用，历代统治者都提倡"以德治国"。在各种形态的组织设计中，通常忽视通过制度设计来约束人的行为，而是强调任职者要成为道德楷模，通过自我管理实现行为约束。在公共部门、国有企业和事业单位中，各种形式的思想道德教育，都是为了实现这个目的。然而人的品行可能是靠不住的。强调自我修养、自我控制，忽视制度约束，是中国式的组织设计，特别是某些公共部门、国有企业和事业部门组织设计中的一大弊病。

总的来看，中国文化背景下组织设计更容易选择职能式结构。因为职能式结构管理比较稳定，迎合了中国人稳健保守的性格，同时由于这种职能结构往往没有书面规范管理的支撑，往往采取个人化方式。考虑到人情关系和亲情关系的影响，管理中的规范和规则通常遭到破坏。在采取矩阵结构时，管理者和员工对多头领导带来的混乱局面缺乏容忍度。在采用事业部结构和水平组织形式的时候，高层管理者往往采取过分集权的做法，事业部和项目团队得不到应有的权力和资源。

通过组织设计对文化进行管理

韦伯最初把规范化和效率与公平等同起来，根据合理的客观标准，每个员工按照相同的方式工作，每个顾客应得的服务都是一样的。最理想的就是组织能按照“上好了油的机器”模式来运作。在实际生活中，无论是公共或私人部门，组织倾向于受自己文化价值观的影响。这些组织的生产效率可能低下。

由于历史和文化的原因，民营企业、国有企业和公共部门组织设计不健全、不规范、不科学的情况比比皆是，组织的效率得不到保障。同时，组织设计和运行又受到文化的约束。为了解决上述问题，在组织设计和管理方面建议如下。

明确部门职能、岗位职责和权限

在家庭式的管理中，家庭成员之间不会有明确的责任分工，工作过程中凭借个人关系进行沟通协作。受此影响，再加上中国组织管理普遍缺乏科学的传统，部门职能和岗位职责不清，不同管理层次之间权限不明的情况在民营企业很普遍，在国有企业和公共部门也屡见不鲜。由此必然产生混乱、组织的基本能力不足的后果。以书面形式确定部门职能、岗位职责和工作权限，并严格执行，是从根本上改善组织能力的第一步。

规范化和标准化

随着组织规模扩大，非正式的个人化管理和经验控制就靠不住了。此时，必须利用规则和程序进行控制。这也是企业由人治向法治转变的重要步骤。近年来，很多企业纷纷引进现代企业管理制度和 ISO 管理体系，这对于企业规范化管理是很好的促进。遗憾的是，在有些企业中，制度建设和 ISO 管理系统流于形式，没有得到实质上的落实，难以发挥应有的积极作用。

建立组织控制系统

组织控制通过三种途径实现：人员控制、行为控制和结果控制。

1. 人员控制。人员的能力、个性、价值观等方面，共同决定了其是否能够执行组织赋予的职责和使命，是否能够按照组织设计所期望的目标和方式来行动。通过挑选具有适当的技能、价值观和特性的人充实到相应岗位，来增加获得期望结果的可能性；通过培训提高员工的技能和强化其价值观，将员工分配到某个岗位来充分发挥他们知识的广度和深度，也是实现控制、获得预期结果的手段。

人员选拔使用，首先要建立胜任力标准，在人才选拔中坚持能力优先的原则。对于民营企业或者公共部门来说，要坚决杜绝任人唯亲，但任人唯贤并不排斥亲情和人情关系。公平公开的选拔制度，能上能下的灵活机制，可以帮助企业实现更好的人员控制。

2. 行为控制。可以识别个人和组织单位为了达到期望结果所要求的行为，并加以控制。工作分工、政策、工作程序和行为规范是行为控制的正规机制。一些非正规的手段也常常用来对员工的行为施加影响。其中包括群体社会活动、口号、树立榜样等等。有的企业使用胜任力的方法，仔细研究每个层次、部门、岗位需要表现出的关键行为，并采取360度反馈的方法跟进，对员工的行为进行全面控制。

3. 结果控制。将个人和组织的绩效同工作计划所期望的个人和组织绩效加以比较，进行适当的调整。有的管理者十分重视例外管理，当结果和期望不一致时，就要加以检查和采取行动。结果控制以系统全面绩效考核的方式得到实现。

强化制度权威

制度设计是很有挑战性的工作，而新制度的引进和执行则更加具有挑战性。制度化管理遇到的一个巨大的障碍就是：不管是管理者还是普通员工，都更愿意认同人情关系，而不太把制度当一回事。

树立制度的权威，各级管理者要率先垂范，带头遵守企业的各项规章制度和工作程序。在多数情况下，制度首先是被领导破坏的。树立制度的权威，还要求严格执法。这就需要组织的考核体系把员工的行为纳入观察视野，并根据行为表现——符合或者违反制度的情况作出快速反应。

为了强化制度权威，必须采取一些强有力的具体措施。

1. 制度的设计公开透明，经过民主参与和充分论证，保证制度的设计科学可行，并照顾到绝大多数人的利益。

2. 充分宣传，帮助员工理解制度的所有方面，保证员工理解制度设计的基本思想和要达到的目标。

3. 各级管理者带头遵守相关制度，与遵守和破坏制度相对应的奖励与惩罚应立即兑现。

4. 执行制度的过程中要一视同仁，杜绝徇私舞弊行为。

5. 新制度导入初期，对所有制度执行的情况，特别是奖励惩罚的信息及时向所有员工通报，树立正面和反面典型，并广为宣传。

6. 通过组织行为校正机制，从根本上改变员工的工作习惯，使工作行为与制度保持一致。

7. 将组织行为校正机制纳入绩效考核的行为考核范畴，成为日常工作的一部分。

分权

在领导者集权背后，有政治和文化的原因，也有经济法律环境、人才环境方面的原因。权力下放，首先要设法满足分权的基本条件，那就是具备有能力和值得信赖的下属，能够按照组织期望的方式行使权力。其次，权力下放要以制度的方式确定下来，成为下属工作岗位法定权力的一部分。在实际工作中，对下属的权力，领导者应当给予足够的尊重，不得越权，或者剥夺下属的权力。假若任职者不能很好地履行工作职责，可以将其调离，但不能随意改变已经设计好的权力结构。

本章回顾

组织理论对组织设计的讨论集中在工作专门化、部门化、控制幅度、命令链、集权与分权、正规化几个维度。古典组织理论强调组织的高效率，在组织设计上的特征表现为工作高度专门化、根据职能划分界定清楚部门的职责、严格控制、命令链明确而统一、集权以及管理正规化。

权变的组织理论主张组织设计充分考虑各种权变因素，随各种影响因素的变化而作出相应调整。如果组织环境复杂多变，组织趋向于采用有机结构；如果环境简单且变化缓慢，则组织倾向于采用机械结构。大批量制造企业，适合采用机械型结构，而小批量或单件生产以及无间隙生产企业，适合采用有机型结构。服务业，由于生产与消费同步，环境多样而且变化快，适合采用有机型结构。当生产技术可以分解成为例行技术时，机械结构比较适合，当生产技术是非例行技术时，有机结构则更有效。生产部门之间的依存性越高，结构的有机性程度越高。在规模大、复杂程度高的组织，为了实现很好的控制，机械型结构很常见；在规模小的企业，有机型结构就比较多。

常见的组织结构有职能式结构、事业部结构、区域结构、矩阵结构，新型组织结构包括按照工作流程组织起来的水平组织结构和网络结构。每种组织结构都适应一定的环境条件，都有其优点和不足。组织结构的选择和设计，要根据自身的具体情况，考虑各种权变因素，方能符合组织的特殊需要。

中国文化中的集权专制、人情面子、集体主义倾向、缺少法制等方面都影响组织设计的特征。由于中国人一贯缺乏组织纪律性，传统文化对组织设计和组织管理的消极影响是显而易见的。在组织设计和组织管理中要充分考虑到这些文化因素可能产生的影响，并采取相应的措施加以克服。

关键术语

工作专门化	管理(控制)幅度	标准化
正规化	部门化	命令链
命令统一性	集权	分权
古典组织原则	环境不确定性	机械模型
有机模型	职能结构	事业部结构
矩阵结构	横向组织结构	网络组织结构

复习思考题

1. 请解释组织结构的基本分析维度有哪些。
2. 古典组织理论的基本观点是什么？
3. 官僚组织结构设计有什么优点？
4. 组织内部环境和外部环境会怎样影响组织结构的特征？
5. 不同类型的组织结构形式分别适合什么样的情况？
6. 中国文化特征是怎样影响组织结构设计及其功能的？

案例 13－1

宏兴公司的组织结构

宏兴公司为客户提供客户管理软件系统，让他们对自己的客户进行管理。宏兴公司是自行开发、设计、生产和销售客户关系软件的企业，该客户关系管理系统适应了企业管理的最新趋势——客户关系管理，并瞄准广大服务业企业的电子化需求。

该客户管理软件系统主要用途是为客户建立、管理、分析、应用资料。其主要功能包括了客户资料、客户消费记录；客户资料管理分析，例如根据消费周期、消费金额等消费习惯、偏好进行管理，根据客户的年龄、学历、血型、嗜好(如口味、颜色、珠宝或者车型、居住计划)等进行分析研究。企业可再综合以上资料加以研究，导出有用的信息，作为消费管理、派送广告等服务计划设计的依据。对客户管理比较倚重的企业，如人力资源中介、高尔夫球场、房产、保险、直销等，会从该软件中获得巨大绩效提升。

此外，宏兴公司可以根据行业特殊性为企业进行定制，增加和调整适应性的项目以及软件功能，例如口味、颜色、行业适应性等等。对于特别关注客户需要的行业，可以有效降低新客户开发的成本与时间，增加客户忠诚度，缩短客户再次消费周期，扩大客户消费额。以美容业为例，企业将客户资料建档后，分析最终客户的消费习惯、周期频率，在周年庆或者活动推出方案时用电话、电子邮件等方式通知，吸引客户提前消费，或者针对客户特点提出建议，诱导客户主动上门，创造超值服务，增加消费。

宏兴公司由王先生创办，他担任公司的董事长和总经理，大家都亲切地称呼他老王。老王原来是某大学软件学院的教授，后来辞职创办了这家软件开发企业。企业的创始人除了老王，还有老王的学生、亲戚。老王的夫人也到公司里来负责财务管理。

由于公司比较小，似乎不需要正规的流程。所有决策都由老王来做，其他人则负责开发和销售产品。在这里，具体的工作分工并不存在，每个人都有很多才能，每个人都在做所有的事情。公司的组织结构非常不正规，员工们集中在一起，被分派任务并努力工作，相互工作联系密切。因此，宏兴公司在快速而低成本地完成任务方面反应快、效率高。公司快速将产品推向市场的能力甚至能够和实力雄厚的大公司进行竞争。在开始的日子里，市场增长很快，宏兴公司发展也很快。公司的运作以项目为基础，这就意味着工作要围绕项目展开。随着业务扩展，项目迅速增加，员工要同时处理大量的项目。当工作负荷过重时，公司开始大量招聘新员工。

老王感觉到公司正在从创业转向混乱。所有人都在应付当天遇到的紧急情况，人们总是在救火，而没有任何的计划。实际上，任何计划都是多余的，计划根本赶不上变化，所以，任何超过三天的事情都不做事前安排，也没有人有时间对工作日程或者会议安排作出计划。最后，连完成基本任务也变得困难了。高薪聘请来的技术开发和管理人员，有很多因为忍受不了公司的混乱而离开了。

得到及时服务的客户很满意，因为宏兴公司的技术是可靠的。但是，有更多的客户因为得不到及时安装和售后服务而开始抱怨。公司在产品研发方面也开始遭遇失败。混乱的局面导致研发人员之间的沟通变得困难，各自的编程工作发生重复、错误，导致互相冲突等等。

新上任的人力资源经理郑经理（后任综合管理部经理）认为，宏兴公司需要一个责任体系，需要计划，既要解决长期计划问题，也需要解决当前的现实问题。比如谁应该参加哪些会议，怎样支付员工报酬，怎样选择合适的员工，谁来负责对新员工进行引导训练等等，都需要有明确责任和计划。

在老王的大力支持下，宏兴公司采用了人力资源经理设计的职能结构（如下图所示），各部门的经理和副经理主要由老王的亲戚、学生和朋友担任。

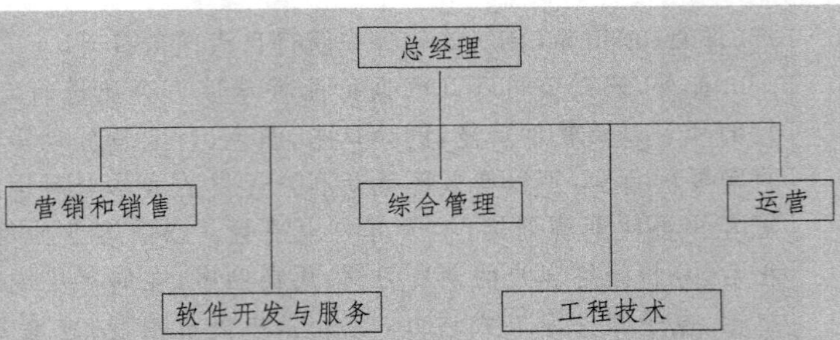

职能结构在集中精力完成任务方面取得了成功。现在的销售人员集中精力做销售，财务人员集中做财务计划，服务人员专门负责为客户提供支持服务。这个结构改善了公司的基本能力。另外还有一套责任体系，各个部门的负责人要经常向老王汇报工作。这样，老王对公司正在发生的事情了如指掌。

然而，一段时间之后，部门内部也开始分化。比如工程技术部过去由一个人负责，技术和运营的区别并不存在。但是，在建立运营部门之后，运营人员开始进一步明确他们的职责范围，并且限制工程技术人员参与运营活动。其他部门也出现了类似的苗头。

职能结构的另外一个问题在于，每个职能部门的领导都是该技术领域的专家，没有经过管理技能训练。尽管他们是很棒的工程师，但缺乏管理能力。精于管理的外来管理者，则很难获得员工的尊敬，因为外来管理者不懂技术，而公司的传统并不看重管理能力。

老王发现，职能结构的最大弊病在于，各个部门之间形成了壁垒，信息沟通不畅，协作精神大不如前，甚至出现互相扯皮的现象。最近一次突出的表现就是一个新产品的研发上市。各部门之间互相指责，销售部门责怪开发部门和工程部门工作不力，开发部门则批评销售部门为了讨好顾客而不切实际地许诺，客户服务部门则抱怨运营部门和工程技术部的技术支持太消极。在会议上，为了解决一个很小的问题，各部门都要吵得不欢而散。

过了大概 10 个月的时间，新上任的李副总经理对职能结构的弊病提出了批评，并建议老王成立产品项目团队。李副总认为，宏兴公司的每个主要产品应当有独立的产品项目团队，每个团队应该由一个产品经理和一些从不同职能部门来的代表组成。产品经理应当为产品制作经营计划，并且将来自各职能部门的产品团队成员的职能综合在一起。老王很欣赏李副总的看法，并责成综合管理部经理具体组织实施新的组织结构。叠加在职能结构之上的产品项目团队结构如下图所示。负责项目团队的产品经理多半由从外面招聘的管理者担任。

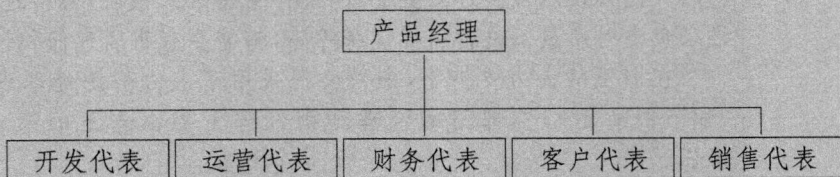

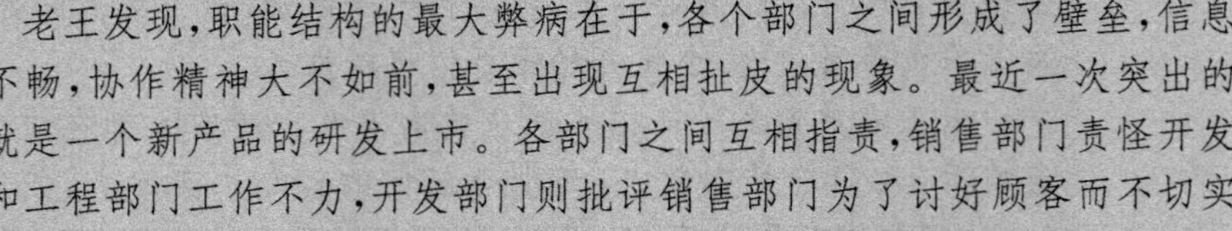

产品项目团队和职能部门同时存在，交织在一起。通过这种安排，职能部门每天都了解到产品的情况，在某种程度上克服了原来职能部门只见树木不见森林，互相推诿扯皮的现象，但是它也带来了新的问题。

第一个问题是权力分配问题。产品经理和职能部门经理对团队结构中的员工都有支配权，对产品和经营都有发言权。具体到某个问题的决策时，经常发生矛盾，有时冲突达到很激烈的程度。团队中的员工要听从两个领导的调遣，很多时候会感到无所适从，心力交瘁。由于原有职能部门经理都是公司的"老人"，而且是老王的"亲信"，而产品经理多半是外来者，在和职能部门要求发生冲突时，员工通常不怎么听产品经理调遣。

第二个问题是职业和技术能力发展问题。在职能结构中，各部门的员工目标很明确：成为本专业领域内的专家。以团队形式开展工作之后，尽管团队成员仍然属于各个职能部门，但是，参加职能部门技术提高活动所花费的时间精力大不如以前，在项目团队中，产品经理并不要求技能水平的提高，只要能够解决问题就行了。而且，没有人再去关心那些基础性的技术问题，满脑子想的都是如何运用知识解决问题。长此以往，员工的技术能力肯定受到影响。

产品项目团队还产生了资源分配问题。每个团队都争取让自己拥有最好的销售人员和技术人员，一个团队拥有的资源太多，就会影响其他团队的项目运作。

新的结构还带来了其他的问题。老王认为，目前的结构太复杂了。为了解决各种过程问题，增加了大量管理人员从事计划、计算。在过去，公司拥有的只是创造收入的员工，他们是处理客户事务和技术问题的专家。公司的定价策略，是建立在宏兴是一个精干高效的公司这样一个基础之上的。然而，这个假设逐渐不成立了。

时间到了 2000 年，老王从事房产研究的教授朋友说，上海的房地产将有一个跳跃式的发展，建议老王利用这几年积累的资金以及他在政府良好的关系资源进入房地产业。经过反复考虑之后，老王采纳了朋友的建议。于是，宏兴公司更名为宏兴投资集团公司，除了原有的软件开发生产经营，又增加了一个房地产公司。经过一段时间的准备，房地产公司正式开始房产项目的运作。2002 年的上半年，房产开始升温，到 2002 年的下半年，房产价格疯涨，人们也像疯了一样地抢购新开盘的房屋。一个楼盘销售完毕，所获利润居然是前些年客户软件经营所获积累的数十倍。就在这时，老王又得到一个机会，以非常便宜的价格从国有资产管理公司购买了一家过去由国营企业经营的酒店。由于这个酒店的位置比较好，老王这次没有听从朋友的建议转手卖掉，而是决定自己经营。

进入房产业，购买酒店，让宏兴公司实力大增。用老王的话说，这都是靠老天照顾，朋友帮忙，大家关照，才有了今天的局面。然而，面对这样一个规模翻了几倍的集团公司，老王一方面感到很兴奋，同时又有些担心。原来的组织架构肯定不适用了，应该采取一种什么样的新型结构才比较合适呢？

这一次，老王从原来工作过的大学请了一位商学院教授，教授的专长就是组织理论和组织设计。在教授的主持下，公司成立了组织结构设计项目小组，小组成员包括老王、两个副总经理、综合管理部经理，以及各部门经理。经过三个月的努力，集团公司完成了新型组织结构设计(如下图)。

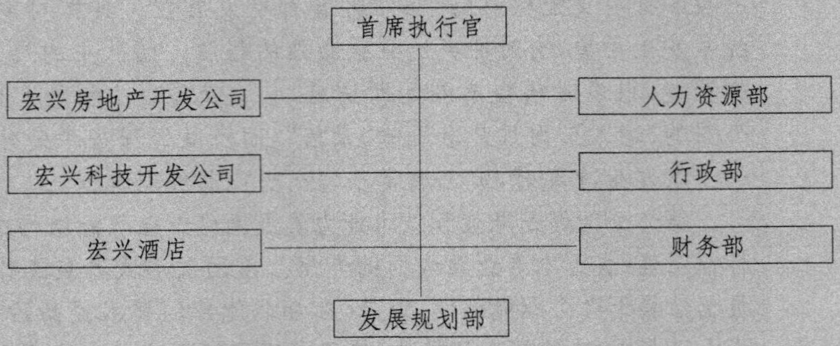

新型组织结构是事业部制和职能式结构的组合。下属三家公司其实是三个事业部。在集团公司总部指导下，事业部总经理有独立的决策和经营权。老王发现这种结构有很多优点。以前，所有职能部门的经理都来找老王，拿很多问题让他拍板决策，在事业部结构中，大量的信息都由每个事业部的总经理负责，老王根本不用看，公司离开老王照样能够正常运转。这样，就可以有更多时间考虑公司发展方向性和战略性问题。

对于新型的组织结构，老王其实有很多担心。这些担心集中于一点，就是“不放心”。他担心企业会失去控制。为了加强控制，他采取了一些措施。首先，老王让他的夫人担任公司总部财务部经理，负责对集团公司和下属公司的财务进行统一管理。另外，下属三家公司的财务部经理均由老王的亲戚担任，他们直接向集团公司财务部汇报工作。

经过一年的实践之后，老王把下属公司的决策权收回，统一由集团公司制定各公司发展目标和规划，原来各公司的总经理和副总经理参与集团公司的决策过程。

问题

1. 宏兴公司较多使用有血缘关系或者亲情关系的人担任重要职务，为什么？这种安排会导致哪些问题，如何解决类似的问题？
2. 宏兴公司采取的新型组织结构有什么优点和不足？老王将决策权回收会导致什么样的结果？

第14章

组织文化

> 观乎天文，以察时变；观乎人文，以化成天下。[1]
>
> ——《易经·贲卦》

人是组织中最重要的资源，组织在从事经营活动时，均需要人力资源的配合才能达成组织目标。波特(Porter)认为成功的企业有六大关键因素，它们是行业门槛高、产品不可替代、市场占有率足够高、客户讨价还价的余地有限、供应商讨价还价的余地有限、竞争对手之间激烈竞争，但很多最成功企业，例如沃尔玛，却从未具备这样的竞争条件，使它们获得巨大成功的重要竞争优势正是其组织文化。[2] 而综观公司内推动“人”生生不息地运作的动力，则是上下一致共同遵循的价值体系——组织文化。倘若缺乏组织文化的支持，纵使拥有雄厚的有形资源，组织体仍然无法完全发挥战斗力，无法成就大目标与大事业。[3]

像指纹和雪花一样，每一个组织都是独特的，组织拥有自己的历史、沟通模式、制度和动作程序、使命和愿景，这一切统合起来就构成了组织的独特文化。但组织总是存在于一定的民族国家的地理区域，是由特定民族的人所组成，民族文化对组织文化会产生重大影响，从而使组织文化烙上民族性文化的印记。另

---

① 程裕祯在《中国文化要略》中认为此言大意是：通过观察天象，可以了解时序的变化；通过观察人类社会的各种现象，可以用教育感化的手段来治理天下。

② 金·S·卡梅隆、罗伯特·E·奎因：《组织文化诊断与变革》，中国人民大学出版社，2006年版。

③ 施振荣：《再造宏碁》，台北天下出版公司，1999年版。

外，组织本身属性加上经济全球化趋势和跨国公司的推动，组织文化也会具有一些普遍性特点。本章从文化的基本概念出发，对组织文化进行分析，在着重对组织文化的民族性、世界性与多样性进行讨论的基础上，提出中国文化背景下组织文化建设的重点。

文化的含义

文化的定义

正确地理解组织文化，首先应认识什么是文化。对于几乎无所不在、无所不包，涵盖一切而又极难捉摸的文化，其定义可谓众说纷纭、不胜枚举。正如法国文化学家罗威勒所说的那样，“在这个世界上，没有别的东西比文化更难捉摸。我们不能分析它，因为它的成分无穷无尽；我们不能叙述它，因为它没有固定形状。我们想用文字来界定它的意义，这正像要把空气抓在手里似的：当我们去寻找文化时，它除了不在我们手里之外，它无所不在。” 事实上，中外关于文化的概念有很大的区别，如果查照文献追寻中国对“文化”的定义，大概可以由最早的《易经》记载，所谓“观乎天文以察时变，观乎人文以化成天下”；到西汉刘向的《说苑》：“凡武之兴，为不服也，文化不改，然后加诛”；还有晋束皙《补亡诗》指出“文化内辑，武功外悠”。中国人认为“文化”的价值极为重要，而且深具实用性，它的首要作用即在于“安定社会”，其含义多半指的是专制统治王朝“文治教化”的总称。我国的《辞海》中对文化作了这样的界定：“从广义来说，指人类社会历史实践过程中所创造的物质财富和精神财富的总和。从狭义来说，指社会的意识形态，以及与之相适应的制度和组织机构。文化是一种历史现象，每一社会都有与其相适应的文化，并随着社会物质生产的发展而发展。”

在西方，“文化”的概念源自拉丁文“culture”，这个词原始的意思是培育或管理，如种植庄稼，驯养动物等等。到了十八世纪末、十九世纪初，“文化”几乎等同于“文明”，“文明”指的是人类发展的进步过程，即从野蛮走向完善和秩序。但是，随着人类历史的发展，对于“文化”的含意也就有更多的解释和要求。例如对于考古学家来说，“文化”最重要的意义也许是史前人类所运用的器物，如石器、青铜器和铁器等等；而对于人类学家而言，“文化”一词则常用来指涉“一个社群内的生活模式”，例如社群的生活方式、神话或仪式等等；对于历史学家而言，“文化”是人类从长时期发展中所共同创造并累积的经验，例如学术思想、经济活动、科技发展或艺术成就等等。可见文化概念并非一成不变，而是一个不断变化的动态概念。这里我们列举一些学者对文化的描述：①

① 陈晓萍：《跨文化管理》，清华大学出版社，2005 年版。

赫斯科维茨(Herskovits)认为文化是一切人工创造的环境,①这是对文化最为广泛的定义,也就是说除了大自然原始的状态,一切与人有关的都是文化,包括硬件方面,如建筑、机器等,以及软件方面,如理想、价值观等。

其他学者更多采用了软件方面的定义,认为"文化是被一个群体的人共享的价值观念体系"。

还有学者从其他角度定义文化,例如强皮纳斯(Trompenaars)认为文化是某一群体解决问题和缓和矛盾所采用的途径和方法,而非仅仅是一套价值观念体系。② 其主观方面是指人们面对时间的理解和感知,客观方面是指人们对待外界自然环境的态度、行动。

从管理学的角度来看,荷兰学者霍夫斯泰德(Hofstede)关于文化的定义被广泛地接受。他认为文化是一组成员或一种类型的人群在精神气质方面的集体主义特征,这种特征使其与其他组织和人群区别开来。③ 换言之,文化是一种关于若干个人所具有共性的一种抽象,某种程度上拥有共同的信仰和价值观念是一个文化群体所具备的稳定特征。群体成员所特有的某些行为习惯和思维方式则是文化的较外在表现,口号、服饰、标识等则是文化最外层的表现。

文化的特征

文化的主要特征可以概括为以下几个方面。

1. 文化对其社会环境的依赖性。同文化一样,民族也是一个历史过程,因此文化随着民族的产生和发展而具有民族性,通过民族形式的发展,形成民族的传统和风俗习惯等。同时,由于民族的区域分布不同,因此与之相应的文化就具有地域上的差异。这里既有一个民族内部因地理差别而形成的不同的小区域文化,比如我国台湾高山族的文化和东北赫哲族的文化就有很大的区别。与此同时,也有一个多民族国家内部形成的大区域文化,比如中华文化、美利坚文化,等等。不同民族、国家、地区往往是构成文化差异的最直接因素,这种差异表现为人们在风俗习惯、生活方式、伦理道德、价值标准、宗教信仰、消费习惯等方面的不同,从而构成各种复杂的社会现象。

2. 文化具有相对稳定性。一种文化现象一旦形成,就具有其相对的稳定性,并且对大多数在其环境中的人,都有着普遍的影响力,在相对较短的时间内,不因为某些伟人或者外来力量的加入而发生明显的变化。

3. 文化具有变迁性。文化是一个不断创造的过程,文化是人类在处理人和世界关系中所采取的精神活动与实践活动的方式及其所创造出来的物质和精神成果的总和,是活动方式与活动成果的辩证统一,因此把文化理解成一个流变的

① Herskovits, M. J. *Cultural Anthropology*. New York: Knopf, 1995.

② Trompenaars, F., C. Hampden-Turner. *Riding the Waves of Culture*. New York: McGraw-Hill, 1998.

③ Hofstede, G. *Cultures and Organizations*. London: McGraw-Hill Book Company, Software of the Mind, 1991.

过程比把文化理解为既成的事物的总和更正确。①

4. 文化具有强制性。在每一种文化中都存在一个由信念构建的框架以保持这种文化的质的规定性。这些信念根深蒂固地潜藏在生活并成长于其中的人们的心灵深处,对人们的思维模式和价值观的形成与演变,以及人们的行为方式,施加着极其深刻的、决定性的影响。

5. 文化具有可习得性。在一个民族或社会的文化传统的演进或发展过程中,经济和政治现实是物质基础,但是专事文化研究和精神产品生产的、拥有高层次大存量人力资本的个人,发挥着巨大的推动作用。整个民族或社会的文化传统并不能够"与生俱来"、天然而无成本地植根于生活在其中的人们的意识之中。文化传统的习得,至少要经历一个实践中的潜移默化,或者在专门机构(如学校)中的学习领悟过程。

文化的维度

1967 年至 1973 年间,一家跨国性企业 Hermes 委托霍夫斯泰德针对其全球六十几个国家分支机构的员工进行一次全面性的研究,目的在于帮助该公司驻守外国的美国管理者更有效率地管理其他文化背景的员工。经过系统的统计分析后,霍夫斯泰德(1983)②提出国家文化价值观的四个维度:权力距离(power distance)、不确定性规避(uncertainty avoidance)、个人主义(individualism)、阳刚作风(masculinity);之后,霍夫斯泰德等人(1988)基于之前的研究又发展出第五维度——长期趋向(long-term orientation),从而形成五维度的国家文化价值观,不同国家的文化可以从这五个维度进行考察。③

表 14-1 10 个国家或地区的文化维度得分表④

国 家	PD	ID	MA	UA	LT
美 国	40L	91H	62H	46L	29L
德 国	35L	67H	66H	65M	31M
日 本	54M	46M	95H	92H	80H
法 国	68H	71H	43M	86H	30* L
荷 兰	38L	80H	14L	53M	44M
中国香港	68H	25L	57H	29L	96H
印度尼西亚	78H	14L	46M	48L	25* L
西 非	77H	20L	46M	54M	16L

① 张岱年、程宜山:《中国文化与文化论争》,中国人民大学出版社,1990 年版。

② Hofstede, G. National Cultures Revised. *Behavior Science Research*, 1983,18(4): pp. 285-304.

③ Hofstede, G., M. H. Bond. The Confucius Connection: From Cultural Roots to Economic Growth. *Organizational Dynamics*, 1988,16(4): pp. 4-22.

④ 皮尔斯、纽斯特罗姆著,北京华译网翻译公司译:《领导者与领导过程:第二版》,中国人民大学出版社,2002 年版。

（续表）

国家	PD	ID	MA	UA	LT
俄罗斯	95* H	50* M	40* L	90* H	10* L
中国内地	80* H	20* L	50* M	60* M	118H

注：PD＝权力距离；ID＝个人主义；MA＝阳刚作风；UA＝不确定性规避；LT＝长期趋向；H＝前面的1/3；M＝中间的1/3；L＝后面的1/3。（前面四个因素是研究了53个国家和地区得出的，第五个因素是研究了23个国家和地区得出的）＊表示该数值为估计值。

权力距离

权力距离是指人们对组织或机构内权力不平等现象的接受程度。权力分配和权力分配中的不平等是任何社会的基本现实，但不同国家的文化在权力距离上具有不同的特征。受文化的影响，一些社会可能比另一些社会更能接受不平等现象。一般而言，东方文化影响下的权力距离指数较高，组织成员能接受组织内权力分配的大幅度差异，对于不平等现象通常的反应是漠然视之或忍受，同时，潜意识中也存有不平等思想。在西方文化影响下产生的权力距离指数较低，一方面组织中下级对上级的权力并不感到恐惧，另一方面由于“权力意识”深入人心使得他们对权力分配的不平等现象具有强烈的反抗精神。韩国、日本以及一些南美国家属于大权力距离文化，这些国家的人们易接受组织内的集权领导和官僚结构。在小权力距离文化的国家，如瑞典和德国，人们崇尚组织内的分权和扁平化组织结构。中国企业高层与中低层经理人员之间的权力距离，通常显著地大于西欧企业，中国企业的高层经理人员拥有比他们的西方同事更大和更广泛的权力，而低层经理人员得到的授权则远远小于西方的同等级人员。中国的领导人更侧重于“集权”，而西方则倾向于“授权”与“分权”，这种差异也部分反映在各级经理人员的薪酬等级结构上。据统计，在西欧的企业中，高级经理人员年薪通常是初级经理人员的2.6倍左右，在中国台北相应的比例是3.2倍，而在中国大陆则高达5倍左右。除此之外，中国大陆领导人的“灰色收入”较多，权力越大，“设租”的领域就越广，这样一来，中国企业领导人的实际收入与一般员工的年薪之比要远远高于西方国家。

个人主义与集体主义

确立个人主义和集体主义的重要指标主要是责任取向，责任取向主要是指人们对他人及他人的福利负什么责任的态度，一般而言，西方文化鼓励个体的取向，组织人员有强烈的权利意识，在这种文化中社会机构较为松散，影响力和控制力都较弱，人们只追求自己及小家庭的利益。东方民族则表现出更多的群体取向和等级取向，组织成员有较强的责任意识，在这种文化中社会机构严密，影响力和控制力都较强。在个人主义社会中，个人之间的关系较松；反之，在集体主义社会里，人与人之间倾向于形成一个凝聚力很强的整体。美国是典型的个人主义社会，美国人认为自己应该决定自己的信仰和行为，他们对群体、团队和社区忠诚度低。而在集体主义社会中，如中国和日本，人们相信群体的意志应该决定成员的信仰和行为。

阳刚与阴柔

阳刚型的价值观注重于对工作目标的追求，阴柔则追求友好的气氛或与上级和同事和睦相处。阳刚度强的文化认为：社会中的性别角色是确定的、层次分明的，男人必须是自信的；推崇为了工作而生活，抱负是工作的动力；重视钱和物质，强调人的独立。而阴柔度强的文化认为：社会中的性别角色不是确定和截然分开的，两性之间应该平等；追求生活质量，推崇为了生活而工作，服务才是工作的动力。西方国家的文化中带有明显的阳刚气质特征；东方国家带有更多的阴柔化特征。霍夫斯泰德的研究显示，斯堪的纳维亚半岛国家文化柔性较强，而美国文化刚性较强，日本和奥地利文化刚性最强。

不确定性规避

它表明人们在不确定的环境中感受到的受威胁的程度。东方民族倾向于回避不确定性，有较高的回避指数，不愿承担风险，追求平淡质朴的生活，不鼓励反抗、冒险、标新立异。西方民族的发展中一直充满不确定性，对社会中的不确定性已习以为常，崇尚冒险和创新。不确定性规避往往与教条主义、独裁主义、传统主义和迷信相联系。大多数拉美国家的不确定性规避较强且权利距离较大，新加坡和印度的不确定性规避较弱而权利距离较大，而斯堪的纳维亚半岛国家和盎格鲁撒克逊国家具有较小的权力距离与较弱的不确定性规避。

长期取向

第五个维度——长期取向是从对世界各地的23个国家的学生的研究中得出。20世纪80年代末亚洲四小龙经济发展迅速，而它们的文化都或多或少受到中国传统文化的影响，这一现象引起了霍夫斯泰德的关注。同时在此期间有一项结合中国传统文化和霍夫斯泰德文化维度的针对中国文化的研究，其结果显示中国文化中有3个维度与霍夫斯泰德的维度有关，而有一个维度与其无关，但与中国儒家著作中的理论有关，①充分体现了中国文化对传统的重视和受传统的影响程度。霍夫斯泰德又进行了进一步的研究，并在1991年的著作中补充了第五个维度：长期—短期倾向，这一与对传统文化的重视程度密切相关的维度，最终形成了其五维度文化测量理论。在长期倾向的文化中，人们注重未来，而且重视节省和毅力。短期倾向的文化重视过去和现在，强调对于社会义务的履行。

高的长期导向的国家重视长期承诺且尊重传统。在工作表现上，认为现在

① Lu, L. T. The Influence of Cultural Factors on International Human Resource Issues and International Joint Venture Performance. *Journal of American Academy of Business*, Cambridge, 2006, 10 (1): 192-196.

努力,以后一定会获得等质回报。相对来说,企业想要获得社会认同也要花很长的一段时间。低的长期导向的国家则认为长期的传统和承诺是妨碍变革的绊脚石。这一维度的积极与消极的价值取向都可以在孔子的教义中找到,当然这一维度也适用于没有儒家传统的国家。

根据五个维度,霍夫斯泰德对 50 个国家和 3 个地区进行了评分。拉丁语系国家、亚洲和非洲的权力距离得分比较高,日耳曼民族的权力距离得分比较低。个人主义在发达国家和西方国家盛行,而集体主义在欠发达国家和东方国家盛行,日本在这一维度居于中间地位。阳刚特质在日本得分比较高,在诸如德国、奥地利和瑞士的一些欧洲国家得分也比较高,英语系国家其次,北欧国家和荷兰这项得分低,还有一些拉丁语系国家和亚洲国家比如法国、西班牙和泰国的得分也比较低。拉丁语系国家、日本和德语国家的不确定性规避得分高,英语国家、北欧国家和受中国文化影响的国家不确定性规避得分比较低。东亚国家的长期取向最为明显,特别在中国内地、香港、台湾,日本和韩国。

中国文化的五维度分析

从表 14-1 中可以看出,中国内地在五个维度上得分如下:权力距离 80 分,属于权力距离较大。追随者喜欢和蔼的、关心追随者的、富有同情心的领导,并且喜欢从领导者那里得到明确的命令。因此在中国的企业里应当适度等级化,即下级要尊重上级,在不影响组织效率的情况下可以适度增加官职。

个人主义 20 分,属于个人主义倾向较低,即有较强集体主义倾向。领导的家长式作风很突出,并且提倡下属互相帮助,不提倡下属的个人主义、小团体主义;提倡整体团结作战,不提倡孤军作战;提倡集体荣誉,不提倡个人英雄主义;提倡组织内部"和为贵",不提倡组织内部员工个人、小团体之间的竞争。

阳刚倾向 50 分,属于中等水平,既不像荷兰社会表现出强烈的女性化倾向,也不像日本社会表现出极端的男性化倾向。价值观中即有"以人为本"的柔性管理,强调要以柔克刚,也倡导"刚柔并济"、"恩威并施"的结合模式。

不确定性回避 60 分,属于中等水平,这并不是说中国文化在灵活性或冒险性上采取中庸的态度,而是这种态度会随着不同的情境而改变。不过在现实的组织管理之中,中国领导比较倾向于降低不确定性,或者说求稳思想比较重,这在一定程度上妨碍了组织的变革和创新。

长期倾向 118 分,属于高度的长期倾向。中国人对于惯例特别重视,很多事情习惯成自然,自然就是道理,就是中国人做事为人遵循的原则,而惯例又是在长期中形成的。所以中国的领导者在企业里要重视预防式管理,防止员工的错误行为蔓延,"小洞不补,大洞吃苦",这也是长期化取向的一个副产品。

组织文化概述

组织文化的定义

组织是按照一定的目的和形式建构起来的社会集合体。由于每个组织都有自己特殊的环境条件和历史传统，也就形成自己独特的哲学信仰、意识形态、价值取向和行为方式，于是每一种组织也都形成了自己特定的组织文化。组织文化的任务就是努力创造这些共同的价值观念体系和共同的行为准则。本书摘取较为常用的组织文化定义如下：

汤姆·彼得斯(T. J. Peters)认为组织文化是由符号性方法，如故事、传说、传奇、口号、轶事等传递出来的主导性和一致性的共享价值观。①

詹姆斯·库泽斯(J. M. Kouzes)认为组织文化是一组共享的、持久的信念，通过一系列符号化的媒介传播，为人们的工作生活创造意义。②

爱德加·沙因(E. H. Schein)认为企业文化是在企业成员相互作用的过程中形成的，为大多数成员所认同的，并用来教育新成员的一套价值体系(包括共同意识、价值观念、职业道德、行为规范和准则等)。③

本书认为，从组织中任务的角度来说，组织文化是组织在长期的实践活动中所形成的并且为组织成员普遍认可和遵循的具有本组织特色的价值观念、团体意识、工作作风、行为规范和思维方式的总和。

组织文化的特征

组织是存在于一定的社会之中的，组织文化必然受到其所处的社会环境的影响，相对于国家文化或者民族文化而言，组织文化是一种亚文化。组织文化除了具有文化所具有的共同特征之外还具有其自身的特点。

社会性特征

文化的社会性，是指每一个组织都处于社会之中，社会文化无时不对组织产生重要影响。社会意识形态、社会价值观念、社会行为准则、社会文化心理、社会人际关系、社会道德规范等等，无不影响着组织。组织植根于社会，属于社会经济活动的一个细胞。细胞依附肌体而生存。组织文化属于社会文化的一个组成

① Peters, T. J., R. H. Waterman Jr. In *Search of Excellence*: *Lessons from America's Best-run Companies*. New York: Harper & Row, 1982.

② Kouzes, J. M., D. F. Caldwell, B. Z. Posner. *Organizational Culture*: *How It Is Created*, *Maintained*, *and Changed*. Los Angeles: Presentation at OD Network National Conference, 1983.

③ Schein, E. H. *Organizational Culture and Leadership*. San Francisco: Jossey-Bass, 1992.

部分并且与社会文化紧密相连，它们相互产生影响。组织文化有自己独特的个性，但文化与民族是不可分的，一种文化首先一定是民族的文化，它是由相同的地理位置、历史沿革、经济制度等形成的共同的价值观、思维方式和行为模式。在民族文化的基础上，每个组织会有自己独特的管理和经营文化，包括领导者的风格、上下级的关系、对待任务的责任感、战略决策的形成过程等。民族文化是组织文化的土壤，每一个组织都是在特定的文化背景之下形成的，必然会接受和继承这个国家和民族的文化传统和价值体系。组织文化的融合性除了表现为每个组织过去优良文化与现代新文化的融合，还表现为本国文化与国外新文化的融合。

组织特征

组织是对完成特定使命的人的系统性安排。每个组织都有一个明确的目的，都是由人组成，并且都发展出一些成熟的结构。因此组织文化与社区文化、家族文化等不同。所有组织都具有明确的组织目标，因此组织文化的目的性很强。比如就企业组织而言，由于组织不仅表现在承担民事责任这个主要方面，还表现在企业的经营思想、经营理念、组织形式、管理制度、经营目标等方面，组织文化的相关内容对于企业都具有普遍性。

组织文化的层次

组织文化学者经常用洋葱或冰山来类比组织文化的层次结构。文化可见的部分相当于洋葱的表皮或者冰山的尖端一样，只是一小部分，大部分则隐藏在组织的内部。因此，组织文化是分层次的。

组织文化的表层

表层文化是容易被直接观察到的那一部分文化，常常给人们强烈的直接冲击，例如作为组织象征和员工精神支柱的英雄人物，代表组织一系列文化活动的文化仪式。在组织中，表层的文化还可以分为物质文化层、行为文化层。

1. 物质文化层。物质文化是指组织的物质基础、物质条件和物质手段等方面的总和。组织文化作为社会文化的一个子系统，其显著的特点是以物质为载体，物质文化是它的外部表现形式。组织文化不仅体现在产品服务以及技术进步这些物质载体上，还通过厂区建设，包括生产环境的改造，生活设施、文化设施等诸多方面来体现组织的物质文化。生产环境的好坏直接影响员工的情绪与心理。

2. 行为文化层。行为文化是指组织员工在生产经营、学习娱乐中产生的活动文化。它包括组织经营、教育宣传、人际关系活动、文娱体育活动中产生的文化现象。它是组织经营作风、精神面貌、人际关系的动态体现，也是组织精神、组织价值观的折射。比如，可口可乐公司的“永远的 Coca-Cola”、丰田公司的“生产大众喜爱的汽车”、日产汽车公司的“创造人与汽车的明天”、惠普公司的“以世界第一流的高精度而自豪”、中国一汽的“永葆第一”等，都是体现行为文化的重要内容与形式。

组织文化的中层

组织文化的中层是指组织的规章制度和道德规范，也称为制度文化层，把组织文化中物质、行为的表层文化和精神层次的核心文化有机地结合成一个整体。组织的制度文化一般包括组织机构、组织的经营制度和组织的管理制度。组织制度文化是组织为实现组织文化的限制行为与员工自身行为保持一致，并有着强有力的规范性。真正制约和影响组织文化差异性的原因，是组织内部的管理制度和经营观念，这些制度和观念潜移默化地规范着员工的行为。

组织文化的核心层

组织文化的核心层主要是指组织的价值观，是人们对“错”与“对”的定义，表现为组织的精神文化层。精神文化是组织文化中的主体，是广大员工共同而潜在的意识形态，包括管理哲学、价值观念、道德观念等。其中组织的管理哲学是第一位的要素，管理哲学必然会影响到企业的价值观念和道德观念。比如，若认为“质量第一”是生产经营之本，那就必然会有“用户至上”的价值观念。正如美国 IBM 的董事长小托马斯·沃森所说：“一个组织与其他组织相比较取得何等成就，主要决定于它的基本哲学、精神和内在动力，这些比技术水平、经济资源及组织机构、革新和选择时机等重要得多。”

组织文化的维度

在对国家文化进行研究之后，霍夫施泰德又于1990年提出了组织文化的六维度模式。[①] 这六个维度都是双极式的，即每个维度都含有两种极端的情况，但是都没有好与坏之分。

过程导向与结果导向

组织对方法的考虑（过程导向）与对目标的考虑（结果导向）有不同的侧重点。在倾向于过程导向的组织中，人们过得比较自在，不大愿意冒风险，按既存的管理程序工作就行了，从众是这种文化的特点。倾向于结果导向的文化鼓励每个人迎接挑战，为实现目标敢于提出新方法、新思路，在不熟悉的环境中也不畏缩，创新是这种文化的突出特点。这个维度与文化的同质程度有联系：在结果导向的单位，每个人以大致同样的方式理解他们的习惯做法，在过程导向的单位，不同层次和部门之间存在巨大的观念差别。

工作导向与雇员导向

工作导向的文化关心员工的工作绩效，而不顾及其他，因而这种文化对员工的工作有较大的压力。雇员导向的文化则对雇员的福利负有广泛的责任。这个

① Hofstede, G., B. Neuijen, D. D. Ohayv, and G. Sanders. Measuring Organization Cultures: A Qualitative and Quantitative Study Across Twenty Cases. *Administrative Science Quarterly*, 1990, 35 (2): pp. 286-316.

维度与领导行为的两分法类似，例如，美国、日本的一些领导行为研究发现，领导行为可以从关心下级和关心工作两方面加以考察。

职业性文化与社区性文化

职业性文化的组织，其成员是以职业发展为认同目标，他们与组织的关系纯属契约关系，能在组织中发展就留下来，否则就寻找更合适的发展机会。社区性文化的组织，其成员以组织为认同目标，成员从他们工作的组织中获得身份认同。

开放系统文化与封闭系统文化

这个维度涉及内部和外部交流的普遍样式，以及接纳局外人和新来者的难易程度。在开放系统文化中，组织对内部或外部人员都是开放的，新加入的成员可以在很短的时间内适应组织的文化；而封闭系统文化则只有较少的人能在短时间内适应，组织中的人与人之间、部门与部门之间也较封闭，需要具备一些特殊的条件才能加入这类组织。

松散控制文化与严密控制文化

这个维度涉及组织内的正规性和准时性。在严密控制文化的组织中，管理严格，标准化、专业化和规范化程度很高；而在松散控制的文化中，组织气氛很活跃，对诸如成本和管理等问题大家也不大在意。银行和医药行业显示具有严密控制文化，研究所和咨询机构则一般具有松散的控制文化。

实用文化和规范文化

这个维度主要描述面对环境特别是面对顾客方式上的差异。重实效的文化强调应满足顾客的需要，实际的结果比遵从正确的工作程序更重要；重规范的文化则认为正确的程序比结果重要，给顾客一种具有较高商业道德的印象更重要。

组织文化分类

许多学者从不同的角度对组织文化进行了分类，如迪尔和肯尼迪将组织文化划分为：强人文化、努力工作—尽情享乐文化、赌博文化、过程文化；杰弗瑞划分为：学院型文化、俱乐部型文化、棒球队文化、堡垒型文化；哈里森划分为：权力文化、角色文化、支持性文化、成就文化；还有学者将组织文化区分为主文化和亚文化、强文化与弱文化等。这里我们主要介绍三种分类：奎因（Quinn）的氏族文化、市场文化、官僚文化和企业家文化；桑南菲尔德（Sonnenfeld）的学院型文化、俱乐部型文化、棒球队文化、堡垒型文化；威廉·大内（William Ouchi）的A型文化、J型文化和Z型文化。

基于对立价值框架的分类

1988年奎因提出了从组织的相对控制取向和相对注意中心两个维度，基于对立的价值理念，将组织文化分为四种类型。[①] 如图14－1所示：纵轴表示组织的相对控制取向，从稳定到弹性，横轴表示相对注意中心，从对内部管理和整合的关注到对外部竞争和差异性的关注。

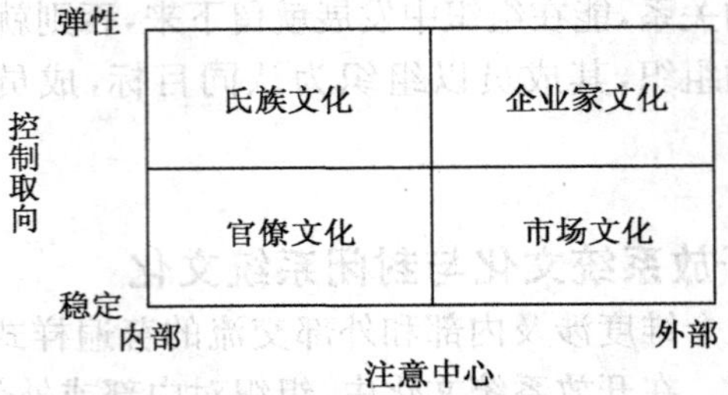

图14－1 奎因组织文化的分类

四个象限的极端表示四种组织文化类型：官僚文化（bureaucratic culture）、氏族文化（clan culture）、企业家文化（entrepreneurial culture）、市场文化（market culture）。正确的组织设计是，不同的组织文化可能有不同的适用范围，没有一种类型的文化在每一个情境下都是理想的。但是，有些员工可能喜欢其中的一种文化。需要强调的是，这四种组织文化虽然分布于两个不同的对比之中，但很少有组织是单独属于某一特定文化的，一般组织通常都有多重焦点，但只有其中的一种比较突出。例如，一些社会服务机构比较着重于团体文化，但也有层次文化和理性文化的影子。同时，一个正常的组织更不应该只有一种文化，否则很容易走向极端，这正是竞争价值结构所要反映的，一个组织之内有不同的力量在互相牵引着，因此，均衡是极为重要的。

1. 官僚文化。一般来说，重视正式规则、标准操作程序和等级协调的组织有着官僚文化。官僚文化的主要特点有，官僚组织长期关注的是可预测性、效率和稳定性，管理者认为他们的角色是领导者、协调者、组织者和书面规则和标准的强化者。组织内任务、责任和权威对所有员工是明确定义的。组织的成员高度重视标准化的货物和服务，行为准则倾向于正式而不是非正式。

大部分国家和地方的政府机关有着官僚文化。我国除了政府机构之外，事业单位的官僚文化也很突出。部分国有独资或国有控股企业也存在官僚文化，国有垄断企业更为明显。在中国国有企业中，企业经理人员是被当做政府序列的一员来看待的，即使是在某些已经实现现代企业制度改革的企业中，其董事长和总经理也要由省委组织部门考察确认并由政府任命，而且为其挂上相应的行政级别，他们的待遇也随着其行政级别的不同而不同。

2. 氏族文化。传统、忠诚、个人承诺、广泛社会化、自我管理是氏族文化的特征。组织成员个体通过自身对组织的承诺（忠诚）与组织对个体的长期承诺

---

① Cameron, Kim S., Robert E. Quinn. Diagnosing and Changing Organizational Culture: Based on the Competing Values Framework. Massachusetts USA, 1999.

(安全)相交换。个体通常相信组织在薪水增加、职位提升和其他形式的承认方面,会公平对待他们,所以他们以他们的行动来对组织负责。

氏族文化经过长期的和完全的社会化过程,达到了目的的统一。氏族了解它自己的历史,常用文件证明它的起源和用各种仪式来庆祝它的传统。成员有共同的行动方式和愿景,氏族通过公开陈述来强化它的价值观。

在氏族文化里,组织成员有强烈的同一感,并承认他们相互依赖。跨等级的职业生涯模式导致同事交往上交错的广泛网络。共同的目标、认识和行为倾向促进了沟通、协调和整合。

中国大陆有80%以上的民营企业属于家族式企业,77%的民营企业所有者直接参与企业管理。家族企业的存在有其合理的一面,中国人有一句老话,"兄弟同心,其利断金",这种家族的力量的确能成为企业发展的支柱,那种亲情之间天然的协调,那种对自家事业的执着,那种强大的企业凝聚力,无一不成为企业迅速发展扩大的强大动力。但是让民营企业家感到沮丧的事实是,国外家族企业平均寿命为24年,30%的家族企业能够生存到第二代,只有10%的家族企业能够生存到第三代,凡寿命超过50年的著名长寿企业都不是家族企业。这正是应了中国的另一句老话,"富不过三代"。

3. 企业家文化。高度冒险、动力和创造力是企业家文化的特征。有巨大的热情去试验、创新和领导潮流,企业家文化通常与小到中等大小的公司有联系,这些公司一直由创始人经营。中国的企业家由于长期受计划经济的影响,比较喜欢做"独立自主,自力更生"的事情,喜欢一切靠自己来进行运作。他们习惯于把企业当成自己的"儿子"养,这种从计划经济母胎中继承的"养儿情结"难以适应现代市场经济发展的需要。中国人太看重权力,太看重做"老大"。每个中国人都想干董事长、总经理,都想具有签字拍板、发号施令的权力;每个董事长、总经理都不愿委曲求全、"屈身下嫁"为别人服务。

4. 市场文化。可测量和要求的目标,特别是以市场为基础的目标(如销售额增长、利润率和市场份额等)的达到是市场文化的特征,硬性驱动的竞争和利润取向在整个组织中盛行。

在市场文化中,个体和组织之间是协议关系,因此正式的控制取向是很稳定的。个体对某种水平的绩效负责任,反过来组织许诺详细的奖励标准。绩效水平的增加与奖励的增加相交换,这在协议中有明确规定。没有一方承认超出最详细说明要求的其他权利。组织并不承认(隐含)安全,个体并不许诺(隐含)忠诚。如果协议的各方充分履行了它的义务,则每年重续协议,因为每一方利用另一方去促进自己目标的达成。不在乎增进社会系列中成员之间的感情,市场文化更重视独立和个体化,鼓励员工追求他们自己的财务目标。

棒球队型、俱乐部型、学院型和堡垒型文化

杰弗里·桑南菲尔德用四种标签来描述企业组织文化的不同类型,以便于人们区别不同组织文化的差异。以四种标签代表的文化分别是:棒球队型文化

(baseball team culture)、俱乐部型文化(club culture)、学院型文化(academy culture)和堡垒型文化(fortress culture)。

1. 棒球队型文化。这种组织根据员工的贡献支付报酬，鼓励发明与创新。组织从不同年龄、有不同经验的人中寻找那些有才能的人，只要有出色的表现就会得到相应的高报酬和较大的自由度。因此在这种组织文化中，员工通常会尽最大努力去工作。棒球队型的文化通常出现在广告公司、咨询公司、律师事务所等以项目为工作单位的组织中。

2. 俱乐部型文化。这种组织重视员工的年龄和经验，资历是得到组织承认与提升的关键因素。组织提供工作的稳定保障，培养具有"通才"的管理人员，同时要求员工回报以承诺与忠诚。俱乐部型的文化通常以日本的许多大型企业为代表，而在中国的国有企业中也很常见。

3. 学院型文化。这种文化重视对员工的培训，特别强调把员工训练成为从事专门化工作的"专才"。这种文化适合于勤奋钻研、不断寻求成长的稳步攀登者，具有这种文化的组织也很喜欢从刚刚毕业的大学生中招聘，按照组织的目标对其进行培训，促进其不断地进步与提高。桑南菲尔德认为IBM、宝洁、通用汽车等都是学院型文化的典型代表。

4. 堡垒型文化。这种文化着眼于组织的生存，具有这种文化的组织以前可能是棒球队型文化、俱乐部型文化或学院型文化中的一种，但在困难时期只能够将保证组织的生存放在第一位。因此组织可能因为衰退而裁员，但却很难对贡献最大的员工进行奖励。虽然多数员工并不会欣赏这种文化，但一些喜欢在变革中寻求挑战的人却也可能乐在其中。

桑南菲尔德指出许多组织不能被单纯地归为某一个类型的组织文化，一则它们可能具有混合的组织文化，而非仅仅其中一种；另外，转型时期的组织也可能存在两种文化的交接，例如创业时期的组织更需要棒球队型的文化，而一旦发展成熟可能会以俱乐部型或学院型文化取代。

A型文化、J型文化和Z型文化①

威廉·大内提出的"Z理论"认为，组织文化有三种类型：A型文化、J型文化和Z型文化。这三种组织文化分属三种组织群，分别是：典型的美国企业、典型的日本企业和Z型美国企业。大内从从员工的承诺、评估方法、职业路径、控制、决策、责任和对人的关心这七个方面具体描述了三种文化的差异。

1. A型文化。典型的美国企业并不给予员工长期的承诺，经济不景气或企业出现问题时就会裁员，是一种短期雇佣的形式。因此，其评估员工主要以定量的方式，并会快速作出是否晋升的决定。而职业路径较为狭窄，员工通常只在1～2个部门调动工作，反映了专业化的价值观。职位描述、权力说明非常清楚，规章制度、各类程序力求清晰，采取明确而正式的控制手段。通常由个体进行决策，也由个体承担决策的后果。这类企业的价值观认为工作与生活完全分开，对

① 威廉·大内：《Z理论》，机械工业出版社，2007年版。

人的关心也仅仅限于工作场所。

2. J型文化。典型的日本企业采取终身雇佣制，企业就是大家庭，进入企业往往代表永不解雇。因此，这类企业晋升速度也较为缓慢，评估时除了定量指标，还有定性指标，与相关人员进行广泛交流后，才会作出晋升的决策。职业路径非常宽泛，员工可以在许多部门中获得经验。控制的社会性色彩更强，采用含蓄而非正式的方式，依靠组织成员认可的规范和价值观。决策通常由群体作出，责任也由群体承担。对员工全面关心，除了工作场所，还包括对其家庭生活、爱好信仰、精神状态等关心与帮助。

3. Z型文化。Z型的美国企业和典型日本企业的J型文化更为接近，包括试图长期保留员工、缓慢的晋升与定性和定量结合的评估方法、职业路径的相对宽泛、含蓄和非正式的控制方式、群体决策模式，以及对人的全面关心。但有些方面也存在细微的差别：首先，Z型文化采取长期雇佣而非终身雇佣的方式，如果员工的绩效难以被接受，还是能够将其开除；其次，职业路径比典型的日本企业中要略窄一些；最后，Z型文化中虽然也是群体决策，但却是根据同一个管理者与不同群体工作的总体效果，由其个人承担决策的责任。

大内认为J型文化和Z型文化在对组织绩效的帮助上要优于典型美国企业的A型文化。我们认为中国企业应该根据自己的文化特点，有选择地塑造适合自己、并能带来高绩效的组织文化，而不是全盘接受某一种既定类型的组织文化。

组织文化的功能

积极功能

1. 导向功能。组织文化的导向功能是指它对组织行为方向所起的显示和诱导作用。组织文化的概括、精粹、富有哲理性的语言明示着组织发展的目标和方向，这些语言经过长期的教育、潜移默化，能够铭刻在广大员工心中。组织文化建立的价值目标能够使员工自觉地把行为统一到组织所期望的方向上去。正如彼得斯和沃特曼所说，在优秀公司里，因为有鲜明的指导性价值观念，基层的人们在大多数情况下都知道自己该做些什么。

2. 凝聚功能。组织文化能够通过共同价值观、精神理念将员工凝聚在一起，使得员工产生“认同感”、“归属感”，在组织的对外竞争中，促使个体凝聚于集体中，形成“命运共同体”，进而促进组织员工为了一个共同的目标，团结合作，努力工作。

3. 激励功能。组织文化是通过文化的塑造，使每个成员从内心深处自觉地产生献身精神、积极向上的思想观念及行为准则，并形成强烈的使命感、持久的驱策力，组织文化成为职工自我激励的准绳，在组织成员心中持久地发挥作用，避免了传统激励方法的强制性与被动性并由此引起的各种短期行为和不良后果。组织通过建立绩效考核制度和合理的劳动报酬制度，来满足员工追求自身利益最大化的需要，从而可以达到激发员工工作动机的激励功能。组织文化代表着组织广大员工在工作方面的共同追求,因而同样可以达到激发员工工作动机的激励功能。

4. 约束功能。文化作为一种意识形成和控制机制,能够约束和塑造员工的态度和行为。价值信念、伦理规范、道德观念、风俗习性、意识形态等,能够促进营造和谐的工作氛围。组织文化就像润滑剂,使组织内部关系和谐,不因利益关系及个人习惯爱好的不同而发生矛盾。由于组织文化倡导沟通,倡导员工参与管理,倡导团结互助,所以产生摩擦的可能性小。

5. 辐射功能。这是指当一个企业形成较为固定的企业文化模式后,企业文化便不仅仅在企业内部发挥上述作用,它还会通过各种途径在社会上产生影响。这种影响体现在两个方面,首先是企业形象的辐射作用。具有优秀企业文化的企业,必将树立起良好的企业形象,这种企业形象会给该企业的生产经营带来有形和无形的效益,并且也能使企业的知名度和信誉度大为提高。其次是企业员工对外交往时所产生的辐射作用。企业员工在对外交往过程中的行为表现,包括销售人员的四处奔走,公关人员的各种应酬,企业员工在外的日常行为,种种与企业外部接触的行为表现都反映着一个企业的文化特征,在社会上留下各种印象,从而间接地影响企业获得竞争优势的能力。

消极功能

1. 削弱个体的创造性。文化有助于增强员工行为的一致性并减少其模糊性,这对组织而言是有利的。但在既定的组织文化中,组织成员的个性可能会受到压抑,从而削弱了个体创造性的发挥。在从事研究和开发等强调发挥个人潜能的行业,尤为如此。

2. 阻碍组织变革。由于组织文化是组织在长期运营过程中形成的,具有历史继承性和稳定性的特点,所以组织文化一经形成,在较短的时间内不易改变。而组织所面临的环境是动态的、不确定的,复杂多变的环境要求组织能够及时地作出调整和变革,此时组织文化就很可能成为组织变革的障碍。即使组织面对相对稳定的环境时,由于组织文化强调组织行为的一贯性,从而有可能削弱组织应对环境变化的能力。

3. 阻碍组织合并。美国一家研究机构报告显示,组织文化冲突和首席执行官的个性差异常常使两个组织的合并不能达到预期效果,甚至使合并归于失败。这个研究机构对 164 名最近参与合并的美国企业高级主管进行了调查,其中只有一半人认为他们企业的合并是成功的。会议中心的报告说,在策划合并活动时,许多企业领导人往往把注意力集中在金融财务和法律方面,很少关注企业文化可能带来的问题。在许多情况下,企业文化造成的问题可以使周密的合并计划流产,特别是一个尚处创业阶段的小公司被一家规章和等级制度森严的大公司收购时,组织文化冲突会非常强烈。

组织文化的民族性、世界性与多样性

组织文化的民族性

具有民族背景的组织文化

正如前文中所述，任何组织都是存在于一定的民族文化背景之下的，因此组织文化不可避免地打上了民族文化的烙印，在不同的民族文化氛围中，必然产生不同特点的组织文化。

文化里面核心的部分是价值观。价值观与民族及区域有很大关系。比如日本企业的组织文化根植于日本传统文化和民族心理。日本人乡土观念较强，家族式的集团精神和意识较为明显，在思想渊源上，受儒家文化影响较深，倡导个体对群众的归属，强调群体的和谐统一。这种重视群体的文化传统，在日本企业管理中集中体现于用工制度的“终身雇佣制”，工资制度的“年功序列工资制”，以及工人管理的“企业工会”，这具有民族特色的三大支柱使企业和职工成为利益一致的命运共同体。美国个人主义的文化传统深入人心，其文化也同样具备了浓厚的个人主义色彩，强烈的个人奋斗意识，追求卓越，永不自满，竞争、冒险和创新成为美国企业文化的基本特点。

中国自汉武帝“罢黜百家，独尊儒术”以来，儒家变成儒教，儒教与封建政体相结合，成为中国二千多年来的主导文化。以东南亚华人企业文化为例，可以发现其不可避免地带上儒家仁义、忠恕的烙印，同时也具有重“人治”轻“法治”的特征。比如华人企业普遍实行“家长制”：企业首席行政长官同时也是企业最大资产所有者；企业的重要管理职位大多由亲朋好友占据；下级对上级过分依赖和绝对服从；上级对下级实行“仁慈的独裁”管理等等。另外还存在“人情至上”的思想，“人情至上”的本质是对个人的忠诚而非对组织目标的忠诚。这种忠诚虽然有利于维持和谐的人际关系，但它否定了管理中的客观性和公正性，使真正理性的规范管理制度缺乏发展空间。在中国大陆地区，中国传统文化对组织文化也有着重大影响，有些影响可能是双重的。如传统儒家思想“忠、孝、礼、义、信”，正面可以培养组织员工忠诚正直等良好品质，但同时也会产生“唯上”的不良影响；类似的，“人情交往、中庸之道、知足常乐、无为而治”等传统观念也能对组织文化产生双重影响。

中国传统文化的价值观

对组织文化中的价值观进行更为深入的探讨就会触及人们观念中最根深蒂固的东西，必须追溯到组织及其成员的民族文化的价值观。例如，要弄清中国的组织为什么讲究成员的和谐相处、紧密相连，就必须从孔孟之道开始讲起。王超逸指出要从价值观的角度更清楚地探究中国传统文化的深层特点，需要将中国文化的价值体系分为人生价值观、自然价值观、道德价值观、知识价值观、经济价值观和审美价值观六个方面，①本章简要将其介绍如下。

1. 人生价值观。中国古代多数思想家都是把着眼点放在人与物的区别和类比上，与西方最大的不同正是把人作为价值的基础，承认人自身的价值，而不认为神或是上帝规定了价值的标准、是价值之源。关于人的价值通常从三个层面来分析：第一是人与自然的比较，例如儒家的“人为万物之灵”的观点；第二是人与他人、人与社会的关系，例如孔子强调“仁者爱人”，孟子强调“仁”、“义”、“礼”等；第三是人自身的内在价值，人对社会的贡献可能有大小之分，但是每个人自身的价值是平等的，都具有认识自己、发展自己，认识世界、改造世界的潜能。

2. 自然价值观。不同于西方的认识自然，从而控制自然，中国文化向来将天地自然作为人能够生存的基础，认为人对自然应该是充满关怀与同情的，强调“天人合一”。孟子的“知天”也不是对“天”的认知，而是对“天”的体悟。总体来说，中国文化认为：第一，自然宇宙是有机整体，并且生生不息，人应与其和谐相处，共存共荣；第二，自然宇宙中万物皆有情，因此人对自然也应有情，在体悟自然中陶冶性情；第三，自然宇宙至善至美，人要与自然心相近、情相通，才能领略自然之美、完善生命、提升精神，而物质财富会破坏这种美，也决不是幸福的本质。

3. 道德价值观。道德价值观是中国传统文化价值体系的核心，中国传统社会中，个人任何的言行都受到道德价值观的约束。一般认为，传统的道德价值观主要体现在以下几点：第一，“孝”与“忠”。中国传统社会以家庭为中心，全部的社会关系是从家庭关系向外扩散的，子女对父母的孝敬是孔子所说的“仁”的源头。而由“孝”向外推衍到“忠”，儿子要敬重父亲，臣子要效忠君主。第二，重义轻利。义是指道义、仁义等伦理规范，利是指功利、金钱等物质条件，在儒家看来，重义还是重利正是区分君子和小人的重要标准。第三，男尊女卑。传统社会中女性地位地下，不仅不能参加社会工作，在家也要绝对服从丈夫，甚至儿子，这一道德观被鲁迅称为“畸形道德”。

4. 知识价值观。相对于前面三种价值观，中国传统文化中的知识论并不发达，缺乏逻辑的知识体系，主要依赖自我认知的方法。虽然以《墨辩》为代表的后期墨家强调“使用概念要反映客观实际内容，判断要正确表达其含义，论证要有充分的根据”，也对时间、空间和运动等范畴进行了哲学概括，突破了儒家和道家的知识观，具有科学的逻辑性和严谨性，但是他们的思想并没有得到更深入的发展，而是消失在历史之中。以儒、道、佛为代表的中国传统知识论强调“以心统物”，忽视外在知识，在一定程度上阻碍了科学的发展。

5. 经济价值观。经济价值观的落后会使得经济发展困难重重，因此需要对中国传统的经济价值观进行回顾与反思。中国传统的价值观主要表现为：第一，德本财末，这一经济思想源于儒家，对道德和政治热切关心，而轻视经济与生产问题；第二，重农抑商，在经济政策上重视农业，而抑制商业发展，认为商业是非生产性的、安逸的活动，商人多狡诈、难以统治，从商的人多了，从事农业的人就少了，会破坏农业发展；第三，重分配轻生产，农业生产的物质财富不能够满足所有人需要，因此

① 王超逸：《国学与企业文化管理》，中国经济出版社，2009年版。

在经济分配上强调平均分配；第四，重积蓄轻消费，人口增长、需求增加，而物质财富严重不足，因此勤俭节约几千年以来一直是中国社会的重要经济价值观。

6. 审美价值观。美是一种艺术，而从中国传统价值观的角度对其进行审视，具有以下特点：第一，美与善的统一，儒家强调艺术不仅要尽美，还要尽善，但艺术往往有自己的轨迹，因而往往产生两种倾向，一是追求超脱善恶的纯艺术境界，二是否定艺术的独立价值，使之成为政治统治的工具；第二，物与我的统一，道家追求"天地之大美"，排除了儒家对善的要求，认为任何人为的、利欲的、是非的事物都遮掩了美的本质，只有自然才是美的，抛开凡尘俗物，融于自然才能感受到真正的美；第三，情与景的统一，情是艺术的神，景是艺术的形，中国的艺术不关心科学的精细和真实的再现，只希望以情景相融的方式追求气韵的表现和生命之情的表达。

虽然这些文化中最深层次的，关于人性、自然、道德、审美等的假定与组织的行为看上去缺乏直接的联系，但实际上，正是这些根深蒂固的思维方式影响了组织的价值观和制度规范，从而体现在组织的物质环境和文化行为之上，并帮助我们更好地理解中国企业特殊的组织文化。例如儒家的"忠孝"道德价值观，使得人们在组织中保持着对于权威的崇敬与尊重，行动上更愿意服从领导的安排。

组织文化的世界性

在新的历史条件下，随着国家和地区间经济贸易文化交流的加强，组织文化出现了趋同的倾向，也就是说，组织文化具有了世界性特点。

就企业而言，企业是社会的最基本的经济组织，企业经营的目标是实现经济效益的最大化，从而实现企业成员经济效益的最大化及自身价值的最充分实现。因此企业文化必须是给企业提供实现其目标的土壤，企业文化建设的方式主要是塑造员工的思想观念、思维方式、行为规范、行为方式等方面。

另外，由于通信技术的发展、交流的加强拉近了国家和地区之间的距离，企业能够获得其他文化的更多信息，这样形成了组织在全球范围内生产和销售以及展开竞争。组织本身的要求以及全球竞争的压力，使得现代组织在文化方面存在许多共性。对企业组织而言，要在新的历史条件下立于不败之地，其组织文化需具备以下几个方面的特征：首先应该诚实守信，其次应该具有人本精神，再次应该鼓励竞争与创新，最后还应该能够培育员工的成就感、团队合作精神和整体荣誉感。

组织文化的多样性

从本质上说，没有两个组织的文化会是一样的，每个组织的文化都是唯一的，都是饱含个性的，因此组织文化就呈现出了多样性。组织文化的多样性是由两个因素决定的。

第一，民族文化的影响。民族文化的差异性必然会造成组织文化的多样性，组织文化的多样性也反映了民族文化的差异性。

第二，组织特点的差异。区域的特征、组织的属性、产权形式、所从事的行业、经济规模、管理者的性格，以及组织所处的不同发展阶段等，都客观要求组织文化应保持其自身的个性特征，从而呈现出组织文化的多样性。

在中国，社会传统的价值观、正统的马列主义意识形态、长期的计划经济实践、现代西方文化的传播，对我国企业的组织文化产生了重大影响。就企业文化而言，每一种因素对不同类型企业的影响程度也有所不同，其中产权性质的差异可能是最主要的因素，从而使我国不同所有制形式的企业文化呈现出明显的个性化特征。

国有企业的组织文化特征

"官僚文化"。在国有企业中，企业经理人员是被当做政府序列的一员来看待的，即使是在某些已经实现现代企业制度改革的企业中，其董事长和总经理也要由各级党委组织部门考察确认并由政府任命，并且匹配相应的行政级别，他们的待遇也随着其行政级别的不同而不同。在这样一种"官本位"文化的影响下，企业经理人员不可避免地自认为是某一级的"行政官员"，他们在潜意识中会自觉不自觉地将自己与政府序列中的相应等级挂钩攀比，以致他们心系仕途，不能把心思真正放在企业，而是以企业为跳板，谋求做官之路。企业的决策很少有甚至没有民主气氛，其他高层管理者以一把手的好恶作为是非标准和价值取向，迎合一把手报喜不报忧，说一把手喜欢听的话，掩盖矛盾与问题。各自角色不到位，责任意识不突出，似乎只有一把手是当家人，余者均是打工仔。

民营企业的组织文化特征

"民族文化"。民营企业的人事制度安排、组织规范、经营管理、行为方式无不打上了传统家族文化的烙印。第一，家族化。中华文化是家的文化，家庭是中华文化的出发点和基础，这点在海外华人企业中最明显；国内的民营企业创业之初就先天条件不足，无法享受到和国有企业同等的国民待遇原则，家族式管理也成了没有办法的选择。第二，实用主义倾向。讲究急功近利，经营行为短期化，有一种暴富心理。第三，个人化倾向。大家常说"一个中国人是条龙，两个中国人是条虫"，特有的"鸡头情结"（宁为鸡头不为凤尾），缺少团队精神，也容易滋生居功自傲、独断专行。第四，感情化倾向。中国企业中一直有人情大于法的现象，在管理上也是讲"人治"，常常意气用事，讲江湖义气，决策随意化，缺少理性和务实精神，很难做到对事不对人。第五，封闭性倾向。这主要表现在产权、用人、授权上，产权集中，用人唯亲，不敢放权，同时也缺少合作、联盟意识。①

合资企业的组织文化特征

"洋"文化。改革开放以来，我国建立了大量的外商独资企业和合资企业。这些企业虽然位于我国境内，企业的大部分员工也来自于我国，但其企业文化受我国民族传统文化的影响普遍更小一些，更多的是受到实际控制方企业文化的

① 刘光明：《企业文化案例精选》，经济管理出版社，2004年版。

影响。某大学国际商学院公司治理课题组进行的调查显示：由于三资企业都是非上市公司，雇员不持股，因而不能通过股东大会对公司进行有效的治理。在这里，雇员是通过企业文化对公司进行治理的，这种治理带有被动的色彩，不是雇员首先想到的，而是公司主动实施的。企业文化将母公司一些好的经营理念和行为方式传导给合资企业员工，让他们按照公司所倡导的方式行事。外资企业目前已形成三种企业文化，一种是欧美型企业文化，一种是日本型企业文化，再一种是借鉴型企业文化。以摩托罗拉中国电子有限公司、天津可口可乐有限公司等为代表的欧美型企业文化，所表现的是以人为本的价值观，即“信任、自由、尊重个人”，“大家都是一家人”，充分尊重人的个性，努力营造平等、透明、宽松的氛围，充分调动员工参与企业生产管理的积极性和创造性，从而树立一流的产品形象和企业形象。以日立公司、松下公司等为代表的日本型的企业文化，追求“人和”、“至善”、“上下同欲者胜”的群体共同意识，强调“献身”、“报恩”的精神，严格遵守等级秩序，极力提倡“约束个性、服从大局”的理念等等。以韩国、新加坡等东南亚国家企业为代表的借鉴型企业文化，融会吸收了东西方经济发展和企业管理的特点，具有较强的“亲和性”。①

中国文化背景下的组织文化建设

组织文化建设

在组织文化的创建过程中，组织创始人的价值观、性格特征、经营理念等对组织文化有着最主要的影响。组织创始人在创业阶段会开发并试图实施一个共同愿景和商业战略，如果在随后的实践中，这些愿景和战略被证明是成功的，组织成员就会在此基础上达成一致并以此来行动，这时他们也就分享了组织的知识和设想，进而组织文化就形成了。因此可以说组织文化是组织创建者的价值观和组织成员自身经验相互作用的结果。1892年，爱国华侨张弼士先生，以张姓加上“丰裕兴隆”之“裕”字，在烟台创建了张裕集团的前身——烟台张裕酿酒公司。以今天的眼光来看，张裕从其成立之日起，就蕴涵了浓厚的历史与文化的色彩。其带有极强“实业兴邦”意味的企业理念，从当时就左右了百年张裕的经营之道。

然而任何组织都是存在于一定的社会背景之中的，一种组织文化的形成，是多种因素共同作用的结果。时代背景、民族传统文化，甚至于组织所处的地区和行业的特征也会对组织文化产生重大的影响。因此，组织创始人或者组织的领导者在创建组织文化的过程中，必须注意两点。

1. 找准文化定位。21世纪是个快速变化的时代，组织面对的环境也更加复杂多变。组织环境包括组织的技术环境、人力资源环境、金融环境、投资环

① 闻华，《市场报》，2004年4月5日。

境、市场需求环境等等组织发展所依存的客观环境，直接影响着组织的短期效益和生存。此外，还有政策、法制、社会评价、公平竞争、社会信誉等主要由人为因素控制的社会发展软环境，对组织文化发展的影响看起来较为隐含和间接，然而实际上对组织长期的经营业绩和组织的竞争力有着潜在而深刻的影响。组织文化的内涵也要反映出环境的复杂性和紧迫性所带来的挑战和压力，对组织内部要保持较高的整合度，对外要有较强的适应性，通过对组织主导价值观和经营理念的改革，推动组织发展战略、经营策略的转变，使组织文化成为蕴藏和不断孕育组织创新与组织发展的源泉，从而形成组织文化竞争力。在进行文化定位时，必须考虑到我国的社会文化背景以及组织自身属性特征和目标定位。

华为公司在建设组织文化时坚持认为，组织文化离不开民族文化与政治文化，中国的政治文化就是社会主义文化，华为把共产党的最低纲领分解为可操作的标准，来约束和发展组织中高层管理者，以中高层管理者的行为带动全体员工的进步。华为管理层在号召员工向雷锋、焦裕禄学习的同时，又奉行决不让“雷锋”吃亏的原则，坚持以物质文明巩固精神文明，以精神文明促进物质文明，形成促进千百个“雷锋”成长的政策。华为把实现先辈的繁荣梦想、振兴民族的希望、革新时代的精神，作为华为人义不容辞的责任，以此来铸造华为人的品格。坚持宏伟抱负的牵引原则、实事求是的科学原则和艰苦奋斗的工作原则，使政治文化、经济文化、民族文化与组织文化融为一体。①

2. 充分发挥管理人员的示范作用。成功组织文化的形成是一个长期的过程，在此过程中，组织的创始人或者管理者的举止行为对组织文化的建立有着巨大的影响。我们的组织在组织文化建设中往往会制定几条上口的、富有时代感的口号，例如“开拓创新、求实进取”等等。有的企业老总，听说别的企业在创建企业文化，他也开始附庸风雅，在办公场所挂上许多文化标识，办公室里摆上许多名人书籍、写上几句警句、摆上几个图腾，发放给员工企业文化手册，而在现实生活中依然我行我素，不仅不自觉履行企业的核心价值观和理念，甚至全凭自己主观意愿、为所欲为。有的企业管理人员只要求下属们如何，而他自己却凌驾于企业文化之上，随心所欲，靠主观愿望来管理企业，来处罚违反自己意愿的员工，很难想象这样的方式可以产生具有竞争力的组织文化。

组织文化的维系

维系组织文化的具体方法不仅仅包括招聘合适的人员和解聘不合适的人员，组织文化的维系也不仅仅是组织管理者的口号和形象设计，而应该从组织文化的物质层面、制度层面和行为层面全面推行。

① 代凯军：《案例通鉴：管理案例博士评点》，中华工商联合出版社，2000年版。

物质层面

1. 组织故事。组织文化的许多基本信仰和价值观被表达在故事中，成了组织中民间故事的一部分。我国历史上，曾经提出了许多具有强大激励作用和指导作用的精神和口号。说到“铁人精神”，我们立刻想到“铁人王进喜站在油池里，代替搅拌机在搅动原油”；说到“雷锋精神”，我们立刻想到一个解放军战士，抱着孩子、扶着大娘、打着伞行走在泥泞的路上……正是这些有着典型形象的精神，能让人们联想起具体事件或人物的口号，才会具有那么大的激励作用。

2. 仪式和典礼。组织的仪式和典礼是有计划的活动或形式，有着重要的文化意义。仪式和典礼包括降职或提升仪式、各项庆祝典礼等。张瑞敏在冰箱厂任厂长时，各年度的总结表彰大会 1 月 8 日开，1 月 7 日下午发奖金。张瑞敏认为在表彰大会前一天发奖金，员工兴高采烈，第二天开大会，我在会上说什么，他们听什么。如果开完了大会再发奖金，效果就不一样了。

制度层面

1. 招聘、选拔、提升和解聘的程序以及有关如何配备员工到相应的工作岗位的制度，谁将得到提升以及提升的理由，谁将被解雇以及解雇的理由等相关制度设定的标准，都将强化并证明组织文化的存在。这些制度被组织员工所充分知晓并接受，能够更好地维系当前的组织文化。比如，戴尔在面试新进人员时，第一件事就是了解他们处理信息的方法。他们能以经济的观点思考吗？他们对成功的定义是什么？如何与人相处？他们真的了解今日社会的商业策略吗？对戴尔的策略又知道多少？然后，戴尔几乎每次都故意大力反对他们的个人意见，原因是戴尔想知道他们是否具有强烈质疑的能力，并且愿意为自己的看法辩护。戴尔公司需要的是对自己能力有足够信心并且坚持自己信念的人，而不是认为必须一味保持表面和谐、避免冲突的员工。如何找到确实可以成为明日领导者的人才呢？戴尔公司要找的是具备学习者的质疑本质，并且随时愿意学习新事物的人。因为在戴尔成功的要素当中，很重要的一环即是挑战传统智慧，所以戴尔会征求具有开放态度和能提问思考的人；戴尔也希望找到经验与智慧均衡发展的人、在创新的过程中不怕犯错的人，以及视变化为常态并且热衷于从不同角度看待问题和情况，进而提出极具新意的解决办法。①

2. 奖励和地位的定位。员工会通过组织的奖励系统地学习到组织的文化，同各种行为相连的奖励和惩罚把管理者个人和组织的优先考虑和价值观传达给员工。但是，组织可能不一致和无效地使用奖励和地位象征。如果这样，就错过了影响文化的好机会，因为在组织成员心目中，组织的奖励实践和它的文化有强烈的联系。在我国很多民营企业中，要么根本没有具体的薪资待遇和奖惩制度，奖赏无原则或是只奖不惩，奖惩失衡；要么就算是有，由于事

---

① 代凯军：《案例通鉴：管理案例博士评点》，中华工商联合出版社，2000 年版。

事老板一人做主，该承担的责任没有人承担，该负责的事情没有人负责，有了成绩不知该奖励谁，有了问题不知该处罚谁，制度形同虚设。这样就在企业内部助长了“少干活多拿钱，不干活最好也拿钱”、“多干多错，少干少错，不干不错，干脆我就少干或不干”的风气，再加上家族成员的存在对员工绩效评估的公正性所带来的负面影响，严重打击了遵守企业规章制度、工作勤奋努力的员工的积极性。

行为层面

1. 角色训练、教学。组织文化的各个方面通过管理者履行他们的角色这种方式传达给员工。此外，管理者和团队可以把特别重要的文化信息并入训练中。价值观对行为的规范远胜于有形的约束，组织的行为不可能全部用文字规范下来，只有靠文化的力量才能实现。比如说没有相关文字用来规范领导与员工谈话时要用什么样的语气等。以海尔为例，海尔在员工文化培训方面进行了丰富多彩的、形式多样的培训及文化氛围建设，如通过员工的“画与话”、灯谜、文艺表演、找案例等来诠释海尔理念，从而达成理念上的共识。

2. 关注事件和对危机的反应。组织处理事件时会系统地将关于什么是重要的和他们期望的东西这样强烈的信号传递给员工。当一个组织面临危机时，管理者和员工对危机的处理提示了关于文化的许多内含。危机的处理方式既能强化现有的文化也能带来新的价值观念和准则，它们某种程度上改变了文化。1982 年，芝加哥地区有人因服用强生的“泰诺”中毒死亡，强生公司迅速同警方合作展开调查，同时在全国范围内回收数百万瓶药品，并且和媒体坦率沟通，向医生、病人和经销商发出警报。最终调查结果表明，是有人故意在“泰诺”胶囊里投放了氰化物，强生公司是无辜的。经过对 800 万片药剂的检验，发现受污染的药片只源于一批药，总共不超过 75 片。虽然为此损失了上亿美元，但强生公司坦诚及时的善后处理，赢得了消费者和舆论的同情。之后，强生公司取消了胶囊包装，新包装“泰诺”上市，5 个月内就夺回了原来市场的 70%，并在两年后重新成为市场第一。[①] 与此相反，同仁堂对危机的处理则不够妥当。2003 年 2 月，新华社以系列报道方式首度向公众披露，龙胆泻肝丸配料中的“关木通”含有马兜铃酸，可能导致尿毒症。2004 年 2 月，部分患者通过北京炜衡律师事务所，开始向法院提起诉讼，状告同仁堂。2005 年 5 月 27 日，内蒙古赤峰市翁牛特旗法院对居民王小华状告医药公司一案下达民事判决。判决书认定，原告王小华从被告翁旗医药公司购买、服用龙胆泻肝丸，导致肾损害事实清楚、证据确凿充分，支持其所有诉讼主张，判令翁旗医药公司赔偿王小华 3.930 4 万元。同仁堂在此次事件的整个过程中，都显得非常被动。这对一向以信誉为生命的同仁堂文化，不能不说是一个败笔。[②]

① 薛建新，《财经时报》，2004 年 3 月 16 日。
② 宫靖：《举证倒置破解龙丸案僵局，北京同仁堂将遭起诉》，见《新京报》，2005 年 7 月 8 日。

我国组织文化建设过程中的三种倾向

全盘西化的企业文化

从上世纪的 80 年代末以来，我国掀起了组织文化建设的热潮。但大多数组织只是模仿西欧、美国、日本等国家和地区成功企业的组织文化的表象和做法，比如热衷于搞文艺活动、喊口号、统一服装、统一标志，有些企业还直接请广告公司做 CI 形象设计，认为这样就是塑造企业文化。但那些组织的文化建设都是以其本国的传统文化和政治经济环境为背景的，而由于历史文化传统不同，以及我国组织面临的政治经济环境、管理人员的价值观念以及员工的性格特征等都与之存在巨大差异，因此模仿的实践结果并不理想。

将组织文化等同于传统文化

这种观点认为建立中国特色的组织文化就应该用中国传统文化来管理企业。其中有的组织坚持用儒家学说来建设组织文化，有的用老子学说来建设组织文化，有的将儒、道、法家学说相综合来建设组织文化。

这种实践应该来说有其合理性的一面，比如中国传统文化中强调对家庭的归属、对权力的依赖，重感情，重面子，突出以人为本、知人善用等，可以用这些文化因素和传统思想营造一个充满情感、和谐共存的文化氛围。但问题的关键在于中国近现代以来经过维新运动、新文化运动、社会主义改造等，当代人的价值观念已经有了很大的变化，另外现代组织的特征与传统中国的小农经济社会也有着巨大的差异，因此，把握当代人的心理，把握迅速变化的市场需求，来调整对员工的工作激励，完全依赖传统文化是远远不够的。比如中国传统文化中的“知足常乐”、“枪打出头鸟”等，这些都是与现代组织文化的鼓励创新等基本特征相去甚远，因此一定要注意中国传统文化的双重影响。

忽视组织文化的个性

组织文化有其共性特征，比如对企业来说，它共性的一面包括强调员工的积极性、争取顾客的信任、创造良好业绩等。但由于不同企业产权性质、所处的行业特征、面临的环境，历史传统及经营特点的不同，对组织文化也应该强调其个性，因此也就形成了各具特色的组织文化。然而在我国，许多企业的企业文化建设却如出一辙，只是完全照搬成功组织的文化，将其套用到自己的组织中，而忘了要跟自己的具体情况相结合。

我国组织文化建设的重点

组织文化是一定历史传统和现实条件相互影响的结果，形成和变革组织文化是一个长期的过程。对于我国的组织而言，如何变革组织文化，以适应全球化竞争的形势，这是一个重大的历史课题。但无论如何，我们的组织尤其是企业组织，应该具备全球化的视野，在合理继承传统文化的基础上建立有中国特色的组织文化。在建设过程中，应该注重以下几个方面的建设。

构建共同价值观

组织文化的最核心部分是价值观，价值观有其特殊的发展规律，它的形成及变革都是一个长期过程，在此过程中，应该注意以下几点。

1. 组织文化价值观是组织成员的共同价值观。组织文化并非只是高层管理人员的一己之见，而是整个企业的价值观和行为方式，只有得到大家认同的组织文化，才是有价值的组织文化。组织高层管理者应该创造各种机会让全体员工参与进来，共同探讨适合自身特征的组织文化。中国部分组织的管理人员在组织文化建设的过程中基本上不考虑员工的感受，先是确立一套理念，然后强行对员工进行灌输、洗脑，这种组织文化的实践效果，一般说来都不会很理想。

2. 组织文化根植于民族文化的土壤之中，如果核心价值观与民族文化相违背，那么它就根本无法生存。因此中国企业不能好高骛远，盲目追求缩短与世界企业的差距而建立所谓的世界级的理念，应该塑造一种基于民族文化和商业伦理，又是企业家内心真正追求的核心价值观，唯有如此，中国企业才能建立适合中国国情的价值观体系。

3. 必须坚持"诚信"价值观。现代市场经济是一种信用经济，现代商业社会是一种契约社会，组织的交往是建立在共同遵守规则和相互信任的基础上，诚实和守信是商业伦理的基本要求，是建立、维系市场经济秩序的道德基石，也是世界优秀企业文化的共同特征。诚实守信是中华民族的传统美德，但在建立市场经济的过程中，诚实守信的道德标尺遭到了破坏，种种失信行为拉开了信用危机的红灯，对企业的发展造成了严重威胁。因此出现了掺入三聚氰胺的毒奶粉，随意更改生产日期的"染色馒头"，以及上市公司屡禁不止的圈钱、欺诈等现象。

建立制度行为规范

由于受到传统文化的影响，我国的组织过于重视或偏爱"人治"，钟情于"忠诚、仁爱、礼让、人际关系"，过于强调人与人之间的"中庸"、"面子"、"和谐"，强调人与人的关系超越于制度文化。事实上，企业制度文化是企业文化的重要组成部分，组织所倡导的一系列行为准则，必须依靠制度的保证去实现，必须通过制度建设去规范企业成员的行为。制度对于企业的意义在于它建立了一个使管理者的意愿得以贯彻的有力支撑，并且在得到员工认可的前提下，使企业管理中不可避免的矛盾由人与人的对立弱化为人与制度的对立，从而可以更好地实现约束和规范员工行为，减少对立或降低对立的尖锐程度，逐渐形成有自己特色的企业文化。

制度规范的严格执行，组织管理人员起着重要作用。在组织文化的建设中，管理人员尤其是高层管理人员起着创造者、培育者、倡导者、组织者、指导者、示范者和激励者的作用。我国一些组织高层管理者错误地认为制度只是为了激励和约束员工，自己可以例外。事实上，更应该激励和约束的，恰恰是那些组织文化的塑造者，因为他们的一言一行都对组织文化的形成起着至关重要的作用。管理人员理应依靠自身的影响、崇高的风尚、优良的作风去身体力行制度规范，从而持久地影响和带动职工。

保持文化的开放性

文化的开放性应该在两个方面有所体现。

1. 与国际接轨。世界经济一体化逐步渗透到各个方面，中国已经成为世界贸易组织的成员，对中国的组织来说这是一个机遇，但更是一个挑战，组织的行为规范必须与国际惯例接轨。因此，组织文化的建设应该具有开放性特征，而不能闭门造车。

2. 鼓励创新。环境因素在 21 世纪会呈现出更加复杂的联系和难以想象的变化，创新成了组织尤其是企业组织的生命源泉，在剧烈变动的时代，成功者往往是那些突破传统游戏规则，敢于大胆创新、不畏风险的人，敢于改变游戏规则的人，即在思维模式上能迅速改变的人。企业组织要立于不败之地，就要在其发展战略、经营策略和管理模式方面及时作出相应的调整，因此组织文化的内涵也要反映出环境的复杂性和紧迫性所带来的挑战和压力，对企业内部要保持较高的整合度，对外要有较强的适应性，通过对企业主导价值观和经营理念的改革推动企业发展战略的转变，使企业文化成为孕育创新的源泉。

本章回顾

文化的定义众说纷纭，从管理学的角度来看，文化是一组成员或一种类型的人在精神气质方面的集体主义特征，这种特征使其与其他组织和人群区别开来。文化的主要特征可以概括为对社会环境的依赖性、相对稳定性、变迁性、强制性和习得性。文化可以从权力距离、不确定性避免、个人主义、阳刚作风和长期导向五个维度进行考察。

组织文化是组织在长期的实践活动中所形成的并且为组织成员普遍认可和遵循的具有本组织特色的价值观念、团体意识、工作作风、行为规范和思维方式的总和。组织文化可以分为表层、中层和核心层三个层面。组织文化可以从过程导向与结果导向、工作导向与雇员导向、职业性文化与社区性文化、开放系统文化与封闭系统文化、松散控制文化与严密控制文化、实用文化和规范文化等六个维度考察。组织文化可以从多个角度进行分类，例如：奎因将其分为官僚文化、氏族文化、企业家文化和市场文化；桑南菲尔德将其分为学院型文化、俱乐部型文化、棒球队文化、堡垒型文化；威廉·大内将其分为 A 型文化、J 型文化和 Z 型文化。组织文化的功能包括积极功能和消极功能两个方面。

组织文化具有民族性、世界性和多样性。组织文化的建设要求找准文化定位和充分发挥管理人员的示范作用，组织文化的维系要从物质、制度和行为三个层面进行。我国组织文化建设过程中存在三个方面的误区，我国组织文化建设的重点应该包括构建共同的价值观、建立制度行为规范和保持文化的开放性。

关键术语

文化	组织文化	个人主义
权力距离	不确定性规避	阳刚作风
长期导向	物质文化层	行为文化层
制度文化层	精神文化层	官僚文化
氏族文化	企业家文化	市场文化
棒球队型文化	俱乐部型文化	学院型文化
堡垒型文化	A 型文化	J 型文化
Z 型文化	人生价值观	自然价值观
道德价值观	知识价值观	经济价值观
审美价值观		

复习思考题

1. 霍夫斯泰德从五个维度对文化进行考察，建立了对国家文化的评估体系，进而很大程度上克服了文化研究不能量化的缺点，但霍氏的考察仍有其局限性，你认为其局限主要有哪些？

2. 组织文化有其积极功能，但也存在消极功能，消极功能之一即可能会限制组织中个人的创造性，你认为如何处理好组织文化和个人创新精神的关系？

3. 有理论家认为民族文化和组织文化间的联系即使有，也很微弱，并声称“工业化的结果”对于所有组织的影响是相同的。你认同这种说法吗，为什么？

4. 组织管理者对组织文化的形成会产生很大的影响，但这种影响显然不是无限的，管理者在设计组织文化的时候，除了自身的理想之外，还应该考虑到哪些因素？

5. 中国传统观念对组织文化有着双重影响，对于处在经济转型期的中国本土企业来说，中国传统文化价值体系中哪些因素对组织文化的建设有着积极作用？哪些可能有着消极的影响？

案例14-1

理念与行为的冲突——关于官僚文化

某国有垄断企业文化建设过程中的理念与行为的冲突表现为以下几个方面。

1. 文化需求与文化缺位。企业的各层各类人员都对企业文化有非常迫切的需求。无论是领导还是员工，大家都认为企业文化建设非常重要，认为必须要有统一的核心价值观和理念体系把企业的全体员工紧紧团结在一起，让企业全体员工朝着一个共同的目标奋斗。特别是当企业从垄断走向参与全面市场竞争的过程中，迫切需要建立一套具有中国特色、符合企业竞争力提升要求的统一的价值观和行为体系。但员工对于什么是本企业的企业文化深感困惑和迷惘。在实际的工作过程中，企业的一些理念和规范散现在企业各个经营管理层面，散现在员工的日常工作和学习之中，都只是一些零散的、直观的和感性的认识。企业缺乏对企业文化建设系统和整体的思考和规划。

2. 客户导向与官商作风。目前相近行业替代品的竞争已非常激烈。资源的竞争已不再是主要的竞争手段，最后的竞争就是靠服务的竞争。谁服务做得好，谁就能在竞争中取胜。这就要求员工彻底地摒弃官商做法，增强服务意识，树立"客户导向"、"市场导向"的观念。但目前并不是所有的员工都认识到要用心服务、以客户为导向，因此服务态度仍不能令客户满意。其官商意识来源于曾有过的垄断地位和政府的定价保护政策。

3. 企业行为与机关作风。企业要适应市场竞争，改制为真正的企业，就必须按照企业的思路来运作、来经营、来管理。企业化的行为必须要靠现代企业的制度和机制作保障，同时企业还必须建立起一支职业化的经理人队伍。但目前公司在很多方面依然沿用过去在政府部门的做法。机关作风严重，如办事程序繁杂，工作效率比较低；官本位思想严重，过分地看重官和权，部门利益高于企业利益；有强烈的等级观念，论资排辈的现象依然非常严重。

4. 主动变革与被动变革。企业要求及时扭转其被动防御的市场策略，主动应对市场竞争，主动进行企业的变革创新。但企业每一次大的变革都来源于政府的直接命令，来自外部的推动，并没有在企业里内化成一种自求变革、自求发展的动力。员工的抱怨心理很重，缺乏主动变革的意识，习惯于找外部原因，用外推式的思维模式去思考问题，将企业在竞争中的落后归咎为政府的不对称管制和竞争对手的不公平竞争。

5. 流程文化与职能文化。为提高企业运行效率，应倡导流程式管理，整个企业的业务流程和管理流程要形成闭环。流程文化强调市场导向、职责明确、团队协作、沟通学习和知识共享等四方面的理念。但现有的组织架构是按照职能划分的，各职能部门的条块分割非常明显。部门与部门之间互设壁垒，各自为政，形成信息孤岛，缺乏信息共享和正常的内部沟通机制。

6. 危机意识与老大心态。企业必须强化危机意识，并要将这种危机意识迅速转化为对市场的主动出击和主动占领，否则将在竞争中一败涂地。但企业的“老大”心态还依然存在。在市场竞争中习惯处于守势，很少采取主动进攻、主动出击的市场策略。

7. 整体利益与局部利益。企业的维系和发展要求每一位员工都以企业利益最大化为唯一目标。但在某种意义上，符合企业利益的理念和行为未必有利于每一位员工个人的利益，有时甚至要以牺牲部分员工的利益为代价。处理好企业利益和个人利益的冲突是企业文化必须要考虑的问题。在对很多问题的判断上，企业员工已经有了非常清楚和准确的认识，也表示愿意接受一些先进的理念。但一旦落实到具体行动上，特别是当改革与员工自身利益发生冲突时，员工的抱怨和不满便随之而来，改革也开始面临重重阻力。

问题

1. 你认为促使组织文化变革的主要动力是来自于组织内部，还是组织的外部？
2. 对于该企业组织文化建设过程中所遇到的理念与行为的冲突，你认为应该如何解决？

案例 14-2

西安杨森的组织文化

西安杨森制药有限公司是中国医药界的先进企业和美国强生公司合资兴建的中国目前规模最大、剂型最全、综合效益最好的现代化制药企业。西安杨森连年跨入中国500家最大工业企业行列，多次被评为全国十大最佳合资企业并两度折冠。2002年，西安杨森被美国著名的《财富》杂志评选为中国十大最受赞赏的外资企业及中国最佳雇主之一，2003年公司销售额已达到25.61亿。西安杨森一直非常重视组织文化建设，其经验曾经被多次作为成功案例介绍。

至于具体内容，可以查阅有关资料。本案例只抽取其中与中国本土文化有关的两项典型事例。

土洋结合

西安杨森在组织文化建设时充分考虑到了与中国本土文化的结合。用强有力的政治思想工作来教育、引导员工，是我国企业的传统做法。而作为一个合资企业，西安杨森在这方面毫不逊色。

1996年11月22日，西安杨森的90多名高级管理人员和销售骨干，与来自中央和地方新闻单位的记者及中国扶贫基金会的代表一起由江西省宁岗县茅坪镇向井冈山市所在地的茨坪镇挺进，进行30.8公里的“1996西安杨森领导健康新长征”活动。他们每走3.08公里，就拿出308元人民币捐献给井冈山地区的人民，除此以外个人也进行了捐赠。公司还向井冈山地区的人民医院赠送了价值10万元的药品。为什么要组织这样一次活动呢？董事长郑鸿女士说：“远大的目标一定要落实到具体的工作中去。进行健康新长征就是要用光荣的红军长征精神激励和鞭策我们开创祖国美好的未来。”参加长征的员工说：“长征是宣言书，宣布了我们早日跨越30.8(远期销售目标)的伟大誓言；长征是宣传队，宣传了西安杨森‘忠实于科学，献身于健康’的精神；长征是播种机，播下了西安杨森团队合作、勇于奉献、敢于挑战的火种”。同年冬天的一个早晨，北京天安门广场上出现了一支身穿“我爱中国”红蓝色大衣的300多人的队伍，中国人、外国人都有，连续许多天进行长跑，然后观看庄严肃穆的升国旗仪式，高唱国歌。这是西安杨森爱国主义教育的又一部分。前任美籍总裁罗健瑞说：“我们重视爱国主义教育，使员工具备吃苦耐劳的精神，使我们企业更有凝聚力。因为很难想象，一个不热爱祖国的人怎能热爱公司?”

在管理上，公司也有独到的见解和新颖的做法。曾获工商管理硕士学位，并在美国哈佛大学进修过两年的一位外方副总裁认为：现在的中国大陆企业界有一种很不好的心态，似乎只有西方的管理经验代表了先进和科学，要想改善管理，就要一味“崇洋”。其实，中国在历史上就是一个注重管理的国家，管理一个企业和管理一个国家从本质上有相通之处，只不过现代人没有将这种经验很好地总结、运用罢了。他说：“《三国演义》、《资治通鉴》的许多故事中蕴含了丰富的管理技巧，孙子兵法、三十六计更几乎包容了人类所能想到的所有计谋。”他一再强调：中国企业的生产经营可以使用西方的机器，可以使用西方的生产流程，但却绝不能简单照搬西方的推销方式，因为它并不适应中国人的心理构成。所以，应该说，借鉴了中国文化的管理模式才是最优秀的。

所以，西安杨森在对销售人员的每一次大规模培训中，都有一堂课是由大区销售经理讲授《孙子兵法》。来自新加坡的副总裁要求每一个销售员都要认真读一读毛泽东的著作和故事。他认为，毛泽东之所以能够得到几十亿人的拥戴，原因之一便是运用了最简单也是最有效的沟通技巧，能够把深奥的道理用最通俗简洁的方式诠释出来，以至于能够让广大农民信服。他说：“你们如果能够掌握这种技巧，你们就会成为中国最好的销售员。”他进一步解释说：“推销说白了就是一个沟通过程，而对中国的消费者来说，中国式的沟通技巧往往是最有效的。”西安杨森销售员培训的大教室也充溢着“中国味”：讲台后的墙壁上挂着一面印有镰刀斧头的红旗，旗上写着“中国工农红军第二方面军”。旗子四周，挂着梭标、长矛、大刀、军衣、八角帽、草鞋。

“息斯敏”危机的处理

“息斯敏”是西安杨森的主要产品之一。2004年3月据《广州日报》报道，抗过敏药物“息斯敏”服用者存在严重不良反应，对心血管系统副作用比较大。但药品说明书上却对上述不良反应表述不清。这一消息传出后，在行内引起震动。

其实早在1992年，“息斯敏”的安全性问题已经引起了国际上药学专家的注意，特别是当其与其他抗生素合用时，会对心脏产生不良反应。在1999年，美国强生公司表示将终止生产。当时，我国生产、销售“息斯敏”的杨森制药公司发言人表示，公司决定自动从市场上回收“息斯敏”。但是，“息斯敏”并没有从中国市场上消失。2003年10月起，生产“息斯敏”的厂方给上海一些医院发通知指出，该药正在修改说明书，对于适应症、用法以及用量都进行了修改。2004年3月，西安杨森公司发出《有关修改息斯敏说明书情况的说明》。说明中提到，他们是根据产品临床使用情况，对“息斯敏”说明书进行修改，并表示每日3毫克是治疗季节性过敏性鼻炎的有效剂量。2004年4月7日，西安杨森公司表示不打算回收旧产品，也不打算对旧产品进行说明书更换。

注：本案例参考了黄文玉《西安杨森的土洋结合》一文，见《企业改革与管理》，2002年第3期。

问题

1. 你认为西安杨森的组织文化是管理者一次成功的创造，还是一种不得已而为之的妥协？
2. 西安杨森的信条中第一条是“对客户负责”，然而西安杨森对“息斯敏”事件的处理似乎与其企业信条有不太一致的地方。联系到近年来一些大型跨国超市拖欠供应商货款，著名会计师事务所为我国上市公司出具不恰当审计意见等现象，可以发现，国际企业在对国际市场和中国国内市场的态度似乎有着明显的差别。是否也可以认为这是国际企业组织文化建设过程中的一种“本土化”呢？

第15章

组织变革

> 穷则变，变则通，通则久。
>
> ——《易经·系辞下》①

任何一个组织都是一个开放的系统，不断地与外部环境相互作用，同时，系统内部诸要素及其构成也随着组织的运动和外部环境的变化而相应地改变。但是，外部环境的变化充满着威胁组织生存和发展的诸多不确定因素。《吴子·料敌》指出："安国家之道，先戒为宝；今君已戒，祸其远矣。"意思是说，要使国家长治久安，事先提高警觉是最重要的法宝，现在您已警觉了，灾祸就离您很远了。子曰："危者，安其位者也；亡者，保其存者也；乱者，有其治者也。是故君子安而不忘危，存而不忘亡，治而不忘乱，是以身安而国家可保也。"②《汉书·贾谊传》则认为："安者非一日而安也，危者非一日而危也，皆以积渐然，不可不察也。"常言道：人无远虑，必有近忧。组织也是一样，必须时刻抱有忧患意识，在危机到来之前先行变革，以避开危机；而在机遇降临之前，也要做好相应的变革准备以利用机会。本章在介绍组织变革一般概念的基础上，初步探讨了在中国文化背景下，变革阻力的产生、消除变革阻力的措施、变革实施模式等问题。

---

① 《易经·系辞下》，这段话的意思是：凡事到了尽头就要去改变，改变了就通达，通达了就会长久。

② 《易经·系辞下》。

组织变革概述

今天的组织，其生存环境是动态的、变化的，充满着多种不确定性因素，这样的环境对组织的生存提出了更高的挑战和要求。所谓物竞天择、适者生存，为了生存，组织必定要进行变革以适应环境的变化。不变革，则灭亡，这也是组织变革的根本原因所在。

在新经济时代条件下，顾客已经成为真正意义上的“上帝”，而经济全球化则意味着市场由分割、独立的区域性市场转变为联合、相关的世界性市场，竞争者既来自国内也来自国外，同时竞争也变得越来越激烈。以生存为首要目标的各类组织，一方面必须与不断开发新产品和服务的传统竞争对手抗争；另一方面又面临着各国具有创新优势、针对狭小的细分市场的小企业的挑战。面对这些变化和竞争，成功的、能够继续生存和发展的组织将是那些根据变化和竞争进行相应变革的组织。但这种变革不是被动的、僵化的，从那些在激烈的竞争中存续下来的组织的经验中，我们可以看出，它们成功的唯一法宝就是主动迎接和主动适应，根据新的变化和环境作出相应的变革和调整。

组织变革的概念

组织变革是组织主动地、自觉地因条件变化而作出的相应反应，是组织为了实现自身的目标，根据外部环境和内部因素的变化，对组织现状主动地进行修正、改变和创新的过程。

从本质上说，组织变革是组织为了适应环境的变化、更好地生存和发展，而对组织所拥有的人力、物力、财力、权力等资源以及收益进行的重新组织和分配。

组织变革的动因

组织的变革受到多种因素的驱动，大体上，可以分为两类：一类是组织外部环境的变化，另一类是组织内部因素的变化。

1. 组织外部环境的变化要求组织改变自身现状，进行组织创新。外部环境是一个动态的环境，时刻发生着变化，具有很大的不确定性。环境中影响组织行为的因素复杂多变。根据是否有利于组织目标的实现，可以分为外部威胁和外部机会。从外部环境的角度看，管理者对组织进行变革就是重新安排组织各种资源，以充分利用外部机会，回避外部威胁或减轻这些威胁对组织的影响。

组织外部环境包括：经济政策、政治政策、法律政策、社会、文化、人口、市场和竞争、技术、外部利益相关者、物质资源、自然环境等，其中任何一种因素都既可能成为推动组织变革的强大力量，也可能成为阻碍组织变革的强大阻力，对组织发展都有可能产生深远的影响。

(1) 经济。萧条的经济一般会阻碍组织的发展，甚至会威胁到组织的生存，为了最大程度地降低萧条经济的不利影响，组织就需要进行相应的变革以更好地适应经济大环境。2008 年全球金融危机爆发后，我国许多企业不得不被迫调整组织机构并削减员工。据网易科技讯 2009 年 9 月 9 日消息，富士康在评估渠道销售各产品线及人力状况后，决定进行重组调整。[①] 繁荣的经济一般情况下都会给组织带来很好的成长机会，但是如果组织不能及时地调整自己来充分利用这些机会，那么组织的发展必然要受到影响，甚至会因竞争对手对机会的充分利用而陷入困境。新中国成立前，中国的经济受到了严重破坏，组织的生存环境极其恶劣；而新中国成立后，中国的经济得到了全面的发展，组织也获得了生存和发展的良机。改革开放前，中国各类组织的绝大部分活动都由政府来安排，行政命令代替了市场机制。在这种情况下，组织的生存与发展基本上完全受行政命令的左右，缺乏自主权。改革开放后，市场机制代替了行政手段，对这种经济体制转变所带来的机会，一些企业很好地加以利用，因而得到了强劲的发展；而一些国有企业却没有把握好，陷入了生存的困境。尤其在 1992 年以后，由于苏联东欧体制的相继崩溃，令“计划经济”声誉扫地，建立社会主义市场经济成为了一种共识。这时，通过价格并轨基本实现了产品价格的市场化，一大批企业也完成了“转制”或“重组”。在这一阶段，中国的民营企业家快速成长起来，而有市场意识的国有企业老总也为社会和自己创造了大量的财富。

(2) 政治和法律政策。政治对组织的生存乃至变革发展有着深刻的影响。政局稳定、政策稳定，都会给组织一个稳定的变革、成长环境，哪怕这种政治是专制的、不民主的；如果政局不稳，则会给组织生存带来极大的威胁。诺贝尔经济学奖获得者阿马蒂亚·森[②](Amartya Sen)认为发展与经济保障有着很强的联系，缺乏经济保障则与缺乏民主权利和法权自由相联系，而缺乏民主权利和法权自由则与政治有着密切的联系。任何一个组织的活动，都是在国家的法律和政策范围内进行的。当法律和政策发生改变之后，组织也必须作出相应的变革，否则，其发展甚至生存都会受到不同程度的影响。1989 年政治风波之后的一段时间，很多从事民营经济的人士普遍存在害怕“政局不稳、政策变化”的心理，结果导致民营经济的发展陷入低潮，直到小平同志南巡讲话后才重新焕发活力。再如，WTO 虽然没有对各成员国的企业制度作出任何规定，但加入 WTO 却迫使中国必须加速企业制度的改革。就国有企业来说，在加入 WTO 之前，有相当一部分并未成为真正独立的市场主体，从而出现了“翻牌公司”的现象；而加入 WTO 以后，激烈的国际市场竞争要求中国企业按照现代化的企业制度，加速产权多元化的公司制改造，形成了企业由行政权支配向出资者所有权支配的转变，并通过多元产权制衡实现了企业运行的规范化。而随着《京都议定书》的第二轮谈判的开始，中国企业的发展必然要受到诸多限制，这种限制尤其表现在环保

---

① 来源：网易科技报道，http://www.bianews.com/viewnews-97844.html。

② 阿马蒂亚·森：《以自由看待发展》，中国人民大学出版社，2002 年版，第 148—158 页。

方面。

(3) 社会。社会的伦理道德和民风习俗以及公共事业的发展也会影响组织的变革。如果一个社会普遍存在求稳的心理，那么必然会对组织的变革带来很大的阻力。而如果这个社会崇尚创新，对新的事物有着天性上的追求，那么在这样的社会中生存的组织必然对变革习以为常。相较于西方资本主义国家，中华民族显得比较保守而温和，这种"守旧"的习俗对中国组织的变革是一种无形的阻力。正如余秋雨谈中国人三大弊病时提到的"中国人过于重视过去，在收集、整理、校订过去文化成果的同时，别的国家已经在不断地进行科技、文化创新。乾隆时期花了 9 年时间修订《四库全书》，全是在整理、修订。而同时期的 9 年，资本主义国家却突飞猛进，水分子被分解、第一根铁轨建成、美国科学院成立，这些科技上的创新直接决定了今后几百年的世界格局"。

(4) 文化。文化的发展也会对组织变革产生深刻的影响。文化是指一群人的行为规范和共同的价值观。行为规范是指普遍存在的行为方式，它形成并存在于群体中；共同价值观是指群体中大多数人的重要关注点和目标，它较易形成群体行为，而且即使群体成员发生变化时，这种群体行为也不会改变①。中国文化的一个深刻表现就是专制，这使得中国的各类组织中的管理者尤其是高层领导对权力的追求和独揽阻碍了分权的实现。

(5) 人口。人口的多寡和人口素质的高低极大地影响着组织的生存和发展。人口过多，则会给交通带来巨大影响，使组织的运输能力受到一定的限制。人口过少，则会使组织在获取足够的人力资源上耗费巨大。高素质的人多，激烈的竞争和就业压力可以使组织以较低的成本获取足够的人力资源；高素质的人少，则会使组织在人力资源获取上付出较大的代价。在高等教育改革前，中国实行的是精英教育政策，而且对高等院校培养出来的人才实行国家统一分配，这使得很多组织得不到发展所必需的人才。在高等教育改革后，中国高校培养的高素质人才数量激增，同时国家也不再实行包分配政策，而是由学生和企业通过人才市场实行双向选择，这就在很大从程度上解决了原来组织生存发展所面临的人才短缺的危机。

(6) 市场和竞争。当今社会，随着世界经济一体化和市场全球化进程的不断深入，各国的企业都面临着前所未有的巨大规模的全球竞争。对于大部分的企业产品来说，都存在一个全球市场。为了在全球市场中有效竞争，企业必须转变其文化、结构和运作方式。中国在改革开放前，所有物质资源都由国家统一调度分配，市场机制在行政计划的干预下，基本发挥不了作用，因而组织面临的竞争几乎不存在。但在改革开放后，市场机制代替了计划机制，组织面临的竞争越来越激烈，对市场从漠不关心到极为重视，同时，在加入 WTO 后，由单一的国内市场竞争变为参与全球竞争。据 1997 年 12 月 1 日和 12 月 8 日《经济日报》报道，上海安达棉纺厂和中国一拖集团亏损的主要原因就在于对快速变化的市场

① 杰里·W·吉雷、安·梅楚尼奇：《组织学习、绩效与变革——战略人力资源开发导论》，中国人民大学出版社，2005 年版，第 274—275 页。

缺乏应变能力。

(7) 技术。技术的发展对企业的生存有着不可估量的影响。组织外部发生的技术进步,要求组织作出积极的回应:放弃目前正在使用的、相对陈旧的技术,改用新兴的、先进的技术。只有这样,无论是企业还是其他类型的组织,才不会被竞争者打败。而采用新的技术,必然会导致组织内部生产、管理、沟通等方式的改变,这就不可避免地促使组织发生变革。随着现代科学技术的突飞猛进,技术变化的速度越来越快,设备更新、工艺改革日益频繁,新产品不断涌现,产品迅速更新换代,对组织的影响也越来越大。例如,包括复杂的计算机网络、通信系统和远程控制设备在内的信息技术的迅速发展,使企业组织中的决策方式,信息处理、控制方式发生了根本性的转变,要求企业在工作方式、组织结构、组织层次等方面进行相应的变革,提高组织效率,以适应新形势的需要。再如,随着科技水平的提高,企业生产和经营的机械化与自动化的程度不断提高,企业中将会有愈来愈多的岗位趋于单调乏味,而另外一些则可能会变得充满趣味和挑战性,这就要求企业对岗位进行再设计。

(8) 外部利益相关者。外部利益相关者包括顾客、供应商、销售商、政府、投资和金融机构、行业协会等。在消费的个人层次上,顾客的需求始终在不断的变化。现在的顾客需求越来越向个性化、特殊化方向发展,这就要求组织提供的服务和产品必须满足他们的这种需求,而这必然带来组织内部生产流程或工艺的变革。迈克尔·波特①认为供应商们可能通过提价或降低所购产品或服务的质量来向某个产业中的企业施加压力,这种供方压力可以迫使一个产业无法使价格跟上成本的增长而失去利润。供应商突然提高价格或停止对组织原材料的供应,会迫使组织寻找新的供应商或替代原料,这会促使组织采购部门变革采购方式、采购渠道、采购人员乃至采购流程。至于销售渠道的变更、销售商的更替,同样都会引发组织相关部门员工、职能的变革。而行业协会出于保护整个行业的利益和维持整个行业的良性发展,通常会根据具体的全球经济发展形势和国家相关法规政策来制定一些具体的行业规范,这些行业规范必然会要求组织调整与其不相适应的部分,这就不可避免地会促使组织作出相应的变革。例如:2012年8月1日我国儿童家具业正式实施《儿童家具通用技术条件》。按照行业新标准对产品结构、安全和环保性能等方面的要求,我国儿童家具生产商需要重新调整原有的产品工艺设计与生产流程,以便让产品更加环保与安全,且更加符合儿童的生活习惯。

(9) 自然资源。自然资源的日渐减少使得资源的价格不断上升,使得供应商的讨价还价能力得到很大的提升,这对组织降低成本的努力和愿望带来很大的威胁,迫使组织去寻找新的供应商或替代原料,甚至改变组织的经营方向,这必然对组织原有的采购流程、生产工艺、生产的产品或服务等产生重大的影响。中国在若干年前还是石油出口国,而现在已经变为纯进口国,石油储量的日益减少以及价格的上涨对航空类和石油化工类等企业的生存提出了巨大挑战。如何

---

① 迈克尔·波特:《竞争战略》,华夏出版社,1997年版,第26页。

减少对石油的依赖和寻找石油的替代品,就变为这些企业需要解决的重大课题。据1997年12月17日《经济日报》报道,太钢集团东方钢铁有限公司亏损的重要原因之一就是原、燃料等费用上涨使企业难以承受。

(10) 自然环境。组织所处的自然环境对组织的生存、变革和发展也有着巨大的影响。在计划经济条件下,所有的物质资源都由国家统一调度分配,这个时候组织基本上是处于纯生产状态,对具体的物理环境基本可以忽视。在市场经济条件下,无论是原材料采购还是产成品的运输销售都需要企业进行全面统筹考虑,在这种情况下,组织的环境问题就会凸现,尤其是处于交通不便地区的军工企业的转型更会深刻体会到具体物理环境的影响。例如:造成我国东西部地区企业成长与发展差异的一个重要的非制度因素正是东西部地区自然环境的差异。再如:处于交通不便地区的军工企业更能深刻体会到具体物理环境对其转型的影响。据1997年12月15日《经济日报》报道,铁道部贵阳车辆厂陷入亏损困境的一个重要原因就在于地处深山,交通不便,信息不灵。

美国学者斯蒂芬·P·罗宾斯[①]则把导致变革的外源性因素进一步概括为六个方面:① 劳动力的性质,例如文化多元化、专业人员的增加、许多新员工技术不足等。② 技术,例如计算机及自动化程度高、全面质量管理方案、技术革新计划。③ 经济冲击,例如债券市场的暴跌、利率波动、外币波动。④ 竞争,例如全球竞争者兼并与联合,专门零售商的成长。⑤ 社会趋势,例如受高等教育者增多、年轻人婚姻推迟、离婚率上升。⑥ 世界政治,例如前苏联解体、伊拉克入侵科威特、海地独裁者被推翻。

2. 从组织内部来看,促使组织变革的因素主要有如下几方面。

(1) 组织绩效不佳。组织是实现企业目标的基本单位,因此,组织良好的运行状况是实现企业目标的必要条件之一。所以,从深层次原因上分析组织长时期的绩效滑坡,通常可以发掘出组织运行状况不良的根源。例如,美国通用汽车公司按照"集中政策下的分散经营"思想改组组织,虽然被称作"近代组织管理的一次革命",但分析其变革背景可以发现,该公司是在内部缺乏统一管理、外部面临经济恐慌的形势下,才开始组织管理变革的。

(2) 组织结构调整。组织设计和运行不可能完美无缺,组织结构也会随着内外环境的变化而变化,组织结构的缺陷是经营绩效下降的原因。这方面的问题主要包括:机构臃肿、人浮于事;部门之间相互关系不顺、推委扯皮严重、冲突矛盾迭起;组织无法对环境的变化作出灵活的、富有创造性的反应。中国家族企业在组织结构上普遍存在着缺陷,如单一的产权结构会导致产权的高度集中,而产权的高度集中则会引发家族对企业的干预,还会使企业获得资金的途径受到限制,不利于企业规模的扩大。[②] 1997年,巨人集团倒闭的一个重要原因就在于组织结构存在缺陷,集团内部重要人员以及子公司领导大肆侵吞公款,使集团财务陷入严重的危机之中。

---

① 斯蒂芬·P·罗宾斯:《组织行为学》,中国人民大学出版社,1997年版,第551页。

② 姚贤涛、王连娟:《中国家族企业——现状、问题与对策》,企业管理出版社,2002年版,第198页。

(3) 组织战略改变。美国管理学家钱德勒提出了"结构跟着战略变"的观点。组织在战略发展的每个阶段都需要相应的组织结构与之匹配。例如,在数量扩大战略阶段,企业的组织结构就比较简单,往往仅有一个办公室执行单纯的生产或销售职能;在地域扩张战略阶段,简单的组织结构已不适应,需要代之以若干职能部门的组织形式;在纵向一体化战略阶段,企业中出现了中央办公机构及众多职能部门,为保持各单位之间的密切联系,管理权力需要集中在上层,从而形成集权的职能型结构;而在多样化经营阶段,企业需要更多地分权,因此常采用分权的事业部制结构。青岛啤酒由"做强做大"到"做大做强"的战略改变,就引发了青岛啤酒的组织结构调整。

(4) 组织规模扩大。大型企业与小型企业在组织上存在明显的区别。一方面,随着组织规模的扩大,管理层次增多,工作分工细化,部门数量增加,职能和技能日益专业化,这说明大型企业趋向复杂化。报表、文件和书面沟通增多,程序化规则取代直接监督而成为协调的主要手段,这表明大型企业趋于正规化,大型企业的集权程度通常较低,中层管理人员拥有较大的权力;同时,人员结构也发生变化,直线管理人员比率呈下降之势,而职能参谋人员的比率在逐渐扩大。这些特征反映了企业随着规模的扩大,组织设计需要在许多方面作相应的变革调整。另一方面,随着组织规模的扩大,许多企业可能会走上组织兼并重组的道路。乔治·J·施蒂格勒曾指出"一个企业通过兼并竞争对手的途径发展成巨型企业,是现代经济史上一个突出的现象"。他甚至断言:"没有哪个美国大公司不是通过某种程度、某种方式的兼并而成长起来的,几乎没有一家大公司主要是靠内部扩张成长起来的。"

(5) 人力资源变化。随着义务教育的普及和教育水平的提高,员工素质和能力也在不断提高。同时,随着社会文化的变迁,职员工作态度和需要也表现出了多元化特点,个体不仅对特定组织的忠诚度减弱,而且人生目标和价值观亦有很大变化。这种状况对任何一个组织而言,都是一个巨大的压力。例如:企业员工素质提高以后,必然要求更多地参与组织中的事务管理,参与组织的决策过程。而原有的组织结构并没有设计参与管理和参与决策的结构内容。因此,组织改革就成为组织成员的一种自然形成的期望了。为适应人力资源开发的需要,组织设计和运行就必须给人的能动性和创造性的发挥创造有利条件,以便更好地调动他们工作的积极性,并提高组织对内外环境的应变能力。高等教育的快速发展和普及,高素质人才的大量出现,使组织的人力资源短缺问题得到了很好的解决。但同时,高等教育与社会需求的脱节,也使得很多所谓的"高素质人才"名不副实。对这些人才的再培训就成了组织的重要课题。

这些组织内的因素,虽能促使组织进行变革,但也会成为组织变革的阻力来源。如组织运行状况不佳,经营业绩和效益的下降,也会导致组织因缺乏相应的资金去获取变革所需的相应资源(如咨询公司的咨询方案、变革所需的高级管理人才)而无法进行有效的变革。

识别组织变革的征兆

变革是组织成长不可避免的一个特性。对于一个组织来说，如何在组织发生重大问题之前就认识变革的需要就显得尤为重要。这就要求组织领导者善于捕捉组织内外环境的信息，及时且敏锐地识别出组织变革的征兆。一般而言，一个急需变革的组织往往会表现出如下征兆。

1. 生产效率明显降低

组织的目标主要靠有效的生产来完成，一旦生产效率明显下降，该组织的目标就不可能很好地被实现。而生产效率明显降低主要表现在企业产品产量与质量的明显下降。

2. 重大事情无法决策

在组织中，每天都会发生许许多多事情。有些无关紧要的小事不必决策，而一些大事却一定要及时决策，例如：组织的目标；营销方针的修改；高层管理人员的任免；数目很大的财务问题等等。一个重大事情无法决策的组织往往表现为：决策速度慢、决策连续失误、决策需要的信息严重缺乏等。

3. 人际关系恶化

成功的组织是以良好的人际关系为基础的，一旦组织内部的人际关系恶化，势必使组织不能达到目标。组织人际关系恶化主要表现在：起消极作用的非正式群体增加，人际关系紧张，上下级、同事之间的关系不融洽等方面。

4. 非正式沟通渠道压倒正式沟通渠道

在组织中，非正式沟通渠道存在是正常的，但是非正式沟通渠道压倒正式沟通渠道就显得不正常了。所谓非正式沟通渠道压倒正式沟通渠道是指许多重要信息的传播都依赖非正式沟通渠道，正式沟通渠道传播的信息反而比非正式沟通渠道少，而且不正确。这意味着该组织的结构已产生严重问题，应该进行组织改革。

5. 长期缺少创造性

一个组织要获得发展，很重要的一个方面是要有创造性。长期缺少创造性，只有进行组织改革才有出路。

6. 员工人浮于事

员工士气低落，不满情绪增加，如管理人员离职率增加，员工旷工率、病事假率增加。

以上六种症状有时在组织中出现一种或几种，有时在组织中会全部出现，管理者可以根据具体情况采取一定的改革措施。

组织变革的阻力及对策

组织内外部环境众多条件的变化要求组织不断进行变革，同时，也存在着阻碍组织变革的种种阻力，组织变革的阻力主要表现为组织内部成员对变革的怀疑和抱怨、拖延、消极怠工甚至破坏等多种不利于变革的观念、言论和行为，以及外部利益相关者的制约、破坏等维护自身私利的言论和行为。之所以存在这些抵制变革的阻力是因为变革危及他们的安全、社会交往、地位、竞争或者自尊心等方面的需要和利益。在本节中，我们在介绍西方学者对组织变革阻力分析的基础上，主要探讨中国文化产生的对组织变革的阻力及相应的对策措施。

组织变革阻力的来源

罗宾斯将形成阻力的根源分为个体阻力源和组织阻力源两个方面。① 他认为变革中个体的阻力源来自于基本的人类特征，如知觉、个性和需要等，主要包括以下几方面。

习惯

人类是有习惯的动物。生活很复杂，我们每天必须作出数百种决策，但不必对这些决策的所有备选方案一一考察。为了应付这种复杂性，我们往往依赖于习惯化或模式化的反应。但是当你面对变革时，以一贯方式作出反应的趋向会成为阻力源，因为一个人要改变自身的习惯是一件很痛苦的事情，没有一个人会无故地承受痛苦。所以，当部门迁到城市另一处新的办公楼里时，就意味着可能不得不改变许多习惯：早起 10 分钟，穿过一条条新街道去上班，适应新办公室的布局，形成新的午饭规律，等等。

安全

安全需要较高的人可能抵制变革，因为变革会给他们带来不安全感。有人有钱就有安全感，有人要有人陪才有安全感，还有很多人只有当他们拥有一份稳定的工作才觉得有安全感。当美国零售业巨头西尔斯公司宣布要解雇 50 000 名员工或福特汽车公司引进新的机器人设备时，这些公司的许多员工感到自己的工作受到了威胁。

经济因素

第三个个体阻力源是变革会降低收入。企业变革的目标是追求整体利益最大化，这和绝大多数员工的利益是一致的。但是，组织利益最大化实现需要对组织内各主体的权利和利益进行重新分配，一部分人的利益肯定会有所调整并受到影响。所以在现实中，一些员工以及领导会从自己的个人利益和短期利益出发，盲目地抵制变革，使得变革难以有效实施。另外，变革必然使每个人的贡献和其本人的报酬紧密挂钩，一些员工认为管理更加严格，收入只会减少。在这种预期下，员工就会感受到经济上的压力，对变革就无法抱持接纳的态度，甚至于进行抵制。

① 斯蒂芬·P·罗宾斯：《组织行为学》，中国人民大学出版社，1997 年版，第 557—558 页。

对未知的恐惧

变革用模糊和不确定性代替已知的东西。组织中的员工同样不喜欢不确定性。如果全面质量管理的引进意味着生产工人不得不学习统计过程控制技术的话,一些人会担心他们不能胜任。因此如果要求他们使用统计技术,他们会对全面质量管理产生消极态度。

选择性信息加工

个体通过知觉塑造自己的认知世界。这个世界一旦形成就很难改变。为了保持知觉的完整性,个体有意对信息进行选择性加工,他们只听自己想听的,而忽视那些对自己已建构起来的世界形成挑战的信息。例如,那些面临着引进全面质量管理的生产工人,他们可能充耳不闻上司关于统计知识的必要性和变革会带给他们潜在收益的解释。

组织就其本质来说是保守的,罗宾斯认为抵制变革的组织阻力主要有六个方面。①

结构惯性

组织有其固有的机制保持稳定性。例如,甄选过程系统地选择一定的员工流入,培训和其他社会化技术强化了具体角色的要求和技能。而组织的规范化提供了工作说明书、规章制度和员工遵从的程序。

经过挑选符合要求的员工才会进入组织,此后,组织又会以某种方式塑造和引导他们的行为。当组织面临变革时,结构惯性就充当起维持稳定的作用力。

有限的变革点

组织由一系列相互依赖的子系统组成。你不可能只对一个子系统实施变革而不影响到其他的子系统。例如,如果只改变技术工艺而不同时改变组织结构与之配套,技术变革就不大可能被接受。所以子系统中的有限变革很可能因为更大系统性的问题而变得无效。

在中国业界曾流行这么一句话:“不上 ERP 是等死,上 ERP 是找死”,仿佛一时间各个企业都是“谈 E 色变”。中国企业在实施 ERP 之路上行走得那么艰难,恰恰是因为很多企业并没有真正认识到:ERP 并非简单的企业的信息化建设,而是一项涉及价值链改造、敏捷制造建设、业务流程重组等内容的复杂、艰巨且耗资巨大的工程,单单地上一个 ERP 软件,远远不足以保障企业 ERP 建设的成功。

群体惯性

即使个体想改变他们的行为,群体规范也会成为约束力。例如,单个的工会

① 斯蒂芬·P·罗宾斯:《组织行为学》,中国人民大学出版社,1997 年版,第 558—559 页。

成员可能乐于接受资方提出的对其工作的变革，但如果工会条例要求抵制资方作出的任何单方面变革，他就可能会抵制。在中国文化里有一个很重要的字：忠。如果一个高层领导在组织变革的时候离开组织，那么他一手提携的得力手下，在忠的影响下，往往会随之而去。即使他本身并不想离开这个组织，他所属的小团体也会迫使他作出离开的决定。这种集体离职，就是一种群体惯性。

对专业知识的威胁

组织中的变革可能会威胁到专业群体的专业技术知识。20 世纪 80 年代初，分散化个人计算机的引进就是一个例子。这种计算机可以使管理者直接从公司的主要部门中获得信息，但它却遭到许多信息系统部门的反对。因为分散化的计算机终端的使用对集中化的信息系统部门所掌握的专门技术构成了威胁。

对已有的权力关系的威胁

任何决策权力的重新分配都会威胁到组织长期以来已有的权力关系。在组织中引入参与决策或自我管理的工作团队的变革，就常常被基层主管和中层管理人员视为一种威胁。

对已有的资源分配的威胁

组织中控制一定数量资源的群体常常视变革为威胁。那些最能从现有资源分配中获利的群体常常会对可能影响未来资源分配的变革感到忧虑。

先前失败的变革经历

任何经历过先前不幸的人可能都无法接受要再忍受相同的事情。同样，无论是团体还是组织经历过过去失败的变革之后，可能对再度进行变革心生抗拒，而变得小心谨慎。

变革阻力的分类

分析阻力的类别，认识不同类别阻力的特征及其原因，有利于我们采取相应的方法消除或减少阻力，推动组织变革。

对变革的阻力，从不同的角度，可以作多种不同的分类。

按照阻力的表现方式，可将阻力分为显性阻力和隐性阻力。显性阻力指公开的、直接的抵制，例如提出变革策略时，组织成员很快作出的反应：怨声载道、消极怠工。显性阻力由于比较容易观察到，相应也比较容易处理。隐性阻力是指潜在的、间接的抵制。这类阻力表现起初并不明显，但随着变革的展开会逐渐累积成强大的力量，最终往往成为导致变革失败的关键原因。

按照阻力的来源，可将阻力分为组织内部阻力和组织外部阻力。而组织内部阻力还可以进一步将之区分为来自管理层的阻力和来自一般员工的阻力。

按照阻力产生的原因和来源,约翰·W·纽斯特罗姆和基斯·戴维斯[①]将变革的阻力分成三种类型:一是逻辑的、理性的阻力;二是心理的、情感的阻力;三是社会的、群体的阻力。

理性的阻力

这是因为变革和人们对事实的判断、理性的逻辑判断相违背。人们由于变革的成本和自身所要付出的代价以及其他问题而对变革产生否定性的认识和判断。例如,调整需要时间,要额外努力再学习,可能产生经济成本、变革的技术可行性等问题。人们对这些事实和问题的理性认识可能产生阻力。但是,这种理性阻力也有可能是由于人们对事物认识有误造成的。《周易》说:"知至至之,可以言几也。"又说:"君子,尚消息盈虚,天行也。"《管子·心术上》说:"因也者,舍己而以物为法也。感而后应,非所设也;缘理而动,非所取也。"《韩非子·八经》则说:"凡治天下,必因人情。""变化应来而皆有章,因性任物而莫不宜当。"[②]如果我们在实施组织变革的时候能够尊重客观规律,一切从实际出发,同时加强和员工的沟通,让他们充分认识到变革的必要性和合理性,那么,这种理性阻力就会得到有效抑制。

情感的阻力

这种阻力主要基于情绪、感情和态度。例如,人们可能害怕不能预先确知的变化,对管理部门的领导不信任或不喜欢,希望维持现状,需要安全,对变革的承受度低,等等。这些情感可能是不合理性的,但确实是成员的心理问题,从员工对于变革的态度和情感的角度看,心理的抵制在员工的心理内部是合乎逻辑的。荀子曰:"不闻不若闻之,闻之不若见之,见之不若知之,知之不若行之。"[③]如果人们能够对变革闻之、见之、知之、行之,那么这种情感上的阻力就可以得到最大限度的抑制了。

社会的阻力

社会规范、价值体系、群体规范、群体利益、群体中的人际关系和工作关系等社会因素和群体因素可能成为变革的阻力。当群体的利益、规范、价值受到变革的挑战时,群体就可能成为变革的阻力。政治联盟、工会、社区和群体都可能成为变革的阻力。孟子有云,"虽有智慧、不如乘势;虽有镃基,不如待时",[④]"天时不如地利,地利不如人和"[⑤]。《吕氏春秋》说:"凡举事无逆天数,必顺其时,乃因

---

① 约翰·W·纽斯特罗姆、基斯·戴维斯:《组织行为学》,经济科学出版社,2000年4月版,第358—359页。

② 《吕氏春秋·执一》。

③ 《荀子·效儒》。

④ 《孟子·公孙丑上》。

⑤ 《孟子·公孙丑下》。

其类。”[①]如果社会阻力很大，那么组织变革，尤其是大范围的裁员、因交通而进行厂址外迁等往往不可行。

消除变革阻力的措施

对组织变革的阻力，抵制了变革的顺利进行，然而，阻力客观上对变革也具备一定的积极意义。阻力迫使管理者重新审视变革的方案，作出合乎实际的修正，加强了变革计划和实施的正确性，减少了严重问题出现的可能性。同时，阻力间接地促进了管理者与员工之间的交流和沟通，为管理工作的顺利开展创造了条件。

斯蒂芬·P·罗宾斯指出克服组织变革阻力的策略有七种。[②]

沟通

这种策略假设：产生阻力的原因在于信息失真或沟通不良。通过与员工进行沟通，使他们充分了解客观情况、认识变革的必要性，减少变革的阻力。如果员工了解了全部事实并消除了所有误解的话，阻力就会自然消失。沟通可以通过个别交谈、小组讨论、备忘录或报告来实现。当变革的阻力确实来自于沟通不畅，并且管理者与员工之间相互信任时，沟通即有效。如果这些条件不具备，沟通就不能起到很好的作用。美国通用电气公司前CEO杰克·韦尔奇认为良好的沟通就是让每个人对事实都有相同的意见，进而能够为他们的组织制订计划。

说服教育

这种策略假设：产生阻力的原因是员工对实施变革存在相悖的逻辑判断和理性认识。通过交流和解释使员工正确理解变革的原因和变革策略的科学性，转变认识，消除异议，克服变革阻力。说服的方式包括个别面谈、小组讨论、职工会议、专题报告、各种书面材料宣传等。实施变革计划前的说服工作可以大大减少潜在的阻力。

参与

让员工直接参与变革的决策过程。具体而言，就是在变革决策之前，应把持反对意见的人吸引到决策过程中来，对组织中存在的问题和目标进行讨论，对问题的性质和解决方法提出建议，发表自己的观点。让员工参与变革的决策过程，会使其觉得变革是包括自己在内的大家的事情，而不是上级强加的，因而不会抵制变革决定。如果参与者具有一定的专业知识，能为决策作出有意义的贡献，那么他们的参与就可以减少阻力，并提高变革决策的质量。但是，这种策略也有不足之处，即可能带来劣等的决策，并浪费很多时间。

---

① 《吕氏春秋·仲秋》。

② 斯蒂芬·P·罗宾斯：《组织行为学》，中国人民大学出版社，1997年版，第559—560页。

促进与支持

采取一系列帮助性、支持性的措施，从心理上和技能上帮助员工解决他们自身存在的问题。如果员工对变革怀有恐惧、担忧的心理，可以向他们提供心理咨询和治疗或短期的带薪休假。对于技术上难以适应变革的员工，可以提供技术培训。当组织的变革是技术变革的时候，这个阻力就变得异常明显。子曰：“工欲善其事，必先利其器。居是邦也，事其大夫之贤者，友其士之仁者。”①员工在技术上的落后，必然会影响组织的效率。而要使员工能够达到组织的要求，做好他们的事，就必须对他们进行必要的培训，使他们先利其器。对于员工的其他实际问题，也应尽可能采取相应的措施帮助他们解决或减轻问题。孟子曰：“死徙无出乡，乡田同井，出入相友，守望相助，疾病相扶持，则百姓亲睦。”②孔子说：“吾闻之也，君子周急不继富。”又说：“夫仁者，己欲立而立人，己欲达而达人。”③同情和互助是解决员工各种个人问题的有效方式，也是实现和谐稳定人际关系的有效工具。这个策略的不足之处是费时，另外，实施起来花费较大，并且没有成功的把握。

谈判

当阻力来源于某些具有强大影响力的个人和部门。当变革的阻力非常强大时，可以通过谈判，给予这些个人和部门一定的补偿以换取他们对变革的支持，至少换取他们不反对变革的承诺。但其潜在的高成本是不应忽视的。另外，这种方式也有一定的风险，一旦变革实施者为了避免阻力而对一方作出让步时，他就可能面临着其他权威个体的勒索。

操纵和收买

操纵是指隐含的影响力。这方面的例子有：歪曲事实使事件显得更有吸引力，封锁不受欢迎的信息，制造谣言使员工接受变革。如果工厂的管理者威胁说，员工要是不接受全面的工资削减方案，工厂就要关门，而实际上并无这种打算的话，管理层使用的就是操纵手段。孔子说：“政者正也，子率以正，孰敢不正？”④又说：“名不正则言不顺，言不顺则事不成，事不成则礼乐不兴，礼乐不兴则刑罚不中，刑罚不中则民无所措手足。”“其身正，不令而行；其身不正，虽令不从。”⑤若管理者本身就“不正”，不为员工所信任，威胁基本上就不会成功。收买可以是一种包括了操纵与参与的形式。通过让某个变革阻力群体的领导者在变革决策中担任重要角色来收买他们。之所以征求这些领导者的意见，并不是为寻求更完善的决策，而是为了取得他们的允诺。相对而言，操纵和收买的成本都较

① 《论语·卫灵公第十五》。
② 《孟子·滕文公上》。
③ 《论语·雍也第六》。
④ 《论语·颜渊第十二》。
⑤ 《论语·子路第十三》。

低，并且易于获得反对派的支持。但如果对象意识到自己被欺骗和被利用时，这种策略会产生适得其反的效果，一旦被识破，变革推动者会因此而信誉扫地。收买的另一个方法是，以某些有价值的东西换取阻力的减小。例如，如果阻力集中于少数有影响力的个人身上，可以商定一个特定的报酬方案满足他们的个人需要。

强制

必要时必须力排众议，强制推行变革，直接对抵制者实施威胁和压力。采取这种方法的变革促进者必须是组织的强有力的领导人。这种方法不宜孤立地使用，应当结合其他方法使用，而且一般也不宜作为变革的主要方法。中国在国有企业改革中，很多时候采取了强制的手段。

一个典型的例子来自惠普的前 CEO 卡莉。卡莉在对惠普公司的改造过程中曾经遭遇了公司内部激烈的反对，惠普家族甚至不惜与她在《华尔街日报》上公开论战。但作为全球最有权势的铁腕派女领导——卡莉力排众议，坚持自己的改革主张，而正是这种强制性的变革方式最终导致了卡莉日后被迫向惠普董事会递交了辞呈。

除以上七种方法之外，引入外部变革代言人正日益成为中国组织消除变革阻力的有效措施之一。变革代言人即通常所说的外部咨询顾问。在变革的过程中，一些员工认为变革的动机带有当局者主观倾向，他们认为变革是为了当局者能更好地谋取私利；还有一些员工对变革发动者的能力存有质疑，认为他们不能有效地实施变革。而引入变革代言人就能很好地解决上述问题：一方面，咨询顾问通常由一些外部专家组成，他们的知识和能力不容置疑。另一方面，由于变革代言人来自第三方，通常能较为客观地认识组织所面临的问题，较为公正且正确地找到解决的办法。

中国文化形成的阻力

中国文化源远流长，博大精深，但其中有相当一部分由于人为理解的错误而成为组织变革的阻力，还有一部分则直接阻碍组织变革。

“中和”思想

《中庸》在开篇就说：“喜怒哀乐之未发，谓之中；发而皆中节，谓之和。中也者，天下之大本也；和也者，天下之达道也。致中和，天地位焉，万物育焉。”这段话的意思是说：喜欢、愤怒、悲哀、快乐各种感情还没有向外表露的时候，是不偏不倚的，叫作中；向外表露的时候，没有太过和不及，都能符合自然的理叫作和。中，是天下人们的大根本；和，是天下人们共同要走的路。君子的省察功夫达到尽善尽美的中和境界，那么天地由此而运行不息，万物由此而生生不已。①

---

① 来可泓：《大学直解・中庸直解》，复旦大学出版社，1998 年版，第 141—144 页。

但是，很多人并不能准确理解“中和”的文化思想。他们认为，“和”，“中和”，就是讲究一团和气，处世圆滑，主张与世无争，在出现矛盾时尽量回避，即使有了矛盾，处理时也要不偏不倚，各打五十大板。那么，真的各打五十大板就解决问题了吗？显然没有。真正犯了错的人，会因此沾沾自喜，觉得这样的错误犯了也没什么大不了的，以后肯定是照犯不误。而对于那些误被指责犯了错的，却会因为自己的认真工作不但没有得到赏识反而被惩罚而愤愤不平，从此工作也开始敷衍起来，甚至会愤而辞职，从而导致组织因某些岗位人员空缺而出现暂时性的运转不畅。

如果组织的领导者对“中和”思想是这种片面的、歪曲的理解，而又在组织的生存发展中极力地贯彻它，在处理矛盾和内部问题时充当“老好人”，不是去解决问题，而是尽量规避它，使“中和”成为组织文化的基础以及处理矛盾的方式。那么在组织需要变革，需要确实解决组织中存在的各种问题的时候，这种对“中和”的片面理解就会成为组织变革的强大阻力，甚至导致组织变革的失败。所以，虽然说“人和万事兴”，但无原则讲求一团和气，将掩盖各种矛盾，降低组织的凝聚力，使组织变革寸步难行。

面子

俗话说：“人要脸，树要皮。”面子是传统的中国文化表现，是一种普遍的社会心理。但面子究竟是一个什么样的东西，却很少有人能说得清楚。

美国传教士明恩溥(Arthur Henderson Smith)首先对面子进行了探讨。明恩溥[①]指出，在人际关系微妙复杂的日常生活与交往中，只有恰如其分地扮演了自己的角色，才能保全“面子”；相反，如果不会扮演，不在意这一套，扮演时又中途冷场，就会很“丢面子”。但是，明恩溥虽然发现了面子在中国社会生活中的重要地位，却没有给出面子的具体定义。鲁迅先生也给出了他对面子的看法，详见第三章第二节。

留美人类学家胡先缙女士经过归纳分析，把面子定义为“人从社会成就而拥有的声望，是社会对人看得见的成就的承认”。[②] 在胡先缙女士看来，面子代表着中国广受重视的一种声誉，这是在人生经历中步步高升，藉由成功和夸耀而获得的名声，也是通过个人努力或刻意经营积累起来的声誉。要获得这种肯定，不论任何时候都要仰赖外界环境。面子的建立最先是藉由高位、财富、权力和才能，然后要运用手段发展出和某些名流之间的关系，同时，又要避免作出可能引起非议的举动。

在中国人的人际交往中，我们往往以对方给不给自己面子，给自己多少面子来判断对方对自己的接纳和认可程度，并凭此对双方关系进行认知和评价。不但如此，面子也是中国人的内在人格特征，是中国人的“自我意识”和“自我观”[③]。如果某人找到领导解决了他的麻烦，他就会得意地炫耀，认为自己很有

---

① 明恩溥：《中国人的特性》，光明日报出版社，1998 年 9 月版，第 9 页。

② 黄光国、胡先缙：《面子　中国人的权力游戏》，中国人民大学出版社，2004 年版，第 40 页。

③ 吴铁钧：《“面子”的定义及其功能的研究综述》，见《心理科学》，2004 年第 4 期。

面子："我说，你们都看到了吧，你，还有你。"

"人活一口气，佛争一炷香。"连"佛"都要面子，何况是凡夫俗子呢？所以，明明是自己错了，为了面子，也要"据理力争"，不肯承认，更不愿改正。鲁迅先生所描写的孔乙己、阿Q，均是爱面子又不愿改正的典范。

我们在前面提到过，组织变革是组织为了适应环境的变化以更好地生存和发展而对组织所拥有的人力、物力、财力、权力等资源及收益所进行的重新组织和分配。既然要更好地生存和发展，那必然要求辞退那些滥竽充数之辈或技能已经无法适应组织要求的低劣员工。但如果辞退他们会影响到他们的一些重要的利益相关者的面子，则组织变革将难以继续推行。

在组织外部，面子同样会带来很多阻力。企业改革，要淘汰技术落后的职工可能会引起组织外部的利益相关者的反对，此时推进改革的执行者就要在给相关者面子与企业自身发展两者之间权衡。这种权衡与犹疑必然降低其决策的公信力与企业的执行力。

所以在组织变革中，面子形成的阻力和危害都很大，我们必须慎重对待。

愚忠

我们很多人都看过《水浒》，都知道宋江三次受招安的事。具体的故事情节我们在这儿不详细介绍，有兴趣的读者可以读一下原著。梁山组织原来的目标是替天行道，虽然没有直接挑明和官府对抗，但既然是替天行道，免不了在很多时候要与违背"天道"的官府作对，如劫法场救死囚等，甚至攻打青州直接和官府正面对抗。但是，宋江接受招安却违背了梁山组织原来的目标，也违背了许多深受官府迫害只想自由自在的兄弟的意愿，更违背了很多原本是朝廷官员、后来投诚梁山的兄弟的初衷。由于宋江是最高领导者，他个人想建功立业光宗耀祖的目标使得他把自己的个人目标取代了整个梁山组织的目标，把个人意愿凌驾于整个组织之上。这种把个人目标等同于组织目标的事，自古以来并不少见。很多农民起义组织原本目标是推翻地方暴政，以求一方太平，但后来却变成了为最高领导者争夺天下，乃至和其他义军自相残杀（自相残杀是否是一统天下的必要我们不作分析）。为什么在宋江受招安这件绝大多数兄弟都反对的事上，宋江能够轻易地实现目标呢？在这里，我们不得不说一下中国文化里一个很重要的字：忠。

对于中国人来说，忠是必需的，无论是对个人、对事业，还是对组织、对国家，无论是在古代还是在现代，忠都已经成为衡量一个人的基本标准，关键的时候不出卖领导同事、不出卖组织，危难的时候不弃组织、不离领导而去，在他人看来，这就是一个有道德良心的人，一个知恩图报的人，一个忠心、讲原则的人，这样的"忠臣"是难能可贵的。所以，忠，作为一个人所必备的美德，自古以来就受到标榜，如三国关羽就是一千古样板。过五关、斩六将，千里走单骑，弃曹奔刘，从来都为人所津津乐道。所以，忠，是我们中国文化中灿烂的一点，具有中国文化的代表性，是民族特性的东西，更是老祖宗留给我们的传家之宝，需要我们发扬光大。在我们实施组织变革的时候，更需要那些忠于事业、忠于组织的员工。

但一味地忠，无原则地绝对服从，便会失去忠的本原意味，就会造成“愚忠”，不但其过程是可笑的，而且其结果也往往是可悲的。孔子说：“君使臣以礼，臣事君以忠。”孟子曰：“得志，与民由之；不得志，独行其道。富贵不能淫，贫贱不能移，威武不能屈，此之谓大丈夫。”①孟子主张君臣关系应以道义为基础，认为臣下一味顺从是“妾妇之道”，提倡“富贵不能淫，贫贱不能移，威武不能屈”的大丈夫精神。宋代岳飞的“愚忠”使自己背上了“莫须有”罪名，造成了“风波亭”千古冤案，“待从头收拾旧山河”的梦想也随之破灭。“愚忠”的可悲就在于愚忠是对个人产生的，不是对事业或组织产生的。当“愚忠”者可以被利用的时候，他愚忠的对象就会利用他，发挥他的作用；而当他成为障碍或者绊脚石的时候，其下场会比其他人更加可悲，因为他的“主公”，需要他来为其承担责任，这是“愚忠”悲剧的必然。

愚忠在现代组织中也有多种表现，多种危害。其一就是不辨是非。只要是自己领导要求做的，不论是否正确、是否切合实际、是否符合组织的利益，盲目迎合，一味照办。此类愚忠是对个人的盲目崇拜，会导致决策失误，严重损害组织利益，还会破坏组织内部的凝聚力。其二就是“逢人说人话，逢鬼说鬼话”，甚至遇事为其作伪证、为虎作伥。由于愚忠者办事很得领导人的欢心，因此颇受他们的青睐和恩宠，而中国人又讲究一个“知恩图报”，所以那些愚忠者在受到恩宠感激涕零之余，对领导就会更加“忠心”，对领导的过错就会不闻不问，甚至遇事为其作伪证，帮其极力开脱。此类愚忠会极易诱发和助长领导的腐败行为，最终是害人又害己。其三就是领导在感到自己受了委屈，准备另立山头的时候，愚忠者为了表示自己的忠心和维护自己的利益往往会和领导“集体跳槽”。大量人员的集体离职，会严重影响组织的正常运行，也会导致组织机密的外泄。其四就是在组织变革的时候，由于涉及权力、利益的再分配，一旦不能满足某个领导的要求，那他手下的愚忠者就会跳出来对组织变革横加指责，甚至煽众闹事，直接危害组织变革的成功。

从众行为

从众是一种比较普遍的社会心理和行为现象。从众的通俗解释就是“鹦鹉学舌”、“人云亦云”、“随大流”，也就是“大家都这么认为，我也就这么认为；大家都这么做，我也就跟着这么做”。社会心理学指出，个体在群体中常常会不知不觉地受到群体的压力，而在知觉、判断、信仰以及行为上，表现出与群体中多数人一致的行为倾向，这就是从众现象，或称为从众行为。②“所谓从众是指人们自觉不自觉以某种集团规范或多数人意见为准则作出社会判断，改变态度的一种现象。”③“从众现象的主要特点是它对集团压力的服从性和服从的盲目性以及

① 《孟子·滕文公下》。
② 沙莲香：《社会心理学》，中国人民大学出版社，2002 年版，第 214 页。
③ 沙莲香：《社会心理学》，中国人民大学出版社，1987 年版，第 294 页。

服从的去个性。”①

很多人都曾亲身经历过这样的情况，教师问学生：“这个问题，大家明白了吗?”学生一般都会异口同声地回答：“明白了。”真的都明白了吗？肯定不是的。不明白的学生也作出“明白了”回答的原因之一就是从众心理。与其被老师责骂、被同学耻笑，还不如回答“明白了”。

还有一个在组织中常见的现象：在全体职工大会上，领导讲话，讲完后，职工就是鼓掌，至于领导讲了什么，存在什么问题，则是无人出头指出。显然问题是存在的，但没有人站出来指出，原因就是从众。与其被同事讥笑、与其在领导眼中落下个不识好歹的印象，不如从众一下，方便又省心。

显然，这种盲目的、去个性的消极从众心理及行为对组织尤其是变革中的组织有着巨大的危害：混淆了组织内人们的是非界限，搞乱了人们的思想和思维方式，抑制了人们的主观能动性和创造力，弱化了人们的责任感和使命感，造成了利益分配时的“一哄而起”，还会被某些人利用，成为他们谋取私利的手段(“文化大革命”就是大规模的从众心理现象，失去理智的人们陷入激情之中，从而酿成持久的劫难)。②

从众的一个恶劣表现就是无处不在的跟风。组织中，如果领导以权谋私，那么，其他领导，从高层到基层，都会不约而同地产生以权谋私的行为。如果哪个领导想抑制这种行为，他会发现，很难取得效果。孔子说：“其身正，不令而行；其身不正，虽令不从。”这是对从众恶果的最好诠释。

因此，某些从众行为，会给组织变革带来强大的阻力，甚至会使组织变革功亏一篑，所以，对于从众行为，需要认真分析，慎重处理。

平均主义

中国历史上是以小农经济为主的、生产力水平低下的农业国家。农业生产的长周期性、产量的有限性和不稳定性，加上人口众多，决定了人们不是着眼于提高生产力水平，而是放眼在社会财富的合理分配上。因此，平均主义迎合了中国老百姓的心理。“朱门酒肉臭，路有冻死骨。”正因有了这种表面化的不均，才会有人倡导平均。孟子曾提出过“制民恒产”的观点，老子则认为“天之道，损有余而补不足；人之道则不然，损不足以奉有余。孰能有余以奉天下，唯有道者。”③而儒家经典《礼记·礼运》则对“大同”社会作出了美好的描绘：“大道之行也，天下为公，选贤与能，讲信修睦。故人不独亲其亲，不独子其子；使老有所终，壮有所用，幼有所长，矜寡、孤独、废疾者皆有所养。男有分，女有归。货，恶其弃于地也，不必藏于己。力，恶其不出于身也，不必为己。是故谋闭而不兴，盗窃乱贼而不作，故外户而不闭，是为大同。”可见，如果不在一定程度上实行平均，社会不安定因素就会激增。从古到今，要求平均的现象在现实生活中屡见不鲜，因贫

---

① 沙莲香：《社会心理学》，中国人民大学出版社，1987年版，第218页。

② 吴宪洲：《试析从众心理的危害》，见《渭南师专学报(社会科学版)》，1999年第1期。

③ 《道德经》。

富不均而要求平均甚至成为中国封建社会农民起义的重要原因。从唐朝末年的农民起义,到北宋王小波起义,再至明末李自成起义,无不喊出均分财富的口号,尽管表现方式略有不同。太平天国的《天朝田亩制度》更是突出地表现了平均理想:"务使天下共享天父上主皇上帝大福,有田同耕,有饭同食,有衣同穿,有钱同使,无处不均匀,无人不饱暖也"。改革开放前的平均主义、吃大锅饭,不但严重抑制了大家的生产积极性,也使得国有企业死气沉沉,没有半点活力,在整体上严重制约了国家生产力的发展。平均主义,是一种普遍贫穷下的追求,是等级制度森严的中国所无法实现的"空中楼阁",也是生产力低下、体制落后的充分表现,正如邓小平同志所说的那样:"过去搞平均主义,吃'大锅饭',实际上是共同落后,共同贫穷,我们就是吃了这个亏。"①

同样,平均主义思想对组织乃至组织变革危害也极大。平均主义在思想上和实际中迁就了懒惰者和懦弱者,消除了组织内部的公平竞争;鼓励人们混日子,而且隐性地剥夺了勤劳者的一部分收益,极大地打击了员工的积极性,抑制了他们的主观能动性;给组织内部的工资、福利待遇的改革推行造成了巨大的阻力;在组织因为环境的变化而需要重新整合和配置组织资源以及收益的时候,会因为损害了某些不劳而获的人的利益而无法顺利进行。

窝里斗

"窝里斗"是内耗的通俗说法。虽然世界上其他地方也存在窝里斗,但中国的窝里斗却给人以一种"中国特色"的感受。"一个中国人是一条龙,三个中国人是一条虫",深刻地描述了窝里斗给中国人在世界上带来的负面印象。而"一个和尚挑水吃,两个和尚抬水吃,三个和尚没水吃"更是形象地描述了窝里斗所造成的资源浪费、人心涣散。

由于中国人口众多,加上中国自古以来就是一个农业国家,重农轻商,除了当官和务农,基本上没有其他路可以走,因此,大家都往当官夺权的狭窄道路上挤。官本位的思想(有关官本位的介绍,详见第三章第二节相关内容)使得中国社会几千年的文明无论是在官场上还是在家族中都充满了争权夺利、尔虞我诈的生死较量,人际关系异常复杂。中国的家国同构,以及儒家"修身、齐家、治国、平天下"的思想,使得对家的控制权也引起了众多的关注。孔子说:"吾恐季孙之忧,不在颛臾,而在萧墙之内也。"②祸起萧墙,就是对"窝里斗"的中国文化的一个典型刻画。而近代蒋介石的"攘外必先安内"则把"窝里斗"推到了顶峰。

在理论上,组织行为学一般将窝里斗作为"组织冲突"来分析。组织冲突可以分为三类:一是组织内个人的心理冲突;二是组织内个人与个人之间的冲突;三是组织内群体与群体之间的冲突,这一类冲突又往往通过代表人物或领导者体现出来。窝里斗既有第二类冲突也包括了第三类冲突。③ 组织并不反对冲

① 邓小平:《邓小平文选 第三卷》,人民出版社,1993 年版,第 155 页。
② 《论语·季氏第十六》。
③ 王通讯:《窝里斗法何时休》,见《中国人才》,1996 年第 7 期。

突，因为必要的冲突对组织的发展和变革是有利的，但窝里斗所表现的冲突却是对组织有极大危害的。

组织变革涉及利益分配制度的创新突破以及人事制度的重新调整，要尽量做到“人尽其才、物尽其用”。但由于这些调整必然要“损害”某些人的权力和利益，因此而发生窝里斗，甚至在没有达到其目的的情况下，集体跳槽，严重危及组织的变革。所以，窝里斗会涣散组织的凝聚力，严重威胁组织变革成功的可能性。

家文化

所谓家文化，是指中国传统农业社会中，在作为基本经济单位的家庭里，强调忠与孝，用以维护家长统治地位，体现家长绝对权威，约束父子、夫妇、兄弟等之间行为关系的文化。无论是在家庭里，还是在组织中，家文化的主要表现就是:家长或领导者都具有绝对的权威，无论大事小事，都是他们说了算，基本是“一言堂”;同时，无论是权力下放还是利益分配，都首先关照“自己人”。

家文化的存在，使得许多组织在其治理模式上，以血缘、姻缘关系而不是科学的管理制度为基准。有了这些亲缘关系，组织的领导者就会认为大家是“一家人”，员工就应该对组织这个“家”忠诚。在组织对员工的背叛无法采取有效措施的情况下，雇用利益相关的“家人”来工作无疑可以降低这方面的成本。由于把组织内关系比较亲密的员工看作“自己人”，组织的领导者对他们往往会比较照顾，“一家人不说两家话”，有了矛盾经常是大事化小、小事化了。而对于所谓的“外人”则会严格按照市场规则或组织制度来衡量取舍，尽力压低“非家人员工”的工资待遇。这样做的结果是，组织中充满了以血缘为基础的关系网，人际关系复杂，组织制度在“自己人”面前往往让路于血缘关系和亲情。这种重亲情、轻制度的治理模式，不利于组织开展科学管理，并严重制约了组织的创新能力。

家文化使得在如今的民营企业、家族企业中普遍存在家长制的管理模式。这些企业的领导者往往是大权独揽，具有绝对的权威，虽然以往成功的经历给了他们做事的自信，但往往也容易在亲友和追随者的一片赞扬声中陷入经验主义的漩涡，由于专权独断，企业的项目决策也经常是由其自己根据其以往经验作出，基本上不会对项目进行科学的可行性分析。这种独断专行的做法虽然可以节约时间、提高效率、把握住商场上稍纵即逝的机会，但兼听则明、偏信则暗，这种独断专行会掩盖很多潜在的问题，失去其他投资机会，并会因为决策失误而使企业陷入困境。

家文化还导致家族企业、民营企业的人员雇佣基本上是关系导向的，尤其是重要岗位的职员，基本上都与组织的领导者或所有者有着亲密的血缘关系或人际关系。现在有相当一部分组织在内部安排一些相关部门领导的亲人、朋友工作，这些人做得不多，拿得却不少，很容易在员工中形成不公平的想法，导致他们产生不满情绪，最后引发严重的矛盾冲突，甚至集体离职。所以，在组织需要外来人员领导组织变革的时候，家文化对组织所有权和控制权合而为一的要求会阻碍外来人员进入组织的高层。

人情关系

中国是礼仪之邦，历来注重礼尚往来，讲究知恩图报，而贯穿于其中的主线就是复杂的人情关系。

台湾学者黄光国认为，人情，在中国文化中，有三种不同的含义。① 第一，人情是指个人遭遇到各种不同的生活情景时，可能产生的情绪反应，是人生而有之的一种心理状态。《礼记·礼运》有云："何谓人情，喜、怒、哀、惧、爱、恶、欲，七者，弗学而能。"一个"弗学而能"道出了人情的本源：只要有人的存在，就有人情的存在。第二，人情是人与人进行社会交易时，可以用来馈赠对方的一种资源，这种资源可以是具体的金钱、财物等物化的、有形的实际存在物，也可以是抽象的、无形的情感活动，如发表言论进行支持等。这个时候的人情，已经成为了一种商品。第三，人情是指中国社会中人与人应该如何相处之规范准则，即人与人相处之道。通常所说通情达理、人情练达，即是指人深谙人与人相处所应遵守的规范准则，并善于根据这些规范准则来待人接物处世，把握人与人之间交往的关系。

所以，中国人的人情不仅是一种普遍的情感，也是一种可以用于交换的资源，是中国人际关系的纽带。

翟学伟指出，中国人的人情不但是重要的，而且是有亲疏远近之分的。② 同时，中国人的人情、态度中的情感成分在伦理思想的引导下已经从个体转移到关系上来，这种转移带来的结果是人与人在情义上的相互牵制，并可能导致人情形式化，而不是发自内心，但这对中国人来说是重要的。人们可以把是否真心诚意放在一边，而专讲客气与互惠。于是，中国人际关系中富有特色的交换行为就产生了。

作为一种生活理念，人情在中国人的社会生活中具有重大的作用，是人们判断和决定自己与周围其他人发生互动交往、建立相互关系的一个重要依据。但是无论从人情所包含的内容看，还是就其表现形式而言，人情是难以进行客观衡量和评判的。在人情的衡量判断上并不存在为公抑或为私、孰是孰非和利害得失、公平与否的问题，而只有明显的不确定性和模糊性：因人而异、因事而异、因地而异。所谓人情债难还，原因就在此。③

在组织变革中，因人情带来的阻力无处不在。由于变革往往涉及权力、利益的重新分配，涉及人员的变更，无论是哪种情况，都会有人想依靠人情来重新获得原有的权力，来避免成为变革的对象。

其他诸如求稳心理，含蓄的表达方式，森严的等级观念，事不关己、高高挂起的处世心态，权势，行政干预等，都会对组织的变革产生阻力，相关内容请参阅前面有关章节。

---

① Hwang, Kwang-kuo. Face and Favor: The Chinese Power Game. *American Journal of Sociology*, 1987, 92(4).

② 翟学伟：《面子·人情·关系网》，河南人民出版社，1994 年版，第 171 页。

③ 李伟民：《论人情——关于中国人社会交往的分析和探讨》，见《中山大学学报(社会科学版)》，1996 年第 2 期。

消除中国文化产生的组织变革阻力的措施

和而不同

首先要正确理解"中和"的思想。"中"既是事物的"度",也是对待事物的"态度"。孔子的本意就是"去其两端,取其中而用之",其意思是去除偏激,选择正确的道路,也就是指过犹不及,恰到好处的状态或达到此种状态的行为。所以,程颢、程颐说:"不偏之谓中,不倚之谓庸。中者,天下之正道;庸者,天下之定理。"在朱熹看来,"中"就是"中者,不偏不倚,无过不及之名。"而对于"和",孔子不是无根据、无原则地推崇,他说:"君子和而不同,小人同而不和"。意思是说,君子善于协调、统一各种不同的分歧意见,从而形成新的意见,达成共识,但决不盲目附和;而小人却不能正确对待不同的分歧意见,只会去追求表面的毫无原则的统一,其实是盲从附和,因而形成不了新的意见,达不成共识。因此"和"是不同的事物、不同的因素的对立统一,是矛盾冲突的一种升华,是矛盾融合统一的过程。所谓冲突,是指诸元素性质的差异,亦指异质元素的矛盾抵触。冲突包含差异。宇宙间不存在无冲突的自然,没有无冲突的社会,亦没有无冲突的人生,也没有无冲突的心灵。在冲突中实现融合,融合是冲突的成果,亦是冲突的表现方式。融合是新事物的诞生,是肯定和创新;冲突本身不能直接创造新事物,它是否定和破坏。冲突融合的统一体,是一次提升,使原来的冲突融进一个新的领域;冲突只有在新的统一体中,才能继续发展和获得价值。冲突融合的更高层次是"和","和"包容了冲突与融合。[①] 晏子说:"见贤而进之,不同君所欲;见不善则废之,不辟君所爱。"[②]墨子也说:"上有过,则微之以谏;己有善,则访之上,而无敢以告外;匡其邪而入其善,尚同而无下比。"[③]

其次,要做到制度明确,赏罚分明。制度明确了,处理矛盾时就有据可依。还要加强执法力度,"大王犯法与庶民同罪",错了就是错了,错了就要惩罚,不为追求表面上的一团和气而徇私。

第三,做好犯了错误的员工的思想工作,搞好内部团结。要告诉他们,惩罚他们并不是组织要故意整他们,而是为了他们不再犯同样的错误,是为了维护组织的制度和尊严,也是为了组织更好地生存和发展。

铁面无私

林语堂对面子给出如下批判,"面子这样东西虽无从下一定义,但差不多有一点可以确定,即:在每个人失掉他的面子以前,中国将不成其为真正的民主国家。平民无论怎样,总没有多大面子。问题是到什么时候官僚阶级才肯放弃他们的面子?等到街巷闹市之间消失了面子,我们才有安全的交通。等到法庭上面消失了面子,我们才有公平的裁判。等到内阁各部之间消失了面子,而以面子

---

① 叶童:《"论语"与现代管理62》,西苑出版社,2000年版,第26—27页。

② 《晏子春秋·外篇》。

③ 《墨子·卷十三 鲁问第四十九》。

统治的政府让给了法治政府，吾们才能有一个真实的民国。”①

在林语堂先生看来，虚伪和特权是面子的全部特性。林语堂先生的批判存在偏颇，对待面子，我们需要一分为二地看待。

面子在社会生活和人际交往中还发挥着许多积极作用。林语堂先生希望每个人“失掉面子”，暂且把每个人“失掉面子”的可能性搁置不论，在法律与公德约束尚薄弱的中国社会，如果不管三七二十一把面子撕破，对于社会、对于个人而言恐怕都不是一件好事②。

“讲面子”的心理有利于维护中国人人际互动的和谐进行，是中国人自尊和自我意识得以实现和满足及获得荣誉感的较佳途径，是维系中国人人际关系的重要工具；但同时，“面子”心理也影响着中国人人际关系的“理性”发展，有时会成为中国人人际交往中沉重的心理负担。③ 因此，对面子我们既不能忽视，但也不能看得过重。在日常生活的琐事中斤斤计较，表面上是得了面子，实际上是丢了面子，丢了面子中应有的“自尊”，如泼妇骂街。但在大节上，我们却不能把面子看得太轻，如晏子使楚。“楚人以晏子短，为小门于大门之侧而延晏子。晏子不入，曰：‘使狗国者，从狗门入。今臣使楚，不当从此门入。’傧者更道，从大门入。见楚王。王曰：‘齐无人耶，使子为使？’晏子对曰：‘齐之临淄三百闾，张袂成阴，挥汗成雨，比肩继踵而在，何为无人！’王曰：‘然则何为使子？’晏子对曰：‘齐命使各有所主。其贤者使使贤主，不肖者使使不肖主。婴最不肖，故宜使楚矣！’”④而如汪精卫之类者，表面上在所谓的同僚面前大有面子，一时风光无限，实际上却不但丢了自己的面子，还把汪氏祖宗的面子、国人的面子也丢了个精光。

面对面子给组织变革带来的阻力，我们给出如下解决建议。

首先，加强思想道德建设，充分发挥党的批评和自我批评的优良作风。林语堂指出，“中国人的面子，不服从道理而服从习惯，是心理上的而不是生理上的”。如果我们能够在组织变革的过程中，能够拿起党的“法宝”之一，勇于开展批评和自我批评，认识到什么对于组织来说才是最重要的，以及承认错误并不是没面子，那么面子对组织的变革就不会产生使其偏离原先轨迹的负面影响。

其次，在企业进行组织变革的过程中，面对涉及组织生存的重大战略决策，作为变革的领导者和推动者，一定要讲面子，维护组织和个人的尊严；而对破坏变革的作奸犯科者，绝对不能因为考虑他们或他们的亲朋好友的面子而纵容其行为。

第三，上梁不正下梁歪。如果领导能够以身作则，真正做到铁面无私，给下属树立一个良好的榜样，那么作为下属，也就不好厚着脸皮来谋私利了。

第四，完善规章制度，做到执法必严，赏罚分明。很多时候，面子对组织变革产生阻力是因为很多组织在变革的过程中有章不依、惩处不力造成的。如果组

---

① 林语堂：《吾国与吾民》，陕西师范大学出版社，2002 年版，第 180—188 页。

② 吴宪洲：《试析从众心理的危害》，见《渭南师专学报》（社会科学版），1999 年第 1 期。

③ 吴宪洲：《试析从众心理的危害》，见《渭南师专学报》（社会科学版），1999 年第 1 期。

④ 《晏子春秋·内篇杂下》。

织中的任何人违反了规章制度，都会受到制度的严惩，那么就不会有员工（包括高层领导）在犯错后想利用面子来逃脱处罚。

第五，对于组织外部的面子给组织变革带来的阻力，在全面考虑得失的基础上，做到不卑不亢，以理服人。如果实在难以取舍，那就采取太极推手的拖字诀方法。而面对一些无理的外界私人要求，则要据理力争，不能一味退缩。长此以往，组织就会给内部的员工和外部的利益相关者树立一个不讲面子的形象，面子也就在组织及其环境中失去生存的营养和土壤。

面子，作为中国文化的一个特殊表现，对组织的变革会产生强大的阻力和危害。因此，作为组织变革的领导者和推动者，一定要对面子有所警惕，并且慎重处理。如果一个组织，上至领导，下至普通职员，无论做什么事，都能抛开面子，真正做到铁面无私，那么面子对组织变革产生的种种阻力和危害便会得到有效遏制，组织的变革战略就能得到顺利执行，组织也就能获得持续竞争优势而在全球市场竞争中生存乃至进一步发展。

忠而不愚

愚忠往往是因为忠是对个人产生的，不是对事业或组织产生的。很多愚忠者并不清楚自己所从事的事业是什么，有什么社会意义。他们仅仅知道服从个人，按个人的意志做事，而不管所做的事情是什么。

我们认为可以采取如下措施来消除愚忠形成的阻力。

首先在组织内部加强思想道德文明建设，努力提高员工的思想道德素质，使他们真正成为自己的主人，而不仅仅是他人的工具。只有个人思想道德素质提高了，人们才能在根本上认识愚忠的危害，才能彻底去杜绝愚忠的产生和发展。

其次，完善组织的各项制度法规，保持一定的人事流动比例，使愚忠者无法在组织内长期为某人“服务”，从制度上杜绝愚忠行为的产生。

第三，对于某些恶性的愚忠行为，我们可以采用斯蒂芬·P·罗宾斯提出的强制手段。在必要时力排众议，强制推行变革，如人事调整，直接对抵制者实施威胁和制造压力。采取这种方法的变革促进者必须是组织的强有力的领导人。这种方法不宜孤立地使用，应当结合其他方法使用，而且一般也不宜作为变革的主要方法。①

合理从众

从众行为有两种不同的性质：一种是不丧失个性的合理从众，这是积极的一面，有助于学习他人的知识经验，扩大个人视野，克服固执己见、盲目自信带来的偏见，修正自己的思维方式，还可减少不必要的烦恼；另一种是盲目的、去个性的不合理从众，是消极的一面，会抑制个性发展，束缚思维，扼杀创造力，使人变得无主见和墨守成规，并会在一定程度上弱化人的责任感和正义感。

生活中，我们要扬“从众”的积极面，避“从众”的消极面，努力培养和提高自己独立思考和明辨是非的能力。遇事和看待问题，既要慎重考虑多数人的意见

---

① 斯蒂芬·P·罗宾斯：《组织行为学》，中国人民大学出版社，1997年版，第560页。

和做法，也要有自己的思考和分析，从而使判断能够正确，并以此来决定自己的行动。凡事或都“从众”或都“反从众”都是要不得的。入乡随俗是典型的从众行为，但并不是说入乡随俗就是不可取的。例如，在日常交往中，点头意味着肯定，摇头意味着否定，而这种肯定与否定的表示法在印度某地恰恰相反。你到了该地，若不“入乡随俗”，往往寸步难行。在很多时候，我们到了异乡，需要遵守当地的习俗，这样才能较快地融入当地，这也是跨国经营本地化的主因之一。但有些明显违反科学的，违背社会主义的陋习，我们也不能不辨是非，盲目地去遵从。

所以，对“从众”这一社会心理和行为，要具体问题具体分析，不能认为“从众”就是无主见，绝非“墙上一棵草，风吹一边倒”这般简单。

我们认为，加强有效沟通和相关培训是解决消极“从众”行为的有效途径。很多人的某些从众行为，是因为他们对这一行为的本质根本不了解或了解不全面造成的。如果我们通过沟通和培训解决他们的信息不对称问题，其从众行为就会得到较好的抑制。

而加强社会主义精神文明建设，培养人们对组织、对集体的责任感和主人翁精神，提倡实事求是的作风，是对待从众行为的根本途径。

按劳分配

很多人认为自古以来的平均主义来源于《论语》中一段话：“丘也闻有国有家者，不患寡而患不均，不患贫而患不安。盖均无贫，和无寡，安无倾。”[①]在这些人看来，正是孔子的这种平均主义思想造成了人们普遍的懒惰，使整个社会失去了进取心，使全社会的人不是把力量集中在创造财富上，而是集中在分配财富上。但是这些人对孔子这段话的理解是片面的。孔夫子这段话是针对他的两个弟子要辅佐主子攻城略地、扩大领土人口而发的议论。朱熹对这段话的解释是：“寡，谓民少。贫，谓财乏。均，谓各其得分。安，谓上下相安。季氏之欲取颛臾，患寡与贫耳。然是时季氏据国，而鲁公无民，则不均矣。君弱臣强，互生嫌隙，则不安矣。均则不患于贫而和，和则不患于寡而安，安则不相疑忌，而无倾覆之患。”因此，“均”并非指财富的平均分配，亦非指领地与人口的均分，而是指各方各守本分，维持一种均势。“不患贫而患不安”，就更加浅显明白了，即不怕财富贫乏而怕社会动荡不安。在改革开放后，又有很多人拿起小平同志说的共同富裕来为平均主义平反。在他们看来，共同富裕就是同步富裕，就是平均主义的隐含说法，所以，他们在企业组织里，仍然按平均主义来领功邀赏。他们这种平均主义的思想严重阻碍了组织的变革和发展。

但是，邓小平不但提出了共同富裕，同时还提出了按劳分配。他说：“按劳分配就是按照劳动的数量和质量进行分配。根据这个原则，评定职工工资级别时，主要看他的劳动好坏，技术高低，贡献大小。”[②]显然，邓小平强调了按照劳动者的劳动数量和质量、贡献大小进行分配，这既是对不劳而获的剥削制度的根本否

① 《论语·季氏第十六》。

② 邓小平：《邓小平文选 第三卷》，人民出版社，1994年版，第293页。

定，也是对平均主义“大锅饭”的彻底否定。

依据赫兹伯格的“双因素理论”，如果在组织内实行平均主义，那么本来勤劳的员工由于自己无法获得应有的晋升和奖励而感到不公，就会产生不满。如果这种不满日积月累，那么那些原本勤劳的人就会开始消极怠工，而从众心理则会使越来越多的人在工作中扯皮、搭便车。

马斯洛的需要层次理论告诉我们，每个人都有不同的需要，只有当处于低层次的需要得到满足后，才会去追求高一层次的需要。又因为每个人的能力、所处的环境、拥有的资源等不一样，当有些人还在为满足最低层次的生理需要而四处奔走的时候，有些人已经开始追求较高层次的尊重需要和自我实现需要。不幸的是，平均主义的实行使得追求高层次需要的职员无法实现心中的梦想，极大地打击了他们的工作积极性；而那些还在为最低层次需要拼搏的职员由于平均主义而迅速满足自身的需要，甚至还会满足做梦也想不到的更高层次的需要，这种意外收获往往会助长这些搭便车行为，不会对他们产生有效的激励。

问渠哪得清如许，为有源头活水来。成功学大师拿破仑·希尔曾说过：你有信仰就年轻，疑惑就年老；有自信就年轻，畏惧就年老；有希望就年轻，绝望就年老；岁月使皮肤起皱，但若失去了热情，就损伤了灵魂。① 而平均主义正是让人失去希望，丧失了工作的热情，导致员工精神涣散，从而使企业失去了活力的本源。所以，对待平均主义思想，我们在组织中首先应在制度上明确按劳分配原则，管理者身体力行，同时，对组织中的平均主义行为做到严惩不贷，努力消除因平均给勤劳者带来的不满因素，那么，我们就可以尽量弱化平均主义给组织变革带来的阻力。

改革开放以来，农村“包产到户”，企业摒除“铁饭碗”制度，乃至现在政府机关实行“聘用制”，都是为了打破平均主义，并且收到了良好的效果。而大量民营企业家的出现，百万富翁、亿万富翁的出现，农民生活的极大改善，国有企业的重新焕发青春，也是打破平均主义的积极结果。

避免内耗

窝里斗产生的原因首先在于组织制度存在缺陷。每个组织基本都有一把手、二把手。如果一把手生怕大权旁落、任人唯亲，二把手则处处受制、心生不满、争权夺位，加上制度不健全，对当权者监督、约束不力，那么组织内部的窝里斗就产生了。这种类型的窝里斗往往导致领导层内耗，使整个组织从高层起就缺乏凝聚力，资源大量浪费。窝里斗产生的第二个原因是利益的分配。一旦利益分配不均，搭便车者固然是喜笑颜开，但对真正的劳动者却是沉重的打击，最终导致在工作上，员工之间互不配合、互相拆台。第三个导致窝里斗的原因是行为方式以及个性的不同。每个人都是不同的个体，有着各自的世界观、价值观，即使对同一件事，每个人的处理方式也不尽相同。有的人以这种方式处理，有的人以那种方式处理，再加上个性不一样，以致彼此看不顺眼。长期以来，矛盾越

① 拿破仑·希尔：《成功学全书》，光明日报出版社，2002年版，第275页。

积越多,成见越来越深,最后导致窝里斗。

所以,对于一个组织来说,要解决窝里斗问题,首先在于健全组织内部的制度法规,做到权责明确,同时完善人力资源部门的人才选拔和安置制度,严惩营私舞弊及窝里斗者。其次,加强思想教育,转变个人观念。中国人窝里斗的根源在于对财富的处理方式上。同样一块蛋糕,犹太人想着的是如何一起把它做大,在此基础上获得个人的最大利益;而中国人却只是盯着这块蛋糕,想的不是把它做大,而是如何使自己获得其中最大的一份。因此,要减少窝里斗,需要把我们只知道分蛋糕的观念转变为如何做大蛋糕。当然,最根本的解决之道,还在于整个社会的道德文明建设以及人口素质的整体提升。

辩证地看待家文化对组织的影响

根据系统论的观点,任何组织都是一个开放的系统,都要和外部环境发生作用。但家文化却使组织相对封闭,这种相对封闭性会在组织变革需要和外界环境交换资源时,产生强大的阻力,阻碍外部资源进入组织。

针对家文化形成的、不利组织变革的各种阻力,我们可以通过组织职位的对外开放来变重亲情、轻制度的治理模式为科学管理模式。如在人事制度上,可以采用方太集团使用的举贤避亲模式[①],也可以采用尹明善使用的贤亲并举模式,充分发挥内部、外来人员的能动创造性。

当然,家文化也有利于组织变革的一面。首先,基于家文化建立的家族企业或民营企业,其亲缘关系使得管理层的利益在很大程度上和企业利益是重合的,在一荣俱荣、一损俱损的情况下,比较好地解决了管理层的激励—约束问题,在组织进行变革的时候,能够充分激励管理层作出有效的决策。其次,家文化强调的权威管理和等级秩序、家族利益至上以及家文化产生的"环境诚信",降低了签订契约所产生的谈判、完善、监督等交易费用,减少了委托—代理成本,并在一定程度上降低了不确定性。第三,家文化强调的权威领导,可使组织面对变化迅速作出决策并执行之,使风险降到最低。第四,我们还可以利用家文化培植员工对组织的忠诚度。就目前来说,员工对组织的不忠,尤其是在组织面临危机需要大变革时候的不忠,是每个组织都感到头疼的问题。而我国几千年来形成的家文化强调的是忠与孝的观念,在家族内部,家族成员应该努力服从以维护家长的权威。在现代企业里,高层职员可以用股份来使得其与公司利益保持一致,基层员工也可以用简单的经济利益来约束,而对企业影响较大的中层骨干往往是最不稳定的因素。他们容易被老板的真情打动,也容易为了一点经济利益而另觅高枝。所以,培植员工与企业患难与共的心理是很重要的。特别是在二次创业阶段,企业内部需要维持相对的稳定,将老员工的经验与新员工的开拓精神有效结合起来,共同推动企业向前发展。所以,企业在构建企业文化时,应该利用家文化来开展对员工的忠诚教育。当然,这里强调的不是员工对老总的盲从,而是让员工培养对企业的责任感,让员工自觉地对企业这个

---

① 付文阁:《中国家族企业面临的紧要问题》,经济日报出版社,2004年版,第233—238页。

大家庭负起责任来。

总的说来，对于家文化不利于组织变革的一面，我们可以通过制度改革来努力消除，而对于家文化有利于组织变革的一面，我们要继续维持。

人情世故

人情并非一无是处。组织需要依靠人情来维持凝聚力，组织中的非正式组织也需要依靠人情来维护其关系。所以，对于人情，我们仍然需要一分为二地看待。对于有利组织团结的人情关系，我们需要尽力维护。而对于不利组织变革的人情关系，我们提出如下建议。

第一是严格按原则、按制度办事。对于一些属于自己分管，而明显不符合规定、违背原则的事，无论谁来说情，都要坚持原则，严肃拒绝，打消其非分之想。

第二是领导要以身作则。只有领导做到了按组织的章程办事，不徇私，才能上行下效。

第三，如果是自己的领导要自己徇私，可以采取推与拖的太极手段。不过，必须把握恰当的时机。

第四，抵制不正当的人情在根本上是一种思想认识问题。有些组织领导总是把“做人情”当做显示自己才能的机会，甚至当做投桃报李的交易或者牟利的手段。对于这种思想上的问题，我们只有通过加强思想道德建设来消除。从思想上根除人情的弊端，是有效解决人情问题的根本措施。

以人为本

中国自古以来就讲究以人为中心。老子说：“圣人常无心，以百姓心为心。善者吾善之，不善者吾亦善之，德善。信者吾信之，不信者吾亦信之，德信。”① 《文韬·国务第三》云：“故善为国者，驭民如父母之爱子，如兄之爱弟。见其饥寒，则为之忧；见其劳苦，则为之悲；赏罚如加于身，赋敛如取己物。此爱民之道也。”这段话虽然说的是治国之道，但同样适用组织的管理。儒家主张“天生万物，唯人为贵”，治理国家应“以富民为本”。《尚书》有云：“民为邦本，本固邦宁。”②孟子指出：“民为贵，社稷次之，君为轻。”③唐太宗李世民认为治理国家，必须以百姓为上，“舟所以比人君，水所以比黎庶。水能载舟，亦能覆舟”，④从而开创大唐盛世。唐代陆贽则说：“以人为本，以财为末。人安则财赡，本固则邦宁。”⑤毛泽东在领导中国革命的时候就充分肯定了人的伟大和宝贵，另一位领袖邓小平则在率领中国改革开放走向富强之路的时候指出：“我们现在不是人才多了，而是真正的人才没有很好地发现，发现了没有果断地起用。对每个人都会

---

① 《道德经》。

② 《尚书·五子之歌》。

③ 《孟子·尽心下》。

④ 《贞观政要》。

⑤ 《陆宣公集》。

有不同的意见，不会完全一致。有缺点可以跟他谈清楚，要放手地用人。”①这些圣哲之言都充分体现了中国以人为本的思想。

组织的变革离不开人。没有人，就没有组织。没有每个员工的辛勤努力，组织就得不到发展。在组织实施变革的时候，更需要员工来发挥他们的主观能动性，这就要求我们在平时必须注意员工的成长和发展，必须以人为本，把员工个人的发展作为企业目标追求的极为重要的一项内容，这也是现代组织管理最突出的一个特点。

组织变革的类型、层次、方法和实施模式

组织变革的类型

杰里·W·吉雷(Jerry W. Gilley)和安·梅楚尼奇(Ann Maycunich)②在《组织学习、绩效与变革——战略人力资源开发导论》一书中把组织变革分为三种类型：

微观变革涉及小规模的、可管理的和一般的转变，如升迁或换岗；此类变革是组织日常运营表现出来的一般形式，在每一个组织中都频繁地发生着，一般不会引起太多的关注。

中观变革涉及大规模转变，它对相互作用、上下级关系和职责均产生影响。此类变革往往是当组织面临很好的发展机会而进行的经营方向的变化等。

宏观变革涉及巨大转变，它触及个人的生活，改变个人的假设、价值观和信念。此类变革基本是在组织面临生存危机的时候发生。

组织变革的层次

斯蒂芬·P·罗宾斯③在《组织行为学》中从程度等级考虑把有计划的变革分为两个层次。

第一层次的线性连续的变革。线性连续的变革是由一系列线性连续的改进所构成，其变革过程具有缓慢、微小、循序渐进的发展特点，通常只影响到组织的一些组成部分，不会破坏组织的整体平衡状态。线性连续的变革常常发生在已建立起组织结构和管理流程的组织之中，比较适用于以技术为中心的变革内容。但这一层次的变革并不意味着组织成员在世界观方面的改变或组织在如何提高功效方面的根本改变。这其实是为第二层次的多维度、多层次、不连续、激进的变革做准备。古人云：“不积跬步，无以成千里。不积小流，无以成江海。骐骥一跃，不能十步；驽马十驾，功在不舍。锲而舍之，朽木

① 邓小平：《邓小平文选 第三卷》，人民出版社，1993年版，第369页。

② 杰里·W·吉雷、安·梅楚尼奇：《组织学习、绩效与变革——战略人力资源开发导论》，中国人民大学出版社，2005年版，第273—274页。

③ 斯蒂芬·P·罗宾斯：《组织行为学》，中国人民大学出版社，1997年版，第553页。

不折;锲而不舍,金石可镂。"[①]没有量的积累,就不会有质的变化。老子说:"图难于其易,为大于其细。天下难事必作于易。天下大事必作于细。是以圣人终不为大,故能成其大。"又说:"合抱之木,生于毫末;九层之台,起于垒土;千里之行,始于足下。"[②]伟大领袖毛泽东也说过:"夫善积而成者也。是故万里之程,一步所积;千尺之帛,一丝所积。差一步不能谓之万里,差一丝不能谓之千尺。朱子学问,铢积与累而得之。苟为不蓄,则终身不得也。"

第二层次的多维度、多层次、不连续、激进的变革。多维度、多层次、不连续、激进的组织变革,是组织应对难以预测的动荡环境的一种变革形式。它涉及打破组织的原有结构框架,重新建构组织及环境,对组织整体革故鼎新,创建新的组织平衡和管理流程以适应不断变化的环境和需求的重要内容。如美国文化是一种开放的、激进的文化,而中国文化则是保守的、温和的文化,如果中美两国企业合作,新企业的文化则将是两种文化多层次的、不连续的、激烈碰撞的结果。

这两个层次的变革并不是孤立的、绝对的,而是你中有我,我中有你。第二层次的变革一般都包含着第一层次的变革,而第一层次的变革也往往蕴涵着第二层次的变革。

组织变革的内容

派特里克·E·康纳、琳达·K·莱克、理查德·W·斯坦科曼指出,组织变革存在四种不同的方法。[③]

技术方法——可能要改变对物质材料、智力资源和生产运作的使用方法。

结构方法——可能要调整一些关系,比如功能、角色或报告关系。

管理方法——还可采取一些行政行为。比如,可利用组织的报酬制度来激励变革,劳动管理合作也可以为变革提供一种手段,使变革以一种肯定的和富有建设性的方式发生。

人的变革方法——人总是可以被改变的。可对他们进行筛选、再培训、调动、替换、解雇。

组织变革的实施模式

组织变革是一个过程,有着自身的规律和模式,如果不按照规律和模式进行变革,那么变革就会导致无序和混乱。因此,有效的变革需要遵循一定的程序。下面我们就简单介绍一下勒温提出的经典三步骤模式、杰里·W·吉雷和安·梅楚尼奇提出的变革过程模型以及我国企业组织普遍采用的四阶段模式。

---

① 《荀子·劝学篇第一》。

② 《道德经》。

③ 派特里克·E·康纳、琳达·K·莱克、理查德·W·斯坦科曼:《组织变革中的管理》(第3版),电子工业出版社,2004年版,第11页。

变革的三步骤模式

美国管理心理学家苛特·勒温认为成功的组织变革应该遵循以下三个步骤。①

1. 解冻。就是说需要抛弃旧的观念和做法，为树立新的行为和观念做好准备。一般说来，除去旧习与学习新知识一样不易。在全神贯注于改革本身时，往往容易忽视这一阶段，但不能摒弃旧观念常常会造成对变革的抵制。正如农夫在撒播种子前一定要先清理田地一样，经理也一定要帮助员工清除思想中的旧角色与旧目标，只有这样他们才能接受新思想。

2. 变革。向组织成员指明变革的方向和方法，使之形成新的态度和接受新的行为方式，实现行为转化，通过认同和内在化，加速变革的进程。此过程包括帮助员工按新的方法进行思考、推理和做事，是从旧的观念、行为转变为新观念、新行为的阶段。这时会有迷惑不解、茫然无头绪、负载过重以及绝望等情绪。同时，变革阶段也伴有希望、发现和激动。

3. 再冻结。指新观念和新行为得到巩固，成为新的行事方式，这是变革后的行为强化阶段。通过连续强化（指在被改变的人每次接受新的行为方式时予以强化）和断续强化（指在预定的反应次数间隔时间给予强化），使已经实现的变革（如态度和行为方法等）趋于稳定化、持久化，形成模式行为。把学到的东西付诸于实践，除了理智上接受以外，还要在感情上接纳新做法，并使其融入到员工的日常行为当中。仅仅知道一个新程序并不能保证它的应用。正如一位农民对农业扩展代理所说的话，“我已经掌握的技术在耕作时连一半都用不出来。”因此，成功的工作实践，是这一阶段的最终目标。

这个解冻、变革、再冻结的周期是一个不断变化的螺旋式发展的过程。再冻结不是变革的终结，而是新的变革的开始。

商鞅变法使秦国强盛

孝公既用卫鞅，鞅欲变法，恐天下议己。卫鞅曰：“疑行无名，疑事无功。且夫有高人之行者，固见非于世；有独知之虑者，必见敖于民。愚者暗于成事，知者见于未萌。民不可与虑始而可与乐成。论至德者不和于俗，成大功者不谋于众。是以圣人苟可以强国，不法其故；苟可以利民，不循其礼。”孝公曰：“善。”甘龙曰：“不然。圣人不易民而教，知者不变法而治。因民而教，不劳而成功；缘法而治者，吏习而民安之。”卫鞅曰：“龙之所言，世俗之言也。常人安于故俗，学者溺于所闻。以此两者居官守法可也，非所与论于法之外也。三代不同礼而王，五伯不同法而霸。智者作法，愚者制焉；贤者更礼，不肖者拘焉。”杜挚曰：“利不百，不变法；功不十，不易器。法古无过，循礼无邪。”卫鞅曰：“治世不一道，便国不法古。故汤武不循古而王，夏殷不易礼而亡。反古者不可非，而循礼者不足多。”孝公曰：“善。”以卫鞅为左庶长，卒定变法之令。

---

① Lewin, Kurt. *Field Theory in Social Science*. New York: Harper & Row, 1951.

令民为什伍，而相牧司连坐。不告奸者腰斩，告奸者与斩敌首同赏，匿奸者与降敌同罚。民有二男以上不分异者，倍其赋。有军功者，各以率受上爵；为私斗者，各以轻重被刑大小。僇力本业，耕织致粟帛多者复其身。事末利及怠而贫者，举以为收孥。宗室非有军功论，不得为属籍。明尊卑爵秩等级，各以差次名田宅，臣妾衣服以家次。有功者显荣，无功者虽富无所芬华。

令既具，未布，恐民之不信，已乃立三丈之木于国都市南门，募民有能徙置北门者予十金。民怪之，莫敢徙。复曰"能徙者予五十金"。有一人徙之，辄予五十金，以明不欺。卒下令。

令行于民期年，秦民之国都言初令之不便者以千数。于是太子犯法。卫鞅曰："法之不行，自上犯之。"将法太子。太子，君嗣也，不可施刑，刑其傅公子虔，黥其师公孙贾。明日，秦人皆趋于令。行之十年，秦民大说，道不拾遗，山无盗贼，家给人足。民勇于公战，怯于私斗，乡邑大治。秦民初言令不便者有来言令便者，卫鞅曰"此皆乱化之民也"，尽迁之于边城。其后民莫敢议令。

于是以鞅为大良造。将兵围魏安邑，降之。居三年，作为筑冀阙宫庭于咸阳，秦自雍徙都之。而令民父子兄弟同室内息者为禁。而集小乡邑聚为县，置令、丞，凡三十一县。为田开阡陌封疆，而赋税平。平斗桶权衡丈尺。行之四年，公子虔复犯约，劓之。居五年，秦人富彊，天子致胙于孝公，诸侯毕贺。①

以上案例提到的商鞅变法中，"重金徒木"就是为组织实现"解冻"所采取的措施，传输给人脉组织接下来即将进行大规模动作的信号，为组织进行下一步的变革打好基础。在变革的实施阶段，商鞅为了增强变革的驱动力，实行了严厉的法治，"公平无私，罚不讳强大，赏不私亲近，法及太子"，削减了变革的阻力。同时还实施了"武爵武任，粟爵粟任"的政策，用物质激励的方法使人们自觉地加入到变革的队伍中来，让每一位民众都发挥其最大的努力来从事自己的本职工作。在第三阶段再冻结阶段，商鞅确立了一系列制度来巩固变革的成果，"令民为什伍，而相牧司连坐"以及"民有二男以上不分异者，倍其赋"。在新法推行十年之后，"秦民大说，道不拾遗，山无盗贼，家给人足。民勇于公战，怯于私斗，乡邑大治"。② 而商鞅变法也成为中国古代战国时期最有成效的组织变革之一。

变革过程模型

杰里·W·吉雷、安·梅楚尼奇认为，变革过程模型涉及五个方面的活动：识别假设、分析选择、作出承诺、选择合适的行动和参与批判性反思活动。③

识别假设：组织在发起变革前，首先需要识别有关变革的假设。假设是对

① ［汉］司马迁，《史记，商君列传》。

② ［汉］司马迁，《史记，商君列传》。

③ 杰里·W·吉雷、安·梅楚尼奇：《组织学习、绩效与变革——战略人力资源开发导论》，中国人民大学出版社，2005年版，第292—293页。

想当然的现实的信念、指导人们行为的原则或一整套共同的信念和传统的智慧。假设涵盖一系列被认为是真实且明确的条件、原则、伦理道德和期望。其实，假设是大多数决策的基础。因此，在从事变革活动前识别人们关于环境和事件的假设变得尤为重要。必须对假设进行识别和理解，否则个体和组织将在推进和接受组织变革过程中受挫，尤其当进行如组织转型那样较激进的变革时。

分析选择：分析组织的选择以揭示决策制度过程中的关键要素。分析选择过程包括考察决策是如何制定的，谁参与了决策过程，有什么原则以及结果如何。进行这一分析使组织能够更好地确定领导的决策是否带来了期望的变革。

作出承诺：承诺对于带来真正的、持久的变革至关重要。没有组织成员真诚的和富有奉献精神的承诺，变革的倡议活动注定会失败。

选择合适的行动：实施变革要求组织采取行动。合适的行动可能包括财力和人力资源配置、组织重构和确定发展战略等等。所有这些都有助于个体和组织为了获得期望的结果而作出必要的改变。

参与批判性反思活动：批判性反思能够揭示以前所不了解的或不理解的含义并能够说明以前和现在在期望上的差异。个体和组织可以通过参与批判性反思活动来了解决策制定过程。

变革的四阶段模式

纵观中国各类企业、机构的组织变革，我们认为，就目前来说，一般情况下变革都要经历如下四个阶段。

1. 样板阶段，也就是试点阶段。在这一阶段，组织把先进的管理理念、生产方式和技术、更合理的工作流程等在组织的一定范围内进行试点，以发现它们在运行过程中产生的各种问题，找出相应的解决方案，并在试点后对经验教训进行总结归纳，以便在其他范围推广。

2. 学习阶段，即勒温三步骤中的解冻阶段。在这一阶段，组织的主要任务是让组织的全体成员学习样板的经验，以改变陈旧的思维方式和工作方式，为变革的推广做好准备。

3. 推广阶段。在这一阶段，其他部门或子组织在学习样板的基础上，结合自身的特点，把学到的知识、理念等付诸于实践，推广实施样板的成功经验，全面变革组织。

4. 稳固阶段。在这一阶段，组织通过一系列强化措施，稳定巩固变革的成果，使已经实现的变革（如新的工作态度、行为方式、组织机构、流程等）趋于稳定、持久，和组织融为一体。

这四个阶段的划分，并不是绝对的，在它们之间，没有泾渭分明的界限。同样，这四个阶段在时间上也没有绝对的先后之分。有很多企业组织在变革的时候，其样板阶段和学习阶段是同时进行的，或者虽然不是同时进行，但也很难明确区分；也有一些组织，它们经常把学习阶段和推广阶段结合在一起，一边学习，一边推广；还有一些组织，它们的再冻结阶段基本随着变革的深入而悄悄开始，正所谓“润物细无声”。

青岛海尔通过兼并红星电器厂等经营不善或处于弱势地位的企业，然后采用“休克疗法”使其起死回生、重新焕发活力已经成为一个优秀示范，成为哈佛MBA教学案例，供全球学子探讨。仔细探究海尔的休克疗法，我们可以发现“休克疗法”充分体现了中国企业变革的四阶段模式：首先，海尔本身就是一个很好的样板。海尔自身的发展就是样板阶段，其次海尔兼并的企业通过学习海尔先进的管理理念和文化，结合自身的特点，在企业内推广实施，然后冻结、巩固，凸现了中国企业变革的四个阶段。

组织变革的四阶段模式，还可进一步分为自上而下和自下而上两种。此两种模式主要在于样板阶段的不同：自上而下模式的样板阶段是由组织的高层发起的，组织某个部门或子组织的变革是在高层的领导、监督下展开的；而自下而上模式的样板阶段，是由实行变革的某个部门或子组织自我展开的，并没有组织领导的指导和管理。如江苏移动在2003年提出的“错收话费、双倍返还”服务，由于受到了广大消费者的好评，获得了明显的经济效益，得到了中国移动集团的肯定，并在全国进行推广，这是明显的自下而上变革模式。而2001年10月，中国电信总公司花1 000万元人民币聘请了世界著名的麦肯锡咨询公司进行为期三个月的管理咨询，在苏州和昆明两个城市进行试点，然后把成功的苏州经验在江苏全省进行推广，这是典型的自上而下变革模式。

雍正王朝实行的“摊丁入地”、“火耗归公”的赋税改革①

清代最重要的赋税改革发生在雍正朝。影响最大的改革有两个：“摊丁入地”和“耗羡归公”。“摊丁入地”是清朝在赋税征收中，对“丁银”征收方法的改革。“摊丁入地”作为一项中央政府的赋税政策，提出于康熙末年，于雍正初年在全国普遍推行。

1. 样板阶段。康熙五十五年(1716)，御史董之燧上疏指出，“滋生人丁永不加赋”措施实行后，各地赋役征派中仍然存在着负担不均的问题，建议各省丁银“按亩均派”。即将丁银均摊入地亩中，按亩征银。这个建议被思想保守的户部驳回，未予采纳。但是广东省却因此被特准当年在全省试行“摊丁入地”。

2. 学习阶段和推广阶段。在御史董之燧上疏后，各省官员就开始接受和学习“摊丁入地”的思想和理念。在广东省试行“摊丁入地”后不久，四川也仿而行之。雍正元年(1723)，山东巡抚黄炳、直隶巡抚李维钧相继提出要在本省实行“摊丁入地”措施。雍正帝批准了李维钧的请求，准许直隶于第二年进行“摊丁入地”。雍正二年(1724)，福建省也被允准实行。自此，“摊丁入地”措施开始在全国逐步推广。在雍正朝，先后“摊丁入地”的省份有直隶、福建、山东、云南、浙江、河南、陕西、甘肃、山西、江苏、安徽、广西、湖南、湖北等14

① 据郭成康等，《康乾盛世历史报告》，中国言实出版社，2002年版，第115—128页改编。

省。山西、贵州两省分别于乾隆元年(1736)和四十二年(1777)实行。

从理论上讲，"摊丁入地"即是将丁银派入地亩中征收，方法简便划一。但是由于各地原有的丁银编证方法不同，经济条件又差异较大，所以不可能按照一种模式进行改革。因此在具体的实施过程中，清政府注意结合各地特点，采取了多种形式的"摊丁"方法。从"摊丁"的方式看，有的地方将丁银直接摊入田地中征收，如福建省；也有的地方将丁银摊入田赋粮内征收，如湖南省、四川省。"摊丁"的计算方式也有不同，大体分为两类：其一，以省为单位，在全省内均摊丁银；其二，以州县为单位，在州县范围内摊折丁银。按省摊丁的有8省，即直隶、山东、陕西、甘肃、湖北、江西、贵州、云南；以州县为单位进行摊丁的有10省，即河南、山西、安徽、江苏、浙江、湖南、福建、广东、广西、四川。

3. 再冻结阶段。在各省开展"摊丁入地"的改革后，在推行"摊丁入地"措施的过程中，曾受到来自于各地守旧官僚以及缙绅地主们的顽强抵制。浙江省在"摊丁入地"之初，曾出现过地主豪强纠集大批流氓，到省巡抚衙门寻衅闹事，阻挠"摊丁"的事件。贵州省"摊丁入地"迟至乾隆四十八年(1783)才在全省展开；山西的"摊丁入地"直至光绪五年(1879)才最终完成。这都与此有关。

清代另一项重要税赋改革是"耗羡归公"，即"火耗归公"。此项税赋改革也同样经历了四个阶段，虽然学习和推广阶段几乎是同时进行的。

1. 样板阶段。雍正初年，清政府开始改革，将"耗羡"归公管理。雍正元年(1723)，山西、直隶等省首先实行"耗羡"归公措施。

2. 学习阶段和推广阶段。在山西、直隶等省首先实行"耗羡"归公措施后，各地相继仿行。至雍正七年(1729)，全国大多数地区均进行了这项改革。

改革以省为单位进行。先由地方政府制订改革方案，报中央政府批准后实施。各省根据本地实际情况规定"耗羡"的征收率，各州县征收的"耗羡"银，均上缴省政府统一管理。省政府制定出"耗羡"的使用计划，并根据计划拨款支出。年终，省政府将辖区"耗羡"银的征收、管理、使用情况，呈报北京户部，同时准备接受检查。

3. 再冻结阶段。改革后，"耗羡"被纳入中央政府的财政管理之下，它的征收、支出、核查，均比照地丁银等正项赋税的管理方法进行，并被制度化。如"耗羡"的征收，各地都有固定的数额，征收完毕后，必须在规定的时间里报呈省布政司及户部。每年"耗羡"的催征及其完成情况，均作为州县官政绩考核的重要内容。"耗羡"的使用，也完全由省政府明文规定出固定的支出项目和数额，州县政府按照预算支出使用"耗羡"银，并将支出情况逐级汇报，随时接受检查。"耗羡"的征收率也被相对固定，多数省份确定为田赋、丁银数量的10%，个别地区的征收率高达20%。

中国文化背景下的组织变革特点及措施

中国企业变革的历程

在传统的计划经济体制下，国家把企业管理的各种权限集中在各级政府和行政管理部门手中，由国家指令性的计划，统一对企业的生产、销售、分配、供应、人员及财务实施管理。在这种经济体制下，企业仅仅以生产为中心，并不去关心经营问题，所有企业的外部环境几乎雷同。在这种严重的条块分割的约束下，所有的企业都追求“大而全，小而全”的封闭式的组织结构，形成了一种明显的封闭式格局，人为地割裂了部门、地区及各个企业之间固有的内在经济联系。十一届三中全会以后，伴随着农村经济改革的开展，国有企业的改革也逐步展开。国有企业的改革先后经历过扩大企业的自主权、推行经济责任制、利改税、承包经营责任制等比较典型的做法，这些做法对于改变传统的行政管理模式，用经济手段去管理企业无疑是巨大的进步。但是上述做法的立足点仍然是着眼于旧的体制，是在维持国有企业原有地位的基础上的改革，企业通过协调内部因素来取得改革的成功，因此，这种“修修补补”式的改革由于并未触及根本性的问题——国有企业产权问题，最终的结果都是不尽如人意的。但是我们应当看到，上述改革对于推进我国国有企业改革仍然具有积极的意义。在上述改革进程中，企业的经营自主权得以扩大，从过去的单纯式的行政命令下的封闭式生产向开放式的生产经营转变，这些都为现代企业制度的建立奠定了良好的基础。1993 年 11 月，党的十四届三中全会通过了《中共中央关于社会建立主义市场经济体制若干问题的决定》，提出我国国有企业改革的目标是建立产权清晰、责权明确、政企分开、管理科学的现代企业制度，使得国有企业真正成为自主经营、自负盈亏、自我发展、自我约束的法人实体和市场竞争主体。现代企业制度的建立，标志着我国国有企业改革进入一个新的历史阶段。

中国组织变革的特点

在中国文化的影响下，中国组织的变革具有西方企业所不具备的特点，主要体现在以下几方面。

被动变革居多，主动变革很少

中国的各类组织所实行的变革，大多数是被动的，而不是主动的。企业往往是在受到外部环境威胁、生存危机凸现的时候，被动地进行组织结构、战略等的变革，很少有企业能够敏锐地察觉外部环境将会变化的方向以及发生什么样的变化，并进而进行主动性的变革。中国很多国有企业，在中国由计划经济向市场经济转变的过程中，就缺乏变革的主动性，往往是被动地接受这种转变，从而导致企业陷入困境。

系统性不强

中国企业在进行组织变革的时候，往往缺乏整体的、系统的规划，基本上是本着头痛治头、脚痛治脚的思维和心态来处理组织中存在的种种问题。这种欠系统性的变革方式造成了组织变革的阶段性，也往往使组织处于一种不稳定状态。因为组织的问题很多，如果采用这种非系统性的、发现一个处理一个的变革方式，组织将会有大量的人力、物力和财力被所谓的变革套住，而无法投入到创造企业价值的其他活动中，同时，也使企业无法作出有效的战略规划来指导企业的发展。

组织变革的动力源较少

组织变革大都是自上而下发生的，是由组织高层的更换引起的。自下而上的变革，也就是来自中层、基层的变革建议很少，甚至为零。中国企业组织变革的动力不足，主要在于变革动力源较少。究其原因，一方面与那种不在其位、不谋其政的中国文化有很大的关系，另一方面也与事不关己、高高挂起的心态有着密不可分的联系。

突破式变革较多，继承式变革较少，变革缺乏连续性

中国企业的组织变革往往是为了实现某一特定目的而进行的，是突破式的，而且现任领导实施的变革很少能够被下届领导继承，人为割断了组织发展的连续性。科龙的变革基本上是换一个领导，就换一种经营方式，换一种发展方向，前后两任领导之间，在变革上基本没有一贯性，这使得科龙的经营方针、发展战略等缺乏有效的衔接。再如：联想集团在柳传志时期，其文化主要表现为创新导向和目标导向，而在杨元庆时期，联想的文化则主要表现为规则导向和支持导向。

组织变革更多的是以人的变换为标志

受内耗的影响，很多中国企业的组织变革往往以领导的更换为标志，但是有效的变革应该是各种要素的重新组合，而不仅仅是人员的更替，因为人力资源仅仅是企业众多资源要素中的一种。资源基础理论认为，“企业不仅仅是管理单位，还是资源的集合体”。因此，从资源的角度看，企业的变革应该全方位统筹资源，并在此基础上进行重新组合。

组织变革深受面子、人情等中国文化的影响

有关面子、人情等中国文化对组织变革产生的影响，可参阅本章及以前相关章节内容。

中国组织变革可采取的措施

在中国文化背景下，针对中国组织变革的特点，可采取如下措施。

主动变革

组织的生存环境时刻在发生变化，变化着的环境对组织的生存和发展会带来巨大的影响，有时会严重危及组织的正常运行。环境的多变性和不稳定性要求组织时刻关注环境的变化，并进行主动变革，避开环境带来的威胁或充分利用环境变化带来的机会，使组织能够继续生存或快速发展。

美国管理学者阿里·德赫斯做过一项调研，那些曾一度位居世界财富 500 强的大公司，平均寿命只有 40 至 50 年。通过对“百年老店”的深入研究，阿里·德赫斯发现：善于变革，并且主动、持续地推进变革正是这些公司长寿的秘诀。

系统规划

组织变革一般是在组织遇到重大发展机会或是环境威胁到组织生存时进行的，是涉及组织生存和发展的重大战略决策，组织拥有的每项资源都应该为变革服务。因此，组织变革应该进行系统规划，以保证组织的每项资源、运行的每个环节都为变革服务，从而保证组织变革达到预期效果。

充分利用多个动力源

组织变革的动力应该来自组织的各个层面，而不仅仅是来自组织的领导层和参谋层。对于大多数组织来说，工作在第一线的员工能够首先发现威胁和机会，他们提出的变革建议往往具有很强的针对性和可行性。索尼公司的很多创新和变革就来自第一线的工人。而处于组织中间层的管理员，也往往能够发现组织中存在的各类问题，他们也会对变革产生自己的看法。同时，中层管理员也往往是变革的主要执行者。因此，中国企业的组织变革应该利用多个动力源，确保组织变革的成功。

继承前任的努力

环境变化了，组织就要进行相应的变革。组织不同阶段的领导者，或多或少都会因为环境的变化而进行一些变革。他们作出的变革，都有有利于组织的一面，都会对组织的资源基础和竞争优势产生影响。因此，作为新的领导者，在进行组织变革的时候，首先要肯定前任的成绩，对前任作出的有利于组织发展的变革要给予保留并充分利用，而不是人走茶凉、全盘否定。

对组织所有资源要素进行重新整合

组织中所有的资源都会对组织变革产生或大或小的影响。Jay Barney 认为资源包括企业所控制的全部资产、能力、组织流程、企业特征、信息和知识等。①因此，组织变革应该考虑企业的所有资源，在变革的过程中实现资源的重新组合和优化配置，进而获得持续竞争优势。

重视中和思想、面子、人情等中国文化的影响

中和思想、面子等中国文化对组织变革有着不可估量的影响。作为组织的领导和管理者，必须把西方的先进管理经验和中国文化结合起来运用，才能有效地推动组织变革的进程。若忽视或弱视中国文化的影响，仅凭借西方的管理理论和经验来变革中国的组织，注定要付出不可想象的巨大代价。只有充分重视中国文化，并对其进行详细的分析研究，结合企业的自身情况，在此基础上再运用西方的先进管理经验，我们才能成功地进行组织变革。

本章回顾

从本质上说，组织变革是组织为了适应环境的变化以更好地生存和发展，而对组织所拥有的人力、物力、财力、权力等资源以及收益进行的重新组织和分配。因此，组织变革必然导致组织内外某些利益相关者的利益受到影响。为“维护”自身的利益，这些利益相关者必然会利用各种渠道和资源，如人情、面子等，来影响组织变革以重新获得相应的利益，他们的这些行为必然会对组织变革产生种种阻力。

组织变革受到多种因素的驱动，大致可以分为两类：一类是组织外部环境的变化，如经济、政治、法律政策等，其中任何一种因素都既可成为组织变革的动力，也可成为组织变革的阻力；另一类是组织内部因素的变化，如组织结构的调整、战略的改变、人力资源的变化等，这些因素也同样既可成为组织变革的动力，也可成为组织变革的阻力。

组织变革的阻力源可分为个体阻力源和组织阻力源两个方面。斯蒂芬·P·罗宾斯认为克服组织变革阻力的策略有沟通、说服教育、参与、促进与支持、谈判、操纵和收买等七种，这七种策略可进行不同的组合来综合使用。

中国组织进行变革，不可避免地要受到中国文化的影响。中国文化，如符合“中和”思想、面子、人情关系等对组织变革都会产生西方社会所无法理解的阻力。因此，组织变革的领导者和推动者，必须充分重视中国文化的影响，只有在分析中国文化缘何产生变革阻力的基础上，才能有效运用西方的先进管理经验进行组织变革。本章探析了中国文化如“中和”思想、面子、愚忠等形成的变革阻力，并初步给出了一些应对措施。

---

① Barney, Jay. Firm Resource and Sustained Competitive Advantage. *Journal of Management*, 1991: pp. 99-120.

杰里·W·吉雷和安·梅楚尼奇把组织变革分为微观、中观、宏观三种类型;斯蒂芬·P·罗宾斯则从程度等级考虑把有计划的变革分为线性连续的变革和多维度、多层次、不连续、激进的变革两个层次;苛特·勒温认为成功的组织变革应该遵循解冻、变革、再冻结三个步骤;我们认为,中国的组织变革一般情况下都要经历样板、学习、推广、稳固四个阶段,并结合具体案例进行了分析。

最后,本章探索了中国文化背景下组织变革的特点,如被动变革居多、主动变革很少,变革动力源较少,变革没有连续性等;以及相应的对策措施,如主动变革、系统规划、充分利用多个动力源等。

关键术语

组织变革　动因　阻力
显性阻力　隐性阻力　面子
愚忠　从众行为　平均主义
窝里斗　家文化　人情
关系　以人为本　三步骤模式
变革过程模型　四阶段模式

复习思考题

1. 中国企业变革的阻力有哪些?如何应对这些阻力?结合自身经历,谈谈你在组织变革过程中遇到的中国传统文化形成的阻力。

2. 面子、人情是中国人际关系的特色和难题,结合个体行为等相关章节内容,谈谈你是如何应对面子、人情所形成的困扰的。

3. 结合个体行为、激励等相关章节内容,谈谈你是如何处理组织中的平均主义的。

4. 中国的组织变革的四阶段模式,与榜样有何关系?你是如何看待四阶段模式的?谈谈你的体会。

5. 结合其他章节相关内容,谈谈含蓄的表达方式、权势是如何对组织变革产生阻力的。

案例 15-1

中国的农村改革

1978 年 12 月，现代中国农村一场伟大的变革在安徽省凤阳县悄悄开始了。凤阳县梨园公社小岗生产队 18 户农民共同立下契约——集体耕地包干到户，这也是 20 世纪 70 年代末中国农村实行大包干的第一个生产队，具有划时代的意义。实际上，小岗的开创性做法很简单：将全村 500 多亩土地按人口承包到户，而 10 头耕牛统一作价后，每两户包一头，至于国家派给小岗村的各类农副产品交售、偿还贷款等任务，以及公社大队提取公共积累和各类人员补助的钱粮数，都按人头分包到户；完成包干任务后，不管剩多少全归个人所有，充分体现了按劳分配的本质。

差不多同一时间，安徽肥西县山南区，在区委书记汤茂林的带领下，以抗旱为名，也搞起了类似的包产到户。此后，包产到户在安徽肥西县地区迅速发展起来，并逐渐波及附近的一些地区。

不过在那个时期，这种包干到户的做法，是违背国家相关意志的，只能秘密进行。但是，包干到户的做法，却与党的十一届三中全会确定的解放思想、实事求是的思想路线，在一定意义上合了拍，因而这股改革的清新之风，不但没有被封杀，还得到了上级的支持。

1979 年 2 月 6 日，在专门讨论肥西县山南公社"包产到户"问题的省委常委会上，省委书记万里认为"包产到户"的做法值得尝试："我主张应当让山南公社进行包产到户的试验，在小范围内试验一下，利大于弊。暂不宣传，不登报，不推广，秋后总结了再说。如果试验成功，当然最好；如果试验失败了，也没有什么了不起；如果滑到资本主义道路上去了，也不可怕，我们有办法把他们拉回来。即使收不到粮食，省委负责调粮食给他们吃。"

1979 年 6 月 15 日，万里专程来到凤阳县，听取了县委书记陈庭元的汇报。当获悉实施包产到户的小岗队的粮食产量由 3 万多斤一下子增加到 13 万多斤时，万里当即对小岗的做法表示支持。所谓榜样的力量是无穷的，包产到户犹如星星之火，在凤阳地区开始呈燎原之势，周围许多地方纷纷开始仿效。这也就是组织变革四阶段模式中的第一阶段：样板阶段。

十一届三中全会后，《人民日报》相继报道了安徽、四川、广东等省实行承包责任制的相关情况和运作经验。随着这些经验的推广，其他省、市、自治区的农村也纷纷因地制宜，开始试验适合本地情况的承包制。这便开始了组织变革的第二阶段：学习阶段。

1980 年 1 月，国家农委针对农村的特殊情况召开了座谈会。在会上，一部分人认为包产到户是刮单干风，是搞资本主义；另一部分人则支持农民搞包产到户；还有一些人认为包产到户不属于社会主义，至多属于半社会主义。

经深入调查研究，1980 年 9 月 14 日至 22 日召开的各省、市、自治区党委书记第一座谈会形成了《关于进一步加强和完善农业生产责任制的几个问题》的座谈会纪要。9 月 27 日，中央下达了这个纪要，打破了包产到户就是分田单干、就是资本主义的僵化观念。随着这个文件的贯彻执行，包产和包干到户这种家庭联产承包责任制得到了迅猛的发展，成为农村改革的主流。这一阶段属于组织变革的推广阶段。

1982 年 1 月 1 日，中共中央批转了 1981 年 12 月在北京召开的全国农村工作会议纪要，纪要作为当年的中央一号文件下发。文件明确指出：目前实行的各种承包责任制，无论何种形式，都是社会主义集体经济的生产责任制。随着这个文件的下达，"双包"责任制以席卷之势在全国全面展开。同年春，经济比较发达的江苏省也开始推行承包制。

1982 年 9 月，十二大对以包干到户为主要形式的家庭联产承包责任制给予了充分肯定，强调必须长期坚持下去并逐步加以完善。

1983 年 1 月 2 日，中央印发了《当前农村经济政策的若干问题》，对家庭联产承包责任制作了进一步肯定。这个文件下发后，家庭联产承包责任制在许多原以为不适合推行的地方也得到了迅速推广，在很短的时间内，实行包干到户的农户就达到农户总数的 95%以上。

家庭联产承包责任制的实行使广大农民获得了劳动经营的自主权，使农民的劳动付出和家庭收益直接挂钩，极大地提高了农民的生产积极性，从根本上改变了束缚农村生产力的管理体制，使广大农村焕发了新的活力。

此后，中央又下发了一系列关于农村工作的文件和中央领导人的讲话，多次强调要稳定和完善家庭联产承包责任制。如，从 1982 年至 1986 年，中央连续五年发出五个中央一号文件，凸显了国家对农村改革的异常重视。这五个重要的一号文件，以深化农村改革、促进农业生产力发展为指导思想，结合各地农村迅速变化的实际情况，及时总结经验教训，为稳定农村发展、推动农业生产市场化、提高农村生产力发挥了极其重要的作用。这一阶段为中国农村改革的稳固阶段。

中国农村改革在整个中华民族的历史进程中具有极其重要的意义。这场改革，极大地调动了广大农民的生产积极性，提高了广大农民的各项收益，解放了长期被压抑的农业生产力，扭转了我国农业生产长期徘徊不前的局面，使中国农村再次焕发了青春。

问题

1. 在中国农村的改革中，改革的动力源有哪些？还存在其他来源的动力吗？
2. 中国农村改革的阻力有哪些？

案例 15－2

北京同仁堂的变革复兴

一、简介

同仁堂，由乐显扬先生于1669（清康熙八年）年创立于北京城，并于雍正元年（1723年）被钦点为供奉御药房用药，从此独办官药，历经清朝八代皇帝直到1911年。

1949年新中国成立后，乐家第十三代传人乐松生由职工代表推举为北京同仁堂经理，并于当年恢复生产。1954年由乐松生先生带头向国家递交公私合营申请书，同仁堂成为公私合营企业。1966年同仁堂成为全民所有制的国有企业。1992年中国北京同仁堂集团公司成立，公司以生产、销售中药为主导，集产供销、科工贸于一体，成为国有大型一类企业。

从1669年（清康熙八年）到现在（2006年），同仁堂这个中华老字号已经经历了338年的风风雨雨。

二、同仁堂的变革

20世纪90年代初，中国在由计划经济体制向市场经济体制转变的时候，北京同仁堂与其他许多国有企业一样，陷入了困境：财务方面，负债累累，资金运转不畅；市场营销方面，销售主体不明确，分工混乱。为重现辉煌，这家名震华夏的老字号发动了一系列的变革，促使同仁堂实现了从传统到现代的转型。

变革在于创新，创新是变革的灵魂。没有创新的变革，只会是换汤不换药，组织也无法治愈其顽疾。

1. 机构变革

为从根本上摆脱困境，1997年，同仁堂组建了北京同仁堂股份有限公司，上市融资募集资金3.5亿元。2000年，同仁堂顺势而上，组建了北京同仁堂科技发展股份有限公司，并于同年10月在香港上市，募集资金2.4亿港元。

2001年初，同仁堂集团出资1 000万开始筹建医药连锁店，并于同年3月，开始采用医药连锁管理系统。至2005年6月，北京同仁堂药店全面完成了信息化改造。信息化改造的完成使同仁堂摆脱了传统的管理方式，实现了向现代企业管理方式转变的变革，完成了同仁堂发展历史中具有重要意义的一步。

同仁堂在变革发展过程中，为了克服中药“大了不好管理”的先天性缺陷，采取了发展多个实体来做强的战略。每个实体都有经营自主权，经济上相对独立，母公司只管各子公司的效益质量。如果子公司出现效益不好，母公司就要干预。这种发展战略打破了平均主义的危害，有效减少了母公司对子公司的运行干预，能够充分调动各子公司的生产积极性，并且促进子公司与母公司的协调发展。更进一步，子公司在遇到适合自身发展的机遇时，在不影响集团公司整体发展战略的情况下，可以遵循自己的特色，快速发展。

但是，多实体战略会不会导致各个实体为了各自的利益，形成窝里斗的局面呢？“不会。”北京同仁堂（集团）有限责任公司董事长殷顺海充满信心地说。殷顺海认为，同仁堂实施的多实体发展战略，原则是突出各个子公司的特色。譬如，同仁堂股份公司的发展方向是延续传统的同仁堂品牌，同仁堂科技的重点是在新产品、新药剂的开发上，而药材种植基地的主要任务就是培植药材，所以同仁堂集团到现在为止并没有出现内耗的现象。同仁堂的这种发展策略避免了“窝里斗”的危害，是中国企业值得借鉴的地方。

基于卓有成效的组织变革，至2009年，同仁堂已经形成了在集团整体框架下发展现代制药业、零售商业和医疗服务三大板块，配套形成十大公司、两大基地、两个院、两个中心的“1032”工程，其中拥有境内、境外两家上市公司，零售门店800余家，海外合资公司（门店）28家，遍布15个国家和地区。

2. 施行仁政

子曰：“不仁者不可以久处约，不可以长处乐。仁者安仁，知者利仁。”孟子说：“爱人者，人恒爱之；敬人者，人恒敬之。”孔孟的这种仁爱精神在同仁堂得到了深刻的体现。

在同仁堂看来，“仁”，是一种精神境界，是一种崇高的道德水准，不但个人应该具备，组织也应该具备。

同仁堂的人力资源政策是“同心同德，仁术仁风”，具有非常浓厚的中国文化特色。殷顺海还提出了体现仁爱精神的“四个善待”：善待社会、善待员工、善待投资者和善待经营伙伴。

在殷顺海看来，职工是任何一个组织的主体，必须善待。没有职工的主体，就像没有血肉的木乃伊一样。同仁堂善待职工主要落实在两个方面：一是考虑职工的长远利益，为他们提供安居乐业、稳定工作的环境；二是在职业生涯规划的基础上，为职工提供一个良好的个人发展平台，提供个人发展机会。唐代陆贽说：“以人为本，以财为末。人安则财赡，本固则邦宁。”但中国绝大多数组织根本就没有真正做到“以人为本”，以致这些组织在发展的道路上波折不断。中国的企业要想真正登上世界之巅，必须实施仁政，真正做到以人为本。

同仁堂在组织变革过程中郑重向职工承诺：转岗不下岗，工资年年涨，住房逐年盖。宋代著名理学家程颐说：“行仁自孝梯始，孝梯，仁之事也。”有一份稳定的工作，能够给家里带来稳定的经济收入，使“幼有所长，老有所依”，是每个孝子的心愿，这使得同仁堂凝聚力大为增强。

同仁堂深谙木桶原理，认为一家企业的发展需要各方面的人才，因而，同仁堂为企业内各类员工提供了个人发展平台，不致因为某方面人才的缺乏或能力不足而导致企业的畸形发展。为了获得百花齐放的效果，同仁堂抛弃了并不实用的学历观念，一切凭能力、业绩说话：谁的能力强，谁的职位就高；谁的业绩好，谁的薪酬就多。同仁堂的这种做法打破了分配上的平均主义，有效地发挥了激励机制的作用。如：在同仁堂工作了20多年的于葆墀在2004年11月中旬和其他6位同仁堂自己培养起来的、技术过硬的老职工一同被聘为同仁堂专家，并领到了税后5 000元的专家级别工资，这极大地提升了同仁堂员工的士气。

在同仁堂看来，回报社会是仁政的又一表现，也就是为社会提供更加优质的产品、优质的服务，并承担相应的社会责任。为回报社会，2003年，同仁堂在中药原料大幅涨价的情况下拿出1 000万元来抑制中药价格。

同仁堂施行的仁政充分体现了同仁堂对中国文化的把握，显示了同仁堂深厚的中国文化内涵。以中国文化的仁政，结合西方的现代管理经验，同仁堂走出了一条真正的古为今用、洋为中用的老字号重现辉煌之路。

问题

1. 谈谈你对同仁堂在改革中施行仁政的体会。
2. 同仁堂是如何把西方的现代管理经验和中国传统文化有效地结合起来的？
3. 同仁堂为什么要打破分配上的平均主义？你是如何看待组织中的平均主义的？应如何克服组织中的平均主义？

第16章

组织发展

> 危者，安其位者也。亡者，保其存者也。乱者，有其治者也。
>
> ——《易经·系辞下传》

一个组织仅仅想靠维持现状来保证其长久的生存与稳定是不可能的，安于现状的结果必然是组织向危、亡、乱转变。一个组织要想更加长久地生存与发展，就必须进行组织变革和组织发展。组织进行变革，最终的目的，是通过提高组织适应环境变化的能力和改变员工行为方式，从而获得组织长久的发展。多年来，组织发展的实践覆盖了广阔的、多样的活动领域，诸如高层企业管理的团队建设、生产性企业职务的丰富化等都是它的实践例子。

本章在介绍组织发展的概念的基础上，初步探讨了在中国文化背景下，组织发展的基本价值观，组织发展的机制与过程，中国组织发展的实践与措施等问题。

组织发展的概念与基本价值观

组织发展的概念

组织发展的内涵

组织发展的思想是由行为学家和组织管理心理学家在 20 世纪 60 年代首次提出的。组织发展(organizational development,OD)是指将行为科学知识广泛应用在根据计划发展、改进和加强那些促进组织有效性的战略结构和过程上。它是进行有计划的组织变革的一种长期的、系统的、约定俗成的方法，是组织为了适应内外环境的变化，改进和更新组织，以求达到最佳化和高效化。

组织发展这一术语包括了建立在人本主义的民主价值观基础上的有计划的变革的措施的总和，其目的是创造有适应能力的组织，这种组织为了保持效率能够重复地变换和创新，①最终寻求的是增进组织的有效性和成员的幸福。这种人本主义的民主价值观在我国社会主义经济发展实践的过程中得到了充分的体现。从单纯重视 GDP 的增长，到“可持续发展”，再到“科学发展观”乃至“和谐社会”的建设，是一个逐渐加强对人的重视的过程，在这个过程中，不仅实现了 GDP 的持续健康增长，而且收到了良好的社会效应，人民生活得到全面的改善。

组织发展的特征与分类

组织发展的概念②突出了以下几个特征。

1. 组织发展应用于一个完整的战略、结构和过程中，是动态的；而且组织发展更加强调整体的转变，是组织进行长期有计划变革的过程。

2. 组织发展建立在行为科学知识和实践的基础上。

3. 组织发展涉及对计划变革进行管理，涉及诊断和解决组织问题的富有弹性的计划。

4. 组织发展既包括对变革的创造，又包括了随后的巩固。组织发展的目标之一是培养组织自我更新的能力。自我更新重点把组织发展和有计划的组织变革的其他方法相互区分开来。也就是说，组织发展将演变成为组织长期的、自觉的行为。

西方学者弗伦奇和贝尔曾著有《组织发展与转型》一书。在这部著作中，他们

① D·赫尔雷格尔、J·W·斯洛克姆、R·W·伍德曼：《组织行为学》(第 9 版)，华东师范大学出版社，2001 年版。

② [美] 托马斯·卡明斯、克里斯托弗·沃里：《组织发展与变革》，清华大学出版社，2003 年版。

把组织发展的范围归纳为 12 个方面。这 12 个方面又分五大类，详见表 16－1。①

表 16－1 组织发展分类

范围	干预措施
个人	协助制定终身性的长期规划和事业计划 角色分析 个别辅导和咨询 敏感性训练（包括：知识、技能、人际关系、决策、计划、制定目标等）、相互协作
两人之间	过程性咨询 请第三者解决矛盾冲突 群体协作、检查工作
小组之间	小组建设（包括：以工作任务为主，以小组活动为主；本小组敏感性训练，调查反馈，活动过程咨询；角色分析等） 小组范围决策
群体之间	群体之间的活动 以群体过程为主和以工作任务为主的技术干预和结构干预 群体协作，制定目标、计划 调查反馈
整个组织	技术、结构干预 思想见面交流会 战略性计划活动 组织目标、计划、协作等 调查反馈

组织发展与组织变革的关系

在组织管理理论中，组织发展（OD）与组织变革（OC）二者一直保持着“你中有我，我中有你”的交融关系。许多研究组织问题的专家认为这两个概念区别并不明显，甚至难以区分，二者仅在强度、对象、动因、组织者与实施手段等方面存在微妙差异。

1. 强度区分

组织变革侧重解决组织内部出现的某些不利于组织生存的问题，在变化的方向、形式等方面都是比较剧烈的，它意味着原有状态的中断，更接近于一种不连续的过程。

组织发展则侧重解决组织长期成长的问题，本质上是渐进的、连续的进程，是分步、独立、小步微调的演变。

2. 对象区分

组织发展着眼于人、着眼于软件、着眼于整体，组织变革着眼于事、着眼于硬

① 温德尔·L·弗伦奇，小塞西尔·H·贝尔（美）：《组织发展与转型》，机械工业出版社，2006 年第 5 版。

件、着眼于某一方面。

3. 动因区分

组织发展的原因和动力主要来自组织内部，是组织对自我完善和提升有效性的主动追求；组织变革的原因和动力主要来自组织外部，是组织对变化了的环境和条件产生不适应后的反应。

4. 组织者与实施手段区分

组织发展通常是由组织行为学专家、人力资源顾问组织实施的，是通过一系列专门的技术和训练等软性手段实现的渐进式过程；组织变革主要是由组织决策层来实施的，是通过结构调整、人员调配、制度改革等硬性手段实现的具有明显阶段性的跳跃式前进。

事实上，在实际的组织管理过程中，二者并非泾渭分明，即使是在上述四点区别上，二者的交叉重叠也是非常多的。例如组织发展就不一定都是由组织外部的专家、顾问组织，也可能是由组织内部的人士来完成；组织变革也不一定都是由内部的管理者来组织，也可能是由组织外部的专家、顾问来完成等等。

中国文化背景下组织发展的基本价值观

如上文所述，我国的经济发展实践中体现的人本主义的价值观是以中国文化为基石的。在中国文化的背景下，组织发展的基本价值观包括以下几方面。

以人为本

中国自古以来就有尊重人的思想。老子将人视为万物之灵，①荀子提出人是作为“天地之参也，万物之总也，民之父母也”②存在着的。而《太公兵法》中提到：“故善为国者，驭民如父母之爱子，如兄之爱弟。见其饥寒，则为之忧；见其劳苦，则为之悲；赏罚如加于身，赋敛如取己物。此爱民之道也。”③而儒家强调的“仁”，核心就是要“爱人”。凡此种种都指出，人是有尊严的，应受到尊敬。而这种以人为本的思想，正决定了组织发展的最终目标是要增进组织成员的幸福。对于中国现阶段的企业而言，员工是最关键最活跃的因素，所以，组织的变革与发展首先就应更实际地考虑对员工产生的影响及员工的思想接受状况，并以此为基础创造有利于组织发展措施实施的环境，比如与关键管理人员深层次的沟通、大范围的变革与发展的“科普”活动以及真正给部分利益受损者解决一些实际问题等等，都是有必要的。④

“和”

在中国，组织发展的实践是面对变化求和的体现。变中求和，首先要在和中

① 《道德经》：“故道大，天大，地大，人亦大。域中有四大，而人居其一焉。”

② 《荀子·王制》。

③ 《文韬·国务第三》。

④ 《中国企业领导人在变革中常犯的错误》，亿来网，2005-12-07。

见变。正所谓居安思危。而“革故鼎新，变而通之以尽利”则是变中求和的另一种表现形式。中国文化中，“和”强调的是一个统一矛盾、实现融合的过程。《管子》里面提到的“上下不和，令乃不行”就是强调要协调、配合、包容、理解和促进。① 想要达到这种“和”，就必须“上明下审，上下同德”②，也就是说，参与是达到这种“和”的基础。既然组织发展的最终目的是要增进成员的幸福，那么受组织发展影响的人参与决策的机会越多，他们就越愿意实施这些决策，越能够以“和”而达到提高决策质量、减少执行阻力并最终实现组织发展的目标。同时，这种以参与为基础的“和”又是人本主义价值观的一种具体表现形式。

“信”

“仁义礼智信”被中国人视为做人的五大基本准则。其中，“信”就是信用、诚信。其实，这种信应该是双方面的。首先必须自己诚信。中国人向来重视诚信，所以才有“得千金不如得季布一诺”的美谈，而“信盖天下，然后方能约天下”③，“人而无信，不知其可也”④都强调建立自己信用的必要性。其次是信任他人。比如中国人讲“疑人不用，用人不疑”，古代君王会赋予臣子“先斩后奏”的权力，更允许宰相获得“其职无所不统”⑤的权力，“将在外，君命有所不受”等都是信任的表现，而信任正是分权的前提条件。同样，在组织发展过程中，最高领导者不可能事事亲为，必须逐渐分权，而分权正是建立在信任的基础上的。当然，分权不代表放手彻底不管，必要的支持还是需要的。没有支持，分权的效用就不会充分体现。

实事求是

中国人自古就讲究从实际出发的实事求是精神，讲究尊重客观实际。商鞅说：“知必然之理，必为之时势，故为必治之政。”⑥他强调重视的就是客观规律和条件。这种求真务实的精神，是组织发展所必需的。只有这样才能够正视存在的问题，才能够切实有效地落实组织发展的决策措施，才能够作出客观的评价。更重要的是，能够正视组织发展过程中出现的失误并迅速纠正。

《宝钢启示录》之实事求是

在中国的钢铁工业中，宝钢代表了一个高度。如何在市场经济条件下获得发展的空间和效率，是宝钢一直面对的挑战。30多年来，宝钢能够在市场经济的洗礼中脱颖而出，成为中国钢铁行业的领军者，经验就是坚持实事求是。

---

① 黎永泰、黎伟：《企业管理的文化阶梯》，四川人民出版社，2003年版。
② 《管子》。
③ 《六韬·武韬·顺启》。
④ 《论语·为政》。
⑤ 《钦定周官义疏》卷一。
⑥ 《商君书·画策》。

何为实事求是?宝钢集团党委书记、副董事长刘国胜的解释是:“实事求是就是按照市场经济规律办事。”按照市场经济规律办事,首先要能够获得及时、准确的市场信息,并拥有能够根据市场信息进行快速反应、快速决策的组织构架,成为合格的市场经济主体。宝钢在发展的过程中,基于实事求是进行的组织发展与变革的例子有很多,其中最典型的案例莫过于宝钢在应对国际金融危机中进行的那次著名的总部管理变革。

据宝钢集团运营改善部部长朱湘凯介绍,这次管理变革主要包括几个方面的内容:一是总部机构的精简设置。总部的部门设置由变革前的14个职能部门、45项职能,精简到10个职能部门、38项职能,并对人员进行了一定的置换和精简,把更适合职能要求的人员调到总部来工作。二是对部门职能进行重新梳理。宝钢将一个能相对独立地完成一项任务的最小单位称为职能,一项业务往往由若干个职能组成。由于总部的职能部门之间存在业务交叉,从效率的角度看,完成一项业务尽量不要跨越太多的部门。宝钢根据相关性,将重新梳理后的38项职能重新组合成10个部门。例如,将领导力发展、员工发展、薪酬福利、人事效率4个职能放在人力资源部,将持续改善、风险管理和信息化管理3个职能放在运营改善部。

在这个过程中,宝钢完成了职责的清晰化,达到了精简、高效的目的。在管理变革之前,宝钢总部职能部门约有300多人,管理变革之后人数控制在200人之内,人员效率的提高显而易见。而体现在对于子公司经营管理方面的影响上,则是汇报链和公文处理时间的缩短,加快了子公司决策的速度,提高了市场响应速度。

中国文化中缺失的价值观

权力均等应该是组织发展的基本价值观之一。正如罗宾斯指出的,有效的组织不强调等级权威和控制。① 权力均等,意味着提高雇员对于组织变革、发展决策的参与程度和积极性,从而提高他们接受和支持乃至执行这些决策的动力;意味着对于错误的容忍和理解程度的提高,同时降低了由于顾虑和害怕失败而逃避组织变革与发展的可能性。组织发展设计组织内全体成员的共同利益,并以增加成员幸福为最终目的,因此每个成员在这个过程中,都应该受到充分的重视与公平的对待,否则难以实现组织发展的目标。然而,中国受几千年封建专制思想的影响,恰恰强调等级权威和控制,强调长幼有序、尊卑有别。《左传·昭公七年》:“天有十日,人有十等,下所以事上,上所以共神也。”这段话充分说明了中国森严的等级制度和等级权威。在这种状态下,所谓的“组织发展”很容易成为等级顶端某些个体的意志的体现与实践,可能成为决策个体实现私利的工具。因此,权力均等,不强调等级权威和控制,在中国还有很长路要走。

---

① [美]斯蒂芬·罗宾斯:《组织行为学》(第7版),中国人民大学出版社,1997年版。

组织发展的机制与过程

组织发展的条件

组织发展应该是有计划、有目标、有充分准备的系统的活动，因此，组织发展应该满足下列条件。

明确的发展要求

当组织在其发展过程中，确实有变革和发展的迫切需要时，才能对组织实行变革和发展。这就是孟子所说的“待时”①。这里强调的是客观实际。孔子也说：“事绝四：毋意，毋必，毋固，毋我。”②意思就是说凡事不要凭空猜测，不要绝对肯定，不要墨守成规，不要自以为是，必须以客观为基础。荀子的“迷者不问路，溺者不问遂，亡人好独”③同样突出了客观现实的需要。这些都表明切忌为了变革发展而变革发展。

其实在中国，人们由于普遍存在求稳和消极避世心理，往往更容易忽视组织发展的需求，即当组织发展的明确需求已出现的时候，受以上两种心理的影响，可能延误组织发展的适当时机。

明确的目标和规划

有了明确的目标和规划，才能避免组织发展迷失方向、偏轨甚至失败，从而极大地保证了组织发展有序进行。“凡事预则立，不预则废”④，说的就是充分的准备和规划对于成功的重要作用。而由于组织发展涉及面广，不确定性因素众多，明确的目标、充分的准备和规划更是非常重要。只有这样才可以减少组织发展过程中的阻力，降低失败的机会，而组织发展的失败，很容易对组织的生存造成威胁。

素质良好的专业团队

组织发展必须拥有敢于承担责任且充满信心的领导层和各类专业人员所组成的团队。专业的组织发展人员在组织发展过程中担当具体规划和实施者的角色。有些企业在和咨询机构开始合作后才发现没有相应的人员对接，这对组织发展的影响是很大的。

中国组织中的领导通常扮演“大家长”的角色，这是长上合一的伦理传统和家长制、等级制的影响结果。因此，富有责任感和信心的领导对于组织发展成功

---

① 《孟子》：“虽有智慧、不如乘势；虽有镃基，不如待时。”
② 《论语·子罕》。
③ 《荀子·大略》。
④ 《礼记·中庸》。

与否的影响是十分关键的，尤其在对于把握组织发展方向和处理阻力冲突等问题上。再加上中国领导表现出来的“修己以安人”①，对于组织成员可以起到激励作用，这也有利于组织的顺利发展。

“天行健，君子以自强不息；地势坤，君子以厚德载物”②，“胜人者力，自胜者强”③，“发愤忘食，乐而忘忧，不知老之将至”④等等都是中国自古就强调自强不息的精神的体现。而这种精神正是组织发展过程中所需要的，也是组织成员必需的，成员只有拥有了这种精神，才会成为敢于对组织发展承担责任的有用之才。

组织发展过程中，为处理纷繁复杂、变幻的环境，更需要团队合作以促进互补技能和经验的相互促进，更有效地获取信息，提高决策的速度和准确度。在中国，儒家非常强调团队的团结和合作。“天下者非一人之天下，乃天下人之天下也”⑤，“二人同心，其利断金”⑥，“君子合而不同，小人同而不合”等都是团队精神的很好体现。

运作良好的信息沟通渠道

中国人说话“含蓄”，加上中国语言的博大精深，信息传导比较容易出现解码的错误，导致信息的扭曲与丢失。这对于要求高灵活机动性、迅速反应和涵括反馈过程的组织发展而言，有时是致命的。通过制度化、规范化的信息沟通渠道，不仅可以尽量克服以上困难，而且可以减少信息的延误。因此，运作良好的信息沟通渠道是信息快速准确传递和反馈的基本保障，而信息的高效传导又是组织发展成功的先决条件之一。

“信息封锁”与“信息开放”

信息封锁的反面案例：2005 年深圳一国企为深化改革，达到减员增效的目的，推行全员下岗、重新竞聘上岗政策。经过严格的选拔后，2/3 的员工竞争上了岗位，当上岗人员名单公布后，未竞聘上的 100 多号员工集体到市政府上访。现在政府强调构建和谐社会，自然不会让这种“不和谐现象”存在，因此市政府责令企业重新安排这些员工上岗，结果转了一圈又回到了起点。导致这种结果的原因是该企业在推行变革之初没有充分跟员工沟通，员工并不清楚下岗后的安置办法，企业也不知道员工是否接受这样的安置，在这种情况下匆忙推行竞聘上岗，失败是不言而喻的。⑦

---

① 《论语・宪问》。
② 《易传・象辞》。
③ 《德道经》。
④ 《论语・述而》。
⑤ 《六韬》。
⑥ 《周易・系辞上》。
⑦ 郭淳璞：《企业变革或动荡时的信息沟通》，中国人力资源开发网，http://www.chinahrd.net/zhi_sk/jt_page.asp? articleid=131491。

信息开放的正面案例:2004年底,伊利郑俊怀被拘的高管危机爆发后,潘刚临危受命,不采用"封锁消息"的错误建议,成功化解危机。上任之初,连续召开员工大会、党员干部大会、各事业部员工大会,及时沟通,统一认识。在处理此次危机过程中,始终将员工放在首位,这样才能形成一致意见,有了这样的群众基础后,再召开供应商大会,邀请媒体到企业参观了解实情等等,这个时候就不会听到员工不同的声音了,外界也就不会枉加猜测了。①

健全的激励机制

由于中国文化中,平均主义思想根深蒂固,如果忽视了激励,在组织发展过程中,消极避世和求稳的心理必然增加阻力。在这种情况下,健全的激励机制更可以充分调动组织成员的工作积极性、主动性,端正工作态度,尽可能减少阻力,为组织发展创造出一个良好的氛围。

华北石化分公司构建现代企业激励制度

华北石化分公司在建立适应现代企业制度的激励机制方面,近两年来做了有益的尝试。他们从改革人事制度入手,两年迈出三大步,取得了明显成效:在人事制度上,由岗位竞聘、末位淘汰到实现全员竞聘上岗;在分配制度上,建立岗位劳效工资,优化岗位设置,明确岗位职责和任职资格,依据劳动强度、技术复杂程度、危险性、责任性定岗酬;设"总经理奖励基金",对作出突出贡献的集体与个人进行奖励,对"低、老、坏"等不良行为和习惯性违章进行处罚,确保生产安全平稳;在民主管理上,建立公司、车间、班组三级民主管理机制,广开员工言路,积极发挥职代会的作用;在人才成长机制上,通过广泛开展技术比武和"星级员工"考评等活动,激励员工争当一专多能的复合型员工。通过形象工程建设改善工作环境,员工爱厂敬业的意识大大激发,集体荣誉感、社会自豪感明显增强,工作热情普遍高涨,公司经济效益也逐年提高。

组织发展的推行者

在中国,"唯上"的思想和领导者在组织中的"大家长"地位决定了组织领导者更多担当起组织发展推行者的角色,而且正是由于等级思想的影响,尽管组织发展的设计者本意是以组织整体发展为目标,但他们行动的实际结果却显示更多的与个人相关。

然而,事实上,组织发展的推行者首先应该是组织发展的研究专家。他们不仅共享一套通用的人文主义价值观,而且关注组织的

① 《正在影响中国管理的10大职业经理人》,见《经理人》,http://www.521job.com/Article/News.aspx? ID=1195。

效果、竞争力和最终结果，而为了应对日益激烈的竞争，他们更重视组织的技术、结构和战略。其次，专门研究组织发展相关领域的人，也是组织发展推行者，他们更容易将组织发展观念扩展到诸如工作设计、劳动关系以及计划和战略一类的领域中去。最后还有一类组织发展的推行者是经理和管理人员，他们从组织发展中提高能力，并将它施展到自己的工作领域中去。有研究认为，经理推行的组织发展比专家推行的组织发展速度更快。① 当然，事实上，以上三种之间的区别是模糊不清的。越来越多的经理成为了组织发展的专家，尤其在中国。

影响中国企业组织发展与变革的智囊：管理咨询顾问

管理咨询最早源于美国。1886年，第一家管理咨询公司——阿瑟—李特公司的成立，标志着管理咨询行业正式诞生。作为发展较快的新兴行业之一，管理咨询的影响力已经渗透到政治、经济、生活等多个领域。目前，世界500强企业中有50%左右的公司都拥有自己长期合作的管理咨询公司。

直到20世纪80年代初，中国的管理咨询行业才发芽吐绿。可以说，管理咨询是中国市场经济发展的产物之一。因为伴随着我国市场经济的完善与发展，国际国内市场竞争的日益激烈，寻求咨询、借助“外脑”越来越成为中国企业谋求自身发展的重要举措。

管理咨询行业通常被称为“谈笑皆鸿儒，往来无白丁”的行业，专业化的管理咨询顾问可以为企业提供如下帮助：① 做企业家的眼睛，帮他们“看所看不到”的现象；② 做企业家的手，帮他们“做所不能做”的事；③ 做企业家的脑袋，帮助他们“想所无暇想”的问题；④ 做企业家的嘴巴，替他们“说所不便说”的话。

组织发展的管理过程

如图16-1所示，组织发展是以不断向前的姿态逐步展开的。

进入

托马斯·卡明斯（Thomas G. Cummings）②认为，组织发展过程一般始于某一位组织中的重要参与者请求组织发展专家解决组织问题，这种专家可能来自组织的内部，也可能来自外部。进入组织发展的活动包括了建立组织与专家关系的全部动态变化。主要有：明晰组织问题、确定相关当事人、选择合适的组织发展专家。其中最关键的是组织和专家双方的相互评价以及对和谐工作关系的预期。

① Beer, M., E. Walton. Organization Change and Development. *Annual Review of Sychology* 1987(38): pp. 229-72; Sherman, S. Wanted: Company Change Agents. *Fortune*. December, 1999(11): pp. 197-98.

② Cummings, Thomas G., Christopher G. Worley. *Organization Development and Change*. 7st ed. South-Western College Publishing, 2001.

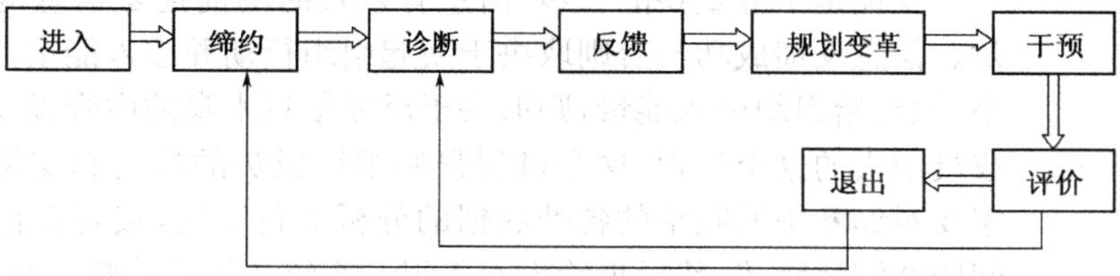

图 16-1 组织发展过程

缔约

缔约的重点是说明组织发展的推动者与组织发展专家双方对组织发展的期望。组织发展合同既可以是口头协定，也可以是对双方具有法律约束力的文件。同时，这种合同应该是动态的，即随着组织发展计划的逐步展开、环境的变化和各种特殊情况的出现，要求缔约双方都应对合同进行重新检查或谈判。在我国，这种缔约更多的体现为组织领导者作为组织发展的推动者，向组织发展专家提出希望和要求。

诊断

将组织视为一个开放系统，可以在三个层次上进行诊断：组织层次上的诊断——包括对公司战略、结构和程序的设计；群体层次上的诊断——包括对团队成员之间结构性的相互作用而进行的团队设计和策略；个体层次上的诊断——包括用来设计岗位以得出必需的作业行为的各种方式。诊断可能被限于在特定层次的问题上，也可能在所有层次上同时进行。最初，诊断可能只是观察组织的行为和反应以及组织系统的实物特征，接着又包括运用访谈、调查、企业报告等多种方法进行系统化的数据收集工作。在为组织系统反馈的准备中，专家要对分析和诊断的结果进行总结。

反馈

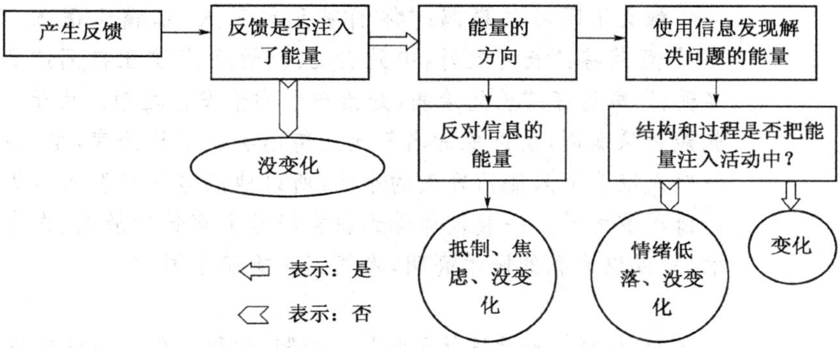

图 16-2 可能的反馈效果

资料来源：Nadler, D. *Feedback and Organization Development: Using Data-based Methods*. By Addison-Welsley Publishing Co., Inc., Reprinted by permission of Addison, 1997.

反馈是十分重要的一步，信息有效及时的前提是信息沟通渠道的畅通和高效。信息反馈成功与否则取决于唤起组织行动并注入能量。解决问题能力的大小、能否给组织注入能量，则取决于反馈信息本身的内容以及把信息反馈到组织成员中去的这个过程，这个过程强调组织成员的参与和支持。通常，反馈时，专家要对诊断中所收集的各种数据的分析进行陈述，接着在讨论中根据需要回答问题并澄清陈述，然后再给出对于组织系统的初步诊断。在这个过程中，有个明显的组织发展的特征，就是组织的协作，组织的积极参与有可能改变专家的最初诊断结果。

规划变革

规划变革是指组织与专家协同工作，识别行动的各种备选方案及其效果。选定方案后，就要对实施组织发展所需的各个步骤进行布置。此阶段一个显著特征是由组织而不是专家来确定变革发展计划的性质。

干预

干预包括诸如工作设计和组织设计的变化，冲突降低计划或是管理培训等活动。此时，专家的作用是帮助实施措施并且预测不利的结果，这些干预可能受到来自组织系统成员的抵制，提高他们的参与度可以减少阻力。

评价

评价关注的是组织发展的努力是否产生想要的效果。很多经理对组织发展变革提出严格的评价标准，并依据评价结果对组织发展的资源配置作出决策。评价既包括对变革和发展在实际执行中的过程评价，也包括对变革发展是否实现了预期目标的结果评价。这个评价中也应当为组织系统提供关于下一步行为的信息。引导执行过程的评价可称为过程反馈，而意在评估变革发展的评价称为结果反馈。

扁鹊的医术

魏文王问名医扁鹊："你们家兄弟三人，都精于医术，到底哪一位最好呢？"扁鹊答："长兄最好，中兄次之，我最差。"文王再问："那么为什么你最出名呢？"扁鹊答："长兄治病，是治病于病情发作之前。由于一般人不知道他事先能铲除病因，所以他的名气无法传出去。中兄治病，是治病于病情初起时。一般人以为他只能治轻微的小病，所以他的名气只及本乡里。而我是治病于病情严重之时。一般人都看到我在经脉上穿针管放血、在皮肤上敷药等大手术，所以以为我的医术高明，名气因此响遍全国。"

管理心得：事后评估不如过程控制，过程控制不如事前评估，可惜大多数的事业经营者均未能体会到这一点，等到错误的决策造成了重大的损失后才寻求弥补。而最后往往是即使请来了名气很大的"空降兵"，也于事无补。

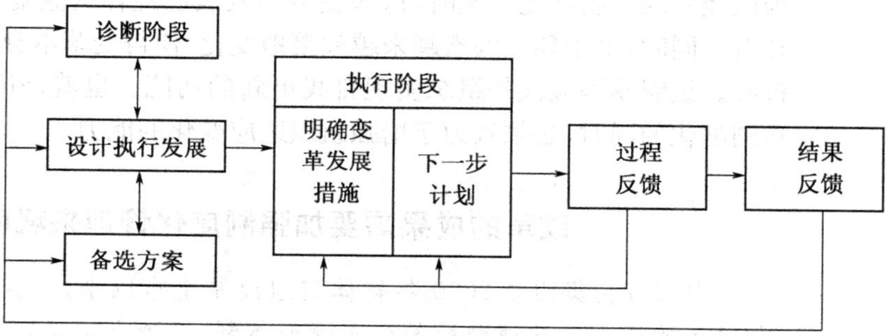

图 16－3　过程和结果反馈

评价都应当由帮助实施组织发展计划的专家以外的人员独立完成，这是为了保证评价的公正、客观、有效。在中国尤其应该遵循这个原则。因为中国组织的发展过程更多的是由领导推行、领导监督执行，领导在整个组织发展过程中参与度相对较高，更由于中国组织中领导的权威，在“唯上”和专制思想的影响下，中国组织中很少有人真正对领导的决策和作为进行客观评价或提出异议。如果由实施组织发展计划的人员进行评价，很难避免出现偏颇和错误，这正是“当局者迷”。

退出

在组织发展过程的特定环节，专家逐步从组织中退出。无论外部还是内部专家，都希望组织系统能独立于自己。但这种独立不意味着永远终止了进一步接触。有效的组织发展专家会和组织建立起长期的关系，从而在同一组织内推动一个又一个组织发展项目。

一旦确认组织变革发展已经有效实施，则为了巩固成果并使其长期发挥作用，必须使变革措施成为组织日常运作的一个长期固定部分。勒温(Lewin)①将组织变革发展描述为三个阶段，即解冻阶段、变革阶段和再冻结阶段，而将组织变革措施制度化就是再冻结的阶段。

制度化的进展程度由五个指标所反映：① 认知——组织成员对于变革和发展相关行为模式的认知程度，也是组织成员是否具有足够多的认知来采用特定的行为模式，并认识到其行为所能产生的后果；② 表现情况——变革和发展的行为模式实际进展的程度；③ 变革偏好度——组织成员个人对组织变革发展的接受程度，这是员工积极主动的接受，而不是组织约束力和压力下产生的接受；④ 标准的共识——员工对组织发展正确性的认同程度，这个指标反映了组织变革发展在什么程度上成为了组织的标准性结构的一部分；⑤ 共同的价值观。

这五个指标可以评价组织变革发展的制度化水平，当最后一个指标产生后，表示前面所有的指标都已经包括了。只有当五个指标都产生后，组织变革发展才可能被完全制度化。当组织变革发展已经能够持续存在的时候，一般可以认

① Lewin, K. *Field Theory in Social Science*. New York: Harper & Row, 1951.

为已经实现了制度化。此时，这些变革和发展已经作为企业文化的一部分而存在着。同时，由于环境因素越来越频繁地变化，使得变革本身就成为了制度化的核心。组织发展应该是组织实现自我更新的功能。也就是说，组织变革和发展在制度化的同时，必须致力于增强组织适应变化的能力。

改革的成果需要加强制度化管理来巩固

中国石化集团自2000年整体重组改制上市以来，一直保持着组织变革与发展的活力。从理顺股份公司管理体制，理清上市与存续的管理关系，到搞好存续企业持续重组改革，深化劳动人事分配三项制度改革，这一系列重大改革，都取得了重大的成果。为了巩固企业改革的成功，中国石化集团总部在2002年专门印发了著名的关于加强管理的14项规定，将制度化管理提到了首要位置。这一举措使得公司总部集团和下属各成员公司都充分认识到运用制度化管理来巩固改革成果的重要意义。

管理心得：任何企业每经历一次重大发展后，都需要通过加强制度化管理来进一步强化和巩固改革成果，以达到新的稳定平衡状态。

中国文化背景下的组织发展

中国目前缺乏组织发展实践的主要原因

目前，组织发展在中国还不是一个为人们所普遍了解和熟识的概念，而组织发展的实践更是少之又少。这一方面是由诸多因素共同作用导致的结果，另一方面又是造成中国企业普遍寿命偏短的重要原因之一。而造成以上现象的主要原因，即存在问题包括以下几方面。

客观因素

1. 资源缺乏问题。这是一个非常明显的问题。无论是从最初的规划、调研，还是组织发展对组织基础设施的要求——比如信息通道的建设、专家的聘请等等，直至日后自动地改进和更新组织，不仅需要足够的资金物力投入，还需要人力资本、社会资本等的充分投入。

2. 社会环境的影响。中国自改革开放以来，一直处在一个社会变革的过程之中。在这样一个变革的社会中，存在诸多的不确定性、复杂性和各种各样的冲突与矛盾。对于组织的管理与发展，必然也存在“百家争鸣”的现象。组织受到多种价值观和管理理念的影响，同时还要应对不确定性、复杂性和处理各种冲突，难以真正对组织发展问题进行细致深入的考虑。

主观因素

1. 忽视组织发展。对组织发展未给予重视，一方面是由于客观因素的限制，另一方面则是源于中国文化的影响。首先是面子，组织发展涉及物力、财力、权力、人力等的重新配置，必然触及多方相关利益。为了维护既得利益不因组织发展而被削弱或失去，利益主体会选择采取相应的措施，这里面就存在面子问题。组织发展的推动者可能因为顾及某些人的面子而难于重新合理分配资源与利益。另外，由于组织发展伴随着比较高的风险性，一旦失败，组织很可能陷入万劫不复的境地，从而使得组织发展的推动者和参与者的面子受到损失，这也成为阻碍在中国进行组织发展的因素之一。其次是人情关系，由于涉及权力和利益的重新分配，所以利益受损者会试图利用人情关系来重新获得原有的利益，减轻因组织发展带来的利益冲击。

2. 忽视专业人员的作用。正如前文所述，组织发展的专家不仅应该作为组织发展的推动者，而且在整个组织发展过程中都应该发挥重要的难以替代的作用。然而中国企业乃至整个社会只是在近些年才开始真正关注人力资源的重要性，并开始真正在人力资源开发上进行投入。在很长一段时间里，企业把培训视作成本而不是一种投资。企业所做的培训不是从人的方面来考虑，而是仅仅从企业的需要来考虑。随着近几年"以人为本"的提出以及对知识的重要性越来越清醒的认识，中国企业正在慢慢转变对人，尤其是对拥有知识、技术的专业人员的态度和认识，出现了真正意义上的职业生涯规划、人力资源开发等概念。

3. 缺乏系统的组织发展设计。组织发展是进行有计划的组织变革的一种系统的方法，非常强调系统性和完善性。一些中国企业缺乏系统的、长期的战略规划，对风险和不确定性缺乏充分的预期，在出现问题时采取逃避态度，难以真正实现组织变革和发展。中国短命企业多会出现"义"与"利"失衡所导致的短期行为，缺乏长远眼光。另外，中国人受从众心理的影响，会在缺乏系统设计和合理预期的情况下，盲目"跟风"，采取不符合本企业实际的变革与发展措施，导致组织变革与发展的失败甚至企业的灭亡。

中国现有的组织发展措施

团队建设(team building)

团队的现代形式起源于上世纪中后期。20世纪60年代初至70年代初，在美国的P&G、日本的丰田已可以看到团队运行的早期轨迹。20世纪80年代以来，团队被广泛运用于组织中，通用汽车、IBM、AT&T、摩托罗拉、波音等国际知名企业均采用了团队管理模式，跨组织的团队也屡见不鲜。

在中国，团队建设已经受到广泛关注，同时，明基、以太科技、美的等企业已经开始了团队建设的实践并取得了一定的成效。团队建设在中国企业中的运用是建立在集体价值观基础上的。

团队建设是通过群体成员的参与及信息共享，来改善群体成员之间的关系，提高群体解决问题的能力，提高有效性。这是一种高度互动的群体活动。自始至终的群体参与是团队建设的一个重要特点。团队建设可以应用于群体内部，也可应用于群体之间的相互依赖活动中，这里必须指出，团队建设适用于相互依赖的情况，但并不是所有的群体活动都有互相依存的功能。团队建设中，群体必须有正当的存在理由，成员在任务经验及能力方面相互依赖、地位相似，公开信任的信息沟通是团队建设成功的前提条件。而团队建设最终提高了信息沟通和解决问题的能力，促进群体成员的心理成熟和人际关系技能发展。

上文也曾述及勒温模式的团队建设步骤为：解冻（使群体成员意识到变革发展的需要，形成公开、互相信任的环境）——改革（利用调查反馈法搜集数据，团队参与诊断，制定行动计划）——再冻结（贯彻计划后，集体总结评价，巩固成果，提高绩效）。

联想的研发人员管理

IT企业员工管理的重点之一就是对研发人员的管理。在IT企业里，研发人员的管理问题是非常令人头疼的却是极为重要的问题，有时，研发人员的流失可能同时意味着某些关键技术和资源的流失，这将给公司造成巨大损失。比如目前招聘时公司倾向于带来了技术成果或者客户资源的应聘者，这虽然是节约研发成本和快速获得研发成果等资源的一种手段，但联想却认为这种倾向将是一种误导，容易诱使员工工作出错误的行为，因为联想人深深体会到在国内市场经济氛围刚刚培养起来的环境里，培养好的技术团队非常不容易。联想一直注重培养员工在一个团队里工作的意识，强调团队合作，提出"不管你的个性如何，都能跟别人相互合作"。由于技术人员个性较为突出，并普遍认为利用其特有的技术优势可以保持自己的地位待遇，因此他们容易产生排斥和保守倾向，这对于团队协作是非常有害的。这也是很多企业虽然技术高手很多但没有整体输出的重要原因。联想人认为如何把大家的智慧集中起来是一件具有挑战性的工作。企业应该在人才的认可标准上进行调整，这种标准绝不能仅仅以技术水平的高低来评判。比较科学的认可标准应该是这样的：建立一个技术职称体系，即对技术尖子而言，你不仅有独特的技术优势，还应有能力带动团队作业。联想还经常举办很多内部讲座，让技术人才用规范的教材形式记录其绝活，这样让他在信息共享的情况下形成权威人物，使得知识的传递有了平台。另外，在职位体系设计上也推行弹性的职位体系，给研发人员足够的发展空间，让他们不断地接受新的挑战，同时也在这种过程中让他们寻找最适合发挥自己能力的岗位。

人才培训

彼德·圣吉在《第五项修炼》中指出：现代企业组织发展的真谛是让企业里所有的人活出生命的意义，这可以认为是组织管理的最高境界。而组织对员工的培训就是对员工的学习进行积极、有计划的引导，并想方设法提供各种机会，使员工在组织中找到生命的意义、存在的价值。

日本松下公司有一句名言“出产品之前先出人才”，其创始人松下幸之助更是强调“一个天才的企业家总是不失时机地把对员工的培养和训练摆上重要议事日程。员工培训是企业的杀手锏，谁拥有它，就预示着谁将会成功。只有傻瓜或自愿把企业推向悬崖峭壁的人，才会对员工培训置若罔闻”。

中国企业越来越重视人才和知识的重要性。不仅培训的方式日趋多样化和实际化，而且培训的对象也涵盖了管理人员、技术人员以及一般的员工等各种人员。并且，培训内容的选择上，越来越注意考虑组织的发展需要与个人职业发展需要的契合。这是“以人为本”思想的体现。在培训中是非常需要体现“以人为本”的，否则培训不仅不能收到预期的效果，而且还可能引发冲突与不满。比如对公司来说，培训时间一般安排在非工作时间，而对于员工个人而言，可能会因为休息时间被占用并且短期内不能见到个人收入的提高而感到不满。

培训是企业送给员工的礼物吗？
影响员工参加培训积极性的三大原因

近年来，当许多国内企业不惜花重金推行员工培训的同时，出现了一种截然相反的现象：员工不愿意参加学习。导致员工不愿参加培训的原因主要有三个方面：① 员工自身意识层面的问题。表现在部分员工缺乏长远意识和岗位竞争意识，还没有认识到企业为他们提供的培训其实是一种福利，可以为他们自身的进步带来很多好处，反而误认为这种培训是浪费了自己的时间，把培训当做任务来完成或者选择放弃。② 培训效果方面的问题。有一些企业的培训实际上都没有取得理想的效果，有的企业开展的培训活动趣味性不强，无法吸引员工；另外，有些培训项目在其针对性方面做得还不到位，导致部分员工觉得培训对提高自己的技能和工作效率没有多大实际用处。③ 培训时间安排上的问题。就目前的企业培训情况来看，大部分企业把培训时间安排在下班时间或周末等，占用了员工的闲暇休息时间，加上平时工作繁忙，导致一些员工不愿意参加培训。

雇员参与

组织面临低成本、高绩效和更大灵活性的竞争性要求，因而越来越强地依赖雇员参与来提高生产率。雇员参与来源于工作生活质量（quality of work life，QWL）——组织成员在组织中体验到的对重要的个人需求所能得到的满足程度。其效果有如下三类：第一是增加工作满意度，第二是提高生产率，第三是增强组织有效性。在中国，由于主流文化的影响，人们或多或少会存在“主人翁”意识，这种意识与受到等级观念长期的束缚必然存在矛盾。因此，在中国企业中实行雇员参与措施，会更有利于调和这种矛盾，容易收到较为明显的效果。这也是“以人为本”思想迅速得到大众认可的原因之一。

在实施雇员参与措施的时候，管理者和劳动者必须在设计和完成项目中合作，因此特别需要注意中层管理人员，因为他们受到上下的双重压力，需要得到充分的支持。在提高劳动者生活质量的同时，还要维持组织的高绩效。雇员参与措施旨在把决策制定权向低层组织转移，使它与实际工作更接近，并有助于提高雇员的满意度。提高雇员参与度有很多种方式。高度参与的组织具有以下特征：扁平组织结构、职务设计、开放的信息系统、职业生涯、员工挑选、培训、报酬系统、人事政策和有形展示。

尊重雇员

广水市有两家从事机械制造的企业，创办时间相当。一家是湖北风机公司，该公司视员工为主人翁，激励全员创新。该公司改制后，员工可用技术入股，鼓励员工为企业发展献计献策；重要技术岗位实行年薪制，最高超过20万元；技术骨干实行底薪制；为有特别贡献者买房、安排家属就业；员工按功论奖等等。而另一家企业的业主视员工为“打工仔”，员工得不到尊重。结果无论是普通工人，还是技术和管理人员都产生了离心倾向。企业因之由兴变衰，举步维艰。

第三方干涉

第三方干涉是重在解决出现在同一组织内的两个或者两个以上的人之间冲突的一种措施，它强调冲突从本质上讲既不是好事也不是坏事。沃顿(Walton)确认了一些因素和战术能够帮助作为第三方的咨询顾问促成矛盾双方有价值的沟通对话，进而审视他们的差异并改变自己的看法和行为。这些因素包括解决冲突的互动动机、双方权利的权衡、正视冲突的合作努力、发现差异和寻求综合解决的相关阶段、公开和清楚的沟通以及有价值的压力水平。而战术包括：收集数据、选择适当的调停情境、确定在解决冲突过程中所要担任的角色等。①

在中国，使用这种措施解决冲突，更多的是第三方的“面子”在起作用。矛盾双方进行沟通和对自身进行审视往往有一部分是源于“给面子”。因此，在中国，运用这种措施时，第三方的选择可能是关键。这种第三方需要有足够的影响力，才有利于促成矛盾的解决。管理咨询是中国目前比较典型的一种第三方干涉措施。在组织发展的过程中，聘请的外部咨询专家正发挥组织发展专家的作用。

① Walton, Richard E. *Managing Conflict: Interpersonal Dialogue and Third-party Roles*. 2nd ed. Reading, Mass.: Addison-Wesley, 1987.

其他有利于解决中国组织目前存在问题的措施

过程咨询(process consultation)

在组织发展的文化中,团队建设与过程咨询没有被明显地区分开来,大多数团队建设包含过程建设。在这里单独强调过程咨询是因为它是一种比团队建设更具有通用性的改善人际关系的方法。过程咨询顾问主要处理五种重要的团队人际发展过程:沟通、团队成员的职能角色、团队解决问题和决策的方法、团队标准的变化、领导及权力的运用。组织成员在过程咨询顾问的帮助下,通过一系列的咨询活动来提高他们自行了解、认识、分析和处理包括沟通、角色扮演、群体功能、群体规范、领导、群体间关系等问题的能力,更好地完成组织的任务。由于中国文化中平均主义思想、含蓄、等级文化等等的影响,中国组织在以上五点均存在文化的特殊性,这些在本书前面的章节中已作了论述。而这些也决定了过程咨询方法的重要性。

过程咨询是组织在OD(organization development)顾问的帮助下感知、理解组织的过程并采取行动,包括工作流程、部门成员之间的非正式关系、正式的沟通渠道等。这种方法提供了从过程角度切入组织问题的新方法。顾问的介入,有利于利用专业特长应付组织无能为力的问题。过程咨询能有效帮助企业诊断并解决用常规办法无法解决的问题。管理者在此过程中培养了一种技能,即使顾问离开,此技能仍然持续存在。而过程顾问的专业技能在于诊断和开发关系,而不是解决具体问题。

群体间关系的开发(inter-group development)

中国文化中的"官本位"思想、"面子"心理等都可能成为冲突产生的根源。平时,由于诸多因素压制了冲突的爆发,比如受平均主义影响的集体价值取向的管理模式采用集体诱因,可以降低冲突。但是组织变革发展容易诱发冲突的集中爆发,表现为阻止发展变革的各种阻力。处理好冲突,才能保证组织发展的顺利进行和取得成效。在中国,由于组织成员具有较高的归属感要求,并且在人情关系的作用下,采取开发群体间关系的措施可能会产生比较明显的效果。

群体间关系的开发是为了寻找到冲突的真实本质,找到冲突的成因而致力于改变群体间的态度、成见和观念,从而减弱或消除成见给部门间的协调活动带来的负面影响。与此同时,群体可以进入整合阶段,找寻解决方法并改善群体间的关系。另外,建立由来自每个冲突群体的成员组成的亚群体,以进一步深入诊断,找出各种可行性方案来改善群体间关系。

组织重建与流程再造

日益加剧的全球化竞争和环境的快速变革,迫使组织进行流程和结构重组,使组织具有更高的灵活性、适应性和更低的运行成本。这一需求在中国加入世贸组织后尤显突出。

中国组织普遍存在臃肿、复杂、管理混乱、僵化官僚等弊病,造成运行成本高、适应性低等现状。因此,组织重建中的基于流程的、网络的组织结构设计,削减组织规模,组织再造等措施对提高组织绩效都会收到良好的效果。

流程再造也被译为“公司再造”或“再造工程”(reengineering)。它是1993年开始在美国出现的关于企业经营管理方式的一种新的理论和方法。该理论的创始人——原美国麻省理工学院教授迈克·哈默(M. Hammer)与詹姆斯·钱皮(J. Champy)将流程再造定义为“为了飞越性地改善成本、质量、服务、速度等重大的现代企业的运营基准,对工作流程(business process)进行根本性重新思考并彻底改革”,也就是说,“从头改变,重新设计”。流程再造的核心思想是要打破企业按职能设置部门的管理方式,代之以业务流程为中心,重新设计企业管理过程,从整体上确认企业的作业流程,追求全局最优,而不是个别最优。为了能够适应新的国际竞争环境,中国企业也必须摒弃已成惯例的运营模式和工作方法,以工作流程为中心,重新设计企业的经营、管理及运营方式。

宏基的再造工程

台湾宏基电脑公司从1992年开始推行企业再造。施振荣先生认为企业再造可以分为几个层次:层次最低的是从原流程中挤压效率;第二是流程再造;第三是改变组织架构;层次最高的是建立新的经营哲学。

以该公司速食店模型的流程再造为例。在1988年以前,原来的海外销售流程是在台湾采购和自己生产主要部件—系统组装—整机装运—出口到当地交货,出口卖断—回款,这是种FOB方式,整个流程需要45～60天,但赚不到当地销售的高附加值的利润。后来宏基改为在当地库存与销售,赚到了当地经销的利润。但由于当地库存需要2～3个月,放账出去最少2个月才能收到货款,资金周转时间最少6个月,为原来3～4倍。库存一多,产生四个连锁反应:资金周转慢;为了资金周转降价求售;畅销机型缺货,而滞销机型大量积压;库存始终消化不了,有市场竞争力的新产品无法上市,风险也加大。因此,减少库存时间就成为宏基流程改造的主要目标。1993年宏基进行流程再造,推行“速食店模式”,就是让台湾成为宏基的“中央厨房”,负责生产主机板、外壳装置、监视器等组件,各地事业单位则变成组装新鲜电脑的“速食店”,构成了“组装外移,快速装配”的新型作业流程模式,即在台湾生产主机板、外壳、监视器,组件出口到当地;在当地采购其他零配件再组装后销售。这样由于库存时间缩短,从100天降到50天,资金周转速度提高了1倍,新产品提前上市1个月,产品也更能迅速满足顾客的需求,宏基真正得到了利益。

回馈调查

回馈调查是一个被广泛运用的组织发展技术。为有效地使组织变革发生,员工必须了解组织目前的长处和弱点,这是回馈调查法的原理。这个技术包括三个步骤:第一,资料的搜集,提供员工所关心的事项的相关信息,诸如组织气候、领导风格及工作满意度等,这可以通过渐进式的面谈或结构性的问卷来完成。为了确保信息的真实性,往往承诺提供回馈的员工其回馈会被保密。第二,将收集到的资讯在小组会议时报告给员工知晓,并组织员工讨论调查结果透露出哪些问题,应该制定哪些政策或采取哪些行动来处理这些问题。第三,讨论结束后,有关负责人要根据讨论结果,制定特别的执行计划并加以推行。

员工满意度调查:企业“体温计”

中国兵之圣祖孙子有一句名言:知彼知已者,百战不殆;不知彼,不知已,每战必殆。可见“知已”是取胜的前提之一。在商场中,企业要做到“知已”,必须先了解我们过去做了什么?走到了哪里?哪些是我们的优势?哪些是我们的劣势?取得哪些经验、存在哪些问题?我们该走向哪里?而这一切,都可借助员工满意度调查来了解。杰克·韦尔奇曾经说:“知道并且面对我们员工的所思所想,是我们成功的一个关键性因素。”只有员工最接近工作,只有员工最接近客户,因此,也只有他们才最清楚企业的现状、客户的需求,他们对企业现状的感受是最真实的。为此,有人形象地称员工满意度调查为企业的“体温计”。

员工满意度调查通常以调查问卷等形式,收集员工对企业各个方面的满意程度。一个成功的员工的满意度调查通常有如下几个功能:① 通过“员工满意度调查”行为,企业向员工表示对其的重视;② 搭建一个新的沟通平台,为更多真实的信息铺设一个反馈的渠道;③ 系统地、有重点地了解员工对企业各个方面的满意程度和意见;④ 明确企业最需要解决的相关问题,即管理的重点;⑤ 检测企业重要的管理举措在员工之间的反应。

如今,作为企业现代化管理的一项必备自评功能,“员工满意度调查”已经在超过80%以上的世界优秀企业里被广泛使用,一般,一个企业每年至少进行一次调查。

工作生活质量改善

工作生活质量(QWL)是指组织中所有人员,通过与组织目标相适应的公开的交流渠道,有权影响决策、改善自己的工作,进而导致人们更多的参与,更高的工作满意度和更少的精神压力的过程。推行工作生活质量运动,对员工作“全人关怀”,帮助其成长,可以增加员工的快乐感受及向心力。工作生活质量的主要范畴包括身心发展、工作环境的安全与卫生、生涯发展、决策参与、工作保障与福利、信息分享等方面。

近几年,我国频传优秀人才英年早逝的噩耗,本令国人陌生的“过劳死”渐受关注。“过劳死”一词源于日本,是指因工作时间过长、劳动强度过重、心理压力过大导致的精疲力竭的亚健康状态，诱发身体内潜藏的疾病突然爆发，急速恶化，因救治不及，继而丧命。这一现象正在各国相继蔓延，中国的现状也不容乐观。据 1991 年到 1996 年对中国科学院的调查，在职科学家的平均死亡年龄为 52.23 岁；2002 年对上海 10 家主要新闻媒体的联合调查表明，新闻工作者的平均死亡年龄为 45.7 岁。针对紧张的工作环境已对员工健康造成严重威胁这一现象，我国许多企业开始提出工作生活质量概念，并先后开展了工作生活质量运动。①

本章回顾

组织的变革与发展对于组织来说具有非常重要的意义。组织发展要求组织强调人本主义的价值观，强调达成组织与员工双赢与共同发展。组织发展应该是由组织发展的研究专家推行的，虽然各个组织的发展具有特殊性，但还是有一个大体类似的发展过程和一些有据可依的措施。在中国特殊的文化背景下，无论是组织发展的基本价值观，组织发展的推行者，还是组织发展的具体措施等，都打上了鲜明的文化烙印。中国的组织发展，必须适应中国文化的特殊性，采取相应的措施，才能改变中国组织发展不良的现状，才能改变中国企业相对"短命"的现象。

关键术语

组织发展　人本主义　团队建设
勒温模式　人才培训　雇员参与
工作生活质量　第三方干涉　过程咨询
群体间关系开发　组织重建

复习思考题

1. 你认为组织发展应该包括哪些基本价值观？中国文化背景下，这些价值观对于达成组织发展目标的作用如何体现？

2. 如何理解计划在组织发展中的重要作用？你认为在中国特殊的文化背

① 宋联可、魏江茹、钱峰：《和谐文化对工作生活质量的积极影响》，见《现代企业》，2006 年第 8 期。

景下，哪个组织发展的条件最为重要？

3. 在中国如何更有力、有效地推行组织发展？是否能对中国组织自上而下推动组织发展的现状加以利用？

4. 你认为哪些组织发展措施能够使中国组织成功进行组织发展？

5. 有人指出，组织发展的推动者在组织发展过程中也把自己的价值观强加给组织的参与者，也有人指出，要求开放的组织发展措施缩小了参与者的隐私和自由领域。谈谈你对这些问题的看法。

6. 请联系创建学习型组织，讨论组织发展。

案例 16-1

新华航空的组织发展与文化重组①

中国新华航空公司于 1992 年 8 月正式成立，通常简称为“新华航空”。前身是中国航空联运服务公司。2001 年 2 月 28 日，“神华集团、海航集团重组中国新华航空公司合作协议”正式签署，新华航空开始革故鼎新。

1. 激励先行

在新华航的此次重组中，按照“一个不下岗，一个不失业，人人有事干，事事有人干”的目标，保障了绝大多数员工的利益需求。重组后的新华航，用 100 天的时间进行了全面整合，统一了新华航员工与海航员工的福利待遇。重组前原新华航有 812 名职工没有享受到公司的住房待遇，重组后公司根据国家房改政策并结合企业的实际情况，制定了住房补贴办法，彻底解决了新老职工的住房问题。重组后，员工人均收入增长了 74.84%，其中飞行员、乘务员分别增长了 280.1%、110.1%。

2. 文化重组

海航通过实践和探索，创造性地把中国传统文化的精华与西方先进的管理理念有机地融合在一起，形成了一套成熟的并为广大员工所认同的企业文化体系。新华航把员工的思想、感情、理念的整合作为一项重要的内容和目标，积极导入海航企业文化的精髓，塑造了新的新华航企业精神，强调了“以人为本，以德治企”的管理思想。

新华航在新文化的土壤中，迅速建立起一套科学的管理制度，并加大奖惩力度，形成了有效的内部管理机制。正是在这种机制的作用下，员工的思想观念和精神面貌发生了深刻的变化，心理承受能力普遍增强，奖勤罚懒、优胜劣汰的激励机制，充分调动了他们的积极性和责任心。无论是高层管理干部还是普通员工，面对奖罚都能保持平静的心态，自我监督和约束已形成风气，管理人员主动处罚自己的也大有人在。人力资源部总经理在一个部门召

① 林昭文、陈樟楠:《组织变革与观念重组》，见《经营与管理》，2007 年 5 月，第 51—52 页。

开的表彰会上发奖时，由于疏忽，发到最后发现少了一份奖金，便当场承认错误并宣布扣罚自己一个月奖金。

3. 人才培训

整合期间，公司分批安排60多名中高层管理干部到海航学习交流，同时组织全体员工接受培训；海航也先后派出管理干部和业务骨干，到新华航对口支援和交流，在建章立制、软件开发和系统建设等方面给予有力的支持和帮助，同时也带来了海航的经营理念。

重组后仅一年，新华航的服务满意率就达到99%，杜绝了有效投诉。在2001年度的"旅客话民航"活动中，新华航荣获全国民航业第5名，在旅客运输量200万人次以下的6家航空公司中位居第二，品牌形象全面提升。2001年，重组后的新华航第一次盈利，资本由150万元增至18.3亿元，资产规模达到36亿元，比上年同期翻一番；资产负债率由重组前的98%下降到47%；在安全、正点、服务和管理等方面均取得历史性的飞跃。

问题

1. 一个企业在被兼并或重组后，往往重视业务重组和组织架构等硬件，却忽视对组织观念与文化等软件进行重组。请从组织发展的价值观视角，分析新华航空组织发展成功的原因。

2. 请谈谈新华航空的组织发展采取了哪些卓有成效的措施。

参考文献

1. G. W. Allport & H. Odbert. Trait Names: A Psycho-lexical Study. *Psychological Monographs*, 1936, 47
2. C. P. Alderfer. A New Theory of Human Needs. *Organizational Behavior and Human Performance*, 1969
3. V. M. Arachin. Ten Essential Leadership Skills. *Supervision*, February 1999
4. A. Bandura. *Social-cognitive Theory*. Englewood Cliffs, N. J.: Prentice-Hall, 1977
5. A. Bandura. Social-cognitive Theory of Self-regulation. *Organizational Behavior and Human Decision Processes*, 1991, 50
6. W. Bennis and J. Goldsmith. *Learning to Lead: A Workbook on Becoming a Leader*. Reading, Mass.: Persusu, 1997
7. D. R. Beeman and T. W. Sharkey. The Use and Abuse of Corporate Politics. *Business Horizon*, March-April 1987, 27
8. H. Bisno. *Managing Conflict*. Calif: Saga Publication, 1988
9. B. Bolton. More Than Ever, IS Needs Leaders. *Computerworld: Leadership Series*, May19, 1997
10. T. J. Bouchard. Genes, Environment, and Personality. *Science*, 1994, 264
11. D. A. Kravitz and B. Martin. Ringelmann Rediscovered: The Original Article. *Journal of Personality and Social Psychology*, May 1986
12. L. D. Brown. and A. E. Clarkson. Conflict. In C. L. Cooper and C. Argyris (eds.). *The Concise Blackwell Encyclopedia of Manage-*

ment. Oxford, England: Blackwell, 1998

13. A. D. Chandler. *Strategy and Structure*. Cambridge: MIT Press, 1962
14. D. Nadler. *Feedback and Organization Development: Using Data-Based Methods*. Addison-Welsley Publishing Co. ,Inc. ,1997. Reprinted by permission of Addison
15. D. Katz. The Functional Approach to the Study of Attitude-behavior Relations. In T. A Burns and G. M. Stalker. *The Management of Innovation*. London: Tavistick Publications, 1961
16. Jerome S. Bruner & Cecile C. Goodman. Value and Need as Organizing Factors in Perception. *Journal of Abnormal and Social Psychology*, 1947, 42
17. B. Weiner. Theories of Motivation. Chicago: Rand McNally, 1972
18. R. B. Cattell. The Description of Personality: Basic Trait Resolved Into Clusters. *Journal of Abnormal and Social Psychology*, 1943, 38
19. L. Cronbach. *Essentials of Psychological Testing*. 6th ed. New York: Harper & Row, 1984
20. David. C. McClelland, J. W. Atkinson, R. A. Clark & E. L. Lowell. *The Achievement Motive*. New York: Appleton Century Crofts, 1953
21. F. E. Fiedler. *A Theory of Leadership Effectiveness*. New York: MaGraw-Hill, 1967
22. F. E. Fiedler. *Leadership Experience and Leadership Performance*. Alexandria, Va,: U. S, Army Research Institute, 1994
23. C. F. Fink. Some Conceptual Difficulties in the Theory of Social Conflict. *Journal of Conflict Resolution*, December 1968
24. M. Friedman & R. H. Rosenman. *Type a Behavior and Your Heart*. N. Y.: Knoph, 1974
25. G. B. Graen and M. Uhl-Bien. Relationship-based Approach to Leadership: Development of Leader-Member Exchange (LME) Theory of Leadership Over 25 Years: Applying a Multi-domain Perspective. *Leadership Quarterly*, summer 1995
26. G. E. Mayo. *The Human Problems of an Industrial Civilization*. New York: The Macmilllan Company, 1933
27. C. Gersick. Time and Transition in Work Teams: Toward a New Model of Group Development. *Academy of Management Journal*, 1988, 31
28. S. Graham and B. Weiner. An Attributional Analysis of Punishment Goals and Public Reactions to O. J. Simpson. *Personality and Social Psychology Bulletin*, 1997, 23 (4)

29. W. B. Gudykunst & S. Ting-Toomey. *Culture and Interpersonal Communication*. *Newbury Park*, CA: Sage, 1988
30. E. T. Hall. *Beyond Culture*. Garden City, NY: Doubleday, 1976
31. P. Hersey and K. H. Blanchard. *Management of Organizational Behavior: Utilizing Human Resource*. 5th ed. Englewood Cliffs, N. J,: Prentice-Hall, 1988
32. Hwang. K. K. Face and Favor: The Chinese Power Game. *American Journal of Sociology*, January 1987, 92(4)
33. G. Hofstede. National Cultures Revised. *Behavior Science Research*, 1983, 18(4)
34. G. Hofstede and M. H. Bond. The Confucius Connection: From Cultural Roots to Economic Growth. *Organizational Dynamics*, 1988, 16 (4)
35. G. Hofstede. *Cultures and Organizations*. London: McGraw-Hill Book Company, Software of the Mind, 1991
36. G. Hofstede, B. Neuijen, D. D. Ohayv and G. Sanders. Measuring Organization Cultures: A Qualitative and Quantitative Study Across Twenty Cases. *Administrative Science Quarterly*, 1990, 35(2)
37. R. Hogan. Personality and Personality Measurement. In M. D. Dunnette, L. M. Hough. *Handbook of Industrial and Orgnizational Psychology*, 1994(4)
38. T. H. Holmes and R. H. Rahe. The Social Readjustment Rating Scale. *Journal of Psychosomatic Medicine*, 1967
39. Hsien Chin Hu. The Chinese Concepts of "Face". *American Anthropologist*, 1944(46)
40. J. Barney. Firm Resource and Sustained Competitive Advantage. *Journal of Management*, 1991
41. J. A. Jr. Wall and R. R. Callister. Conflict and Its Management. *Journal of Management*, 1995, 21(3)
42. J. A. Byrne. The Horizontal Corporation. *Business Week*, Dec. 1993, 20
43. J. F. Salgado. The Five Factor Model of Personality and Job Performance in the European Community. *Journal of Applied Psychology*, 1997, 82
44. J. P. Guilford. *The Nature of Human Intelligence*. New York. McGraw-Hill, Inc. , 1967
45. J. R. French & B. H. Raven. The Bases of Social Power. In D. Cartwright, Ann Arobor(eds). *Study in Social Power*. Michigan: University Of Michigan Press, 1959

46. H. H. Kelley. The Process of Causal Attribution. *American Psychologist*, 1973, 28

47. K. Lewin. *Field Theory in Social Science*. New York: Harper&Row, 1951

48. L. Hough. *Handbook of Industrial and Organizational Psychology*. 2nd ed. Palo Alto: Consulting Psychologists Press

49. P. Lawrence and J. Lorsch. *Organization and Environment*. Cambridge, MA: Harvard university Press, 1967

50. R. S. Lazarus, S. Folkman. Stress, *Appraisal and Copping*. New York: Springer, 1984

51. G. S. Leventhal. Fairness in Social Relationships. In J. Thibant, J. T. Spence& R. T. Carson(eds.). *Contemporary Topics in Social Psychology*. Morristown, N. J.: General Learning Press, 1976

52. L. A. Festinger. *Theory of Cognitive Dissonance*. Stanford, CA: Stanford University Press, 1957

53. K. Lewin. *The Principles of Topological Psychology*. McGraw-Hill B. C., 1936

54. K. Lewin. *Field Theory in Social Science*. Harper & Brother Publishers, 1951

55. D. T. Lykken, T. J. Bouchard, M. McGue, and A. Tellegen. Heritability of Interests. *Journal of Applied Psychology*, 1993, 78

56. M. Rokeach. *The Nature of Human Values*. New York: The Free Press, 1973

57. M. Beer and E. Walton. Organization Change and Development. *Annual Review of Psychology*, 1987, 38

58. J. G. Miller. Culture and the Development of Everyday Causal Explanation. *Journal of Personality and Social Psychology*, 1984, 46

59. Min-Sun Kim. Meta-analysis of Attitudinal Relevance and Topic. *Journal of Communication*, Winter 1993

60. W. T. Norman. Toward an Adequate Taxonomy of Personality Attributes: Replicated Factor Structure in Peer Nomination Personality Ratings. *Journal of Abnormal and Social Psychology*, 1963, 66

61. P. T. Costa and R. R. McCrae. *The NEO-PI Personality Inventory*. Odessa, Fla.: Psychological Assessment Resources, 1992

62. Paul Hersey & Kenneth Blanchard. *Management of Organizational Behavior*. Englewood Cliffs, NJ: Prentice-Hall, 1988

63. L. R. Pondy. Organizational Conflict: Concepts and Models. *Administrative Science Quarterly*, September 1967

64. L. L. Putnam and M. S. Poole. Conflict and Negotiation. In F. M.

Jalin, L. L. Putnam, K. H. Roberts, and L. W. Porter (eds.). *Handbook of Organizational Communication: An Interdisciplinary Perspective*. Newbury Park, CA: Sage, 1987

65. R. E. Quinn. *Beyond Rational Management: Mastering the Paradoxes and Competing Demands of High Performance*. Francisco: San Jossey-Bass, 1988
66. R. M. Stogdill and A. E. Coons (eds.). *Leader Behavior: Its Description and Measurement. Research Monograph*, NO. 58. Columbus: Ohio University, Bureau of Business Research, 1951
67. R. R. Blake and J. S. Mouton. *The Managerial Grid*. Houston: Gulf, 1964
68. Ralph M. Stogdill. Historical Trials in Leadership Theory and Research. *Journal of Contemporary Business*, Autumn 1774
69. G. Robinson. Leadership Versus Management. *British Journal of Administrative Management*, January/February 1999
70. R. J. Rose. Genes and Human Behavior. *Annual Review of Psychology*, 1995, 46
71. R. Walton. Managing Conflict: Interpersonal Dialogue and Third-Party Roles. 2nd ed. Reading, Mass.: Addison-Wesley, 1987
72. E. H. Schein. *Organizational Culture and Leadership*. San Francisco: Jossey-Bass, 1992
73. S. E. Asch. Effects of Group Pressure Upon the Modification and Distortion of Judgments. In H. Guetzkow (eds.). *Groups, Leadership and Men*. Pittsburgh: Carnegic Press, 1951
74. S. Sherman. Wanted: Company Change Agents. *Fortune*, December 1999(11)
75. H. Selye. History and Present Status of the Stress Concept. In L. Goldberger and S. Breznitz (eds.). *Handbook of Stress*. New York: Free Press, 1982; H. Selye. *The Stress of Life*. Rev. ed. New York: McGraw-Hill
76. R. H. Silin. *Leadership and Value: The Organization of Large-scale Taiwan Enterprises*. Cambridge, MA: Harvard University Press, 1976
77. B. F. Skinner. *About Behaviorism*. New York: Knopf, 1974; M. J. Martinko and P. Fadil. Operant Technologies: A Theoretical Foundation for Organizational Change and Development. *Leadership & Organization Development Journal*, 1994, 15(5)
78. R. J. House. A Path-goal Theory of Leader Effectiveness. *Administrative Science Quarterly*, Sep 1971

79. R. J. House and T. R. Mitchell. Path-goal Theory of Leadership. *Journal of Contemporary Business*, Autumn 1974

80. R. M. Dienesch and R. C. Liden. Leader-member Exchange Model of Leadership: A Critique and Further Development. *Academy of Management Review*, July 1986

81. R. Duncan. What Is the Right Organization Structure? Decision Tress Analysis Provides the Answer. *Organizational Dynamics*, Winter 1979

82. R. W. Rowden. The Relationship Between Charismatic Leadership Behaviors and Organizational Commitment. *Leadership & Organization Development Journal*, Jan 2000, 21, issue 1/2

83. R. J. Sternberg. *Beyond IQ: A Triarchic Theory of Human Intelligence*. New York: Cambridge University Press, 1985

84. A. D. Szilagyi and M. J. Wallance. *Organization Behavior and Performance*. 4th ed. Glenview, Illinois: Scott, Foresman Co. , 1987

85. K. W. Thomas & W. H. Schmidt. A Survey of Managerial Interests With Respect to Conflict. *Academy of Management Journal*, 1976

86. K. W. Thomas. Conflict and Negotiation Processes in Organizations. In M. D. Dunnette and L. M. Hough (eds.). *Handbook of Industrial and Organizational Psychology*. 2nd ed. vol. 3. Palo Alto, CA: Consulting Psychologists Press, 1992

87. J. Thompson. *Organizations in Action*. New York: McGraw-Hill, 1967

88. N. M. Tichy, M. L. Tushman and C. Fombrun. Social Network Analysis for Organizations. *Academy of Management Review*, October 1979

89. D. Tjosvold. *The Conflict-positive Organization——Stimulate Diversity and Creativity*. Addison-Wesley Publishing Company, 1991

90. E. C. Tolman. *Purposive Behavior in Animals and Men*. New York: Appleton-Century-Crofts, 1932

91. B. Tuckman, M. Jensen. Stages of Small Group Development Revisited. *Group and Organization Studies*, 1977, 2

92. E. C. Tupes, R. C. Christal. *Recurrent Personality Factors Based on Trait Ratings*. (Tech. Rep. No. ASDTR - 61 - 97). Lackland Air Force Base, TX: U. S. Air Force, 1961

93. V. H. Vroom and P. W. Yetton. *Leadership and Decision Making*. Pittsburgh: University of Pittsburgh Press, 1973

94. V. H. Vroom and A. G. Jago. *The New Leadership: Managing Participation in Organizations*. Englewood Cliffs, NJ: Prentice-Hall, 1988

95. J. R. Watson. Psychology as the Behaviorist Views It. Psychological Review, 1913, 20
96. B. Wells and N. Spinks. Organizational Communication: A Leadership Approach. 4th ed. Houston: Dame Publications; J. Woodward. Industrial Organization: Theory and Practice. London: Oxford University Press, 1965
97. R. Wood and A. Bandura. Social Cognitive Theory of Organizational Management. *Academy of Management Review*, 1989, 13
98. YANG K., BOND M. Exploring Implicit Personality Theories With Indigenous or Imported Constructs: The Chinese Case. *Journal of Personality and Social Psychology*, 1990, 58(6)
99. Robert M. Yerkes & John D. Dodson. The Relation of Strength of Stimulus to Rapidity of Habit-formation. *Journal of Comparative Neurology and Psychology*, 1908, 18
100. G. A. Yukl. *Leadership in Organizations*. Englewood Cliffs, N. J.: Prentice-Hall, 1989
101. [古希腊]希波克拉底. 希波克拉底文集[M]. 合肥:安徽科学技术出版社,1990
102. [美]马斯洛. 人的潜能和价值. 华夏出版社,1987
103. [法]霍尔巴赫. 社会体系. 第1卷
104. [英]德克·布德. 中国文化形成中的主导观念. 美国东方学会杂志,62(4)
105. [英]罗素. 中国问题. 上海:学林出版社,1996
106. [英]罗素. 罗素文集. 第1卷. 内蒙古人民出版社,1997
107. [法]孟德斯鸠. 论法的精神. 商务印书馆,1982
108. [英]李约瑟. 中国的科技与文明. 第2卷
109. [美]查尔斯·霍顿·库利. 人类本质与社会秩序. 华夏出版社,2003
110. [德]马克斯·韦伯. 经济、诸社会领域及权力. 北京:生活·读书·新知三联书店,1998
111. [德]马克斯·韦伯. 经济与社会. 上卷. 北京:商务印书馆,1997
112. [美]F·泰勒. 科学管理原理. 韩放译. 团结出版社,1999
113. [美]赫伯特·西蒙. 管理行为. 北京:北京经济学院出版社,1988
114. [美]赫兹伯格. 激励—保健因素. 见:D·S·皮尤编. 组织理论精粹. 北京:中国人民大学出版社,1990
115. [美]明恩溥. 中国人的素质. 华北每日新闻. 纽约弗莱明公司,1894
116. [加]乔恩·L·皮尔斯,约翰·W·纽斯特罗姆. 领导者与领导过程. 第2版. 北京:中国人民大学出版社,2002
117. [加] H. Mintzberg. 经理工作的性质[M]. 孙耀君,王组融译. 中国社会科学出版社,1986
118. [美]迈克尔·波特. 竞争战略. 华夏出版社,1997

119. [美]彼得·布劳.社会生活中的交换与权力.华夏出版社,1988
120. [美]彼得·布劳,马歇尔·梅耶.现代社会中的科层制.马戎译.学林出版社,2001
121. 阿马蒂亚·森.以自由看待发展.中国人民大学出版社,2002
122. [美]杰里·W·吉雷,安·梅楚尼奇.组织学习、绩效与变革——战略人力资源开发导论.中国人民大学出版社,2005
123. [美]拿破仑·希尔.成功学全书.光明日报出版社,2002
124. [美]派特里克·E·康纳,琳达·K·莱克,理查德·W·斯坦科曼.组织变革中的管理.第3版.电子工业出版社,2004
125. [德]孔汉思库舍尔合编.全球伦理——世界宗教议会宣言.何光沪译.四川人民出版社,1997
126. [德]库尔特·考夫卡.格式塔心理学原理.黎炜译,浙江教育出版社,1998
127. [澳]彼德·康戴夫.冲突事务管理——理论与实践.何云峰,等译.世界图书出版公司,1998
128. [美]布莱克,穆顿. 新管理方法.孔方济,徐吉贵译.北京:中国社会科学出版社,1986
129. 梁启超.中国积弱溯源论.见:饮冰室合集·文集之五.中华书局,1989
130. 钱穆.朱子新学案.第3版.台北:三民书局,民国七十八年(1989)
131. 鲁迅.且介亭杂文.三闲书屋,1936
132. 林语堂.人生的盛宴.湖南文艺出版社,1988
133. 林语堂.吾国与吾民.外语教学与研究出版社,2002
134. 冯天瑜.中华文化史.上海:上海人民出版社,1990
135. 钱穆.中国文化史导论.商务印书馆,1994
136. 冯友兰.中国哲学简史.北京:北京大学出版社,1985
137. 张岱年.中国哲学大纲.中国社会科学出版社,1997
138. 张岱年,方克立.中国文化概论.北京:北京师范大学出版社,2004
139. 张岱年,程宜山.中国文化与文化论争.北京:中国人民大学出版社,1990
140. 南怀瑾.禅宗与道家.上海:复旦大学出版社,1991
141. 贺麟.文化与人生.商务印书馆,1988
142. 夏中义.新潮学案.上海:三联书店,1996
143. 陈独秀.新青年.见:新青年,第2卷第1号,1916年9月1日
144. 姜国柱,朱葵菊.中国人性论史.河南人民出版社,1997
145. 黄光国.面子——中国人的权力游戏.台湾巨流图书出版公司,1988
146. 沈美洪,王凤坚.中国伦理学说史.浙江人民出版社,1988
147. 袁俊昌.人的管理科学.中国经济出版社,2003
148. 孙钱章.现代领导方法与艺术.人民出版社,2000
149. 许小东,孟晓斌.工作压力:应对与管理.航空工业出版社,2004

150. 谢明. 政策透视:政策分析的理论与实践. 北京:中国人民大学出版社,2004
151. 鲍宗豪. 决策文化论. 上海:三联书店,1997
152. 樊浩. 中国人文管理. 东南大学哲学与科学系教科书,1994
153. 俞文钊. 现代领导心理学. 上海:上海教育出版社
154. 黄仁宇. 万历十五年. 北京:三联书店,1997
155. 杨伯峻. 孟子译注. 中华书局,1960
156. 郭庆藩. 庄子集释. 中华书局,1982
157. 梁启雄. 荀子简释. 中华书局,1983
158. 高长山. 荀子译注. 黑龙江人民出版社,2003
159. 张玉春,等. 吕氏春秋译注. 黑龙江人民出版社,2003
160. 孙振声. 易经今译. 海南人民出版社,1989
161. 李万寿. 晏子春秋全译. 贵州人民出版社,1993
162. 刘柯,李克和. 管子译注. 黑龙江人民出版社,2003
163. 来可泓. 大学直解・中庸直解. 上海:复旦大学出版社,1998
164. 黄光国,胡先缙. 面子 中国人的权力游戏. 北京:中国人民大学出版社,2004
165. 赵杏根. 论语新解. 安徽大学出版社,1999
166. 陈晓萍. 跨文化管理. 北京:清华大学出版社,2005
167. 杨文士,张燕. 管理学原理. 北京:中国人民大学出版社,2004
168. 黎永泰,黎伟. 企业管理的文化阶梯. 四川人民出版社,2003
169. 毛蕴诗,欧阳桃花,戴勇. 中国优秀企业成长与能力演进——基于案例的研究. 中国财政经济出版社,2005
170. 刘正周. 管理激励. 上海:上海财经大学出版社,1998
171. 鲍宗豪. 决策文化论. 上海:三联书店,1997
172. 谢明. 政策透视:政策分析的理论与实践. 北京:中国人民大学出版社,2004
173. 罗锐韧. 哈佛管理全集上卷. 企业管理出版社,1997
174. 李树林. 中国企业管理科学案例库教程. 北京:光明日报出版社,2001
175. 全国高校管理案例库研究编写组编. 管理案例库教程. 北京:中国科学技术出版社,2004
176. 周宁. 中国人的忍. 国际文化出版公司,1993
177. 何森. 企业英雄. 北京:中国经济出版社,2003
178. 施振荣. 再造宏碁. 台北:天下出版公司,1999
179. 刘光明. 企业文化案例精选. 经济管理出版社,2004
180. 陈基国. 用心做员工关系——记台积电员工帮助计划. 企业研究——财智,2002(12)
181. 翟学伟. 中国人际心理初探——"脸"与"面子"的研究. 江海学刊,1991(2)
182. 翟学伟. 人情,面子与权力的再生产——情理社会中的社会交换方式.

社会学研究，2004(5)
183. 杨国枢，李本华. 557 个中文人格特质描述性形容词的好恶度、意义度、熟悉度的研究. 台湾大学心理系研究报告，1971
184. 左斌. 面子与脸——一项关于中国人典型心理的初步分析. 社会心理研究. 1993(1)
185. 王登峰，崔红. 中西方人格结构的理论和实证比较. 北京大学学报(哲学社会科学版)，2003(5)
186. 朱真茹，杨国枢. 个人现代性与相对作业量对报酬分配行为的影响. 中央研究院民族学研究所集刊，41
187. 邢树森，宋立卿. 荀子的管理思想及其现代意义. 经济论坛，1994
188. 彭彦琴，杨鑫辉. 欲、理与欲、义与利——论中国古代需要心理思想中的物质需要和精神 需要. 江西师范大学学报(哲学社会科学版)，1997(5)
189. 王惠芬. 浅谈《三略》中的激动方法. 教学与管理，1998(4)
190. 王松，孙力. 中国传统管理思想的继承析要. 政治与法律，1994(2)
191. 肖知兴. 面子与决策. http://hdgzq. blogchina. com/1885925. html
192. 周玉红. 关于直觉决策. http://thinkpad. blogdriver. com/thinkpad/index. html
193. 楼青青，徐玉斓，王青青，冯金娥，叶志弘，陆颖理，徐端珩. 糖尿病团队管理模式的实施. 护理学杂志，2002(2)
194. 陈雷川. 有效沟通的四个法则. 中国经理人(电子版)，2002
195. 袁红林. 孔孟思想中的权变管理观. 企业管理，2001
196. 唐任伍. 避免冲突管理模式的中西差异. 经济管理，2001(21)
197. 吴铁钧. "面子"的定义及其功能的研究综述. 心理科学，2004(4)
198. 李伟民. 论人情—关于中国人社会交往的分析和探讨. 中山大学学报(社会科学版)，1996(2)
199. 败企之鉴：昔日辉煌企业大败局. 中国餐饮创新咨询网
200. 郭梓林. 企业游戏——近距离文化观察. 三联书店，2000
201. 翟学伟. 中国社会中的日常权威. 社会科学文献出版社，2004
202. 陈维政，余凯成，黄培伦. 组织行为学高级教程. 高等教育出版社，2004
203. 庄士钦. 组织行为理论与实务. 北京：人民邮电出版社，2003
204. [美]罗宾斯. 组织行为学. 孙健敏，李原，等译. 北京：中国人民大学出版社，1997
205. 黄步琪. 组织行为学新编. 杭州：浙江大学出版社，2003
206. [美]弗雷德・鲁森斯. 组织行为学. 王垒译校. 北京：人民邮电出版社，2003
207. 张德. 组织行为学. 高等教育出版社，1999
208. 赫尔雷格尔，等. 组织行为学. 北京：中国社会科学出版社，2001
209. 时巨涛. 组织行为学. 石油工业出版社，2003

210. [美]黛布拉·L·纳尔逊,詹姆斯·坎贝尔·奎克.组织行为学:基础、现实与挑战.桑强,等译.北京:中信出版社,2004
211. [美]安德鲁·J·杜布林.组织行为基础——应用的前景.奚慧,等译.北京:机械工业出版社,1985
212. 约翰·W·纽斯特罗姆,基斯·戴维斯.组织行为学.经济科学出版社,2000
213. 龚敏.组织行为学.上海:上海财经大学出版社,2002